인류의 위대한 지적유산

HANGIL
GREAT BOOKS
40

종교적 경험의 다양성

윌리엄 제임스 지음 | 김재영 옮김

한길사

William James
The Varieties of Religious Experience
Translated by Kim, Chae-young

Published by Hangilsa Publishing Co., Ltd., Korea.

미국의 심리학자이자 철학자인 윌리엄 제임스
이 사진을 찍은 1907년 윌리엄 제임스는 하버드 대학교에서 은퇴했다.
그는 은퇴 후 저술과 강연을 이어가며 자기만의 독특한 사상을 확립했다.
이 시기의 대표적 저술로는 『프래그머티즘』 『다원적 우주』 『진리의 의미』 등이 있다.

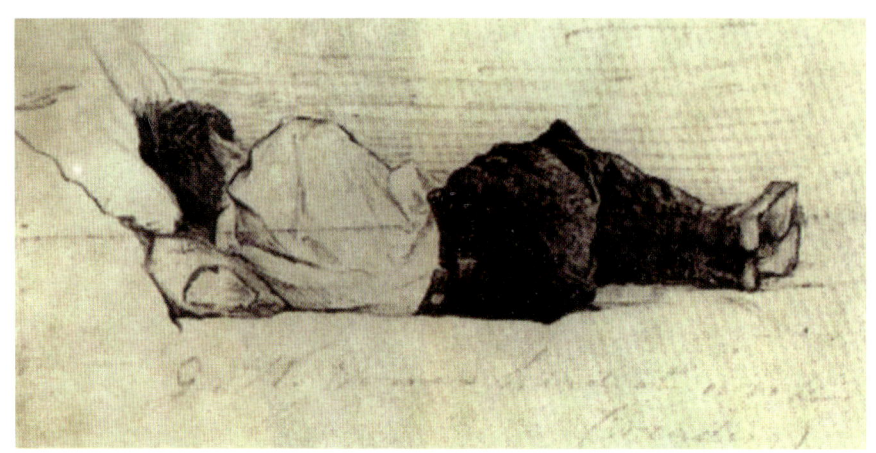

윌리엄 제임스의 자화상

윌리엄 제임스는 학창 시절 몸이 약해 주로 누워서 책을 읽었다.
그는 아버지 때문에 그림 공부를 계속할 수 없었지만
언제나 그림에 대한 향수가 있었다.

윌리엄 제임스(오른쪽)와 동생 헨리 제임스
헨리 제임스는 미국에서 태어났으나 영국에 귀화했다.
그는 심리적 사실주의의 선구적인 작품들을 통해서
'의식의 흐름'이라는 현대 소설 기법을 창안했다.

클라크 대학교 강연 기념사진(1909)

프로이트(가운데)와 융(오른쪽)은 1909년 미국 클라크 대학교
20주년 기념행사에 초청받아 정신분석학을 강연했다.
이때 처음으로 이들은 제임스(왼쪽)와 만나 많은 감동을 주고받았다.
융이 종교적 경험을 집단무의식의 원형과 연결해 분석했던 반면,
제임스는 잠재의식적 자기 개념과 연결해 분석했다.

톨스토이(위)와 월트 휘트먼(아래)

윌리엄 제임스는 톨스토이를 고뇌하는 영혼의
대표적인 예로, 휘트먼을 낙관주의적 성품의 대표적인 예로 기술했다.

찰스 퍼스(위)와 존 듀이(아래)

퍼스, 듀이 그리고 제임스는 미국에서 대륙의 관념론을 비판하고 새로운 사상인 프래그머티즘을 확립시켰다. 프래그머티즘의 관점에서 그들은 종교학, 심리학, 철학, 과학 등을 연구하려 했다. 퍼스는 처음으로 프래그머티즘이라는 말을 사용하여 인간의 삶을 이해했고, 듀이는 교육 현장을 통해서 프래그머티즘을 강력하게 실천했다. 반면 제임스는 프래그머티즘의 원리를 정교하게 분석해 일반인들도 충분히 이해할 수 있게 했다.

알프레드 에드워드 엠슬리의 「어머니의 꿈」(1891)

이 그림은 자식을 잃어 슬픔에 빠졌지만 자신의 자식은 하늘나라에
가 있을 것이라는 강력한 믿음을 지닌 어머니를 묘사하고 있다.
제임스는 그림 속의 어머니처럼 종교적 경험의 언어형식인 믿음체계를
하나의 추상적 교리로서만 분석한 것이 아니라 믿음 주체와의 연계성 안에서
이해하려고 했다. 그러므로 믿음의 내용이 모순되고
문제가 있다고 하더라도 삶에 의미를 준다면 참이라고 생각했다.

윌리엄 블레이크의 「옛적부터 항상 계신 이」(1794)
성서의 다니엘서 7장 9절에 나오는 '옛적부터 항상 계신 신'께서 우주 안에서 섭리하는 모습을 보여준다. 제임스는 인간 삶의 본질적 의식을 일상적 삶을 넘어선 우주적 의식, 즉 신적 상상력으로 생각했다.

뭉크의 「절규」(1893)

뭉크는 이 그림을 통해 예술가의 불안과 비관
그리고 근원적 고독감을 표현하고 있다. 제임스는 인간이
내적 공허성을 넘어서기 위해서는 생물학적으로만
태어나서는 안 되고 반드시 정신적 또는
영적으로 두 번 태어나야 함을 강조했다.

밀레의 「만종」(1857-59)
저녁놀이 짙어가는 들판에서 젊은 부부가 잠시 일하던
손을 멈추고 조용히 기도를 드리는 모습을 담았다.
기도를 종교의 영혼이며 본질이라고까지 강조한 제임스는
인간의 본질을 이해하기 위해서는 기도를 이해해야 한다고 말했다.

미켈란젤로의 「성 바울의 회심」(1542-45)
미켈란젤로가 사도 바울의 회심 장면을 보여주기 위해
파올리나 예배당에 그린 프레스코화다.
제임스는 회심을 갑작스러운 회심과 점진적 회심으로
구분하고 있는데, 바울의 회심을 갑작스러운 회심의
대표적인 예로 언급하고 있다.

GB
한길그레이트북스

인류의 위대한 지적 유산

윌리엄 제임스

종교적 경험의 다양성

김재영 옮김

한길사

종교적 경험의 다양성 • 차례

- 윌리엄 제임스의 종교이론 25
- 머리말 57

제1강 종교와 신경학 59

서론 : 이 강연은 인류학적 접근이 아닌 개인적 기록들을 다룬다 | 사실에 관한 질문들과 가치에 관한 질문들 | 실제로 종교인들은 종종 신경증 환자들이다 | 종교를 그런 이유로 비난하는 의학적 유물론의 비판 | 종교가 성적(性的)인 기원을 가진다는 이론에 대한 반박 | 모든 정신적 상태는 신경계에 의해 조절된다 | 그 상태의 중요성은 그 기원에 의해서가 아니라 그 열매들의 가치에 의해 검증받아야 한다 | 가치의 세 기준들 : 기준으로서 적합하지 않은 기원 | 우월한 지능이 정신병리적 기질을 수반할 때, 그 이점들 | 특히 종교적 삶에서

제2강 주제의 범위 85

종교에 대한 단순한 정의의 무용성 | 한 가지 '종교적 감정'이란 없다 | 제도적 종교와 개인적 종교 | 우리는 이 연구를 개인적인 부문에 한정한다 | 이 강연들을 위한 종교의 정의 | '신적'이라는 말의 의미 | 신적인 것은 엄숙한 반응을 촉발한다 | 우리의 정의들을 명확하게 하는 것은 불가능하다 | 우리는 더욱 극단적인 사례들을 연구해야만 한다 | 우주를 받아들이는 두 가지 방법 | 종교는 철학보다 더 열광적이다 | 종교의 특징은 엄숙한 감정을 가진 열광이다 | 불행을 극복하는 종교의 능력 | 생물학적 관점에서 그런 기능의 필요

제3강 보이지 않는 것의 실재성 113

지각의 표상들 대(對) 추상적 개념들 | 믿음에 대한 후자의 영향 | 칸트의 신

학적 관념들 | 우리는 특정 감각에 의한 것과는 다른 실재감을 갖는다 | '현존의 느낌'의 예 | 실재하지 않는다는 느낌 | 신적 현존에 대한 감각 : 예 | 신비적 경험들 : 예 | 신의 현존에 대한 감각의 다른 사례들 | 비이성적 경험에 대한 확신 | 믿음을 확립시키는 데서 합리주의의 열등성 | 열광이나 엄숙함 가운데 하나가 개인들의 종교적 태도에서 우세를 보일지 모른다

제4·5강 낙관주의적 성품의 종교 141

행복은 인간의 주된 관심사이다 | '한 번 태어남'과 '두 번 태어남'의 특성들 | 월트 휘트먼 | 그리스적 감정의 혼합성 | 체계적인 낙관주의적 성품 | 그것의 합리성 | 자유주의 그리스도교가 그것을 보여준다 | 대중 과학에 의해 고무된 낙관주의 | '마음치료' 운동 | 그 신조 | 사례들 | 악마에 대한 그 교리 | 루터교 신학과의 유사점 | 긴장완화에 의한 구원 | 그 방법들 : 암시 | 명상 | 회상 | 검증 | 우주에 적응할 수 있는 계획의 다양성 | 부록 : 두 가지 마음 치료 사례

제6·7강 고뇌하는 영혼 193

낙관주의적 성품과 회개 | 낙관주의적 성품의 철학에 대한 본질적 다원주의 | 병적 성품 : 그것의 두 가지 등급 | 고통의 역치는 개인마다 다르다 | 자연적 축복들의 불안정성 | 모든 삶의 실패 또는 허망한 성공 | 모든 순수한 자연주의에 대한 비관 | 그리스와 로마적 시각의 희망 없음 | 병리적 불행 | 무쾌감증 | 불평하는 우울증 | 삶의 열정은 순수한 선물이다 | 그것의 상실은 자연적 세상을 다르게 보이도록 만든다 | 톨스토이 | 버니언 | 알린 | 병석인 두려움 | 그러한 경우에는 구원을 위해 초자연적 종교를 필요로 한다 | 낙관주의적 성품과 병적 성품 사이의 대립 | 악의 문제는 피할 수 없다

제8강 분열된 자아, 그리고 그 통합과정 235

이질적인 인격 | 성격은 점차적으로 통합성을 얻는다 | 분열된 자아의 예 | 달성된 그 통합이 종교적일 필요는 없다 | '역회심'의 사례 | 다른 사례 | 점진적 그리고 갑작스런 통합 | 톨스토이의 회복 | 버니언의 회복

제9강 회심 261

스티븐 브래들리의 사례 | 성격 변화의 심리학 | 감정적 흥분은 개인적 에너지의 새로운 중심을 만든다 | 이것을 나타내는 도식적 방법들 | 스타벅은 회심을 정상적인 도덕적 성숙에 비유한다 | 류바의 생각 | 겉으로 보기에 회심하기 어려운 사람들 | 두 가지 유형의 회심 | 동기의 잠재의식적 부화 | 자포자기 | 종교사에서 그것의 중요성 | 사례

제10강 회심 결론 293

갑작스런 회심의 사례 | 갑작스러움은 필수불가결한가? | 아니다. 그것은 각자의 심리적 특성에 좌우된다 | 입증된 초한계적 또는 잠재적 의식의 존재 | 자동증 | 순간적 회심은 주체가 활성적인 잠재의식적 자아에 사로잡히기 때문으로 보인다 | 회심의 가치는 그 과정에 있는 것이 아니라 그 열매에 있다 | 이것은 갑작스런 회심에서는 우월하지 않다 | 코 교수의 견해 | 결과로서의 성화(聖化) | 우리의 심리학적 설명은 신의 직접적 현존을 배제하지 않는다 | 고차원의 통제에 관한 느낌 | 감정적 믿음상태와 지적 믿음의 관계 | 류바의 인용 | 믿음상태의 특징들 : 진리에 대한 느낌 : 세상이 새로워 보인다 | 감각적 자동증과 운동적 자동증 | 회심의 영속성

제11·12·13강 성인다움 337

은총의 상태에서의 생트-뵈브 | 충동과 억제의 균형에서 기인하는 성격의 유형 | 최상의 흥분들 | 급한 성미 | 고차원적 흥분의 일반적 효과 | 성인다운

삶은 영적 자극에 의해 지배된다 | 이것이 육욕적 충동을 영원히 무력화시킬지도 모른다 | 관련이 있을 수 있는 잠재의식의 영향 | 성격의 영속적 변화를 나타내주는 기계적 도식 | 성인다움의 특성 | 어떤 고차원적 힘의 실재에 대한 감각 | 마음의 평화, 자비심 | 평정심, 불굴의 의지 등등 | 이것과 긴장완화의 연결 | 삶의 순수성 | 금욕주의 | 복종 | 빈곤 | 민주주의와 인간다움의 정서 | 고차원적 흥분의 일반적 효과

제14·15강 성인다움의 가치 411

성인다움은 그 열매들의 인간적 가치에 의해 검증받아야 한다 | 그러나 신의 실재성 또한 판단받아야만 한다 | '부적합한' 종교는 '경험'에 의해 제거된다 | 경험주의는 회의주의가 아니다 | 개인과 부족의 종교 | 종교 창시자들의 고독 | 부패는 성공의 뒤를 따른다 | 무절제 | 광신으로서 지나친 경건성 | 신적 감정 안으로 흡수되어 들어가려는 지나친 경건성 | 지나친 순결 | 지나친 자비 | 완전한 인간은 완전한 환경에만 적응한다 | 성인들은 누룩같이 감화를 퍼뜨리는 사람들이다 | 지나친 금욕주의 | 금욕주의는 영웅적 삶을 상징적으로 나타낸다 | 이와 등가적일 수 있는 호전성과 자발적 가난 | 성인다운 특성에 대한 찬반 양론 | 성인 대 '강한' 사람 | 그들의 사회적 기능이 고려되어야 한다 | 이론적으로 성인은 가장 고귀한 유형의 사람이지만 그런 유형이 실패로 끝날지도 모를 현상황에서 우리는 위험을 감내하면서 우리 자신을 성인으로 만든다 | 신학적 진리의 문제

제16·17강 신비주의 461

신비주의의 정의 | 신비적 상태의 네 가지 특징 | 그것들은 의식의 특정 영역을 형성한다 | 그 낮은 등급의 예 | 신비주의자와 술 | 마취상태에서의 계시 | 종교적 신비주의 | 자연의 양상 | 신(神) 의식 | 우주적 의식 | 요가 | 불교의 신비주의 | 수피즘 | 그리스도교 신비주의자들 | 계시에 대한 그들의 느낌 | 신비적 상태의 원기를 돋우는 효과 | 신비주의자들은 부정적 언술로 묘

사한다 | 절대적 존재와의 합일감 | 신비주의와 음악 | 세 가지 결론 | 1. 신비적 상태는 그것을 경험하는 사람에게는 권위를 지닌다 | 2. 그러나 그 외의 사람에게는 그렇지 않다 | 3. 그럼에도 불구하고 그것은 합리주의적 상태의 배타적 권위를 부순다 | 그것은 일원론적 그리고 낙관론적 가설들을 강화시킨다

제18강 철학 517

종교에서, 감정이 우선이며 철학은 부차적 기능이다 | 지성주의는 신학적 구성들에서 주관적인 기준을 피할 수 있다고 공언한다 | 교의 신학 | 신의 속성에 대한 교의신학적 설명의 비판 | 관념의 가치에 대한 검증으로서의 '프래그머티즘' | 신의 형이상학적 속성들은 전혀 실제적 의미를 갖지 않는다 | 그의 도덕적 속성들이 조잡한 논증들에 의해 증명되고 있다 : 조직신학의 붕괴 | 선험적 관념론은 더 나은가? 그 원리들 | 존 케어드로부터의 인용 | 그것들은 종교적 경험을 다시 진술하는 것으로서는 좋지만 합리적 증거로서는 강력하지 못하다 | '종교학'으로 변모함으로써 철학이 종교를 위해 할 수 있는 것

제19강 다른 특성들 545

종교의 심미적 요소 | 카톨릭과 프로테스탄티즘의 대조 | 희생제의와 고백 | 기도 | 영적인 일이 실제로 기도에 의해 성취된다고 종교는 주장한다 | 결과에 대한 세 단계의 의견 | 첫번째 단계 | 두번째 단계 | 세번째 단계 | 자동증, 종교적 지도자들 사이에서의 발생 빈도 | 유대인의 사례들 | 무하마드 | 조지프 스미스 | 종교와 잠재의식의 영역 일반

제20강 결론 575

종교적 특성들의 요약 | 인간의 종교들이 똑같아야 할 필요는 없다 | '종교

학'은 종교적 신조를 단지 제시할 수 있을 뿐, 주장할 수는 없다 | 종교는 원시적 사고의 '잔존물'인가? | 현대과학은 인격이라는 개념을 배제한다 | 신인 동형론과 인격적 실재에 대한 믿음은 전(前)과학적 사고의 특징이다 | 그럼에도 불구하고 인격적 힘은 실재한다 | 과학적 대상들은 추상물이고, 단지 개인화된 경험들만이 구체적이다 | 종교는 구체적인 것들에 의해 유지된다 | 종교는 일차적으로 하나의 생물학적 반응이다 | 종교의 가장 간단한 용어는 불안과 구원이다 : 구원에 대한 기술 | 고차적 힘의 실재에 대한 문제 | 저자의 가정 : 1. 자연과 고차적 영역을 중재하는 잠재의식적 자아 | 2. 고차적 영역 또는 '신' | 3. 그는 자연에서 실제 결과들을 산출한다

후기 609

단편적 초자연주의로 정의되는 현 저술의 철학적 입장 | 보편주의적 초자연주의에 대한 비판 | 원리의 차이는 사실에서 차이를 가져와야 한다 | 신의 존재는 사실상 어떤 차이를 가져오는가? | 불멸성의 문제 | 신의 독특성과 무한성의 문제 : 종교적 경험은 이 문제를 긍정적으로 해결하지 못한다 | 다원주의적 가설이 더욱 상식에 부합한다

- 옮긴이의 말 617
- 윌리엄 제임스 연보 621
- 용어해설 625
- 찾아보기 631

윌리엄 제임스의 종교이론
• 인간본성에 대한 연구와 「종교적 경험의 다양성」

김재영 서강대학교 교수·종교철학

1. 머리말

윌리엄 제임스의 『종교적 경험의 다양성』(부제 : 인간본성에 대한 연구)은 근대 이후 서양지성사의 고전적 종교연구에 새로운 지평을 연 훌륭한 책이다. 이미 백년 전에 출판되었지만, 아직까지도 종교를 연구하는 모든 분야에서 반드시 읽고 검토해보아야 할 필독서 중의 하나로 꼽힌다. 특히 종교학, 종교철학, 그리고 종교심리학 분야에서는 이 책을 고전 중의 고전으로 여겨 아직까지도 면밀한 검토작업이 진행되고 있을 뿐만 아니라 다양한 논문들이 끊임없이 쏟아져 나오고 있다.[1]

윌리엄 제임스가 이 책을 출판하기 이전 미국의 지성계는 영국, 독일 그리고 프랑스와 같은 유럽의 지성적인 영향력 아래 있었다. 그래서 뜻있는 미국의 젊은 학자들은 구대륙의 지성적 연구를 따라가기 바빴고, 현재의 많은 유럽인들과 제3세계 사람들이 미국으로 유학을 떠나고 있듯이 그 당시 미국의 젊은이들은 유럽으로 유학을 가서 배우기를 갈망하였다. 종교연구 분야도 예외일 수는 없었다. 이러한 상황 아래 미국의 젊은 지성인들은 종

---

[1] David M. Wulf, *Psychology of Religion : Classic and Contemporary Views*, New York : John Wiley and Sons Inc., 1991, 498~501쪽.

교를 학문적으로 연구하기 위해서는 반드시 유럽으로 건너가야만 한다고 생각하였다.

이러한 당시의 지적 상황과는 대조적으로 제임스는 스코틀랜드의 유명한 대학 가운데 하나인 에든버러 대학교로부터 종교연구에 관한 기포드 강연 (Gifford lectures)을 해달라는 부탁을 받고 1901년부터 1902년까지 20개의 다양한 주제로 강의를 하였다. 그리고 1902년 후반부에 이를 묶어 책으로 출판하기에 이르렀다. 이 책은 유럽에서 미국지성의 종교연구에 대한 의식을 변화시켰을 뿐 아니라 그때까지 지적 콤플렉스가 있던 미국의 지성계는 새로운 각성과 자부심을 갖게 되었다. 그 결과 미국사람이 쓴 종교연구서적 가운데 지금까지도 가장 잘 알려진 연구서로 남게 되었다.[2]

더 나아가서, 이 책은 현대종교연구에 크나큰 영향력을 행사하였을 뿐만 아니라 현대철학의 논의에서도 중요하게 제기되었다. 현대의 영미분석철학과 대륙의 포스트모더니즘 사상 출현 이전의 철학에서 막강한 세력을 유지하였던 대륙의 관념론과 영국의 경험론이 서양지성사에서 주류를 이루고 있던 시기에, 영미분석철학의 거장인 오스트리아 태생 비트겐슈타인의 등장은 당시 철학의 판도를 아주 새롭게 짜놓았다. 그런데 재미있는 사실은 초창기에는 비트겐슈타인의 스승 가운데 하나였지만 나중에는 사상적으로 다른 길을 걸은, 당대 최고의 철학자로 찬사를 받았던 버트런드 러셀은 제임스의 『종교적 경험의 다양성』은 자기 자신뿐만 아니라 비트겐슈타인의 사상에도 많은 영향력을 행사하였다고 지적하고 있다.[3]

현재 미국의 영향력 있는 철학자 중의 한 사람인 리처드 로티는 퍼스, 제임스, 듀이 그리고 실러가 기초를 이루어놓은 프래그머티즘 철학을 새롭게 해석하여 신(新)프래그머티즘(Neo-Pragmatism) 철학을 내세우고 있다. 그 가운데서 로티는 영미분석철학뿐만 아니라 현대의 포스트모더니즘과 해체

---

2) William A. Clebsch, *American Religious Thought : A History*, Chicago : University of Chicago Press, 1973, 153쪽.
3) Gerald E. Myers, *William James : His Life and Thought*, New Haven : Yale University Press, 1986, 461쪽, 그리고 607쪽. 주 43 참조.

주의 사상을 자신의 신프래그머티즘의 사상 속에 용해시키려고 한다.[4] 그러므로 제임스 이전까지만 해도 유럽의 사상을 수입하는 데 머물러 있었지만 제임스의 종교연구 등장 이후에는 반대로 미국적 사상이 유럽에 영향력을 행사하였음을 짐작할 수 있다.

잘 알려진 대로 제임스는 초창기에는 하버드 대학교에서 형질학과 해부학에 관심을 기울였지만 나중에는 생물학적이고 기능적인 관점에서 인간의 마음을 연구하여 『심리학의 원리들』이란 책을 1890년에 출판하기에 이른다. 이 책은 영어로 씌어진 것 중 최초의 완벽한 심리학 연구서이다. 이때까지만 해도 제임스는 종교일반이나 철학에 대해 관심을 갖지 않았으며 오히려 순수 심리학에 흥미를 갖고 있었다. 특히 실험심리학에 관심을 기울였다. 그러나 『심리학의 원리들』을 출판하고 난 이후에는 실험심리학에 대한 흥미를 잃어버리게 되었다. 오히려 인간의 보다 근원적 현상인 종교와 철학문제에 관해서 많은 생각을 하였다.

제임스는 어떤 특정한 종파나 종교의 관점에서 종교현상을 연구하지도 않았으며 그렇다고 해서 어떤 특정한 철학사조나 학파의 관점에서 철학을 연구하지도 않았다. 그 둘을 엮을 수 있는 전인적인 인간이해의 관점, 즉 종교연구로부터는 감정적 측면, 그리고 철학연구로부터는 지적 측면을 모두 포함시키는 관점에서 종교와 철학의 관계를 연구하였다. 이런 맥락에서 윌리엄 제임스의 전반적 사상을 프래그머티즘으로 이해하기보다는 실러가 처음 사용한 휴머니즘(Humanism)[5]으로 이해하는 편이 더 적절할 것이다.

『종교적 경험의 다양성』은 거의 10년 이상을 숙고하여 나온 책이다. 출판 이전의 「기포드 강의를 준비하기 위한 메모록」에 따르면 제임스는 이 책을 두 권으로 출판하려고 했음을 알 수 있다. 첫번째 권에는 『종교적 경험의 다양성』이라는 제목을 붙이려 했으며, 두번째는 『종교철학의 임무』라는 제

---

4) Richard Rorty, *Philosophy and the Mirror of Nature*, New Jersey : Princeton University Press, 1979, 제8장 "Philosophy Without Mirrors" 참조.
5) William James, *The Meaning of Truth : A Sequel to 'Pragmatism'*, Cambridge : Harvard University Press, 1975, 38쪽.

목을 붙이고자 했다.6)

책의 서문에서 밝히듯이 제임스는 첫번째 권에서 인간의 종교적 열망을 기술적으로 묘사하려 했던 것 같고, 두번째 권에서는 철학을 통한 열망의 만족이라는 형이상학적 측면을 다루려 했던 것 같다. 즉 앞의 10개의 강연은 종교적 경험의 다양성과 그 특징에 관해서, 뒤의 10개의 강연은 앞의 강연에 대한 철학적 해석을 내리고자 했다. 그러나 심리적 압박감 때문에 계획하였던 대로 일을 수행하지 못하였다. 단지 전반부만을 준비하여 강의하였으며, 그 강의 모음집을 1902년에 한 권의 책으로 출판하였다.

이런 이유 등으로 미루어『종교적 경험의 다양성』은 완결된 것이라기보다는 미완결된 책으로 보아야 한다. 특히 두번째 권을 쓰지 않았기 때문에 책의 결론 부분이 완성되지 않았다. 그러므로 책의 마지막 장인 결론과 후기 부분은 제임스 자신의 철학적 결론이라기보다는 철학적 제안에 불과하다. 그럼에도 불구하고 마지막 장과 후기를 면밀히 읽어보면 종교연구에서 제임스가 어떤 생각을 표현하려고 했는지를 짐작할 수 있다.

제18강의 '철학'과 20강의 '결론' 부분을 살펴보면, 제임스는 궁극적으로 자신의 연구를 통해서 종교연구의 또 다른 공간을 확립하려고 노력하였음을 알 수 있다. 그는 자신의 학문적 종교연구의 해석을 종교학(A Science of Religions)7)이라고 명명하였다.

제임스가 생각하는 하나의 학문으로 종교학은 반드시 경험적 자료분석을 토대로 인간의 전인격으로부터 나오는 종교적 경험을 밝혀내는 데 그 초점이 모아져 있다. 경험적 사실들의 분석에 최우선적인 강조점을 두었기 때문에, 제임스는 당대의 합리론적이고 논리적인 종교연구, 즉 어떤 선험적 출발점을 갖고 시작하는 연구를 단호히 배격하였다. 이를테면 특정 종교전통의 각 교파로부터 시작한 교리신학이라든가 관념론적 절대철학 모두를 배격하였다. 특히 신의 존재에 대한 당시의 형이상학적 논쟁을 가리켜 지적

---

6) Gerald E. Myers, 앞의 책, 462쪽.
7) William James, *The Varieties of Religious Experience : A Study in Human Nature*, New York : The Modern Libraray, 1902, 424쪽.

유희는 제공해줄 수 있을지는 모르지만, 구체적이고 실천적 삶에 도움을 전혀 주지 못하는 '괴물'[8]이라고 논박하였다.

당시의 박물학자였던 리드(Mayne Reid)가 동물이 살고 있는 장소를 방문하여 그들의 자연적인 생활을 연구해야만 살아 있는 동물들의 특징을 이해할 수 있다고 주장하면서 연구실 안에만 머물러 있는 이론적인 박물학자들을 비판하였듯이, 제임스도 종교적 경험이 구체적으로 표현되어 있는 실재적 삶의 공간을 이해하지 않고 연구실 안에서 이루어진 추상적이고, 관념적이고 형이상학적인 종교연구를 날카롭게 비판하였다.

그렇다고 해서 제임스의 종교연구가 원인과 결과를 분명히 밝혀내어 더 이상의 연구도 필요치 않은 엄밀한 과학을 확립시키려고 했던 것은 결코 아니다. 닫혀져 있는 엄밀한 실증주의의 과학이라기보다는 이전에 밝혀낸 연구들을 얼마든지 수정할 수 있도록 길을 열어놓은 보다 개방적인 의미의 과학이라고 말할 수 있다.

제임스는 당시의 누구보다도 분명히 실증주의적인 협의의 과학적 종교연구의 한계를 직시하고 있었다. 그러한 연구는 종교현상의 원인과 요소들을 원인론적으로 분명히 밝혀내어 다른 지식분야와 연계시킬 수는 있을지 모르지만, 종교현상의 핵심인 그 현상의 주체들 각각의 종교성이나 헌신성을 이해할 수 없음을 지적하였다. 그러므로 실증적 과학의 연구방법은 경험적이라고 할 수 있을지는 모르지만 종교적 현상의 동맥인 종교성을 충분히 밝혀낼 수 없다고 보았다.[9] 이 점은 그의 말년의 연구서인 '급진적 경험론'(radical empiricism)[10] 속에 상세히 다루어지고 있다.

당시의 실증주의적 종교연구는 찰스 다윈의 진화론에 상당한 영향을 입고 있어 역사가 발전함에 따라 종교는 더 이상 종교적 삶의 의미를 제공해 주지 못하므로 궁극적으로 없어지고 말 현상으로 이해하였다. 이러한 분위

---

8) 같은 책, 437쪽.
9) 같은 책, 479쪽.
10) William James, *Essays in Radical Empiricism*, Cambridge : Harvard University Press, 1976, 22쪽.

기 속에서, 제임스의 종교연구는 당시의 실증적 연구와는 정반대로 종교적 삶이란 가장 본질적 요소로서 역사적으로 내려왔음을 밝혀내는 데 그 목적을 두고 있었다.11)

『종교적 경험의 다양성』은 종교연구에서 막중한 무게에도 불구하고 한국의 학계에서는 아직 관심조차 갖고 있지 못한 실정이다. 소개하는 차원에서 집중적으로 씌어진 논문조차 발표되어 있지 않다. 이러한 상황이 필자로 하여금 제임스의 종교이론이 담긴 주저를 번역하게 하였다. 이 해제에서는 이 책을 중심으로 제임스가 생각하는 종교의 의미가 무엇인지, 종교적 경험은 어디에서 나오는 것인지, 종교적 경험의 목적은 무엇인지, 그 경험의 표현은 삶 속에서 어떻게 나타나고 있는지, 그 표현되어 있는 자료를 어떤 근거에 의해서 종교적 맛을 잃어버리지 않고 해석해낼 수 있는지를 집중적으로 살펴보려고 한다. 그리고 나서 제임스의 종교이론을 어떻게 종교연구에 받아들일 수 있는지도 아울러 살펴보겠다.

2. 종교의 의미

윌리엄 제임스는 인간 삶의 다양한 현상들이란 관념적이고 논리적으로 쉽게 접근할 수 없는 것으로 기술하고 있다. 여러 가지 다양한 연결고리들을 하나의 현상 안에도 지니고 있기 때문에 각각의 연결점들의 상호관련성을 충분히 이해하지 않고는 어떤 현상의 실재도 분명하게 드러내놓을 수 없다.12) 그러므로 무엇보다도 연구자는 구체적인 삶의 정황 속에서 빚어지는 다양한 경험현상에서 일어나는 사실들을 곰곰이 관찰해야 한다. 그리고 어떠한 선험적 가치기준을 갖고서 삶의 현상을 이해하려 들지 말고 현상 자체를 있는 그대로 이해해야 한다. 이런 의미에서, 현상에 대한 제임스의 방법

---

11) William James, *The Varieties of Religious Experience*, 491쪽.
12) William James, *The Meaning of Truth*, Cambridge : Harvard University Press, 1975, 22, 23쪽.

은 어떤 철학적인 전제도 요구하지 않는 이른바 현상학적 이해방법이나 신 프래그머티즘 철학자인 로티가 비판하는 '철학적 거울'을 통해서 삶의 현상을 조명하는 것이 아니라 그러한 전제나 거울 없이 삶의 현상을 직접 관찰하는 방법이다.

이러한 제임스의 이해방식은 제임스 자신이 삶의 현상 중에서 가장 근원적이고 본질적 요소라고 생각하였던 종교현상의 이해에도 그대로 적용된다. 그는 당대의 관념론적 종교철학자들과는 대조적으로 어떤 철학적 원리나 본질을 통해서 종교의 의미에 대한 정확한 정의를 내리거나 규정을 할 수 없음[13]을 너무나 잘 알고 있었다. 왜냐하면 그는 종교현상은 정적인 현상이 아니라 언제나 역동적으로 움직이고 있는 현상이므로 지성적이고 논리적인 그물로 그렇게 쉽사리 붙잡힐 수 없다고 보았기 때문이다.

철학과 종교연구사를 곰곰이 살펴보면, 제임스가 바르게 지적하였듯이 수많은 연구자들은 자신들이 만들어놓은 논리적이고 추상적인 또는 형이상학적인 틀 속에 계속해서 움직이는 종교현상을 억지로 꿰어맞추려는 경향이 있다. 대표적인 예가 철학 안에서는 절대주의적 관념론의 종교이해라든가 신학 안에서는 교조적이거나 교리적인 종교이해이다. 이러한 이해들은 지적 측면에서 종교현상의 많은 부분들을 이해시켜주고 있지만 그 현상을 구체적으로 살아 움직이도록 만들어주는 주체들, 즉 신앙인들의 감정적이고 의지적 측면에 대해서는 상대적으로 충분히 설명해주지 못하고 있다.[14] 오히려 신앙인들의 구체적인 삶의 정황과 유리되어 있는 추상적 종교이해를 제임스는 매우 어리석은 행위라고 혹평한다. 다시 말해서 역사 속에서 빚어지는 종교현상을 형이상학적이고 초역사적인(ahistorical) 관점으로 환원시킨[15] 이해를 거절하고 종교현상 자체를 그의 현상의 구체적 상황과 연결해 이해하려고 노력하였다. 그러므로 그는 매우 관계론적으로 종교에 대한 이해를 하고 있다고 볼 수 있다.

---

13) William James, *The Varieties of Religious Experience*, 29쪽.
14) 같은 책, 492쪽.
15) 같은 책, 29쪽.

형이상학적 전제들보다는 사실로서 현상 자체를 우위에 두었기 때문에 처음부터 제임스는 『종교적 경험의 다양성』에서 형이상학적으로 종교의 본질을 밝혀내려는 데 목적을 두지 않고 종교현상의 다양한 자료들을 분석한 결과에 나타나 있는 몇 가지 중요한 특징들을 경험론적으로 밝혀보는 데 그 목적을 두고 있음을 밝히고 있다.[16] 바로 이러한 종교현상의 특징들을 찾는 제임스의 근본적인 노력을 이 책에서 발견할 수 있었기에, 나는 이 장의 제목을 제임스가 철학적으로 본질주의자였다면 내렸을 법한 '종교의 정의'로 하지 않고 '종교의 의미'로 붙이게 되었다.

그럼에도 불구하고 제임스는 자신의 문제의식을 제대로 전달하기 위해서 작업가설적이고 개방적인 종교에 대한 정의를 내리고 있다. 이는 결코 수정할 수 없이 확고한 닫힌 정의가 아니라 언제든지 그와 배치되는 경험적 사실들이 구체적 종교현상 속에서 발견되면 수정이 가능하다는 특징을 지니고 있다.

제임스는 일반적으로 종교연구를 두 가지 측면에서 접근할 수 있다고 보았다.[17] 하나는 종교의 외면적 측면, 즉 종교의 제도화된 부분들을 이해하려는 접근이다. 이는 종교현상을 외부적으로 드러내주도록 하기에 충분한 다양한 요소들, 이를테면 예배당, 불당, 모스크, 성전, 신관, 신학, 예배의례, 종교조직, 희생제의, 상징물, 경전, 성지순례 등과 같은 외면적 측면들을 주로 연구하는 접근방식이다. 이러한 연구는 궁극적으로 각각의 종교전통에서 신앙인들이 고백하는 궁극적 실재와의 관련성 속에서 주로 이루어져 왔다. 그러므로 예배의례, 성지순례, 상징연구 등과 같은 연구들은 신학에 종속되었고, 동시에 신학 그 자체도 궁극적인 실재를 밝혀내는 데 하나의 수단이 되었다. 종교의 제도화된 부분에 대한 연구는 각 종교전통마다 역사적 뿌리를 갖고 있을 정도로 상당히 진척되어왔다. 힌두교 전통에서는 힌두교 신학, 불교에서는 불교학, 유교에서는 유학, 도교에서는 도학, 유대

---

16) 같은 책, 27쪽.
17) 같은 책, 29, 30쪽.

교 전통에서는 유대교 신학, 그리스도교에서는 신학 또는 교회사, 그리고 이슬람에서는 이슬람신학이라는 광범위한 연구 아래 다양한 종교의 외면적 측면들을 연구해왔다.

그리고 각 종교전통 안에서 뿐만 아니라 현대의 다양한 학문 안에서도 그 측면에 대한 객관적 연구들이 있어왔다. 이를테면 종교학, 종교철학, 문화인류학, 종교인류학, 민속학, 고고학, 종교사회학, 법학, 정치학, 여성학, 종교심리학, 역사학, 문학 등이 그 대표적인 예들이다. 이러한 다양한 연구 덕분에 엄청난 원자료들이 발굴되었을 뿐만 아니라 번역되었고 체계화되었다. 현재는 제임스가 종교연구를 할 때와는 비교가 안 될 정도로 수많은 자료들이 모여 있다. 그래서 초기 종교연구에서는 자료의 결핍이 하나의 문제로 인식되었지만 현재의 문제는 그것들을 어떻게 해석해내느냐 하는 것이다.

제임스가 생각한 종교이해의 또 다른 접근은 제도화되어 있는 객관적 연구가 아니라 몸의 외피적인 구조가 생명의 소리인 맥박을 통해서 역동적으로 이어지듯이 종교현상도 바로 그 현상을 만들어낸 신앙인들의 헌신성을 통하여 그 생명을 유지해간다는 측면을 연구하는 주관적 접근이다. 즉, '인간 자신의 내적 성향'(the inner disposition of man himself)[18])에 주로 초점을 두는 접근이다. 이를테면, 신앙인이 구체적 삶 속에서 겪는 내적 경험들, 즉 양심의 갈등, 죄의식, 구원을 받았다는 확신, 소망, 기쁨, 감사, 겸손, 자비, 공허감, 불완전성, 어찌할 수 없는 실존적 물음 등에 관한 내면적 연구들이다.[19]) 그러므로 제임스가 종교라는 단어를 사용할 때는 종교의

---

18) 같은 책, 30쪽.
19) 물론 제임스 이전에 종교현상의 맥박인 내면적 종교연구는 독일의 종교철학자 슐라이어마허의 종교론 속에서 누차 강조되어 있다. 그러나 제임스가 그의 연구 속에서 슐라이어마허를 언급하지 않은 것을 보면 아마도 그의 연구를 의식하지 못하고 있음을 알 수 있다. 그리고 제임스가 종교연구를 두 가지로 나누어서 이해한 방식은 종교연구의 역사적 획을 그었던 비교종교학자인 윌프레드 켄트웰 스미스의 주저인 『종교의 의미와 목적』에서 밝혀낸 종교의 외면적 측면을 '축적적 전통'(cumulative tradition), 그리고 종교전통의 맥박인 내면적 측면을 '신앙'(faith)으로 나누어서 그 상호 관련성을 연구하는 접근과 매우 비슷

외부적 측면이 상대적으로 약화되었기 때문에 책의 제목이 보여주듯이 종교적 경험으로 이해하는 것이 바람직하다. 종교적 경험에 초점을 맞추어서 제임스는 종교의 의미에 대한 정의를 다음과 같이 내리고 있다.

> 인간이 성스러운 것을 무엇이라고 부르든 그것과 관련지어 자기자신을 이해하려고 하는 한, 종교는 인간 개개인들이 고독 가운데 표현한 감정들, 행위들 그리고 경험들을 의미한다.[20]

위의 인용문이 보여주고 있듯이, 제임스에게서 종교의 의미는 인간 개개인의 종교성을 의미한다. 그러므로 제임스는 자신의 종교연구를 인간 개개인의 종교적 경험을 연구하는 '개인적 종교'(personal religion)[21]의 연구로 명명한다. 제임스는 개개인들이 경험하는 종교의 의미가 매우 다양해서 그 모든 의미를 밝혀내는 것은 처음부터 불가능한 작업으로 보았지만 몇 가지 독특한 특징을 지적하고 있다.

첫째, 종교적 경험이란 반드시 궁극적이고 성스러운 실재와의 관계 속에서 일어나고 있음을 보여준다. 제임스의 성스러운 실재는 구체적 이름과 내용을 지니고 있는 유신론 전통인 유대교, 그리스도교, 그리고 이슬람 전통의 실재와 더불어 무신론적이지만 종교적인 불교전통이 가르치고 있는 실재를 모두 총합한 의미이다.[22] 그리고 더 나아가서 그 실재는 반드시 종교전통 안에만 국한되어 나타나는 것이 아니라 비종교전통 안에 있는 구성원들이 절대나 진리를 궁극적인 대상으로 받아들이고 있다면 그들의 실재에 대한 이해도 제임스는 자신의 실재의 의미 속에 포함시키고 있다.

하다. 그러나 스미스와는 달리, 제임스가 외면적 측면인 전통의 이해를 무시한 것은 아니었지만 상대적으로 그의 종교연구는 종교의 외면과 내면의 연관성에 대한 이해가 부족하다.
20) 앞의 책, 31, 32쪽.
21) 같은 책, 30쪽.
22) 같은 책, 35쪽.

둘째, 종교적 경험의 의미는 그 경험을 갖기 이전의 상태와는 달리 완전한 삶의 변화를 보여준다. 궁극적인 실재 앞에서 인간은 좀더 겸손하고 엄숙하고 부드러운 태도를 갖는다. 그 전에는 만끽하지 못하였던 행복감, 감사하는 마음, 기쁨, 환희, 순종하는 마음, 희생하려는 마음으로 그 경험을 갖고 있는 신앙인들의 인격은 풍성하게 채워진다. 그 경험은 영혼의 안정감[23]을 갖도록 해주기 때문에 아무리 외부적 삶의 조건이 험난해져서 악화된다고 할지라도 그 경험을 지니고 있는 신앙인은 결코 내면적 평화를 잃어버리지 않는다. 오히려 상상할 수 없는 용기를 갖고서 모든 난관을 극복한다. 특히 순교의 역사를 찾아보면 그러한 예는 얼마든지 있다.

셋째, 종교적 경험의 특징은 예술이 제공해주는 것보다 훨씬 고차원의 심미적 삶을 갖도록 해준다.[24] 하찮은 풀 한 포기나 나뭇잎을 통해서도 삼라만상의 신비스러움과 조화를 갖도록 해준다. 그것은 소음 속에서 조화로운 천상의 소리를, 무질서 속에서 질서를, 비천한 곳에서 우주의 아름다움을 갖게 해준다. 그 경험의 주체는 일반적인 사람들이 보고 듣지 못한 심미적 아름다움을 아주 정교하게 보고 듣는다.

마지막으로 종교적 경험의 특징은 매우 도덕적이고 윤리적인 모습을 지니고 있다.[25] 전에는 깨닫지 못하였던 본연의 마음을 깨닫게 되어서 일상적으로 아무 생각 없이 해왔던 비도덕적이고 비윤리적인 삶의 모습들을 수정하게 해준다. 이러한 예는 우리의 주위에서도 빈번히 찾아볼 수 있다. 탕자와 같은 삶을 살던 사람이 어느 날 갑자기 교회나 불교의 가르침을 통해서 애통해하며 개종하는 등의 방향전환을 볼 수 있다.

그러므로 컬럼비아 대학교의 종교철학 교수인 웨인 프라우드푸트가 지적하였듯이[26] 제임스에게서 종교의 근원적 의미는 지성적이고 객관적인 표현

---

23) 같은 책, 361쪽.
24) 같은 책, 448쪽.
25) 같은 책, 498쪽.
26) Wayne Proudfoot, "From Theology to A Science of Religions : Jonathan Edwards and William James on Religions," *Harvard Theological Review*, April, 1989, 161쪽, 주 23 참조.

들 속에 있는 것이 아니라 그 표현들을 존재하게끔 해준 종교적 경험 속에 놓여 있다. 제임스는 궁극적으로 성스러운 것과의 관계 속에 일어나는 종교적 경험이 우선적이고 그밖의 다른 요소들은 부차적인 것으로 보았으므로, 종교전통의 객관적이고 외면적인 요소들을 비교 검토해보면 시대나 상황, 종파마다 전통마다 크나큰 차이점을 보여주고 있지만, 그 이면에 깔려 있는 것이 공통적인 종교적 경험의 표현임을 제임스는 자신의 책을 통해서 밝혀내려고 하였다. 그리고 바로 그 점이 제임스가 생각하고 있던 종교의 의미였다.

3. 종교적 경험의 원천

제임스의 분석에 의하면 종교적 경험은 모든 종교전통뿐만 아니라 비종교전통 안에서도 많이 있어왔다. 즉 경험에 대한 다양한 접근들이 해당 전통의 특별한 관점뿐만 아니라 학문적 관점 안에서도 있어왔다. 특히 전자의 접근은 역사적으로 깊은 뿌리를 갖고 있다. 각각의 전통은 종교적 경험을 이해하기 위해 인간의 마음에 대한 역사적인 자료들을 무수히 갖고 있다. 이를테면 유대교, 그리스도교, 그리고 이슬람 전통의 경우에는 신학의 큰 분과인 교의학에서 특히 영혼의 문제라든가 마음의 문제를 다루고 있다. 불교, 힌두교 그리고 유교와 같은 전통에서도 인간의 마음의 문제를 아주 중요한 교리로 다루고 있다.

그런데 각 종교전통의 종교적 경험에 대한 공통적 이해는 불교의 소승이나 힌두교의 베단타 철학을 엄격하게 받아들이는 종파를 제외하고, 대부분은 초월적 힘, 즉 성령의 역사, 붓다의 자비심, 알라의 은총, 이슈바라의 은혜 등에 의해서 종교적 경험이 일어나고 있다는 점을 인식한다. 그러므로 일부 종파를 제외하고는 각 종교전통의 종교적 경험이 일어나는 근원에 관해서는 매우 초월적 이해를 갖고 있음을 알 수 있다.

이러한 각 전통의 초월적 접근과는 거리를 두고 있는 현대 학문의 다양한 접근은 어떤 초월적 실재 그 자체를 종교적 경험의 원천으로 보고 있지 않고 인간 심성의 가장 심층부분인 무의식 속에서 그 원천을 찾는다. 특히 이러한 입장은 종교적 경험의 부정적 이해를 많이 드러내놓고 있는 프로이트의 정신분석학이라든가 그 입장과는 매우 대조적으로, 그 경험을 인간 삶의 본질적 조건으로 보는 카를 구스타프 융의 심층심리학, 그리고 종교철학자인 폴 틸리히의 존재의 심연과 같은 사상 속에 주로 드러나고 있다.

지금까지도 종교적 경험을 연구하는 학자들 사이에는 종교적 접근과 현대의 과학주의적 접근 사이에 심각한 갈등이 있다. 만일 순전히 각 전통의 입장만을 고수하다보면 그 전통의 입장에 서 있지 않은 다른 전통의 입장을 거짓으로 판단하는 결과를 빚게 되고 동시에 다양한 경험들을 묶을 수 있는 어떤 구체적 공통점을 만들어낼 수 없는 한계점이 드러나게 된다. 특히 이 점은 현대의 다종교 상황에서 깊이 숙고해보아야 할 문제이다.

바로 이 때문에 종교연구가들은 종교적 경험을 각 전통의 고백인 궁극적 실재의 관계성 안에서 이해하지 않고 인간의 심층적 무의식의 관계성 안에서 이해하고 있다. 그들은 종교적 경험을 심층적 심리경험으로 이해하여 종교의 뿌리와 심리는 다르다는 것을 전제로 한 '종교와 심리'(Psychology and Religion)로 명명하는 학자들과는 차별적으로 그 뿌리가 같다고 전제하는 '종교심리학'(Psychology of Religion)으로 명명한다. 제임스는 전자처럼 어떤 특별한 종교전통의 관점에서 종교적 경험을 분석하지 않고 종교심리학적 관점에서 그것을 분석하고 있으므로 종교현상을 곧 심리현상으로 이해한다.

종교적 경험은 바로 의식적인 영역을 넘어선 잠재의식(subconscious)으로부터 나옴을 제임스는 자료분석 결과를 토대로 주장하고 있다.[27] 그 잠재의식적 자아의 경험이 곧 종교적 경험이다.[28] 그러나 제임스는 종교적 경험의 진행과정이 어떻게 일어나고 있는지에 대해서는 단지 '신비적'[29]이라는

---

27) William James, *The Varieties of religions Experience*, 207쪽.
28) 같은 책, 501쪽.

말만을 하고 있을 뿐 구체적인 대답을 회피하고 있다. 단지 제임스는 종교적 경험의 원천은 초월적 실재 그 자체 속에 진공상태로 있다기보다는 그 실재가 인간들로 하여금 종교적 경험을 갖도록 작인 역할을 담당한다면 그 역할을 하는 곳이 바로 잠재되어 있는 자아를 통해서 이루어진다고만 말할 뿐이다.

이 점에서 제임스는 자신의 제자였던, 수많은 종교적 경험에 대한 분석 결과를 발표한 스타벅의 이해와 또다른 미국의 저명한 종교심리학자인 조지 코가 얘기하는 '활동적 잠재자아'(An active subliminal self)를 그대로 자신의 연구 속에 받아들이고 있다.30) 그러므로 제임스는 종교적 경험은 의식적 상태에서 이루어진다기보다는 '잠재되어 있는 무의식의 문'(the subliminal door)을 통해서만 이루어진다는 경험적 가설31)을 세우고 있음을 알 수 있다.

말하자면 그리스도교 전통 안에서 신의 은혜가 어떤 신앙인에게 기적적으로 종교적 경험을 갖도록 해주었다면, 그 경험은 반드시 잠재의식의 문을 통해서 이루어진다는 것이다. 마찬가지로 타종교인들의 종교적 경험도 그 형태는 매우 다르다고 할지라도 그 경험이 일어나는 장소는 똑같이 인간의 잠재의식이라는 것이다. 더 나아가서 제임스는 종교적 경험은 반드시 개종이라든가 신비주의와 같은 종교적 형태로만 나타나는 것이 아니라 종교전통을 갖고 있지 않은 비종교인들에게도 나타난다고 보았다. 그래서 어떤 비종교인이 환상적이라거나 황홀한 느낌이라거나 또는 말로는 형언할 수 없는 신비적 경험을 하였다면, 그것은 바로 사람의 잠재의식을 통해서 나온 '종교적' 경험이다.

바로 이러한 이유 때문에 종교적 경험은 세속적 경험과는 근본적으로 분리가 된다고 보는 이원론적 이해, 이를테면 '성'의 경험은 '속'의 경험과는 근본적으로 뿌리가 다르다는 전통적인 견해와 제임스의 견해는 매우 상충

---

29) 같은 책, 265쪽.
30) 같은 책, 235쪽.
31) 같은 책, 238쪽.

한다. 왜냐하면 제임스는 종교적 경험과 다른 세속적 경험 사이의 경계를 만들지 않았을 뿐만 아니라 오히려 세속적 경험도 잠재된 종교적 경험으로 보았기 때문이다.[32]

그렇다면 일반적으로 생각되어왔듯이 종교적 경험의 '종교적'이라는 말은 '세속적'이란 의미의 반대적 의미를 갖고 있지 않고 제임스는 그 말을 중립적으로 사용하고 있음을 짐작해 볼 수 있다. 종교적 경험 그 자체는 성스럽다거나 악마적인 특성을 지니고 있지 않은 중립적 특성을 지니고 있지만 그 경험을 받아들이는 의식적 태도 여하에 따라서 성스럽거나 또는 악마적인 가치평가를 받게 된다고[33] 제임스는 보고 있다.

나는 제임스의 이러한 이해가 바르다고 생각한다. 이를테면, 어떤 신앙인은 매우 온유하고 자비롭고 겸손한 모습을 그의 인격 속에서 발견하게 되지만 같은 전통에 참여하고 있음에도 불구하고 어떤 신앙인은 거북할 정도로 광란적이고 비인격적 모습을 그의 인격에서 발견할 수 있다. 이러한 상호 역설적인 모습은 모든 종교전통이나 종파에서 다양하게 일어난다. 그러므로 종교의 문제는 종교 자체에 있다기보다는 그것에 참여하고 있는 신앙인들의 다양한 인격 속에 있다. 더 나아가서 어떤 종교전통에도 속해 있지 않지만 종교인들의 심금을 울려주는 어떤 비종교인의 인격적이고 겸손한 삶을 접할 수도 있다.

제임스는 『종교적 경험의 다양성』의 끝부분에 가서 종교적 경험의 원천에 관해서 좀더 깊이 얘기하고 있다. 그는 인격을 두 부분으로 나누고, 의식적 부분을 편의상 'A지역'으로, 잠재의식의 영역을 'B지역'[34]으로 명명하였다. A지역보다는 B지역이 훨씬 깊이가 있고 넓다. B지역은 인간이 눈으로

---

32) James E. Dittes, "Beyond William James," *Beyond the Classics?* edited by Charles Y. Glock and Phillip E. Hammond, New York : Harper and Row Publishers, 1973, 313쪽. 그리고 James Forsyth, "Psychology, Theology and William James," *Soundings*, Winter, 1982, 405쪽.
33) William James, 앞의 책, 237쪽.
34) 같은 책, 473쪽.

본 수많은 삶의 경험들 중에서 잊어버린 부분들과 관찰되어 있지 않은 삶의 여러 요소들을 차곡차곡 쌓아놓은 창고이면서 동시에 인간의 의식이 역동적으로 움직일 수 있도록 도와주는 샘물과 같은 곳이다. 그곳은 직관, 미신, 공상, 환상과 같은 모든 비합리적 마음의 작용을 나타나게 하는 원천지이다. 그리고 무엇보다도 그곳은 꿈들의 원천지, 신비주의의 경험, 최면상태 또는 종교적 경험과 같은 특별한 경험들이 나오는 샘이기도 하다.

제임스는 자신의 궁극적 실재가 종교적 경험이 일어나도록 작인의 역할을 하는 장소가 바로 잠재의식이라는 점을 좀더 적극적으로 이 책의 결론 부분에서 다루고 있다. 그 실재를 초월적 대상인 작인으로서만 보는 것이 아니고 인간의 심성 깊은 곳에 내재한 존재로서 이해하고 있다. 마치 폴 틸리히가 궁극적 실재는 초월적일 뿐만 아니라 내재적이라고 생각하였듯이, 제임스도 이와 비슷한 생각을 하고 있다. 단지 이름만을 달리하여 그 궁극적 실재를 초월적 측면에서 '저쪽에 있는'(the fatherside) 실재와 내재적 측면에서 심성의 깊은 곳, 즉 '이쪽에 있는'(the hitherside) 실재[35]로 명명하였다.

그러므로 제임스에게서 종교적 경험의 원천은 '저쪽'의 실재가 작용을 하든 '이쪽'의 실재가 작용하든 그 작용이 일어나는 곳은 인간 심성의 가장 깊은 잠재의식 속에서 이루어진다고 볼 수 있다.

4. 종교적 경험의 목적

종교를 연구하는 사람들은 19세기 과학주의자들이 흔히 예상했듯이 종교 현상은 역사의 발전에 따라 악화되거나 없어질 미신과 같은 것이 아니라 지금까지 존재해왔듯이 지구가 없어질 그날까지 계속 존재할 것임을 종교사의 구체적 이해를 통해서 깨닫는다. 종교현상이 사라지지 않고 계속 인간

---

35) 같은 책, 502쪽.

삶의 근원적 요소로서 존재하는 까닭은 무엇인가? 다시 말해서 도대체 무엇이 종교를 살아 있도록 움직이게 하는가? 그리고 그토록 종교를 살아 있도록 움직이게 하는 근본적 목적은 무엇인가?

전자의 질문은 종교의 의미나 원천에서 이미 대답을 하였다. 그 대답은 바로 인간의 종교적 경험이 객관적으로 보인 종교현상을 역동적으로 살아가게끔 해주었다는 해석이다. 만일 그 현상을 통해서 또는 위해서 인간 자신이 어떤 본질적 삶의 경험을 갖지 못한다면 결코 살아남지 못한다. 좀더 나아가서 왜 그런 경험이 일어나야만 하는가? 종교적 경험은 어떤 목적을 내포하고 있는가? 이 질문에 대하여 지금부터 논의해보려고 한다.

종교적 경험이 일어나는 목적에 관해서는 역사적이고 사회적 원인, 철학적이고 실존적 인간의 상황 또는 심리적 분열의 원인 등과 같은 여러 요인들을 통해서 찾아보려는 현대의 학문적인 많은 노력들이 있어왔다.

제임스는 인격의 내면 속에는 두 개의 자아가 끊임없이 싸우고 있다고 보았다.[36] 하나는 의식적이지만 현실적 자아이고 다른 하나는 무의식적이지만 매우 이상적 자아이다. 일반적으로 그 두 개의 자아는 평화의 상태를 유지하고 있는 것이 아니라 언제나 투쟁적 관계를 지니고 있다. 때로는 평화적 상태를 유지하고 있는 것처럼 보이지만 곰곰이 뜯어보면 하나의 자아가 다른 하나의 자아를 억압하고 있는 상태이다.

현실적 자아가 이상적 자아를 억누르면 평면적으로 드러나는 인격은 매우 합리적이고, 이성적이고 실질적인 것같이 보이지만 이상적 자아를 누르고 있어서 심연의 깊은 고통을 갖고 있다. 그 반대로 이상적 자아가 현실적 자아를 억누르게 되면 황홀감을 줄 수 있을는지는 모르지만 매우 비현실적이고 도피적 삶을 살아간다.

제임스는 그 분열되어서 상호투쟁 관계에 있는 자아를 통합하여 조화로운 상태, 즉 평형의 상태[37]를 만들어내는 것을 종교적 경험의 목적으로 보

---

36) 같은 책, 168쪽.
37) 같은 책, 293쪽.

았다. 특히 현실적 자아의 억누름 때문에 갇힌 다양한 무의식적 충동들을 의식적으로 소화시켜서 보다 내면적 평온을 되찾게 하는 것이 그 경험의 목적이다. 그러므로 진정한 의미에서 불행이란 내면적 자아의 분열 그 자체도 인식하지 못하는 삶의 태도이다. 오히려 고통스러워하고 불행하다고 생각하는 삶의 태도는 보다 넓은 의미의 자아를 만들어가는 출발점이므로 결코 불행한 삶이 아니다. 즉 억눌린 무의식적 본능들을 의식적으로 순화시키려는 삶의 태도가 고통을 치유할 수 있는 첫걸음이다.

이러한 통합의 경험은 회심이라든가 신비주의의 경험 속에 아주 두드러지게 나타난다. 회심의 경우에는 내면적 투쟁을 삭감하여 그 분열된 자아를 연결시켜주는데 이른바 외면적 종교가 어떤 것과도 비교가 안 되는 통합적 인격을 만들어주는 매개물[38]로 중요한 역할을 한다. 마치 종교적 상징이 신앙인들로 하여금 의식과 무의식을 연결하여 원형적 자기를 경험하게 해주듯이, 회심자에게는 자신이 고백적으로 받아들인 종교를 내면화시켜서 자신의 분열된 인격을 연결시켜 전인적 삶을 살아간다.

그런 회심의 경험을 갖고 있는 사람은 회심을 하기 전에는 종교의 다양한 요소들이 자기와는 전혀 무관한 것들이어서 의식의 주변부에 놓여 있지만 회심 후에는 정반대로 모든 삶의 중심이 받아들인 종교의 의미에 모아져 있다. 더 나아가서 전인격을 모아서 그 의미를 구체적 삶 속에서 표현하려고 한다. 종교적 경험 이전에는 삶의 모든 에너지를 세상적 일에 쏟아부었다고 한다면 그 이후에는 종교적 삶에 쏟아붓는다. 계속해서 종교가 회심자에게 분열되었던 자아를 통합하도록 하나의 상징으로서 역할을 다한다면 그 회심자의 삶은 계속해서 헌신적 삶을 살게 될 것이다. 그러나 반대로 그런 기능을 담당하지 못한다면 그 회심자는 다시 회심 이전의 상태인 분열된 자아의 고통을 더욱 깊게 받을 것이다.

이와는 대조적으로 신비주의 경험의 경우에는 어떤 매개물을 통해서 분열된 자아를 통합시키는 것이 아니라 직접 그 자아를 통합시킨다. 이 경우

---

38) 같은 책, 172쪽.

의식적 자아는 상대적으로 축소되어 이상적 자아가 주도가 되어서 일어나는 통합과정이다. 앞에서도 여러 번 언급했듯이 이러한 통합의 경험은 종교 전통 안에서만 일어나는 것이 아니라 일상적 삶의 다양한 형태 안에서도 일어난다.

그리고 제임스는 그 통합의 경험은 두 가지 형태를 띠면서 나타난다고 하였다. 하나는 점진적 통합과정이고, 다른 하나는 갑작스럽게 일어나는 통합과정이다.[39] 전자는 의식적이고 자발적 결단을 통해서 이루어지며, 후자는 비자발적이고 무의식적이며 자기 자신이 주체가 되어서 경험하는 것이 아니라 무엇인가에 붙잡혀서 이루어진다.

이 점에서 제임스는 한 번 더 스타벅의 연구를 참조하고 있다.[40] 스타벅은 전자의 통합을 '의지적 유형'(volitional type)으로 후자를 '자포자기의 유형'(the type by self-surrender)으로 명명하였다. 대표적인 예로서, 제임스는 전자의 형태를 『천로역정』의 작가인 존 버니언과 러시아의 문호인 톨스토이의 삶 속에서 찾았고, 후자의 형태를 사도 바울의 종교적 경험에서 찾았다. 물론 이밖에도 비종교적 형태를 포함한 수많은 예를 제임스는 '회심'과 '신비주의' 부분에서 직접 인용하고 있다.

5. 종교적 경험의 표현

제임스는 인간을 심성적인 면에서 두 부류로 나누어 4강에서 7강에 걸쳐 설명하고 있다. 첫번째 부류는 '낙관적 성품'(healthy mind)의 인격을 소유하고 있는 인간이고 두번째 부류는 마음의 고통을 받고 있는 '고뇌하는 영혼'(sick soul)의 인격이다. 이 두 부류가 갖고 있는 종교적 경험의 이해는 매우 근원적 차이점을 보여준다. 여기에서는 그들이 어떤 특징을 갖고서 자신들의 종교적 경험을 표현하였는지를 살펴보겠다.

---

39) 같은 책, 186쪽.
40) 같은 책, 202쪽.

먼저 낙관적 성품의 표현을 살펴보자. 낙관적 성품의 인격은 전반적으로 삼라만상을 매우 긍정적이고 아름다운 실재로서 파악하고 있다. 이런 사람은 자신의 구체적 삶에서 일어나는 모든 일들을 단순하고 매우 행복하게 받아들이고 있고 추상적인 일이나 생각이라고 하더라도 언제나 낙관적 견해를 갖는다.

삶에 대해 너무나 긍정적 태도를 갖고 있기 때문에 낙관적 성품의 인격은 인간 삶의 가장 본질적 요소를 바로 '선'이라고 규정하고 나아가서 '악'의 실재는 인간 삶의 보편적 양상이 아니라고까지 생각하여[41] 악의 실재 자체를 자신 삶의 태도 속에서 제거해버리는 경향이 있다. 근본적으로 그런 인격은 구체적 삶 속에서 일어나는 악의 실재를 증명해주는 고통을 감수할 수 있는 타고난 형질적 능력을 갖고 있지 못하다.[42]

그러므로 이성적 인간이라면 보편적으로 추구해야 할 것은 악 때문에 일어나는 다양한 고통의 문제를 근원적으로 생각하는 데 머물러 있는 것이 아니라 그 자체를 부정하고 대신에 선을 실현시키는 일이다. 그렇기 때문에 그 사람은 그리스도 전통의 근본적 교리인 원죄와 그 죄의 회개를 큰 병으로 보고 있다.[43]

따라서 낙관적 성품의 인격은 죄의 회개가 모든 문제를 풀어준다고 보지 않고 오히려 정의를 실현하면서 동시에 죄의식 그 자체를 잊어버림으로써 인간의 근원적 문제가 해결된다고 본다. 특히 이런 사람은 환경이나 사회의 구조적 문제에 모든 사회적이고 인간의 문제가 귀속되어 있으므로 그 사회의 구조나 환경만을 개조하면 얼마든지 인간의 복지는 증진된다고 본다. 제임스는 이런 부류의 생각을 그리스도교 전통의 자유주의 운동, 마음치료, 뉴잉글랜드의 초절주의 운동, 미국의 대중시인인 휘트먼과 같은 자연주의 사상, 버클리의 관념론, 낙관적 대중과학운동, 그리고 라틴계 민족의 마음속에서 찾아볼 수 있다고 지적한다.

---

41) 같은 책, 87쪽.
42) 같은 책, 125쪽.
43) 같은 책, 126쪽.

이러한 인격에 반해서 정신적 고통을 지니고 있는 '고뇌하는 영혼'의 경우는 아주 대조적으로 비관적 세계관을 갖고 있으므로 자기 자신을 포함한 삼라만상을 부정적 실재로 파악하고 있다. 이런 사람은 구체적 삶 속에서 자신이 직접 경험한 모든 사건들을 불행한 일로서 받아들이고 더 나아가서 근원적 인간 존재 자체를 비관적으로 보고 있어서 매우 비관적 삶의 태도를 지닌다.

낙관적 성품의 인격과는 매우 대조적으로, 고뇌하는 영혼의 인격은 인간 삶의 가장 근원적 요소를 바로 '악'의 실재로 규정하고 있다.[44] 그렇기 때문에 그 인격은 선의 실재는 궁극적으로 삶의 보편적 양상으로 존재하는 것이 아니라고 하여 선의 실재 그 자체를 부정할 뿐만 아니라 자신의 삶의 태도에서 그것의 실현을 제거해버린다. 그리고 아무리 아름다운 삶을 관조하더라도 그의 눈에는 그것이 결코 낙관주의적이고 아름다운 현상으로 비치지 않는다. 무엇보다도 마음의 평화를 누리기 위해서는 주위의 환경이나 사회의 구조 자체를 변경시키므로 달성되는 것이 아니라 인간 자신이 변화되어야 한다.

그런데 여기에서도 인간은 스스로 변화할 수 있는 힘을 갖고 있지 않으므로 반드시 초자연적 힘을 빌려서 인간 삶의 근원적 구원을 받아야 한다고 고뇌하는 영혼은 생각한다.[45] 제임스는 고뇌하는 영혼의 특징을 러시아의 대문호인 톨스토이의 고통스러운 방황, 존 버니언의 근원적 삶에 대한 물음, 그리고 성 아우구스티누스의 고통스런 참회의 과정과 같은 고백들 속에서 찾았다.

전체적으로 보아 낙관적 성품의 인격은 인간의 자연적 상태를 긍정적으로 바라보기 때문에 회심과 같은 거듭남의 경험은 필요치 않을 뿐만 아니라 스스로 개조해 나갈 수 있는 자율적 능력을 지니고 있어서 내세지향적 삶의 태도가 아니라 현세지향적 삶의 태도를 취하고 있다. 이에 반해서 고뇌하는 영혼의 인격은 인간을 근원적으로 부정적으로 보고 있어서 인간이 자신의

---

44) 같은 책, 128쪽.
45) 같은 책, 131, 132쪽.

문제와 사회의 모든 문제를 해결할 수 있는 자율적 능력을 갖고 있지 않다고 생각한다. 그래서 그 인격은 언제나 그 문제를 해결할 수 있는 회심의 경험, 즉 제2의 탄생경험[46]을 필요로 한다. 영적 탄생의 경험이 없이는 자기 자신뿐만 아니라 사회의 문제를 해결할 수 없다고 본다. 그리고 낙관적 성품의 인격과는 대조적으로 고뇌하는 영혼의 인격은 사회의 문제보다는 자기 자신의 실존적 문제에 더 많은 초점을 두고 있기 때문에 현실적이라기 보다는 내세적 경향을 갖고 있다.

제임스는 종교의 핵심부분을 '구원'(deliverance)의 경험으로 보았기 때문에 슬픔, 고통, 연민 그리고 죽음과 같은 삶의 부정적 요소들로부터 해방될 수 있도록 도와주는 종교적 경험의 표현은 낙관적 성품의 인격에서 보다는 고뇌하는 영혼의 인격에서 더욱 많이 찾아볼 수 있다고 말한다.[47] 그리고 세계 종교전통 중에서 불교 전통과 그리스도교 전통이 고뇌하는 영혼들에게 더욱 완전한 인격을 갖도록 매개역할을 해줄 수 있으므로 '가장 완전한 종교'(the completest religions)[48]라고 평한다.

좀더 구체적으로, 제임스는 종교적 경험의 표현을 '성인다움'의 삶 속에서 주로 찾았다. 제임스는, 앞에서도 언급했듯이 종교적 경험은 다양한 형태를 띠고 의식 이면의 잠재의식의 문을 통해서 구체적으로 네 가지 특징을 보여준다고 생각하였다.[49] 첫번째 특징은 초월적이고 이상적 힘을 무엇이라고 규정하든 종교적 경험을 해본 사람은 작고 이기적인 삶보다는 그 삶을 포기하면서 언제나 그 이상적 힘의 영향을 인식한다. 두번째 특징은 그 이상적 힘의 요청에 따라 언제나 순종하는 삶이다. 세번째 특징은 경험하기 이전의 상태와는 달리 무한히 자유스럽고 고양된 듯한 느낌을 갖는다. 네번째 특징은 분열, 부조화, 미움의 감정에서 조화, 일치, 사랑의 감정이 모든 대상과의 관계 속에 드러나 있다.

---

46) 같은 책, 154쪽.
47) 같은 책, 162쪽.
48) 같은 책.
49) 같은 책, 226, 227쪽.

그 내면적 조건들은 다시 구체적으로 표현되는데,[50] 제일 먼저 성인다운 삶은 자기 희생을 요구하는 매우 금욕적인 삶이다. 두번째로 그 삶은 영혼이 매우 안정되어 있다. 세번째로 그 삶은 내면적 삶을 더욱 정화하여 세상과 타협하지 않은 영적 순결을 갖고 있다. 네번째로 그 삶은 이전에는 상상할 수 없을 정도로 부드러움의 인격으로 변화되었기 때문에, 주위의 이웃들에 대해서 매우 관용적이다.

그러나 위의 긍정적인 성인다운 삶이 종교적 경험의 표현으로서 주를 이루고 있지만 동시에 매우 부정적인 성인다운 삶[51]도 종교사를 통해서 많이 찾아볼 수 있다고 제임스는 지적한다.

앞 장에서 언급했듯이, 의식과 잠재의식이 균형을 이루어 보다 조화로운 인격을 만들어가는 것이 종교적 경험의 근본적인 목적이다. 다시 말해 제임스에게서 의식적 측면이 강한 지성과 의지가 잠재의식의 측면이 강한 감정과 잘 조화가 되어야 한다. 지·정·의가 균형을 이루지 못할 때 개인적으로 불완전한 인격을 유지하게 된다. 지성과 의지가 무시되어버린 종교적 경험의 표현은 매우 부정적 특징을 드러낸다.

이를테면 자신이 경험한 종교적 경험을 감정적으로만 생각하여 영적 흥분을 지성적이고 의지적으로 순화시키지 못하게 되면 그 사람의 삶은 매우 광신적 형태를 띠게 되어 자신의 경험과 다른 어떤 경험도 용납하지 않게 된다. 그리고 매우 공격적이고 지배적인 삶의 모습을 드러내어 모든 인간관계를 잃어버리는 결과를 낳는다. 이런 경우에는 자신이 경험한 궁극적 실재 이외는 모두 이단이므로, 부모, 형제, 자매, 친구, 가족 등과 같은 일차적 삶의 구성원들까지도 순결한 신앙을 지키는 데서 일종의 방해물로 생각하여 막대한 피해를 끼치는 결과를 낳는다. 더 나아가서 이런 측면이 집단적으로 일어날 경우에는 자신들이 경험한 고백과는 다른 것을 갖고 있는 집단에 대해서는 매우 공격적으로 비판할 뿐만 아니라 종교간의 전쟁까지도 불사한다.

---

50) 같은 책, 268, 269쪽.
51) 같은 책, 332~336쪽.

다음으로 종교적 경험에 대한 잘못된 지성의 적용은 결단력없이 애매모호한 태도를 취하여 매우 부정적인 결과를 낳고 만다. 종교적 삶은 온유하고 사랑스럽고 또는 자비스러워야 된다는 맹목적 원칙 때문에 사회의 부정직한 삶의 요소들을 보고서도 비판적으로 지적하지 못하고 지나쳐버린다. 특히 종교와 국가의 관계에서 이 점은 정치적으로 자주 이용되었다. 마땅히 종교가 사회 속에서 선지자적인 역할을 담당해야 하는데 그렇지 못한 경우이다. 오히려 그렇게 하려고 하여도 온유한 삶에 대한 잘못된 교리적 이해 때문에 죄의식까지도 유발하는 경우가 종종 있다.

더 나아가서 종교적 경험의 표현은 금욕적이고 청빈한 삶을 이루어내야 한다는 극단적인 생각 때문에 많은 종교인들은 현실을 균형있게 살아가는 것이 아니라 매우 현실도피적인 삶을 살아간다. 마치 중세에 돈을 더러운 배설물로 여겼듯이, 이런 신앙인들은 돈 자체를 부정적으로 생각하여 중도적 삶의 지혜를 잃어버리는 결과를 빚는다. 제임스는 붓다의 중도적 삶의 지혜[52]를 인용하면서 지·정·의가 조화로운 상태에서 자신들의 삶을 이어나가야 함을 지적한다.

6. 종교적 경험의 해석기준

종교연구 중에서 가장 중요한 물음은 우리가 종교현상을 어떻게 이해하여야 하는지 하는 것이다. 다시 말해서, 어디에 기준점을 두고서 수많은 종교현상을 해석학적으로 이해해 나갈 것이냐 하는 것이다. 그 기준점의 이해는 또한 종교현상의 옳고 그름을 가려낼 수 있는 측면까지도 고려해야 한다. 종교학의 장 안에서는 고정되어 있는 특정한 해석의 방법론을 주창하고 있지는 않지만 넓은 의미에서 두 가지 형태의 방법론인 환원주의를 늘 경계하고 있다.

---

52) 같은 책, 354쪽.

첫번째로, 종교현상의 독특성을 간과하여 종교적으로 그 현상을 직시하여 이해하는 것이 아니라 다른 현상들의 준거틀인 사회학적이고, 정치학적이고, 심리학적이고, 인류학적인 방법론으로 그 현상을 환원시키는 형태이다. 두번째로, 종교현상을 다른 현상들의 방법론으로 환원하여 해석을 하는 우를 범하고 있지는 않지만 자신이 고백한 종교의 준거틀로서 다른 종교현상을 호교론적으로 환원하여 이해하는 형태이다. 특히 서양의 종교학에서는 바로 이 문제 때문에 종교학과 신학간에 엄청난 갈등을 겪어왔다. 그러나 현재는 종교다원적 상황의 이론적이고 실천적 인식 덕분에 종교학과 신학간의 초창기의 갈등이 상대적으로 많이 해소되어가고 있다.

제임스가 보여주고 있는 종교적 경험의 옳고 그름에 대한 나름대로의 판별기준은 매우 의미 있는 종교해석의 새로운 측면을 보여준다. 제임스의 기준은 어떤 확립되어 있는 방법론을 갖고 있는 것이 아니라 구체적 삶과 유리되어 있지 않으면서 계속 변경하고 수정 가능하다. 제임스는 첫번째 강연인 '종교와 신경학'에서 종교적 경험 그 자체는 눈에 객관적으로 보이는 현상이 아니라 그 경험을 갖고 있는 인간의 마음 속에서 일어나고 있으므로 매우 주관적 현상으로 이해한다. 그래서 그 경험 자체를 직접 이해한다는 것은 불가능하다. 그러나 간접적으로는 그 경험을 이해할 수 있다. 이를테면, 그러한 경험을 지닌 사람의 고백적 발언, 생활, 행동 등과 같은 경험의 구체적 표현들을 통해서 접근이 가능하다.

이 점 때문에 제임스는 매우 분명하게 종교적 경험의 판별기준은 종교생활, 더 나아가서 그 생활의 열매들을 통해서만(excusively)[53] 이루어진다고 보았다. 그 기준에는 반드시 세 가지 요소[54]가 들어 있어야 하는데, 첫번째는 경험자 자신뿐만 아니라 자신의 주위를 새로운 차원에서 돌아볼 수 있는 어떤 즉각적 감정의 변화를 지니고 있어야 한다. 외부적 삶의 조건은 전과 같이 거의 변화되지 않았지만 그 경험자는 전에는 느낄 수 없었던 마

---

53) 같은 책, 22쪽.
54) 같은 책, 19쪽.

음의 평화, 주위와의 조화, 그리고 넘쳐나는 감사와 기쁨 등과 같은 감정을 갖는다. 그 경험자에게는 모든 세상이 전과는 달리 매우 아름다워 보인다. 두번째는 광란적 삶으로 나아가지 못하도록 자기 반성을 할 수 있는 철학적 합리성이 그 기준 속에는 반드시 있어야 한다. 세번째는 상식적으로 어느 누구에게도 피해를 주지 않는 도덕적 삶을 살아갈 수 있도록 도움을 줄 수 있어야 한다.

다시 말하면, 종교적 경험의 기준에는 첫번째 요소인 감정적 측면, 두번째 요소인 지적 측면, 그리고 세번째 요소인 의지적 측면 모두가 있어야 한다. 그렇지 않을 경우에는 광신적이거나 형식적이며 지성 중심적 삶으로 나아가고 만다.

물론 앞에서도 언급하였듯이, 제임스에게서 종교의 의미는 첫번째 요소인 감정적 측면이 강하지만, 그것이 생활과 관계될 때는 반드시 지적이고 의지적인 측면도 고려해야만 종교적 경험의 진위를 판별할 수 있다. 그러나 제임스가 생각할 때, 당시까지 주로 종교적 경험을 판별하는 데 사용해왔던 잣대는 두번째 요소인 지적 측면을 많이 갖고 있었다. 그래서 지성적 관점의 이해가 종교연구에서 주를 이루었다. 이런 상황에서, 정적이고 의지적 측면이 주로 무시되어온 점은 부인 못할 사실이다. 비단 종교연구뿐만 아니라 철학을 연구하는 사람들도 지적인 삶만 강조하다 보니, 구체적 삶의 주된 요소인 정적이고 의지적 삶의 이해가 의도적으로 당시에 팽배해 있던 관념론에 고려되어 있지 못했음을 제임스는 지적하고 있다. 더 나아가서 제임스는 구체적 삶과 유리된 철학을 '사악한 지성주의'(vicious intellectualism)[55]라고 혹평을 하였다.

칸트가 자신의 철학을 비판철학이라고 불렀듯이, 제임스는 자신의 종교적 경험의 기준을 '성스러움의 비판'[56]이라고 명명하였다. 아무리 좋은 경험이라고 해도 그것이 조화로운 삶을 엮어 나가도록 기여하지 못한다면 그것은 비판의 대상이 된다. 제임스는 철학적 종교연구뿐만 아니라 당시의 지

---

55) William James, *Pluralistic Universe*, 32쪽.
56) William James, 앞의 책, 320쪽.

성적인 또다른 연구인 신학적 연구도 비판을 했다. 다른 형태의 지적 종교 연구처럼 이른바 신학적 연구도 구체적 상황이나 맥락과의 관련성 속에서 이루어지고 있는 것이 아니라 '선험적 신학체계'[57]로서 종교현상을 보고 있으므로 '전체적으로'(on the whole) 조명하여 그 현상의 종합적 이해를 끌어내지 못한다고 보았다. 그러므로 그 체계와 직접적 관련을 갖지 못하는 그 경험의 맥락적 요소들, 즉 매우 상식적인 요소들까지도 신학체계 위에서 무시되어버린다.

제임스는 어느 누구도 편견의 우상 속에서 완전히 자유로울 수 없지만 그 편견을 최소화하여 상식이 통할 수 있는 인간기준(human standards)을 지적 측면만 강조하는 신학적 기준보다 한 차원 위에 놓고 있다. 지적인 기준은 절대적으로 수정할 수 없을 뿐만 아니라 고정된 체계를 교리화 내지 교조화시키는 반면에, '인간기준'은 인간은 환원하지 못하므로 종교적 경험을 해석해낼 수 있는 '그물'을 절대적으로 만들 수 없음을 뜻한다. 경험의 세계는 인간이 지적으로 고안해낸 실재의 세계보다 훨씬 넓고 깊어 고안해낸 세계의 그물로는 그를 모두 포착할 수 없음을 제임스는 분명히 알고 있었다. 그래서 지적으로 교조화된 교리를 통해서 모든 진리를 소유하고 있는 오만 때문에 오히려 보다 넓은 진리의 세계가 포착되지 않을 뿐만 아니라 잃어버림을 제임스는 우려한다. 그러므로 제임스의 방법론은 진리를 소유되는 정적 대상이 아니라 계속해서 실재론적이고 경험론적으로 밝혀져야 될 대상으로 보는 것이다. 이 입장은 제임스가 프랑스의 베르그송의 사상을 접하면서 더욱 구체화된다.[58]

이런 식으로, 제임스의 해석은 현세적이고 상황적 기준에 근거해서 종교적 경험의 열매들을 경험론적으로 평가하고 있기 때문에 종교인들이 현세를 나그네의 삶으로 비유하고 내세를 본래의 안식처로 생각하는 특징을 이해하지 못한다.[59] 그러므로 경험의 열매와 현세와의 관련성은 제임스의 기

---

57) 같은 책, 321쪽.
58) 같은 책, 324쪽.
59) William James, *Pluralistic Universe*, 101쪽.

준으로는 제대로 밝혀질 수 있을지는 모르지만 다음 세계와의 연결점 속에서 또다른 해석이 가능함을 보여주지 못한다.

그러므로 제임스의 종교 해석의 기준은 종교적 경험 그 자체 또는 철학적 체계, 신학적 체계 또는 믿음 체계에서 나오는 것이 아니라 종교적 경험이 일어난 종교적 체계들이 무엇이든 삶의 의미 있는 열매들을 제공해주는 '유용성' 또는 '실용성' 안에 놓여 있다. 그런데 여기서 조심해야 할 점은 유용성이나 실용성의 의미는 반드시 기쁨이나 만족감과 같은 것만을 내포하고 있는 것이 아니라 의미 있는 고독, 자기 부정, 죄의식과 같은 고통스러운 의미들도 아울러 포함하고 있다는 사실이다.[60]

7. 맺음말

지금까지 필자는 『종교적 경험의 다양성』 속에 나타나 있는 제임스의 종교이론을 종교의 의미, 종교적 경험의 원천, 종교적 경험의 목적, 종교적 경험의 표현, 그리고 종교적 경험의 해석기준으로 나누어 살펴보았다. 마지막으로 제임스의 종교이론이 현대종교연구에 기여할 측면을 살펴보겠다.

무엇보다도 먼저 지적할 수 있는 점은 제임스는 고정된 방법론적 틀을 갖고서 종교현상 연구에 들어간 것이 아니라 뚜렷한 틀 없이 직접 개별적인 자료들 속으로 들어간 점이다. 에릭 샤프가 지적하였듯이, 당시의 일반적 풍토와는 대조적으로 제임스의 종교현상 접근은 개별적인 종교적 경험들을 직접 읽어보는 '합리적인 정직한 방법'(reasonable staight-forward methods)[61]을 취하였다는 점이다. 그러므로 제임스가 취한 태도는 매우 현상학적이고 직접적이다. 제임스의 이해는 그 자료들의 해석과정에서 종교적인 맛을 잃어버리지 않고 있다. 즉 환원주의적 종교이해를 언제나 의식

---

[60] 같은 책, 369쪽.
[61] Eric J. Sharpe, *Comparative Religion : A History*, New York : Charles Scribner's Sons, 1975, 112쪽.

하고 있었다. 그러나 현상학적 접근에만 머물러 있지 않고 더 나아가서 종교적 경험 자료의 진위를 그 경험의 구체적인 삶의 열매들과 연결하여 평가를 내린다. 제임스는 삶과 연결하여 분명히 가치평가를 내린다. 그러므로 존스의 이해처럼[62] 제임스의 방법론은 현상학에서 시작하여 현상학으로 끝맺는다는 생각은 잘못되어 있다.

두번째로 긍정적으로 평가할 수 있는 점은 제임스의 종교이론은 아직까지도 종교학, 종교철학 또는 종교심리학에서 크나큰 영향력을 발휘하여 종교적 경험에 대한 해석학적이고 지성적 공간을 만들어주었다. 데이비드 헤이(David Hay)가 바르게 지적하였듯이[63] 20세기에 들어와서 미국의 뉴잉글랜드 지역의 종교적 경험 연구자들의 영향력은 종교적 경험을 이해할 수 없는 비합리적이고 신비적인 요소들을 많이 지니고 있어서 합리성을 요구하는 학문의 장 안에서는 당시까지만 해도 거의 배제되었지만 특히 제임스의 책 덕분에 종교적 경험에 대한 새로운 연구분야를 학문적으로 개척하였을 뿐만 아니라 철학자들과 과학주의자들의 편견을 없애버리는 결과를 낳는다. 그래서 지금도 종교연구가들은 제임스의 종교이론을 많이 참조하고 있다.

세번째로 평가할 수 있는 점은 현대사회 안에서는 종교적 삶은 없어져야 할 괴물이 아니라 인간 삶의 본질적 요소임을 증언하는 데 있다. 서양지성사에서 종교에 대한 이해는 중세, 종교개혁 그리고 르네상스 안에서도 중심부의 위치를 차지하고 있었지만 계몽주의 이후에는 주변부 위치로 완전히 밀려났다. 특히 유럽에서 지성인들 사이에는 종교를 시대착오적이고 소박한 대중들만이 갖고 있는 미신과 같은 것으로 생각했다. 물론 칸트나 헤겔처럼 종교의 이해를 위한 어느 정도의 합리적이고 지성적 공간을 마련해주

---

62) W.T. Johns, *Kant and the Nineteenth Century*, New York : Harcourt Brace Jokanovich, 1971, 229쪽.
63) Davide Hay, "Scientists and the Rediscovery of Religious Experience," *Turning Points in Religious Studies*, edited by Ursula King, Edinburgh : Tand T. Clark, 1990, 232쪽.

었다고 하더라도, 그 이해는 기껏해야 도덕적 요청으로서의 종교나 절대정신의 현현의 하나로서 관념론 철학보다는 낮은 단계로서 종교를 철학적으로 이해하였다. 더 나아가서 19세기 사회과학의 태동으로 말미암아 콩트 같은 사람은 종교의 시대는 지나가고 있는 중이고 과학의 시대가 온다고 했으며 마르크스 같은 사람은 종교는 착취의식의 위장물인 아편으로 보아서 그야말로 부정적 견해가 주를 이루었다. 그리고 찰스 다윈의 진화론의 영향 속에서 전통적인 종교 세계관이 크나큰 타격을 받았으며 프로이트의 등장으로 종교의 부정적 이해가 주를 이루어왔다.

이런 상황에서 제임스는 종교적 삶에 대한 학문적 변호를 강력하게 제시하였다. 그래서 그가 『종교적 경험의 다양성』 속에서 역설하고 있는 것은 종교적 경험의 현상학적이고 개별적 분석을 통해서 가장 근원적 삶은 곧 종교적 삶임을 밝히려는 데 있다. 그러므로 제임스는 이 책의 부제인 '인간본성에 대한 연구' (A Study in Human Nature)가 보여주듯이 종교 자체에 대한 관심보다는 인간학적 측면에서 이해되어야 한다. 이런 측면에서 제임스는 종교적 삶이란 다른 형태의 삶과 유리되거나 또다른 형태의 삶이 아니라 그 모든 형태의 삶을 떠받쳐주는 뿌리임을 증언하고 있다.

E. P. G.에게
이 책을 감사와 사랑으로 바칩니다.

머리말

　나에게 에든버러 대학교의 '자연종교'에 대한 기포드 강연 강사로 지목되는 영광이 없었더라면 이 책은 씌어지지 않았을 것이다. 내가 책임져야 할 10회의 강연으로 된 두 과정의 주제에 대해서 생각할 때, 첫번째 과정은 '인간의 종교적 욕구'에 대한 서술적 강연이고, 두번째 과정은 '철학을 통한 종교적 욕구의 충족'에 대한 형이상학적 강연이라'해도 좋겠다. 그러나 예상치 못했던 심리학적 문제들이 불거짐에 따라 나는 결과적으로 두번째 주제를 완전히 뒤로 미루게 되었고, 인간의 종교적 기질에 대한 서술로 20회의 강연을 채우게 되었다. 20번째 강연에서 나는 나 자신의 철학적 결론을 진술했다기보다는 넌지시 암시하였으므로 그 결론을 즉시 알고 싶은 독자들은 이 책의 577~607쪽과 '후기'를 보면 될 것이다. 훗날 좀더 명쾌하게 나의 철학적 결론을 표현할 수 있기를 바란다.
　종종 아무리 깊은 것일지라도 추상적인 지식의 소유보다는 세세하고 광범위한 지식이 우리들을 지혜롭게 해준다는 믿음 때문에, 나는 종교적 기질의 극단적인 표현들 중에서 구체적인 예를 선별하여 이 강연들을 준비하였다. 결과적으로 어떤 독자들에게는 이 책의 책장을 반도 넘기기 전에 내가 주제에 대한 괴팍한 모습만을 제공하는 것으로 보일지도 모른다. 그들은 내가 예를 들어 기술한 신앙심의 발작은 건전하지 못한 모습이라고 말할 것이다. 그러나 인내를 가지고 끝까지 읽는다면 그러한 비우호적인 인상은 사라질 것이라고 생각한다. 왜냐하면 나는 거기서 종교적 충동과, 그 과장된 표현들을 고쳐주는 다른 상식적 원칙들을 조화시키고 있으며, 독자들로 하여금 얼마든지 균형잡힌 결론에 다가설 수 있게 해주기 때문이다.

이 강연원고를 집필하는 데 도움을 준 스탠퍼드 대학교의 에드윈 스타벅(Edwin D. Starbuck)과 이스트 노스필드의 헨리 랭킨(Henry W. Rankin)에게 감사드린다. 스타벅은 육필원고로 된 자료를 방대하게 수집해서 건네주었으며, 만날 수는 없지만 언제나 함께 있다고 생각되는 친구 랭킨은 아주 귀중한 정보를 제공해주었다. 제네바의 플루르누아(Theodore Flournoy), 옥스퍼드의 실러(Canning Schiller), 그리고 문헌들을 제공해준 동료 랜드(Benjamin Rand), 밀러(Dickinson S. Miller), 또한 중요한 제안과 충고를 해준 친구들인 뉴욕의 렌 워드(Thomas Wren Ward)와 빈첸티 루토슬라프스키(Wincenty Lutoslawski), 마지막으로 킨 밸리(Keene Valley)와 글렌모어에서 함께 담화를 나눴을 뿐 아니라 자신의 책을 인용하도록 허락해준, 작고한 데이빗슨(Thomas Davidson)에게 감사드린다. 이분들은 내가 표현할 수 있는 것보다 더 큰 신세를 진 사람들이다.

1902년 3월
하버드 대학교에서

제1강 | 종교와 신경학

이 연단에 자리를 차지하고서 학식이 풍부한 청중들을 바라보고 있는 것은 굉장히 떨리는 일이다. 우리 미국 사람들은 유럽 학자들의 책이나 살아있는 음성을 통해 직접 가르침을 받는 경험에 매우 익숙해 있다. 내가 속해 있는 하버드 대학교의 경우, 겨울에는 언제나 스코틀랜드, 영국, 프랑스 또는 독일에서 온 과학이나 문학분야의 대표들이 행하는 크고 작은 강연들이 풍성하다. 그들은 대부분 대양을 건너 연설하러 오기를 바랐던 대표들이거나 미국을 방문했을 때 일정이 매우 바쁘지만 우리가 쉽게 놓아주지 않았던 사람들이다.

유럽 사람이 얘기하고 미국 사람이 듣는 것은 자연스러워 보인다. 그러나 그 반대의 경우, 즉 미국 사람이 얘기하고 유럽 사람이 듣는 경우는 아직까지 접하지 못했다. 처음으로 그러한 모험을 행하는 사람에게는 너무나 주제넘은 행위이기 때문에 사과부터 하려는 마음을 갖게 해준다. 특히 이런 일이 미국 사람들이 생각하기에 에든버러와 같이 성스러운 땅에서 이루어지고 있다면 틀림없이 그럴 것이다.

에든버러 대학교 철학과의 명성은 어린 시절 나의 상상력에 깊은 인상을 남겨놓았다. 그때 막 출판된 프레이저(Fraser) 교수의 철학 에세이는 내가 처음으로 접했던 철학서적이다. 나는 그 책 속에서 윌리엄 해밀턴(William Hamilton) 경의 철학강연에 대한 설명을 읽으면서 느꼈던 위압감을 지금까지도 생생히 기억하고 있다. 해밀턴의 강연들은 내가 자발적으로 연구한 최초의 철학작품이다. 그 다음에 나는 더갈드 스튜어트(Dugald Stewart)와 토머스 브라운(Thomas Brown)의 철학에 깊이 빠져들었다. 나는 소년 시절에 느꼈던 그런 경외의 감정으로부터 결코 벗어날 수가 없었다. 그런데 지적인 불모 상태로부터 성장해 변변찮은 내가 실제로 이곳에서 당분간 공인이 되어, 이들과 같이 저명한 이름 가운데 포함될 수 있는 한 사람의 동료로 변화되었음을 발견한다는 것은 꿈이 실현된 것 같은 느낌임을 나는 고백한다.

이 영광스러운 초대를 받아들인 이상, 나는 이 강연의 명예를 결코 떨어뜨리지 말아야겠다는 생각을 해왔다. 또한 나의 학문적 경력 역시 영웅적 의무들을 수행하도록 격려해 주고 있으므로 더 이상 변명을 하지 않겠다. 그러나 지금 이곳과 애버딘에서의 물결은 서쪽으로부터 동쪽으로 흐르기 시작했다. 나는 이 흐름이 계속되기를 바란다는 말만큼은 꼭 전하고 싶다. 앞으로도 나는 나의 많은 미국 동료들이 미국에서 강연하고 있는 스코틀랜드 사람들과 마찬가지로 자리를 바꾸어 스코틀랜드 대학교들의 초청을 받아 강연하기를 바란다. 나는 우리들이 이런 모든 고차적인 문제에서 하나의 민족이 되기를 희망한다. 영어연설로 이루어진 독특한 우리의 철학적 기질뿐만 아니라 정치적 기질도 더욱더 세상에 확산되어 영향을 주기를 바란다.

이번 강연을 진행할 방법에 대해서 말하자면, 나는 신학자도 각 종교의 역사에 능통한 학자도 인류학자도 아니다. 심리학만이 내가 특별히 숙달되어 있는 학문분야이다. 심리학자에게 인간의 종교적 성향은 적어도 인간의 정신적 구조에 속해 있는 여타의 사실들만큼이나 흥미를 준다. 그러므로 내가 그런 종교적 성향에 대한 기술적(記述的) 분석에 여러분을 초대한 것같이 보이는 것은 심리학자로서 자연스러운 일이다.

만약 이 연구가 종교적 제도에 관한 것이 아니라 심리학적인 것이라면 그 주제는 종교적 감정이라든지 종교적 충동이 되어야 한다. 그래서 나는 자기주장이 명료하고도 완전히 자의식적인 사람들이 써놓은 작품, 이를테면 신앙작품과 자서전 속에 기록되어 있는 상당히 주관적 현상들에 나의 연구범위를 한정시키겠다. 어떤 사람의 출생과 삶의 초기단계들은 언제나 흥미롭다. 그러나 정직하게 그 사람의 완전한 의미를 추구하려고 하면 사람들은 언제나 완전히 발전되어 있는 삶의 모습을 기대한다. 이런 사실로부터 가장 우리들의 관심을 끄는 기록물은 종교적 삶 속에서 충분히 가르침을 받아 자신의 생각과 동기를 지적으로 가장 잘 설명해줄 수 있는 사람들의 기록물이라는 것을 추론할 수 있다. 물론 이런 사람들은 비교적 현대작가들이거나, 그렇지 않으면 종교적 고전작가가 된 조금 전대의 사람들이다. 그렇다면 우리가 가장 교훈적이라고 생각하는 인간의 기록물들(이후, 원문에 이탤릭체로 쓰여진 부분은 정자고딕체로 기록함-옮긴이)은 특별한 지식의 소굴에서 추구될 필요가 없다. 그것들은 밟아 다져진 도로에 놓여 있다. 그러므로 우리가 다루려는 문제의 특성으로부터 너무나 자연스럽게 연유되고 있는 이 같은 상황은, 특별한 신학적 학식이 없는 여러분의 강연자에게 놀랄 정도로 잘 어울린다.

여러분 대부분이 이미 갖고 있거나, 혹은 언젠가는 갖게 될 책들 속에 담겨 있는 나 자신의 개인적 고백의 문장이나 단락들로부터 나는 인용구들을 발췌할 것이다. 그러나 이것은 나의 결론에는 아무런 해를 끼치지 않을 것이다. 미래에 여기서 강연할, 더욱더 모험적인 독자와 연구가는 도서관 책꽂이에서 내 강연보다 더욱더 유쾌하고 호기심을 불러일으키며 흥미를 유발시키는 기록물들을 발견할 수도 있다. 그러나 나는 너무나 유별난 자료들을 수중에 넣는다고 해서 문제의 본질에 더욱더 근접할 것인지에 대해서는 확신이 없다.

논리적 관점에서 보면, 종교적 성향들은 무엇인가라는 질문과 그것들의 철학적 의미는 무엇인가라는 질문은 서로 완전히 다른 종류의 질문들이다. 이 사실을 분명히 깨닫지 못할 경우에는 혼돈을 야기시킬 수 있으므로 내가 언급한 문헌들과 자료들을 논하기 전에 이 점을 좀더 논하고자 한다.

논리학에 대한 최근의 저서를 살펴보면 어떤 것에 대한 두 종류의 질문 사이에서 구별이 지어진다. 첫번째 종류는 그것의 성질이 무엇인가, 그것이 어떻게 생겨났는가, 그것의 구조, 기원 그리고 역사는 무엇인가 하는 것이고, 두번째 종류는 그것이 한때 여기에 있었던 이상, 그것의 중요성 또는 의미는 무엇인가 하는 것이다. 전자에 대한 대답은 사실적(existential) 판단 또는 명제 속에 주어져 있다. 후자에 대한 대답은 독일 사람들이 가치판단 (Werthurtheil)이라고 부르는 가치명제, 또는 원한다면 우리가 영적 판단이라고 이름 붙일 수 있는 것에 주어져 있다. 어떤 판단도 다른 판단으로부터 직접적으로 추론될 수는 없다. 그 질문들은 다양한 지적 관심 속에서 나왔으므로 지적 능력을 소유한 사람은 단지 그 질문들을 처음에는 분리시킨 다음, 그것들을 합치시킴으로써 결합한다.

종교문제에서 이 두 종류의 질문을 구별하는 것은 특히 쉽다. 모든 종교 현상은 자연적 선행조건들로부터 그것의 출처와 역사를 갖는다. 오늘날 '성서 고등비평'이라는 것은 초기 교회에서는 거의 무시하였던 이런 사실적 관점에서만 성서를 연구하는 것이다. 어떤 전기적 조건 하에서 성서의 저자들은 각자 글을 썼고, 그리고 그 개별적인 글들은 전체 성서에 어떻게 다양한 기여들을 하였을까? 또한 그들은 자신들의 말을 전달할 때 각각의 마음 속에 정확히 무엇을 생각하고 있었을까? 이것들은 분명히 역사적 사실에 관한 질문들이므로, 사람들은 이 질문들에 대한 대답이 어떻게 즉석에서 더욱 깊은 질문에 대한 답변을 줄 수 있는지를 알지 못한다. 즉 그렇게 한정된 방식으로 엮어진 그러한 책이 삶의 인도자와 계시로서 어떤 유용성을 지니고 있을까?

이와 같은 서로 다른 질문에 답하기 위해서, 우리는 계시의 목적들에다 하나의 가치를 주기 위해 사물 속에 어떤 독특성이 존재해야 하느냐 하는 일종의 일반적 이론을 마음 속에 담아두어야 한다. 이 이론 자체는 내가 조금 전에 영적 판단이라고 불렀던 것이라고 볼 수 있다. 그 판단을 우리의 사실적 판단과 결합시키고 나서야 비로소 성서의 가치에 관한 또 다른 영적 판단을 추론할 수 있다. 그러므로 계시는 곧 가치라는 우리의 이론이, 어떤 책이 계시를 담고 있는 책이 되기 위해서는 반드시 자동적으로 작성되어야 하며, 그리고 저자의 개인적 취향은 개입되지 말아야 한다는 것을 확정하거나, 과학적이고 역사적인 오류를 결코 보여주어서도 안 되며, 지역적 또는 개인적 열정을 표현하지도 말아야 한다는 것을 확정한다면, 아마도 성서는 우리의 손에서 치명적인 타격을 입을 것이다.

다른 한편, 우리의 이론이 오류와 열정, 그리고 신중한 인간의 창작품임에도 불구하고 어떤 책이 계시로서 존재하고 있음을 허용하여, 그 책이 자신들의 운명의 위기들과 씨름하였던 위대한 사람들의 내면적 경험에 대한 진실한 기록물이라고 한다면 그 판단은 훨씬 호의적일 것이다. 여러분은 존재하는 사실들 그 자체는 가치를 결정하는 데 불충분하다는 것을 알게 될 것이다. 따라서 고등비평의 최고 권위자들은 결코 사실적 문제를 영적 문제로 혼동하지 않을 것이다. 그들 앞에 놓여 있는 사실에 대한 똑같은 결론들에도 불구하고 가치들의 토대가 다른 만큼 그들의 영적 판단도 다르기 때문에 계시로서 성서의 가치에 대해 어떤 사람은 이런 관점을, 또 어떤 사람은 저런 관점을 취한다.

나는 두 종류의 판단에 대한 일반적 의견을 말해보려고 한다. 왜냐하면 여기에 참석한 여러분 가운데 몇몇 분들과 같은 종류의 종교인들이 많기 때문이다. 그들은 아직까지 작업을 용이하게 하기 위해 그것들 사이의 구별을 짓지 않고 있으므로, 앞으로 계속될 강연에서 종교적 경험의 현상은 순전히 사실적 관점에서 생각해보아야 한다는 것에 약간 당황할 것이다. 마치 종교현상들이 개인의 역사가 빚어낸 단순히 진기한 사실들인 것처럼 내가 그것들을 생물학적으로 그리고 심리학적으로 다룰 때, 여러분 가운데 몇몇은 너무나 고귀한 주제를 훼손시킨다고 생각하여 아마도 내 목표가 완전히 표현될 때까지는 삶의 종교적 측면을 필사적으로 무시하고 있다고 심지어 나를 의심하기까지 할 것이다.

물론 그런 결과는 완전히 나의 의도와는 맞지 않는다. 그리고 여러분이 가진 그런 편견은 내가 말하려는 취지의 많은 부분을 심각하게 곡해하고 있으므로 나는 그 점에 대해서 몇 마디 더 하겠다.

사실상 배타적인 종교적 삶은 그런 삶을 따르려는 사람을 예외적이고 이상하게 만드는 경향이 있다는 것을 의심할 수 없다. 불교도든지 그리스도교도든지 또는 이슬람교도든지 간에, 나는 지금 자신의 나라에서 인습적 의례들을 따르는 일반적 종교인을 말하고 있는 것이 아니다. 그런 사람의 종교는 다른 이들로부터 만들어져 그에게 주어진 것이며, 전통에 의해서 그에게 전달된 것이고, 모방에 의해서 고정된 형태를 가지게 된 것이며, 그리고 습관적으로 믿게 된 것이다. 이런 이차적인 종교적 삶을 연구해보았자 우리들에게 아무런 득도 되지 못한다. 오히려 우리는 이런 다량의 암시적 감정과 모방적 행동의 원형 제작자인 원(原)경험을 탐구해야 한다.

우리들은 종교가 활기 없는 습관으로서가 아니라 민감한 열정으로서 존재하는 개인들에게서만 이런 경험들을 발견할 수 있다. 그러한 개인들은 종교적 분야에서는 '천재들'이다. 자서전 속에 기록하여 기념하기에 충분히 효력을 발휘할 수 있는 열매들을 생산해낸 많은 다른 천재들처럼 종교적 천재들도 가끔 신경불안의 징후를 보인다. 다른 종류의 천재들보다 종교지도자들은 더욱더 비정상적 정신장애에 시달리고 있다. 그들은 항상 고도의 감정적 감각을 지닌 피조물들이다. 가끔 그들은 조화되지 못한 내적 삶에 이끌려, 일을 하는 동안에도 우울증을 보인다. 그들은 강박관념과 고정된 생각에 한없이 시달렸다. 그들은 빈번히 몽환(夢幻)상태에 빠지거나 환청을 듣거나 환상을 보았고, 일반적으로 병적 현상으로 분류되는 모든 종류의 특성을 보여주었다. 더 나아가 그들의 경력에서 이러한 병적 특징들은 가끔 그들에게 종교적 권위와 영향을 행사하는 데 도움을 주었다.

여러분이 하나의 구체적 예를 요구한다면, 조지 폭스(George Fox)라는 인물이 보여주는 것보다 더 좋은 예는 없다. 그가 창시한 퀘이커교는 그렇게 칭찬만 할 수 없는 것이다. 거짓만이 온통 판을 치던 때에 퀘이커교는 영적 내면성에 뿌리를 둔 진실한 종교였고, 그 당시 영국사회에서 알고 있었던 것보다도 원래의 복음진리와 같은 어떤 것으로 되돌아가고자 하는 모임이었다. 오늘날 우리 그리스도교 종파들이 자유주의적 특성을 나타내고 있다면, 그들은 본질적으로 폭스와 초기 퀘이커교도들이 오래 전에 생각하였던 입장으로 단순히 되돌아가고 있는 것이다.

당분간 어느 누구도 영적 총명함과 능력의 관점에서 볼 때, 폭스의 정신상태가 건전하지 못했다고 주장할 수는 없다. 올리버 크롬웰로부터 주 행정장관과 간수들에 이르기까지 그를 개인적으로 대면하였던 모든 사람들은 그의 우수한 힘을 인정하였던 것 같다. 그러나 그의 신경조직에 대한 관점에서 볼 때, 폭스는 최악의 정신병자이거나 미치광이였다. 그의 일기에는 이런 종류로 시작되는 표현이 자주 눈에 띈다.

몇몇 친구들과 함께 걷고 있을 때, 나는 고개를 들고 세 개의 뾰족탑을 보았다. 그것들은 나의 삶을 습격하였다. 나는 그것들이 어떤 장소에 있느냐고 친구들에게 물어보았다. 그들은 리치필드(Lichfield)라고 말하였다. 즉각 주님의 말씀이 나에게 임하여 나는 그쪽으로 가야만 했다. 우리가 가려고 했던 집에 도착했을 때 나는 친구들에게 가야 한다고 말하지 않고 친구들이 그 집 안으로 들어가기를 바랐다. 나는 그들이 집 안으로 사라지자마자 물러나서 리치필드에서 약 1마일 떨어진 곳에 다다를 때까지 울타리와 도랑을 둘러보았다. 그곳의 넓은 평원에서 목동들은 양을 지키고 있었다. 그때 주님은 나에게 신발을 벗으라고 명령하였다. 나는 겨울이었기 때문에 그냥 서 있었다. 그러나 주님의 말씀은 내 속에서 일어나는 불과 같은 것이었다. 그래서 나는 신발을 벗고 그것을 목동들에게 맡겨놓았다. 불쌍한 목동들은 놀라서 떨었다. 그러고 나서 나는 약 1마일을 걸었다. 도시에 다다르자마자 주님의 말씀이 다시 나에게 임하였다. 주님은 다음과 같이 말씀하셨다.

"울어라, 그렇지 않으면 리치필드의 피비린내 나는 도시에 화 있을지라!"

나는 큰 소리로 울면서 거리를 오르내렸다. 마침 장날이어서 장터로 가 여기저기 오갔으며 "리치필드의 피비린내 나는 도시에 화 있을지라!"고 외쳐대면서 서 있었다. 어느 누구도 나에게 손을 대지 못했다. 내가 그렇게 울면서 거리를 지나갈 때, 나에게는 거리 아래로 피가 흐르는 수로가 있는 것같이 보였다. 그리고 장터는 핏물로 가득한 수영장 같았다. 나에게 무슨 일이 있었는지를 선포하고, 나 자신이 분명히 이해되었음을 느꼈을 때, 나는 평화롭게 도시 밖으로 빠져나갔다. 그리고 목동들에게 돌아와서 그들에게 돈을 주고는 맡겼던 신발을 찾았다. 그러나 나의 발 밑과 온몸에는 여전히 주님의 불이 있어서 신발을 다시 신을 수가 없었다. 그래서 나는 주님이 그런 자유를 주시는 것을 느낄 때까지 신발을 신어야 할지 말아야 할지 망설였다. 그리고 나서 얼마 후 발을 씻고서 신발을 다시 신었다.

이 일이 있고 난 후 나는 무엇 때문에 내가 그 도시를 향해 외쳐대고 그곳을 피비린내 나는 도시라고 말하도록 그곳으로 보내졌는지 곰곰이 생각해보았다. 그 도시에서는 의회가 한 성직자를 얼마 동안 데리고 있었는데 왕이 또 다른 성직자를 데리고 있었기 때문에 둘 사이에 전쟁이 일어나서 그 기간 동안 많은 피가 흘렀다. 게다가, 그 밖의 많은 다른 지역들에도 전쟁 때문에 피가 흘렀다. 나중에 나는 디오클레티아누스(Diocletianus) 황제 치하에서 1천여 명의 그리스도인이 리치필드에서 순교당했음을 알았다. 그래서 내가 1천 년 전에 피를 흘리고 길거리에서 죽어간 순교자들의 피의 기념비를 세우려고 신발을 신지 않고 그들이 흘린 피의 수로를 통과해, 시장터에 있는 그들의 피로 물든 웅덩이 속으로 들어갔던 것이다. 그 피의 의미가 이와 같이 나에게 다가왔기 때문에 나는 주님의 말씀에 복종하였다.

종교의 사실적 조건들을 연구하려고 할 때, 우리는 그 연구대상의 병적 측면을 결코 무시할 수는 없다. 우리는 마치 그것들이 비종교인들에게서 나타나는 것처럼 종교적인 사람들에게도 나타나고 있음을 묘사하고 지적해야만 한다. 우리는 본능적으로 우리의 감정과 정서가 헌신적으로 집착하는 대상을 다른 대상들처럼 지성적으로 다루려 할 때 움츠러드는 것이 사실이다. 지성이 어떤 한 대상에 대해서 해야 할 첫번째 일은 그것을 다른 것과 함께 분류하는 것이다. 그러나 우리에게 아주 중요하고 우리의 헌신을 일깨워주는 대상은 어느 것이나 **독특하고**(sui generis) 유일하다는 느낌을 준다. 아마도 바닷게는 우리가 그것에게 해명하지 않고 단순히 갑각류로 분류하는 것을 듣는다면 모욕감을 느끼면서 그 이름을 거부할 것이다. "나는 결코 그런 것이 아니고 나 자신이야, 나 자신일 뿐이야"라고 말할 것이다.

다음으로 지성이 해야 할 일은 사물이 처음으로 나오게 된 원인을 밝히는 것이다. 스피노자는 "나는 마치 그것이 고체, 평면 그리고 선에 대한 문제이기라도 한 것처럼 인간의 행동과 욕구들을 분석할 것이다"라고 말한다. 그리고 그 밖의 다른 곳에서도 그는 다른 모든 자연물을 바라보는 것과 똑같은 눈으로 우리의 열정과 그것들의 속성을 고찰할 것이라고 말하였다. 왜냐하면 삼각형의 세 각의 합은 두 개의 직각과 같다는 삼각형의 본성으로부터 삼각형의 필연성이 나오듯이, 우리의 감정에 대한 결과도 그것의 본성으로부터 똑같은 필연성을 갖고 나오기 때문이다.

이와 비슷하게 텐(M. Taine)은 『영문학사』의 서론에서 다음과 같이 썼다. "사실들이 도덕적이든 물질적이든 간에 문제가 되지 못한다. 그것들은 언제나 원인을 갖고 있다. 소화, 근육운동, 체온과 마찬가지로 야망, 용기, 정직에도 원인이 있다. 악과 덕도 황산염이나 설탕과 같은 생산물이다." 절대적으로 모든 것에는 사실적 조건들이 있음을 보여주려는 지성적 선언들을 읽을 때 우리는—그 저자들이 실제로 그 계획을 실행할 수 있는 것처럼 우스꽝스럽게 허풍을 떨어대는 것을 진정으로 참아 넘기지 못하고—우리의 가장 내면적 삶의 원천이 부정되고 위협당하고 있음을 느낀다. 마치 그 비밀들의 기원을 설명하는 데 성공한 입심이 동시에 그것들의 의미를 설명하고, 그것들을 텐이 언급한 유용한 잡화점보다 더 귀할 게 없는 것으로 나타나도록 만드는, 그처럼 모든 것을 냉정하게 동화시켜 버리는 연구태도는 우리 영혼의 역동적인 비밀들을 모두 쓸데없는 것으로 생각하는 것같이 보인다.

아마도 저급한 기원이 강조된다면 영적 가치는 타락할 것이라는 가정에 대한 가장 일반적 표현은, 감상적이지 않은 사람들이 더욱더 감상적인 사람들에게 흔히 내리는 논평 속에 나타난다. 앨프레드(Alfred)의 기질은 매우 감정적이기 때문에 그는 아주 강력하게 영혼불멸성을 믿는다. 패니(Fanny)의 극도로 양심적인 삶은 단지 과도한 신경자극 때문이다. 우주에 관한 윌리엄(William)의 우울증은 아마도 간기능이 떨어져서 생긴 소화불량 때문일 것이다. 엘리자(Eliza)가 교회에서 기쁨을 느끼는 것은 그녀의 히스테리적 성격에서 오는 한 증상이다. 피터(Peter)가 야외에서 더욱더 많은 운동을 하면 그의 영혼이 고통을 덜 받을지도 모른다.

이와 똑같은 종류의 추론을 보여주는 더욱 완전히 발전된 예는 종교적 감정들과 성적 삶 사이에 연결점이 있음을 보여줌으로써 종교적 감정을 비판하는 풍토에서 찾아볼 수 있다. 이것은 오늘날 특정한 저자들에게서 쉽게 찾을 수 있다. 회심은 사춘기와 청년기의 갈등이다. 성자들의 야윈 모습과 선교사들의 헌신적인 모습은 부모의 본능적인 자기 희생이 잘 나타난 예들이다. 자연적 삶을 갈망하는 히스테리 성향의 수녀에게 그리스도는 단지 속세적 사랑의 대상을 대신하는 상상적 대체물이다. 그 밖에도 그런 연결점을 많이 찾아볼 수 있다.[1]

---

1) 한 시대를 풍미하는 많은 사상들처럼, 이 개념은 교조적이고 일반적인 진술을 피하고, 단지 편파적인 풍자를 통해서 그 자체를 표현할 뿐이다. 내게는 종교를 도착된 성욕으로 이렇게 재해석하는 것보다 덜 교훈적인 개념은 거의 없는 것 같다. 노골적으로 가끔씩 인용되는 것이지만, 이 점은 종교개혁의 근원(*fons et origo*)이 수녀와 결혼하기를 원했던 루터의 욕망에 있었다는 사실을 기억함으로써 종교개혁을 가장 잘 이해할 수 있다는 유명한 카톨릭의 조롱을 생각나게 해준다. 즉 이런 식의 설명이 만들어내는 영향력은 그 원인이라고 주장되는 것들보다 훨씬 널리 퍼져 있으며, 대부분의 경우 정반대되는 사실을 말하고 있다. 종교적 현상들에 관한 다양한 모음집 가운데 어떤 것들은, 이를테면 다신교에서 볼 수 있는 음탕한 의례와 성적(性的) 신들 그리고 몇몇 그리스도교 신비주의자들에게서 볼 수 있는 구원자와의 황홀한 합일의 느낌 등이 보여주듯이, 노골적으로 호색적이다. 그러나 왜 종교를 한결같이 소화기능의 장애라고 말하지 않으며, 바쿠스 신(Bacchus)과 케레스 신(Ceres)을 숭배함으로써, 또는 성체에 대한 다른 몇몇 성인들의 황홀한 느낌에 의하여 자신의 주장을 입증하지 못하는가? 종교적 언어는 우리의 삶이 제공해주는 빈약한 상징으로 이루어져 있으므로, 우리의 마음이 강력하게 종교적인 감정을 표현하기를 원할 때마다 그 언어의 전체 조직은 논평을 필요로 하는 함축적 의미를 제공한다. 먹고 마시는 행위로부터 유래한 언어는 성적인 삶으로부터 유래한 언어만큼 아마도 종교적 문헌 속에서 흔하게 발견될 것이다. 우리는 의에 "주리고 목마르다." 우리는 "주님을 달콤한 향기로 발견한다." 우리는 "그가 선하다는 것을 맛보았고 알았다." '미국 아기들을 위해 양쪽 성서(신약과 구약—옮긴이)에서 짜낸 영적 우유'는 한때 유명했

던 『뉴잉글랜드의 신앙입문서』(New England Primer)의 부제이다. 그리스도교적 신앙문헌은 그러한 관점에서 생각해보면 어머니의 우유가 아니라 욕심 많은 아기의 우유 속에 정말로 표류하고 있다.

그러므로 예를 들면 프랑수아 드 살르(François de Sales) 성인은 '안식의 기도'(orison of quietude)를 다음과 같이 묘사한다. "이런 상태에서 영혼은 어머니의 가슴에 안긴 작은 아이와 같다. 그 아이의 어머니는 아이가 자신의 팔 안에서 조용히 있는 동안 아이를 돌보고, 입술조차도 움직이지 않게 하여 입속으로 젖이 들어가도록 만든다. 그러므로 그와 마찬가지로 신은 자신의 힘이 우리 입속으로 넣어준 젖을 우리로 하여금 빨아들이게 함으로써 우리의 의지가 만족되도록 하고, 그것이 신으로부터 나온 것임을 알지 못한다 하더라도 그 달콤함을 우리가 즐기기를 원하고 계신다."

그리고 다시 "그들을 돌보고 있는 어머니의 가슴에 안겨 일체가 된 어린 아기들을 생각해보자. 여러분은 때때로 젖을 빠는 쾌감이 그 아기들을 자극시키는 작은 출발로써 그들 자신을 점점 더 압축해 들어가는 것을 볼 것이다. 정확히 이와 마찬가지로 기도시간 동안 신과 연합되어 있는 가슴은 신의 달콤함 쪽을 향해 더 가까이 다가가는 운동을 통해 신과 더욱더 밀접한 연합을 하려고 한다." *Chemin de la Perfection*, ch.xxxi ; *Amour de Dieu*, vii, ch.i.

사실, 사람들은 대부분 종교를 호흡 기능의 타락으로 해석하곤 한다. 성서는 호흡의 억압에 관한 언어로 가득 차 있다. "내가 숨쉬는 곳에서 당신의 귀를 숨기지 마십시오. 나의 신음은 당신으로부터 숨기지 못합니다. 나의 심장은 몹시 두근거리고, 나의 힘은 약해져 있습니다. 내 뼈들은 밤새도록 나의 울부짖음에 열에 들떠 있습니다. 사슴이 시냇물을 그리워하듯이, 오 나의 신이시여! 내 영혼은 당신을 그리워합니다." 『인간 속에서의 신의 호흡』(God's Breath in Man)은 우리에게 잘 알려진 미국의 신비주의자(Thomas Lake Harris)가 쓴 주요 작품이다. 그리고 어떤 비그리스도교 국가들에서 모든 종교적 훈련의 기초는 들숨과 날숨의 조절에 있다.

이런 논쟁들은 성적(性的) 이론에 찬성하는 사람들의 이야기를 들을 때처럼 유효하고 합리적이다. 그러나 성적 이론의 주창자들은 자신들의 주된 논쟁이 어느 곳에서도 유사점을 가질 수 없다고 말할 것이다. 그들은 종교의 두 가지 주된 현상, 즉 우울증과 회심은 본질적으로 사춘기 때 일어나는 현상이므로 성생활의 발달과 더불어 동시에 발생한다고 말할 것이다. 그것에 대해 다시 반론하는 것은 쉬운 일이다. 비록 언급된 동시발생이 사실로서(실제로는 그렇지 않지만) 무제한적으로 진실이라고 할지라도 그것은 성적 삶일 뿐만 아니라 사춘기 동안 깨어나는 전적으로 더 높은 정신적 삶이다. 사람들은 기계학, 물리학, 화학, 논리학, 철학 그리고 사회학에 대한 관심 역시 성적 본능의 타락이라는 논문을 설정할 수도 있다. 왜냐하면 이런 관심은 종교와 시에 대한 관심처럼 사춘기 동안에 일어나는 것이기 때문이다. 그러나 위에서 말한 것은 너무 불합리하다.

우리는 정신상태를 불신하는 이런 사고방법에 분명히 혐오감을 갖고 있지만, 대체로 그것에 확실히 익숙해져 있다. 우리는 정신상태가 너무나 긴장되어 있는 사람들을 비판하는 데 이 방법을 어느 정도 사용한다. 그러나 다른 사람들이 우리가 지닌 고귀한 영혼의 비상(飛上)을 '단지' 우리의 기질적 성향이 드러난 것이라고 비판할 때, 우리는 격분하고 상처를 입는다. 왜냐하면 우리의 기질(organism)의 독특함이 무엇이든지 간에 정신상태는 살아 있는 진리의 계시로서 본질적 가치를 지녔음을 알기 때문이다. 그리고 우리는 이런 모든 의학적 유물론이 더 이상 제기되지 않기를 희망한다.

의학적 유물론은 정말로 우리가 고려하고 있는 너무나 단순한 사고체계를 나타내주는 좋은 명칭인 것 같다. 의학적 유물론은 간질병 환자였던 사도 바울이 다마스커스로 가는 길에서 본 환상을 후두골피질(occipital cortex)의 장애현상으로 설명해버린다. 또 성 테레사를 히스테리 환자로, 그리고 아시시의 성 프란체스코를 유전성 퇴행성 환자로 설명해버리고, 자기가 살

더욱이, 만약 동시성의 논쟁이 결정적인 것이라면, 성적 분출의 시기를 넘긴 노년기가 뛰어난 종교적인 시기라는 사실에 대해서는 어떻게 설명해야 하는가?
　종교를 해석하기 위해서 사람들은 결국 종교적 의식(意識)의 직접적인 내용을 살펴보아야만 한다는 것이 평범한 진리이다. 그러할 때, 사람들은 대개 그것이 성적 의식의 내용으로부터 나오는 것과 전체적으로 어떻게 분리되는가를 보게 된다. 두 가지 분야가 관련하고 있는 모든 것, 이를테면 대상들, 분위기, 관심이 있는 기능들, 그리고 강요된 행위들에서 종교의식과 성은 서로 다르다. 그것들 사이의 어떤 일반적 동화는 솔직히 불가능하다. 우리가 가장 자주 발견하는 것은 완벽한 적대감과 대조이다. 만약 지금 성-이론의 옹호자가, 이 이론은 자신들의 논문에서 밝힌 것과 차이가 없다고 말한다면, 즉 이것은 성-기관이 피에다가 화학적 작용을 일으켜주지 않는다면 두뇌는 종교적 활동을 수행하기 위한 영양 공급을 받지 못할 것이라고 말하는 것이다. 이 마지막 명제는 진실일 수도 있고 그렇지 못할 수도 있다. 그러나 어쨌든 그것은 근본적으로 교훈적이지 못하다. 우리는 그것으로부터 종교의 의미와 가치를 해석하는 데 도움을 주는 결론들을 추론할 수 없다. 이런 점에서 종교적 삶은 단지 성적 장치처럼 비장, 췌장 그리고 신장에 의존하고 있다고 볼 수 있다. 이렇게 될 때 이 모든 이론은 마음이 몸에 의존한다는 다소 모호한 일반적 주장을 함으로써 요점을 상실해버린다.

던 시대의 거짓투성이에 불만을 느껴 영적 진리를 갈망했던 조지 폭스를 결장(disordered colon) 질환자로 취급한다. 그리고 비참할 정도로 변화되어 버린 칼라일의 목소리를 위-십이지장의 카타르성 증세로 설명한다. 이러한 정신적 과다긴장의 모든 상태는 그 밑바닥까지 파헤쳐 생리학적으로 연구해보면, 여러 가지 내분비선의 왜곡된 작용 때문에 생겨나는 특이체질적 문제(아마도 자가중독)라고 주장할 것이다.

이렇게 말하고 난 다음, 의학적 유물론에서는 이런 모든 인물들이 지닌 영적 권위를 성공적으로 무너뜨렸다고 생각한다.[2]

가능한 한 가장 광범위한 방법으로 이 문제를 살펴보기로 하자. 정신과 육체가 분명히 상호 연관되어 있다는 것을 발견한 현대심리학은 하나의 필요한 가설로서 정신상태가 육체적인 조건에 완전히, 그리고 전적으로 의존하고 있는 것이 확실하다고 추정한다. 우리가 이런 가설을 받아들인다면, 의학적 유물론이 주장하는 것은, 물론 상세히는 그렇지 않더라도, 일반적으로는 진리임에 틀림없을 것이다. 그렇다면 사도 바울은 간질병 환자가 아니더라도 분명히 간질병의 증상을 한 번은 보여주었고, 조지 폭스는 유전적 퇴행성 질환자였으며, 칼라일은 의심할 것도 없이 어떤 부분인지는 모르지만 몸의 일부 기관 또는 다른 기관의 장애에 의한 자가중독자였다. 그 밖의 사람들의 경우도 마찬가지다.

그러나 이제 나는 여러분에게, 정신적 병력에 대한 그런 사실적 설명이 어떻게 그들의 영적 의미에 대해서 어떻게든 결정할 수 있는지 묻고 싶다. 방금 언급한 심리학의 일반적 가정에 따르면, 정신상태 가운데 의기양양하거나 의기소침하거나 또는 건강하거나 병적이거나 간에 어느 것을 막론하고 모두 그 조건으로서 기질적 과정(organic process)에 의해서 영향을 받는다. 과학적 이론들은 종교적 감정들처럼 유기질적으로 조건화된다. 그리고 만일 우리가 충분할 정도로 상세하게 그 사실들을 안다면, 의심할 것도

---

[2] 의학적 유물론자의 추론에 대한 최고의 예는 *Revue de l'hypnotisme*, xiv. 161쪽에 실린 비네 상글레 박사(Dr. Binet-Sanglé)가 쓴 논문 "les Variétes du Type dévot" 참조.

없이 '간장' 기관이 자신의 영혼에 대한 불안 때문에 확신을 갈망하는 감리교 신자의 말들을 결정하듯이, 그것은 결정적으로 완강한 무신론자의 말들을 그렇게 결정해주고 있다는 것을 이해할 수 있을 것이다. 간장이 그것에 스며드는 혈액을 이런 식으로 변화시켰을 때 우리는 감리교 신자를 만나고, 저런 식으로 변화시켰을 때 무신론자의 정신형태를 만난다. 우리의 기쁨과 냉담함, 우리의 동경과 갈망, 그리고 우리의 의심과 믿음도 모두 그렇게 형성될 것이다. 그것들은 종교적이거나 또는 비종교적인 내용이거나 간에 똑같이 기질적으로 확립된다.

사람들이 먼저 일반적으로 영적 가치와 생리적 변화의 결정적인 성질을 연결시키는 정신적·물리적 이론을 확립하지 않는다면, 최상의 영적 가치를 소유하고자 하는 주장을 반박함으로써 마음의 종교적 상태에 대한 기질적 원인을 주장하는 것은 아주 비논리적이고 독단적이다. 그렇지 않으면 우리의 생각과 감정 중 어떤 것도, 심지어는 과학적 교리조차도, 또 우리의 불신조차도 진리의 계시로서 어떤 가치도 보존하지 못한다. 왜냐하면 예외 없이 그것들 모두는 그것의 소유자가 지닌 신체상태로부터 동시에 흘러나오기 때문이다.

의학적 유물론이 사실상 그런 광범위한 회의주의적 결론을 일소시키지 못한다는 것은 말할 필요도 없다. 모든 평범한 사람들이 확신하듯이, 마음의 어떤 상태는 다른 상태보다 우월하여 우리들에게 더 많은 진리를 계시해 주고 있다는 점에서, 의학적 유물론은 일상적인 영적 판단을 단순히 이용하고 있을 뿐이다. 이것은 받아들일 수 있을 정도로 호감이 가는 정신상태를 산출할 수 있는 생리학적 이론을 갖고 있지 못하다. 그렇기 때문에 받아들일 수 없는 호감이 가지 않는 상태를 막연하게 신경과 간장과 관련짓고, 그것들을 몸의 병을 나타내는 이름들과 연결시키는 이런 노력은 모두 비논리적이고 모순적이다.

모든 문제를 공정하게 살펴보고 우리 자신과 사실들에 대해 솔직해보자. 우리가 다른 상태보다 월등히 뛰어난 정신상태를 생각할 때, 그렇게 생각하는 것은 선행하는 신체기관들에 대해 잘 알고 있기 때문에 늘 그런 것일까?

결코 그렇지 않다. 언제나 전적으로 다른 두 가지 이유 때문이다. 하나는 우리가 그런 상태에서 직접적인 기쁨을 얻기 때문이고, 또 하나는 그것들이 삶에 유익하고 중대한 열매들을 가져다준다고 믿기 때문이다.

우리가 '열병에 걸린 듯한 환상'을 헐뜯을 때 그와 같은 열병-과정이 우리가 경멸할 근거는 확실히 아니다. 왜냐하면 우리는 그 반대로 섭씨 39도 또는 40도보다는 36.5도가 더욱 일상적인 체온보다는 진리들이 발아하여 싹을 피울 수 있는 좀더 적절한 온도임을 알아야 하기 때문이다. 그것은 환상 자체의 불쾌함이나 또는 그 환상상태로부터 깨어났을 때 받게 될 비판들을 수용할 수 없기 때문이다.

우리가 건강한 상태에서 일어나는 생각들을 칭찬할 때, 건강한 신체에서 일어나는 독특한 화학적 신진대사는 우리의 판단을 결정하는 것과 아무 관계도 없다. 사실 우리는 이런 신진대사에 관해 아무것도 알지 못한다. 그런 생각들을 좋은 것으로 판단해주는 것은 그것들 속에 내포되어 있는 내적 행복의 특성 때문이거나, 그렇지 않으면 우리의 생각으로 그것들을 진리로 판단하는 우리의 욕구를 채워주고 우리의 다른 의견들과 부합되는 특성 때문일 것이다.

그런데 이런 기준 가운데 좀더 내재적인 기준이 좀더 외적인 기준과 늘 같은 것은 아니다. 내적 행복과 유용성이 항상 부합하는 것은 아니다. 나머지 경험의 판결을 통해 측정해보면 직접적으로 가장 '좋다'고 느끼는 것이 항상 최고의 '진리'는 아니다. 술주정꾼 필립과 맑은 정신의 필립이 지닌 차이점은 확실히 고전적인 예이다. 단지 '기분이 좋다'는 것이 결정적 조건이라면 술 취함은 최상의 정당성을 갖는 인간 경험일 것이다. 그러나 아무리 민첩하게 그 순간을 만족시켜준다고 하더라도 술 취한 상태가 나타내주는 계시는 상당히 긴 시간 동안 그 상태를 유지하지 못하게 하는 환경 속으로 삽입된다. 이 두 가지 기준 사이에 있는 모순은 너무도 우리의 영적 판단을 압도하고 있어 그 판단에 대한 불확실성을 야기시킨다.

감정적이고 신비적인 경험의 순간이 있다. 우리는 지금 이 시간 이후 그것에 대해 많이 들을 것이다. 그런 경험들이 일어날 때 그것들은 엄청난 내면적 권위를 가지며 엄청난 조명을 받고 있다는 느낌을 가져다준다. 그러나 그런 일은 좀처럼 일어나지 않는다. 그러므로 모든 사람이 다 경험할 수 있는 것이 아니다. 그리고 삶의 나머지 부분은 그 경험들과 연결되어 있지 않거나, 또는 그 경험들을 확증시키기보다는 더욱더 서로 모순되게 하는 경향이 있다. 이런 경우 어떤 사람들은 이러한 경험의 순간이 내는 목소리를 더욱 따르며, 또 어떤 사람들은 평균적 결과에 따라 인도받기를 원한다. 그러므로 인간들의 영적 판단 사이에는 슬프게도 너무나 많은 불일치가 존재하게 된다. 이것은 이 강연들이 끝나기 전에 우리들이 실제로 충분히 납득할 수 있는 그런 불일치이다.

그러나 이것은 단순히 의학적 테스트로는 결코 해결될 수 없는 불일치이다. 의학적 테스트만을 엄격하게 고집할 수 없는 좋은 예는 최근에 발표된 천재의 병리학적 원인에 대한 이론에서 찾을 수 있다. 모로(Moreau) 박사는 "천재는 신경병리적 나무에 달린 수많은 가지들 가운데 하나"라고 말하였다. 롬브로소(Lombroso) 박사는 "천재란 다양한 간질병 가운데 유전적 변성의 한 증상이므로 도덕적 광기와 연결되어 있다"고 말하였다. 니스벳(Nisbet)은 "인간의 삶이 유익한 연구주제가 되기에 충분할 정도로 밝혀지고 기록될 수 있다면, 인간은 어쩔 수 없이 병적 범주로 떨어지게 될 것이다. 그리고 대체로 천재는 위대할수록 건강하지 못하다는 지적은 일리가 있다"라고 썼다.[3]

그렇다면 지금 이 저자들은 그들 천재의 작품은 질병의 열매라는 것을 확립하는 데 성공한 이후, 계속해서 그 열매의 가치를 비난하고 있는 것인가? 그들은 사실적 조건들의 새로운 교리로부터 새로운 영적 판단을 추론하고 있는 것인가? 솔직히 그들은 지금부터 계속해서 우리가 천재의 산물들을 찬양하는 것을 막고 있는 것인가? 그리고 분명히 신경장애를 갖고 있는 사람은 누구든지 새로운 진리의 계시자가 될 수 없다고 말하는 것인가?

결코 그렇지 않다! 여기서 그들의 직접적인 영적 본능은 너무나 강하다.

---

3) J.F. Nisbet, *The Insanity of Genius*, 3d ed., London, 1893, xvi, xxiv쪽.

그래서 그들은 논리적 일관성을 단순히 유지하기 위해 도저히 도출할 수 없는 것을 도출하는 의학적 유물론의 추론에 반대한다. 실제로 이 학파의 한 추종자는 천재의 작품에 대한 가치를(그 자신도 즐길 수 없는 현대 예술작품들이 많이 있다) 의학적 논증들을 사용해 비난하려고 노력하였다.[4] 그러나 대부분의 경우, 대작들은 여전히 도전받지 않고 있다. 의학적 유물론자들의 공격은 모든 사람들이 본질적으로 기이하다고 인정하는 세속적 작품들에 한정되어 있거나, 그렇지 않으면 지나치게 종교적인 작품들에 국한되어 있다. 그렇지만 종교적 작품들은 이미 많이 비난받아왔다. 왜냐하면 비평가들은 내면적이거나 영적인 근거에 의해 제작된 그 작품들을 싫어하기 때문이다.

자연과학과 산업미술 분야에서의 저자들의 신경증적 성질을 보여줌으로써 그들의 의견들을 반박하려는 시도가 전혀 나타나지 않는다. 저자의 신경학적 형태가 어떠하든 간에 여기에서의 의견은 언제나 변함없이 논리와 실험에 의해 시험받는다. 종교적 의견들에 대해서도 이와 같아야 한다. 그것들의 가치는 그것들을 직접 전달해주는 영적 판단에 의해서만 확신할 수 있다. 무엇보다도 그것은 우리 자신의 직접적 느낌에 기초한 판단이며, 이차적으로는 우리의 도덕적 욕구와 우리가 진리라고 주장하는 나머지에 대한 경험적 관계를 확신할 수 있다는 것에 기초한다.

간단히 말하면, **즉각적 명료성**, **철학적 합리성** 그리고 **도덕적 유용성**이 사용할 수 있는 유일한 기준들이다. 이런 다른 시험기준들에 의해 성 테레사의 신학이 하찮은 것으로 판명된다면, 그녀는 가장 평온한 상태에 있는 암소와 같은 신경체계를 가졌을지도 모를 일이므로 그것은 지금 그녀의 신학을 지켜줄 수도 없을 것이다. 반대로 테레사의 신학이 이러한 다른 시험 기준들을 견디어낼 수 있다면, 그녀가 이승에서 우리와 함께 있을 때 균형을 잃어 얼마나 히스테리적이거나 신경질적이었는가 하는 문제는 그녀의 신학에 아무런 영향도 주지 못할 것이다.

---

4) Max Nordau의 『퇴화』(*Degeneration*)라는 제목이 붙은 거대한 책.

진리를 추구하면서 우리가 근본적으로 인도받아야 하는 것은 경험주의 철학이 언제나 주장해온 일반적 원칙임을 여러분은 알고 있다. 독단주의적인 철학은 미래에라도 그것의 잘못된 점을 찾을 수 없게 하는 진리에 대한 시험기준을 추구해왔다. 직접적으로 몇몇 독단주의적인 철학자들은 즉각적이고도 절대적으로, 지금부터 영원히 우리는 모든 실수로부터 보호받을 수 있다고 말한다. 그러나 이 말은 독단주의적 철학자들의 달콤한 꿈에 불과하였다. 진리에 관한 여러 가지 기원들이 이런 관점에서 다른 것들과 구별될 수 있다면, 그 기원은 찬양할 만하다는 것이 분명하다. 그러므로 독단적 견해의 역사는 그 기원이 언제나 시험기준이 되어왔음을 보여준다. 즉각적 직관을 통한 기원, 교황의 권위를 통한 기원, 환상, 환청 또는 설명할 수 없는 인상에 의한 초자연적 계시를 통한 기원, 예언과 경고로 그 자체를 표출하는 고차원적 영에 직접적으로 사로잡힘을 통한 기원, 일반적으로 자동발화(automatic utterance)를 통한 기원—이런 기원들은 우리 종교사에서 대표적인 견해들로서 진리의 보증수표들이 되어왔다. 그러므로 의학적 유물론자들은 믿을 수 있는 방법 대신에 파괴적인 방법을 진리에 대한 기원의 기준으로 사용함으로써 그들의 전임자들을 공격하는, 너무나 시대에 뒤떨어진 독단론자들이다.

초자연적 기원문제가 또 다른 면에서도 변호되고 그 기원논쟁이 논의되고 있는 한에서만 의학적 유물론자들의 병적 기원에 대한 논의가 효력을 갖게 된다. 그러나 기원에 관한 논쟁은 너무나 불충분하기 때문에 독자적으로 사용될 수 없다. 이런 점에서 모즐리(Maudsely) 박사는 기원에 근거를 두고 있는 초자연적 종교를 반박한 사람 가운데 가장 현명한 사람일 것이다. 그러나 그도 다음과 같이 쓰지 않으면 안 되었다.

우리는 자연이 단지 완벽한 정신으로 자신의 일을 수행해야 할 의무가 있다는 사실을 믿을 어떤 권리를 갖고 있는 것일까? 완벽하지 않은 마음이 특별한 목적을 위해 더욱 적당한 도구임을 자연은 발견할 수도 있다. 이루어진 것은 작품이고, 그것은 작가의 특질을 통해 이루어졌다. 바로 그때가 고독한 순간이다. 그런데 만일 그가 성격의 다른 특징에서 이상하게 결핍되어 있다면, 이를테면 그가 정말로 위선자이거나, 간음자이거나, 괴기하거나, 병적이라면……우주적 관점에서 보면 큰 문제도 아니다. 그러고 나서 우리는 다시 오래된 최후의 확실한 수단, 즉 인류의 공통적 동의, 또는 인간의 교육과 훈련을 통한 적합한 수단으로 돌아간다.[5]

다른 말로 표현하면 모즐리 박사의 마지막 신뢰기준은 그것의 기원이 아니라 전반적으로 그 진리가 작용하는 방법이다. 이것이 우리 자신과 같은 경험주의자의 기준이다. 초자연적 기원을 가장 단호하게 주장하는 사람들도 결국에는 이 기준을 사용하도록 강요당해왔다. 환상과 메시지 가운데 어떤 것들은 너무나 명백히 어리석어 보이고, 몽환과 발작적인 간질 가운데 어떤 것들은 너무나 무익하므로 그 자체를 중요하다거나 신성하다고 판단할 수는 없다. 그리스도교의 신비주의 역사에서 그런 계시들과 경험들을 실제로 신적인 기적이라고 분간해내고, 또 다른 것들은 종교적인 사람을 전보다 두 배 이상으로 지옥의 아이로 만들 수 있는 악의에 찬 악마의 거짓들이라고 분간해내는 문제는 가장 양심적 안내자들의 경험과 총명을 필요로 하므로 풀어내기에는 언제나 어려운 것이 되어왔다.

결국 그것은 우리의 경험주의적 기준에서 나와야 한다. 여러분은 뿌리가 아니라 열매로 인해 그것들을 알 것이다. 조너던 에드워즈(Jonathan Edwards)의 『종교적 감정에 대한 논문』은 이런 논제를 다룬 정교한 작품이다. 우리들은 인간 미덕의 **뿌리**에 접근할 수 없다. 어떤 모습도 은총의 확실한 증명은 아니다. 우리 자신들에게조차 실천만이 우리가 참된 그리스도인이라는 것을 보여주는 확실한 증거이다. 에드워즈는 다음과 같이 썼다.

지금 우리 자신을 판단하는 데서 우리가 마지막 날 최고의 심판관 앞에 서 있을 때 그가 주로 사용할 증거를 우리는 받아들여야만 한다. ……그

---

5) H. Maudsley, *Natural Causes and Supernatural Seemings*, 1886, 256, 257쪽.

어느 종교학 교수의 글 속에서도 그리스도교적 실천의 가장 결정적 증거는 성령의 은총 없이는 존재하지 않는다는 사실을 볼 수 있다. ……우리의 경험에서 실천을 나오게 하는 정도는 영적이고 신적이라는 것을 나타낸다.

카톨릭 작가들도 똑같이 강조하고 있다. 환상이나 환청 또는 하늘의 다른 명백한 천국의 은총이 그들에게 남겨놓은 좋은 기질은, 우리가 확신하기를, 악마의 가능한 속임수가 아니라는 유일한 표시이다. 성 테레사는 다음과 같이 말한다.

머리를 보다 맑게 하여 강건해지게 하는 대신에 더 피곤하게 만드는 불완전한 잠처럼, 상상력의 단순한 작용은 단지 영혼을 약화시키는 결과를 가져올 뿐이다. 자양분과 에너지 대신 영혼은 오직 피로감과 불쾌감만을 수확할 뿐이다. 반면에 참된 천국의 환상은 영혼으로 하여금 말로 형언할 수 없는 풍성한 영적 수확물을 얻게 해주어 경탄할 정도로 새로운 힘을 준다. 나의 환상을 인류의 적이 하는 짓이라고 너무나 자주 비난하는 사람들에게 나는 이런 측면들을 주장했다. ……나는 신의 손이 나에게 남겨준 보석들을 그들에게 보여주었다. 그 보석들은 나의 실질적인 기질들이다.

나를 알고 있는 모든 사람들은 내가 변한 것을 보았다. 나의 고해신부가 그 사실을 입증해주었다. 모든 면에서 뚜렷한 이런 현상은 감추어지기는커녕 아주 찬란하게 명백하다. 나 자신으로서는, 만일 악마가 그 일의 장본인이라면, 나의 길을 잃게 하고 지옥으로 이끌기 위해, 자기 자신의 평소의 소행과는 정반대로 나의 악을 뿌리째 뽑아버리고, 그 대신 남자다운 용기와 다른 미덕으로 가득 채우는 편법을 사용할 수 있었다고 믿는다는 것은 불가능하다. 왜냐하면 나는 이런 환상 가운데 단 하나라도 나에게 행복으로 가득 채워줄 수 있다는 것을 분명히 보았기 때문이다.[6]

나는 내가 필요 이상으로 곁길로 벗어난 것은 아닌지 두렵다. 나의 병리학적 요목을 발표했을 때 여러분에게 일어났을지도 모르는 불안감이 몇 마디의 말로 일소될 수 있는데도 말이다. 어쨌든 여러분은 지금 종교적 삶을 오직 그것의 결과들을 가지고 판단할 준비가 되어 있어야만 한다. 나는 병리학적 기원문제로 인해 일어나는 근거 없는 공포가 더 이상 여러분의 신앙심을 모욕하지 않을 것이라고 생각한다.

그러나 여러분은 여전히 다음과 같이 질문을 할 것이다. "종교적 삶의 결과들이 종교적 현상에 대한 우리의 최종적인 영적 판단의 근거라면, 도대체 왜 종교적 현상의 조건들을 아주 사실적으로 연구하겠다고 우리 모두를 위협하는 것인가?", "왜 단순히 병리학적 질문들을 생략해버리지 않는 것인가?"

이 질문에 대하여 나는 두 가지 방식으로 대답하겠다. 첫번째 대답은 억제할 수 없는 호기심이 사람을 절박하게 그런 식으로 이끈다는 것이다. 그리고 두번째 대답은 어떤 물체에 대한 과장과 곡해, 다른 곳에서는 그 물체와 동등한 등가물과 대치물, 그리고 가장 밀접한 관계물을 생각하는 것이 그것의 의미를 보다 잘 이해하도록 이끈다는 것이다. 우리는 그 물체의 열등한 부분에 퍼부었던 대대적인 비난으로 그 물체를 침몰시키는 것이 아니라, 오히려 대조적으로 그 물체는 특별한 타락의 위험에 동시에 노출될 수도 있다는 것을 배움으로써 그것의 장점을 더욱더 정확하게 확신하게 된다.

병리적 조건들은 정신적 삶의 특별한 요인들을 분리해내는 장점을 갖고 있어서 좀더 일상적 환경에 드러나 있는 정신적 요소들을 조사할 수 있도록 한다. 외과용 메스와 현미경이 육체를 해부하는 데 일정한 역할을 담당하듯이 그것들은 정신해부학에서 일정한 역할을 담당한다. 어떤 하나의 사물을 올바르게 이해하기 위해 우리는 그 사물의 환경을 벗어나거나 그 안에서 그것을 바라보고서, 그것의 변수들의 전체적 범위에 익숙해질 필요가 있다. 이런 방법으로 이루어진 환각에 대한 연구는 심리학자들이 정상적 감각을

---

6) *Autobiography*, ch. xxviii.

이해하는 데 열쇠가 되어왔다. 그리고 환상에 대한 연구는 인지를 올바르게 이해하는 데 열쇠가 되어왔다. 병적 충동과 강제적 관념, 이른바 '고정관념'은 정상적 의지의 심리학에 찬란한 빛을 발산하였다. 그리고 강박증과 망상은 믿음의 정상적 기능이 작용하는 것과 똑같은 작용을 해왔다.

마찬가지로 천재의 특성은 이미 언급했듯이, 정신병 현상으로 분류하는 시도들을 통해 잘 조명되어왔다. 경계선상의 광기, 괴팍스러움, 정신이상적 기질, 정신균형의 상실, 정신병적 퇴화(이름 붙여진 여러 동의어 가운데 몇 개만을 사용해보자면)는 확실한 특성들을 갖고 있다. 그 특성들은 개인의 지성이 지닌 우수한 특질과 결합될 때 그 개인이, 자신의 기질이 훨씬 더 신경증적이지 않았을 때보다도 더욱 명성을 날려 그의 시대에 영향력을 끼칠 수 있게 해준다.

대부분의 정신병자들은 예민한 지성을 소유하고 있고 우수한 지성들은 더욱 공통적으로 정상적 신경체계를 갖고 있기 때문에 괴팍스러움 그 자체와 우수한 지성 사이에 어떤 특별한 유사성은 없다.[7] 그러나 지성이 짝을 이루는 것이 무엇이든지 간에 정신병적 기질은 지성과 더불어 열정적으로 흥분하는 성격을 수반한다. 괴팍한 사람은 대단한 감수성을 지닌다. 그는 고정관념과 강박증을 지니기 쉽다. 그의 관념들은 즉각적으로 믿음과 행동으로 변하는 경향이 있다. 그리고 그가 새로운 관념을 떠올렸을 때 그것을 선언하거나 또는 어떤 방법으로든지 '그 관념을 제거할' 때까지는 안정을 취하지 못한다. 일반 사람은 "나는 그것을 어떻게 생각해야 할까?"라는 곤란한 질문을 스스로 던져보는 경향이 있다. 그러나 '괴팍스런' 사람에게 그 질문은 "나는 그것에 대해 무엇을 해야만 하는가?"라는 질문의 형태를 취하는 경향이 있다.

숭고한 정신을 지닌 애니 베선트(Annie Besant) 여사의 『자서전』에서 나는 다음과 같은 구절을 읽었다. "많은 사람들은 좋은 목적이 잘 이루어지기

---

7) 벵(Bain) 교수가 잘 지적한 것처럼, 우수한 지성은 유사성을 통한 연상작용의 폭넓은 발달 이외에는 아무것도 아닌 것처럼 보인다.

를 소원한다고 말하지만 극히 소수의 사람들만이 그것이 실현되도록 스스로 노력하고 있으며 극히 소수의 사람들만이 그것을 지지하는 데 위험을 무릅쓴다. '누군가가 그 일을 해야 하지만 왜 내가 해야만 할까?'라는 질문은 결단력이 부족한 소심한 사람이 되뇌이는 구절이다. '누군가가 그것을 해야만 하는데 왜 나는 아닐까?'라는 질문은 기꺼이 위험한 임무를 책임지려고 다짐하는 인간의 가장 성실한 종의 울부짖음이다. 이 두 문장 사이에 도덕적 진화의 전(全)세기가 담겨 있다."

정말로 그렇다! 그러나 또한 이 두 문장 사이에 일상적 게으름뱅이와 정신병 기질을 갖고 있는 사람의 서로 다른 운명이 놓여 있다. 그러므로 무한적으로 인간능력의 교환과 결합을 통해서 우수한 지성과 정신병 기질이 충분히 연합되어 나오듯이, 똑같은 개인에게서 우수한 지성과 정신병적 기질이 충분히 연합될 때 우리는 인명사전들 속에 기입될 수 있는 일종의 유능한 천재를 위한 가장 최상의 가능한 조건을 찾아볼 수 있다. 그런 사람들은 단순히 지성을 소유한 비평가와 이해자로 남아 있지 않는다. 자신들의 사상이 그들의 마음을 사로잡고 있어 좋든 싫든 그들이 살고 있는 동시대의 사람들에게 그 사상을 강요한다. 롬브로소, 니스벳 그리고 그 밖의 다른 사람들이 그들의 역설을 지지하기 위하여 통계자료에 호소하였을 때 고려한 사람들은 바로 그들이다.

종교적 현상으로 다시 돌아가서, 우리가 앞으로 보게 될 것이지만 모든 완벽한 종교적 발달과정에서 본질적인 순간을 구성하고 있는 우울증에 대해 생각해보기로 하자. 종교적 신념이 달성되었을 때 얻을 수 있는 행복감에 대해 생각해보자. 신비주의자들이 보고하는 진리를 깨닫는 통찰력의 몽환적 상태를 생각해보자.[8] 이것들 모두 또는 각각은 보다 광범위한 범위의 인간 경험에 대한 특별한 사례들이다.

유사 종교적 특성을 갖고 있는 종교적 우울증도 어찌됐든 우울증이다. 종

---

8) 나는 *Psychological Review*, ii, 287(1895)에 나타나 있는 천재의 광기이론에 대한 비판을 언급한다.

교적 행복도 행복이며 종교적 황홀 역시 황홀이다. 어떤 하나의 사물이 다른 것들과 분류되어 그 기원이 보여지자마자 그것의 의미가 없어진다는 그릇된 개념을 우리가 포기할 때, 가치를 판단하는 데에서 실험적인 결과들과 내적인 특질을 지지한다고 동의할 때—이렇게 될 때 우리가 종교적인 우울증, 종교적인 행복감, 또는 황홀의 독특한 의미를 파악하지 못할 것이라고 주장할 사람이 누구이겠는가? 종교적 우울과 행복 또는 종교적 황홀은 모두 자연의 질서 밖에 존재하는 것처럼 그것들을 취급하고, 더욱더 일반적인 계열 속에서 그것들의 위치를 고려하는 것을 거부하기보다, 다른 종류의 우울, 행복 그리고 황홀과 함께 양심적으로 그것들을 비교해봄으로써 그 의미를 훨씬 더 잘 이해할 수 있을 것이다.

나는 앞으로 이루어질 강연들이 이런 사실들을 확증시켜줄 수 있기를 바란다. 종교적 현상이 인간경험 가운데 가장 귀중한 현상이라는 것을 이곳보다 더 높은 곳에서 확증받았을지라도 너무나 많은 종교적 현상의 정신병적 기원에 대한 논의가 결코 놀랍거나 당황스럽지 않을 것이다. 어떤 유기체도 그것의 소유자에게 진리의 모든 것을 제공해줄 수는 없다. 우리 모두는 어느 정도는 결단력이 없거나 심지어 병들어 있다. 그리고 우리의 허약함은 예기치 않게 우리를 돕는다. 정신병적 기질 속에서 우리는 도덕적 인지에 **필수불가결한** 감정을 갖는다. 우리는 어느 것이 실제로 도덕적인 활력에 본질적인지를 강조하기 위한 강렬함과 성향을 갖는다. 그리고 우리는 감각적 세계의 표면을 초월해 있는 존재에 관심을 갖게 해주는 형이상학과 신비주의에 대해 애정을 갖는다.

그렇다면 이런 기질이 종교적 진리의 영역인 우주의 구석까지 사람들을 인도해주고 있는 것보다 더욱더 자연스러운 것은 무엇일까? 이러한 진리를 영원히 느낄 수 있는 이두박근과 두근거리는 가슴을 가지고 있으며, 구조에 있어서 병적 기질은 하나도 갖고 있지 않다고 하늘에 감사하는 여러분의 강건한 필리스틴적인 유형의 신경계가 영원히 자기 만족의 소유자들로부터 확실히 그 모습을 숨길 것이다.

고차적 영역에서 나오는 영감과 같은 그런 것이 있다면, 신경증적 기질은 필수불가결한 수용성의 주된 조건을 제공해줄 것이다. 그리고 그렇게 많이 말함으로써 나는 종교와 신경병의 문제가 일단락될 것이라고 생각한다.

다양한 종교적 현상을 보다 잘 이해하기 위해 비교해야 하는 부차적 현상은 교육학 용어로서 '보조집단'(apperceiving mass, 이미 가진 지식으로 새로운 경험을 해석할 수 있게 보조할 수 있는 자료들—옮긴이)을 형성한다. 내가 이 연속되는 강연들을 유지할 수 있다고 상상할 수 있는 유일한 새로움은 보조집단의 폭에 있다. 나는 대학의 학과목에서 일반적으로 다루어왔던 것보다는 좀더 광범위한 맥락에서 종교적 경험을 계속해서 논의할 것이다.

제2강 | 주제의 범위

종교철학에 관한 대부분의 책들은 그 본질을 구성하고 있는 정확한 정의를 내리는 것에서부터 시작하려고 한다. 앞으로 내리게 될 이와 같은 정의들 가운데 몇몇은 이 강연의 후반부쯤에 나오게 될 것이다. 그러기에 나는 지금 그것들을 일일이 나열하며 아는 체하고 싶지 않다. 그렇지만 그 수가 너무 많고 서로 너무 다르다는 사실은 '종교'라는 단어가 어떤 하나의 원리나 본질만을 나타낼 수 없으며, 오히려 집합적 이름이라는 것을 입증하기에 충분하다.

이론을 세우는 사람은 항상 그 자료들을 지나치게 단순화시키는 경향이 있다. 이것이 철학과 종교에 횡행하고 있는 절대론이나 독단론의 뿌리이다. 우리는 이 주제에 대해 어느 한쪽으로 즉각적으로 쏠리는 일을 피하기로 하자. 우리는 하나의 본질을 찾을 수는 없지만, 종교에서도 똑같이 중요한 여러 특징들을 찾을 수는 있다는 것을 처음부터 자유롭게 인정하기로 하자. 우리가 예를 들어 '정부'의 본질에 대해 묻는다면, 어떤 이는 권위라고, 또 어떤 이는 복종이라고, 또 다른 이는 경찰이라고, 군대라고, 모임이라고, 또는 법체계라고 말할 것이다.

그러나 정부가 세워진 이래 이런 모든 것 없이 존재할 수 있는 정부는 없었음이 사실이다. 어떤 경우에는 그것들 가운데 어느 하나가 더 중요하고, 또 다른 경우에는 다른 어떤 것들이 더 중요하다.

정부를 가장 완벽하게 알고 있는 사람은 그것의 본질을 나타내줄 정의의 문제로 자신을 괴롭히지 않는다. 그는 정부의 모든 특질을 차례차례 상세히 알아가는 것을 즐기기 때문에, 그 특질들이 통합된 추상적 개념을 교훈적인 것이라기보다는 혼돈만 더욱 가중시켜주는 것으로 자연히 간주할 것이다. 그렇다면 종교도 이와 동일한 하나의 복합적 개념이 아니겠는가.[1]

마치 어떤 한 가지 정신적 실체인 것처럼 많은 책들에서 언급되고 있는 '종교적 감정'(religious sentiment)에 대해서도 생각해보자.

종교심리학과 종교철학에서, 우리는 종교적 감정의 실체를 상세히 기술하려는 저자들을 보게 된다. 어떤 이는 그것을 의존의 감정과 결부시키고, 어떤 이는 그것을 공포에서 유래한 것으로 생각한다. 또 어떤 이는 그것을 성적인 삶과 결부시키고, 또 다른 이는 그것을 무한의 느낌과 연결시킨다. ······그것을 지각하는 다양한 방법들은 그것이 하나의 특별한 것이 될 수 있는지 없는지에 대해 저절로 의심을 품게 한다. 우리가 '종교적 감정'이라는 용어를 종교적 대상들이 교대로 일으킬 수 있는 다양한 감정들의 집합적 이름으로 취급하려는 순간, 그것은 심리학적으로 어떤 특별한 특성도 포함하고 있지 않다는 사실을 알게 된다.

종교적 감정에는 종교적 두려움, 종교적 사랑, 종교적 경이로움, 종교적 기쁨 등이 있다. 종교적 사랑은 단지 종교적 대상에게 인도되는 인간의 자연스러운 사랑의 감정이다. 신의 보복관념이 종교적 두려움을 불러내는 한, 그 두려움은 영적 교섭에 대한 일상적 두려움, 말하자면 인간의 마음 속에 있는 평범한 진통이다. 종교적 경이로움은 황혼이 질 무렵 숲속에서 또는 산속 계곡에서 우리가 느낄 수 있는 유기체의 전율과 동일한 것이다. 우리가 초자연적 관계를 생각할 때만 종교적 경이로움이 우리를 엄습한다. 그 감정은 종교적인 사람들의 삶 속에서 작용하는 다양한 모든 감정과 유사한 것이다. 감정과 특별한 종류의 대상이 합쳐져 형성된 구체적인 마음의 상

---

[1] 내 책이 쒸어지고 난 후, 1901년 1월호 *Monist*에 출판된 류바(Leuba) 교수의 논문에서 이러한 모든 종교를 정의하는 것의 무익함에 대한 광범위하고도 감탄할 만한 말들을 나의 독자들에게 언급하는 것이 내가 할 수 있는 최상의 일이다.

태, 즉 종교적 감정은 여타의 다른 구체적인 감정과 구별되는 심리적 실체이다. 그러나 모든 종교적 경험에 예외 없이 나타나는 기본적인 정신적 감정이 독자적으로 존재한다고 해서 단순히 추상적인 '종교적 감정'을 가정할 수 있는 근거는 없다.

그러므로 종교적 대상이 자아내고 있는 감정의 공통적인 보고(寶庫)를 제외하고는, 하나의 기본적인 종교적 감정이란 존재하지 않는 것처럼 보인다. 따라서 하나의 특별한 그리고 본질적인 종류의 종교적 대상이란 없는 것으로 판명되며, 하나의 특별한 그리고 본질적인 종류의 종교적 행위도 없는 것으로 보인다.

이처럼 종교의 분야는 광범위하므로 내가 감히 그것을 모두 다룰 수 있다고 말하는 것은 분명히 불가능하다. 나의 강연은 그 주제의 일부분에 한정되어야 한다. 그리고 종교의 본질에 대한 추상적 정의를 내리고 난 다음 내게 도전해오는 사람들 전부와 대항해서 계속 그 정의를 옹호하는 것은 어리석다. 그러나 그럴지라도 이 점이 나로 하여금 이 강연들을 위해 존재할 어떤 종교에 대해 나 자신만의 견해를 갖지 못하게 한다거나, 또는 종교라는 단어가 지니고 있는 많은 의미들 가운데 내가 여러분의 관심을 끌기를 바라는 하나의 의미를 선택하여 그것을 '종교'라고 임의적으로 선포하는 것을 막을 수는 없다. 사실상, 이것은 내가 해야만 하는 일이며, 그래서 나는 지금 내가 선택한 영역을 예비적으로 설계하려고 시도할 것이다.

그것을 쉽게 설계하는 한 가지 방법은 우리가 종교라는 주제에 대해 지나쳐버린 측면들을 언급하는 것이다. 처음부터 우리는 종교의 영역을 나누는 하나의 커다란 구분에 의해 충격을 받았다. 그 영역의 한편에는 제도적 종교가 있고, 다른 한편에는 개인적 종교가 있다. 사바티에(M.P. Sabatier)가 말하듯이, 종교의 한 영역은 신을, 다른 한 영역은 인간을 가장 잘 드러낸다. 예배와 희생, 즉 신의 섭리에 작용하는 절차들, 신학과 의례와 교회조직은 제도적 영역에서 보면 종교의 본질적 요소들이다. 우리의 시야를 그곳에만 제한한다면, 우리는 종교를 외적 기술로, 또는 신들의 호의를 얻어내는 기술로 정의내려야 할 것이다. 반면에 보다 개인적 영역에서 종교를 보면, 양심, 무미건조함, 무력감, 불완전성을 형성하는 인간 그 자체의 내적 기질이 바로 우리의 주된 관심이라고 할 수 있다. 비록 상실했든지 또는 얻었든지 간에 신의 은혜는 여전히 종교에 대한 개인적 이야기의 본질적 특징이므로, 신학은 그 안에서 중요한 역할을 담당한다. 그러나 이런 종류의 종교가 불러일으키는 행위는 의례적 행위가 아니라 개인적 행위이며, 개인은 자기 혼자서 자신의 임무를 수행하는 것이다. 그래서 교회조직은 성직자와 성례전 그리고 다른 매개물들과 더불어 모두 부차적인 위치로 떨어지는 것이다. 인간과 조물주 사이의 관계는 마음에서 마음으로, 영혼에서 영혼으로 직접 이루어지는 것이다.

이제 이 강연들에서 나는 교회조직은 말할 것도 없이 제도적 영역을 전적으로 무시하려고 하며, 따라서 조직신학과 신들 자체에 대한 관념들을 가능한 한 고려하지 않을 것이다. 그래서 나는 내가 할 수 있는 한, 나 자신을 순수하고 단순한 개인적 종교에 한정하려고 한다. 이렇게 적나라하게 생각해 볼 때, 여러분 가운데 몇몇에게는 개인적 종교란 의심할 여지없이 일반적 이름을 붙이기에는 너무도 불완전하게 보일 것이다. 여러분은 "그것은 종교의 일부분이지만 단지 종교의 조직화되지 않은 기초일 뿐이다. 우리가 그 자체로 이름을 붙인다면, 그것을 종교라고 부르기보다는 인간의 양심이나 도덕성으로 부르는 편이 더 낫다. '종교'라는 이름은 감정, 사고 그리고 제도가 완전히 조직화된 체계를 나타내는 말로 남겨두어야 할 것이다. 왜냐하면, 간단히 말해, '개인적 종교는 교회의 단편적 요소'에 불과하기 때문이다"라고 말할 것이다.

그러나 만일 여러분이 이렇게 말한다면, 그것은 단지 정의를 내리는 문제가 얼마나 숱한 명칭에 관한 논쟁거리가 되는지를 솔직하게 보여주는 것이 된다. 나는 그와 같은 논쟁을 연장하느니보다는 차라리 다루고자 하는 개인적 종교에 대한 모든 명칭을 거의 다 받아들이고자 한다. 여러분이 좋다면 그것을 종교라고 부르지 말고, 양심 또는 도덕성이라고 부르자. 그 어떤 이름으로 부르든 그것은 우리의 연구에서는 동등한 가치가 있다. 나 자신으로 말하자면, 그것은 순수하고 단순한 도덕성이 내포하고 있지 않은 어떤 요소들을 내포하고 있다고 생각한다. 그리고 나는 이러한 요소들을 곧 지적하게 될 것이다. 그래서 계속해서 '종교'라는 단어를 도덕성에도 사용할 것이다. 그리고 모든 강연의 마지막 부분에서 신학과 교회주의를 끌어들여 그것들과 종교의 관계를 언급할 것이다.

어떤 면에서 개인적 종교는 적어도 신학이나 교회주의보다 더 근본적인 것들을 입증해줄 것이다. 교회는 일단 설립되면 전통 위에서 간접적으로 생존해간다. 그러나 모든 교회의 **설립자들**은 신과 직접적으로 개인적인 영적 교섭을 한다는 사실 때문에 근본적인 힘을 소유하고 있다. 초인간적 설립자들, 이를테면 그리스도, 붓다, 무하마드뿐만 아니라 모든 그리스도교 종파의 설립자들도 이런 경우에 속한다. 그러므로 개인적 종교를 여전히 불완전한 것으로 평가하려는 사람들에게조차 그것은 여전히 근본적인 것처럼 보인다.

종교에는 연대기적으로 도덕적 의미에서 개인적 헌신성보다 더 근본적인 것들이 있다는 것도 사실이다. 주물숭배(fetishism)와 마술은 역사적으로 내적 신앙심보다 먼저 발생한 것처럼 보인다―적어도 우리의 내적 신앙심에 대한 기록은 그렇게 먼 과거로까지 거슬러 올라가지 않는다. 주물숭배와 마술이 종교의 발달단계로 간주된다면, 내적 의미에서 개인적 종교와 그것이 뿌리를 내리는 참된 영적 교회주의는 2차적이거나 3차적인 종류의 현상이라고 사람들은 말할 것이다. 그러나 제번스(Jevons)와 프레이저(Frazer) 같은 많은 인류학자들은 '종교'와 '마술'을 서로 적대적인 것으로 분명히 표현하고 있다는 사실을 제외하더라도, 마술, 주물숭배 그리고 더 낮은 차원의 미신으로 이끄는 사고의 전(前)체계는 원시종교라고 불릴 수 있으며, 원시과학이라고 불릴 수 있다는 것이 확실하다. 그러므로 문제는 또다시 용어상의 문제가 된다. 그리고 어쨌든 모든 이러한 초기의 사고와 감정의 발달단계에 대한 우리의 지식이 너무도 억측이며 불완전해서 더 이상의 토론은 가치가 없을 것이다.

그러므로 내가 임의적으로 여러분에게 종교를 받아들일 것을 요구할 때, 개별적 인간들이 신적인 것을 무엇이라고 생각하든지 간에 그것과 연관해서 그들 자신들이 이해하고 있는 한, 종교는 개인적 상태에 있는 그들의 감정, 행위 그리고 경험을 의미할 것이다. 그 관계가 도덕적, 물질적 또는 의례적이기 때문에, 우리가 받아들인 종교의 관점에서 보면 신학, 철학, 교회의 조직들은 차차 부차적인 것이 되리라는 것이 분명하다. 그러나 이 강연에서 이미 내가 말한 것처럼, 즉각적이고 개인적인 경험들은 우리의 시간을 충분히 채워줄 것이므로 우리는 신학이나 교회주의에 대해서는 거의 고려하지 않을 것이다.

우리는 우리의 분야에 대한 이러한 임의적인 정의로 인해 발생할 논란의 여지를 피하고자 한다. 그러나 우리가 너무 좁은 의미로 종교의 정의를 받아들인다면, 여전히 '신적'(divine)이라는 단어에 논쟁의 여지가 모아질 것이다. 세상 사람들이 적극적으로 하나의 '신'을 가정하고 있지는 않지만, 흔히 종교적이라고 부르는 사상체계들이 있다. 불교가 그러한 경우이다. 물론 대중적으로 붓다 자신은 신의 위치에 서 있다. 그러나 엄격히 말해서 불교체계는 무신론적이다. 예를 들어, 현대의 선험적 관념론이나 에머슨주의는 신을 추상적 관념성 안으로 증발시키는 것처럼 보인다. 구체적인 신이나 초인간적 인격이 아니라, 본질적으로 우주의 영적 구조에, 즉 만물 속에 내재하는 신성은 초절주의자들의 예배대상이다.

1838년 에머슨을 유명하게 만든 신학대학(하버드 대학교—옮긴이)의 졸업반 학생들을 위한 연설에서, 단순한 추상적 법칙의 숭배에 대한 그의 솔직한 표현은 그 연설을 구설수에 오르게 만들었다.

연설자는 이렇게 말하였다.

이러한 법칙들은 스스로 집행한다. 그것들은 시간과 공간을 벗어난 것이며 환경에 종속되지 않는다. 그러므로 인간의 영혼 속에는 정의가 있다. 그것의 보복은 즉각적이고 완전하다. 착한 행위를 하는 사람은 즉각적으로 고결하게 된다. 비열한 행위를 하는 사람은 그 행위 자체로 인해 병들게 된다. 불결함을 벗어던지는 사람은 그것으로 인해 순결한 옷을 입게 된다. 만일 인간이 마음 속으로 정당하다면, 그러한 면에서 그는 신이다. 신의 안정성, 신의 불멸성, 신의 장엄성은 정의가 있는 인간의 일부가 된다. 만일 인간이 감추고 속인다면, 그는 스스로 속여서 자기 자신의 존재를 알지 못하게 된다. 인격은 항상 알려진다. 도둑질은 결코 부유하게 하지 못한다. 보시(布施)는 결코 가난하게 만들지 않는다. 살인은 드러나게 마련이다. 조금이라도 거짓이 섞여 있는 인격—예를 들어, 허영의 기미, 호의적인 겉모양으로 좋은 인상을 주려는 시도—은 즉각적으로 그 효력이 손상될 것이다.

그러나 진리를 말한다면 살아 있는 것이나 무생물일지라도 모두 증인이 될 것이다. 그리고 땅 밑에 있는 풀뿌리조차도 여러분의 증인이 되기 위해 움직이는 것처럼 보인다. 왜냐하면 모든 것들은 사랑, 정의, 절제로 다르게 이름 붙여진 똑같은 정신 속에서 다르게 적용되어 생겨나왔기 때문이다. 마치 대양이 서로 다른 이름을 가지고 있는 여러 해안의 물을 받아들이듯이 말이다. 인간이 이러한 목적들로부터 멀어져서 헤매는 한, 그는 그의 힘과 조력자를 잃게 된다. 절대적 유해함이 절대적 죽음이 될 때까지 그의 존재는 움츠러들고 점점 작아져 하나의 티끌이 되고 하나의 점이 된다……. 이런 법칙에 대한 인식은 우리가 종교적 감정이라고 부르고, 우리의 최고 행복을 만들어내는 감정을 일깨운다.

놀라운 것은 종교적 감정의 매혹하는, 그리고 명령하는 능력이다. 그것은 산의 공기이다. 그것은 세상의 방부제이다. 그것은 하늘과 언덕을 숭고하게 만든다. 그것은 별들의 고요한 노래이다. 그것은 인간의 아름다움이다. 그것은 인간을 무한하게 만든다. 인간이 "나는 해야만 해"라고 말할 때, 사랑이 그에게 경고할 때, 그가 높은 곳으로부터 훈계를 받아 훌륭하고 위대한 행위를 선택할 바로 그때, 깊은 가락이 최고의 지혜로부터 그의 영혼을 통과한다. 그렇게 되면 그는 예배할 수 있게 되며, 그는 예배로 인해 더욱더 커지게 된다. 왜냐하면 그는 이러한 감정에서 벗어날 수 없기 때문이다. 이러한 감정의 모든 표현들은 순결함에 비례하여 성스럽고 영구적이다. [그것들은] 다른 모든 저술보다도 우리에게 많은 영향을 미친다. 이러한 신앙심을 산출해내는 오래된 시대의 문장들은 여전히 신선하고 향기롭다. 그리고 예수의 이름이 이 세상의 역사 속으로 뛰어들었던 만큼 기록되지 않았지만, 인류에 대한 예수의 놀랄 만한 영향은 이러한 유입에 대한 매우 좋은 증거이다.[2]

이러한 것이 에머슨적 종교이다. 우주는 신적인 영혼의 질서를 가지고 있는데, 그 영혼은 도덕적이며 또한 인간의 영혼 속에도 그 영혼이 존재한다. 그러나 우주의 이러한 영혼이 눈의 광택이나 피부의 부드러움 같은 단순한 특질인지, 또는 눈의 시력이나 피부의 느낌과 같은 자의식적 생명인지를 판단해볼 때, 에머슨의 글 속에는 이것이 결코 명백하게 드러나 있지 않다. 그 영혼은 철학적 필요보다는 문학적 필요에 적합해지기 위해 때로는 한쪽에, 때로는 다른 쪽에 기울어져 이런 것들의 경계 안에서 떨고 있다. 그것이 무엇이든지 간에 그것은 능동적이다. 만일 그 영혼이 신이라면 그만큼 우리는 그것이 능히 모든 이상적인 관심을 보존하고 세상의 균형을 맞출 수 있다고 생각할 수 있다. 에머슨이 마지막 부분에서 이러한 믿음에 관해 언급한 문장은 문학적인 어떠한 것보다도 훌륭하다.

만일 여러분이 인간을 사랑하고 섬긴다면 여러분은 어떠한 도피나 전략으로도 보상을 피할 수 없다. 신적 정의의 수준이 어지럽혀졌을 때, 은밀한 보상이 언제나 그것을 복원한다. 그런 저울대를 기울어지게 한다는 것은 불가능하다. 모든 독재자와 지배자와 세상의 독점자들은 그 저울대를 들어올리려고 자신들의 어깨를 단단히 했지만 허사였다. 육중한 적도는 그 선에 영원히 고정되어 있고 인간과 먼지, 그리고 별과 태양은 그것에 정렬되거나 또는 그 반동으로 분쇄된다.[3]

이와 같은 믿음의 표현들 이면에 있고 저자로 하여금 그 표현들을 발설하

---

2) *Miscellanies*, 1868, 120쪽(축약됨).
3) *Lectures and Biographical Sketches*, 1868, 186쪽.

도록 하는 내적 경험이 종교적 경험으로 불리기에 아주 무가치하다고 말하는 것은 너무도 불합리하다. 한편으로 에머슨적 낙관주의와, 다른 한편으로는 불교적 염세주의의 개인을 향한 일종의 호소와, 개인이 자신의 삶에서 그것들을 대하는 일종의 반응은 사실상 최상의 그리스도인의 호소나 반응과도 구별할 수 없고 여러 가지 면에서 일치한다. 그러므로 경험적 관점에서 보면, 우리는 이러한 무신론적 또는 유사무신론적 신조들을 '종교'라고 불러야 한다. 따라서 종교에 대한 정의를 내리는 데 있어 어떤 개인이 '신적인 것으로 생각하는 것'과 맺은 관계를 말할 때, 그것이 구체적인 신이거나 또는 그렇지 않거나 간에 신과 같은(god*like*) 어떤 대상을 의미하는 것처럼, 우리는 '신적'이라는 용어를 매우 광범위하게 해석해야만 한다.

그러나 그렇기 때문에 '신과 같은'이라는 용어를 표류하는 일반적 특징으로 취급한다면, 그것은 극도로 모호해진다. 왜냐하면 많은 신들이 종교의 역사 속에서 번창했고, 그 신들의 속성은 똑같지 않고 서로 너무나 모순되어 있기 때문이다. 그렇다면 종교적 인간으로서 우리의 특성을 결정하는 것과 관련된―구체적인 성으로 표현되든 안 되든―신과 같은 특질이란 본질적으로 무엇인가?

그 한 가지는 신들의 존재와 힘은 최초의 것으로 생각된다는 것이다. 신들은 지배하고 포위하고 있으며, 그들로부터 피할 수 있는 길은 없다. 그들과 관계되어 있는 것은 진리에 대한 최초이며 최후의 말이다. 그렇다면 이런 상태에서 가장 근본적이며 포용적이고 깊은 진리는 그것이 무엇이든지 간에 신과 같은 것으로 취급될 수 있다. 그러므로 한 인간의 종교는 그것이 무엇이든 그가 근본적 진리라고 느끼는 것을 향한 그의 태도와 동일시된다.

종교에 대한 이와 같은 정의는 어떤 면에서는 변호될 수 있다. 종교는 그것이 무엇이든지 간에 삶에 대한 인간의 총체적 반응이다. 그런데 삶에 대한 총체적 반응을 무엇이나 종교라고 부를 수 없는 이유는 무엇인가? 총체적 반응은 원인론적 반응과 다르며, 총체적 태도는 일반적이거나 직업상의 반응과도 다른 것이다. 그러한 반응을 얻으려면 존재의 전경(前景) 이면으로 가서, 모든 사람들이 어느 정도 지니고 있는 친근하거나 또는 낯선, 무시무시하거나 또는 재미있는, 사랑스럽거나 또는 밉살스러운, 영원한 존재로서 남겨진 우주 전체의 기묘한 의미까지 파고 들어가야 한다.

우리가 가진 독특한 개인의 기질에 호소하는 세상존재의 의미는 일반적으로 우리로 하여금 삶에 대해 분투적으로 또는 부주의하게, 독실하게 또는 불경하게, 우울하게 또는 몹시 기뻐하게 만든다. 그리고 우리의 반응은 비록 그것이 비자발적이고 모호하며 종종 반쯤은 무의식적일지라도, "우리가 살고 있는 이 우주의 특성은 무엇인가?"라는 질문에 대한 우리의 모든 대답 가운데 가장 완전한 것이다. 그것은 가장 명확한 방법으로 그 질문에 대한 우리의 개인적 의미를 표현해준다.

그렇다면 그러한 것들이 지니고 있는 독특한 특성이 무엇이든지 간에 왜 우리는 이러한 반응들을 종교라고 부르지 않는가? '종교적'이라는 단어의 한 가지 의미에서 볼 때, 이러한 반응들 가운데 어떤 것들은 비종교적일지라도 종교적 삶의 일반적 영역에 속하므로 일반적으로 종교적 반응으로 분류되어야 한다. 내 동료 중 하나가 무신론에 상당히 심취해 있는 한 학생에 대해 "그는 신을 믿지 않는다. 다만 자신을 숭배한다"라고 말한 적이 있다. 그리고 그리스도교 교의에 대한 더욱 극심한 반대자들은 심리학적으로 생각해볼 때, 종교적 열정과 구별할 수 없는 기질을 종종 보여준다.

그러나 '종교'라는 단어의 광범위한 사용은, 그것이 아무리 논리적 근거를 토대로 옹호된다 하더라도 바람직하지 못할 것이다. 삶 전반을 하찮게 여기는, 냉소적인 태도도 있다. 그리고 어떤 사람에게 이러한 태도는 결정적이며 체계적이다. 선입견이 없는 비판철학의 관점에서 바라볼 때, 그런 태도가 삶을 바라보는 완전하고 합리적 방법으로 생각될지라도 그러한 태도를 너무 종교적인 것이라고 부르게 되면 그것은 언어남용이 될 것이다.

예를 들면, 볼테르(Voltaire)는 73세의 나이에 한 친구에게 이렇게 쓰고 있다.

내가 비록 약할지라도 마지막 순간까지 싸워 1백 번 창에 찔려도 2백 번 찌를 것이다. 그리고 나는 웃는다. 나는 나의 문 가까이에서 아무것도 아닌 것에 대한 싸움으로 인해 열광하고 있는 제네바를 본다. 그래도 나는 다시 웃는다. 그리고 신께 감사드린다. 때때로 그러하듯이 세상이 비극적으로 될 때조차도 나는 세상을 하나의 어릿광대극으로 바라볼 수 있다. 모든 것이 하루의 마지막에 드러난다. 그리고 모든 날들이 다 끝났을 때, 보다 많이 드러난다.

우리들 가운데 대부분은 허약한 가운데서도 싸움닭 같은 건강하고 노련한 정신에 감탄할 수 있지만, 그것을 종교적 정신이라고 부르는 것은 이상할 것이다. 그러나 그것이 삶의 전반에 대해 잠시 동안 볼테르가 보인 반응이다. Je m'en fiche(그것은 별 것 아니다)는 "알 게 뭐야?"라는 영어의 표현에 상응하는 저속한 프랑스어이다. 그리고 'je m'en fichisme'라는 기분 좋은 용어는 최근 삶에서 어떤 것도 너무 진지하게 받아들이지 않는 고의적 결의를 지적하기 위해 고안되었다. "모든 것이 허무하다"라는 말은 이러한 사고의 양태 때문에 빚어진, 어려운 위기가 닥칠 때 안도감을 주는 말이다.

절묘한 문학의 천재 르낭(Renan)은 멋지게 늙어간 그의 인생의 후반기에, "모든 것이 허무하다"라는 마음상태에 대한 훌륭한 표현을 우리에게 남아 있는 신성모독적인 형식들 안으로 교활하게 삽입시키는 데서 기쁨을 누렸다. 예를 들면, 르낭이 말한 그 증거에 반대함에도 불구하고, 우리가 의무를 다해 그 다음에 오는 문구를 취한다면 그는 계속 다음과 같이 말할 것이다.

세상은 단지 신이 돌보지 않는 요정(fairy)의 무언극일 가능성이 많다. 때문에 우리는 전적으로 잘못될 수도 있다는 가설 위에 서지 않도록 우리를 잘 준비시켜야 한다. 우리는 더 높은 목소리를 들어야만 한다. 그러나 만일 그 가설이 사실일 경우, 그러한 방식으로 우리가 완전히 속아넘어가서는 안 된다. 만일 사실상 세상이 심각한 것이 아니라면, 교의를 신용하는 사람들은 바로 천박한 사람이 될 것이며, 신학자들이 지금 하찮다고 하는 세속적인 사람들은 정말로 현명한 사람들이 될 것이다.

그러면, 참일 수 있는 가능성이 양쪽에 다 준비되어 있다(In utrumque paratus). 어떤 것을 위해서라도 준비하라. 그것이 아마도 현명할 것이다. 시간에 따라 신념, 무신론, 낙관주의, 풍자에 매진하도록 우리 자신을 포기하라. 그러면 적어도 우리는 어떤 순간에 우리가 진리와 함께 있다는 것을 확신하게 될 것이다. ······좋은 기질은 철학적 마음의 상태이다. 그것은 자연이 우리를 받아들이듯이 우리도 자연을 받아들이고 있다고 자연에게 말하는 것처럼 보인다. 나는 우리가 언제나 미소지으며 철학에 대해 말해야 한다고 주장한다. 우리가 고결한 것은 신의 덕택이다. 그러나 우리는 일종의 개인적 앙갚음으로서 이러한 찬사에 우리의 풍자를 덧붙일 권리를 가지고 있다. 이런 방식으로 우리는 농담을 위한 농담을 올바른 방면으로 돌려보내고 있다.

우리는 우리가 당해왔던 속임수를 쓴다. "주님, 만일 우리가 속임을 당했다면 그것은 당신에 의한 것입니다!"라는 성 아우구스티누스의 말은 우리의 현대적 느낌에 잘 어울리는 훌륭한 말로 남아 있다. 단지 우리가 그 속임수를 받아들일 경우, 그것을 알면서도 기꺼이 받아들인다는 것을 신이 알기를 바랄 뿐이다. 우리는 미리 단념하여 미덕을 배양시켜 나가는 것에 대한 관심을 잃어버렸다. 그러나 우리가 그것을 너무 비밀스럽게 생각함으로써 우습게 보이지 않기를 바란다.[4]

아이러니에 대한 그와 같은 체계적인 편견이 또한 종교라는 이름에 의해 표시된다면, '종교'라는 단어와 관련된 모든 일상적 연상은 분명히 제거되어야 할 것이다. 보통 사람들에게 종교는, 그것이 지니고 있는 더 많은 특별한 의무가 무엇이든지 간에, 항상 진지한 마음의 상태를 의미한다. 만일 어떠한 구절이 보편적 의미를 모을 수 있다면, 그것은 아마도 "상황이 암시하는 것이 무엇이든, 이 우주 안에 있는 모든 것이 다 허무한 것은 아니다"

---

4) *Feuilles détachées*, 394~398쪽(축약됨).

일 것이다. 만일 그 의미가 어떤 것을 멈추게 할 수 있다면, 일반적으로 이해되는 종교는 르낭의 말과 같은 그러한 시시한 말을 멈추게 할 수 있을 것이다. 종교는 방자하지 않은 진지함에 더 호의를 보인다. 그것은 모든 헛된 잡담이나 약삭빠른 재치에 대해 '침묵하라'고 말한다.

그러나 만일 가벼운 아이러니에 적대적이라면, 종교는 맹렬한 불평이나 불만에 대해서도 똑같이 적대적이다. 세상은 어떤 몇몇 종교들 안에서 비극적인 것으로 나타나지만, 그 비극은 속죄함으로써 실현되므로 구원의 길이 존재해야 한다. 우리는 앞으로의 강연에서 종교적 우울증을 많이 보게 될 것이다. 그러나 마르쿠스 아우렐리우스의 생기 있는 표현과 같이, 희생자가 희생당한 돼지의 모습으로 단순히 발에 차이며 비명을 지르고 누워 있을 때의 우울증은, 우리의 일상적 언어의 사용에 따르면 종교적이라고 불릴 수 있는 모든 자격을 상실한다. 쇼펜하우어나 니체적인 풍조는 종종 슬픔을 고상하게 할지라도 반항하면서 달아나는 불평과 다름없다. 그리고 조금 덜하기는 하지만, 어떤 사람들은 때때로 우리 자신의 슬픈 칼라일적 풍조를 말할 것이다. 이 두 독일 작가들의 경구들은 사람들에게 죽어가는 두 마리 쥐의 날카로운 비명소리를 반 시간 동안 기억나게 한다. 그것들은 종교적 슬픔이 제공할 속죄적인 음조가 부족하다.

우리가 종교적이라고 이름 붙인 태도에는 엄숙하고 진지하고 부드러운 어떤 것이 있어야만 한다. 만일 기쁘다면, 싱글거리거나 낄낄거리는 것이어서는 안 된다. 만일 슬프다면, 큰 소리로 외치거나 저주하는 것이어서는 안 된다. 내가 여러분에게 종교적 경험에 관심을 갖기를 바라는 것은 정확하게 엄숙한 경험이기 때문에 그렇다. 그래서 나는—여러분이 좋아한다면 임의로 다시 제안한다—'신적인 것'이라는 단어가 거기서 씌어진 것처럼, 우리에게 단순히 근원적이고 포용하고 실재적인 것만을 의미하는 것이 아니라고 말함으로써 한 번 더 정의의 범위를 좁혀보자고 제안한다. 왜냐하면 제한 없이 받아들여진다면 그러한 의미가 너무 광범위하게 받아들여질 수 있기 때문이다. 신적인 것은 인간 개인이 저주나 농담에 의해서가 아니라 엄숙하고 장엄하게 반응하도록 강요되는 느낌을 받는, 근원적 실재만을 의미할 것이다.

그러나 엄숙함, 장엄함, 그리고 그러한 모든 감정적 속성은 다양하게 미묘한 차이점을 나타낸다. 그리고 우리가 정의를 내리는 일에 몰두하게 되면, 명확하게 그어질 수 있는 단 하나의 개념 없이 그런 경험의 영역을 다루고 있다는 사실을 직면하게 될 것이다. 그러한 조건하에서, 우리의 용어로 엄밀하게 '과학적인' 또는 '정확한' 것이 되도록 하는 요구는 우리의 일을 이해하지 못한다는 인상을 받게 할 것이다. 사물들은 어느 정도 신적이고 마음의 상태들은 어느 정도 종교적이며 반응들은 어느 정도 총체적이지만, 그것들 사이의 경계선은 언제나 애매하므로 그런 요구는 어디에서나 양과 정도에 대한 질문이다. 그럼에도 불구하고 그것들이 최고로 발달된 경우에는 어떤 경험이 종교적인 것인지에 대한 어떠한 의문도 있을 수 없다. 대상의 신성과 반응의 엄숙성은 의심의 여지가 있을 정도로 너무도 잘 특징지어져 있다.

마음의 상태가 '종교적'이냐 '비종교적'이냐, 또는 '도덕적'이냐 '철학적'이냐에 관한 망설임은 단지 마음상태가 약하게 드러날 때만 일어난다. 그러나 그럴 경우에 우리의 연구는 모든 가치를 잃게 될 것이다. 우리는 단지 예의상 종교적이라고 불릴 수 있는 상태와는 아무런 관계도 가질 필요가 없다. 즉 종교적이라는 것 외에 다른 것으로 부르도록 유혹받을 수조차 없는 것만이 우리에게 유익한 일이다. 말하자면 나는 지난번 강연에서 우리가 어떤 사물을 현미경 아래 또는 가장 과장된 모습 속에서 보았을 때, 그것에 대해 대부분 파악할 수 있다는 것을 말했다. 이 점은 다른 종류의 사실에서처럼 종교적 현상에서도 진리이다.

그러므로 우리의 관심에 보답할 만큼 충분히 유익한 사례들은 종교적 정신이 명백하고 극단적인 것들일 것이다. 그 정신이 분명치 않은 표상들은 조용히 모르는 체하면서 넘어갈 것이다. 예를 들자면, 프레더릭 로커 램프슨(Frederick Locker Lampson)의 삶에 대한 총체적 반응이 있는데, 『확신』(*Confidences*)이라는 제목이 붙은 그의 자서전은 그가 매우 호감적인 사람이라는 것을 입증해준다.

나는 지금까지 나의 운명을 포기한 채 살아와서 안락한 삶, 달콤한 우화 같은 삶이라고 불려온 것으로부터 떨어져 있다는 생각에도 거의 고통을 느끼지 못한다. 나는 나의 낭비된 삶을 다시 한 번 살고자, 삶의 기간을 연장해보려 애쓰고 싶지 않다. 이상한 말이지만, 나는 젊어지고자 하는 바람이 별로 없다. 내 마음은 냉담하다. 나는 그것이 신의 뜻이기에, 그리고 정해진 나의 운명이기에 겸손히 복종한다. 나는 나를 둘러싸고 있는, 내가 사랑하는 사람들에게 짐이 될 정도로 나 자신이 점점 더 약해지는 것을 두려워한다. 그러면 안 돼! 가능한 한 조용히 그리고 편안하게 사라지게 되기를, 가능하면 평화롭게 마치게 되기를…….

나는 이 세상에 대해, 그리고 우리가 거기에 머무는 것에 대해 할 말이 많은 건지 잘 모르겠다. 그러나 우리를 여기에 있게 한 것은 신을 기쁘게 해드린 것이며, 또한 나를 기쁘게 한 것임에는 틀림없다. 나는 당신에게 인간의 삶이 무엇인지를 묻는다. 그것은 온전치 못한 행복―근거 없는 기대로 내일은 더 밝을 것이라는 이상한 속임수와 함께, 근심과 걱정이 아닌가? 그것은 기껏해야 함께 놀아주고 웃겨주고 잠이 들 때까지 조용하게 지켜줘야 하는, 그래야 돌보는 일이 끝나는 심술궂은 어린 아이 같은 것이다.[5]

이것은 복잡하고 부드럽고 복종적이며 은혜로운 마음의 상태이다. 그것이 비록 여러분 가운데 많은 사람에게 너무 패기가 없고 무관심해 보여서 그렇게 훌륭한 이름을 붙일 만하지 못하다고 할지라도, 나 자신은 그것을 대체로 종교적 마음상태라고 부르는 것에 대해 반대하지 않는다. 그러나 결국 우리가 그러한 마음의 상태를 종교적이라고 부르든 말든 그것이 무슨 문제인가? 어쨌든 그것은 우리의 가르침에서는 그리 중요한 것이 아니다. 그러한 마음상태의 소유자는 다른 사람들의 종교적 기분이 더 열정적이라고 생각하고, 스스로 경쟁할 수 없다는 것을 깨닫지 못했다면 이와 같은 글도

---

5) 같은 책, 313, 314쪽.

쓰지 않았을 것이다. 우리의 유일한 관심사는 그와 같은 더욱 열정적인 상태에 있으므로 우리는 보다 중요치 않은 특징과 불명확한 경계를 완전하게 없앨 수 있다.

내가 신학이나 의례 없이도 개인적 종교가 순수하고 단순한 도덕성을 포함하고 있지 않은 몇몇 요소들을 구체화시켜준다고 말할 때, 그것은 내 스스로 조금 전에 생각했던 극단적인 경우들을 가리키는 것이었다. 여러분은 내가 그러한 요소들이 무엇인지를 간단히 지적해보겠다고 약속했던 것을 기억할 것이다. 이제 나는 일반적인 방식으로 염두에 두었던 것들을 말할 수 있다.

"나는 우주를 받아들인다"라는 말은 뉴잉글랜드의 초절주의자인 마가렛 풀러(Margaret Fuller)가 가장 선호하는 말이라고 보도되었다. 그리고 어떤 사람이 이 구절을 토머스 칼라일에게 말했을 때, 그는 "아이고, 기가 막혀!"라는 냉소적 반응을 보였다고 전해진다. 도덕성과 종교에 대한 전체적인 관심의 밑바닥에는 우주를 받아들이는 방식이 깔려 있다. 우리는 이것을 단지 부분적으로 마지못해 받아들이는가, 그렇지 않으면 전적으로 자진해서 받아들이는가? 그 속에 있는 어떤 것에 대항하는 우리의 저항이 과격하고 용서할 수 없는 것인가, 또는 악을 가지고서도 선으로 가는 삶의 방법이 있는지 생각해볼 것인가? 만일 우리가 이 모든 것을 받아들인다면, 칼 라일이 그랬듯이, "아이고! 기가 막혀"라고 깜짝 놀란 표정을 지으면서 거기에 굴복할 것인가, 아니면 열정적인 마음으로 동의할 것인가?

순수하고 단순한 도덕성은 군림하고 있는 전체 법칙에 복종하고 인정하는 한 그것을 받아들인다. 그러나 도덕성은 가장 무겁고 차가운 마음으로 그것에 복종할 것이며, 그것을 끊임없이 멍에로 느낄 것이다. 활기 없는 복종은 멀리 뒤에 남겨지고, 기분 좋은 평온함과 열정적 기쁨 사이에 한 자리를 차지하게 될 환영하는 기분이 그 자리를 대신할 것이다.

우리가 궁극적 필연성 때문에 단조롭고 무감각한 방법으로 우주를 받아들이는가, 또는 그리스도교 성인들의 정열적 행복감으로 받아들이는가 하는 문제는 엄청나게 감정적이고 실질적인 차이를 만들어낸다. 그 차이는 수동성과 능동성, 공격적 분위기와 방어적 분위기의 차이만큼이나 크다. 개인이 어떤 한 상태에서 다른 상태로 성장해가는 단계가 점진적으로 많아지는 것처럼, 각각 서로 다른 개개인이 나타내는 중간단계도 많다. 그러나 여러분이 비교하기 위해 전형적으로 극단적인 것들을 나란히 놓고 볼 때, 두 개의 불연속적인 심리학적 우주가 여러분에게 대항하고 있다고 느낄 것이며, 하나의 우주에서 다른 우주로 넘어갈 때 '임계점'(critical point)이 극복된 것처럼 느낄 것이다.

우리가 스토아 철학자와 그리스도인의 절규를 비교해본다면, 교리상의 차이보다 훨씬 더 큰 차이를 느끼게 될 것이다. 오히려 그것들을 구분짓는 것은 감정적 기분의 차이일 것이다. 마르쿠스 아우렐리우스가 사물들을 질서화시킨 영원한 이성을 숙고할 때, 거기에는 여러분이 유대인에게서는 거의 발견할 수 없는, 그리고 그리스도인의 종교적 글에서는 결코 발견할 수 없는 차가운 냉기가 흐른다. 이러한 모든 저술가들은 우주를 "받아들인다". 그러나 이 로마 황제의 정신에는 열정이나 환희가 얼마나 결여되었는가! "만일 신이 나와 내 아이들을 돌보지 않는다면 거기에는 이유가 있다"라는 그의 훌륭한 문장과, "비록 그가 나를 죽일지라도 나는 그를 신뢰할 것이다!"라는 욥의 외침을 비교해보자. 그러면 여러분은 즉시 내가 말하는 그 차이를 느끼게 될 것이다.

스토아 학파가 찬동하는, 자신의 개인적 운명을 결정하는 세계정신(anima mundi)은 사람들이 그것을 존경하고 복종해야 하지만, 그리스도교의 신은 우리가 사랑해야 할 존재이다. 그러므로 그 감정적 분위기의 차이는 북극과 열대기후의 차이점과 같다. 불평 없이 실제적인 조건을 받아들이는 방식에서, 그 결과는 추상적 용어로 표현하자면 굉장히 똑같다고 할지라도 말이다.

마르쿠스 아우렐리우스는 자기 자신을 위로하고 자연적 소멸을 기다리는 것과 화를 내지 않고 다음 두 가지 생각 안에서만 상쾌함을 발견하는 것이 인간의 의무라고 말했다. 첫째는 우주의 본성에 적합하지 않은 것은 어떠한 것도 나에게 일어나지 않으리라는 생각이며, 둘째는 내 안에 내재해 있는 신이나 신성에 모순된 것은 어떠한 것도 필요가 없다는 생각이다. 왜냐하면 나로 하여금 억지로 죄를 범하게 할 수 있는 사람은 어느 누구도 없기 때문이다.

자신에게 발생하는 사건들을 불쾌하게 여김으로써, 우리의 일반적인 본성으로부터 자신을 분리시키고 물러나버리는 사람이 있다면, 그는 이 우주에서 하나의 종기와 같다. 왜냐하면 똑같은 본성이 이러한 것들을 만들어내고 있고, 또한 여러분을 만들어왔기 때문이다. 그리고 그것이 불쾌하게 보일지라도, 그것은 우주의 건강과 제우스의 행복과 번영으로 이끌기 때문에, 발생하는 모든 것들을 수용해야 한다. 그 이유는 만일 그것이 전체를 위해서 유용한 것이 아니라면, 제우스는 자신이 가져온 것을 모든 인간에게 가져다주지 않았을 것이기 때문이다. 여러분이 어떠한 것을 잘라버린다면 전체의 통합은 절단되고 만다. 그것이 여러분의 능력에 달려 있는 한, 여러분이 불만족스럽다고 그것을 잘라버리면, 그 모든 것을 올바른 길에서 벗어나도록 하는 셈이 된다.[6)]

이제 이러한 분위기를 게르만 민족의 신학(Theologia Germanica)을 저술한 노년의 그리스도인인 저자와 비교해보자.

인간이 참된 빛으로 조명을 받게 되면 모든 욕망과 선택을 포기하여 영원한 신에게 모든 것을 위탁하고 위임할 것이다. 그래서 빛을 받은 모든 사람들은 다음과 같이 말할 수 있게 된다. "나는 기꺼이 영원한 신의 손이 인간에게 미치도록 하고 싶다." 그러한 사람들은 자유로운 상태에 있는 것이다. 왜냐하면 그들은 고통이나 지옥에 대한 공포가 없으며 보상이나 천국에 대한 희망을 지니고 있어서, 영원하신 신에게 순수하게 복종하며 살아가고 열렬한 사랑의 완전한 자유 속에서 살아가기 때문이다.

---

6) Book V., ch.ix(축약됨).

인간이 진정으로 자기 자신이 누구이고 무엇인가를 지각하고 생각하여 자신이 아주 비열하고 사악하며 무가치하다는 것을 깨닫게 될 때, 그는 자기 자신을 너무도 낮추게 되어 하늘과 땅에 있는 모든 피조물들이 자신에게 대항하여 일어나는 것이 당연한 것처럼 여긴다. 그래서 그는 어떤 위로나 해방도 감히 바랄 수 없게 된다. 그는 기꺼이 위로받지 못하고 구속받지 못한 상태로 있게 된다. 그리고 그는 자신의 고통을 슬퍼하지 않는다. 왜냐하면 그러한 고통이 자신의 눈에는 당연한 것으로 보이고, 그는 그것들에 대해 반항할 만한 것이 아무것도 없기 때문이다.

이것이 죄에 대한 참된 회개를 의미하는 것이다. 그리고 그는 현재 지옥으로 들어가는 사람이며, 그를 위로할 자는 아무도 없다. 신은 이러한 지옥에서 인간을 포기하지 않고, 그분의 손을 인간에게 얹어놓고 있으며, 그러기에 인간은 오직 영원하신 신만을 바라볼 뿐 다른 어떤 것도 바라거나 주목하게 되지 않는다. 인간이 어떤 것도 바라지 않고 어떤 것에도 관심을 쏟지 않으며 오로지 영원하신 신만을 바라게 될 때, 그래서 자기 자신이나 자신에게 속한 소유물들을 추구하지 않고 오직 신만을 경외하게 될 때, 그는 모든 방식의 기쁨, 행복, 평화, 안식과 위로에 참여할 수 있게 되며, 이제부터 그는 천국의 왕국에 들어가게 된다. 이러한 지옥과 천국은 인간을 위한 훌륭하고 안전한 두 가지 방법이며, 진정으로 이러한 것을 발견한 사람은 행복하다.[7]

이 우주에서 자신의 위치를 수용하고자 하는 그리스도인인 저자의 충동은 얼마나 능동적이고 긍정적인가! 마르쿠스 아우렐리우스는 그 계획을 승낙한다──독일 신학자도 그것에 동의한다. 그는 문자적으로 충분히 동의하고 신의 뜻을 받아들이기 위해 달려나간다.

종종 마르쿠스 아우렐리우스의 인용구에서처럼 때때로 스토아주의자가 그리스도교적인 따뜻한 감정을 일으킨다는 것은 사실이다.

---

7) Chaps.x., xi(축약됨).

오, 우주여! 당신과 조화로운 모든 것은 나와 조화를 이룹니다. 당신께 적절한 시간이라면 어떤 시간이라도 나에게 너무 이르거나 너무 늦은 것이 아닙니다. 오, 자연이여! 당신의 계절이 가져오는 그 모든 것은 나에게는 열매입니다. 모든 것이 당신으로부터 나오며, 당신 안에 모든 것이 있으며, 모든 것이 당신에게 돌아갑니다. 시인은 사랑스러운 세크롭스(Cecrops) 시(市)라고 말합니다. 그런데 당신은 사랑하는 제우스 시라고 말하지 않으시렵니까?[8]

그러나 이렇듯 경건성을 보여주는 구절과 참된 그리스도인의 감정을 토로하는 구절을 비교해보라. 그러면 그것은 조금 시들하게 보일 것이다. 예를 들어, 『그리스도를 본받아』(*Imitation of Christ*)를 살펴보자.

주님, 당신은 무엇이 가장 좋은지 알고 계십니다. 이것이든 저것이든 당신의 뜻대로 되게 해주소서. 당신이 뜻을 이루려고 하실 때, 당신이 주고 싶은 만큼, 당신이 뜻하는 것을 주소서. 당신이 가장 잘 아는 대로 나에게 행하소서. 그러면 그것이 당신을 가장 영화롭게 할 것입니다. 당신이 원하시는 곳에 나를 있게 하소서. 그리하여 나와 함께 모든 것들 안에서 당신의 뜻을 자유롭게 이루소서……. 당신이 가까이 계신다면 어찌 그것이 악할 수 있겠나이까? 당신 없이 부유해지느니 차라리 당신을 위해 가난해지는 편이 좋사옵나이다. 당신 없이 천국을 소유하느니 차라리 당신과 함께 이 땅에서 순례자가 되기를 택하겠나이다. 당신이 계시는 곳에 천국이 있나이다. 그리고 당신이 계시지 않는 곳에 죽음과 지옥이 있나이다.[9]

---

8) Book IV., § 23.
9) Book III., chaps.xv., lix. 메리 무디 에머슨(Mary Moody Emerson)의 번역과 비교해보라. "나를 이 아름다운 세상에서 오점이 되게 하시고, 단 하나의 조건을 지닌 가장 은밀하고 고독한 고통받는 이가 되게 해주소서. 나는 그것이 그분의 섭리라는 것을 알고 있습니다. 나는 그가 비록 나의 모든 길에 서리와 어둠을

우리가 어떤 신체기관에 대해 연구하려고 할 때, 다른 어떤 기관도 수행할 수 없는 그 기관만의 가장 독특하고 특징적인 성능이 무엇인지를 살펴보고 그 고유한 임무를 찾아보는 것이 생리학의 좋은 규칙이다. 이와 같은 격언은 우리가 현재 하고 있는 탐구에서도 확실히 유효하다. 우리가 종교적 경험들인지 아닌지를 최종적으로 판정할 잣대인 그 경험의 본질은 우리가 다른 어떤 곳에서도 대할 수 없는 그 경험만이 갖고 있는 요소와 특질이어야 한다. 물론 그와 같은 특질은 대부분 한쪽으로 치우치고 과장되며 강렬한 종교적 경험들 속에서 가장 알아보기 쉽게 뚜렷이 나타난다.

이제 이러한 보다 강렬한 경험들, 우리로 하여금 종교적이라기보다는 철학적이라고 부르도록 부추길 정도로 단조로운 사람들의 너무 냉정하고 합리적인 경험들과 비교해볼 때, 거기에서 우리는 명백히 구별되는 특징을 발견하게 된다. 나는 그러한 특징이 우리의 목적을 위해서 종교의 실질적으로 중요한 차이점으로서 간주되어야 한다고 생각한다. 추상적으로 그리스도인이라고 여겨지는 사람의 마음과 유사하게 생각되는 도덕가의 마음을 비교해봄으로써, 그것은 쉽게 해결될 것이다.

하찮은 개인적 생각에는 덜 흔들리지만, 개인적인 손실과 고통을 받더라도 에너지를 필요로 하는 객관적 목적에 의해서는 더 많이 흔들리는 삶을 우리는 남자답다거나, 금욕적, 도덕적 또는 철학적인 삶이라고 말한다. 이런 삶이 '지원병들'을 불러 모은다는 점에서 이것은 전쟁의 좋은 측면이라고 할 수 있다. 도덕성 때문에 삶은 하나의 전쟁과 같다. 그래서 가장 고귀한 사람들의 봉사는 지원자들을 모을 수 있는 일종의 우주적 애국주의이다. 외견상 투쟁적일 수 없는 병든 사람조차도 도덕적 전투는 수행할 수 있다.

이 세상에서든, 다음 세상에서든 그는 미래에 대한 자신의 관심을 고의적으로 기꺼이 다른 곳으로 돌릴 수 있다. 그는 현재의 결점에 무관심하도록 자신을 훈련할 수 있으며, 자신의 능력이 미치는 객관적인 문제가 남아 있

뿌린다 할지라도 그분을 사랑할 것입니다." R.W. Emerson, *Lectures and Biographical Sketches*, 188쪽.

다면, 그것이 무엇이든지 간에 자신을 몰두시킬 수 있다. 그는 공적인 보도를 신봉할 수 있다. 다른 사람들의 일에 동정심을 느낄 수도 있다. 그는 명랑한 태도를 연마할 수도 있으며, 자신의 비참함에 침묵할 수도 있다. 그는 철학이 자신에게 제시해줄 수 있는 존재의 이상적 측면은 무엇이든지 숙고할 수 있으며, 자신의 윤리체계가 요구하는 인내, 체념, 신뢰와 같은 의무는 무엇이나 실천할 수 있다.

그와 같은 사람은 가장 고상하고 원대한 계획에 따라 살아간다. 그는 고결한 자유인일 뿐 수척한 노예가 아니다. 그러나 그에게는 월등하게 뛰어난 그리스도인, 예를 들면 신비주의적이면서 금욕주의적인 성인이 풍부하게 지니고 있어, 전적으로 다른 종류의 인간이 되게 하는 어떤 것이 결핍되어 있다.

한편 그리스도인들은 병실에서나 볼 수 있는 고통스러워하고 시무룩한 태도를 무시하며, 성인들의 삶은 다른 인간의 기록물들이 감히 보여줄 수 없는 육체의 질병상태를 무시하는 태도로 가득 차 있다. 그런 질병에 대한 도덕가들의 태도는 단지 의지적인 노력을 요구하는 반면에, 그리스도인들의 태도는 어떠한 의지의 노력도 요구되지 않는 고차적 감정흥분의 결과이다.

도덕가는 숨을 멈추고, 자신의 근육을 긴장시켜야 한다. 그렇게 마음이 강건한 한, 모든 것이 잘 되어나갈 것이므로 도덕성도 충분히 존재할 것이다. 그러나 아무리 강건한 마음이라고 할지라도 언제든 무너질 수 있다. 신체기관이 썩기 시작하거나 병적 공포가 마음을 교란시킬 때, 그것은 불가피하게 무너지게 된다. 불치의 무력감으로 심하게 병들어 있는 사람에게 개인적 의지로 노력해보라고 하는 것은 가장 불가능한 일을 제안하는 것이나 다름없다. 그가 열망하는 것은 자신의 무기력한 상태를 위로받는 것이며, 비록 그의 모든 부분이 쇠잔해지고 썩어들어간다 하더라도 우주의 영이 자신을 인정하고 안심시키는 것을 느끼는 것이다.

우리 역시 궁극적으로는 어쩔 수 없는 실패자들이다. 우리들 가운데 가장 정신이 맑고 우수한 사람도 미친 사람이나 수감자처럼 한 줌의 흙에 불과하다. 그래서 궁극적으로 죽음은 우리들 가운데 가장 강한 사람마저도 쇠약하게 한다. 그리고 우리가 이러한 것을 느낄 때마다 자발적인 삶도 허무하고 일시적이라는 느낌이 우리를 엄습하여, 우리의 모든 도덕성은 단지 치유할 수 없는 상처를 숨기는 반창고와 같고, 우리의 모든 선행은 우리의 삶이 뿌리를 박아야 하지만 결코 그렇게 되지 못한 **행복**(well-being)의 가장 공허한 대체물과 같다.

여기에서 종교는 우리의 피난처로 다가와 그 품속으로 우리의 운명을 끌어간다. 종교적인 사람들에게는 알려져 있지만, 다른 사람들에게는 알려지지 않은 마음의 상태가 있다. 그 상태에서는 우리의 입을 다물게 하고, 신의 거대한 물결에 비하면 우리 자신은 아무것도 아니라는 의지가 우리 자신의 권리를 내세워 입장을 분명히 하려는 의지를 추방해버린다. 이러한 마음의 상태에서 우리가 가장 두려워하는 것은 안전한 거주지가 되었고, 도덕적 죽음의 시간은 영적 탄생으로 바뀌었다.

우리 영혼의 긴장된 시간이 끝나고 행복한 이완, 잔잔하고 깊은 숨, 그리고 걱정을 해야 하는 불협화음의 미래가 없는 영원한 현재의 시간이 도래한다. 두려움은 단순한 도덕성에 의한 경우에서처럼 유보되어 있는 것이 아니라, 적극적으로 말살되고 씻겨 없어졌다.

우리는 차후의 강연들에서 이러한 행복한 마음상태에 있는 사람들의 예를 많이 볼 것이다. 우리는 이와 같은 최상의 상태에서 종교가 얼마나 무한히 정열적인 일을 할 수 있는지를 볼 것이다. 그것은 그 밖의 다른 것으로부터 합리적으로 또는 논리적으로 이끌어낼 수 없는, 사랑, 분노, 희망, 야망, 질투, 그리고 모든 본능적 열정과 충동과 같은 황홀감을 삶에 첨가시켜 준다. 이 황홀감은 하나의 선물로서 주어지는 것이다. 생리학자들은 그것을 우리의 신체기관이 주는 선물이라고 이야기하는 반면에, 신학자들은 신의 은총에 의한 선물이라고 말한다. 우리 가운데는 그 황홀감의 상태에 있는 사람도 있고 그렇지 못한 사람도 있다. 그리고 단순한 명령에 의해 어떤 여인과 사랑에 빠질 수는 있지만, 그러한 마음의 상태에 사로잡힐 수 없는 사람도 있다.

그러므로 종교적 감정은 주체(the Subject)의 삶의 영역에서 절대적인 추가물이다. 그것은 그에게 새로운 영역의 힘을 제공한다. 외면적 전투에 패배하거나, 외부적 세상이 그를 인정하지 않을 때에도 그것은 내면적 세계를 회복시켜 활기를 불어넣어준다. 그렇지 않으면 비어 있는 쓰레기통에 불과할 것이다.

만일 종교가 우리에게 명백한 어떤 것을 의미한다면, 우리는 그것을 감정의 이러한 첨가된 차원, 즉 신봉하려는 열렬한 기질을 의미하는 것으로 받아들여야만 할 것처럼 보인다. 도덕성은 종교 앞에서 기껏해야 경의를 표하면서 묵묵히 따라가야만 할 것이다. 이것은 우리가 투쟁을 통하여 새로운 자유의 세계에 도달했다는 의미, 즉 우리의 귀에 들려오는 우주의 근본이 되는 화음과 우리 눈앞에 펼쳐진 영원히 사로잡힌 상태를 의미하는 것이다.[10]

이러한 종류의 절대적이고 영원한 행복감은 종교 이외에는 어디에서도 발견할 수 없는 것이다. 이것은 동물적인 만족감, 즉 현재의 단순한 즐거움과는 거리가 멀다. 그것은 내가 이미 너무나 중요하다고 언급한 바 있는 엄숙성으로 인한 것이다. 엄숙성은 추상적으로 정의하기는 어렵지만, 그 특징은 분명하다. 엄숙한 마음의 상태라는 것은 결코 조잡하거나 단순한 것이 아니다. 그것은 문제해결에서 그것 자체와는 반대되는 상태를 포함하고 있는 것 같다. 엄숙한 기쁨은 그 자체의 달콤함 속에 일종의 쓴맛을 유지하고 있다. 또한 엄숙한 슬픔도 내심으로는 우리가 동의하는 것이다. 그러나 최상의 행복이란 종교의 특권이라는 것을 알면서도 이러한 복합성을 망각하여 모든 행복을 종교적인 것이라고 말하는 저자들도 있다. 예를 들면, 해브록 엘리스(Havelock Ellis)는 종교를 억압된 상태로부터 영혼의 해방을 가

---

10) 다시 말하지만, 종교적 삶에서 미칠 듯한 기쁨이 없고, 기질적으로 무덤덤한 사람들이 많다. 그들도 넓은 의미에서는 종교적이라고 할 수 있다. 그러나 정확하게 말하자면, 그들은 비종교적이다. 엄밀히 말하자면, 그것의 전형적인 차이점에 도달하기 위해서 말싸움하지 않고 내가 우선적으로 공부해보고 싶은 것은, 이런 엄격한 의미에 해당하는 종교이다.

져다주는 모든 영역이라고 정의한다. 그는 이렇게 쓰고 있다.

> 생리적인 삶의 가장 단순한 기능은 아마도 성직자들의 기능일 것이다. 페르시아의 신비주의자들을 잘 아는 사람이라면 누구든 어떻게 포도주가 종교의 도구로 간주되었는지를 안다. 사실상 어떤 나라, 어떤 시대에서나 노래, 춤, 음주, 성적 흥분과 같이 육체를 확대시켜 주는 형식은 예배와 밀접한 관계가 있다. 웃음 속에서 순간적으로 영혼이 확대되는 것도 어느 정도 종교적 활동이라고 할 수 있다. ……세상으로부터 나온 어떤 충동이 육체의 기관을 자극할 때마다 그 결과는 불쾌하거나 고통스럽거나 건강한 남성의 육체를 움츠러들게 하는 것이 아니라, 전 영혼이 즐겁게 확대되거나 대망을 품게 한다. 여기에 종교가 있는 것이다. 우리가 배고파 하는 것은 그 무한자(無限者)이다. 그래서 우리는 그 무한자에게 나아가게 해준다고 약속을 하는 모든 작은 파도를 즐겁게 탄다.[11]

그러나 이처럼 어떤 또는 모든 형태의 행복과 종교를 직접적으로 동일시하는 것은 종교적 행복의 본질적 특성을 외면한 것이다. 우리가 얻는 더욱 평범한 행복은 실제로 경험했거나 위협받았던 악으로부터 일시적으로 도피함으로써 얻게 되는 '안심'과 같은 것이다. 그러나 그것에 대해 가장 특징적으로 구체화되어 있는 표현들을 보면, 종교적 행복은 단순한 도피의 느낌이 아니다. 그것은 도피하는 데 더 이상 신경쓰지 않는다. 그것은 희생의 한 형태로 외부적으로 악을 인정하고 내면적으로 그것을 영원히 극복되어야 할 것으로 인식한다. 만일 여러분이 어떻게 종교가 가시나무에 떨어져서도 죽음에 대항하며, 그 행동으로 파멸을 부정하게 되는지 물어본다면 나는 그 문제를 설명할 수 없다. 왜냐하면 그것은 종교의 비밀이기 때문이다. 그 점을 이해하기 위해서는 여러분 스스로 극단적 유형의 종교적인 사람이 되어야만 한다.

---

11) *The New Spirit*, 232쪽.

가장 단순하고 낙관주의적인 성품의 종교적 의식유형에 대해 앞으로 나올 예들을 보면, 우리는 고귀한 행복이 비천한 불행을 저지하는 복잡한 희생적 성격을 발견하게 된다. 루브르 박물관에는 기도 레니(Guido Reni)가 그린, 발로 사탄의 목을 누르고 있는 성 미가엘(Michael)의 초상화가 있다. 그 그림의 중요성은 거의가 거기에 있는 악마의 형상 때문이다. 또한 그 그림의 비유적인 의미가 풍부해진 것도 거기에 악마의 존재가 있기 때문이다. 즉 우리의 발이 악마의 목을 누르고 있는 한, 이 세상은 그 안에 악을 포함하고 있음으로써 더욱 풍요로워진다. 종교적 의식에서 부정적이거나 비극적 원리로 사탄이 발견되는 곳이 바로 그 위치이다. 바로 이러한 이유 때문에 감정적 관점에서 보면 종교적 의식은 더욱 풍요롭다.[12]

  우리는 어떤 사람들에게 종교적 의식이 기이한 고행의 형태를 어떻게 드러내고 있는지를 보게 될 것이다. 글자 그대로 부정적 원리, 즉 굴욕과 결핍 그리고 고통과 죽음에 대한 생각만을 하면서 살다간 성인들이 있다. 외적 고통의 상태가 참을 수 없을 정도로 증가하는 것에 비례해서 그들의 행복도 증가되었다. 종교적 감정 이외의 어떠한 것도 인간에게 이러한 특이한 상태를 불러일으키지 못한다. 그리고 인간의 삶에서 종교의 가치를 묻는 질문에 대해, 나는 우리가 보통의 사례보다도 이러한 극단적 사례에서 답을 찾아야 한다고 생각하는 것도 바로 이런 이유 때문이다.

  처음부터 정확히 가능한 형식 안에서 우리가 그 현상을 연구하려고 했기 때문에 나중에도 마음대로 우리의 견해를 조정할 수 있다. 비록 이 경우들이 우리의 세속적 판단방법과 반대되는 것일지라도 우리가 할 수 없이 종교의 가치를 인정하고 그것을 경외스러운 것으로 받아들인다면, 그것은 대부분 우리의 삶에서 가치 있는 것으로 증명될 것이다. 터무니없는 생각들을 버리고 논파해버림으로써 종교의 합법적 영향력에 대한 경계선을 추적할 수 있다.

---

12) 깊은 애도를 표하는 나의 동료이자 친구인 찰스 캐럴 에베르트(Charles Caroll Everett)에게서 이런 비유적인 예를 들을 수 있었다.

확실히, 이상하고 극단적인 것을 너무나 많이 다루어야만 된다는 것은 우리의 연구작업을 어렵게 한다. 여러분은 "만일 종교의 다른 여러 가지 표상들이 교대로 교정을 받아서 소박하게 되고, 불필요한 부분이 제거된다면, 어떻게 종교가 전체적 인간의 모든 기능 가운데 가장 중요한 기능일 수 있을까?"라고 의문을 가질 수 있다. 이러한 논제는 합리적으로 확증하기에는 불가능한 역설로 보일 수 있다. 그러나 나는 이와 같은 어떤 것이 우리의 최후 주장이 될 수 있다고 믿는다. 개인 스스로 신적인 것으로 알고 있는 것을 선택하게 하는 이런 개인적 태도는—이것이 바로 우리가 내린 정의라는 것을 여러분은 기억할 것이지만—자신들의 무력성을 고백해야 하는 것이며, 자기희생적인 태도임을 증명할 것이다. 즉 우리는 우리의 영혼을 구원하기 위하여 적어도 어느 정도 신의 은총에 의지하고, 또한 크든 작든 어느 정도 체념을 실천하고 있다는 것을 고백해야 한다. 우리가 살고 있는 세상의 법은 그러한 것을 요구한다.

그대 자신을 포기하라.
이것이 영원히 존재하는 이가 끊임없이 그대에게
되풀이하고 있는 말씀이다.
그는 언제나 우리를 지켜보고 계신다.
인간은 그의 꿈속에서 생겨나와
인간의 전부를 다스리고 있는 운명 속에서
잠시 하나의 음성으로 존재하고 있을 뿐이다.

할 말과 할 일을 모두 마치고 나면 마침내 우리는 절대적으로 우주에 의존하게 된다. 그리고 일종의 희생과 복종을 신중하게 살펴보고 받아들이도록 이끌어져, 우리의 영원한 휴식의 장소로 가까이 나아가게 된다. 종교가 결핍되어 있는 마음상태에서 하는 굴복은 어떤 필요에서 나온 것이고, 희생은 기껏해야 불평만 하지 않고 이루어진 것이다. 반대로 종교적 삶은 복종과 희생을 좀더 적극적으로 받아들인다. 그것은 행복을 증가시키기 위해 불

필요한 포기들까지도 첨가시킨다. 그러므로 종교는 어떤 경우든 필요한 것을 쉽고 알맞게 만들어준다. 그리고 만일 그것이 이러한 결과를 성취할 수 있게 하는 유일한 힘이라면, 인간의 능력으로서 그 중요성은 논쟁을 넘어 입증되는 것이다. 그것은 우리 본성의 어떠한 부분도 그렇게 성공적으로 완수할 수 없는 기능을 수행함으로써 우리 삶의 본질적 기관이 되는 것이다. 순전히 생물학적 관점에서 본다고 할지라도 '이것은 현재로서 내가 알 수 있는 한 우리가 도달할 수밖에 없고' 또한 첫번째 강연에서 개략적으로 진술하였던 순수한 경험적 표현방식을 따른다면 도달할 수밖에 없는 그러한 결론이다. 형이상학적 계시로서 종교에 대한 그 밖의 임무에 관해서는 지금 아무 말도 하지 않겠다.

그러나 어떤 사람의 연구조사 결과를 예측해본다는 것과 그 결과에 안전하게 도달한다는 것은 별개이다. 다음 강연에서는 우리가 지금까지 너무 집중해 있던 극단적 일반론에서 떠나, 우리들이 직접 구체적 사실들을 본격적으로 착수함으로써 실질적 여행을 시작할 것을 제안한다.

제3강 | 보이지 않는 것의 실재성

사람들이 가능한 한 가장 광범위하고 일반적인 용어로 종교적 삶의 특징을 기술하라는 요구를 받는다면, 종교는 보이지 않는 질서가 존재한다는 믿음으로 구성되며, 또한 우리의 최고선은 그 질서에 조화롭게 순응하는 데 있다고 말할지도 모른다. 이러한 믿음과 순응은 영혼 안에 존재하는 종교적 태도이다. 나는 이 시간에 이와 같은 태도의 심리학적인 특징 몇 가지와 우리가 볼 수 없는 대상에 대한 믿음에 대해 여러분의 주의를 환기시키고자 한다.

종교적 태도뿐만 아니라 우리의 모든 도덕적, 실질적 또는 감정적 태도는 실제로든 관념적으로든 우리 자신과 더불어 존재한다고 믿는 것들, 즉 우리 의식의 '대상들'로 인해 생겨난다. 그러한 대상들은 우리의 오감에 나타나거나 또는 우리의 사고에만 나타난다. 이 양자의 경우에 대상들은 우리들에게 하나의 반응을 유도한다. 그리고 대부분의 경우에 감각적 존재들로 인해 생겨나는 반응이 그렇듯이, 사고의 대상들로 인해 생겨나는 이런 반응도 잘 알려져 있다시피 강하다. 심지어 그 반응은 전자의 반응보다 더 강할 수도 있다.

모욕에 대한 기억은 우리가 모욕을 받을 때보다 훨씬 더 우리를 분노하게 만든다. 또 우리는 자주 실수를 저지른 그 순간보다도 나중에 자신의 실수에 대해 더 심한 부끄러움을 느낀다. 그리고 일반적으로 더욱 분별적이고 도덕적인 우리의 모든 삶은 정말로 현재의 구체적인 감각이 보다 동떨어진 사실에 대한 관념보다 우리의 행동에 훨씬 미약한 영향력을 행사할 수 있다는 사실에 기초를 두고 있다.

대부분의 인간이 지닌 종교의 보다 구체적 대상들, 즉 그들이 예배하는 신들은 단지 관념으로만 인간에게 알려져 있다. 예를 들면, 그리스도교 신앙인들은 구세주를 감지할 수 있는 시각(sensible vision)을 거의 지니고 있지 않다. 비록 구세주에 대한 이러한 종류의 모습들이 불가사의한 예외들로, 나중에 우리의 주의를 끌도록, 충분히 기록되어 있지만 말이다. 그러므로 신적 인물들에 대한 믿음이 신앙인의 우세한 태도를 결정하는 한, 그리스도교의 완전한 힘은 일반적으로 순수한 관념을 수단으로 하여 발휘된다. 하지만 개인의 과거경험에서 그 순수한 관념의 어느 것도 모델로서 직접 제시된 것은 없다.

그러나 더욱 구체적인 종교적 대상들에 대한 이러한 관념들 외에도 종교 안에는 이 구체적 대상들과 동등한 힘을 지닌 추상적인 대상이 많이 있다. 거룩함, 정의, 자비, 절대성, 무한성, 전능성, 삼위일체, 속죄과정의 다양한 신비들, 성례전의 시행 등과 같은 신의 속성들은 그리스도교 신자들을 고무시켜주는 묵상의 풍요한 원천으로 입증되어왔다.[1] 우리는 성공적인 기도나 고차원적인 신적 진리들에 대한 명상의 필수조건으로서, 모든 종교들의 신비적 권위들은 뚜렷이 감각적으로 느낄 수 있는 이미지들의 부재를 적극적으로 주장해왔다는 것을 나중에 보게 될 것이다. 그러한 명상들은 선을 추구하는 신앙인의 태도에 계속해서 매우 강력한 영향을 미치게 될 것이다(그리고 우리는 그러한 예상이 충분히 입증되고 있음을 또한 보게

---

1) 예 : "나는 요즈음 성령의 인격, 그리고 성령이 성부와 성자와는 구별된다는 것을 보여주는 구절들을 묵상하면서 많은 위로를 받아왔다. 그것들은 성령을 찾기 위해 강구해야 하는 것을 우리에게 요구한다. 그러나 그것을 찾고 나면 성령은 우리들에게 미치는 성령의 영향에 대해서만 생각할 때보다 신성한 충만에 대한 느낌과 신성이 우리 안에서 또는 우리들에게 작용하고 있음을 보다 진실하고 생생하게 전달해준다." *Augustus Hare : Memorials*, i. 244, Maria Hare to Lucy H. Hare.

될 것이다).

　임마누엘 칸트(Immanual Kant)는 신, 창조계획, 영혼, 영혼의 자유, 그리고 내세의 삶과 같은 믿음의 대상들에 대한 색다른 신조를 주장하였다. 그는 이러한 것들은 정확히 지식의 대상들은 아니라고 하였다. 우리의 개념들은 항상 감각내용을 요구한다. 그래서 '영혼', '신', '불멸성'과 같은 단어들은 특정한 감각내용을 전혀 다루지 못하기 때문에, 이론적으로 말해서 이 단어들은 어떤 의미도 지니고 있지 않은 단어들이라는 것이다. 그러나 매우 이상하게도 그 단어들은 습관적으로 한정된 의미를 지니고 있다. 우리는 마치 신이 존재하는 것처럼 행동할 수 있다. 또한 우리는 마치 자유로운 것처럼 느낄 수 있다. 우리는 마치 자연이 특별한 계획들로 가득 차 있는 것처럼 여길 수 있다. 우리는 마치 불멸할 수 있는 것처럼 계획을 세울 수 있다. 그때 우리는 이러한 단어들은 도덕적 삶에 참된 구별을 만들어낸다는 것을 알게 된다.

　그러므로 이해하기 어려운 이러한 대상들이 참으로 존재한다는 우리의 믿음은, 칸트가 말하듯이 실천적 관점에서 보든, 또는 우리 행동의 관점에서 보든 그것들을 적극적으로 생각한다면, 그것들이 무엇이냐에 대한 지식과 아주 동등한 것이다. 그래서 칸트가 우리에게 확인시키듯이, 우리는 일련의 사물들이 참으로 존재한다고 전적으로 믿지만 그것들 가운데 어느 하나에 대한 개념도 형성할 수 없는 마음의 어떤 기이한 현상을 갖는다.

　그러므로 칸트의 신조를 여러분에게 상기시키는 나의 목적은, 그의 철학에서 매우 모호한 부분에 대해 견해를 피력하려는 것이 아니라 단지 이와 같이 과장되어 있는 매우 고전적 예를 통해 우리가 다루고 있는 인간본성의 특징을 설명하기 위해서이다. 실재성에 대한 감정은 참으로 우리 믿음의 대상에 너무나 강하게 부착되어 있으므로 우리의 전체 삶은 말하자면 믿어진 대상의 존재느낌에 의해 완전히 분리되어 있다. 그러나 정확하게 묘사하면, 그 대상이 우리의 마음에 분명하게 제시된다고는 할 수 없다.

　그것은 마치 촉각이나 시각은 물론 대표적 기능이라고는 전혀 없는 철막대가 자성(磁性)을 일으킬 수 있는 내적 능력을 강하게 타고난 것과 같다.

그리고 마치 그 주위에서 끌어당기고 밀치는 자석에 의한 자성의 다양한 활기를 통해 의식적으로 철막대의 서로 다른 태도와 경향들이 결정되는 것처럼 보인다. 그러한 철막대는 결코 여러분에게, 매우 강하게 움직이는 힘을 소유한 작용들에 대한 외부적 묘사를 제시할 수 없을 것이다. 그러나 철막대는 그 자체의 모든 특성을 통해 그 수명기간 동안 그 작용들의 존재와 의미를 강하게 보여줄 수 있을 것이다.

우리가 명료하게 묘사할 수 없는 존재를 생생하게 느끼게 해주는 이러한 힘을 가진 것은 칸트가 명명한 순수이성의 관념들뿐만이 아니다. 모든 종류의 고차원적인 추상적 개념들도 이와 똑같이 감지할 수 없는 힘을 지니고 있다. 내가 지난 강연에서 낭독했던 에머슨의 구절들을 기억해보라. 우리가 알다시피, 구체적 대상들로 이루어진 전 우주는 에머슨과 같은 초절주의 작가에게뿐만 아니라, 우리 모두에게 추상적인 관념들로 이루어진 보다 넓은 우주 안에 잠겨 있다. 후자가 전자의 중요성을 일깨워준다. 시간, 공간 그리고 에테르가 모든 사물들에 스며 있는 것처럼(우리가 느끼기를), 추상적이고 본질적인 선, 미, 힘, 의미 그리고 정의는 선하고 강하고 중요하고 정당한 모든 사물들 속에 스며 있다.

그러한 관념들, 그리고 그러한 관념들과 똑같은 추상적인 다른 것들은 우리가 아는 모든 사실들에 대한 배경, 다시 말해서 우리가 생각할 수 있는 모든 가능성들의 근원을 형성한다. 말하자면 그 관념들은, 모든 특별한 사물에 '본성'을 부여한다. 우리가 알고 있는 모든 것은 이러한 추상적 개념들 가운데 하나의 본성을 부여받은 것이다. 그 개념들은 형태가 없고, 특징이 없고 그리고 근거가 없는 것이기 때문에 우리는 결코 그것들을 직접 볼 수가 없다. 그러나 우리는 이 개념들을 수단으로 삼아 모든 다른 사물들을 이해한다. 그리고 실재세계를 다루는 데서 정신적 대상들인, 이러한 형용사들, 부사들, 술어들 그리고 분류와 개념의 항목들을 잃어버릴 때, 우리는 난처하게 될 것이다.

우리의 마음을 추상적 개념들을 통해서 절대적으로 결정하는 것은 우리 인간의 기질에서 중요한 사실들 가운데 하나이다. 추상적 개념들이 우리를 분열시키고 끌어당길 때, 우리는 추상적 개념들을 향해 서 있거나 돌아서 있는다. 그리고 그 개념들이 마치 구체적인 존재이거나 한 것처럼 우리는 그것들을 추구하고 붙잡고 미워하고 축복하기도 한다. 영구불변하지 않는 감각적인 것들이 공간의 영역에 존재해 있듯이, 추상적 개념들도 머물러 있는 영역에서 실재적 존재들이다.

플라톤은 이러한 공통적 인간의 느낌을 너무나 훌륭하고 인상적으로 방어하고 있으므로, 추상적 대상들로 구성되어 있는 실재성에 대한 신조는 이후 내내 관념들에 대한 플라톤적 이론으로 알려져왔다. 예를 들면, 플라톤에게 절대적 아름다움은 지상의 사라져가는 모든 아름다움에 첨가되어 있는 어떤 것으로서, 지성이 인식하는 완벽하게 구체화된 개체적 존재이다. 그는 종종 인용되는 구절로, 자신의 저서 『향연』에서 이렇게 말했다.

> 전진하는 참된 질서는 그것의 다른 절대적 아름다움을 추구하기 위해 함께 위로 올라가는 단계로서 지상의 아름다움을 이용해야 한다. 그리고 이러한 미는 하나에서 둘로, 둘에서 모든 아름다운 형태들로, 아름다운 형태들에서 아름다운 행동들로, 그리고 아름다운 행동들에서 아름다운 개념들로, 그리고 마침내 아름다운 개념들에서 절대적 아름다움의 개념에 이르러 결국에는 그 아름다움의 본질이 무엇인지를 아는 단계에까지 도달하는 것이다.[2]

지난 강연에서 우리는 에머슨같이 플라톤 철학을 신봉하는 작가가 사물의 추상적 신성성, 즉 예배할 가치가 있는 사실로서 우주의 도덕적 구조를 다루는 방법을 약간 살펴봤다. 오늘날 윤리적 사회의 명분하에, 세상 구석구석에 스며들어 있는 신 없는 다양한 교회들 속에서, 우리는 추상적 신에 대한 예배와 비슷하게 궁극적 대상으로 신봉되어온 도덕법에 대한 예배를 발견한다. 사실 많은 사람들에게 '과학'은 종교를 대신하고 있다. 과학이

---

[2] *Symposium*, Jowett, 1871. i. 527쪽.

종교를 대신하고 있는 곳에서, 과학자는 존중되어야 할 객관적 사실들로서 '자연의 법칙'을 숭배하고 있다. 그리스 신화의 해석에 뛰어난 한 학파는 그 기원에서 그리스의 신들은 자연세계—하늘영역, 대양영역, 지상영역 등—가 갈라놓은 추상적 법과 질서의 거대한 영역들을 반쯤은 은유적으로 의인화한 것뿐이라고 주장하였다. 이것은 이러한 자연현상들이 실질적으로 인간의 얼굴을 하고 있다는 것을 의미하지 않는다고 하더라도, 오늘날 우리가 아침의 미소, 미풍의 입맞춤, 또는 살을 에이는 추위라고 말하는 것과 같은 경우이다.[3]

그리스 신들의 기원에 관해 우리가 현재 그것에 대한 타당한 견해를 찾을 필요는 없다. 그러나 모든 예를 정리해보면, 다음과 같은 결론을 얻을 수 있다. 마치 이것은 인간의 의식 속에 실재에 대한 감각, 객관적 존재에 대한 느낌, 그리고 현대심리학이 존재하는 실재들은 원래 계시된 것이라고 가정함으로써, 특수하고 독특한 '오감'보다도 더 깊고 일반적인 '그곳에 있는 어떤 것'에 대한 인식이 있는 것과 같다. 만일 그렇다면, 우리는 우선 실재에 대한 이런 감각을 불러냄으로써 너무나 습관적이었던 우리의 태도와 행실을 각성시킬 수 있는 감각을 상정할 수 있을 것이다. 그러나 무엇보다도, 그와 유사한 감각을 불러일으켜주는 관념이 있다면 어떤 것이라도 감각의 대상들이 정상적으로 소유하고 있는 것과 똑같은 실재에 대한 특권을 가질 수 있다. 종교적 개념들이 이러한 실재에 대한 감정을 다룰 수 있는 한, 비판에도 불구하고 우리는 이 개념들을 믿게 될 것이다. 비록 그 개념들이 모호하고 거의 상상할 수 없을 정도로 동떨어진 것이며, 그리고 칸트가 도덕적 신학의 대상들을 만들어낸 것과 같이, 본질의 관점에서 보면 비실체들이라고 간주되더라도 말이다.

이와 같은 실재에 대한 미분화된 감각이 존재한다는 사실에 대한 가장 색다른 증거들은 환각의 체험에서 찾아볼 수 있다. 그것은 환각현상이 불완전

---

3) 예 : "자연은, 자연 그 자체가 보여주는 양상은 무엇이든지 언제나 흥미로워서 비가 내리면 나는 그것을 아름다운 여인이 우는 것처럼 바라본다. 자연이 아름답게 보일수록, 자연은 더욱더 고통받는 것처럼 보인다." B. de St. Pierre.

하게 전개되는 경우에 종종 일어난다. 즉 환각상태에 빠진 사람은 명확하게 구획화되어 어떤 특정한 방향으로 향해 있는 방에서 어떤 '존재'를 느낄 것이다. 가장 강조된 언어적 표현으로 사실적으로 그 존재를 표현해보면, 그 존재는 갑자기 나타났다가 갑자기 사라진다. 그러나 그 존재의 어떤 것도 모든 일반적인 '지각할 수 있는' 방법에 의해 들리거나, 만져지거나, 인지되는 것은 아니다. 이제 여러분에게 그 대상들의 존재가 종교와 더욱 특별하게 관련되어 있다는 이야기를 하기 전에, 예를 하나 들어보겠다.

내가 아는 가장 예민한 지성인들 가운데 한 명인 친한 친구가 이러한 종류의 경험을 여러 번 가졌다. 그 경험을 들려달라는 내 요청에 응답하여 그는 다음과 같이 썼다.

나는 지난 몇 년간 이른바 '존재의 의식'이라는 것을 여러 번 경험했다. 내가 기억하는 그 경험들은 내가 자주 경험했던 또 다른 것들과, 많은 사람들이 '존재의 의식'이라고 부르는 것들과는 분명히 구별되는 것이다. 나에게 이러한 두 종류의 경험에 대한 차이는, 어느 곳에서 나오는지를 알 수 없는 약간 따스한 느낌과 큰 화재가 일어난 곳에서 모든 일반적 의식들이 깨어 있는 상태 사이의 차이만큼이나 크다.

내가 그것을 최초로 경험한 것은 1884년 9월경이었다. 이 최초의 경험을 하기 전날 대학 기숙사에서 잠을 자고 있었는데 한 존재가 내 팔을 붙잡았다는 것을 생생하게 느낄 수 있는 환각을 경험했다. 이 환각으로 나는 잠에서 깨어났고, 방안에 침입자가 있는지 살피게 되었다. 그렇게 적당히 이름붙여진 그 존재에 대한 느낌은 다음날 밤에도 찾아왔다. 침대에 들어가 촛불을 끈 후 전날 밤의 경험을 생각하면서 누워 있었다. 그때 갑자기 무엇인가가 방안으로 들어와 내 침대 가까이에 머무는 것을 느꼈다. 그것은 단지 1분 내지 2분 정도 머물렀다.

나는 모든 일반적인 의식으로는 그것을 인식하지 못했지만, 거기에는 그것과 연관된 소름끼치게 불쾌한 '느낌'이 있었다. 그것은 모든 일반적인 지각보다 더 내 존재의 뿌리의 무엇인가를 동요시켰다. 그 느낌은 매우 생생하게 가슴을 쥐어짜는 고통과 같았다. 그러나 내 몸 안에서 그 느낌은 **고통**이라기보다는 오히려 **혐오감**이었다. 그 일이 벌어지는 동안 내내, 여하튼 무엇인가가 나와 함께 있었고, 그리고 나는 생생하게 살아 있는 모든 피조물의 존재에 대해 이전에 알아온 것보다 훨씬 더 확실히 그 존재를 알았던 것 같다. 나는 그것이 올 때처럼, 그것이 거의 순간적으로 신속하게 문밖으로 사라지는 것을 의식했다. 그러고 나서 '소름끼치는 느낌'이 사라졌다.

3일째 되는 날 밤에 나는 잠자리에서 어떤 강연 준비에 몰두해 있었다. 그 전날 거기에 있었던 존재와 '소름끼치는 느낌'이 의식되었을 때에도 (비록 오는 것은 의식하지 못했지만) 여전히 그 일에 몰두해 있었다. 그 때 나는 만약 그것이 악이라면 사라지고 악이 아니라면 나에게 누구인지 또는 무엇인지를 말하라고, 그리고 만약 설명할 수 없다면 사라지라고, 그렇지 않으면 내가 사라지게 만들겠다며 온갖 노력으로 '이것'(this thing)을 질책하기 위해 정신을 집중했다. 그것은 전날 밤과 같이 사라졌고 신체는 재빠르게 정상상태로 회복되었다.

내 일생에서 또 다른 두 번의 경우에도, 나는 명백하게 똑같은 '소름끼치는 느낌'을 경험했다. 한번은 15분이 넘게 지속됐다. 세 가지 사건 모두에서 외부영역에 무엇인가가 서 있다고 하는 확신은, 형언할 수는 없지만, 우리가 일반적으로 살아 있는 사람들의 존재와 밀접하게 있을 때 느낄 수 있는 일반적인 동료의식의 확신보다 훨씬 강했다. 어떤 것이 나에게 가까이 있는 것처럼 느껴졌고, 어떤 일반적 지각보다도 훨씬 강렬하게 사실적인 것처럼 느껴졌다. 나는 그것을 마치 나 자신과 같은 것처럼, 말하자면 유한하고 작고 그리고 고통에 찬 것처럼 느꼈을지라도 어떤 개인적인 존재나 사람으로 인식하지는 않았다.

물론 이와 같은 경험이 그 자체로 종교적 영역과 연관되는 것은 아니다. 그러나 이것은 필요할 경우에 종교와 연관될 수도 있다. 그리고 위의 경험을 한 그 친구는 또 다른 위기에 즈음하여 존재의 현존을 같은 정도의 강렬함과 급작성으로 경험했으며, 단지 그때는 기쁨만을 맛보는 경험이었다고 내게 알려왔다.

그 경험에서 나는 단순히 무엇인가를 의식한 것만은 아니었다. 그 경험에서 나는 행복감이 지배하는 일종의 형언할 수 없는 선을 인식하였다. 그 경험은 모호하지도 않았고 시나 꽃의 개화, 음악과 같은 감정적인 느낌도 아니었다. 일종의 강력한 사람과 같은 존재가 가까이 있는 것을 나는 분명히 인식하였다. 존재가 사라진 후, 나는 그 존재가 실제로 있었다는 것만을 기억하였다. 그것을 제외하고는 나에게 그 밖의 모든 것은 꿈만 같았다.

나의 친구는 이상하게도 이런 나중의 경험들을 신의 존재를 의미하는 것으로, 즉 유신론적으로 해석하지 않았다. 그러나 신이 존재한다는 하나의 계시로 이 경험들을 해석하는 것이 분명히 부자연스러운 일은 아니었을 것이다. 신비주의에 대한 주제에 이르면, 우리는 이 점에 대해 할 이야기가 더 많을 것이다.

이처럼 기이한 현상들이 여러분을 혼동시키는 것을 막기 위해 나는 단지 훨씬 더 짧은, 비슷한 이야기 몇 가지를 여러분에게 들려줌으로써 우리가 특별히 눈에 띄는 자연적인 종류의 사실을 다루고 있다는 것을 보여주려고 한다. 『심리연구 학회지』(*The Journal of the Society for Psychical Research*)에서 발췌한 첫번째 사례를 보면, 존재의 현존감은 짧은 순간에 명확히 시각적인 환각으로 발전했다. 그러나 나는 이 이야기에서 그 부분을 생략하겠다.

나는 20분 정도 책을 읽는 데 몰입해 있었다. 내 마음은 완벽하게 고요했고 그 순간 친구들을 완전히 잊어버리고 있었다. 그때 갑자기 단 한순간의 경고도 없이 나의 전 존재가 최고의 긴장상태와 생생함으로 붕 뜨는 것 같았다. 그것을 경험하지 않은 사람은 쉽게 상상할 수 없는 강렬함으로, 다른 존재 또는 유령이 방안에 있을 뿐만 아니라 나와 아주 가까이 있다는 것을 의식했다.
　나는 보고 있던 책을 내려놓고, 비록 그 흥분이 매우 컸을지라도, 나 자신이 매우 침착하다는 것을 느꼈으며 어떠한 공포도 의식하지 않았다. 자세를 바꾸지 않고 벽난로의 불을 뚫어지게 바라보았다. 나는 친구 A.H.가 내 왼쪽 팔꿈치에 서 있다는 것을 알았다. 그러나 그는 내가 기대고 있는 안락의자 뒤에 숨으려는 것처럼 한참 동안 내 뒤에서 떨어져 있었다. 나는 자세를 전혀 바꾸지 않고서 시선을 약간 움직여 그 친구의 다리 아래 부분을 볼 수 있었다. 그러자 나는 갑자기 내가 본 바지의 천은 그가 종종 입었던 어두운 청색 바지의 질감이라는 것을 깨달았다. 그리고 그 재질은 나에게 반투명한 것으로 보였다. 그것은 나에게 계속 뿜어나오는 담배연기를 연상시켰다.[4] 다음에 환각현상이 눈앞에서 일어났다.

또 다른 사람은 이렇게 말했다.

　나는 아주 이른 초저녁에 깨어났다. ……누군가에 의해 깨워진 것 같았다. 처음에는 누군가가 집에 침입한 것이라고 생각했다. ……나는 다시 잠을 청하기 위해 옆으로 돌아누웠을 때 갑자기 방안에 한 존재가 있음을 느꼈다. 그러나 이상하게도 그것은 살아 있는 사람에 대한 느낌이 아니라 영적 존재에 대한 느낌이었다. 이것이 여러분을 미소짓게 할지 모르지만, 그러나 나는 단지 여러분에게 그 사실을 나에게 일어났던 일이라고 말할 수 있을 뿐이다. 영적 존재를 느꼈다고 말하는 것 외에는 내 느낌을 보다 더 잘 묘사할 수가 없다. ……또한 나는 동시에 마치 이상하고 두려운 일이 발생할 것 같은, 미신적 두려움에 강하게 사로잡혀 있음을 느꼈다.[5]

---

[4] *Journal of the S.P.R.*, February, 1895, 26쪽.

제네바의 플루르누아(Flournoy) 교수는 자신의 친구 가운데 자동적으로 또는 무의식적으로 작문하는 재능을 지닌 한 여인의 증언을 나에게 소개해 주었다.

내가 자동적 글쓰기를 실행할 때마다 그것이 잠재의식의 자아에서 기인하는 것이 아니라고 느끼게 되는 것은 내 육체의 외부에 항상 낯선 존재가 있다는 느낌 때문이다. 그것은 때때로 매우 분명한 특징을 지니고 있어서 나는 그 정확한 위치를 지적할 수 있다. 그러나 그 존재에 대한 인상을 묘사하는 것은 불가능하다. 그것은 어떤 것을 쓰라고 지시하는 존재의 인격에 따라 강도와 명확성이 다양하게 나타나기 때문이다. 그것이 만약 내가 사랑하는 사람이라면 글을 쓰기 이전에 나는 그 존재를 즉시 느낀다. 나의 마음은 그 존재를 인식하는 것처럼 보인다.

초기의 내 책에서 나는 어떤 맹인이 체험했던 존재에 대한 진기한 사례를 길게 인용하였다. 그 존재는 흰색과 검은 색으로 된 무늬가 있는 정장을 입었고 회색빛 수염을 기른 남자의 모습이었다. 그는 문틈 사이로 쥐어짜듯이 나와서 방바닥을 가로질러 소파를 향해 움직였다. 이러한 유사환각을 경험한 그 맹인은 예외적으로 지적인 보고자라고 볼 수 있다. 그는 전혀 내적인 시각 이미지를 지니지 않았고 빛이나 색을 상상할 수도 없었다. 그래서 그는 청각과 같은 그의 다른 감각들이 이런 거짓지각과 연루되어 있지 않다는 것을 확신한다. 이것은 오히려 실재와 그것에 직접 부여되어 있는 공간적 외면성의 느낌, 다시 말해서 대상화되어 있고 외면화된 관념으로 이루어진 추상적 개념인 것처럼 보인다.

인용하기에는 너무나 장황한 다른 것들과 더불어, 이런 사례들은 우리의 특별한 감각들이 산출하는 실재에 대한 감각보다 훨씬 많이 퍼져 있고 일반적인 실재감의 존재를 우리의 정신기관 안에서 충분히 증명할 수 있는 것처

---

5) E. Gurney, *Phantasms of the Living*, i. 384쪽.

럼 보인다. 그런 느낌이 일어나는 유기체적 장소를 추적하는 것은 심리학자들에게 골치아픈 문제를 야기시킨다. 우리의 근육이 행동을 유발시키기 위해 신경을 자극한다는 느낌, 즉 근육감각과 그 실재에 대한 감각들을 연결짓는 것보다 더 자연스러운 것은 아무것도 없다. 그러므로 우리의 활동을 활성화하는 것이나 '우리를 오싹하게 하는' 것은 무엇이든지—우리의 오감이 종종 그렇게 하듯이—실질적이고 현존하는 것처럼 보인다. 그것이 단지 추상적 관념이라고 하더라도 말이다. 그러나 현재 우리의 관심은 그 느낌의 유기체적 장소가 어디에 위치하는가 하는 문제보다는 오히려 기능에 있기 때문에, 우리는 그러한 모호한 추측에는 관심이 없다.

의식이 지닌 모든 긍정적 감정과 같이, 실재감은 비실재성의 느낌을 형성해주는 부정적 상대물을 지니고 있다. 사람들은 그것 때문에 괴로워하고 때때로 불평을 한다.

애커만(Ackermann) 부인은 이렇게 말했다. 지구 위에 서 있는 내 모습이 우연히 하늘이 내린 재난의 농락으로서 우주를 선회한다는 사실을 생각할 때, 나 자신이 지금 일시적이고 이해할 수 없는 존재에 의해 둘러싸인 것을 볼 때, 그리고 모든 것이 열정적으로 순수한 망상(chimeras)을 추구하는 것을 볼 때, 나는 꿈꾸는 듯한 이상한 느낌을 경험한다. 마치 나는 꿈속에서 사랑해왔고 고통받았으며 오래지 않아 곧 죽게 될 것처럼 보인다. 나의 마지막 말은 "나는 꿈을 꾸고 있는 것이다"가 될 것이다.[6)]

우리는 다른 강연에서, 병적 우울증에 걸린 경우 어떻게 사물들의 비실재성이 불안한 고통으로 이어지고, 심지어는 자살로 이어지는지를 보게 될 것이다.

이제 우리는 다음의 사실을 당연한 것으로 받아들여야 할 것이다. 즉 현

---

6) *Pensées, d'un Solitaire*, 66쪽.

저한 경험의 종교적 영역에서 많은 사람들(얼마만큼인지는 말할 수 없다)이 그들의 지성이 진실한 것으로 받아들이는 단순한 개념들의 형태에 의해서가 아니라, 오히려 직접적으로 이해되는 준지각적(quasi-sensibles) 실재들의 형태 안에서 그들의 믿음의 대상들을 소유한다는 것이다. 이러한 대상들에 대한 신앙인의 실제적 현존감이 변동하듯이 그 신앙인은 자신의 신앙 안에서 따뜻함과 냉랭함을 번갈아가면서 표출한다.

추상적으로 묘사하는 것보다는 다른 예들을 열거하는 것이 이 사실을 더 절실히 느끼게 해줄 것이므로, 나는 즉시 몇 가지를 인용해보기로 하겠다. 첫번째는 문제시되고 있는 그 느낌의 상실을 애통해하는 부정적 예이다. 이는 내가 알고 지내는 한 과학자가 자신의 종교적 삶에 대해 이야기한 것 중에서 발췌한 것이다. 이 이야기는 나에게 실재에 대한 느낌은 지성적 작용이라기보다는 오히려 감각과 같은 어떤 것일 수도 있다는 것을 분명하게 보여주는 것 같다.

20대와 30대 사이에 나는 점차로 불가지론적이며 비종교인이 되어갔다. 그러나 나는 허버트 스펜서(Hebert Spencer)가 현상 뒤에 있는 절대적 실재에 대해서 '규정할 수 없는 의식'이라고 잘 묘사했던 것을 결코 망각하지 않았다고 말할 수 있다. 나에게 이 실재는 스펜서 철학에서 말하는 순수한 불가지적인 것이 아니었다. 왜냐하면 비록 내가 신에게 드렸던 유치한 기도를 중지했을지라도, 그리고 결코 격식을 갖춘 방법으로 그것에게 기도하지 않았다고 하더라도, 최근의 나의 경험은 실제적으로는 기도와 똑같은 것으로서 바로 그것과 연관되어 있었음을 보이기 때문이다.

내게 문제가 생길 때마다, 특히 가정에서든 사업하는 방식에서든 다른 사람과 갈등을 겪을 때, 또는 기분이 침체되어 있거나 여러 일들을 걱정할 때 나는 이런 기본적인 우주적 그것에 나 자신이 연결되어 있다는, 이런 진기한 관계에 도움을 구하였다는 것을 인정한다. 특별한 문제가 있을 때, 여러분이 그것에 대해 어떻게 부르든지 간에 그것이 내 편에 있거나 내가 그 편에 있었다. 그리고 그것은 항상 나에게 힘을 주고, 나에게 근본적인 그리고 지지해주는 존재를 느끼게 하는 끝없는 생명력을 주는 듯했다. 사실상 그것은 살아 있는 정의, 진리, 그리고 힘을 주는 끊이지 않는 원천이었고, 때때로 나는 나약성을 느낄 때에는 본능적으로 이 원천에 의지하였다. 그리고 그것은 항상 나를 이끌어왔다.

나는 이제 최근에 그것과 의사소통하던 힘이 나를 떠나고, 그것을 명백히 상실했다는 것을 의식했기 때문에, 그것과 나를 연관시켰던 것은 개인적 관계였다는 것을 안다. 나는 내가 그것에 의존할 때, 그것을 발견하는 데 실패한 적이 없다. 그래서 몇 년 동안 그것을 발견하였지만 또다시 완전히 그것과 나를 연결할 수가 없었다. 나는 걱정 때문에 잠을 못 이루고 고민하면서 누워 있던 수많은 밤을 기억한다. 나는 어둠 속에서 이리저리 뒤척였다. 그리고 연결할 수 있는 통로를 폐쇄하기도 하고 도움을 주기도 하면서 항상 가까이에 있는 것처럼 느껴졌던 내 마음의 고차적 정신을 의식해보려고 노력하였다. 그러나 아무런 느낌이 없었다. 그것 대신에 공백이 있었다. 나는 아무것도 발견할 수 없었다. 이제 거의 50이 다 된 나이에 그것과 나를 결합하는 힘은 내게서 완전히 떠났다. 그리고 나는 위대한 도움이 나의 삶에서 사라졌음을 고백해야만 한다.

삶은 이상하게 죽은 듯이, 그리고 무관심한 것으로 변해갔다. 그리고 나는 이제 이전의 경험은 아마도 분명히 정통적인 기도와 똑같은 것이었으리라고 생각한다. 단지 내가 그 이름을 사용하지 않았을 뿐인 것이다. '그것'이라고 내가 말해온 것은 실제로 스펜서가 말하는 불가지론적인 것이 아니라, 더욱 많은 연민을 구하기 위해 내가 의지했던 나 자신만의 본능적이고 개인적인 신이었다. 그러나 어쨌든 나는 그를 잃어버리게 되었다.

종교적 전기를 다루는 이 기록에서 가장 일반적으로 볼 수 있는 것은, 쾌활한 신앙의 시기와 곤경에 처한 신앙의 시기가 서로 교차되는 것을 묘사한 방식이다. 아마도 모든 종교인은 진리에 대한 직접적 환상이나, 어쩌면 살아 있는 신의 존재에 대한 직접적 지각이 더욱 일반적인 믿음의 무력감을 말끔히 없애버리거나 눌러버렸던 특별한 위기에 대한 기억을 지니고 있을 것이다. 제임스 러셀 로웰(James Russell Lowell)의 편지를 보면 이러한 종류의 경험에 대한 짧은 기록이 있다.

나는 지난 금요일 저녁 하나의 계시를 받았다. 나는 메리의 집에 있었고 우연히 영적 존재들에 관한 것을 이야기하게 되어(나는 그 존재들을 아주 희미하게 인식했었다고 말했다), 자연스럽게 푸트넘(Putnam) 씨와 영적인 문제로 논쟁을 벌이게 되었다. 내가 이야기를 하고 있을 때 그것의 전 체계가 심연으로부터 나오는 모호한 운명같이 내 앞에 나타났다. 전에 나는 결코 내 안에서 그리고 내 주위에서 신의 영을 분명하게 느낀 적이 없었다. 방 전체는 신의 영으로 가득 찬 것처럼 보였다. 공기는 무엇인지도 모르는 어떤 존재와 함께 이리저리 일렁이는 것처럼 보였다. 나는 냉정하고 명확하게 예언자에 대해 이야기했다. 나는 이 계시가 무엇인지를 말할 수 없다. 왜냐하면 아직 그것에 대해 충분히 연구하지 않았기 때문이다. 그러나 나는 언젠가는 그것에 대해 완전히 알게 될 것이다. 그러면 여러분은 그 사실을 듣고서 그것의 숭고함을 인정하게 될 것이다.[7]

여기에 한 목사가 보낸 편지에서 발췌한 이야기가 있다. 더 오래 지속되고 더 진전된 경험을 제시하고 있다. 나는 이 이야기를 스타벅의 원고 모음집에서 발췌하였다.

나는 나의 영혼이 무한자에게로 열려 있던 그날 밤, 언덕 꼭대기의 바로 그 지점을 기억한다. 그때 나의 내적 세계와 외적 세계가 서로 충돌하고 있었다. 그것은 심연이 심연을 향해 소리지르는, 즉 별 너머 밖의 깊이를 잴 수 없는 심연에 응답되어 나의 내적 심연을 열게 하는 나의 투쟁이었다. 나는 나를 창조하고, 세계의 모든 아름다움, 사랑, 슬픔 그리고

---

7) *Letters of Lowell*, i. 75쪽.

심지어 유혹까지도 창조한 그와 단둘이 서 있었다. 나는 그를 찾지 않았지만, 그의 영과 나의 영이 완벽하게 일치하는 것을 느꼈다. 내 주위의 일반적인 사물에 대한 느낌은 사라져갔다. 그 순간에는 단지 형언할 수 없는 기쁨과 환희만이 남아 있었다.

그 경험을 충분히 설명한다는 것은 불가능하다. 그것은 서로 다른 모든 음계들이 감정을 벅차오르게 하는 하나의 하모니로 용해되었을 때, 그 소리를 듣고 있는 사람은 자신의 영혼이 위로 떠오르고 그것의 감정으로 충만해 있다는 것을 느끼는 것 외에는 아무것도 의식하지 못하게 하는, 거대한 오케스트라가 주는 효과와 같은 어떤 것이었다.

그 밤의 완벽한 고요는 보다 숭고한 침묵으로 오싹해졌다. 어둠은, 보이지 않기 때문에 그만큼 더 느껴지는 그 존재를 감싸고 있었다. 나는 내가 그곳에 있었다는 사실보다 그가 그곳에 있었다는 사실을 믿을 수밖에 없었다. 사실 그것이 가능하다면, 나는 두 존재 가운데 나 자신이 덜 실재적인 존재인 것처럼 느꼈다.

신에 대한 최고의 믿음, 그리고 신에 대한 가장 진실한 관념이 그때 내 안에서 잉태되고 있었다. 그 이후로 나는 환상의 산(Mount of Vision) 위에 서 있었다. 그리고 내 주위에서 영원한 존재를 느꼈다. 그러나 그때 이후로 똑같은 마음의 동요는 다시 일어나지 않았다. 그때, 비록 아주 드물게 일어나기는 했지만 나는 신과 대면하고 있었고, 그의 영에 힘입어 새로 태어났다는 것을 믿는다. 회상하건대, 말하자면 내 초기의 미숙한 개념이 꽃피운 것을 제외하고는 그때 어떤 사상이나 믿음이 갑작스럽게 바뀌는 그러한 변화는 일어나지 않았다. 이전의 것을 파괴하는 일도 없었다. 그러나 신속하고 놀랄 만한 발전이 있었다. 그 시간 이후로 신 존재 증명에 대해 내가 들어왔던 그 어떠한 토론도 결코 나의 마음을 흔들 수가 없었다. 신의 영에 대한 존재를 일단 경험하고 나서, 오랫동안 나는 결코 그 존재를 잊어버릴 수가 없었다.

내가 신의 존재를 가장 확신하는 증거는, 내가 경험했던 환상의 그 시간에, 최고의 경험에 대한 기억 속에, 그리고 독서나 명상을 통해 얻은 똑같은 일이 신을 발견한 모든 사람들에게 일어난다는 확신에 깊이 뿌리 내리고 있다. 나는 그 존재가 분명히 신비적인 것이라고 불릴 수 있다는 사실을 안다. 나는 이런저런 비난으로부터 이 존재를 방어할 수 있는 철학을 충분히 알지 못한다. 나는 그 존재를 설명함에 있어서 여러분에게 그것을 분명하게 이해시키기보다는 오히려 그것을 희미하게 만든 감이 있다. 그러나 나는 지금 할 수 있는 한 신중하게 있는 그대로 그 존재를 묘사하고 있다.

여기 특징면에서 더욱 뚜렷한 또 다른 자료가 있다. 원작자는 스위스 사람인데, 불어로 된 것을 번역하였다.[8]

나는 최고의 건강상태에 있었다. 우리는 도보여행 6일째에 접어들고 있었으며 여행은 순조로웠다. 우리는 직스트(Sixt)에서 출발하여 뷔에(Buet)를 경유해서 어제 트리앙(Trient)에 도착했다. 나는 피곤이나 배고픔도 갈증도 느끼지 않았다. 그리고 나의 정신상태는 매우 건강했다. 포르라(Forlaz)에서는 집으로부터 희소식을 들었다. 우리에게는 훌륭한 안내자가 있었고, 우리가 여행할 길에 대해서도 어떤 불확실성의 기미가 전혀 보이지 않았기 때문에, 나는 내 주변이나 멀리 떨어진 곳에 대해 근심할 것이 없었다. 나는 마음이 평정한 상태라고 부를 만한 이때의 조건을 가장 잘 묘사할 수 있다. 그 경험은 이러하였다.

나는 갑자기 나 자신이 위로 들어올려지는 느낌을 경험했으며 그때 신의 존재를 느꼈다. 그것은 마치 신의 선함과 힘이 함께 나를 관통하는 것 같았다. 나는 내가 의식한 바로 그것을 말하고 있는 것이다. 감정의 흥분이 너무 격렬해서 나는 다른 소녀들에게 계속 나아가라고, 그리고 나를 기다리지 말라고 말할 수조차 없었다. 그때 나는 더 이상 서 있을 수가

---

8) 나는 플루르누아 교수의 허락을 받아서 그가 모은 심리학 자료들에 대한 풍부한 모음집에서 이 이야기를 빌려왔다.

없어 돌 위에 걸터앉았다. 눈에서는 눈물이 가득 흘러넘쳤다. 나는 내 인생에서 신이 나로 하여금 그를 알도록 가르쳐준 것에 감사드렸다. 또한 나는 신이 나의 삶을 지지해주었다는 것과 내가 죄 많은 사람이었다는 것과 보잘것없는 사람이었다는 것을 불쌍히 여겨 감싸주셨다는 것에 감사드렸다. 나는 신에게 내 삶이 그의 뜻을 실현하는 데에 바쳐질 수 있기를 열렬하게 빌었다. 나는 신의 응답을 들었다. 그 응답은, 내가 언젠가는 더욱 뚜렷하게 이 경험을 증명하기 위해 부름을 받아야 할 것인가에 대한 판단은 전지전능한 신에게 맡기고, 나는 매일매일 겸손과 청빈으로 신의 뜻을 실행해야 한다는 것이었다. 그리고 나서 나를 감싸고 있던 황홀함은 천천히 내 마음에서 빠져나갔다. 다시 말해, 나는 신이 부여한 영적 교섭을 거두어들이는 것을 느꼈다.

그리고 나서야 계속 걸을 수 있었다. 그러나 나는 여전히 내적 감정에 매우 강하게 홀린 상태였으므로 아주 천천히 걸을 수밖에 없었다. 게다가 나는 몇 분 동안 계속 울었다. 눈이 부어올라서 동료들에게 그러한 모습을 보이고 싶지 않았다. 황홀경의 상태는, 비록 그 당시에는 훨씬 더 길게 보일 수 있을지라도, 아마 4분 내지 5분 정도 지속되었을 것이다. 동료들은 바린(Barine)의 교차로 근처에서 나를 10분 동안 기다렸다. 그러나 나는 그들과 합류하는 데 25분 내지 30분이 걸렸다. 왜냐하면 내가 약 30분 동안을 뒤에 처져 있었다고 그들이 말했던 것을 기억할 수 있기 때문이다.

그 인상은 너무 심오한 것이었다. 그래서 비탈을 천천히 오르면서, 내가 경험한 것보다 시나이(Sinai) 산에서 모세가 신과 더 친밀한 영적 교섭을 가질 수 있었을지 그 가능성을 생각해보았다. 나는 나의 그러한 황홀경 속에서 신이 형태나 색, 향기 그리고 맛도 지니지 않았다고 덧붙이기를 잘했다고 생각한다. 게다가 신의 존재에 대한 느낌은 한정된 장소에서 일어나지 않는다는 것을 덧붙인 것도 잘했다고 생각한다. 오히려 그것은 마치 나의 인격이 어떤 영적인 정신의 현존에 의해 변형되어온 것 같았다. 그러나 이러한 친밀한 영적 교섭을 표현할 수 있는 말을 찾으면 찾을수록, 나는 우리의 일반적인 어떠한 이미지로도 그것을 묘사하는 것이 불가능하다고 느끼게 되었다. 사실 내가 느낀 것을 가장 정확히 표현할 수 있는 말은 이와 같다. "비록 보이지는 않지만 신은 존재하였다. 그 신은 나의 감각 가운데 어떤 곳에도 속하지 않는다. 그러나 나의 의식은 그를 인식했다."

'신비적'이라는 형용사는 기술적으로 아주 가끔, 짧은 시간 동안의 지속적 상태를 언급하는 데 사용된다. 물론 마지막 두 사람이 묘사한 광휘(光輝)의 시간들은 나중의 강연에서 내가 자주 이야기할 신비적 경험들이다. 여기에 또 다른 신비적 그리고 반정도 신비적(semi-mystical) 경험이 요약된 기록이 있다. 이 경험은 열렬한 경건성을 지닌 사람이 쓴 것이다. 나는 그것을 스타벅 교수의 모음집에서 얻었다. 이 이야기를 전해준 숙녀는 젊었을 때 그리스도교에 대항한 작가로 잘 알려진 어떤 남자의 딸이었다. 그녀의 갑작스러운 회심은 신의 존재에 대한 느낌이 특정인간들에게 얼마나 선천적인 것인가를 잘 보여준다. 그녀는 그리스도교 교리를 전혀 알지 못한 채 성장했고, 독일에 있을 때 그리스도 교도인 친구들의 이야기를 들은 후 성서를 읽고 기도했으며, 마침내 구원의 계획이 빛의 흐름과도 같이 그녀에게 갑자기 다가왔다는 것을 진술하고 있다.

오늘날까지 나는 종교나 신의 계율로 시간을 허비하는 사람을 이해할 수 없다. 그러나 나를 부르시는 아버지의 부름을 듣자마자 나의 심장은 깨달음으로 뛰었다. 나는 달렸고 팔을 앞으로 뻗으며 크게 소리를 질렀다. "여기에 있습니다. 제가 여기에 있습니다, 나의 아버지. 오, 행복한 아이로서 제가 무엇을 해야 합니까?" "나를 사랑하라" 하고 나의 신이 응답했다. "그렇게 하겠습니다, 그렇게 하겠습니다." 나는 열정적으로 울부짖었다. "나에게로 오라"고 나의 아버지가 부르셨다. "그렇게 하겠습니다." 나의 심장은 두근거렸다.

내가 오직 하나의 질문을 하기 위해 멈추었겠는가? 아니 하나도 묻지 못했다. 내가 충분히 선한 사람이었는지 또한 나의 부적당한 행위들을 그만둘 수 있었는지, 내가 교회에 대해 생각했던 것을 밝힐 수가 있었는지, 그리고⋯⋯ 또한 기다릴 수 있었는지 하는 물음을 물을 때까지 나는 만족할 수 없었다. 만족하였도다! 나는 만족하였다. 내가 신과 아버지를 찾지 않았던가? 신이 나를 사랑하지 않았던가? 신이 나를 부르지 않았던가? 내가 들어갈 수도 있던 교회가 있지 않았던가? ⋯⋯ 그때 이후로 나의 기도에는 바로 응답이 왔다. 그것은 너무 의미가 깊은 것이어서 나는 거의 신과 이야기하고 그의 응답을 직접 듣는 것만 같았다. 신의 실재에 대한 관념은 한순간도 나에게서 떠나지 않았다.

여기에 27세의 남자가 쓴 또 다른 사례가 있다. 그의 경험은 독특한 것이었지만, 그다지 생생하게 묘사되어 있지는 않다.

　나는 신과 친밀한 영적 교섭을 누렸다고 여러 번 느껴왔다. 이러한 만남은 초대받은 적도 없었고 기대하지도 않았지만 이루어졌고, 대개 그 만남은 나의 삶을 둘러싸고 있는, 그리고 나의 삶을 통제하고 있는 인습이 일시적으로 제거되는 경우에만 일어나는 것처럼 보였다. ⋯⋯ 한 번은 높은 산의 정상에서 대양의 수평선까지 이어진 긴 돌출부까지 펼쳐져 있는 계곡의 풍경을 내려다보고 있을 때 경험하였다. 또 한 번은 같은 지점에서 경험하였는데, 그때 내가 서 있는 봉우리를 포함한 몇 개의 높은 봉우리들이 정박해 있는 것처럼 한곳에 몰려 있어 고르지 않은 표면 위에 무한히 펼쳐진 하얀 구름만을 볼 수 있었다.
　그때 내가 느낀 것은, 내가 삶에 예사로 부여한 것보다 더 깊은 의미를 나에게 드러내주었던 각성과 더불어 나 자신의 정체성이 일시적으로 상실되었다는 느낌이었다. 바로 이러한 것에서 내가 신과 영적 교접을 했다고 말할 수 있는 정당성을 찾을 수 있다. 그래서 당연히 이와 같은 존재가 없다고 말하는 것은 나를 혼돈에 빠지게 할 것이다. 나는 그 존재 없이는 삶을 인식할 수가 없다.

스타벅 교수의 모음집에서 인용한 다음의 예는 신의 현존에 대한 더욱 습관적이고, 말하자면 고질적 느낌에 대한 관념을 제시해줄 것이다. 다음의 이야기는 49세 된 한 남자의 사례이다. 아마도 허세부리지 않는 수많은 그리스도인들은 이와 비슷한 기사를 쓰게 될 것이다.

신은 어떤 다른 사고나 사물 또는 사람보다도 사실적이다. 나는 신의 존재를 긍정적으로 느낀다. 그리고 나의 육체와 정신에 새겨진 신의 법과 보다 밀접한 조화를 이루며 살수록 더욱더 신의 존재를 가깝게 느낀다. 나는 햇빛이나 비 속에서도 신을 느낀다. 그리고 유쾌한 휴식과 섞여 있는 경이로움이 나의 느낌을 가장 잘 묘사해준다고 생각한다. 나는 기도하거나 찬양할 때, 동료에게 대하듯이 신에게 이야기한다. 그러면 우리의 영적 교섭은 즐거운 상태에서 이루어진다. 신은 계속해서 나에게 응답하는데 종종 너무 분명하게 말하기 때문에 나는 실제로 그 음성을 들은 것처럼 여기기도 한다. 그러나 일반적으로 그 음성은 강한 정신적 영향으로 들리는 것이다. 대체로 성서의 텍스트는 신에 대한 새로운 견해, 나에 대한 신의 사랑, 그리고 나의 안전을 위한 염려를 열거하고 있다. 나는 수백 가지의 예를 학교문제에서, 사회문제에서, 재정적 어려움 등에서 들 수 있다. 신이 나에게 속하고 내가 신에게 속한다는 생각은 결코 나를 떠나지 않는다. 그리고 그 생각은 영속적인 즐거움을 안겨준다. 이것이 없는 삶은 공허며 사막이며, 끝없는 또는 인적 없는 황야와 같을 것이다.

나는 나이와 성(性)이 서로 다른 저자들에게서 나온 몇 가지 예를 더 추가하고자 한다. 이 예들 또한 스타벅 교수의 모음집에서 발췌한 것인데, 이 이야기는 더 늘어날 수도 있을 것이다. 첫번째 예는 27세 된 한 남자의 이야기이다.

신은 내게 매우 사실적인 존재이다. 나는 신에게 이야기하고 종종 응답을 얻는다. 나는 신에게 지시를 내려줄 것을 요청한 후에는, 바로 내가 누려왔던 그 어떤 것보다도 갑작스럽고 독특한 사고들이 마음에 떠오르는 것을 경험하였다. 1년 훨씬 이전에 나는 몇 주 동안 매우 급박한 혼란에 처해 있었다. 처음 그 문제가 닥쳤을 때 나는 망연자실했다. 그러나 나는 곧(두세 시간 후에) 성서의 한 인용구를 정확히 들을 수 있었다. "내 은혜가 네게 족하도다"라는 내용이었다. 나는 문제에 부딪힐 때마다 이 인용구를 들을 수 있었다. 나는 이후로 신의 존재를 의심하지 않았고, 나의 의식에서 그것을 빼내버리지도 않았다. 신은 매우 자주 현저하게 나의 일에 관여해왔고, 나는 신이 항상 사소한 여러 가지 일들을 이끌어주셨음을 느낀다. 그러나 두세 가지 경우에서 신은 나의 야심과 계획과는 상반되는 길을 제시하기도 하였다.

또 다른 진술은 17세 된 한 소년의 이야기이다(이 예는 매우 어린애다운 특징을 지니고 있기 때문에 심리학적으로 가치가 있다).

때때로 나는 교회에 가서 예배에 참여한다. 그리고 교회를 나오기 전에 마치 신이 나의 오른편에서 나와 함께 시편을 노래하고 읽었던 것처럼 느낀다. ……그러고 나서 다시 나는 마치 내가 신의 옆에 앉을 수 있는 것처럼, 그리고 나의 팔로 그를 안고서 입맞춤을 할 수 있는 것처럼 느낀다. 제단에서 내가 성만찬을 받고 있는 동안에 나는 그에게 이르려고 노력하며 그의 존재를 느끼려고 노력한다.

나는 순서 없이 몇 가지 다른 사례를 제시한다.

신은 느낄 수 있는 대기처럼 나를 둘러싼다. 신은 나의 숨결보다도 더 가까이 있다. 나는 말 그대로 신 안에서 살고 움직이고, 그리고 내 존재를 찾는다.

나는 내가 바로 신의 존재 앞에 서 있는 것처럼 느끼거나, 그와 이야기를 나누는 듯이 느낄 때가 있다. 나는 기도에 대한 응답을 받는다. 때때로 그의 응답은 신의 존재나 힘이 드러나는 경우에는 직접적이고 압도적으로 다가오기도 한다. 그러나 신이 멀리 있는 것처럼 느껴질 때도 있다. 하지만 그러한 경우는 전적으로 나의 잘못에서 비롯된 것이다.

나는 내 주위에 맴도는 강하고 동시에 부드러운 존재를 느낀다. 때때로 그 존재는 나를 지지해주는 팔로써 나를 감싸는 것처럼 생각되기도 한다.

이러한 예들은 인간의 존재론적 상상력에 의한 것이다. 또한 이것들은 인간의 상상력이 만들어낸 것에 대한 신빙성을 제공해준다. 그려낼 수 없는 존재들이 현실화되어 나타나 있지만 거의 환각상태와 같이 강렬하게 현실화되어 나타나 있다. 이 존재들은 세상에 존재하는 타자에 대한 습관적 느낌이 사랑하는 사람들의 생기 있는 태도를 결정하는 것처럼, 명백하게 우리의 생기 있는 태도를 결정한다. 어떤 사랑하는 남자는 심지어 그의 관심이 다른 문제에 가 있고 여자친구의 모습을 더 이상 마음속에 떠올리지 않는 경우에도, 그의 우상이 계속 존재하고 있다는 이런 느낌을 지독하게 갖고 있다. 그는 그녀를 잊을 수가 없다. 그리고 그녀는 계속해서 그에게 영향을 끼치고 있다.

나는 실재에 대한 이러한 느낌들이 존재하는 것이 가능함에 대해 이야기하였다. 나는 이 문제를 좀더 다룰 것이다. 실재에 대한 느낌들은 그것들을 경험하는 사람들에게는 직접 지각할 수 있는 경험들처럼 아주 확실한 것이다. 이 느낌들은 대체로 이전의 단순한 논리가 설정한 결과들보다 훨씬 더 설득력을 지니고 있다. 사실 사람은 대체로 그러한 감정 없이도 잘 지낼 수 있다. 아마도 여기에 참석한 여러분 가운데 많은 사람들이 아주 분명하게 그러한 느낌을 갖고 있지 않을 것이다. 그러나 만약 여러분이 그 느낌들을 지니고 있다면, 게다가 그것을 강하게 느끼고 있다면, 여러분은 그것들을 진리의 참된 지각의 대상으로서, 그리고 여러분이 말로는 표현할 수 없다고 하더라도, 어떠한 적대적 논쟁으로도 여러분의 믿음에서 쫓아낼 수 없는 일종의 실재로 보이는 계시들로서 간주하지 않을 수 없게 될 것이다.

철학에서 신비주의와 반대되는 견해는 때때로 합리주의라고 불리는 것이다. 합리주의는 우리의 모든 믿음은 그 자체를 위해 분명한 근거를 찾아야 한다고 주장한다. 합리주의에서 말하는 근거는 다음 네 가지로 구성되어야 한다. 첫째, 명확히 진술할 수 있는 추상적 원리들, 둘째, 감각적인 뚜렷한 사실들, 셋째, 그러한 사실들에 기초한 분명한 가설들, 그리고 넷째, 논리적으로 이끌어진 분명한 추론들. 정확히 규정할 수 없는 것에 대한 모호한 인상들은 합리론적 체계 안에서는 설 자리가 없다. 긍정적인 측면에서 보면 합리론적 체계는 분명히 찬탄할 만한, 지성이 이룬 경향 가운데 하나이다. 왜냐하면 우리의 모든 철학이 합리주의의 열매일 뿐만 아니라, 또한 자연과학(다른 좋은 것들 중에서)이 바로 합리주의의 결과이기 때문이다.

그럼에도 불구하고, 만일 우리가 있는 그대로 인간의 모든 정신적인 삶, 그들의 학식과 과학과는 동떨어진 채로 그들 위에 놓여 있는 삶과 그들이 내적으로나 개인적으로 따르려는 삶을 살펴본다면, 합리주의가 설명해줄 수 있는 부분은 상대적으로 피상적이라는 것을 우리는 고백해야만 한다. 합리주의는 그 부분에 대해서 분명히 특권을 지니고 있다. 왜냐하면 합리주의는 무수한 이야기로 구성되어 있으므로 증거나 억지논리로 여러분에게 도전할 수도 있고, 또한 말로써 여러분을 제압할 수 있기 때문이다. 그러나 만약 여러분이 지닌 무언의 직관들이 합리주의의 결과들과 상반된다면, 합리주의는 여러분에게 확신을 주거나 여러분을 회심시키지 못할 것이다. 만일 여러분이 직관들을 지니고 있다면, 그 직관들은 합리주의가 서식하는 떠들썩한 의식적 수준에서라기보다는 여러분 본성의 보다 깊은 수준에서 나오는 것들이다.

여러분의 모든 잠재의식적 삶인 충동들, 믿음들, 욕구들과 예감들은 이와 같은 전제를 미리 마련해왔다. 지금, 여러분의 의식은 그런 전제가 가지고 온 결과의 중요성을 느낄 것이다. 그리고 여러분 내면에 있는 어떤 존재는, 그 결과가 억지논리로 내세우는 합리주의적 이야기보다도 훨씬 더 진리에 가까운 것임에 틀림없다는 것과, 아무리 분명하더라도 합리주의적 이야기는 그 결과와 모순되어 있다는 것을 분명히 알고 있다. 믿음의 근거를 수립하는 데에서 합리주의적 수준이 보여주는 열등성은 합리주의가 종교를 옹호하는 경우에 명백하게 드러나듯이, 종교에 대해 논쟁하는 경우에도 명확하게 드러나고 있다.

  자연의 질서에서 도출한 신의 존재를 증명하는 증거들을 다룬 광대한 문헌은 지난 세기 동안에 매우 압도적으로 설득력을 지닌 것으로 보였다. 그러나 우리의 세대는 합리주의가 옹호했던 그러한 신을 믿지 않는다는 단순한 이유 때문에, 그 문헌은 오늘날 도서관에서 먼지만 뒤집어쓰고 있는 실정이다. 신이 어떠한 종류의 존재이든지 간에, 오늘날 우리는 우리의 선조들이 만족했듯이 신은 그의 '영광'을 명백히 드러내기 위해 존재하는, 단순히 '계략들'의 외부적 고안자가 결코 아니라는 것을 알고 있다. 비록 우리가 이것을 아는 방법을 다른 사람이나 우리 자신에게 말로 분명히 나타낼 수 없다고 하더라도 말이다. 나는 여기에 계신 여러분 모두에게 만일 신이 존재한다면 신은 그런 존재보다 우주적이며 비극적인 모습을 지니고 있음에 틀림없다는 사실에 대해서, 내가 납득할 수 있게 충분히 설명해줄 수 있다면 그렇게 해주기를 바란다.

  형이상학적이고 종교적인 영역에서, 우리가 지닌 실재에 대한 모호한 느낌들은 똑같은 결과를 얻는 경우에만 분명한 논거로 우리에게 설득력을 지닌다는 것이 사실이다. 그때 진실로 우리의 직관과 이성이 함께 작용한다. 그리고 불교철학이나 카톨릭철학의 체계와 같은 위대한 세계를 지배하는 체계들이 성장하게 될 것이다. 우리의 충동적 믿음은 여기에서 항상 근원적 진리의 본체를 구성하는 것이다. 우리가 지닌 명백히 언어화된 철학은 단지 형식에 대한 현란한 해석에 불과하다. 비이성적이고 즉각적인 확신이 우리에게 중요한 것이다. 이성적 논쟁은 단지 표면적 전시효과일 뿐이다. 본능이 이끌고, 지성은 단지 그것을 따르고 있을 뿐이다. 만일 어떤 사람이 내가 제시했던 인용문들에 나타난 방식으로 살아 있는 신의 현존을 느낀다면, 여러분의 비판적 논쟁들은 그의 믿음보다 결코 우월적이지 못하므로 그 사람의 믿음을 변화시킬 수 없을 것이다.

그러나 아직까지 내가, 잠재의식적이고 비이성적인 것이 종교영역에서 우월성을 지녀야 한다는 사실이 더 낫다고 말하지 않은 것을 주목하기 바란다. 나는 나 자신에게만 국한하여 잠재의식적이고 비이성적인 것이 사실 우월성을 지니고 있음을 지적하는 것이다.

우리들은 종교적 대상들인 실재에 대한 느낌에 대해서 너무 많이 이야기하였다. 이제는 그 대상들이 특징적으로 불러일으키는 태도들에 대해 좀더 간단히 부연설명을 하기로 하자.

우리는 이미 그 태도들은 엄숙하다는 것을 동의해왔다. 그리고 그 태도들이 지닌 가장 특징적인 것은 극한의 경우에 절대적 자포자기를 통해 얻게 되는 일종의 기쁨이라는 사실을 생각해볼 수 있는 이유를 관찰해보았다. 자포자기자가 갖고 있는 그런 대상에 대한 느낌은 기쁨의 정확한 양상을 판단하는 것과 관련이 많다. 그리고 그 전체현상은 어떤 단순한 공식이 허용하는 것보다도 더욱 복잡하다. 그러한 주제를 다루는 문헌에서, 슬픔과 기쁨은 각각 교대로 강조되어오고 있다. 신들을 최초로 만든 것이 공포였다는 고대의 격언은 종교사의 모든 시대에서 많은 확증을 얻고 있다.

그럼에도 불구하고 종교사는 기쁨이 항상 그 역할을 담당해왔다는 것을 보여준다. 때때로 그 기쁨이 우세한 역할을 하기도 하였다. 그리고 때때로 기쁨은 공포로부터 해방된 기쁨을 나타내는 부차적 역할을 하기도 하였다. 사물들이 지니는 후자의 상태는 더욱 복잡하며, 또한 더욱 완벽에 가까워진다. 그리고 우리가 이야기를 진행해왔듯이, 만일 종교를 광의적 관점에서 바라본다면 슬픔과 기쁨 둘 중의 어느 쪽도 무시하지 못할 것이라는 충분한 이유를 가질 수 있으리라고 나는 생각한다.

가장 완전한 용어로 진술해보면, 인간의 종교는 인간 자신의 존재에 대한 위축과 확장의 분위기 모두를 포함하고 있다. 그러나 이러한 분위기들의 양적 혼합과 순서는 세계의 각 시대마다, 사고의 체계마다 그리고 개인마다 너무나 다양하다. 그래서 여러분은 그 문제에 대한 본질로서 두려움이나 굴복 또는 평화와 자유를 주장할 것이며, 진리의 한계 안에서는 여전히 물질적 측면을 지니게 될 것이다. 기질상 우울한 성향의 방관자와 기질상 쾌활한 성향의 방관자는 자신들의 눈앞에 제시된 것에 대해 상반된 양상들을 강조하는 경향이 있다.

기질상 우울한 성향의 종교인은 심지어 자신이 지니게 되는 종교적 평화조차도 매우 어두운 것으로 만들어버린다. 위험은 여전히 그 평화의 주위에 떠돌고 있다. 굴곡과 위축상태는 완전히 멈추어지지 않는다. 우리가 자유로워지고 난 후에 낄낄대고 웃는다거나 깡총깡총 뛰며 까부는 것으로 감정을 폭발하는 것, 그리고 우리에게 임박해 있는 위험을 말 그대로 망각한다는 것은 조심성 없고 유치한 일이다. 납작 엎드려 있으라, 납작 엎드려 있으라. 왜냐하면 여러분은 살아 있는 신의 지배하에 있기 때문이다. 예를 들면, 「욥기」에서 인간의 무능함과 신의 전능성은 그 저자의 마음에 가장 큰 부담을 주었다. "그것은 하늘만큼 높다. 그대는 무엇을 할 수 있는가? 그것은 지옥보다도 더 깊은 곳에 있다. 그대는 무엇을 알 수 있는가?" 여기에 이러한 확신할 수 있는 진리에 대해 일부 사람이 느낄 수 있는 쓴맛이 있다. 그리고 이러한 것은 가능한 한 그 사람들이 종교적 기쁨을 느낄 수 있도록 접근하게 해준다.

냉정하지만 매우 진실한 작가 마크 러더퍼드(Mark Rutherford)가 말한다.

「욥기」에서 신은 우리에게 인간은 신의 창조의 척도가 아니라는 것을 상기시킨다. 세계는 인간의 지성이 이해할 수 있는 계획이나 이론을 통해 세워지지 않았기 때문에 너무나 광대하다. 그것은 모든 곳에서 **초월적**이다. 만일 그런 시가 존재한다면, 모든 운문의 반복이고 그 시가 지닌 비밀이다. 충분하든 충분하지 않든 간에 더 이상 아무것도 존재하지 않는다. ……신은 위대하고, 우리는 신이 행사하는 방법들을 알지 못한다, 신은 우리에게서 우리가 가진 모든 것을 가져간다. 그러나 만약 우리가 인내를 가지고 우리의 영혼을 소유한다면, 음침한 골짜기를 통과하여 햇빛 아래로 다시 나오게 될 것이다. 이와 같이 우리는 통과할 수도 있고, 아니면 통과하지 못할 수도 있다! ……신이 회오리 바람 속에서 2,500여년 전에 말했던 것 외에, 이제 우리는 무엇을 더 말할 수 있겠는가?9)

반면에 쾌활한 방관자에 대해 살펴보면, 만약 지워진 그 짐을 함께 극복하지 않고, 또 그 위험이 사라지지 않는다면, 구출은 불완전한 것이라고 느끼게 되리라는 것을 우리는 알게 될 것이다. 우리가 지금까지 이야기해왔던 진지한 사람들과 비교해보면, 이러한 방관자들은 종교적 평화를 단순한 동물의 기쁨과는 매우 구분되게 하는 진지함을 모두 생략시켜버리는 듯한 설명을 우리에게 심어준다. 희생이나 복종의 모습이 그 속에 없고, 움츠러드는 경향도 전혀 나타내지 않으며, 또한 머리를 전혀 숙이지 않는다고 하더라도 몇몇 작가들의 견해에 따르면 어떤 태도는 종교적이라고 부를 수 있다.

모든 "습관적으로 조절된 경탄은 하나의 종교로 부를 가치가 있다"고 실리(J. R. Seeley) 교수10)는 말한다. 따라서 그는 우리의 음악, 과학 그리고 이른바 '문명'은 지금 잘 조직되어 있고 감동적으로 믿어지고 있기 때문에, 우리 시대에 보다 진실한 종교들을 형성하고 있다고 생각한다. 의심할 여지 없이 우리의 문명을 기관총(Hotchkiss guns)을 사용하여 '열등한' 종족들에게 전해주어야 한다고 느껴 서슴지 않고 행하는 비합리적 방식은, 무력으로 종교를 전파했던 이슬람교의 초기정신과 같은 모습을 상기시킨다.

지난 강연에서 나는 해브록 엘리스의 초(超)급진적 견해를 여러분에게 인용했다. 그 견해는 모든 종류의 웃음은 영혼의 해방을 입증하는 것이기 때문에 하나의 종교적 실천으로 간주될 수도 있다는 것이었다. 나는 그 견해의 타당성을 부정하기 위해 그것을 인용했다. 그러나 우리는 이제 이러한 모든 낙관적 사고방식에 대해 보다 신중하게 진상을 밝혀야 할 것이다. 이 문제는 단순하게 결정하기에는 너무 복잡하다. 따라서 나는 종교적 낙관주의를 다음에 이어지는 두 강연의 주제로 삼을 것을 제안한다.

---

9) *Mark Rutherford's Deliverance*, London, 1885, 196, 198쪽.
10) 그의 책 *Natural Religion*, 3d edition, Boston, 1886, 91, 122쪽(내가 그 책을 거의 읽지 않은 것이 우려된다).

제4·5강 | 낙관주의적 성품의 종교

"인간의 삶의 주요 관심사가 무엇이냐?"라는 질문을 하게 된다면 우리가 얻게 될 대답들 가운데 하나는 "그것은 행복이다"라는 말일 것이다. 행복을 어떻게 얻고 유지하고 회복하느냐 하는 것은 사실상, 대부분의 사람들이 행하고 기꺼이 견디어내고자 하는 모든 행동들의 숨겨진 동기이다. 윤리학의 쾌락주의 학파는 전적으로, 다른 종류의 행위가 초래하는 행복과 불행의 경험으로부터 도덕적 삶을 추론해낸다. 그리고 행복과 불행은 도덕적 삶에서 보다는 종교적 삶에서 그런 관심의 중심적인 축으로 보인다. 여기서 우리는 내가 최근에 인용한 작가를 들먹이면서까지 어떤 지속적 열정 그 자체가 일종의 종교라고 굳이 주장할 필요도 없고, 단순한 웃음을 종교적 실천이라고 부를 필요도 없다.

그러나 우리는 모든 지속적 즐거움이 그렇게 행복한 존재의 선물에 대해 감사와 찬미를 드리는 일종의 종교를 산출할 수 있다는 점을 인정해야만 한다. 우리는 또한 자연적 존재인 최초의 선물이 불행하다고 여겨질 때, 너무나 자주 입증되듯이, 종교를 경험하는 더 많은 복잡한 방법들이 바로 행복을 산출하는 방법, 즉 일종의 초자연적 행복으로 이끄는 경이로운 내적 길들이라는 것을 인정해야 한다.

종교와 행복 사이의 이런 관계에서, 종교적 믿음이 제공해주는 행복을 인간이 종교의 진실을 입증하기 위한 증거로 간주하는 것도 놀랄 만한 일이 아니다. 만일 어떤 신조가 한 인간을 행복하게 느끼도록 만든다면, 그는 불가피하게 그것을 수용하게 된다. 그러한 믿음은 진실해야 한다. 그러기에 옳고 그름은 평범한 사람들에 의해 사용된 종교적 논리의 '즉각적 추론' 가운데 하나인 것이 사실이다.

어떤 독일 작가는 다음과 같이 말한다.[1]
  신의 영이 가까이 임재하고 있다는 것은 실제로 경험될 수 있다. 정말 단지 경험될 뿐이다. 이미 영의 존재와 임재를 경험한 사람들에게 반박할 수 없이 명백한 표시는, 그 영과 연결되어 있기 때문에 어떤 것과도 비교될 수 없는 **행복한 느낌**이다. 그러므로 그 느낌은 우리가 이 지상에서 누릴 수 있는 가능한 그리고 매우 적절한 느낌일 뿐만 아니라, 신의 실재에 대한 가장 훌륭한 최상의 불가결한 증거이다. 다른 어떤 증거도 이보다 설득력이 있지 않으며, 그러기에 행복은 모든 유효한 새로운 신학이 시작되는 출발점이 된다.

나는 나중에 취급하게 될 좀더 복잡한 문제들을 뒤로 하고, 좀더 단순한 종교적 행복에 대해 생각해보도록, 지금부터 여러분을 초대할 것이다.
  많은 이들에게 행복은 타고나는 것이며 변경할 수 없는 것으로 생각된다. '우주적 감정'은 그들 안에서 불가피하게 열정과 자유의 형태를 취하게 된다. 나는 단지 동물적으로 행복한 사람들에 대해 말하고 있는 것이 아니다. 불행이 그들에게 닥쳤을 때, 마치 그것이 좋지 않은 것이거나 잘못된 어떤 것처럼 느끼기를 절대적으로 거부하는 그런 사람들을 뜻하는 것이다. 우리는 그런 사람들을 모든 연령층에서 발견하게 되는데, 자신들이 처한 환경이 어렵고 자신들이 탄생시킬 신학이 불길함에도 불구하고 그들 자신은 삶의 미덕에 대한 느낌에 매달린다. 그들의 종교는 시작부터 신적 존재와 연결되어 있다.

---

1) C. Hilty, *Glück, dritter Theil*, 1900, 18쪽.

초기 그리스도교 교도들이 로마사람들에 의해 주신제(酒神祭)에 빠져 있다고 고발당했던 것과 똑같이 종교개혁 이전의 이교도들은 도덕폐기론적 행동 때문에 교회문필가들에 의해 무수하게 고발당했다. 은밀하게든 공개적으로든 소종파를 결성하여 모든 자연적인 것들은 허락되어야 한다고 주장하는 많은 사람들은 삶을 비방하지 않는 심사숙고를 이상적인 것으로 생각하지 않은 세기는 한 번도 없었던 것 같다.

성 아우구스티누스의 격언인 사랑하고 그리고 원하는 것을 행하라(Dilige et quod vis fac)—만일 여러분이 오직 [신]만을 사랑한다면, 여러분은 여러분이 의도하는 대로 할 수 있다—는 말은 도덕적으로 가장 심오한 견해이다. 그러나 그것은 그러한 사람들에게 형식적 도덕의 한계를 자유롭게 뛰어넘는 통행권을 나타내는 의미들로 가득 차 있다. 그런 사람들은 자신들의 성격에 따라 세련되거나 또는 조잡하다. 그러나 그들의 믿음은 명백히 종교적 태도를 형성할 수 있을 만큼 언제나 체계적이다. 신은 그들에게 자유를 주시는 분이므로 악의 독침은 극복되었다. 대체로 성 프란체스코와 그의 제자들은 이러한 영들의 동료였으며, 거기에는 물론 천차만별의 다양성이 있었다. 글을 쓰기 시작한 초기의 루소와 디드로(Diderot), 드 생 피에르(B. de Saint Pierre)와 18세기 반그리스도교 운동의 지도자들은 이러한 낙관적 유형의 인물들이었다. 자연은 절대적으로 선하다—여러분이 자연을 충분히 신뢰한다면—는 자신들의 느낌으로부터 나오는 어떤 확실한 권위 때문에 그들은 영향력을 발휘할 수 있었다.

우리 모두는, 영혼이 하늘빛을 띠고 있기 때문에 인간의 어두운 열정보다는 꽃들, 새들, 그리고 모든 매혹적인 순진무구한 것들과 더 친밀한 관계를 맺고 있고, 신에 대해 나쁘게 생각하지 않으며, 그러기에 처음부터 종교적 기쁨에 사로잡혀 있어 조상으로부터 내려온 이전의 무거운 짐으로부터 구원받을 필요가 없는 친구, 즉 종종 남자보다는 여자, 늙은이보다는 젊은 친구를 갖기를 아마도 원할 것이다.

프랜시스 뉴먼(Francis W. Newman)은 다음과 같이 말한다.[2)]

신은 지구상에 두 종류의 아이들, 즉 자연적으로 한 번만 태어난 아이들과 두 번 태어난 아이들을 가지고 있다.

그는 자연적인 태생의 아이들에 대해 다음과 같이 설명한다.

그들은 신을 엄격한 심판관이나 영광스러운 주권자로 보지 않고, 아름답고 조화로운 세상에 활기를 주는 영으로, 은혜롭고 친절하며 순수한 만큼 자비로운 영으로 생각한다. 그들은 일반적으로 형이상학적 질문을 하는 버릇을 갖고 있지 않다. 그래서 그들은 자신을 돌보지 않는다. 따라서 스스로의 불완전성으로 고통받지 않는다. 그러나 그들을 독선적이라고 부르는 것은 불합리하다. 왜냐하면 그들은 거의 자신을 생각하지 않기 때문이다. 그들의 이러한 어린애 같은 본성은 그들로 하여금 종교적 시작을 매우 행복하게 해준다. 왜냐하면 황제 앞에 선 부모는 떨고 있지만 아이는 떨고 있지 않은 것처럼 그들은 더 이상 신을 피해 움츠러들지 않기 때문이다. 사실상, 그들은 신의 엄격한 위엄성이 갖고 있는 특징 가운데 어떤 것에 대해서도 생생한 개념을 갖고 있지 않다.[3] 그 신은 그들에게 친절함과 아름다움이 인격화된 존재이다. 그들은 인간의 무질서한 세계에서가 아니라 낭만적이고 조화로운 자연 속에서 신의 성품을 읽는다. 그들은 자신의 마음 속에 있는 인간의 죄에 대해 무지하며, 세상에 있는 죄에 대해서는 더욱더 무지하다. 인간의 고통은 그들을 부드럽게 녹여버린다. 그래서 그들이 신에게 도달하려고 할 때 거의 내적인 방해를 받지 않는다. 영적 존재로 변화되지 않은 상태에서 그들은 일종의 자기만족을 느끼며, 단순한 예배를 통해서도 낭만적 흥분을 일으킨다.

카톨릭 교회는 그와 같은 성품들이 성장할 수 있는 성질의 토양을 프로테스탄티즘보다 더 많이 가지고 있다. 결정적으로 비관적 질서를 지닌 사람들이 프로테스탄트적 양식의 느낌을 주로 갖는다. 그러나 프로테스탄티즘조

---

2) *The Soul : its Sorrows and its Aspirations*, 3d edition, 1852, 89, 91쪽.
3) 나는 한 숙녀가 그런 기쁨을 묘사한 것을 들었다. 그것은 그녀에게 "언제나 신에게 바싹 달라붙을 수 있다"는 것을 생각하게 해주었다.

차도 그와 같은 성품들을 풍부히 갖고 있다. 대체로 유니테어리어니즘과 래티튜디네어리어니즘(latitudinarianism : 17, 18세기 영국에서 합리주의와 신과학에 근거하여 매우 관용적인 교리와 자유로운 실천원리를 주창하였던 신앙운동 — 옮긴이)에 대한 최근의 '자유주의적' 발달을 살펴보면, 이런 종류의 사람들이 주요한 건설적 역할을 해왔고, 지금도 여전히 그 역할을 담당하고 있다. 에머슨 자신이 그 놀라운 본보기이며, 파커(Theodore Parker) 역시 마찬가지이다. 파커의 편지[4]에 다음과 같은 두드러진 구절이 있다.

정통주의 학자들은 말한다. "이교도들의 고전에서 여러분은 어떤 죄의식도 발견할 수 없다." 그것은 정말 사실이다. 신은 그 때문에 감사를 받는다. 그들은 분노와 잔인성, 탐욕, 술 취함, 욕망, 나태, 비겁함, 그리고 다른 실제적인 악덕들을 의식하고 있으며, 투쟁하고, 보기 흉한 것들을 제거한다. 그러나 그들은 '신에게로 향하는 적의'를 의식하지 못하며, 비실제적인 악에 대해서도 앉아서 흐느끼며 신음하지 않는다. 나는 나의 삶에서 충분히 잘못을 저질렀으며 지금 역시 그러하다. 나는 표적에 빗나가는 활을 당기며, 또다시 시도한다. 그러나 나는 내가 신이나 인간이나 정의나 사랑을 미워한다는 것을 의식하지 못하며, '내 안에 건강한' 것들이 많이 있음을 알고 있다. 나는 쇠락하여 사도 바울과 같은 상태에 이르렀음에도 불구하고 내 육체 안에는 많은 좋은 것들이 지금도 존재한다는 것을 알고 있다.

다른 편지에서 파커는 이렇게 쓰고 있다.
나는 하루 종일 투명한 맑은 물에서 수영을 했다. 물이 차갑고 거꾸로 흐르고 거칠었음에도 불구하고, 위험을 무릅쓰며 나아가 수영할 정도로 내가 강했던 것은 아니었다. 소년 시절부터 흰 턱수염이 난 성인이 된 지금까지도 풀밭을 지나 비틀거리면서 걸어갔을 때……벌통 속의 꿀에 대

---

[4] John Weiss, *Life of Theodore Parker*, i. 152.

한 기억만이 남아 있어 나는 지금도 그 기억 속에서 기쁨을 느낀다. 내가 그 시절을 회상할 때……그토록 작은 것들이 인간을 그렇게도 풍요롭게 할 수 있다는 사실에 놀라 달콤함과 경이로움으로 가득 찬다. 그러나 나는 나의 모든 기쁨 가운데 가장 큰 것은 여전히 종교적이라는 것을 고백해야만 한다.

병적인 양심의 가책이나 위기의 요소 없이 계속해서 줄곧 자연스럽게 발전해나간 '한 번 태어난' 유형의 의식에 대한 또 다른 좋은 표현은, 스타벅의 한 질문지(circulars)에 대하여 저명한 유니테어리언 교회의 설교자이자 작가인 에드워드 에브릿 헤일(Edward Everett Hale) 박사가 작성한 답변에 들어 있다. 나는 그 가운데 일부를 인용한다.

나는 마치 영웅이 되기 위한 필수조건인 것처럼, 여러 자서전들 속에 언급되는 종교적 투쟁을 매우 안타깝게 관찰해본다. 나처럼 단순하고 합리적인 종교적 분위기의 가정에서 태어난 사람은 누구든지 그런 투쟁으로부터 평가받지 않는 장점을 가지고 있다는 점을 말해야만 한다. 그러한 종교적 규칙 안에서 훈련받은 사람은 종교적 또는 비종교적 고통이 무엇인지를 조금도 알지 못한다. 나는 항상 신이 나를 사랑한다는 것을 알았으며, 내가 살고 있는 이 세상에 대해 항상 그분께 감사드렸다. 나는 늘 이렇게 말하기를 좋아했고, 그분이 나에게 제안한 것을 받아들이기를 늘 기뻐했다. ……내가 성인이 되었을 때 그 시대의 준철학적인 소설에서 '삶의 문제'에 직면한 젊은 남녀에 관해 말한 것을 나는 완벽하게 기억할 수 있다. 나는 그 삶의 문제가 도대체 무엇인지 알지 못했다. 온 힘을 다해 살아가는 것이 나에게는 쉽게 여겨졌다. 배워야 할 것이 많다는 것을 깨닫는 것도 유쾌하고 거의 당연한 것으로 보였다. 만일 기회만 있다면 도와주는 것도 당연했다. 누군가가 어떤 사람을 도왔다면, 그는 도울 수밖에 없었고, 스스로 즐길 수밖에 없었기 때문에 삶을 즐겼다고 생각했다. ……자기가 신의 자녀라는 것을 일찍이 배운 아이는 신 안에서 행동하며 살아가면서 자신의 존재를 영위할 것이다. 그는 어떤 어려움도 극복할 수 있는 무한한 힘을 지니고 있어서 삶을 더욱 쉽게 받아들일 수 있고, 분노의 자식으로 태어나 선한 일은 전혀 할 수 없을 것이라는 말을 들으며 자란 아이들보다 훨씬 더 많은 것을 이룰 수 있을 것이라고 생각했다.[5]

반대기질의 작가들이 우주의 더욱 어두운 측면에 오랜 시간 동안 머무르는 것처럼, 이런 작가들에게서는 쾌활한 측면에 유기적으로 더 많은 무게를 두는 기질을 발견할 수 있다. 몇몇 개인들에게 낙관주의는 유사병리학적인 것이 될 수도 있다. 일시적 슬픔이나 순간적 겸손조차 수용할 수 있는 능력은, 일종의 선천적 마비증세로 인해 그런 것처럼 그 어두운 측면을 단절시키는 것처럼 보인다.[6]

---

5) Starbuck, *Psychology of Religion*, 305, 306쪽.
6) 생 피에르는 다음과 같이 쓰고 있다. "나는 철학자들이 앞으로 우울증의 느낌을 어떤 신체적 법칙으로 말하는지 알지 못한다. 나 자신은 그 느낌이 모든 감각 가운데 가장 육욕을 자극하는 것이라고 생각한다." 따라서 그는 '자연'에 대한 이러한 작품 가운데 연속 출판물을 '파괴의 기쁨', '죽음의 기쁨', '자연의 파괴', '고독의 기쁨'에 초점을 두고 연구하였다. 이 작품들 가운데 맨 마지막 작품이 가장 비관적이다.
  이러한 사치스러운 고뇌에 대한 발견은 청소년기에 매우 흔한 일이다. 진실을 말하는 마리 바시컷세프(Marie Bashkirtseff)가 그것을 잘 표현해 주고 있다.
  "이러한 우울과 무시무시한 끊임없는 고통 속에서 나는 삶을 나무라지 않는다. 역으로 나는 그것을 좋아하고 그것이 선하다는 것을 발견한다. 이것을 믿을 수 있는가? 나는 모든 것이 선하고 유쾌하다는 것을 알고 있다. 나의 눈물마저도, 나의 슬픔조차도 선하고 유쾌하다. 나는 우는 것을 즐긴다. 나는 나의 절망을 즐긴다. 나는 분노하는 것을 즐기며 슬퍼하는 것을 즐긴다. 나는 마치 이러한 것들이 너무나 많이 기분전환을 제공해주는 것으로 느낀다. 나는 이러한 모든 것에도 불구하고 삶을 사랑한다. 나는 살기를 원한다. 내가 이렇게 순응을 잘할 때 내가 죽게 된다는 것은 잔인한 일이 될 것이다. 나는 운다. 나는 슬퍼한다. 그리고 동시에 나는 즐겁다. 이것은 정확하지 않아서 나는 그것을 어떻게 표현해야 좋을지 모르겠다. 그러나 삶 속에 있는 모든 것들이 나를 즐겁게 한다. 나는 모든 것들을 유쾌하게 느꼈고 그리고 행복을 비는 나의 기도 중에는 비참

악을 느끼지 못하는 당대 최고의 본보기는 물론 월트 휘트먼이다.

그의 제자인 버크(Bucke) 박사는 말한다.
그는 혼자서 문밖을 어슬렁거리거나 왔다갔다하면서 풀밭, 나무, 꽃, 가로수의 경치, 하늘의 다양한 모습을 보고 새소리, 귀뚜라미 소리, 청개구리 소리와, 온갖 종류의 자연의 소리를 듣는 것을 가장 좋아하는 듯이 보였다. 이러한 것들은 다른 평범한 사람들보다 그에게 더 큰 즐거움을 주는 것이 분명했다. 나는 그를 알게 될 때까지 어느 누구도 그렇게 많은 절대적 행복을 이런 것들로부터 끌어낼 수 있으리라고 생각해본 적이 없다. 그는 꽃을 무척 좋아했는데 야생화든 재배된 것이든 모든 종류의 꽃을 좋아했다. 나는 그가 장미를 좋아했던 것만큼 라일락이나 해바라기를 좋아했다고 생각한다.
아마 월트 휘트먼만큼 좋아하는 것이 그렇게 많고, 싫어하는 것이 그렇게 적은 사람도 없었을 것이다. 모든 자연적인 사물들이 그에게 매력을 느끼게 했던 것 같다. 모든 경치와 소리가 그를 즐겁게 했던 것 같다. 그는 그가 본(그는 모든 사람을 좋아했다고 나에게 말한 것을 내가 알지 못했더라도) 모든 남자, 여자, 아이들을 좋아하는 것처럼 보였다(그가 나를 좋아했다고 믿는다). 또 그를 알고 있던 개개인은 그가 자신을 좋아한다고 느꼈고, 그가 다른 사람도 또한 좋아한다고 느꼈다. 나는 그가 주장하거나 논쟁하는 것을 알지 못하며, 그가 돈에 대해 말하는 것을 들어본 적이 없다. 그는 때로는 장난기 있게, 때로는 매우 진지하게, 그 자신이나 그가 쓴 글에 대해 심하게 비판하는 적들을 항상 옳다고 인정해주었다. 그래서 그는 적들의 반대에도 불구하고 기쁨을 누렸다고 생각한다.
내가 처음으로 [그를] 알게 되었을 때, 나는 그가 자신을 스스로 경계하고 자신이 초조함, 반감, 불만, 항의 등을 말로 표현하는 것을 스스로

한 가운데서도 나 자신이 행복하다는 것을 느꼈다. 이 모든 것을 경험하는 것은 내가 아니다. 나의 육체는 눈물을 흘리고 운다. 그러나 내 위의 또는 내 안의 어떤 존재가 이 모든 것들을 보고 기뻐한다." *Journal de Marie Bashkirtseff*, i. 67쪽.

허락하지 않았다고 생각했다. 그에게 이러한 정신적 상태가 부재한다는 것이 가능하다고는 생각할 수 없었다. 그러나 오랫동안 관찰한 끝에 나는 그러한 부재나 무의식이 전적으로 사실이라는 것에 만족하게 되었다. 그는 국적이나 인간계층에 대해, 세계역사의 어떤 시간에 대해, 또는 무역이나 직업에 대해 결코 비난하는 어떤 말도 하지 않았다. 심지어는 어떤 동물이나 곤충이나 또는 생명 없는 것들에 대해서조차도, 그리고 어떤 자연의 법칙이나, 그러한 법칙의 결과 가운데 어떤 것, 예를 들면 질병이나 불구자, 죽음에 대해 어떤 비난의 말도 하지 않았다. 그는 날씨나 고통, 질병, 그 밖의 어떤 것에 대해서도 불평하거나 투덜대본 적이 없다. 그는 결코 맹세를 하지도 않았다. 그는 화가 난 채로 말을 한 적이 없으며 분명 화를 낸 적도 없으므로, 그는 분명하게 일을 잘할 수가 없었다. 그는 결코 두려움을 드러낸 적이 없으며, 그가 두려움을 느꼈다고도 믿을 수 없다.[7]

월트 휘트먼은 모든 옹색한 요소들을 그의 글로부터 체계적으로 추방함으로써 문학에서 그 중요성을 인정받았다. 그가 자신에게 표현하도록 허락한 유일한 감정은 개방적 질서의 감정이다. 그는 그것을 일인칭으로 표현했는데, 단순히 자만에 찬 개인이 표현하듯이 한 것이 아니라, 모든 사람의 대리자로서 표현했으며, 열정적이고 신비로운 존재론적 감정이 그의 말을 채우고 있고, 남자와 여자, 삶과 죽음, 그리고 모든 것은 신과 같이 좋은 것이라고 독자들을 설득함으로써 끝을 맺는다.

이렇게 해서 오늘날 많은 사람들은 월트 휘트먼을 영원한 자연종교의 회복자로 간주하게 되었다. 그는 친구들에 대한 그 자신의 사랑과, 자신과 그들이 존재한다는 것에 대한 그 자신의 기쁨으로 그들에게 영향을 미쳤다. 그를 숭배하기 위한 사회가 실질적으로 형성되었다. 월간지가 그를 전파하기 위해 마련되었고, 그 속에서 정통파와 이단이 구별되기 시작했다.[8] 다

---

[7] R.M. Bucke, *Cosmic Consciousness*, 182~186쪽(축약됨).

른 이들이 그의 독특한 작시법으로 찬미가를 썼고, 심지어는 그를 그리스도교 종교의 창시자와 비교하기도 했다. 이 점은 그리스도교에 어떤 이득도 주지 못한다.

휘트먼은 종종 '이교도'로 언급된다. 그 단어는 때때로 죄에 대한 느낌이 없는 단순히 자연적인 동물 같은 인간을 의미한다. 때때로 그것은 그 자신만의 독특한 종교적 의식(意識)을 지닌 그리스인이나 로마인을 의미하기도 한다. 이런 의미들 가운데 어느 하나도 이 시인을 적절하게 규정짓지 못한다. 그는 선악과를 맛보지 않은 여러분과 같은 단순한 동물적인 인간 이상이다. 그는 이미 죄를 알고 있다. 왜냐하면 여러분의 참된 이교도는 그 말의 첫번째 의미로서는 결코 보여주지 못할 위축되고 굴곡된 삶으로부터 그가 자유롭다는 의식적 자만심, 즉 죄에 대한 무관심 속에서나 찾아볼 수 있는 그런 뽐내는 모습을 보였기 때문이다.

나는 변하여 동물들과 함께 살 수 있으며, 그들은 너무 조용하며 독립적이고,
나는 서서 그들을 오랫동안 바라본다.
그들은 땀을 흘리지 않으며, 자신들의 처지에 대해 불평하지 않는다.
그들은 어둠 속에 깨어 있는 채로 누워 그들의 죄 때문에 슬퍼하지 않는다.
어느 누구도 불만에 차 있지 않으며, 물질을 소유하고자 발광하지도 않는다.
수천 년 전에 살았던 동족에게 무릎을 꿇지도 않는다.
이 지상에 사는 어느 누구도 존경할 만하지도 불행하지도 않다.[9]

자연적인 어떤 이교도도 이렇게 잘 알려진 시구를 쓸 수는 없었을 것이

---

8) 나는 호레이스 트로벨(Horace Traubel)에 의해 편집되고, 필라델피아에서 매달 출판되는 *The Conservator*를 참조한다.
9) Song of Myself, 32.

다. 반면에 그리스인이나 로마인보다는 조금 못하다. 왜냐하면 그들의 의식은 호메로스 시대에서조차 이 밝은 세상의 죽을 수밖에 없는 슬픈 운명을 인식하였지만, 휘트먼은 그러한 의식의 수용을 거부하였기 때문이다. 예를 들어, 아킬레우스가 프리아모스의 아들 라이캐온을 죽이려고 할 때 그가 자비를 간청하는 소리를 듣자, 아킬레우스는 이렇게 말한다.

　　오, 친구여, 그대는 죽어야만 한다. 그대는 왜 슬퍼하는가? 파트로클로스 역시 죽는다. 그는 그대보다도 훨씬 더 훌륭했던 사람이다. ……나에게도 역시 죽음과 무시무시한 운명이 지워져 있다. 창으로 찌르든 화살로 쏘든 간에 내 생명 역시 아침이든 저녁이든 오후든 누군가가 와서 거두어 갈 것이다.[10]

그리고 나서 아킬레우스는 그 불쌍한 소년의 목을 칼로 잔인하게 자르고 나서 스카만데르(Scamander) 강 속으로 처넣었다. 그리고 희고 통통한 라이캐온을 뜯어먹도록 강의 물고기들을 불러들인다. 여기서 잔인성과 동정심이 각각 울려퍼져 서로 섞이거나 방해하지 않는 것과 똑같이, 그리스인들이나 로마인들은 그들의 모든 기쁨이나 슬픔을 혼합하지 않고 온전하게 보존했다.

　그들은 본능적 선을 죄라고 생각하지 않는다. 우리들 가운데 많은 이들이 즉시로 악인 것처럼 보이는 것들이 '만들어지는 과정에서는 선한 것'이며, 또는 그와 동등한 교묘한 어떤 것이라고 주장하듯이, 그들은 우주의 신뢰를 받고자 하는 어떤 욕망도 지니지 않았다. 초기 그리스인들에게는 좋은 것은 좋은 것이며 나쁜 것은 단지 나쁜 것이었다. 그들은 자연의 악을 부정하지 않았다. "좋은 것은 완전하며, 나쁜 것도 단지 완전한 것처럼 보이는 것이다"라고 말한 휘트먼의 시는 그들에게는 단순한 어리석음으로 보였을 것이다. 그들은 그러한 악으로부터 도피하기 위해, 감각의 순수한 산물들 역시

---

10) *Iliad*, XXI., E. Myers's translation.

들어설 자리가 없는 상상의 세계, 즉 '또 다른, 그리고 더 나은 세계'를 고안하지는 않았다. 이러한 성실한 본능적 반응, 즉 모든 도덕적 궤변과 긴장으로부터의 자유는 고대의 이교도적 느낌에 감상적인 위엄성을 부여해준다.

휘트먼의 감정의 토로는 이런 특질을 갖고 있지 않다. 그의 낙관주의는 너무도 자발적이고 도전적이다. 그의 복음은 허세의 기운이 있으며, 부자연스러운 감정의 왜곡을 지닌다.[11] 이 점은 낙관주의에 호의를 가지고 있는, 그리고 대체적으로 휘트먼이 중요한 측면에서 진정한 예언자의 부류에 속한다는 것을 기꺼이 인정하려고 하는 많은 독자들에 대해 그의 복음의 효력을 떨어뜨린다.

가령, 우리가 모든 사물을 보고 그것이 선하다고 생각하는 경향을 낙관주의적 성품(healthy-mindedness)이라고 이름붙인다면, 우리는 더욱 본능적인 방식의 낙관주의적 성품과 더욱 의지적이거나 조직적인 방식의 낙관주의적 성품을 구분해 두어야만 한다고 생각하게 된다. 그것의 본능적인 다양성 속에서 낙관주의적 성품은 사물을 즉각적으로 행복하게 느끼는 방식이다. 그것의 조직적인 다양성 속에서 낙관주의적 성품은 사물을 선한 것으로 생각하는 추상적 방식이다. 사물을 생각하는 모든 추상적 방식은 그 사물의 어떤 한 가지 측면을 당분간 그것의 본질로 선택함으로써 다른 측면들은 도외시한다. 조직적인 낙관주의적 성품은 선을 존재의 본질적이고 보편적인 측면으로 생각하여 그 시야에서 악을 의도적으로 배제한다. 이것은 적나라하게 표현한다면, 지성적으로 자신에게 성실하고 사실들에 관해 정직한 사람이 실천하기에는 어렵게 보일 수 있을지라도, 조금만 반추해보면 국면이 너무 복합적이어서 매우 단선적인 비판에 내맡겨질 수 없다는 것을 보여준다.

---

11) 힘세고 낙관주의적인 한 친구가 특히 마음으로부터 잔인한 어떤 것을 느끼고 있던 어느 날 아침 내 앞에서, "신은 나를 두려워하도다!"라고 외쳤다. 도전적인 그 말은 겸손에 대한 그리스도교 교육이 아직까지 그의 마음 속에 사무쳐 있음을 보여주었다.

무엇보다도, 행복이 다른 모든 감정적 상태처럼 정신불안을 차단하기 위한 본능적 자기보호의 무기로 주어지면, 그것과 반대되는 사실들을 보지도 느끼지도 못한다. 사실 행복을 소유하게 될 때 악에 대한 생각은 현실감을 가질 수 없는데, 그것은 마치 우울할 때 선에 대한 생각이 현실감을 얻을 수 없는 것과 같은 이치이다. 어떠한 원인에서건, 능동적으로 행복한 사람에게 단지 악만은 당장에 신임을 얻을 수 없다. 그는 그것을 무시해야만 한다. 방관자에게는 그가 집요하게 그것을 외면하고 입을 다무는 것처럼 보일 수도 있다.

그러나 이것으로 끝나지 않는다. 즉 철저하게 노골적이고 정직한 성품이 악에 침묵하는 것은 교묘한 종교적 방책이나 선입견으로 발달한다. 왜냐하면 악의 많은 부분은 사람들이 악의 현상을 수용하는 방식으로 인해 생겨나기 때문이다. 고통받는 사람의 내적 태도가 두려움에서 전투적인 것으로 변화되기만 한다면, 악은 매우 흔히 원기를 돋우고 힘이 나게 해주는 선으로 전환될 수도 있다. 매우 자주 악의 신랄함이 없어지고 감미로움으로 변할 때, 바로 그때 우리는 그것으로부터 도망가려는 헛된 노력을 중단하고 그것을 좋은 기분으로 감수하려고 한다. 그래서 어떤 사람은 단지 처음에는 자신의 평화를 교란시키는 것처럼 보이는 많은 사실들에 관하여 명예를 걸고 이렇게 도망가는 방법을 채택하려는 것이다. 그것들의 나쁜 점을 수용하기를 거부하라. 그것들의 힘을 경멸하라. 그것들의 존재를 무시하라. 여러분의 관심을 다른 쪽으로 돌려라. 그리하면 어떠한 경우라도 여러분 자신에 관한 한, 그 사실들이 여전히 존재한다 하더라도, 그것들의 사악한 특성은 더 이상 존재하지 않는다. 여러분이 여러분 자신의 생각으로 그것들을 악이나 선으로 만들기 때문에 여러분의 주된 관심사가 바로 여러분의 사고를 지배하는 것이다.

그러므로 마음의 낙관적 경향에 대한 신중한 채택은 그것을 철학 안으로 끌어들인다. 일단 철학 안으로 들어가면 그 합당한 경계를 추적하기가 어렵게 된다. 행복을 추구하는 인간의 본능은 그와 반대되는 것들을 무시함으로써 자기보호를 하는 경향이 있어 자기 쪽에만 유리하도록 계속 작용할 뿐만 아니라 보다 고차원의 내적 이상들로 하여금 그 점에 대해 중요한 것을 말하도록 부추긴다. 인간의 불행한 모습은 고통스러울 뿐만 아니라 비열하고 추하다. 어떤 외적 재난에 의해 그런 태도가 발생했다고 할지라도, 수척하고 애처롭고 우울한 기분보다 더 저열하고 무가치할 수 있는 것은 무엇이겠는가? 이런 태도보다 다른 사람들에게 무엇이 더 유해하겠는가? 그 난관을 헤쳐나오는 길로서 그런 태도보다 더 도움이 되지 않는 것이 무엇이 있겠는가? 그런 태도는 단지 그 어려움을 일으켰던 문제를 고착시키고 지속시킬 뿐이며 그 상황의 전체 악을 증가시킬 뿐이다.

그렇다면 우리는 그러한 기분의 흔들림을 감소시켜야 하고 우리 자신들과 다른 사람들 안에 있는 그런 태도를 내쫓아야 하며 결코 그것에 관용을 베풀어선 안 된다. 그러나 사물들의 객관적 영역에 있는 보다 밝은 면들을 열성적으로 부각시키고, 동시에 보다 어두운 면들을 최소화함이 없이 주관적 영역에서 이런 훈련을 수행하기란 불가능하다. 그래서 고통에 빠지지 않으려는 우리의 결의는, 우리 안에 있는 비교적 작은 점에서 시작하여, 그것이 그 필요성과 어울리기에 충분히 낙관적인, 하나의 조직적인 개념하에 실재의 전체적 틀을 가져올 때까지 중단하지 않아야 한다.

이 모든 것에서 나는 사물의 전체 틀이 절대적으로 선해야 한다는 신비적 통찰이나 확신에 관하여 말하고 있는 것이 결코 아니다. 그러한 신비적 확신은 종교적 의식의 역사에서 막대한 역할을 담당하고 있으므로 우리는 그 점에 대해서는 나중에 관심 있게 살펴보아야 할 것이다. 그러나 지금 거기까지 깊숙이 나아갈 필요는 없다. 황홀경을 불러내는 데 더욱 일상적이고 비신비적인 조건만으로도 나의 직접적인 주장을 위해 충분하다.

모든 공격적인 도덕적 상태와 격렬한 열정은 어떤 방향에 있는 악을 느끼지 못하도록 한다. 잦은 형벌도 애국자를 제지시키지 못하고, 신중한 행동이라도 판에 박히면 애인도 개의치 않게 된다. 열정이 최고조에 다다랐을 때 고통은 실제로 영광으로 승화될 수 있으며, 이상적 명분으로 고통을 받아들이면 죽음도 그 힘을 발휘할 수 없게 하므로 무덤조차도 정복할 수 있는 것이다. 이 상태에서 보통의 선과 악의 대비는 어떤 고차적 명칭, 즉 악을 삼켜버리는 전능한 흥분 속으로 흡수되는 것처럼 보인다. 인간은 그 흥분의 상태를 자신의 삶에 대한 최고의 경험으로 알고 환영한다. 그는 이것이 진정 사는 것이라고 말하므로 나도 그 영웅적 기회와 모험에 기쁨을 감추지 못한다.

그러므로 낙관주의적 성품을 하나의 종교적 태도로 짜임새 있게 가꾸는 일은 인간의 본성 안에 있는 중요한 흐름과 조화를 이루고 있으므로 결코 부조리하지 않다. 사실 우리 모두는 우리의 고백적 신학이 강력하게 그것을 중지시킬 때라도 그 성품을 다소간 계발시켜야 한다. 우리는 질병과 죽음으로부터 가급적 우리의 주의를 돌리려고 한다. 우리의 삶이 만들고 있는 살육이라든지 한없이 상스런 행동은 보이지 않게 쌓여만 가고, 어느 누구도 한마디 거론치 않는다. 그 결과 우리가 문학과 사회에서 공식적으로 인지하는 세계는 시적 허구이며, 실질적으로 존재하는 세계보다 훨씬 멋지고 깨끗하고 좋은 모습으로 나타나게 된다.[12]

과거 50년간 그리스도교에서, 이른바 자유주의의 진보는 옛 지옥불 신학이 조화롭게 관련을 맺었던 병적인 것에 대한 낙관주의적 성품의 승리라고 부를 수 있다. 요즈음 집회의 모든 설교자들은 우리의 죄의식을 확대하기보다는 오히려 그것을 축소시키는 일에 열을 올리는 것처럼 보인다. 그들은 영원한 벌을 무시하거나 심지어 부정하며 인간의 타락보다는 존엄성을 주장한다. 그들은 구시대적 그리스도 교도가 자신의 영혼구원에 계속 몰두하는 것을 칭찬받을 만한 것으로 이해하기보다는 구역질나고 비난받을 만한 것으로 이해한다. 우리의 선조들에게는 정말 이교도처럼 보였을 다혈질적이고 '힘찬' 태도는 그들의 눈에 그리스도교적 특성의 이상적 요소가 되어

---

12) "내가 이 삶을 하루하루 이어갈수록, 더욱 나는 당황해하는 어린애처럼 되어가고 있다. 나는 이 세상에서 자식을 낳고, 유전시키고, 보고, 듣는 일에 익숙해질 수 없다. 아무리 평범한 일이라도 무거운 짐이 된다. 깔끔하고 잘 문질러진 공손한 삶의 표면, 그리고 노골적이고 진탕 마시고 떠드는 열광적인 삶의 근거는 어떠한 방식으로도 나의 삶과는 조화를 이루어내지 못하는 광경을 만들어 낸다." R.L. Stevenson, *Letters*, ii. 355쪽.

왔다. 나는 그들이 옳은지 아닌지를 묻는 것이 아니다. 단지 그 변화를 지적할 뿐이다.

내가 언급한 사람들은 보다 비판적인 신학적 요소들을 포기했음에도 불구하고, 아직까지 대부분 그리스도교와 명목상 연결되어 있다. 그러나 지난 한 세기 동안 힘을 결집하여 오다가 지난 25년간 유럽과 미국을 급속히 휩쓸었던 '진화론'에서 우리는 새로운 종류의 자연종교(religion of Nature)에 대한 토대가 마련되었음을 본다. 이 새로운 종교는 우리 세대 가운데 대다수의 사고에서 그리스도교를 완전히 제거해왔다. 보편적 진화의 사상은 일반적인 개량주의와 발달주의를 낳았다. 그러한 개념은 낙관주의적 성품의 종교적 욕구에 너무 잘 맞기 때문에, 마치 그런 용도로 창조된 것처럼 보였을지도 모른다. 따라서 우리는 '진화론'이 수많은 우리 동시대인들에 의해 이렇게 낙관적으로 해석되고, 그것이 태어났던 종교의 대치물로 이용되고 있음을 본다. 이들은 과학적으로 교육받아왔거나 대중과학의 독서를 즐겨 온 사람들이므로, 귀에 거슬리고 불합리한 것으로 보이는 정통 그리스도교 체계에 대해 벌써 마음 속으로는 불만을 가지기 시작했다.

설명보다 훌륭한 실례로 나는 스타벅 교수의 설문지에 대한 응답을 인용하겠다. 그 응답자의 정신상태는 가히 하나의 종교라고 해도 될 것 같다. 왜냐하면 그것은 사물들의 전반적 성질에 대한 그의 반응이고, 조직적이고 사려 깊은 행동이며, 그를 어떤 내적 이상들에 충실하게 결부시키기 때문이다. 그는 감당할 수 없이 조잡하게 상처받은 영혼이지만, 나는 여러분이 그에게서 매우 익숙한 동시대의 유형을 인지하게 될 것이라고 생각한다.

질문 : 종교는 당신에게 무엇을 의미하는가?

대답 : 아무 의미도 없다. 그것은 내가 생각할 수 있는 한, 남들에게도 무용지물같이 보인다. 나는 67세이다. 50년간 10번가에서 살아왔고 45년간 사업을 하였다. 그 결과 나는 삶과 남자들, 그리고 몇몇 여자들에 관한 경험이 조금은 있다. 나는 가장 종교적이고 신앙심이 깊은 사람들은 보통 정직성과 도덕성이 결여되어 있다고 본다. 교회를 다니지 않거나,

또는 어떠한 종교적 확신이 없는 사람들이 제일 훌륭하다. 기도를 하고 찬송가를 부르고 설교를 하는 것은 해를 끼치는 행위이다. 우리는 마땅히 우리 자신만을 의지하면서 살아야 하는데도, 그런 행위들은 우리에게 어떤 초자연적 힘에 의존하는 법을 가르쳐준다. 나는 절대로 어떤 신을 믿지 않는다. 신에 대한 관념은 무지, 공포, 그리고 자연에 대한 지식의 결핍에서 생겨났다. 내가 나이에 비해 정신적으로 육체적으로 모두 건전한 조건에 있음에도 불구하고 지금 죽어야 한다면 나는 기꺼이, 정말로, 차라리 음악이나 스포츠 또는 기타 합리적 오락을 마음껏 즐기면서 죽겠다. 시계가 멈출 때 우리는 죽는다. 어느 경우든 불멸성은 존재하지 않는다.

질문 : 당신의 마음에 신, 하늘나라, 천사 등과 같은 낱말에 해당하는 것으로는 무엇이 떠오르는가?

대답 : 도대체 아무것도 떠오르지 않는다. 나는 종교가 없는 사람이다. 그런 낱말들은 신비적 냄새가 물씬 풍기는 허튼 소리를 뜻한다.

질문 : 당신은 신의 섭리가 명백하게 나타났다고 생각되는 경험을 해본 적이 있는가?

대답 : 전혀 없다. 그와 같은 경험을 하게 하는 신적인 작용은 없다. 과학적 법칙의 지식뿐 아니라, 작지만 분별력 있는 관찰은 이 사실에 대한 모든 것을 납득시켜줄 것이다.

질문 : 당신의 감정에 가장 강력하게 영향력을 행사하는 것은 어떤 것들인가?

대답 : 현장에서 부르는 노래와 생음악이다. 나는 오라토리오 대신에 소박한 음악(pinafore)을 더 좋아한다. 나는 스콧, 번스, 바이런, 롱펠로, 특히 셰익스피어 등을 즐기고, 노래 가운데에서는 미국 국가나 프랑스 국가와 모든 도덕적 영혼을 울리는 노래를 좋아하지만 김빠진 찬송가는 질색이다. 나는 자연, 특히 화창한 날씨를 매우 즐긴다. 몇 년이 지나지 않아 일요일마다 다니는 시골길에 익숙해져서 12마일을 피곤한 줄 모르고 걷고 자전거로 40~50마일을 달린다. 이제 자전거 타는 것도 그만두었다. 나는 교회에는 결코 나가지 않지만 유명한 강연이 있을 때는 그것을

지금까지 들으러 간다. 나의 사고와 생각의 전부는 건전하고 기분 좋은 종류의 것이었다. 왜냐하면 나는 의구심과 공포 대신에 사물을 있는 그대로 보고 나 자신을 환경에 맞추어 살려고 노력했기 때문이다. 나는 이 점을 가장 심오한 법칙이라고 생각한다. 인류는 진보적 동물이다. 나는 앞으로 1천 년 후에는 인류가 현재상태보다 훨씬 크게 진보해 있을 것이라고 생각한다.

질문 : 당신은 죄에 대해 어떤 개념을 가지고 있는가?

대답 : 내게 있어서 죄는 아직까지 충분하게 진척되지 않은 인간의 발달에 부수하는 하나의 조건이고 질병이라고 생각된다. 그것에 관한 고민은 병을 증가시킨다. 앞으로 100만 년 후가 되면 공정성, 정의, 그리고 정신적이고 육체적인 면에서 건전한 질서가 너무 안정되게 잘 조직되어 아무도 악이나 죄에 대한 개념을 갖지 않을 것이다.

질문 : 당신의 기질은 어떤가?

대답 : 성미가 급하고 능동적이며 정신적으로나 육체적으로 늘 깨어 있다. 자연이 우리에게 잠을 자도록 강요하는 것은 유감이다.

우리가 만약 상심하고 죄를 깊이 뉘우치는 마음을 찾고 있다면, 분명히 이 형제를 바라볼 필요가 없다. 유한한 것에 대한 그의 만족은 바닷가재 껍데기마냥 그를 감싸고 있으며, 그것은 무한한 것과 거리를 두고 있기 때문에 병적인 불평으로부터 그를 보호한다. 우리는 그에게서 대중과학에 의해 촉진될 수도 있는 낙관주의의 훌륭한 예를 본다.

나의 소견으로는, 자연과학으로부터 낙관주의적 성품 쪽으로 밀려오는 조류보다도 종교적으로 훨씬 더 중요하고 흥미를 돋우는 한 흐름이 최근 미국에서 범람하여 매일 힘을 더해가고 있는 것 같다. 나는 그것이 영국에서 어떤 기반을 쌓았는지는 모르지만, '마음치료운동'(Mind-cure movement)이라고 이름 붙이고자 한다. 이 '신사고'(New Thought)에는 그 명칭과 구분하여 사용하기 위해 다른 이름을 붙인, 다양한 분파가 있다. 그러나 그것들의 공통점은 너무 많아서 현재 이 강연의 목적상 그 차이점은 무시되어도 좋을 정도이다. 나는 양해 없이 그 운동을 단일한 것처럼 다루려고 한다.

이 운동은 사변적인 측면이든 실천적인 측면이든 간에 모두 의도적으로 낙관적인 삶의 체계이다. 지난 4반세기 동안 그것은 점진적으로 발전을 이룩하여 도움이 되는 많은 요소들을 축적해 왔다. 그래서 지금 그것은 순수한 종교적 힘으로 고려되어야 한다. 예를 들면, 이 운동은 그 문헌에 대한 수요가 급증하자 출판사들이 불성실한 자료라고 하더라도 기계적으로 생산하여 어느 정도까지 시장에 유통시키는 단계에 접어들었다고 하겠다. 나는 초기의 불안정한 시작단계를 잘 넘길 때까지는 어떻다고 말할 수 없는 어떤 종교현상처럼 이 운동이 그런 초기단계를 넘겨서 이제는 어떻다고 말할 수 있는 단계에 도달했다고 생각한다.

마음치료의 교리적 원천 가운데 하나는 4복음서이다. 다른 하나는 에머슨주의이고, 또 다른 하나는 뉴잉글랜드의 초절주의이며, 다른 하나는 버클리의 관념론이고, 또 하나는 '법칙'과 '진보' 그리고 '발전'의 메시지를 담은 강신술(spiritism)이며, 또 다른 하나의 교리의 원천은 내가 최근에 말한 바 있는 낙관적 대중과학 진화론이다. 마지막으로 힌두교도 하나의 원천으로서 기여해왔다. 그러나 마음치료운동의 가장 특징적인 점은 무엇보다도 직접적 영감에 토대를 두고 있다는 것이다. 이런 확고한 믿음을 가진 지도자들은 낙관주의적 성품의 태도에서 나오는, 모두를 구원해 줄 수 있는 힘, 즉 용기, 희망 그리고 신뢰로부터 나오는 정복적인 힘을 직관적으로 믿는다. 반면에 그들은 의구심, 공포, 근심, 그리고 신경적으로 위태한 모든 상태를 경멸한다.[13] 그들의 믿음은 일반적으로 그들의 제자들에 의한 실질적 경험으로 더욱 공고해졌다. 이 경험은 오늘날 양적인 면에서 위력적 집단을 형성한다.

장님들은 볼 수 있게 되었고, 절름발이들은 걸을 수 있게 되었고, 만성환자들은 건강을 회복하게 되었다. 도덕적 열매가 두드러지게 맺어졌다. 낙관주의적 성품이 지닌 자세를 신중히 채택하는 것이 그 성품을 결코 갖고 있지 않다고 생각되는 많은 사람들에게 가능하다는 것이 증명되어왔다. 성격의 쇄신이 광범위한 규모로 지속되어왔고, 수많은 가정에 활력이 되살아나게 되었다. 이것의 간접효과도 대단했다. 마음치료의 원리가 그 세력을 떨치기 시작하고 있기 때문에, 사람들은 간접적으로 그 정신을 감지하게 된다. 사람들은 '긴장이완의 복음'에 대하여, '걱정하지 말자 운동'에 대하여, 그리고 아침에 옷을 입을 때 그날의 좌우명으로 '젊음, 건강, 원기'라고 반복해서 되뇌이는 사람들에 대하여 듣는다. 날씨에 대한 불평은 많은 가정에서 금기시되고 있다. 또한 점점 더 많은 사람들은 불유쾌한 감정에 관해 말하거나 삶의 일상적 불편함과 고통을 부각시키는 일은 나쁜 관행이라는 것을 인식하고 있다.

여론에 대한 이러한 일반적인 강한 영향력은 더욱더 현저한 결과가 존재하지 않는다고 하더라도 바람직한 것일 수 있다. 그러나 후자가 너무 지배적이기 때문에 우리는 수많은 실패와 그 속에 혼합된 자기기만을 간과할 수 있으며(왜냐하면 모든 일에서 인간적 실패는 과정의 문제이기 때문이다), 수많은 마음치료 문헌의 장황한 말들을 흘려넘길 수 있는 것이다. 그 가운데 어떤 책들은 낙관주의에 너무 심취하여 모호하게 표현되었기 때문에 학구적으로 훈련된 지성인들은 그것을 읽어낸다는 것이 거의 불가능에 가깝다는 것을 발견한다.

그 운동의 확산이 실용적 결실에 기인해왔다는 것은 명백하다. 미국인들의 지나치게 실용적인 기질은, 삶의 체계적 철학에 대한 그들 최초의 결정적 기여는 구체적 치료법과 매우 잘 조화되어야 한다는 사실을 통해 가장 잘 입증되어왔다. 반대의견과 항의가 좀 있긴 하지만 미국의 의료계 및 성직계는 마음치료의 중요성에 눈을 뜨기 시작하고 있다. 앞으로 그것은 명백

---

13) '어린이를 위한 교훈시' : 이 제목은 19세기 초에 출간되어 많이 애송된 시로서 영국의 복음적인 프로테스탄티즘의 시적 영감이 위험스러운 관념에 고착되어서 마침내 본래의 복음의 자유에서 어디까지 떨어져 나갔던가를 잘 보여주고 있다. 마음치료는 간단히 말해서 만성적 불안의 모든 종교에 대한 반동으로 부를 수 있을 것이다. 이런 불안은 금세기 초반부에 미국과 영국의 복음적 집단에 뚜렷한 흔적을 남겨놓았다.

히 사변적이든 실천적이든 모두 다 더욱더 발전해야 하며, 최근의 저술가들은 그 그룹 가운데 단연 가장 유능한 사람들이다.14) 기도를 할 수 없는 사람들이 많듯이 마음치료사의 견해에 의해 어떤 영향도 받을 수 없는 사람들도 마찬가지로 많다는 것은 문제될 것이 없다. 우리의 당면목적으로 중요한 점은, 많은 영향을 받을 수 있는 사람들도 상당수가 존재한다는 것이다. 그들은 관심을 가지고 연구되어야 할 정신적 유형을 형성한다.15)

---

14) 호라시오 드레서(Mr. Horatio W. Dresser)와 헨리 우드(Mr. Henry Wood) 중에서, 특히 앞의 사람을 가리킨다. 드레서의 저작들은 런던과 뉴욕의 G.P. Putnam's Sons 사에서 출간되었고 우드 씨의 것은 보스톤의 Lee & Sheperd 출판사에서 나왔다.
15) 나 자신의 진술이 의심을 받지 않도록 또 하나의 보고자인 클라크 대학의 고더드(H. H. Goddard) 박사를 인용하겠다. 그의 논문 「신앙요법이 증거하는, 정신이 육체에 미치는 효과」가 1899년 미국 심리학회지(제10권)에 발표되었다. 그는 광범위한 사실검토 작업 후에, 마음치료의 치료효과를 입증하고 지금 의학계에서 공식적으로 인정하는 암시요법과 어느 면에서도 다를 바가 없다는 결론을 내리고 있다. 그의 논문 말미에는 암시적인 관념이 작용하는 방법에 대한 흥미 있는 생리학적 가설을 수록하고 있다(재판본, 67쪽). 마음치료 자체의 일반적 현상에 관해서는 다음과 같이 적고 있다. "치료보고서에 대하여 우리가 가했던 신랄한 비판에도 불구하고, 정신이 질병에 미치는 강력한 영향을 증명하는 방대한 양의 자료가 여전히 남아 있다. 많은 사례는 미국 내 최고의 의료진이 검진하고 치료해온 질병들에 관한 것이거나, 또는 유명한 병원에서 시술하였으나 성공하지 못했던 병들에 관한 것이다. 교양 있고 교육받은 사람들이 이 방법에 의하여 치료를 받고 만족한 결과를 얻은 바 있다. 만성질환들은 개선되었고 심지어 완치까지도 가능했다. ……우리는 원시적인 치유법, 오늘날의 민간치유법, 인가된 약물요법 및 주술요법 등을 관통하고 있는 정신적 요소를 추적해갔다. 우리는 그러한 방법들이 치료효과가 없었다면 그것들의 실체를 설명하는 것 자체가 불가능하지만 그러한 방법들로 병을 고쳤다면 효험이 있는 정신적 요소가 분명히 있었을 것이라고 확신하게 되었다. 똑같은 주장이 마음치료법(Mental therapeutics)을 가르치는 현대적 학교, 이를테면 신직 치유와 크리스천 사이언스에 적용된다. 이 모든 것이 망상이라면, 정신과학자들(Mental Scientists)로 잘 알려진 단체를 구성하는 지적 집단의 사람들이 계속 존재해야 한다는 것은 상상도 할 수 없는 일이다. 그것은 하루아침에 이루어지는 일이 아니다. 또한 몇 사람에게 국한되는 것도 아니다. 그것은 국지적인 것이 아니다. 사실 많은 실패가 기록되고 있지만, 그것은 논거를 더해갈 뿐이다.

이제 바짝 근접한 거리에서 그들의 신조를 들여다볼 시간이 되었다. 그것이 기대고 있는 근본적인 기둥은 다름 아닌 모든 종교적 경험의 일반적 기초, 즉 인간은 이중적 본성을 지니고 있다는 사실에 놓여 있다. 그리고 그것은 사고의 두 가지 영역, 즉 얕은 영역과 깊은 영역이 연결되어 있으므로 인간은 그 두 가지 사고 가운데 하나에 의해 더욱 습관적으로 사는 것을 배운다고 말한다. 그러나 그리스도교 신학이 언제나 **완고함**을 인간본성의 본질적 악으로 간주하는 반면에, 마음치료사들은 본성 안에 있는 짐승 같은 표시는 바로 **공포**라고 말한다. 그리고 이것은 그들의 신념에 완전히 새로운 종교적 성향을 더해주는 것이다.

이러한 학파에 속하는 한 작가의 다음과 같은 말을 인용해보자.

공포는 진화의 과정에서 유용성을 발휘해왔으며, 대부분의 동물들에게서 발견되는 경계심(forethought)의 전부를 이루는 듯하다. 그러나 그것이 인간의 문명화된 삶에서 정신적 능력의 한 부분으로 남아 있어야 한다는 것은 불합리하다. 나는 경계심의 공포 요소가, 의무와 애정이 자연적 동기가 되는 더욱 문명화된 사람들을 자극하기보다는 오히려 약화시키고 억제시킨다는 것을 발견했다. 공포가 불필요해지자마자 공포는 적극적으로 억제되어야 하고, 마치 죽은 살점이 살아 있는 조직으로부터 떨어져 나가듯이 완전히 제거되어야 한다. 공포의 분석과 그것의 표현에 대한 비난을

많은, 그리고 그 실패를 대적할 괄목할 만한 성공이 있어야 한다. 그렇지 않으면 그 실패는 망상으로 끝나고 말 것이다. 크리스천 사이언스, 종교적 치유법 또는 정신과학은 사물의 바로 그 속성상 모든 질병을 다 고치지 못하며 결코 고칠 수도 없다. 그럼에도 가장 광범위한 정신과학의 일반원리들에 대한 실질적인 적용은 질병을 예방하는 경향이 있을 것이다. ……우리는 정신자세를 적절히 개혁하면, 보통 의사들이 손댈 수 없는 병을 많은 환자들에게서 덜어줄 것이고, 심지어 절대적 치유가 불가능한 많은 피해자들에게 다가오는 죽음을 지체시켜줄 것이며, 보다 진실한 삶의 철학을 충실히 지키면 많은 이들에게 건강을 주고 의사에게는 예방이 어려운 병들을 완화시키는 데 필요한 여유를 줄 것이다"(재판본, 33, 34쪽).

거들기 위해 나는 경계심의 무익한 측면을 나타내주는 '염려'(fearthought) 란 단어를 만들었다. 그리고 '걱정'이란 단어를 경계심과 대조되는 염려로 정의하였다. 또한 염려를 열등성의 자기부가적이거나 자기허용적인 암시로 정의했는데, 이는 해롭고 불필요하고 따라서 과히 좋지 못한 것들의 범주 안에서 제자리를 찾아주기 위해서이다.[16]

널리 알려진, '염려'가 만들어낸 '궁상떠는 습성', '순교자인 척하는 습성'은 마음치료 작가들로부터 신랄한 비판을 듣는다.

태어나서 습득하는 생활습관에 대해 잠시만 생각해보라. 어떤 사회관습과 풍습과 마땅히 따라야 하는 요구사항들이 있고, 신학적 편견, 세상에 대한 일반적 시각이 있다. 우리의 삶에서 어릴 적의 훈련, 교육, 결혼, 직업에 관한 보수적 견해가 있다. 이런 것들을 좀더 자세히 살펴보면 일련의 병적 증상들이 있는데, 말하자면 우리는 어린 아이의 질병, 장년기의 질병, 노년기의 병을 앓게 되리라는 것이다. 우리는 늙어갈 것이고, 능력이 없어질 것이고, 다시 어린 아이처럼 될 것이라는 생각이 있다.

최고의 영광 속에 있는 사람이라고 할지라도 모두 죽음에 대한 공포가 있다. 길게 늘어진 특정한 공포들과 근심에 찬 일들, 예를 들면 음식에 관한 어떤 기사와 연관된 생각들, 동풍(東風)에 대한 불안, 더위에 대한 두려움, 추위와 연관된 아픔과 고통, 바람이 새어 들어오는 곳에 앉으면 감기가 들지나 않을까 하는 걱정, 8월 14일의 한낮에 일어나는 건조열의 도래 등등이 있다. 우리의 동료와 특히 의사들은 우리들로 하여금 공포, 두려움, 걱정, 근심, 예상, 기대, 비관, 병적인 우울, 그리고 전체가 유령과 같이 운명적인 양상들, 즉 브레들리의 음침한 무도회에 참석한 핏기없는 것들을 생각나게 해준다.

---

16) Horace Fletcher, *Happiness as found in Forethought minus Fearthought*, Menticulture Series, ii. Chicago and New York, Stone, 1897, 21~25쪽(축약됨).

그러나 이것이 전부는 아니다. 이 광대한 대열도 일상적인 삶에서 셀 수 없는 지원자들에 의해 급증한다. 사고에 대한 공포, 재난의 가능성, 재산의 상실, 도둑맞을 가능성, 화재가 날 가능성, 전쟁이 발발할 가능성이 있다. 이것으로 우리의 두려움이 끝나는 것은 아니다. 친구가 병에 걸렸을 때 우리는 즉시 최악의 경우를 두려워하고 죽음을 예상해볼 것이다. 만약 어떤 이가 슬픈 일을 당하면……연민이 깃들게 되고 괴로움이 증가한다.17)

또 다른 작가의 다음과 같은 말을 인용해보자.

사람은 가끔 외부세계에 발을 들여놓기 전에, 자신에게 인상지워진 두려움을 느낀다. 두려움 속에서 성장하고, 그의 모든 삶은 병과 죽음에 대한 두려움에 얽매여 있는 채로 전개되었으므로 그의 모든 정신상태는 제 기능을 발휘하지 못하게 되고, 제한되고, 억눌린다. 그의 육체도 움츠러든 모습을 상세히 보여준다. 이런 끝없는 악몽의 지배 아래 살아온 우리의 선조들 가운데 섬세하고 민감한 수백만의 영혼들을 생각해보라! 심신의 상태가 온전한 것이 놀랍지 않은가? 우리가 의식하지 못한다 하더라도, 끊임없이 쏟아붓는 무한한 신의 사랑과 풍만함 그리고 생명력만이 이러한 병으로 물든 바다를 어느 정도 중화시킬 수 있다.18)

마음치료의 신봉자들이 자주 그리스도교적 용어를 사용할지라도, 사람들은 이와 같은 인용들로부터 인간타락에 대한 그들의 관념이 일반적 그리스도교도들의 관념과 얼마나 큰 차이가 나는지 알 수 있다.19)

---

17) H.W. Dresser, *Voice of Freedom*, New York, 1899, 38쪽.
18) Henry Wood, *Ideal Suggestion through Mental Photography*, Boston, 1899, 54쪽.
19) 이 점이 그리스도 자신의 견해와 매우 다른지의 여부는 주석학자들이 결정할 문제다. 하르낙(Harnack)에 따르면, 예수는 우리의 마음치료사들이 느끼는 것처럼 악과 병에 대해 느꼈다. 하르낙은 "예수가 세례 요한에게 보낸 답장들은 무엇일까?"라고 물은 다음 이렇게 말한다. "'장님이 보고, 절름발이가 걷고, 문

인간의 고차적 본성에 대한 그들의 관념은 결정적으로 범신론적이므로 정통적 관념에서 덜 벗어났다고 할 수 없다. 인간에게 영적인 것이 마음치료 철학에서는 부분적으로는 의식적이지만, 주로 잠재의식적으로 나타난다. 은총을 통해 이루어진 모든 기적이나, 새로운 내적 인간을 갑작스럽게 창조하는 것 없이 우리는 잠재의식을 통해 벌써 신과 하나가 된다. 이런 관점이 서로 다른 작가들에 의해 다양하게 표현될 때, 우리는 그 속에서 그리스도교 신비주의, 초월적 이상주의, 베단타 철학, 그리고 현대의 잠재의식적 자아심리학의 자취를 발견한다. 다음의 한두 가지 인용은 우리를 중심적 관점에 도달하게 할 것이다.

우주의 가장 중심적인 사실은 모든 것의 배후에 있는 무한한 생명과 힘을 지닌 영(spirit)인데, 이것은 모든 것 안에서 그리고 모든 것을 통해서 스스로를 드러낸다. 모든 것의 배후에 있는, 무한한 생명과 힘을 지닌 이 영을 나는 신이라고 부른다. 우리가 가장 중심적인 사실 자체에 관해 의견이 일치하는 한, 당신이 그 영을 은혜로운 빛 또는 섭리, 최고의 혼, 전능자, 또는 가장 적절한 어떤 용어를 선택해서 사용하든 나는 개의치

둥병자가 깨끗해지고, 귀머거리가 듣고, 죽은 자가 일어서고, 복음이 가난한 이들에게 퍼진다.' 그것은 '신의 왕국의 도래'이며 이 구원의 사업에서 왕국은 이미 존재한다. 이런 실질적 효과들인 불행과 궁핍과 병을 이기고 몰아냄으로써 요한은 새로운 시대가 찾아온 것을 목격할 것이다. 악마를 추방해버리는 것은 이 구원사업의 일부일 뿐이다. 그러나 예수는 그것을 그의 임무의 의미와 표징으로서 지적한다. 그래서 곤궁하고 병들고 가난한 자들에게 그는 도덕가로서가 아니고, 또한 감상적인 태도를 취하지도 않았다. 그는 결코 사악한 집단이나 기관들을 형성하지 않는다. 그는 병든 자가 치료받을 '자격'이 있는지 묻지 않는다. 고통받는 자와 죽은 자를 동정하지도 않는다. 그는 병이 유익하게 과해졌다거나, 악이 유용하게 사용된다고 말하지 않는다. 결코 그렇게 하지 않는다. 그는 병자를 병자라 부르고, 건강한 이를 건강한 이라 부른다. 모든 악, 모든 비참함은 그에게는 두려운 어떤 것이다. 이것은 사탄의 거대한 왕국이다. 그러나 그는 그의 내부에서 구세주로서의 힘을 느낀다. 그는 나약함이 극복되고 병이 고쳐질 때 진보가 가능하다는 것을 안다." *Das Wesen des Christenthums*, 1900, 39쪽.

않는다. 신은 우주를 홀로 채우기에, 모든 것은 그로부터 왔고 그로 말미암은 것이며, 그 바깥쪽에는 아무것도 존재하지 않는다. 그는 우리 삶의 생명이므로 우리의 삶 바로 그 자체이다. 우리는 신의 생명을 함께 나누는 자들이다. 신은 우리를 포함해 그 밖의 모든 것들을 포함하는 무한한 영이라는 점에서 개체화된 영들인 우리와는 차이가 있다. 그러나 본질적으로 신의 생명과 인간의 생명은 확실히 똑같다. 그래서 하나인 것이다. 그것들은 특성이나 본질에서 다른 것이 아니다. 정도에서 차이가 날 뿐이다.

인간의 삶에서 가장 중심적인 사실은 우리가 이 무한한 생명과 하나됨을 의식적이고 역동적으로 실현하여 이런 신적 생명의 흐름에 우리 자신을 완전히 열어놓는 것이다. 이 단계에서만이 우리는 무한한 생명과 하나됨을 실현하여 이런 신적 흐름에 우리 자신을 열어놓는다. 그렇게 함으로써 우리는 우리 자신 안에서 무한한 생명의 특질과 힘을 실현시켜 우리 자신을 무한한 지성과 힘이 통과할 수 있는 통로로 만든다. 이 단계에서만이 무한한 영과 당신의 하나됨을 실현시킬 것이다. 이 단계에서 당신은 불안에서 편안으로, 부조화에서 조화로, 심신의 고난과 고통에서 건강과 힘의 넘침으로 변화될 것이다. 우리 자신의 신성과 우주의 친밀한 관계를 깨닫는다는 것은 우리라는 기계의 벨트를 우주라는 발전소에 거는 것이다. 어떤 이도 지옥을 택하거나 지옥에 남아 있을 필요가 없다. 우리는 우리 자신이 택한 천국으로 올라갈 수 있으며, 우리가 오르려고 선택했을 때 우주의 모든 고결한 힘들은 우리가 천국을 향해 나아가도록 돕기 위해 모아질 것이다.[20]

이제 보다 추상적인 진술로부터 마음치료에서 종교를 통해 일어났던 더

---

20) R.W. Trine, *In Tune with the Infinite*, 26th thousand, N.Y., 1899. 위의 인용문은 흩어져 있는 것들을 한데 모든 것이다.

욱 구체적인 경험담으로 옮겨가고자 한다. 나는 편지로 질문했던 사람들로부터 받은 많은 답변이 있어서, 어떤 어려움이 있다면 선택하는 문제일 뿐이다. 내가 인용할 두 가지 것은 나의 친한 친구의 경험담이다. 하나는 여성의 것인데 아래의 글에서 그녀는 모든 마음치료의 신봉자들이 영감받은 무한한 힘과 밀접하게 연결된 느낌을 잘 표현하고 있다.

모든 병과 허약함과 우울의 첫번째 근본적 원인은 우리가 신이라고 부르는 신성한 에너지로부터 인간이 분리되어 있다는 느낌이다. 영혼은 고요함 속에서, 그러나 즐거운 확신 속에서, 나사렛의 예수가 그러했던 것처럼 다음과 같은 것을 느끼고 확신할 수 있다. "나와 나의 아버지는 하나이다." 치료사나 치료는 더 이상 필요가 없다. 이것은 간단히 말해 완전한 진리이다. 완전함을 위한 또 다른 근거를, 인간은 완벽한 신과의 결합이라는 상태보다 더 적당한 곳에 둘 수 없다. 그의 두 발이 이 반석에 뿌리내리는 한, 질병은 침범할 수 없다. 그는 수시로, 순간적으로 신의 숨결의 흐름을 느낀다. 만약 어떤 이가 전능함을 가진다면 어떻게 피로가 의식에 들어올 수 있으며, 어떻게 병이 불굴의 생기를 침범할 수 있겠는가?

피로를 영원히 제거할 수 있는 이러한 가능성은 나의 경험으로도 충분히 증명해왔다. 나는 유년 시절에 척추와 양쪽 다리의 마비로 오랜 세월 동안 병상에 누워 있던, 병약했던 때가 있었다. 그때 나는 비록 병의 필연성에 대한 믿음이 강했고 계몽되지는 않았지만, 지금과 마찬가지로 불순하지 않았다. 그러나 육신이 건강해진 후로 나는 치료사로서 14년 동안 휴가 한 번 없이 계속 일해왔다. 나는 진실로 단언하건대, 온갖 종류의 질환, 병, 그리고 극도로 허약한 이들과 끊임없이 접촉했지만 피로나 고통을 느끼지 못했다. 어찌 신에 대한 의식의 일부분이 변할 수 있겠는가? 우리를 적대하는 모든 것보다 우리와 **함께** 있는 그는 더욱 위대한 것이다.

두번째 응답 역시 여성의 것으로 아래와 같은 진술을 보내왔다.

한때는 삶이 힘들게만 보였다. 나는 항상 건강하지 못했다. 정신이상에 가까운, 지독한 불면증상이 나타나는 신경쇠약으로 몇 차례 시달렸다. 게다가 다른 문제들도 많았는데 특히 소화기관에 이상이 있었다. 나는 의사의 지시로 집을 떠나 진정제를 복용하고 일을 쉬고 영양식을 하였으며, 사실 가까운 곳에 있는 모든 의사들을 잘 알고 있었다. 그러나 이 신(新)사고에 몰입되기 전까지는 완전히 회복되지 못하였다.

내 생각에, 나에게 가장 인상 깊었던 것은 이런 사실을 알았다는 것이다. 우리는 모든 것에 스며들어 있는, 그리고 우리가 신이라 부르는 삶의 그런 본질과 절대적으로 끊임없는 관계나 정신적인 접촉(이 말은 나에게 대단한 의미가 있다)을 가져야만 한다는 것이다. 우리가 만약 그 가장 깊숙한 내면에 계속 의지함으로써 **실질적으로** 우리 자신의 삶을 살지 않는다면 이것을 거의 인식할 수 없다. 마치 우리가 밖에서 나오는 빛, 따스함, 그리고 상쾌함을 받기 위해 태양에 의지해야 하는 것처럼, 우리는 내면으로부터 나오는 빛을 얻기 위해 내면 가장 깊숙한 곳, 즉 우리의 진정한 자아, 또는 우리 속에 있는 신에 대한 가장 심층적인 의식을 끊임없이 성찰해야 한다. 당신이 자기 내면의 빛으로 향한다는 것은 신의 현존 또는 당신의 신성한 자아 속에서 사는 것임을 깨닫고서 의식적으로 이런 일을 수행한다면, 당신은 지금까지 의지하였던 대상들 그리고 외부에서 당신의 마음을 빼앗은 대상들의 비실재성을 발견할 것이다.

나는 이제까지 육체적인 건강 그 **자체**에 대한 이런 태도의 의미를 무시해왔다. 왜냐하면 육체의 건강은 우연한 결과이므로 어떤 특정한 정신적 작용, 혹은 위에서 언급한 일반적 마음의 태도를 넘어서서 그것을 갖기 위한 욕망에 의해 이루어질 수 없다는 것을 믿어왔기 때문이다. 우리는 모두가 그토록 무모하게 추구하고 있는 세상의 일들, 즉 우리가 주로 삶의 목표로 세운 것들을 위해 그토록 자주 목숨을 걸었지만, 그것들은 결과적으로 우리에게 평화나 행복을 주지 않았다. 그것들은 모두 액세서리이며, 영의 한복판에 깊숙이 침잠되어 있는 훨씬 고상한 삶의 자연적인 단순한 결과에 불과하다. 이 삶은 신의 왕국에 대한 진실한 구도, 즉 우리의 가슴에서 나오는, 그의 지상권을 향한 열망이다. 그래서 모든 다른 것들은 당신에게 '부가되어 있는 것'으로 나타난다. 그것은 매우 일시적이고 아마도 우리에게 놀라운 것이 되리라. 그러나 이것은 우리 존재의 중심에 있는 완벽한 균형의 실재를 입증하는 것이다.

우리는 일반적으로 최우선적으로 하지 말아야 할 것을 삶의 목표로 세운다고 말했을 때, 그것은 세상이 칭찬할 정도로 뛰어나다고 생각되는 사업에서의 성공, 작가 또는 예술가로서의 명성, 의사, 변호사, 사회사업을 통한 명망 같은 많은 것을 의미한다. 이와 같은 것들은 결과이지 목표는 아니다. 나는 또한 해롭지 않고 좋아 보이는 많은 종류의 즐거움을 포함하려고 하는데, 이러한 것들은 많은 이들이 수용하고 추구하는 것이다. 즉, 비실제적이고 쓸모없는 것들이라고 할지라도 일반대중들에게 대개 인정받고 있어 다양하게 발전해온 관례, 사교성과 유행을 의미하는 것이다.

다음으로 한 여성의 더욱 구체적인 사례가 있다. 나는 논평 없이 이 내용을 여러분들에게 읽어주겠다. 이것은 우리가 살펴보고 있는 마음상태의 다양성을 보여준다.

나는 유년기 때부터 40세가 될 때까지 병자였다(병에 대한 자세한 사항은 생략했다). 나는 바람을 쐬면 좋아질까 하는 희망에 여러 달 버몬트에 머물렀다. 그러나 여전히 여위어만 갔다. 그러던 10월 말의 어느 날 오후 갑자기 이런 말이 들렸다. "넌 치료될 것이고, 네가 꿈도 꾸지 못했던 일을 하게 될 것이다." 이 말은 신만이 할 수 있을 것이라고 내가 즉각적으로 말할 수 있을 정도로 내 마음에 큰 감명을 주었다. 나는 크리스마스 때 보스턴으로 돌아왔는데, 그때까지도 나 자신의 고통과 허약에도 불구하고 그 말을 믿었다.

이틀이 지났을 때 젊은 친구가 마음치료사에게 가볼 것을 제안했다(이 때가 1881년 1월 7일이었다). 그 치료사는 다음과 같이 말하였다. "오직 마음밖에 없다. 우리는 그 한마음(one mind)의 표현들이다. 육신은 단지 죽게 마련인 신념일 뿐이다. 사람은 생각하는 대로 그렇게 된다." 그녀가 말한 모든 것을 받아들일 수는 없었지만, 나는 나에게 일어났던 모든 일을 이런 식으로 해석하였다. "오직 신밖에는 없다. 나는 그에 의해 만들어졌고 전적으로 그에게 의지한다. 마음은 사용되기 위해 주어졌다. 나는 옳은 행동에 대한 생각을 친히 실천에 옮기는 만큼 나를 묶고 있는 무지와 공포, 그리고 과거의 경험의 속박에서 풀려날 것이다."

그래서 가족들을 위해 차려진 모든 음식을 조금씩 먹기 시작한 그날, 나는 자신에게 끊임없이 말했다. "위장을 창조한 그 힘은 내가 먹은 음식을 소화시켜줄 것이다." 나는 저녁 내내 이런 생각을 하다 잠자리로 들어가 잠이 들었다. "나는 영혼이고 영이고 신이 주관하는 한 사람이다"라고 말하며 몇 년 만에 처음으로 중간에 깨지 않고 깊은 잠을 이룰 수 있었다(불안한 시기에는 주로 밤 2시경에 깨어나곤 했다). 다음날 나는 탈출한 죄수 같았으며, 나에게 완벽한 건강을 준 비밀을 발견했다고 믿었다. 열흘 안에 다른 이들이 먹는 어떤 음식도 먹을 수 있게 되었으며, 2주가 지난 후에는 나에게 발판과도 같은 진리에 대해 적극적이고 정신적인 암시를 할 수 있게 되었다. 그 가운데 몇 가지를 적어보겠다. 그것들은 2주 정도의 간격을 두고서 생각난 것이다.

첫째, 나는 영혼이다. 따라서 모든 것은 나와 잘 조화된다.

둘째, 나는 영혼이다. 따라서 나는 건강하다.

셋째, 나 자신에 대한 일종의 내면적 환영은 얼굴을 포함해서 내가 고통받았던 신체의 모든 부위에 혹이 나 있는 네 발 달린 어떤 짐승의 모습을 보여주었다. 그리고 그것은 그 모습이 바로 나 자신이라고 내가 인정하기를 바랐다. 나는 단호히 건강한 모습에 집중하였으므로, 이런 형태의 내 과거의 자아를 보는 것조차도 거부했다.

넷째, 다시 희미한 소리를 내는 짐승의 환영이 멀리 뒤에서 보인다. 인정하길 다시 거부하였다.

다섯째, 다시 환영이 나타나면 오직 눈으로만 깊이 응시하고 거부했다.

나는 완벽하게 건강하고, 내가 영혼이므로 항상 신의 완전한 생각에 대한 표현이 되어왔다는 확신과 내면의식이 생겼다. 그것은 나에게 있어서 옛날의 나와 내 모습 사이에 완벽하고 완전한 분리를 뜻했다. 나는 이러한 진실을 끊임없이 확신하였으므로 내 진정한 존재를 보는 시각을 놓치지 않는 데 성공했다. 점진적으로(그 상태에 도달하기 위해 2년간의 힘든 노력이 있었지만) 나는 계속해서 온몸으로 건강을 표현했다.

그 뒤 19년 동안의 경험에서 가끔 이 진리를 적용하는 데 실패한 적도 있었지만, 일단 적용이 되기만 하면 이 진리가 실패한 경우는 없었다. 그러나 나는 그 실패를 통해 어린 아이의 믿음과 순진함을 배웠다.

너무 많은 사례들로 여러분을 피곤하게 한 것은 아닌지 두렵다. 그래서 다시 여러분을 철학적 일반론으로 인도하겠다. 여러분은 이와 같은 경험의 기록들을 통해 마음치료를 근본적으로 하나의 종교운동으로 분류하지 않는다는 것은 불가능함을 이미 보았을 것이다. 우리의 삶과 신의 삶이 일체가 된다는 원리는, 바로 이러한 기포드 강연에서 가장 유능한 스코틀랜드의 종교적 철학자들이 지지해온 그리스도의 메시지에 대한 해석과 사실상 구분이 되지 않는다.[21]

---

21) 예를 들면 에드워드 케어드(Edward Caird)가 행한 강연들이다. 케어드가 1890~1892년까지 행한 글래스고 강연(Glasgow Lectures)을 보면 이와 같은 구절이 풍부하게 나타난다. "예수 사역의 초창기에 '때가 찼으므로 천국이 임박해 있다'라고 한 선언은 '신의 왕국은 너희 중에 있다'라는 선언으로 변하였다. 이 선언이 중요한 점은 이렇게 단언되어 그들은 분리 이전의 영역에 살았던 위대한 성인들이면서 선지자들과 '천국에서 가장 작은 자' 사이를 이른바 종류면에서 구분시켜놓은 것이다. 최고 높은 이상이 인간에게 가까워졌고, 그들의 범위 안에 있으라고 선언되었다. 그들은 '하늘에 계신 그들의 아버지가 완벽한 것처럼 완벽'하라고 요구된다. 이스라엘의 신앙심이 돈독한 자들에게 신으로부터의 거리감과 소외감이 깊어만 갔는데, 그들이 신을 단순한 민족적 신이 아니라 에돔(Edom)과 모아브(Moab)에서 지었던 확실한 죄 때문에 이스

그러나 철학자들은 악의 존재에 대해 유사논리적 설명을 하고 있는 반면에, 내가 알고 있는 한 마음치료사들은 세상에서의 악에 대한 일반적 사실, 즉 이기적이고, 고통받고 있고, 겁이 많은 유한한 의식에 대해 어떤 사색적 설명도 확실하게 하지 않는다. 마치 모든 사람에게 존재하는 것처럼 악은 경험적으로 그들에게 존재한다. 그러나 실제적 관점이 지배력을 갖게 되어 악을 '신비' 또는 '문제'라고 걱정하는 데 시간을 소비하거나, 복음주의자들의 방식을 따라 그것의 경험에 대한 교훈을 '가슴에 새기는 것'에 시간을 허비하는 것은 그들의 정신체계와는 맞지 않을 것이다. 단테가 말했듯이, 이것을 추론하지 말고 그냥 힐끗 보고 넘겨버리라! 그것은 무명(Avidhya), 즉 무지이다!

미국의 에디(Eddy) 부인이 창립한 크리스천 사이언스는 악을 다루는 데서 마음치료의 가장 급진적인 분파이다. 거기서 악은 단순한 거짓말이기에 이것을 말하는 사람은 누구든지 거짓말쟁이이다. 의무에 대한 낙관적 이상은 우리가 악에 대해 숨김 없는 관심을 기울이는 것조차 금한다. 물론 우리의 다음 강연에서 보여줄 것인데, 이것은 잘못된 추론이다. 그러나 이것은 우리가 조사하는 체계의 실제적 장점들과 밀접하게 연결되어 있다. 마음치료사는 우리에게 "만약 내가 여러분으로 하여금 선한 삶을 가지도록 할 수 있다면 왜 여러분은 악에 대한 철학을 아쉬워하는가?"라고 묻는다.

결국 삶만이 말해줄 것이다. 마음치료는 정신적 위생학의 살아 있는 체

라엘을 징벌할 정의의 신이라고 깨닫는 만큼, 이스라엘의 신앙심이 돈독한 사람들에게 생겨났던 신으로부터의 멀고 소외받은 느낌은 이제 더 이상 일어나지 않을 것이라고 선언되었다. '하늘에서 이루어진 것처럼 땅에서도 이루어지이다'라는 그리스도인의 전형적인 기도형태는 이 세상과 모든 유대인의 역사를 통해 끊임없이 넓혀간 다음 세상과의 사이에 존재하는 대조를 없앴다. 신으로부터 분리되었다는 느낌은 무한자로부터 유한자의 분리로서, 전능한 선에서 약하고 죄 많은 이의 분리로서 사라지지 않았다. 그러나 그 느낌은 더 이상 일치감의 의식을 압도할 수는 없다. '아들', '아버지'라는 용어는 반대를 말해주어 한계점을 나타내준다. 그것은 절대적 반대가 아니라, 화해의 원리가 되어야 하고 그럴 수 있다는 불멸의 원리를 보여준다." *The Evolution of Religion*, ii. 146, 147쪽.

계를 발전시켰다. 이것은 영혼의식 요법(Diätetik der Seele) 이전의 모든 문헌을 퇴색시켰다고 주장한다. 이 체계는 전적으로 그리고 배타적으로 낙관주의로 꽉 채워져 있다. "비관주의는 허약함으로 이어진다. 낙관주의는 힘으로 이어진다." 가장 활발한 활동을 벌이는 마음치료 작가 가운데 한 사람이 그의 책장마다 밑부분에 굵은 글씨로 적어놓은 것처럼 "사고가 재산이다". 여러분이 만일 건강, 젊음, 활력, 성공에 대해 생각한다면, 이것을 알기 전에 이것들은 또한 여러분의 외양적 부분들이 될 것이다. 어떤 사람도 끈기 있게 추구한 낙관적 사고가 갱생시켜주는 영향력을 발휘하지 못하게 할 수 없다. 모든 사람들은 신으로 향한 이 파기할 수 없는 출구를 가지고 있다. 대조적으로 공포와 위축되고 이기적인 모든 사고방식은 파멸로 향한 출구이다. 여기에 대부분의 마음치료사들은 사고는 '힘'이라는 교리를, 그리고 동류끼리는 서로 끌린다는 법칙에 따라 한 사람의 사고는 세상에 널리 존재하는 같은 성격의 모든 사고를 협력자로서 끌어들인다는 교리를 이끈다. 그러므로 사람들은 무엇을 사고하느냐에 따라서, 자신의 욕망을 실현하려고 다른 곳에서부터 원조를 받는다. 삶을 경영하는 데서 가장 중요한 것은 하늘의 힘의 흐름에 마음을 열어 심적인 힘을 자기 편으로 끌어들이는 일이다.

대체로 사람들은 마음치료운동과 루터교와 감리교 운동 사이의 심리적 유사성을 보고는 깜짝 놀란다. 도덕주의와 선행을 믿고 따르는 신앙인의 "내가 구원을 받기 위해서는 무엇을 해야 하나?"라는 열정적 질문에 루터와 웨슬리는 다음과 같이 대답할 것이다. "만일 당신이 그것을 믿기만 하면 지금 구원받은 것이다."

마음치료사들도 해방이라는 유사한 단어를 가지고 나온다. 그들은 구원의 개념이 고대신학적 의미를 상실했지만, 그럼에도 불구하고 그와 똑같은 인간의 영원한 문제와 고민하고 있음을 사람들에게 말하고 있는 것이 사실이다. 문제는 그들에게 있다. "정화되고 올바르고 건전하고 건강하고 바람직해지기 위해서 나는 무엇을 해야 할까?"라는 것이 그들이 하는 질문의 형태이다. 그 대답은 다음과 같다. "여러분이 그것을 알았다면 여러분은 이미 바람직하고 건전하고 정화된 것이다." 내가 앞에서 인용한 작가 가운데 한 사람은 "신에게 있어 모든 일은 잘 되므로 여러분에게도 모든 일이 잘 된다"라는 한 문장으로 그 전체 문제를 요약할 수 있다고 말한다. "여러분은 여러분의 진정한 존재를 깨달아야 한다."

인류의 다양한 정신적 욕구에 대해 루터와 웨슬리가 표방한 메시지의 타당성은 그들이 초창기에 복음을 전하는 데 힘을 주었다는 것이다. 표면적으로는 어리석게 들릴지 모르지만, 정확히 그와 똑같은 타당성이 마음치료사들이 주는 메시지의 경우에도 해당된다. 그 메시지가 빠르게 영향을 주는 것을 보면서, 그리고 치료에서 효과를 거두는 것을 보면서, 사람들은 그들 시대의 초창기 운동이 그랬던 것처럼 대중적인 미래 종교의 진화에서와 같이 큰 역할을 하도록 운명지어졌는지 아닌지를(아마도 여러 표현에서 조잡하거나 과장이 많다는 이유로 인해[22]) 묻고자 하는 유혹이 생긴다.

그러나 여기에서 나는 학구적인 청중들 가운데 일부의 '신경을 거슬리게 하지' 않았는지 두려워진다. 여러분은 그런 동시대적 변덕은 권위 있는 기포드 강연에서 결코 하지 말아야 한다고 생각할 것이다. 나는 오직 여러분이 인내력을 가지기를 간청할 뿐이다. 내가 생각하기에 이 강연들의 모든 결과는 다양한 사람들의 영적 삶이 보여주는 다양성을 강조시켜줄 것이다. 그 사람들의 욕망, 감수성 그리고 수용능력 모두가 다양하므로 그것들 각각은 다른 항목으로 분류되어야만 한다. 그렇게 될 때 우리는 정말로 다른 유형의 종교적 경험을 하게 되는 결과를 갖는다.

우리가 이 강연에서 낙관주의적 성품의 유형을 좀더 알아내려면 가장 급진적 형태의 그런 유형을 발견할 수 있는 곳에서 찾아보아야 한다. 개인의 성격유형에 대한 심리학은 아직까지 거의 개략도 잡지 못해왔다. 우리의 강연은 그것의 구조에 대해 아마도 최소한의 기여를 할 것이다. 여러분이 첫 번째로 마음에 새겨야 할 것(특히, 만일 우리가 다른 사람을 무시하는 유혹

---

[22] 마음치료 경험과 학문적인 철학의 형태가 서로 영향을 주어 스며들게 한 드레서의 학파가 덜 비판적이고 합리적인 종파의 실질적 승리를 얻었는지 그렇지 못한지 그대로 나타났다.

에 빠져들어가게 할 수 있는 공무적(公務的)이고 인습적으로 '올바른 유형', '대단히 존경할 만한' 유형, 성직자적·학자적·과학자적 유형에 우리 자신을 귀속시킨다면)은 우리가 스스로 그들처럼 단지 어떤 것에도 관계할 수 없기 때문에 현상들을 우리의 관심으로부터 제거하는 것보다 더욱 어리석은 것은 없다는 사실이다.

이제 루터교회의 믿음에 의한 구원, 감리교의 회심, 그리고 이른바 마음 치료운동의 역사는 지금까지 공무적인 도덕가들이 만들어놓은 규칙에 의해 촉진된 것으로부터, 만일 그러한 규칙들이 정확하게 뒤집어진다면 보다 나은 성격 변화가 한결 더 성공적으로 일어날―그들이 어떤 발달단계에 있든지 간에―수많은 사람들의 존재를 증명해준다. 공무적 도덕가들은 우리들에게 결코 노력을 게을리하지 말라고 충고한다. "주의하라, 밤낮으로." 그들은 우리에게 간청한다. "당신의 수동적 성향을 제지하라. 노력하지 않는 것을 두려워하라. 항상 굽은 활처럼 당신의 의지를 유지하라." 그러나 내가 말한 모든 사람들은 이런 모든 의식적 노력은 그들의 삶 속에서 실패와 분노를 일으켜 왔고 그들을 전보다 두 배 이상이나 지옥의 자식들로 만들어왔음을 알게 된다. 긴장되고 의지적인 태도는 그들에게 불가능한 열정과 고통이 되었다. 그들의 정신적 기계는 베어링이 너무 뜨거워지고 벨트가 지나치게 조여 있을 때 작동하기를 거부한다.

이런 환경하에서 성공하는 방법은 수많은 믿을 수 있는 개인적 이야기가 입증해주는 것처럼, 반도덕주의적 방법, 다시 말해 내가 두번째 강연에서 이야기한 '항복'에 의한 것이다. 능동성이 아닌 수동성, 집중이 아닌 완화는 이제는 규칙이 되어야 한다. 책임감을 포기하라. 모든 일에서 손을 놓으라. 여러분의 운명을 고차적 힘에 맡기라. 앞으로의 모든 일에 대해 철저하게 무관하라. 그러면 여러분은 완벽한 내적 구원뿐만 아니라 종종 부가적으로 여러분이 포기했다고 생각한 특별히 좋은 것을 얻게 될 것이다. 이것은 자기절망을 통한 구원이고, 진정으로 태어나기 위해 죽는 것이고, 루터교 신학에서 야콥 뵈메(Jocob Boehme, 원서에는 Behmen으로 잘못 표기되어 있음―옮긴이)가 쓴 무(無)로 들어가는 것이다. 그 상태에 도달하기 위해 위기의 순간은 대개 극복되어야 하고 위험의 순간을 벗어나야 한다. 무엇인가는 반드시 포기되어야 하고 천부적인 견고함은 깨지고 용해되어야만 한다. 구원사건(앞으로 우리가 충분히 보게 될 것이다)은 종종 갑작스럽게 그리고 자동적으로 일어나고, 외적 힘이 가져다준 인상을 주체에게 남겨놓는다.

그것의 궁극적 의미가 무엇으로 증명되든지 간에 이것은 확실히 인간경험의 근본적 형태이다. 어떤 사람들은 그것을 받아들일 수 있는 능력과 그렇지 못한 능력이 이 특성으로부터 종교적 특성을 분리하는 기점이라고 말한다. 그것을 충분히 경험하는 사람에게는 그 어떤 비판도 그것의 실재성을 의심하게 하지 못한다. 그들은 안다. 왜냐하면 그들은 그들의 강렬한 개인 의지를 포기함으로써 확실하게 고차적 힘을 느끼기 때문이다.

부흥사들이 종종 하려는 이야기는 밤에 절벽 쪽으로 미끌어졌다는 어떤 사람에 관한 것이다. 그는 나뭇가지를 붙잡고 몇 시간 동안이나 두려움에 떨며 매달려 있었다. 점점 나뭇가지를 잡을 힘이 빠지게 되어 그는 인생에 절망적인 작별을 고하며 떨어졌다. 그런데 그는 단지 6인치 떨어졌을 뿐이었다. 만약 그가 좀더 일찍 몸부림을 포기했더라면 그의 고통은 줄어들었을 것이다.

만일 우리가 절대적으로 영원한 팔을 신뢰하고, 결코 구원할 수 없는 안전장치와 결코 보호해줄 수 없는 예방책을 갖고서 우리의 개인적 힘에 의지하는 유전적 습관을 포기한다면, 대지의 어머니가 그를 받아주었던 것처럼, 그 영원한 팔은 우리를 받아줄 것이라고 그들은 말한다.

마음치료사들은 이런 종류의 경험에 가장 넓은 전망을 제공해 주었다. 마음의 긴장을 풀고 순리대로 되게 함으로써, 심리학적으로 루터교의 믿음을 통해 의롭다 함을 받는 것과 웨슬리 교파의 자유은총을 받아들이는 것과 서로 구별되지 않는 갱생의 형태는, 죄에 대한 확신을 갖고 있지 않고 루터교 신학에 어떤 관심도 갖지 않은 사람들에게서도 발견할 수 있음을 그들은 제시해 주었다. 이런 견해는 오직 여러분의 조그맣고 사적이고 충동적인 자아를 쉬게 해주며, 더 큰 자아가 그곳에 있음을 발견하게 해준다. 낙관주의와 기대감이 결합되어 있어 느리거나 갑작스러운, 또는 크거나 작은 결과, 즉 노력의 포기가 계속 일어나는 갱생적 현상은 궁극적 원인설명에 대해서 유신론적, 범신론적·관념주의적 또는 의학적·유물론적 견해를 채택하든 않든 간에 인간본성의 확고한 사실로 남아 있다.[23]

우리가 재생적 회심현상에 이르렀을 때 그 현상에서 좀더 많은 것을 배울 수 있을 것이다. 그동안에 나는 마음치료사들이 사용하는 **방법들**에 대해 간단히 이야기하겠다.

물론 그 방법들은 대체적으로 암시적이다. 환경의 암시적 영향은 모든 영적 교육에서 큰 역할을 담당한다. 그러나 공식적 위치를 얻게 된 '암시'라는 단어는, 개별적 사례들이 보여주는 다양한 감정들에 대한 모든 연구를 회피하곤 했기 때문에, 많은 분야에서 진행되는 연구에서 불행스럽게도 이미 트집쟁이 역할을 시작하고 있다. '암시'는 관념들이 믿음과 행동에 **효력**이 있다는 것을 증명하는 한 그 관념들의 힘을 나타내주는 또 다른 이름이다. 일부 사람에게 효력을 발휘하는 관념은 다른 사람들에게는 효력을 발휘하지 못하는 것도 증명된다. 어떤 시기에, 그리고 어떤 인간의 환경에서 효과적인 관념은 또 다른 시기와 장소에서는 효과적이지 않다. 그리스도 교회의 관념들은 그것들이 초기 시대에 무엇을 해왔든지 간에 오늘날의 치유법에는 효과적이지 않다. 왜 소금이 여기에서는 그 맛을 내지 못하고 저기에

---

[23] 유신론적 설명은 신의 은총에 의한 것이다. 인간이 옛 본성을 진정으로 포기하자마자 신의 은총은 새로운 본성을 창조한다. 범신론적 설명(이것은 대부분 마음치료사의 설명이다)은 불신과 걱정의 고립된 장벽이 제거되자마자 더 넓거나 더 위대한 본성, 즉 우주의 정신(그것은 여러분이 '잠재의식적 자아'라는 것이다) 속으로 더 좋은 개인적 자아가 합병된다고 한다. 반면에 의학적인 유물론적 설명은 다른 것들보다 단순한 인간의 두뇌작용 과정은 더 자유롭게 작용할 수 있다는 것이다. 이 두뇌작용 과정은 생리학적으로 '고차적' 과정을 제거시킬 수 있게 되어서(그렇다고 해서 영적 과정을 말하는 것은 아니지만) 자동적으로 작용할 수 있게 되었다는 것이다. 이런 고차적 과정은 모든 것을 조절하려고 해서, 원하지 않는 결과들을 일어나지 않게 할 수 있다. 정신물리적 관점에서 우주를 설명할 때 이 세번째 설명이 앞의 두 가지 설명과 결합될 수 있는지 그렇지 못한지는 이제 미해결의 문제점으로 남게 된다.

서는 그 맛을 낼 수 있을까에 관한 것이 전체문제가 되어 있을때, '암시' 라는 단어의 공허한 흔들림은 하나의 깃발처럼 빛을 발할 수 없다.

'신앙치료'에 대해 솔직한 심리 에세이를 쓴 고더드(Goddard) 박사는 그런 치료를 단지 일상적 암시일 뿐이라 했고 다음과 같이 결론을 내리고 있다. "종교(그는 우리의 대중적 그리스도교를 말하는 것처럼 보인다)는 마음치료법 안에 있는 모든 것을 가장 훌륭한 모습으로 가지고 있다. (우리의 종교적) 관념들에 맞추어서 살게 되면 그것들은 우리들을 위해 할 수 있는 모든 것을 할 것이다." 대중적 그리스도교가 마음치료가 도움을 주기 위해 올 때까지 절대적으로 아무것도 하지 않고 있거나 아무것도 하지 않았다는 정확한 사실에도 불구하고 그러하다.[24]

---

[24] 교회 안에서는 질병을 신이 부여해준 고난으로 간주하는 것이 지배적 경향이 되어왔다. 신이 우리의 선을 위해 질책으로, 경고로, 또는 덕을 실천하고 공적을 쌓기 위한 기회—카톨릭 교회에서는—로 보낸 것으로 생각해왔다. 훌륭한 카톨릭 작가 르쥔(P. Lejeune, *la Vie Mystique*, 서문, 1899, 218쪽에서)은 다음과 같이 말한다. "질병은 가장 뛰어난 육체적 고행이다. 이것은 사람들이 선택할 수 없는 고행이고 신이 직접 부여한 것이다. 게이(Gay)는 "만약 고행이 은이라면 질병은 금이다"라고 말했다. 비록 원죄가 우리들에게 다가오는 것처럼 질병이 다가온다 할지라도, 그리고 신의 섭리(모든 상황이 일어나는 것처럼)로부터 다가온다 할지라도 이것은 신성한 제조이다. 이런 질병의 일격이 얼마나 정당할 것인가? 그리고 그 질병은 얼마나 효력이 있을까? ……나는 오랜 질병에 시달리는 환자들에게 고행은 걸작이고, 결과적으로 고행은 영혼의 승리라고 말하는 데 주저하지 않는다. 이런 견해에 따르면, 질병은 어느 경우에도 복종적으로 따라야 하고, 어떤 환경에서라도 질병을 없애고자 하는 소망은 불경한 일이 된다.
물론 예외적인 것도 있다. 또한 특별한 기적에 의한 치유는 항상 교회의 영역 내에서 인지되어왔다. 그리고 거의 모든 위대한 성인들은 다소 치유를 베풀어 왔다. 이단자 가운데 한 사람인 에드워드 어빙(Edward Irving)은 치유는 여전히 가능한 것이 될 수 있음을 주장해왔다. 환자 일부분의 고백과 회심 이후의, 그리고 성직자의 기도 이후의, 치료에 대해 극단적으로 순수한 능력은, 독일 성직자 조 크리스트프 블룸하르트의 경우에는 40대에 갑자기 시작되었고 약 30년 동안 그 힘을 발휘하였다. 쵠델(Zündel)의 『블룸하르트의 삶』(제5판, 취리히, 1887) 제9~11장 및 17장에서 보여주는 그의 삶은 꽤 완벽한 치료활동을 설명해준다. 그는 직접적인 신의 전달자로서 묘사된다. 그는 순수하고 단순

암시적이라는 관념은 계시의 힘을 갖고서 개인에게 나타나야만 한다. 낙관주의적 성품의 마음치료 복음은 그리스도교가 교회에 남겨놓은 많은 굳어진 마음들에게 하나의 계시로 나타났다. 그것은 더욱 고결한 삶의 샘물이 흘러나오게 한다. 어떤 집단의 사람들이 그때까지 막혀 있던 수로를 발견하여 자유롭게 물이 흘러나가게 하는 것을 제외한다면, 어느 곳에 종교운동의 독창성이 존재할 수 있을까?

개인적 믿음, 열정, 모범의 힘, 그리고 무엇보다도 새로운 경험의 힘은 이런 종류의 성공을 이루기 위해서는 항상 가장 중요한 암시적 대리인이다. 만일 마음치료가 공식적이고 훌륭하게 확립될 수 있다면 암시효과의 이러한 요소들은 소멸될 것이다. 더욱 엄격한 단계에 있는 모든 신앙은 의지할 데 없는 사막의 부랑아가 될 수도 있다. 교회는 대다수의 고질적 신앙과 이에 대항하는, 소수의 엄격한 신앙 사이에 영원한 내적 갈등이 존재한다는 것을 알고 있다. 그리고 대다수의 고질적 신앙은 무신앙(irreligion)이 성령(Spirit)의 움직임을 방해하는 것보다 더 나쁜 방해를 한다. 조너던 에드워즈는 다음과 같이 말한다. "활기에 넘친 그리스도인이 아닌 모든 성인들에 대해 우리는 그들이 다시 생기를 찾거나 그렇지 않으면 물러가도록 기도한다. 만일 요즈음 일부 사람들이, 싸늘하게 죽은 성인들은 자연인보다 좀더 많은 상처를 주고 좀더 많은 영혼들을 지옥으로 이끌며, 만약 그들이 모두 죽었다면 그것은 모든 인류에게 잘된 일이라고 자주 거론되는 것이 사실이라면 말이다."25)

하고 비환상적인 성격을 가졌다. 그는 그의 치료활동에서는 이전의 유형을 따르지 않았다. 오늘날에는 시카고에서 스코틀랜드의 침례교 설교인인 도위(J. A. Dowie) 박사의 경우에서 그 예를 볼 수 있다. 그가 발행하는 주간지『치료장』(Leaves of Healing)은 1900년 은혜의 해에 제6권으로 발행되었다. 나타니 있고 그기 비록 그의 매타직인 '신직' 치료의 과성에서 다른 문야에서 행해지는 인위적 치료를 '악마적인 거짓행위'로 공공연하게 비난했을지라도 대체적으로 그의 치료행위는 마음치료운동으로 간주되어야 한다. 마음치료 집단에서 신앙에 대한 기초적 조항은, 질병은 결코 선택될 수 없다는 것이다. 그것은 전체적으로 지옥이다. 신은 우리가 절대적으로 건강하길 원하므로 우리는 더 나쁜 상황에 빠져드는 것을 참지 말아야 한다.

성공의 다음 조건은 낙관주의적 성품을 자유롭게 갱생의 준비와 결합시키려는 명백히 많은 사람들의 존재에 달려 있다. 프로테스탄티즘은 자연적 인간에 대해 너무나 비관적이고, 카톨릭은 너무나 율법적이고 도덕주의적이었다. 이런 특별한 요소들의 혼합으로 구성된 성격의 유형은 어느 쪽의 입장에서도 관대하게 어울릴 수 없다. 어쨌거나 여기에 참석한 우리들 가운데 어느 누구도 그런 유형에 속하지 않았다고 할지라도, 이제는 이 유형이 온 세상에서 잘 표현되어 특별한 도덕적 융합을 형성한다는 것이 분명하다.

마지막으로 마음치료는 프로테스탄트 국가들에서 선례가 없이 잠재의식적 삶에 많이 이용돼왔다. 마음치료의 창시자들은 수동적 완화, 집중 그리고 명상의 조직적 실천을 합리적 충고와 독단적 주장에 첨가시켰고, 최면술의 실행과 같은 어떤 것을 구하였다. 이제 몇 개의 구절을 순서 없이 인용한다.

관념에 대한 가치인 잠재력은 새로운 사고가 가장 강력하게 주장하는 위대한 실천적 진리이다. 즉, 그것은 내부에서 외부로, 하찮은 것에서 위대한 것으로의 발달이다.[26] 결과적으로 사람들의 사고는, 비록 이런 확신이 문자 그대로 어둠 속에서 한 걸음 내딛는 것과 같을지라도 이상적인 결과에 집중해야 한다.[27] 그리하여 효과적으로 정신을 조절할 수 있는 능력을 갖기 위해 새로운 사고는 집중훈련을, 다른 말로 하면 자기조절에 대한 성취를 이루라고 충고한다. 사람들은 정신의 경향들이 선택된 이상에 의해 하나의 단위로 결합할 수 있도록 그것들을 정립시키는 법을 배우게 될 것이다. 이것을 이루기 위해 주위환경이 영적 사고를 하기에 좋은 방에서 우선 자신의 자아가 침묵하는 명상의 시간을 갖도록 할 것이다.

---

25) 에드워즈는 내가 인용한 그의 책 『뉴잉글랜드의 부흥회』(*The Revival in New England*)에서 그런 기도법을 단념시켰다. 그러나 그가 냉담하게 죽어 있는 성도들에 대해 공격하는 것을 즐긴다고 보는 것이 낫다.
26) H.W. Dresser, *Voices of Freedom*, 46쪽.
27) Dresser, *Living by the Spirit*, 58쪽.

새로운 사고라는 말은 '침묵으로 들어가는 것'이라 불린다.[28]

여러분이 바쁜 사무실 또는 시끄러운 거리에서 단순히 여러분 자신에 관한 사고의 덮개를 끌어내림으로써, 그리고 모든 곳에서 무한한 생명, 사랑, 지혜, 평화, 힘 그리고 충만의 영이 여러분을 관리하고 지키고 보호하고 이끌어준다는 것을 깨달음으로써 침묵으로 들어갈 수 있을 때, 그 시간은 다가올 것이다. 이것은 지속적인 기도의 영을 통해 이루어진다.[29] 우리가 만났던 가장 직관적인 사람 가운데 한 사람은 몇몇의 다른 사람들이 끊임없이 용무를 보고 있고 때로는 크게 이야기하는 시청에 사무실을 갖고 있다. 그는 완전히 자신에 대한 여러 가지 소리에 방해받지 않기 때문에 당혹의 순간에도 이 자기중심적인 신앙인은 자신에 대한 마음의 커튼을 너무나 완벽하게 끌어내릴 수 있다. 그러므로 그는 마치 원시림에 혼자 있는 것처럼 효과적으로 모든 당혹감을 제거할 수 있었고 자신의 정신적 향기 안에 완전히 둘러싸일 수 있었다. 그는 어떤 확실한 대답을 요구하는 노골적인 물음을 풀기 위해 어렵게나마 신비적인 명상을 취하면, 응답이 올 때까지는 완전히 수동적 상태로 남아 있곤 했다. 그는 많은 경험을 통해서 한 번도 자신이 실망스럽다거나 잘못 인도된 적이 없다는 것을 알았다.[30]

내가 알기를 원했던 것은, 이것이 카톨릭적인 훈련에서 상당한 역할을 차지하는 '회상'(recollection)의 실천과 **본질적으로** 어떤 차이가 있는 것일까 하는 문제이다. 그렇지 않았다면 이것이 신의 현존을 느끼게 하는 실천으로서 불리지 않는다면[그리고 제레미 테일러(Jeremy Taylor)의 예처럼 우리들 사이에는 그렇게 알려졌다], 그것은 뛰어난 교사인 알바레스 드 파스(Alvarez de Paz)의 관조(contemplation)에 관한 그의 저작에서 정의가 내려졌다.

---

28) Dresser, *Voice of Freedom*, 33쪽.
29) Trine, *In Tune with the Infinite*, 214쪽.
30) 같은 책, 117쪽.

이것은 모든 장소와 환경에서 우리가 신이 존재하는 것을 보게 하고, 우리가 신과 함께 공손하고 애정을 깃들여 영적 교섭을 하게 만들고, 우리가 그에 대한 소망과 애정으로 가득할 수 있게 하는 신에 대한 회상과 신에 대한 생각이다. ……여러분은 모든 죄악에서 벗어나기를 원하는가? 번영 속에서도 역경 속에서도, 어떤 경우에든 결코 이 신에 대한 회상을 잊지 말라. 고난이든 여러분의 사업의 중요함이든 이러한 임무로부터 여러분 자신이 벗어나기를 구하지 마라. 왜냐하면 여러분이 항상 기억할 것은 신이 여러분을 보고 여러분은 신의 보호 아래 있다는 것이기 때문이다. 만약 여러분이 한 시간에 수천 번 신을 망각한다면 그만큼 신에 대한 회상을 소생시켜야 한다. 만약 여러분이 끊임없이 이런 훈련을 실천할 수 없다면 적어도 여러분 자신이 가능한 한 이런 훈련에 익숙해지도록 해야 한다. 매우 추운 겨울날 가능한 한 자주 불 근처로 접근해오는 사람들처럼, 여러분의 영혼을 따뜻하게 해줄 타오르는 불 쪽으로 가능한 한 자주 가라.[31]

물론 카톨릭적인 훈련의 모든 외면적 연상은 마음치료 사고와 결코 같지 않지만, 이 훈련의 순수한 영적 부분은 양쪽 모두 동일하다. 그것은 양쪽 모두 권위를 갖고서 그것을 기록하라고 촉구한다. 왜냐하면 그들은 그들 자신의 사람들 속에서 그들이 이야기하는 것을 분명히 경험해왔기 때문이다. 다시 마음치료의 예를 몇 가지 비교해보라.

고결하고 건강하고 순수한 사고는 장려되고 증진되고 강해질 수 있다. 이러한 사고의 흐름은 사고가 습관을 형성하고 경로를 만들어내면 위대한 이상으로 향할 수 있다. 그런 훈련을 통해 정신지평은 아름다움, 완전함 그리고 조화의 햇살로 넘칠 수 있다. 순수하고 고귀한 사고를 갖는다는 것은 처음에는 어려워 보일 것이다. 그러나 기계적인 방식을 통해서일

---

31) Lejeune에 의해 인용됨, *la Vie Mystique*, 서문, 1899, 66쪽.

지라도 오랜 시간 인내한다면 그런 사고를 가지는 것을 쉽게 하고, 그러고 나서 즐겁게 하고, 그리고 마지막에는 기쁘게 한다.

영혼의 진정한 세계는 영혼의 사고, 정신적 상태 그리고 상상력으로 확립된 세계이다. 만약 우리가 그럴 수 있다면 더 하부적이고 감각적인 측면으로부터 등을 돌리고, 우리 자신을 영적인 그리고 실재의 영역으로 들어올려 하나의 거주지를 쟁취할 수 있다. 기대와 수용상태의 가정은 영적 햇살을 끌어당길 것이고, 그것은 공기가 진공으로 향하듯이 자연스럽게 흐를 것이다. ……그 사고가 사람의 일상적 의무와 직업에 적용되지 않을 때마다, 그것은 영적인 대기권 위로 올려져야 한다. 낮에는 완전한 여가의 순간이 있고, 밤에는 잠들지 않는 시간이 있다. 이때 이 건전하고 즐거운 훈련은 커다란 유익을 줄 것이다. 만약 사고력을 통제하고 향상시키는 어떤 체계적 노력도 하지 않던 사람일지라도 한 달 동안 여기에 제시된 과정을 진실하게 추구한다면, 그는 그 결과에 놀랄 것이고 기뻐할 것이며 어떤 것도 그를 부주의하고 목적 없고 피상적인 사고로 되돌아가게 유인할 수 없게 된다.

이와 같이 좋은 때에 사람들은 모든 일상적인 사건들의 연속인 외부세계를 차단하고 대화하고 열망하기 위해 영혼의 고요한 내적 지성소로 들어간다. 영적인 귀는 미묘하게 예민하다. 그래서 '조용하고 작은 목소리'는 들리고 외적 감각의 소란스러운 파동은 조용해져서 아주 큰 정적이 나타난다. 자아는 점차로 신의 존재와 마주치게 된다는 것을 의식한다. 강력하고 치유하고 사랑하는 신적인 아버지 같은 생명(Farthely life)은 우리가 우리 자신에게 있는 것보다 더 가까이 우리 곁에 있다. 영혼은 어버이의 영혼(Parent-Soul)과 접촉해 있고, 고갈되지 않는 샘에서 나오는 삶, 사랑, 미덕, 건강 그리고 행복의 유입이 있다.[32]

---

32) Henry Wood, *Ideals Suggestion through Mental Photography*, 51, 70쪽(축약됨).

우리가 신비주의라는 주제에 도달할 때, 굳이 그것을 표현한다면 여러분은 매우 숭고한 의식의 상태 안으로, 마치 흥건하게 젖는 것처럼 아주 깊이 몰입함을 경험하게 될 것이다. 이런 약간의 작업이 여러분에게 영향을 미쳐, 몸서리쳐지는 냉혹한 의심—모든 그런 글이 단순히 다른 사람들을 격려하기 위해 쓰어진 추상적인 얘기이며 수사학인지 그렇지 않은지에 대한—을 오랜 시간 동안 없애버릴 것이다. 여러분은 그때 이러한 '합일'의 의식상태가 완전히 확실한 종류의 경험들을 형성시켜주고, 영혼은 때때로 이런 경험들에 참여하고 있고, 특정한 사람들은 친숙한 경험에 따라 사는 것보다 더 깊은 의미를 지니고 있는 이런 경험들에 따라 살아가고 있음을 확신하게 될 것이라고 나는 생각한다.

이 점은 나에게 낙관주의적 성품이라는 주제로부터 시작하여 아주 오랫동안 지겹게 끌어온 주제를 매듭짓기 위한 일반적인 철학적 반성을 하도록 해준다. 또한 모든 체계화된 낙관주의적 성품과 마음치료 종교가 과학적 방법, 과학적 삶과 관련이 있음을 보여준다.

나중의 강연에서 나는 한편으로는 종교와 과학의 관계를, 다른 한편으로는 종교와 원시 야만적 사고의 관계를 명확하게 다루고자 한다. 오늘날에는 '과학자' 또는 '실증주의자'로 불리는 것을 좋아하는 사람들이 많다. 그들은 여러분에게 종교적 사고는 그저 살아 남아 있는 유물—더욱더 문명화된 인류가 이미 오랫동안 벗어던져둔 의식유형으로 돌아가려고 하는 격세유전의 산물—이라고 말할 것이다. 만일 여러분이 그들에게 더욱 충분히 말해줄 것을 요청한다면, 그들은 십중팔구 원시사고에서 모든 것은 인격의 형태에 따라 고안되었다고 얘기할 것이다. 야만인은 모든 것이 인격적 힘에 의해, 그리고 개인적 목적을 위해 작용된다고 생각한다. 그들에게 개인적 욕구와 주장은 이처럼 기본적인 힘들로 보여서, 야만인에게는 외부적인 자연조차도 개인적 욕구와 주장에 순응하는 것으로 보인다.

반면에 실증주의자들은 오늘날의 과학이 우리 인격은 자연의 기본적인 힘이기는 커녕 특징상 완전히 비인격적이며 일반적인, 물리적·화학적·생물학적·정신물리학적인 참으로 근본적인 힘들의 수동적 결과라는 것을 입증해왔다고 말한다. 개인적인 어떠한 것이 어떤 보편적 법칙에 순응하고 그것의 본보기를 보여주는 것 이외에는 우주 속에 있는 어떤 것도 완성시킬 수 없다. 만일 여러분이 그때 과학은 어떤 수단으로 야만적 사고를 밀어내고 대신 들어서서 사물을 바라보는 인격적 방법을 회의하는가를 묻는다면, 그들은 틀림없이 과학은 실험적 검증방법의 엄격한 사용을 통해 이루어질 수 있다고 말할 것이다. 인격을 완전히 무시하는 과학의 개념들을 실제적으로 따르면 여러분은 언제나 틀림없는 확증을 받을 수 있다고 그들은 말할 것이다. 세상이 그렇게 만들어졌다고 여러분들이 그것을 비인격적이고 보편적인 것으로 유추하는 한, 여러분의 모든 기대는 경험적으로 입증될 것이다.

그러나 여기에 철학과는 대립적인 방법으로 매우 동일한 주장을 펼치는 마음치료가 있다. "마치 내가 진리인 것처럼 살라, 그러면 모든 날은 실제적으로 여러분이 옳다는 것을 입증해줄 것이다"라고 마음치료사는 말한다. 자연의 지배적인 힘들이 인격적이라는 것, 여러분 자신의 인격적인 사고가 힘이라는 것, 우주의 힘들이 여러분의 개인적 호소와 요구에 직접적으로 반응하리라는 것은 모든 육체적이고 정신적 경험이 검증해야 할 명제들이다. 경험이 주로 이러한 원시의 종교적 관념들을 검증한다는 것은, 단순한 주장이나 선언에 의해서가 아니라 뚜렷한 경험적 결과들을 통해서 마음치료운동이 확산된다는 사실로 증명된다. 오늘날과 같이 과학의 권위에 대한 전성시대에서 마음치료는 과학적 철학에 대항하는 공격적 전투를 수행하고 있으며, 과학의 특별한 방법들과 무기들을 사용함으로써 성공하고 있다. 우리가 우리 자신을 돌보는 것보다 고차적 힘이 어떤 면에서는 우리를 더 잘 돌보리라는 것을 믿으면서, 우리가 진심으로 그 힘에 의지하고 그 힘을 사용한다면, 우리는 우리의 믿음이 비난받지 않고 확증받고 있음을 그런 힘의 관찰을 통해 발견할 것이다.

그러므로 회심이 어떻게 일어나고 있고, 회심자는 어떻게 확증받고 있느냐 하는 방법은 내가 지금까지 인용해온 이야기들을 통해서 충분히 밝혀졌을 것이다. 그럼에도 나는 이 물음에 확실하고 구체적인 변화를 주기 위하여 두 가지의 다른 짧은 예를 인용하고자 한다. 하나는 다음과 같다.

내 가르침을 적용하면서 일어난 나의 첫번째 경험들 가운데 하나는 내가 치료사를 처음으로 본 지 두 달이 지나서였다. 나는 4년 전에도 한 번 그랬던 것처럼 넘어져서 오른쪽 발목을 삐었고, 그 이후로 몇 개월 동안 목발과 탄력 있는 여성용 양말을 사용하며 조심스럽게 그 발목을 보호하였다. 나는 회복하자마자 적극적인 제안을 하였다(그리고 나의 전 존재를 통해서 그것을 느꼈다). "오직 신만이 존재하며, 모든 삶은 전적으로 신으로부터 나온다. 나는 발목을 삐게 하거나 몸을 다치게 할 수 없고, 앞으로는 신이 그것을 다스리게 할 것이다." 나는 전혀 고통을 느낄 수 없었고, 그날 2마일(약 3.2km)을 걸었다.

다음 사례는 실험과 검증뿐만 아니라, 얼마 전에 내가 설명했던 수동성과 복종의 요소를 보여준다.

어느 날 아침, 나는 쇼핑을 하기 위하여 시내 중심가로 나갔는데 곧 아프기 시작하였다. 통증이 점점 더 심해져서 모든 뼈 마디마디에 고통이 느껴졌고, 뒤를 이어 빠르게 메스꺼움과 실신, 두통 증상이 나타났다. 이러한 것들은 모두 감기가 오기 전의 증세였다. 내가 생각하기에, 그때 보스턴에서 유행하던 독감 아니면 더 나쁜 어떤 병이 내 몸에 침입하는 중이었다. 그 순간에 내겐 겨우내 귀기울여 들었던 마음치료 요법이 떠올랐고, 이번이 나 자신을 시험할 기회라고 생각했다. 집으로 돌아오는 도중에 한 친구를 만났는데, 그때 내가 느끼는 것을 그 친구에게 말하지 않으려고 노력하였다. 그것은 내가 얻은 첫번째 단계였다. 나는 즉시 잠자리에 누웠고, 남편은 의사를 부르기를 바랐다. 하지만 나는 남편에게 아침까지 기다려서 내가 어떻게 느끼는지 결과를 보고 싶다고 말했다. 그때 나의 삶에서 가장 아름다운 경험 중 하나가 이어졌다.

"나는 생명의 시냇가에 누워 있었으며 그 물줄기가 내 위로 흘러갔다"

라고 말하는 것 이외의 다른 어떠한 방법으로도 그 경험을 표현할 수 없다. 나는 어떠한 임박한 재난에 대한 두려움 따위는 잊어버렸다. 나는 전적으로 자발적이며 복종적이었다. 어떠한 지적인 노력도 생각도 없었다. 나의 지배적인 생각은 이러했다. "주님의 여종을 보십시오. 당신이 원하는 대로 저에게 행하시옵소서." 지금 모든 일이 잘 되었듯이 앞으로도 잘 되리라는 순수한 확신이 있었다. 창조적인 생명력이 매 순간마다 내 안으로 흘러들어, 나는 나 자신이 무한자와 조화롭게 연합되어 있고 이해를 가져다주는 평화로 가득 차 있음을 느꼈다. 나는 아픈 곳이라고는 아무 데도 없다는 생각이 들었다. 나는 시간과 공간 또는 사람들에 대한 의식이 없다. 하지만 사랑과 행복과 믿음에 대한 의식은 있다.

나는 이러한 상태가 얼마나 오랫동안 지속되었는지, 내가 언제 잠에 빠져들었는지를 알지 못한다. 하지만 아침에 잠에서 깨어났을 때 나는 건강했다.

이러한 것들은 아주 사소한 예[33)]에 불과하지만, 그것들 안에서 우리가 무언가 갖게 된다면 그것은 실험과 검증의 방법들이다. 내가 지금 추진하는 관점에서 볼 때, 여러분이 환자들을 그들의 상상력으로 인해 미혹된 희생자로 보든 그렇지 않든 간에 큰 차이는 없다. 환자들이 시도된 실험들을 통해서 자신들이 치유된 것으로 생각하는 것은 그들이 그 체계에 따르도록 하기에 충분하다. 비록 그러한 결과를 얻기 위해서는 누구나 어떤 정신적 특성을 갖고 있어야 한다는 것이 명백하지만(왜냐하면 모든 사람은 그가 첫번째 정규 개업의사가 치유할 수 있는 것보다 더욱 만족스럽게 치유받을 수 없기 때문이다), 이와 같이 실험적 방법을 통해서 입증된 마음치료의 야만적이고 원시적인 철학을 자기들의 질병에 적용하여 효과를 볼 수 있는 사람들에게 그 방법을 버리고 더욱 과학적인 치료법을 쓰라고 명령하는 것은 분명히 현

---

33) 친구들이 나에게 제공해준 두 가지의 사례에 대해서는 이 강연의 부록을 보라.

학적이고 지나치게 회의적인 태도일 것이다. 우리는 이 모든 것에 대하여 어떻게 생각해야 하는가? 과학이 너무나 지나친 주장을 해온 것은 아닌가?

나는 편협한 과학자의 주장은 아무리 생각해보아도 성숙치 못한 것이라고 믿는다. 이 시간에 우리가 살펴보고 있는 경험들(굉장히 많은 종류의 종교적 경험들이 마찬가지이다)은 심지어 과학적 종파를 포함한, 어떤 종파가 제공해주는 것보다도, 우주 안에는 보다 많은 다양한 일들이 존재하고 있음을 분명히 보여주고 있다. 우리가 구상하였던 다소 고립된 관념체계(개념체계)들과 일치하는 경험들을 제외한, 우리의 모든 검증들은 궁극적으로 무엇이겠는가? 어째서 상식이라는 이름 아래, 오직 하나의 체계만이 진실이라고 가정해야 하는가? 우리의 모든 경험에 대한 확실한 결과는, 세상은 많은 관념들의 체계에 따라 다루어질 수 있고, 각기 다른 사람에 의해 움직여지며, 매번 이 세상을 움직이는 사람에게 그가 관심을 갖고 있는 어떤 특징적인 종류의 이익을 줄 것이고, 반면에 동시적으로 다른 종류의 이익은 생략되거나 연기되리라는 것이다.

과학은 우리 모두에게 전보, 전기, 병의 진단법을 제공해 주었고, 또한 상당한 수의 질병을 치료하고 예방하게 해주는 데 성공하였다. 마음치료의 모습을 띤 종교는 우리들 일부에게 평정과 도덕적 안정 그리고 행복을 가져다주며, 또한 과학이 그러한 것처럼 특정한 형태의 질병을 예방해 주거나 일정한 계층의 사람들에게는 그 이상의 역할을 하고 있다. 그렇다면 확실히 과학과 종교는 그것을 모두 실제적으로 사용하는 사람에게는 세계의 지식의 보고를 여는 참된 두 열쇠이다. 분명히 그것들 가운데 어떤 것도 철저하게 사용할 수 없으므로 다른 것을 동시적으로 사용하는 것을 배제할 수 없는 듯하다.

수학자가 똑같은 수와 공간요소들을 기하학, 해석기하학, 대수학, 미적분학 또는 4원수(四元數, quaternion)로 각각 다르게 풀더라도 똑같은 결론이 나오는 것처럼, 왜 세상은 결국 우리가 서로 다른 개념들을 사용하고 서로 다른 태도들을 취하여 번갈아가면서 접근할 수 있는 수많은 상호침투적인 실재의 영역들로 구성할 만큼 그렇게 복잡하지 않을까? 이러한 관점에서 볼 때, 종교와 과학은 그 자체의 방법을 통해서 시각마다 삶마다 검증되므로 영원히 공존하게 될 것이다. 개인화된 인격적 힘을 믿고 있는 원시사고는 오늘날 과학에 의해 추진된 것으로부터 여하튼 멀리 떨어져 있는 것처럼 보인다. 교육받은 수많은 사람들은 여전히 과학을, 실재와의 교섭을 수행하기 위해서는 가장 직접적이고 실험적인 창구라고 생각한다.[34]

마음치료의 사례는 너무나 쉽게 입수할 수 있으므로 나는 이런 최후의 진실들에 여러분이 관심을 갖도록 하기 위해 그것을 사용하지 않을 수 없었다. 그러나 나는 오늘 이 정도의 짧은 지적을 하는 것으로 만족해야 한다. 나중에 있을 강연에서 종교와 과학 그리고 종교와 원시사고의 관계에 더욱 더 분명한 관심을 갖게 될 것이다.

부록
(187쪽의 각주 참조)

첫번째 사례 : 나의 경험은 이렇다. 나는 오랫동안 아팠는데 병으로 인한 첫번째 결과 중 하나는, 12년 전에 전혀 글을 읽지도 쓰지도 못하게 하였던 복시증(複視症)을 앓게 되었다는 것이다. 그러다가 얼마 후에는 즉각적이고 대단한 피로 때문에 어떠한 형태의 운동도 하지 못하게 되었다. 나는 그 당시 유럽과 미국에서 최고수준에 있는 의사들에게 치료를 받았다. 나는 나를 도울 수 있는 힘을 가진 그 사람들을, 비록 어떠한 결과도 가져오지 않는다거나 또는 나쁜 결과를 가져온다고 하더라도 대단히 신뢰하였다. 내가 오히려 급격히 쇠퇴하고 있는 것처럼 보일 때, 직접 나 자신이 시도해보도록 마

---

34) 대부분의 철학자들이 추정하듯이, 다양한 영역들이나 체계들이 하나의 절대적인 개념 안으로 통합되는지 그렇지 못한지에 대한 물음, 그리고 만약 통합된다면 그런 개념에 도달할 수 있는 가장 좋은 방법은 미래만이 대답할 수 있는 질문들이다. 지금 확실하게 말할 수 있는 것은 서로 다른 개념들이 존재한다는 사실이다. 즉, 각각의 개념은 세상의 진리와 부분적으로 연결되어 있어 어느 정도 확증되어 있다. 반면에 어떤 개념은 실재경험의 상당 부분을 생략해 버린다.

음치료에 대한 충분한 관심을 끌게 해준 어떤 이야기들을 들었다. 나는 마음치료 같은 것으로부터 어떠한 좋은 결과를 얻게 되리라는 대단한 희망은 갖고 있지 않았다. 마음치료는, 어느 정도는 그때 내가 알 수 있었던 유일한 기회였고, 어느 정도는 그것이 제공하는 새로운 가능성이 나의 관심을 끌었기 때문에 시도해보았던 기회였다.

나는 몇몇 친구들이 큰 도움을 받았다거나 받았다고 생각하는 X가 살고 있는 보스턴으로 갔다. 그 치료법은 아무것도 말하지 않고 조용하게 이루어져 나는 어떤 확신도 가질 수 없었다. 어떤 영향을 받은 것이 있다면, 내가 다른 사람들과 같이 앉아 있을 때 다른 사람의 생각이나 느낌이 우리가 함께 여전히 앉아 있듯이 조용히 나의 무의식적 마음, 즉 나의 신경체계에 투사되었다는 것이다. 나는 도움이 되든 방해가 되든 간에 정신의 힘이 신체의 신경계통의 활동을 이룬다는 것을 알았기 때문에 처음부터 그러한 조치의 가능성을 믿었다. 비록 입증되지는 않았지만 그것을 텔레파시라고 생각하였다. 그러나 나는 하나의 가능성으로서만 그것을 믿고 있었으므로 강력한 확신 또는 내가 그것을 생각하면 상상력을 강하게 불러일으킬 정도의 신비적이거나 종교적인 믿음을 갖고 있지는 않았다.

나는 매일 30분씩 치료사와 함께 조용히 앉아 있었는데, 처음에는 아무런 효과도 없었다. 열흘 정도 지나자 나는 갑자기 빠르게 내 몸 안에서 생겨나는 새로운 에너지의 조류, 즉 오래 정지된 곳을 뛰어넘는 힘에 대한 느낌, 전에 가끔 시도하였지만 나의 삶에서 너무 높아 오를 수 없었던 확실한 벽들의 경계를 부술 수 있는 그런 힘에 대해 의식할 수 있었다. 나는 몇 년 동안 하지 못했던 독서와 산책을 다시 시작할 수 있었다. 그 변화는 갑작스러웠으며 주목할 만하여 의심의 여지가 없었다. 이러한 변화의 조류는 몇 주, 아마도 3, 4주 정도 나타났다. 몇 달 후 여름이 왔을 때, 나는 다시 치료를 받기 위해 돌아왔다.

내가 얻은 정신적 앙양은 영구적인 것으로 입증되었다. 그래서 나는 쇠퇴하는 대신에 천천히 힘을 쌓아갔다. 그러나 이런 정신적 앙양으로 인해 그 치료사의 영향력은 어느 정도 소모된 것처럼 보였다. 이러한 첫번째 경험으로부터 얻은 힘의 실재성에 대한 나의 상당한 확신—잠재적인 요소라면—은 나의 건강과 힘을 훨씬 회복시켜줄 수도 있었겠지만, 이 경험 이후 오히려 나는 적은 믿음과 의심스러운 기대감으로 인해, 처음 시도했을 때처럼 어떤 놀랍고 뚜렷한 결과를 결코 얻지 못했다.

그러한 문제에서 모든 증거들을 말로 나타내거나 하나의 결론을 토대로 뚜렷한 진술로 모으는 것은 힘들지만, 나는 그때 경험하였던 결론을 정당화할(적어도 나 자신에게) 충분한 증거들을 가지고 있다. 첫째, 그 당시에 있었던 신체적 변화는 정신적 상태의 변화에 따라 내 안에서 일어난 변화의 결과였다. 둘째, 정신적 상태의 변화는 부차적인 방법을 제외하고는 활발한 상상력의 영향, 즉 의식적으로 받아들여지는 최면적인 종류의 암시효과를 통해 생겨난 것이 아니라는 것이다. 마지막으로, 나는 이러한 변화는 내가 정신감응을 받아들인 결과이며, 즉각적 의식보다 아주 아래에 위치하는 정신적 층에 건강하고 정력적인 태도를 인상지으려는 의도를 지닌 사람으로부터 이것을 받고 있음을 믿는다.

나의 경우에 질병은 확실히 기질적인 것이 아니라 신경작용의 결과로 분류되는 것이었다. 하지만 내가 지켜보아온 그러한 기회들로부터 내가 내린 결론은, 지금까지 그어온 경계선은 임의적인 것이고, 신경이 내적 활동과 신체의 영양을 철저하게 지배한다는 것이다. 그리고 나는 중앙 신경중추가 영향을 줄 수 있다고 한다면, 지엽 신경중추를 작동하거나 억제시킴으로써 어떤 종류의 질병이든 간에 지대한 영향을 미칠 수 있다는 것을 믿는다. 나의 판단으로는 문제는 단순히 어떻게 그것이 영향을 미치느냐이므로 나는 마음치료를 통해서 얻은 결과에 대한 불확실성과 두드러진 차이는 단지 우리가 마음치료를 효과적으로 하기 위한 수단과 작동적인 힘에 대해 얼마나 무지한가를 보여주는 것이라고 생각한다. 이러한 결과들이 우연함에 기인하지 않는다는 것은, 나 자신의 관찰과 다른 사람들이 확신시켜준 것과 일치한다.

의식적 마음, 즉 상상력은 많은 사례들에서 하나의 요인으로 작용한다. 하지만 많은 다른 경우에서는 그렇지 않은 것처럼 보인다. 전체적으로 나는 병이 들었을 때도 그렇지만, 치료행위는 정상적으로 무의식적 정신의 층으로부터 나온다고 생각하고 싶다. 그래서 무의식은 낙관적인 정신상태로부터 숨겨진 공명의 법칙을 통해 재생산하는 가장 강력하고 인상적인 효력들은 직접 받아들인다고 나는 생각한다.

두번째 사례 : 친구들의 절박한 요청에 의해, 믿음도 없고 어떠한 기대도 하기 힘들었지만(이전에 크리스천 사이언티스트들에 의해 실패하였던 경험에 기인하여), 우리의 귀여운 딸은 치료사의 보호 아래 놓였고, 의사가 절망적이라고 진단하였던 문제를 치료받았다. 이것은 나의 흥미를 끌었고, 나는 이러한 마음치료법의 철학과 그에 따른 방법을 성실하게 연구하기 시작하였다. 점진적으로 내적 평화와 안정이 긍정적으로 다가와 나의 태도는 크게 바뀌었다. 나의 아이들과 친구들 역시 변화를 알아채고 변화에 대해서 언급하였다. 모든 불안정하고 급한 성미는 사라졌다. 심지어 나의 얼굴 표정도 두드러지게 달라졌다.

나는 편협하였으며 공격적이었고, 사적이든 공적이든 간에 대화를 하는 데서 아량이 없었다. 그러나 나는 점차 참을성이 많아졌고, 다른 사람들의 견해를 잘 받아들이게 되었다. 나는 신경질적이었으며 성미가 급하였고, 일주일에 두세 번은 내가 생각하기로는 소화불량 또는 콧물 감기로 머리가 아파 집에 돌아오곤 하였다. 나는 점차적으로 침착하고 온화하게 되었으며 신체적 고통은 완전히 치료되었다. 나는 모든 업무상의 인터뷰에 거의 병적으로 겁내는 태도를 가지고 있었다. 그러나 지금은 자신감과 내적 평온을 가지고 모든 사람들을 만난다.

이러한 성장은 모두 이기심을 타파하는 방향으로 나아간다고 나는 말할 수 있다. 나는 단순히 더욱더 총체적이고 관능적인 형태를 의미하는 것이 아니라, 일반적으로 슬픔이나 후회, 시기 등으로 표현하기 때문에 인식되지 않은 보다 미묘한 형태들을 의미하는 것이다. 이러한 성장은 신의 내재성과 인간의 참된 내적 자아의 신성(神性)에 대해 생생하고 실제적인 방식으로 깨닫게 해주었다.

제6·7강 | 고뇌하는 영혼

　지난번 강연에서 우리는 오랜 기간 동안 고통에 대처하는 데에 체질적으로 무능력한 낙관주의적 성품을 가진 사람들의 기질을 살펴보았다. 사물들을 낙관적으로 바라보는 이런 기질의 성향은 얼음처럼 딱딱히 굳어 있는 개인의 성격이다. 우리는 이성적 인간이 따라야 하는 본질적인 것으로서의 선, 심지어 이 세계의 삶에서 선이라고 간주되는 특정한 종교유형에서 이 기질이 어떻게 그 토대가 되었는지를 보았다. 이 종교는 우주의 보다 악한 양상들을 청산하도록 그런 성향의 사람에게 명령한다. 즉 그것은 그에게 악의 양상들을 진지하게 생각하거나 중요하게 여기는 것을 체계적으로 거부하거나, 사려 깊은 계산으로 무시하거나, 때로는 그것들이 존재한다는 것을 완전히 부정하도록 명령한다. 악은 하나의 질병이다. 그러므로 질병에 대한 염려 그 자체가 원래의 질병에 추가되는 하나의 부가적 형태의 질병이다. 선의 실행자들이 소유한 성격에서 나오는 회개와 죄책감마저도 단지 병약하고 나른한 충동일 뿐이다. 최선의 회개는 정의에 의존하여 행동하며, 여러분이 이전에 죄와 연관되었다는 것을 잊어버리는 것이다.
　스피노자의 철학은 이러한 종류의 낙관주의적 성품을 엮어서 그 핵심 속으로 들어가게 했으므로 이것은 그 철학이 지닌 매력의 한 비결이 되어왔다. 스피노자에 따르면, 이성을 따르는 사람은 그의 정신이 대체로 선의 영향을 받는 사람이다. 악에 대한 지식은 단지 노예근성을 지닌 마음에나 어울리는 '부적당한' 지식이다. 그래서 스피노자는 회개를 절대적으로 비난한다. 인간이 실수를 저지르는 데 대해 그는 다음과 같이 말한다.

> 아마도 사람은 옳은 길로 인도하는 데 도움을 주는 양심의 가책과 회개를 기대할지도 모른다. 그리고 그 결과로 (모든 사람들이 결론을 내리듯이) 이러한 감정들이 좋은 것이라고 결론지을 수도 있다. 그러나 그 문제를 자세히 살펴보면, 그 감정들이 좋지 않을 뿐만 아니라 반대로 유해하며 사악한 열정들이라는 것을 발견하게 될 것이다. 왜냐하면 우리는 항상 양심의 불편함이나 죄책감보다는 이성과 진리에 대한 사랑으로써 더 잘 살아갈 수 있다는 것이 명백하기 때문이다. 그 감정들은 특정한 종류의 슬픔을 자아내기 때문에 해가 되고 사악한 것이다.

그는 계속해서 말한다.

> 나는 슬픔이 주는 불이익에 대해 증명해왔고, 그 불이익을 우리의 삶에서 배제시키기 위해 노력해야 한다는 것을 보여왔다. 양심의 불편함과 죄책감은 이러한 종류의 양상이기 때문에, 우리는 이러한 마음 상태에서 벗어나기 위해 노력해야 한다.[1)]

죄의 회개가 처음부터 비판적 종교행위가 되어온 그리스도교적 조직체에서 낙관주의적 성품은 항상 그것을 관대하게 해석해왔다. 그러한 낙관주의적 성품을 가진 그리스도인에 따르면, 회개는 저지른 죄에 대해 번민하거나 고민하는 것이 아니라 그 죄에서 벗어나는 것을 의미한다. 카톨릭의 고해성사나 사면의식은 여러 양상들 가운데 낙관주의적 성품을 제일 높은 곳에 위치시키는 체계적 방법일 뿐이다. 이로써 한 인간의 죄를 기록하는 장부는 정기적으로 청산되고 검사받아서, 인간은 기록된 이전의 부채를 모두 지우고 오점 없는 깨끗한 상태로 다시 시작하게 된다. 모든 카톨릭 교도들은 자신들의 죄를 정화하는 의식을 치른 후에 자신들이 얼마나 깨끗하고 신선하

---

1) *Tract on God, Man, and Happiness*, Book II. ch.x.

고 자유롭게 느끼는가를 우리에게 말할 수 있을 것이다. 마르틴 루터는 급진적인 의미에서 보면 우리가 토론해온 낙관주의적 성품의 유형에 속하지 않으며, 또한 그는 성직자에 의한 사면을 부인했다. 그러나 회개의 문제에서 주로 신에 대한 그의 개념의 포괄성으로 인해, 그도 어떤 면에서는 낙관주의적 성품의 사상을 지니고 있었다.

내가 성직자로 있을 때 언제라도 육체의 욕망을 느낄 경우, 다시 말해 모든 형제에게 욕정, 분노, 증오 또는 시기와 같은 모든 사악한 감정을 느끼는 경우에는 내가 철저하게 버림받았다고 생각했다. 나는 나의 양심을 다스릴 수 있는 많은 방법들을 시도해보았지만, 그렇게 할 수가 없었다. 왜냐하면 육체에 대한 욕망과 욕정은 항상 되살아났기 때문이다. 그래서 나는 안심할 수가 없었고 다음과 같은 생각들이 끊임없이 나를 괴롭혔다. "그대는 이런저런 죄를 저질렀다. 그대는 시기와 탐심과 그러한 다른 죄악들로 물들었다. 그러므로 여기에서 성직의 임무를 담당하려는 노력은 헛된 것이며, 그대의 모든 선한 일들은 무익한 것이다." 그러나 그때 "육체의 소욕은 성령을 거스르고, 성령의 소욕은 육체를 거스르나니 이 둘이 서로 대적함으로 너희의 원하는 것을 하지 못하게 하려 함이니라"는 바울의 말을 정확히 이해했더라면, 나는 그렇게 비참하게 괴로워하는 대신에 지금은 일반적으로 그러하듯이 "마르틴, 그대는 육체를 지니고 있기 때문에 죄를 짓지 않고서는 존재할 수 없으므로 그대는 그것과 투쟁을 해야 한다고 느끼게 될 것이다"라고 생각하고 또 말했을 것이다.

나는 슈타우피츠(Staupitz)가 다음과 같이 말하곤 했던 것을 기억한다. "나는 수천 번 이상 더 나은 사람이 되겠다고 신에게 맹세해왔다. 그러나 결코 내가 맹세했던 것을 실행에 옮기지 못했다. 지금부터 나는 그런 맹세는 하지 않을 것이다. 왜냐하면 그것을 실천에 옮기지 못할 것이라는 것을 경험으로 배웠기 때문이다. 그러므로 만일 신이 나에게 매우 호의적으로 그리고 자비롭게 다가오지 않는다면, 모든 맹세와 선한 행동으로써도 나는 그의 면전에 서 있을 수가 없을 것이다."

(슈타우피츠의) 이 말은 사실이면서 동시에 신앙심이 두터운 그리고 성스러운 필사적 노력이고 열망이다. 그리고 구원받은 사람들은 입술과 마음으로 이것을 모두 고백해야 한다. 왜냐하면 신앙심이 두터운 사람은 그들 자신의 의로움에 의존하지 않기 때문이다. 그들은 그리스도를 자신들의 죄 때문에 생명을 희생한 화해자로 본다. 게다가 그들은 자신들의 육체 안에 있는 나머지 죄는 자신들이 책임져야 할 것이 아니라 자유로이 용서받으리라는 것을 안다. 그럼에도 불구하고 그들은 그러는 동안에도 욕정으로 물들지 않기 위해 영적으로 육체에 대항하여야 한다. 비록 육체가 분노하고 반항하려는 것을 느낄지라도, 때때로 우유부단함으로 죄를 저지를지라도 그들은 낙담하지 않으며, 또한 그들의 삶의 모습이나 종류, 소명에 따라 행해진 일들이 신을 화나게 할 것이라고 생각지 않는다. 다만 그들은 신앙으로써 자신들을 지키는 것이다.[2]

예수회가 영적 천재이며 퀴에티즘(Quietism : 정적주의)의 창시자인 몰리노스(Molinos)를 가장 강력하게 비판했던 이론(異論) 가운데 하나는 바로 회개에 대한 그의 낙관주의적 성품이 만들어낸 견해였다.

당신이 만약 어떤 잘못을 저질렀을 때, 그것이 무엇이든지 간에, 그것으로 자신을 괴롭히거나 고통스럽게 하지 말라. 그것들은 원죄에 물든 우리의 연약한 본성의 결과이기 때문이다. 대개 적은 그대가 죄를 짓자마자, 그대가 잘못하고 있으므로 신과 신의 은혜로부터 멀어졌다고 믿게 할 것이다. 그 적은 당신의 비참함을 이야기하고 더욱 부풀려서 신의 은총을 불신하게 만들 것이다. 그는 이러한 실수들을 반복하는 동안, 당신의 영혼이 나아지기보다는 오히려 잘못된 방향으로 나아간다는 것을 매일 당신의 뇌리에 주입시킬 것이다.

오, 축복받은 영혼이여, 당신의 눈을 뜨라. 그리고 당신의 비참함을 알

---

[2] *Commentary on Galatians*, Philadelphia, 1891, 510~514쪽(축약됨).

고 자비로운 신에 대한 믿음을 가지고, 이러한 악마적인 제안들에 귀를 기울이지 말라. 자, 최고의 실력을 갖춘 사람이 다른 사람과 함께 마상 창 시합에 참가했다가, 제일 선두에서 낙하했다고 질책하는 것을 듣고서 괴로워하며 엎드려 운다면 그는 바보가 아니겠는가? (그들은 그에게 말할 것이다) "이보게, 지체하지 말고 일어나서 계속 달리게. 재빨리 일어나서 계속 시합에 임하는 이는 마치 결코 넘어져본 적이 없는 사람과 같기 때문일세." 만일 당신이 한 번 그리고 수천 번 넘어진다면 당신은 내가 당신에게 주었던 예방책, 즉 신의 자비 안에서 사랑의 확신을 이용할 수 있을 것이다. 이것은 비겁과 헛된 망상들과 싸우고 그것들을 정복하는 데 사용하는 무기들이다. 이것은 당신이 시간을 낭비하지 않고, 마음을 혼란시키지 않고, 그리고 쓸데없는 일을 하지 않도록 당신이 이용해야 할 수단들이다.[3]

이처럼 악을 의도적으로 극소화시킨 방법인 낙관주의적 성품의 견해와는 대조되는 견해가 있다. 여러분이 기꺼이 그렇게 부르기를 원한다면, 이 견해는 악을 극대화시킨 방법이라는 점에서 앞의 견해와는 근본적으로 상반된다. 이 견해는 악의 양상들은 우리 삶의 본질이며, 세상의 의미는 우리가 진심으로 그 양상들을 받아들일 때 분명히 드러난다는 믿음에 기초하고 있다. 우리는 이제 상황을 더욱 병적인 방법으로 바라보는 경우를 소개해야만 한다. 그러나 나는 낙관주의적 성품이 삶을 받아들이는 방법에 대해 일반적인 철학적 고찰을 해보는 것으로 지난 시간을 끝맺었듯이, 여기에서도 보다 막중한 임무로 전환하기 이전에 이 견해에 대한 또 다른 철학적 고찰을 해보고자 한다. 여러분은 잠깐 지체하는 것을 양해하기 바란다.

만일 악이 우리 존재의 본질적 부분이고 우리의 삶을 해석하는 열쇠라고 본다면, 우리는 항상 종교철학들 안에서 성가신 것으로 입증되어온 어려움에 봉착하게 된다. 유신론이 우주의 체계적 철학으로 확립될 때마다, 그것

---

[3] Molinos, *Spiritual Guide*, Book II, chaps. xvii., xviii(축약됨).

은 신을 전지전능한 것보다 못한 어떤 것이 되게 하는 것을 꺼려왔다. 다시 말하면, 철학적 유신론은 항상 범신론적이고 일원론적이 되려는 경향을 보여왔고, 세상을 절대적 사실의 한 단위로서 간주하려는 경향을 보여왔다. 이것은, 다소 솔직히 말하면 다신론적이라고 말할 수는 없지만 다원적이라고 말할 수 있는 대중적이거나 실제적인 유신론과 일치하지 않는다. 실제적 유신론은 만약 우리가 신의 원리는 최고의 위치에 있으며 다른 것들은 이것에 종속되어 있다는 것을 믿을 수만 있다면 그 자체가 수많은 최초의 원리들로 구성된 이 우주를 완전히 만족시키고 있음을 보여왔다. 이러한 경우에서는, 신은 악이 존재하는 것에 반드시 책임이 있는 것이 아니다. 만약 최종적으로 그 악이 극복되지 않는다면, 신이 단지 그 책임을 지게 될 것이다.

그러나 일원론적 견해나 다신론적인 견해에 비추어보면, 그 밖의 다른 모든 것과 같이 악은 신 안에 그 근본을 두고 있어야 한다. 문제는 신이 절대적으로 선하다면, 어떻게 그 경우가 가능하게 되는지를 보이는 것이다. 우리는 모든 형태의 철학 안에서 이런 어려움에 직면한다. 그 안에서 세상은 결점이 없는 사실의 단위로서 나타난다. 그러한 단위는 한 개체이고, 그 개체 안에서 가장 사악한 부분들이 최고의 부분들과 함께 본질적인 것이 되어야 하며, 또한 개체의 본질을 형성하는 데 필수적인 것이 되어야 한다. 이는 만약 한 개체 안에 있는 어떤 부분이라도 사라지거나 변형된다면 더 이상 그런 개체(본질적인 개체)가 되지 못하기 때문이다.

스코틀랜드와 오늘날의 미국에서 성행하고 있는 절대관념론의 철학은 그 당시에 투쟁했던 스콜라 철학의 유신론만큼이나 이런 어려움과 투쟁해야만 한다. 비록 이 난제(難題)에 애매모호한 점이 하나도 없다고 말하는 것이 시기상조인 것처럼 들릴지라도, 분명하고 쉬운 문제는 없다는 것, 그리고 이러한 역설에서 명백하게 탈출하는 유일한 길은 일원론적 가정에서 완전히 벗어나는 일이라는 것, 그리고 절대적으로 일원론적 사실보다는 오히려 고차적이고 저급한 사물들과 원리들의 집단 또는 집합체로서 세계는 처음부터 다원론적 형태로 존재해왔다는 것을 인정한다고 말하는 것이 매우 타당하리라. 따라서 악이 본질적일 필요가 없기 때문에, 악은 다른 것들과 함께 살아갈 이성적이거나 절대적인 권리를 갖고 있지 않은 독립적인 요소일 것이며, 또 항상 그렇게 존재해왔다. 우리는 결국에 가서는 그것이 제거되리라고 기대해볼 수 있다.

우리가 기술한 대로, 낙관주의적 성품이 지닌 신조는 이러한 다원론적 견해에 분명히 동조하고 있다. 일원론적 철학자는, 헤겔이 말했듯이, 모든 실제적인 것은 이성적이고, 변증법적으로 요구되는 요소로서의 악은 고정되며 억류되고 신성시되어야 하며, 그리고 최종적인 진리체계에서 악에게 부여된 하나의 기능을 지녀야 한다고 말하는 반면에, 낙관주의적 성품은 이러한 종류의 어떤 것에 대해서도 말하기를 거부한다.[4] 말하자면, 악은 매우 비이성적인 것이며, 고정되지도 보존되지도, 또한 최종의 모든 진리체계에서 신성시되지도 않았다. 낙관주의적 성품에 의하면 악은 신에게 혐오감을 주는 것이며, 조화되지 않은 비실재이며, 벗어 던지거나 부정해야 하는 쓸모없는 요소이다. 가능하다면, 악에 대한 모든 기억조차도 일소하고 잊어야 한다. 모든 실제와 병존하는 것이 불가능한 관념은, 병들어 있고, 열등하고, 오물 같은 물질과의 모든 접촉으로부터 구출된 흔적이 있는, 실제적인 것으로부터 나온 단순한 *추출물*이라고 말한다.

여기에서 우리는 우주의 요소들에 대해 공평하고 공정하게 제시되는 흥미로운 개념을 갖는다. 그 요소들은 다른 요소들과의 결합에서 어떠한 합리적 전체도 만들어내지 못하며, 또한 다른 요소들이 형성한 어떤 체계의 관점에서 볼 때 그것은 너무 많은 부적절성과 우연성의 요소들, 다시 말해 너무 많은 '오물', 그리고 부적당한 문제로 간주될 수밖에 없는 요소들이다.

---

4) 나는 많은 마음치료 작가들의 일원론적 언급에도 불구하고 이렇게 말한 것이다. 왜냐하면 이 언급들은 그들의 질병에 대한 태도들과는 실제로 일치하지 않으며, 그들이 관계맺고 있는 고차적 존재와의 합일의 경험과도 논리적으로 관련되지 않다는 것을 쉽게 보여주고 있기 때문이다. 다시 말해서, 고차적 존재는 절대적 사물의 전체일 필요는 없다. 만약 그 존재가 가장 이상적인 부분이라면, 종교적 경험의 삶이 그 존재를 하나의 부분으로서 간주하는 것만으로도 아주 충분하다.

이제 나는 여러분에게 이 개념을 잊지 말도록 부탁한다. 대부분의 철학자들이 이전에 이 개념을 망각하거나 경멸한 것으로 보일지라도, 나는 결국에는 그 개념을 진리의 한 요소를 담고 있는 것으로서 우리 자신이 인정해야 할 것이라고 믿기 때문이다. 그러므로 마음치료의 신조는 한 번 더 우리에게 위엄과 중요성을 지닌 것으로 보인다.

우리는 이것을 참된 종교로 보아왔고, 또한 어떤 질병을 치료하기 위해 단순히 어리석게 상상력에 호소하지 않는다는 것을 보아왔다. 우리는 모든 과학의 방법과도 다르지 않은 실험적 검증의 방법을 보아왔다. 그러므로 이제 여기에서 우리는 마음치료가 세상의 형이상학적 구조를 가장 완벽하고 뚜렷이 나타내주는 개념이라고 생각한다. 이러한 모든 견해에 비추어, 나는 여러분에게 이 정도로 좀더 관심을 기울여주기를 촉구한 것에 대해 유감으로 생각하지 않기를 바란다.

이제 이러한 사고방식에 대한 생각은 잠시 접어두고, 악의 의식에 대한 짐을 쉽게 떨쳐버리지 못하고 선천적으로 악의 존재에 괴로워하는 운명을 타고난 사람들에 대해 이야기해보자. 우리가 낙관주의적 성품에서 단순한 동물 수준의 행복, 새로 태어난 종류의 행복같이, 보다 저속하고 보다 심오한 단계들이 있다는 것을 보았듯이, 병적 성품 안에도 이와 같이 다른 단계들이 있다. 그리고 전자는 후자보다 훨씬 더 강력한 것이다.

악을 단지 **사물들과의 부적응**, 즉 인간의 삶과 환경의 잘못된 조화로서 이해하는 사람들이 있다. 그러한 악은 적어도 원리상으로는 자연단계에서 치료 가능한 것이다. 왜냐하면 단지 자아나 사물 이 둘 중에서 하나를 수정하거나 또는 둘 다를 수정함으로써 그 두 관계는 조화를 이룰 수 있고, 모든 것은 다시 결혼식에서 들리는 종소리와 같이 즐거운 상태가 될 수 있기 때문이다. 그러나 악을 특별한 외부사물들과의 단순한 관계에서 나타난 것으로 이해하지 않고 환경의 변화나 내적 자아의 어떤 피상적인 재조정으로는 치료할 수 없는, 초자연적 치료를 요구하는 인간의 본질적인 본성 안에 있는 잘못됨이나 악덕과 같은, 더욱더 근본적이고 일반적인 어떤 것으로서 이해하는 사람들이 있다.

대체로 라틴 종족들은, 죄가 복수형인 병들과 죄들로 이루어져 있는 것으로 보고 완전히 제거해버릴 수 있는 것으로서 악을 바라보는 낙관주의적 성품의 방식에 치우쳐 있다. 반면에 게르만 민족들은 죄(Sin)를 단수형으로 생각하는 경향이 있고, 대문자 S는 우리 본성의 주관성에 뿌리뽑을 수 없게 주입되어 있으며 피상적이고 단편적인 수술로는 죄를 결코 제거할 수 없다고 생각하는 경향이 있다.[5] 종족들의 이러한 비교는 항상 예외가 있을 수 있다. 그러나 명백히 종교에서 북부의 논조는 내면적으로는 더욱 비관적인 신앙의 모습을 띠고 있다. 이런 식의 극단적인 느낌은 우리 연구에 큰 도움이 된다는 것을 알게 될 것이다.

오늘날의 심리학은 사람의 마음이 하나의 상태에서 다른 상태로 넘어가는 지점을 상징적으로 나타내는 것으로서 '역치'(閾値, threshold, 축색기 시부에서 신경충동을 일으키는 데 충분한 자극의 정도-옮긴이)라는 유용한 단어를 찾아냈다. 그러므로 우리는 인간이 주의를 환기시키기 위해 사용하는 소음의 정도, 압박, 또는 다른 외부자극들을 나타내고자 인간 의식의 역치에 대해 일반적으로 이야기할 수 있다. 높은 수준의 역치를 지닌 사람은, 낮은 수준의 역치를 지닌 사람이 즉시 깨어날 수 있을 정도의 소음 속에서도 선잠을 잘 수 있을 것이다. 유사한 경우로, 어떤 감각에서든지 조그만 차이에도 민감한 사람에 대해 그가 낮은 수준의 '차이-역치'를 지니고 있다고 말할 수 있다. 여기에서 그의 마음은 역치를 쉽게 넘어 문제시되는 차이의 의식 안으로 들어간다. 우리는 '고통-역치', '공포-역치', '비참함-역치'에 대해 이야기할 수 있고, 몇몇 개인들의 의식은 역치를 재빠르게 넘지만, 어떤 이들에게는 너무 높이 선정되어 있어서 그들의 의식이 이에 도달하지 못하는 경우를 볼 수 있다. 쾌활하고 낙관주의적인 성품은 비참한 생활에서도 습관적으로 밝은 태양이 비추는 면에서 살고, 억압되어 있고 우울한 성품은 그 반대편인 불안과 어둠 속에서 산다. 명예롭게 선사받은 한두 병의 샴페인으로 삶을 시작한 것처럼 보이는 사람들이 있다. 반

---

5) J. Milsand, *Luther et le Serf-Arbitre*, 1884, 참조.

면 아주 사소한 짜증도 치명적으로 그들 자신을 고통-역치로 몰아넣어, 그것에 근접해서 태어난 것처럼 보이는 사람들도 있다.

그렇다면 마치 고통-역치의 한 측면에서 좀더 습관적으로 살았던 사람이 습관적으로 다른 측면에서 살았던 사람과는 다른 종류의 종교를 필요로 하는 것처럼 보이지 않을까? 여기에서 서로 다른 유형의 욕구에 대해 서로 다른 유형의 종교가 요청되리라는 상대성의 문제가 자연적으로 일어나고, 그것에 관해서 심사숙고하게 만든다. 그러나 이것을 정식으로 다루기 전에 우리는 낙관주의적 성품과 대조되는 말로 사용할 고뇌하는 영혼이 그들의 감옥의 비밀에 대해, 다시 말해 그들 자신의 독특한 형태를 지닌 의식에 대해 이야기하는 것을 들어야 하는 불쾌한 임무를 맡아야만 한다. 그렇다고 한다면 단호하게 우리는 자연적으로 한 번만 태어난 것으로 족해, 청명한 낙관적 신조를 갖고 있는 사람들로부터 등을 돌려야 한다. 모든 형세에도 불구하고 "우주 만세! 신은 천국에 계시고, 모든 것은 세계와 함께 정의롭도다"라고 단순히 소리지르지 못할 것이다. 오히려 연민, 고통, 공포 그리고 인간의 무기력한 감정이 더욱 심오한 견해를 펼칠 수 있는지, 그리고 그 상황의 의미를 해결해주는 복잡한 열쇠를 우리 손에 쥐어줄 수 있는지 알아보아야 할 것이다.

우선, 이 세계에 대한 성공적인 경험들이라 할지라도 안전하지 못할 텐데 어떻게 그것들이 안정된 정박지를 제공해줄 수 있을 것인가? 하나의 사슬은 그 사슬의 가장 약한 연결고리보다 더 강하지 않으며, 삶은 결국 하나의 사슬이다. 가장 낙관주의적이고 번영하고 있는 존재에게도 항상 얼마나 많은 질병, 위험 그리고 재난의 고리들이 끼여들고 있는가? 의심할 바 없이, 옛 시인이 말했듯이 기쁨에 대한 모든 근거로부터 괴로운 일이 일어난다. 예를 들어 구토감, 즐거움이 사그러지는 때, 우울이 스쳐가는 느낌, 불길한 징조를 알리는 사물들이 그런 것이다. 이것들은 순간적이라 하더라도, 더욱 깊은 영역에서 나오는 느낌을 가져오고, 종종 섬뜩한 설득력을 지닌다. 피아노의 단음장치를 닫으면 피아노 줄이 소리를 내지 않는 것과 같이, 삶의 소리들은 이것들에 닿기만 해도 멈추게 되는 것이다.

물론 음악은 이따금씩 간격을 두고 시작될 수 있다. 그러나 이것은 낙관주의적 성품의 의식에 회복할 수 없는 불안감을 남겨준다. 그것은 갈라진 소리를 지닌 종과 같고, 그것은 고난과 불행을 통해 생명을 이어간다. 이런 냉정한 간격들 가운데 어떤 것도 몸소 경험해본 적 없이 너무나 낙관주의적 성품으로 굳어져 있는 사람을 생각해본다고 하더라도, 만일 그가 여전히 숙고하는 인간이라면 자신의 운명을 다른 사람의 운명으로 자리매김해야만 한다. 그렇게 함으로써 그는 자신의 곤경으로부터의 도피가 단지 운이 좋아 그러할 뿐 본질적으로는 아무 차이가 없다는 것을 알아야 한다. 그는 완전히 다른 운명을 지니고 태어나는 것이 더 좋았을 것이다. 그렇다면 이 얼마나 허울만의 안정이란 말인가!

여러분이 할 수 있는 최상의 말은 "주님, 감사합니다. 그것이 이번에는 나를 깨끗이 떠나갔습니다"라는 식이다. 그 축복은 부서지기 쉬운 허구가 아닌가. 그 속에 있는 여러분의 기쁨은 성공한 어떤 깡패의 웃음과 별다를 바가 없는 저속한 기쁨이 아닌가. 그러한 모든 것들을 진정으로 성공이라고 할 수 있는가! 그러나 세상 사람들에게 질투의 대상이 되는 가장 행복한 사람을 살펴보라. 그의 내면의 의식은 십중팔구 실패이다. 그의 일련의 성취에서, 그의 이상은 성취 그 자체보다 훨씬 더 높이 정해져 있거나, 그렇지 않으면 그는 세상 사람들이 전혀 알지 못하는 비밀스러운 이상을 가지고 있다. 그가 그것과 연결하여 자신을 살펴볼 때 그는 내적으로 무엇인가 결핍되어 있다는 것을 알게 된다.

괴테와 같이 그렇게 정복적인 낙관주의자가 자기 자신을 이처럼 현명하게 표현할 때, 그것이 어찌 성공하지 못한 사람의 말일 수 있을까?

괴테는 1824년에 다음과 같이 썼다.

나는 내 존재의 과정에 대해 아무 말도 하지 않겠다. 그 밑바닥에는 단지 고통과 무거운 짐이 있었을 뿐이며, 75년이라는 생애를 통해 나는 진정으로 행복한 단 4주간의 기간도 가져본 적이 없다. 그것은 다시 들어올려야만 하는 바윗돌을 영원히 굴리는 것이나 다름없었다.

어느 누가 루터만큼 단독으로 성공한 적이 있는가. 그러나 나이가 들었을 때 그는 자신의 삶을 마치 전적으로 실패한 것처럼 회고한다.

"나는 삶에 완전히 지쳐 있다. 나는 주께서 곧 오셔서 나를 이 자리에서 데려가 주시기를 기도한다. 무엇보다도 그분께서 마지막 심판으로 오시기를 기도한다. 나는 목을 쭉 뺄 것이며, 그 다음에 천둥이 칠 것이고, 그러고 난 다음 나는 편히 쉴 수 있을 것이다." 나는 하얀 마노로 된 목걸이를 쥐고 이렇게 덧붙였다. "오, 주님, 지체하지 말고 오소서. 내일이면 다가올 심판을 위해서 나는 오늘 기꺼이 이 목걸이를 해치워버려야 합니다." 왕후의 미망인인 다우어저(Electress Dowager)가 어느 날 루터와 함께 식사를 하고 있을 때 그에게 이렇게 말했다. "박사님, 나는 당신이 앞으로 40년을 더 살게 되기를 바랍니다." 그러자 그는 "부인, 내가 앞으로 40년을 더 사느니 차라리 낙원에 들어가기를 포기하겠소"라고 대답했다.

실패, 또 실패! 세상은 도처에서 우리에게 이렇게 낙인찍는다. 우리의 큰 실수와 악행과 잃어버린 기회와 소명의 부적합함에 대한 기억 등으로 온통 세상이 뒤덮여 있다. 또한 세상은 우리에게 죄를 강조함으로써 우리를 세상에서 말살시켜 버린다. 많은 벌금이나 단순한 사과나 형식적 속죄로도 세상의 요구를 만족시키지 못할 것이다. 아무리 살점을 정확하게 베어낸다고 해도 모두 그 피로 적셔져 있다. 인간에게 알려진 가장 미묘한 고통의 형태는 이러한 결과들에 부수되는 파괴적인 굴욕과 연결되어 있다.

그것들은 인간의 중요한 경험들이다. 도처에서 지속되는 과정은 분명히 빠뜨릴 수 없는 삶의 일부분이다. "인간의 운명에는 맹목 그 자체로도 부정할 수 없는 한 가지 분명한 요소가 있다. 우리가 하려는 모든 것이 성공하기 위한 것은 아니다. 실패도 우리에게 할당된 운명이다"[6]라고 로버트 루

---

6) 그는 낙관주의적 성품의 특징을 갖고서 다음과 같이 덧붙인다. "우리의 일이란,

이스 스티븐슨(Robert Louis Stevenson)은 쓰고 있다. 우리의 자연적 존재가 이렇게 실패에 뿌리박고 있기에, 신학자들이 실패를 본질적인 것이라고 주장하고, 삶의 의미를 더 깊이 감지하도록 하는 개인적 굴욕의 경험을 통해서만 그것에 도달할 수 있다고 생각하는 것은 당연한 일이 아닌가.[7]

그러나 이것은 단지 세상병의 첫번째 단계일 뿐이다. 인간 존재에 대한 여러분의 민감성을 조금 더 발전시켜보라. 불행의 역치를 넘어 조금 더 먼 곳까지 그를 데려가보라. 그러면 그들이 성공적이었던 순간에 지니고 있던 그들 자신의 좋은 특성들은 모두 망가지고 손상된다. 모든 자연적 축복들은 썩어 없어진다. 부는 날아가고, 명예는 순간이며, 사랑은 속임수이고, 젊음과 건강과 쾌락은 사라진다. 결말이 티끌에 불과하며 언제나 실망스러운 것들이 진정 우리의 영혼이 요구하는 좋은 것들이 될 수 있을까? 모든 것의 이면은 우주적 죽음이라는 커다란 유령, 즉 모든 것을 에워싸는 암흑이었다.

사람이 해 아래서 수고하는 모든 수고가 자기에게 무엇이 유익한고. 그 후에 본즉 내 손으로 한 모든 일과 모든 수고가 다 헛되어 바람을 잡으려는 것이며 해 아래서 무익한 것이로다. 인생에게 임하는 일이 짐승에게도 임하나니 이 둘에게 임하는 일이 일반이라. 다 동일한 호흡이 있어서 이의 죽음같이 저도 죽으니 사람이 짐승보다 뛰어남이 없음은 모든 것이 헛

기분 좋게 계속해서 실패하는 것이다."
[7] 많은 이들에게 신은 이 세상 사람들이 그들의 실패에 가하는 저주스러운 판단에 대항하여 호소하는 상고법정에 지나지 않는다. 우리가 알기로는, 우리의 죄와 실수가 책망받은 다음에 남는 것은 흔히 잔류적 가치이다. 그것들을 인정하고 나서 후회하는 우리의 능력은 **잠재적으로** 더 나은 자아의 근원이 된다. 그러나 세상은 우리를 잠재적으로 다루지 않고 실질적으로 다룬다. 그래서 세상은 결코 이러한 숨겨진 근원을 밖에서는 추측하지 않고, 고려하지도 않는다. 그러므로 우리는 모든 것을 다 아시는 전지하신 분께로 돌아간다. 우리의 악한 점뿐만 아니라, 우리 안에 있는 선한 것도 알고 계시는 공정하신 분께 향하게 된다. 우리는 우리 자신을 후회하면서 그분의 자비에 우리를 내던진다. 우리는 단지 전지하신 분에 의해서만 심판받을 수 있다. 이러한 삶의 경험으로부터 신의 필요성은 명백히 드러난다.

됨이로다. 다 흙으로 말미암았으므로 다 흙으로 돌아가나니 다 한곳으로 가거니와. ……무릇 산 자는 죽을 줄을 알되 죽은 자는 아무것도 모르며 다시는 상도 받지 못하는 것은 그 이름이 잊어버린바 됨이라. 그 사랑함과 미워함과 시기함이 없어진 지 오래니 해 아래서 행하는 모든 일에 저희가 다시는 영영히 분복이 없느니라. ……빛은 실로 아름다운 것이라 눈으로 해를 보는 것이 즐거운 일이로다. 사람이 여러 해를 살면 항상 즐거워할지로다. 그러나 캄캄한 날이 많으리니 그 날을 생각할지로다. 장래 일은 다 헛되도다(이상은 구약성서 전도서에서 발췌하여 인용되었음—옮긴이).

간단히 말해서, 인간의 삶과 그에 대한 부정은 풀 수 없을 정도로 뒤엉켜 있다. 그러나 만일 삶이 좋은 것이라면, 그 반대는 나쁜 것이어야 한다. 그런데 그 두 가지는 동등하게 존재의 본질적 요소들이다. 모든 자연적 행복은 이처럼 모순에 물들어 있는 것처럼 보인다. 무덤의 숨결이 그것을 에워싸고 있다.

이러한 사물의 상태에 귀를 기울이고 그러한 명상이 야기시키는 기쁨을 파괴하는 냉담함에 묶여 있는 사람들에게 낙관주의적 성품의 사람들이 줄 수 있는 유일한 위안은 이렇게 말하는 것이다. "엉터리 거짓말들은 공중으로 날려보내라!" 또는 "여보게, 힘을 내시오. 만일 당신이 병적인 생각을 떨쳐버리기만 한다면 당신은 곧 괜찮아질 것이오!" 그러나 모든 것을 심각하게 생각하는 사람에게 이와 같이 노골적으로 육욕적인 이야기가 합리적 대답으로써 다루어질 수 있을까. 종교적 가치의 원인을 자연적 선을 얻기 위한 단순한 기회를 얻은 행운으로 돌리는 것은 부주의하고 천박한 헌신일 뿐이다. 그것을 치유하기에는 우리의 문제들이 너무 깊은 곳에 놓여 있다. 우리가 아플 수 있고 죽을 수 있다는 사실은 우리를 당황케 하는 문제들이다. 우리가 지금 당분간 살아 있으며 건강하다는 사실은 그러한 당황함과는 무관하다. 우리는 죽음과 연결되지 않는 삶, 병들지 않는 건강, 소멸하지 않는 선, 그리고 사실상 자연의 축복들을 넘어서는 선을 필요로 한다.

이 모든 것은 우리 **영혼**이 불일치에 얼마나 민감한가에 달려 있다. 이런 종류의 의식을 갖고 있는 나의 한 친구는 "나의 문제는 내가 너무나 많이 일반적 행복과 선을 믿고 있다는 것이고, 일시적인 어느 것으로도 나를 위로할 수 없다는 것이다. 나는 그것들이 언젠가는 스러져버릴 것이라고 생각하면 소름끼치고 혼란스러워진다"라고 말하였다. 그것은 우리들 대부분에게도 마찬가지다. 동물적 흥분과 본능을 약간 식히고, 동물적 완강함을 조금 줄이고, 성미가 급한 약점을 조금 보완하고, 고통의 역치를 조금 낮추어 놓으면 우리의 일상적 기쁨의 샘 중앙에 고통이 자리잡고 우리는 우울한 형이상학자들로 변화될 것이다. 삶의 자부심과 세상의 영광은 시들 것이다. 그것은 결국 뜨거운 젊음과 백발의 노년 사이에 생기는 지속적 다툼일 뿐이다. 노년은 최후의 결단을 내린다. 아무리 열정적으로 시작했을지라도 삶에서 순수한 자연주의적 모습은 슬프게도 확실히 끝이 난다.

　이러한 슬픔은 단순히 실증적이거나 불가지론적 또는 자연주의적인 철학 체계의 중심부에 놓여 있다. 쾌활한 낙관주의적 성품으로 하여금 순간적으로 살아가고 무시하고 망각하는 이상한 힘으로 최선을 다하게 하라. 그럼에도 여전히 사악한 배경이 실재하는 것으로 생각되고 두개골은 연회에서 이빨을 드러내며 싱글거릴 것이다. 개인의 실제적인 삶에서, 현재의 어떤 사실에 대한 우울함이나 즐거움이 어떻게 그 사실과 관련된 먼 미래의 계획이나 희망에 의존하고 있는지 우리는 알고 있다. 그 사실의 의미와 뼈대는 그 사실에 가치를 부여해 준다. 그 사실로 하여금 어느 곳으로도 이끌 수 없음을 알게 하라. 그러면 그것이 아무리 직접적으로 마음에 든다 할지라도 홍조와 겉치레는 곧 사라지게 된다. 모르는 사이에 진행된 내부의 질병으로 병든 그 늙은이는 늘 그러했듯이 웃으며, 처음에는 그 포도주를 단숨에 들이킬 것이다. 그러나 그는 지금 자신의 운명을 알고 있다. 왜냐하면 의사가 그것을 드러냈기 때문이다. 그리고 그 지식은 이러한 모든 기능으로부터 만족감을 뿌리째 뽑아버린다. 그들은 죽음의 동반자들이며, 고통은 그들의 형제이며, 그들은 단순히 흥미 없는 삶에 의지할 뿐이다.

　현재라는 시간의 영광은 그것과 항상 동행하는 가능성의 배경으로부터 빌려온 것이다. 우리의 공통적 경험을 영원한 도덕적 질서로 감싸보라. 우리의 고통이 영원한 의미를 지니게 하라. 하늘이 땅을 보고 웃게 하라. 그러면 신들이 땅으로 내려올 것이다. 인간이 믿음과 희망 속에서 숨쉬는 환경이 되게 하라. 그러면 그의 날들은 짜릿하게 지나갈 것이다. 그들은 전망을 가지고 움직이며, 먼 훗날의 가치로 전율하게 될 것이다. 반대로 응결시키는 냉기와 우울함과, 궁극적으로 가시적인 모든 것인 순수한 자연주의와, 우리 시대의 대중과학인 진화론의 영구적인 의미의 부재를 그들 주위에 배치해보라. 그러면 그 전율은 금세 멈추거나, 아니면 불안한 전율로 바뀌게 될 것이다.

최근의 우주론적 사유를 공급받고서 자신의 존재를 지탱해나가는 자연주의에 따르면, 인류는 절벽으로 에워싸인 얼어붙은 호수 위에 사는 일련의 사람들과 유사한 위치에 놓여 있다. 거기에는 탈출할 곳이 전혀 없는데, 얼음은 조금씩 녹아가고 있다. 그 마지막 표면의 얼음장마저 녹아버리게 될 불가피한 날이 다가오고 있고, 모든 인류는 수치스럽게 익사하게 될 것이다. 스케이팅이 더욱 즐거워질수록 태양이 나날이 뜨거워지고 더욱 밝게 빛나며, 밤의 모닥불이 더욱 붉게 타오를수록, 총체적 상황의 의미 안에서 인간이 취해야 할 슬픔은 더더욱 통렬하다.

초기 그리스인들은 문학작품 안에서 자연종교가 야기할 수 있는 낙관주의적 성품의 즐거움에 대한 모형들을 우리에게 계속해서 제시해 준다. 그리스인들 사이에는 대단한 즐거움이 있었다. 모든 사물에 대한 호메로스의 정열은 햇살이 내리쬐고 있는 것처럼 끊임없는 것이었다. 그러나 호메로스에서조차도 숙고해볼 만한 구절들은 우울하다.[8] 마찬가지로 그리스인들이 체계적으로 생각에 잠기게 되어 궁극적인 것들을 생각하게 될 때면, 그 순간 그들은 순전한 비관론자들이 된다.[9] 신들의 질투, 과도한 행복에 뒤따르는

---

8) 예 : *Iliad* XVII. 446쪽. "그렇다면 이 지상에서 숨쉬고 기어다니는 모든 것 가운데 인간보다 더 비참한 것은 없다."
9) 예 : *Theognis*, 425~428쪽. "지구상에 있는 모든 것 가운데 가장 훌륭한 것은 태어나지 않는 것이고, 태양의 광채를 바라보지 않는 것이다. 그 다음으로 좋은

불행, 모든 것을 에워싸고 있는 죽음, 불투명한 어두운 운명, 이해하기 어려운 근원적 잔인성은 그들 상상력의 고정적인 배경이었다. 그들의 다신교가 갖는 아름다운 즐거움은 현대에 시적으로 아름답게 꾸며졌을 뿐이다. 그들은, 어떠한 즐거움도 우리가 머지않아 곧 보게 될 브라만 교도들, 불교도들, 그리스도 교도들, 이슬람 교도들, 신비주의와 금욕적 극기에 대한 몇 가지 교리들로부터 얻는 자연적 성향과 배치되는 종교를 지니고 있는 두 번 태어난 사람들의 기쁨과 질적인 면에서 필적할 수 있는 기쁨은 존재하지 않는다는 것을 알고 있다.

스토아 학파의 무감각과 에피쿠로스 학파의 체념은 그리스 정신이 그 방면에서 만들어낸 가장 큰 진보였다. 에피쿠로스 학파의 철학자는 다음과 같이 말했다. "행복해지기 위해 노력하지 말고 불행을 피하기 위해 노력하라. 진한 행복은 늘 고통과 연결되어 있다. 그러므로 안전한 기슭에 머무르라. 그리고 더 큰 환희에 도전하지 말라. 조금만 기대함으로써, 그리고 조금 낮은 목표를 세움으로써 실망감을 피하고, 무엇보다 초조해하지 말라." 스토

것은 가능한 한 빨리 지옥(Hades)의 문을 통과하는 것이다." 1225년, 콜로누스의 『오이디푸스』(Oedipus)에 나오는 거의 동일한 문장을 보라. 그 명시선집은 비관적인 말들로 가득 차 있다. "나는 이 땅에 벌거벗고 와서, 벌거벗고 지하로 간다. 내 앞에 놓여 있는 벌거벗은 종말을 보면서 내가 왜 헛수고를 해야 하는가?" "나는 어떻게 존재하게 되었는가? 나는 어디에서 왔는가? 나는 무엇 때문에 왔는가? 죽기 위해서. 아무것도 모르는 내가 어떻게 배울 수 있는가? 아무것도 아닌 존재로 나는 태어났다. 다시 한 번 나는 과거의 내가 될 것이다. 아무것도 아닌 것과 무는 전 인류의 운명이다." "죽음을 위해서 우리는 제멋대로 도살당하는 돼지떼처럼 소중하게 길러지고 살찌워진다."

그리스의 비관주의와 동양과 현대의 다양성 사이의 차이점은, 그리스인들은 비판적 태도가 이상화될 수 있다는 것과 감각적으로 고차적 모습을 띤 인물을 발견하지 못한 것이다. 그들의 영혼은 본질적으로 너무 남성적이어서 그들의 고전문학에서 비관주의는 잘 다듬어지거나 길게 다루어질 수 없었다. 그들은 음울한 기분으로 삶을 전적으로 무시했을 것이며, 눈물이 메마르지 않는 적절한 범위 내에서 삶을 유지하기를 권고했을 것이다. 이 세상이 지속되는 한 고통과 실패에 대해 영원히 강조해야 된다는 사실에 대한 발견은 고전시대의 그리스 민족보다 더욱더 복잡하고 (말하자면) 여성적인 민족들을 위해 남겨졌다. 그러나 그러한 그리스 사람들의 장래 역시 비관적이었다.

아 학파의 철학자는 다음과 같이 말했다. "삶이 인간에게 줄 수 있는 유일한 참된 선은 자신의 영혼을 자유롭게 소유하는 것이다. 그 밖의 다른 모든 것들은 거짓이다."

이 철학들은 어느 정도 자연의 선물에 관해 자포자기하는 철학이다. 자유로이 생겨나는 기쁨에 대한 진정한 자포자기는 에피쿠로스 학파와 스토아 학파 양쪽으로부터 완전히 떠나버렸다. 그래서 각각의 철학이 제안하고 있는 것은 결과적으로 먼지나 재 같은 마음의 상태로부터 구제받을 수 있는 방법이다. 에피쿠로스 학파는 여전히 욕망의 좌절과 탐닉의 절제로부터 나오는 결과들을 기다리고 있다. 스토아 학파는 아무 결과가 없는 것을 희망하며, 자연적 선을 전부 포기한다. 양쪽의 이러한 체념이 지닌 형태 속에는 존엄성이 있다. 그 형태들은 인간이 유치하게 감각적 행복에 취해 있으면 받게 될 뚜렷한 단계들을 냉철한 방법으로 나타내주고 있다. 에피쿠로스 학파에서는 뜨거운 피가 식어갔고, 스토아 학파에서는 아주 차갑게 되어버렸다. 비록 내가 이것들을 역사적 사실인 양 과거시제로 말했지만, 금욕주의와 쾌락주의는 세상을 고뇌하는 성품의 발전 속에서 성취된, 어떤 명백한 단계들을 나타내주는 아마도 영원히 전형적인 태도들일 것이다.[10]

그것들은 한 번 태어난 것으로 만족하는 사람들이 마지막으로 도달한 결말을, 그리고 두 번 태어난 신앙이 순전히 자연적인 사람이라고 부르는 것의 가장 고차적 비상들을 나타낸다. 다시 말해 그것들은 예의상 인간의 우

---

10) 예를 들면, 내가 이 대목을 쓰고 있는 바로 그날, 우편 배달부는 하이델베르크에 있는 세상물정에 밝은 옛 친구로부터 온, 경구들이 담겨 있는 편지를 나에게 전해주었다. 현대판 쾌락주의의 훌륭한 예라고 할 만한 것이었다. "'행복'이라는 단어를 모든 인간은 저마다 다르게 이해한다. 그것은 단지 연약한 사람들이 추구하는 환영이다. 지혜로운 사람은 더욱더 수수하지만 훨씬 더 명확한 만족이라는 용어를 싫어하지 않는다. 교육이 주로 목표로 삼아야 하는 것은 우리를 불만족스러운 삶으로부터 구원해내는 것이다. 건강은 호감이 가는 조건이지만 결코 만족을 위해서 불가결한 조건은 아니다. 여성의 가슴과 사랑은 자연이 만들어놓은 교묘한 고안물이다. 그것은 여성이 평범한 남성을 위해서 마련한 함정이고, 남성으로 하여금 자동적으로 동요하게 한다. 그러나 지혜로운 남성은 언제나 그 자신이 선택한 일을 선호할 것이다."

아함을 보여주는 하나의 종교인 쾌락주의와, 인간의 도덕의지를 보여주는 또 다른 종교인 금욕주의를 나타낸다. 그것들은 세상을 화해되지 않은 모순의 형태 속에 남겨둔 채 더 큰 통일을 이루려고 애쓰지도 않는다. 초자연적으로 갱생한 그리스도인이 즐기는, 또는 동양의 범신론자가 탐닉하는 복잡한 황홀경과 비교해보면, 평정에 대한 그들의 처방은 그 단순성에서 거의 투박한 것처럼 보이는 방편들이다.

그러나 나는 아직까지 마지막으로 이런 태도들의 어떤 것도 판단하려고 하지 않았다는 것을 명심하기 바란다. 나는 단지 그것들의 다양성만을 기술하고 있다.

두 번 태어난 사람들이 보고한 열광적 종류의 행복으로 가는 가장 확실한 길은 역사적 사실의 문제로서, 우리가 지금까지 생각해온 어떤 것보다도 더 근본적인 비관론을 통해 생겨났다. 우리들은 영광과 황홀이 자연의 산물들로부터 어떻게 해서 없어지게 되었는지를 보아왔다. 그러나 불행의 높이가 너무나 커서 자연의 산물들은 완전히 잊혀지거나 그것들의 존재에 대한 모든 느낌은 정신적 영역에서부터 사라진다. 이런 극도의 비관론에 도달하기 위해서는 삶에 대한 관찰과 죽음에 대한 숙고보다도 더 필요한 어떤 것이 있다. 개인은 자신의 인격 안에서 병적 우울증의 먹이가 된다. 낙관주의적 성품의 열광자가 바로 악의 존재를 무시하는 것만큼, 우울증에 걸려 있는 사람은 무심코 좋은 것은 무엇이든 억지로 무시하는 경향이 있다. 그에게 모든 선은 더 이상 최소의 실재가 아니다. 신경조직이 완전히 정상적으로 작동한다면, 그러한 민감하고 유순한 정신적 고통은 아주 희귀하게 일어난다. 사람들은, 낙관주의적 성품의 소유자에게서는 외적 운명의 가장 잔혹한 파괴의 희생자가 되었더라도 그런 고통을 결코 발견할 수 없다.

그러므로 우리는 첫번째 강연의 도입부에서 너무나 많이 적극적으로 이야기했고, 앞으로 나올 많은 부분에서 중요한 역할을 담당할 신경증의 체질을 여기에서 지적해야 한다. 우선 우울증의 이런 경험들은 절대적으로 사적이고 개인적이므로 나는 개인적 증언자료들을 통해 스스로 도움을 받고자 한다. 그것들은 듣기에 너무나 고통스러운 자료들이므로 공적으로 다루는 것은 좋지 못하다. 그러나 그것들은 바로 우리 여정의 한복판에 있다. 우리가 종교심리학을 신중히 다루려고 한다면 우리는 관례들을 기꺼이 잊어야 하고, 순조롭고 형식적으로 이루어지는 허위의 대화 표면 밑으로 파고들어가야 한다.

사람들은 여러 종류의 병리학적 우울함을 구분할 수 있다. 때때로 그것은 단순히 풀이 죽은 것이거나 쓸쓸함, 낙담, 실의, 그리고 입맛의 상실과 원기부족이다. 리보(Ribot) 교수는 이러한 상태를 지적하기 위해 **무쾌감증(無快感症, anhedonia)**이라는 단어를 제시했다.

그는 다음과 같이 쓰고 있다.

무쾌감증의 상태는 **무감각상태(analgesia)**와 함께 짝지으려고 새로운 단어를 만들어내는 것이라면 거의 연구되지 못한 것이나 다름없지만, 그것은 존재한다. 어떤 소녀가 간장병에 걸렸는데 그것은 한동안 그녀의 체질을 바꾸어놓았다. 그 소녀는 더 이상 부모에게 애정을 느끼지 못했다. 그 소녀는 인형을 가지고 노는 버릇이 있었지만, 그러한 행위에서 최소한의 즐거움도 발견하지 못했다. 전에는 배꼽이 빠지도록 웃게 만들었던 일들이 지금은 그 소녀의 흥미에서 완전히 떠나버렸다. 에스퀴롤(Esquirol) 역시 간장병의 희생자가 된 매우 지적인 치안판사의 사례를 보고하였다. 그에게서는 모든 감정이 사라져버렸다. 그는 성낼 줄도 고집부릴 줄도 모른 채 완전히 감정적 반응의 부재만을 보였다. 그가 습관적으로 갔던 극장에서도 아무런 즐거움도 발견하지 못했다. 그는 집과 가정, 아내, 멀리 떨어져 있는 아이들에 대한 생각이, 마치 유클리드의 법칙처럼 조금도 그를 감동시키지 않았다고 말했다.[11]

대부분의 사람들은 배멀미가 오랫동안 지속되면 일시적으로 무기력 상태에 빠져든다. 하늘에 있든 땅에 있든 모든 선은 싫어하는 감정으로 변화된

---

11) Ribot, *Psychologie des Sentiments*, 54쪽.

것일 뿐이라고 생각된다. 이러한 종류는, 지적이고 도덕적이기도 한 특별히 고상한 성격이 종교적 진화와 결부되어 있는 일시적 상태이다. 카톨릭 철학자 그래트리(Gratry) 신부는 이런 상태를 그의 자전적 회고록에 잘 묘사하였다. 공예기술학교(Polytechnic School)에서 정신적 소외와 과도한 연구의 결과로 청년 그래트리는 자신의 표현대로 신경적 탈진상태가 되었다.

나는 그러한 만인 공통의 공포가 너무 심하여 밤에 놀라 잠을 깼다. 만신전(Phantheon)이 공예학교 위로 넘어지거나 학교가 화염에 휩싸이거나 센(Seine) 강물이 카타콤(the Catacombs, 초기 그리스도 교도들이 박해를 피하기 위해 숨어 있던 지하 피난처—옮긴이)으로 밀어닥치고 파리가 수몰된다는 등등의 생각이 들었다. 나는 이런 인상들이 지나간 뒤에는 하루종일 끊임없이 치유되지 않는, 참을 수 없는, 절망에 가까운 적막감에 시달렸다. 사실 나는 나 자신이 신에게 거부당해 버림받고 저주받았다고 생각했다. 나는 지옥의 고난 같은 것을 느꼈다. 그전에는 지옥을 생각해본 적이 한 번도 없었다. 내 마음이 그런 쪽으로 향한 적이 전혀 없었다. 어떠한 담론이나 명상도 그런 쪽으로 나를 몰고 가지는 않았다. 나는 지옥을 고려하지 않았다. 지금 나는 동시적으로 어느 정도 지옥에서 고통받는 일을 겪었다.
그러나 아마 더욱더 무서웠던 일은 천국에 관한 모든 생각이 나에게서 사라졌다는 것이다. 나는 그러한 종류의 어떤 것도 떠올릴 수 없었다. 천국은 내게 더 이상 갈 가치가 없는 나라로 보였다. 그것은 공허한 것 같았다. 신화에 나오는 이상향, 또는 지상보다 현실감이 적은 그림자의 서식처 같았다. 나는 거기에 거주하는 데에 어떠한 기쁨도 즐거움도 상상할 수 없었다. 행복, 기쁨, 빛, 열정, 사랑……이 모든 낱말들은 그때 느낌이 없었다. 내가 이러한 것들에 관하여 아직도 이야기할 수 있다는 것은 의심할 여지가 없지만, 나는 이미 그것들 속에 있는 어떤 것을 느낄 수도, 그것들에 관한 어떤 것을 이해할 수도, 그것들로부터 어떤 것을 소망하거나 그것들이 존재하는 것을 믿을 수도 없게 되어버렸다. 나의 커다란, 위로할 수 없는 비애가 그곳에 있었다. 나는 행복이나 완벽성의 존재를 더 이상 지각하거나 생각하지 않았다. 벌거벗은 바위 위에 있는 하나의 추상적인 천국! 영원을 향한 나의 현주소는 그런 것이었다.[12]

기쁜 감정을 가질 수 없는 의미의 우울증에 대해서는 이 정도로 해두자. 훨씬 더 나쁜 형태는 적극적이고 능동적인 고뇌이다. 그것은 낙관주의적 삶에는 전혀 알려지지 않은 일종의 정신적 신경통이다. 그런 고뇌는 다양한 특성을 갖고 있다. 그것은 때때로 혐오감을 갖게 하며, 때로는 짜증과 격분의 특성을, 또는 자기불신과 자포자기, 의심, 걱정, 당황, 공포의 특성을 갖게 한다. 그런 환자는 반발하거나 굴복할 수 있다. 그는 자신을 책망하거나 바깥에 있는 힘을 비난할 수 있다. 그는 자신이 왜 그토록 고통받아야 하는가에 대해 불가사의한 신비로 괴로워할 수도 있고 괴로워하지 않을 수도 있다. 대부분의 사례는 복합적으로 일어나므로, 너무 엄격하게 우리가 분류해놓은 것들을 다루어서는 안 된다. 더욱이 그 분류 자체를 경험의 종

---

12) A. Gratry, *Souvenirs de Ma Jeunesse*, 1880, 119~121쪽(축약됨). 어떤 사람들은 영영 무기력증에 빠져서 삶에 대한 일상적 욕구를 상실하기도 한다. 자살의 역사를 살펴보면 다음과 같은 예를 볼 수 있다. 19세의 교육받지 못한 어느 가정집 하녀가 음독하였는데, 그 동기를 보여주는 두 통의 편지를 남긴다. 그녀는 부모에게 다음과 같이 쓰고 있다.
"삶은 어떤 이에게는 달콤할 수 있지만, 나는 삶보다 더 달콤한 것을 좋아합니다. 그것은 죽음입니다. 그러니까 사랑하는 부모님, 영원토록 안녕히 계시기 바랍니다. 그것은 누구의 잘못도 아니고 최근 3~4년 동안 내가 그렇게도 이루려고 갈망해왔던 나 자신만의 강한 욕구입니다. 나는 언젠가는 그것을 달성할 때가 오리라는 희망을 늘 간직해왔습니다. ……지금 그때가 왔습니다. 내가 이것을 너무 오래 지연시켜온 것은 이상한 일입니다. 그러나 십중팔구는 내가 용기를 내어 내 머리에서 모든 상념을 제거시켜야 한다고 생각했습니다." 그녀는 또 오빠에게 이렇게 쓰고 있다. "나에게 둘도 없는 사랑하는 오빠, 잘 있어. 이 편지를 볼 때쯤이면 나는 영원히 떠나 있을 거야. 오빠, 나는 내가 하려는 짓이 용서받을 수 없는 것이라는 걸 잘 알고 있어. ……나는 사는 게 지겨워. 그래서 죽고 싶어. ……삶은 어떤 이에게는 감미로울 수 있겠지만, 나에겐 죽음이 더 달콤해." S.A.K. Strahan, *Suicide and Insanity*, 2d edition, London, 1894, 131쪽.

교적 영역과 연관짓는 것은 상대적으로 극히 일부에 지나지 않는다. 예를 들면, 격앙된 사례는 보통 종교적 영역과 상관이 없다. 나는 이제 내가 손 댄 우울증의 첫번째 사례를 문자 그대로 인용해본다. 그것은 프랑스의 어느 한 요양원에서 온 편지이다.

나는 이 병원에서 육체적으로나 도덕적으로 너무나 많은 고통을 당하고 있다. 게다가 신열과 불면(왜냐하면 나는 여기 갇혀 있기 때문에 더 이상 잠을 자지 못하고, 내가 취하는 조그만 휴식은 나쁜 꿈으로 깨지고, 악몽, 무서운 환영, 번개, 천둥 등에 의해 깜짝 놀라 잠을 깨기 때문이다), 공포, 지긋지긋한 두려움은 나를 내리누르고 쉼 없이 나를 잡고 놓아주지 않는다. 병원 안의 정의는 다 어디 갔단 말인가! 내가 무슨 일을 저질렀기에 이 과도한 아픔을 감당해야 하는가? 이 두려움은 어떤 모습으로 나를 짓누르고 있는가? 내게서 내 삶을 앗아가려는 사람에게 감정을 품지 말아야 된단 말인가! 먹고 마시고 밤새도록 깨어 있어도 계속 괴롭다. 그것은 내가 어머니로부터 물려받은 업보인가 보다! 내가 알 수 없는 것은 이러한 힘의 남용이다. 모든 일에는 한계가 있고 중도가 있다. 그러나 신은 중도도 한계도 알지 못한다. 나는 신에게 "어째서?"라고 말했다. 내가 지금까지 알아온 것은 모두 악마다. 결국 나는 악마만큼이나 신을 두려워하고 그래서 나는 자살만을 생각하며 헤매지만, 결행할 용기도, 방법도 없다.

당신이 이 편지를 읽게 되면 그것은 내가 미쳤다는 것을 당신에게 쉽게 증명해줄 것이다. 문체와 내용에 일관성이 없다. 나는 그 점을 나 자신에게서 볼 수 있다. 그러나 나는 나 자신이 미치거나 천치가 되는 것을 막을 수가 없다. 지금 형편으로 내가 누구에게서 동정을 구해야 하는가? 나는 철사줄로 나를 조여오고 있는 보이지 않는 적으로부터 무방비 상태에 놓여 있다. 내가 그를 보거나 또는 보았다 하더라도 지금보다 더 잘 무장을 하지는 못할 것이다. 오, 그가 나를 죽이려 하면, 악마여, 그놈을 데려가라! 죽음, 죽음아, 이번 한 번만! 그러나 나는 멈춘다. 당신에게 너무 오래 헛소리를 지껄인 것 같다. 나는 지껄였다고 말했다. 왜냐하면 나는 두뇌도 없고 남아 있는 생각도 없어서 달리 쓸 수가 없기 때문이다. 오, 신이시여! 어떤 불행이 생겨날지! 아침과 저녁 사이에 반드시 버섯처럼 솟아나는 불행 말이다. 비관론자들과 함께 쓰라린 고뇌를 곱씹어보던 대학의 철학도 시절에 나는 얼마나 진실되고 옳았는지! 정말로 그렇다. 삶에는 즐거움보다 고통이 더 많다. 그것은 무덤까지 끌고 가는 기나긴 고뇌이다. 이 무서운 나의 참극이 형언할 수 없는 두려움과 함께 50년, 100년, 아니면 얼마나 더 갈지 누가 알겠는가? 이런 것을 떠올리면, 내가 어떻게 즐거울 것인가 생각해보라![13]

이 편지는 두 가지 사실을 보여주고 있다. 첫째, 여러분은 그 가련한 사람의 의식 전체가 악에 대한 감정으로 너무나 질식해 있으므로 그가 이 세상에 선이 존재한다는 느낌을 어떻게 온통 상실하게 되었는가를 볼 수 있을 것이다. 선은 그의 관심 밖에 있으며, 그는 그것을 인정할 수 없다. 태양은 그의 하늘을 떠나갔다. 둘째, 여러분은 그의 참상에 대하여 불평하는 기질이 어떻게 그의 마음을 종교 쪽으로 가지 못하게 하는가를 보게 될 것이다. 마음의 불평은 사실 상당히 탈종교적인 방향으로 기우는 경향이 있다. 그리고 내가 알고 있는 한, 그것은 종교적 제도들을 구축하는 데 아무런 역할도 하지 못했다.

종교적 우울증은 애수를 자아내는 분위기에서 빚어지는 것임에 틀림없다. 톨스토이는 『나의 참회록』에서 우울증의 엄습에 관하여 우리에게 멋진 설명을 남겨주었다. 그것은 그로 하여금 그 자신의 종교적 결론에 도달하도록 하였다. 종교적 결론은 어떤 의미에서 독특하다. 그러나 우울증은 우리의 현재 목적을 위한 전형적인 자료라고 할 수 있는 두 가지 성격을 제시한다. 첫째, 우울증은 모든 삶의 가치에 대한 수동적 욕구상실, 즉 무쾌감증의 두드러진 사례이다. 둘째, 그 결과 그것은 세상 사람들이 주장했던 변화

---

13) Roubinovitch et Toulouse, *La Mélancolie*, 1897, 170쪽(축약됨).

되고 동떨어진 관점이 어떻게 톨스토이의 지성을 자극하여 괴롭고 예리한 물음과 철학적 위안을 얻으려는 노력으로 유도하였는지 잘 보여주고 있다. 나의 의도는 톨스토이의 글을 좀 길게 인용하는 것이다. 그러나 그렇게 하기 전에 이 두 가지 요점에 대한 전반적 의견을 먼저 개진하려 한다.

먼저 우리의 영적 판단과 가치인식에 대하여 개략적으로 말하겠다.

사실들이 정반대의 감정적 반응을 일으킬 수도 있다는 것은 주지의 사실이다. 왜냐하면 똑같은 사실이 다른 사람들한테서, 그리고 똑같은 사람이라고 할지라도 다른 시간에는 전혀 다른 느낌을 불러일으키기 때문이다. 그래서 어떤 외적 사실과 그것이 불러일으킬 수 있는 감정들 사이에 합리적으로 추론할 수 있는 연관성은 없다. 이것들은 또 다른 존재영역에, 다시 말하면 주체의 동물적이고 영적인 영역에 근원을 두고 있다. 가능하다면 세상이 여러분 자신에게 불어넣어준 모든 감정을 별안간 빼앗겼다고 생각해보라. 그리고 호감이나 반감이나, 희망이나 염려를 모두 배제하고 있는 **그대로 세상 그 자체를 순수하게 상상해보라.** 그러면 여러분은 그러한 부정과 죽음의 세상조건을 깨닫는 것이 거의 불가능할 것이다.

우주의 어느 한 부분도 다른 부분을 초월해 존재하면 그것의 중요성을 잃어버릴 것이다. 그리고 이런 것들의 전체와 일련의 사건들은 아무런 의미도, 성격도 표현도 또는 전망도 보여주지 않고 존재할 것이다. 그러므로 우리들 각각의 세계가 부여받았다고 생각하는 가치, 흥미, 또는 의미는 그것이 무엇이든지 간에 관찰자의 마음 속에서 나온 순수한 선물이다. 사랑의 열정은 이러한 사실을 나타내주는 가장 친숙하고 극단적인 예이다. 그 사랑의 열정이 나오면 사랑도 나온다. 그러나 사랑의 열정이 나오지 않으면 아무리 합리적인 방법도 그것을 강제로 나오게 할 수 없다. 그러나 그 열정은 일출이 몽블랑 산을 주검 같은 회색빛에서 장밋빛 황홀경으로 변형시키듯, 사랑받는 피조물의 가치를 철저히 변모시킨다. 그것은 온 세상을 그 애인을 위한 새로운 선율로 채워놓으며, 그의 삶에 새로운 출구를 부여한다. 두려움, 분노, 질투, 야망, 숭배의 경우도 마찬가지 이치이다. 그것들이 거기에 있으면 삶은 변화된다. 그것들이 거기에 있느냐 없느냐의 문제는 거의 언제나 비논리적인, 흔히 기질적 조건에 달려 있다. 그리고 이러한 열정이 세상에 기울인 적극적인 관심은 세상에 대한 우리의 선물인 것처럼, 열정 그 자체도 마찬가지로 선물……때로는 낮고 때로는 높은 근원에서 하사되는 선물이다.

그러나 그것은 거의 언제나 비논리적이고 우리의 통제를 벗어나 있다. 다 죽어가는 노인이 어떻게 그가 젊고 건강했던 시절에 우리 대지가 그를 짜릿하게 만들었던 로맨스, 신비, 위대한 일들이 발생했던 상황으로 돌아갈 수 있다고 추리하겠는가? 그것은 선물, 바로 육체나 영의 선물들을 통해서이다. 영은 바람처럼 제 마음대로 분다. 마치 무대장치가 관람석 위쪽 갤러리의 조명기구에서 교대로 쏟아내는 천연색 불빛을 평등하게 수용하듯이, 세상의 물질들은 그 표면을 모든 선물들에게 똑같이 수동적으로 빌려준다.

한편, 우리들 각자에 대한 실질적 현실세계, 즉 개인의 실제세계는 복합적인 세계로서 물리적 사실들과 정서적 가치가 구분할 수 없을 정도로 뒤섞여 있다. 이 복합체의 어느 한 요소를 철회하거나 왜곡시키면 병리적 경험이 그 결과로 나타난다.

톨스토이의 경우에 삶이 무슨 의미를 가졌다는 생각은 한때 완전히 철회되었다. 그 결과는 현실을 완전히 표출하는 데에서 하나의 변형을 가져왔다. 우리가 회심의 현상이나 종교적 재생을 연구하게 될 때, 그 주체에게서 드물지 않게 일어나는 변화의 결과로 그의 눈에 자연의 얼굴이 변모되어 비친다는 사실을 알 것이다. 새로운 하늘이 새로운 땅 위에 비추는 것 같다. 우울증 환자에게도 보통 유사한 변화가 있다. 다만 그것은 방향이 반대일 뿐이다. 이제 세상은 멀게, 낯설게, 불길하게, 무시무시하게 보인다. 그 색깔은 바랬고, 그 향기는 차갑고, 그 이글거리는 눈에는 깊은 생각이 없다. "그건 마치 내가 딴 세기를 사는 것 같아"라고 한 정신병 환자가 말한다. "난 모든 것이 구름이 낀 듯이 희미하게 보여. 물체가 있는 그대로가 아냐, 내가 변했어." 다른 환자가 말한다. "내가 보고 만져도 물건이 내 가까이 다가오지 않아. 두꺼운 휘장이 가려서 모든 것의 색과 모양을 바꾸고 있어." 세번째 환자가 말한다. "사람들이 그림자처럼 움직이고 소리가 먼 세상에서 들려오는 것 같아." "더 이상 내겐 과거가 없어. 사람들이 처음 보는 얼굴들이야. 그건 마치 내가 현실을 볼 수 없고, 지금 극장 안에 있고, 사람들이 배우로 나오고, 모든 것이 영화의 한 장면 같아. 나는 더 이상 나 자신을 볼 수 없어. 내가 걷고 있어. 왜 걷지? 모든 것이 내 눈앞에 둥둥 떠다녀. 그렇지만 나는 아무런 감명이 없어." "나는 거짓눈물을 흘리고 유령 같은 손을 가졌어. 내가 보고 있는 것들은 실제 물건이 아니야." 이러한 말들은 자신들의 변모된 상태[14]를 묘사하는 우울증 환자의 입술에 당연히 맴도는 표현들이다.

다음은 이 모든 것 때문에 가장 근원적 놀라움을 경험하는 몇몇 주체들을 살펴보기로 하자. 이들에게 낯설음은 잘못된 것이다. 이러한 비현실성은 통할 수 없다. 신비가 감추어져 있으므로 형이상학적 해결책이 반드시 존재해야 한다. 만약 자연세계가 이중적인 모습을 하고 가정 같은 따스함이 없다면, 도대체 어떤 세계, 어떤 것이 실재이겠는가? 긴박한 회의와 의구심이 생기고 추론적 활동이 쏟아지며, 또한 그 문제와 바른 관계를 설정하려는 각고의 노력 속에 고민하는 사람은 만족스런 종교적 해결책이 되는 일에 다가서게 된다.

약 50세가 되던 때에 톨스토이는 '사는 방법'이나 할 일을 모르거나 한 것처럼 당혹감, 그가 말하는 억류의 순간들을 맞기 시작했다고 술회하고 있다. 그것은 우리의 기능이 당연히 가져오는 흥분과 관심이 정지되었던 순간들임이 분명하다. 삶이 예전에는 너무나 황홀경이었다가 이제는 밋밋한 정신으로 돌아와, 아니 그 이상이 되어 죽은 듯 생기를 잃었다. 그 의미가 예전엔 너무나도 자명했던 일들이 이제는 무의미해졌다. '왜'와 '다음은 무엇을'이라는 질문이 그에게 훨씬 자주 던져지기 시작했다. 그는 처음에는 그러한 질문에 답해야만 할 것 같았고 시간만 있으면 해답을 쉽게 찾을 수 있

---

14) 나는 이 예를 뒤마(G. Dumas)의 작품 『비애와 환희』(*La Tristesse et la Joie*) 1000쪽에서 발췌했다.

을 것 같았다. 그러나 그 대답을 할 때가 급박하게 되었을 때 그는 그것이 어떤 병자의 첫번째 심리불안과 같다는 것을 알았다. 그 병자에게 거의 관심을 두지 않다가 그것들이 지속적인 고통으로 다가와서야 비로소 잠깐 지나가는 병으로 치부한 것이 바로 이 세상을 곧 하직해야 하는 죽음을 뜻한다는 것을 깨닫는다.
'왜', '무슨 이유로', '무엇 때문에' 라는 질문은 대답을 발견하지 못했다.

톨스토이는 이렇게 말했다.
내가 언제나 의지해왔던 무엇인가가 내 안에서 무너져내렸고, 잡을 아무것도 남아 있지 않았으며, 도덕적으로 내 삶은 중단되었다고 느꼈다. 어떤 대적할 수 없는 힘이 나로 하여금 이쪽 또는 저쪽으로 나의 존재를 제거토록 하였다. 자살하기를 내가 바랐는지 정확히 말할 수 없다. 왜냐하면 나를 내 삶에서 몰아낸 그 힘은 원숙하였고 어떤 다른 욕구보다도 강력하였으며 범위가 넓었기 때문이다. 그것은 살고자 하는 나의 옛 열망과 같은 힘이었다. 단지 그 힘은 나를 반대방향으로 몰고 갔을 뿐이다. 그것은 삶을 탈출하고자 하는 내 전 존재의 열망이었다.
그러면 행복하고 건강한 사람이여, 매일 밤 내가 홀로 잠자리에 들던 그 방의 서까래에 목매 자살하지 않으려고 줄을 숨기고 있는 나를 보라. 너무 쉽게 유혹에 빠져 총으로 내 생을 마감하지 않도록 하기 위하여 더 이상 사격을 나가지 않는 나를 바라보라.
나는 내가 원했던 것이 무엇인지 몰랐다. 나는 삶이 겁났다. 나는 그것을 하직할 지경에까지 내몰렸다. 그래도 나는 아직까지 그것에 알 수 없는 희망을 품고 있었다.
이 모든 것이, 내 외부의 전 상황으로 볼 때, 내가 마땅히 행복했어야 할 시기에 일어났다. 내 아내는 나를 사랑하였고 나도 그녀를 끔찍이 좋아하였다. 아이들도 무럭무럭 자랐고 재산도 꽤 많아져 점점 불어나고 있었으며, 나로 봐서는 고생되는 일이 하나도 없었다. 나는 옛날보다는 친지나 친척들의 존경을 더욱 많이 받았고 잘 모르는 사람들도 칭송을 할 정도였다. 그리고 과장을 하지 않더라도 내 이름이 벌써 유명해졌다는 것을 믿을 수 있었다. 더욱이 나는 미치지도 병들지도 않았다. 오히려 반대로 내 나이 또래의 사람들에게 보기 드문 힘이 육체적으로, 정신적으로 왕성했다. 나는 소작인들만큼 낫질도 할 수 있고, 쉬지 않고 여덟 시간 동안 머리 쓰는 일을 해도 끄떡도 없었다.

그렇지만 나는 내 삶의 어떤 행위에도 합리적 의미를 부여할 수가 없었다. 그리고 처음부터 이것을 이해할 수 없었다는 것에 놀랐다. 나의 마음 상태는 마치 어떤 사람이 짓궂고 하찮은 농담으로 나를 신경질나게 하는 것 같았다. 사람은 삶에 도취되고 취하는 한, 살 수밖에 없다. 그러나 맑은 정신으로 돌아올 때, 그것이 모두 속임수라는 것을 반드시 알 수 있다. 삶에서 가장 진실한 것은, 거기에는 우습거나 어리석은 일이라고는 아무것도 없다는 것이다. 그것은 정말, 그리고 단지 잔인하며 어리석을 뿐이다.

사막에서 맹수에게 쫓겨 놀란 나그네에 대한 동양우화는 매우 오래된 이야기이다.

사나운 짐승으로부터 자신을 지키기 위해 나그네는 물도 없는 우물에 뛰어들었다. 그러나 그는 우물의 바닥에서 입을 벌리고 자기를 잡아먹으려고 기다리는 용을 본다. 그 불행한 사람은 동물의 밥이 되지 않으려고 감히 나갈 엄두도 못 낼 뿐 아니라 용에게 잡혀 먹히지 않기 위해 바닥으로 뛰어들지도 못한 채, 우물의 틈새에서 자라난 야생 덤불의 나뭇가지에 매달려 있다. 그의 팔 힘은 약해지고 그는 운명의 힘에 희생될 수밖에 없음을 직감한다. 그는 계속 매달려 있으면서 흰색과 검은색의 생쥐 두 마리가 자신이 매달려 있는 덤불 주위를 맴돌면서 그 뿌리를 갉아먹고 있는 것을 본다.

나그네는 이것을 보고 죽음이 불가피하다는 것을 깨닫는다. 그러나 그는 나뭇가지에 매달린 채 주위를 돌아보고 그 덤불의 잎사귀 위에서 몇 방울의 꿀을 발견한다. 그는 혓바닥을 내밀어 황홀하게 그것을 핥아먹는다.

그리하여 이 우화 속의 여행자처럼 피할 수 없는 죽음의 용이 나를 찢어 먹으려고 기다리는 것을 알면서도 나는 삶의 나뭇가지에 매달려 있다. 그런데 나는 내가 이렇게 희생자가 되어야 하는 이유를 알 수 없다. 나는 전에 나를 달래주었던 꿀을 빨아먹으려 애쓴다. 그러나 그 꿀은 더 이상 나에게 위안을 주지 못하고 밤낮으로 흰 쥐와 검은 쥐가 내가 매달려 있는 나뭇가지를 갉아먹고 있다. 나는 한 가지만은 알 수 있다. 그것은 피할 수 없는 용과 생쥐들이다. 나는 그것들로부터 시선을 돌릴 수가 없다.

이것은 우화가 아니라 모든 사람들이 이해할 수 있는, 글자 그대로 이론의 여지가 없는 진리이다. 내가 오늘 결행하는 행동의 결과는 어떠할까? 내가 내일 하는 행동의 결과는 어떠할까? 내 인생 전부의 결과는 어떠할까? 왜 내가 살아야 하지? 왜 내가 무엇인가 해야만 하지? 나를 기다리는 피할 수 없는 죽음이 나를 정복하고 파괴하지 못하도록 할 어떤 목적이 삶 속에 존재할까?

이러한 물음들은 세상에서 가장 단순한 것이다. 우둔한 어린이로부터 가장 지혜로운 노인에 이르기까지 이 질문들은 모든 인간의 영혼 속에 자리잡고 있다. 내가 겪은 바로는 그 질문에 답하지 않고는 삶을 계속할 수 없다.

나는 이따금 자문하였다. "그렇지만 아마 내가 눈치채지 못하고 이해하지 못한 그 무엇이 있을지 몰라. 이 절망적 상황이 인류에게 당연하게 지워질 수는 없어." 나는 인간이 획득한 모든 분야의 지식으로 한 가지 해답을 탐구하였다. 나는 고뇌하면서 그리고 오랜 시간을 허비하면서, 부질없는 호기심을 버리고 파헤쳐갔다. 나는 게으름 피우지 않고 힘들여 집요하게 밤낮을 가리지 않고 찾아 구하였다. 길을 잃은 사람이 길을 찾기 위해 노력하는 것처럼 나도 노력하였지만, 그러나 찾은 것은 아무것도 없었다. 더욱이 나보다 앞서 과학적 해답을 찾으려고 했던 사람들 모두가 역시 아무것도 발견하지 못했다는 것을 알게 되었다. 뿐만 아니라 그들은 나를 절망으로 이끌고 있는 바로 그것, 다시 말하면 의미 없는 삶의 부조리가 인간이 접근할 수 있는 유일하게 명명백백한 지식이라는 사실을 이미 터득하였음을 확신하게 되었다.

이 점을 입증하기 위해 톨스토이는 붓다, 솔로몬, 쇼펜하우어를 인용한다. 그리고 자신과 같은 계급과 사회에 속해 있는 사람들이 이런 상황을 대처해 나가기 위해 익숙해진 네 가지 길을 깨닫는다. 첫번째는 단순히 동물적 눈가림으로 용과 쥐를 보지 않고 꿀을 빨아먹는 것이다. 톨스토이는 "그리고 내가 지금 알고 있는 것에 대해서 그런 방식으로 나는 아무것도 배울 수가 없다"라고 말한다. 두번째는 날을 지새는 동안 그 꿀을 낚아채서 먹으려는 반성적인 쾌락주의이다. 이것은 첫번째 것보다 더 신중한 일종의 혼미 상태일 뿐이다. 세번째는 과감한 자살이다. 네번째는 힘이 빠지고 애처롭게 매달려서 용과 쥐를 보는 것이다.

자살은 본래 논리적 지성이 명령하는 철저한 과정이었다.

톨스토이가 말했다.

그러나 나의 지성이 작용할 때 내 안의 다른 무엇이 또한 움직이고 있었다. 그리고 이것은 그 행동—삶에 대한 의식을 하지 못하도록 하였다. 내가 삶에 대한 의식이라고 한 것은 마치 나의 마음을 다른 방향으로 고정시키고 절망의 상황에서 벗어나도록 하는 힘과 같은 것이었다. 나는 그 한 해 동안 거의 끊임없이 어떻게 이 생을 끝내버릴까 하고 자문했다. 밧줄로 할까, 총으로 할까? 그런 시간에는 줄곧 내 생각과 관찰의 모든 움직임과 병행해서, 나의 마음은 또 다른 열망의 감정으로 괴로워했다. 나는 이것을 다름 아닌 신을 향한 갈망이라고 부른다. 신에 대한 열망은 나의 생각과 관계가 없었다. 사실 이 열망은 생각의 움직임과는 직접적으로 상치되었다. 그러나 이것은 나의 마음으로부터 우러나온 것이다. 이것은 낯선 것들로 가득 차 있는 곳에 나를 고립시켰고 나를 고아처럼 보이게 하는 두려운 느낌과 같은 것이었다. 이 두려운 느낌은 어떤 이의 도움을 받을 수 있다는 희망으로 누그러졌다.[15]

---

15) 내가 인용한 이 글은 조니아(Zonia)가 번역한 프랑스어판이다. 요약하는 가운데 한 구절을 임의로 바꾸었다.

신에 대한 이런 생각으로부터 출발하여 톨스토이를 회복하게 하였던 감정적일 뿐만 아니라 지적 과정에 대해서는 나중의 강연에서 언급하기로 하고, 이번에는 그것에 대해 어떤 것도 언급하지 않겠다. 지금 우리가 관심을 가져야 할 필요가 있는 것은 오직, 그의 일상적 삶에 대한 전적인 환멸의 현상과, 습관적 가치들의 모든 영역이 그와 같이 능력 있고 강한 사람에게는 지독하게 냉소거리로만 비쳤다는 사실이다.

환멸이 여기까지 미쳤을 때, 그것은 결코 완전하게 회복할 수(restitutio ad integrum) 없다. 사람들은 그 생명나무의 열매를 맛보아왔지만, 에덴의 행복은 다시 오지 않는다. 행복의 형상이 때때로 매우 예리하더라도 행복은 예리한 형상으로 다시 돌아오는 데 너무나 자주 실패한다. 행복이란 어떤 것이 찾아든다면 그것은 악을 모르는 순진한 것이 아니라, 자연의 요소 가운데 하나로서 자연악을 포함하는 더욱 거대하게 복잡한 어떤 것이다. 그러나 자연악을 발견하는 것이 우리를 넘어뜨리는 장애물이나 가공할 만한 공포는 아니다. 왜냐하면 자연악은 초자연적 선 안으로 삼켜지기 때문이다. 이 과정은 구원의 과정이지만 단지 자연적인 건강상태로의 전환은 아니고, 병자가 구원받을 때는 그가 전에 누렸던 것보다 더 깊은 종류의 의식적 존재, 즉 그에게 제2의 탄생처럼 보이는 것에 의해 구원받는다.

우리는 존 버니언(John Bunyon)의 자서전에서 종교적 우울증의 다른 형태를 발견한다. 톨스토이가 열중한 문제는 주로 객관적이었다. 왜냐하면 일반적으로 삶의 의미와 목적이 그를 그토록 괴롭혔기 때문이다. 그러나 가없은 버니언의 고통은 자신의 개인적 자아의 상태를 넘어선 것이었다. 그는 정신병적 기질을 보여주는 전형적인 사람이었다. 그의 양심은 의심, 공포, 그리고 집착적 사고에 에워싸여 병적 수준에 이를 정도로 민감하였다. 그리고 그는 운동성 및 감각성 언어자동증(Verbal automatism)의 희생자였다. 그것의 내용은 언제나 성서의 본문들이었다. 그것은 마치 환청인 것처럼 반쯤 환각적 상태 속에서 때로는 저주스러운, 때로는 호의를 보이는 듯한 음성으로 나타나 그의 마음을 찌르고, 깃털 달린 배드민턴 공을 후려치듯이 그의 마음을 내려쳤다. 이것에 덧붙일 것은 두려운 우울증적 자기

멸시와 절망감이었다.

　아니다. 나는 점점 악화되어가고 있다고 생각한다. 지금의 나는 예전과는 달리 엄청나게 변화되었다. 만약 지금 화형을 당해야만 한다면, 그리스도가 나를 사랑했다는 사실을 믿을 수가 없었을 것이다. 슬프도다! 나는 그의 말을 들을 수도, 그를 볼 수도, 그를 만질 수도, 그가 가지고 있는 것들 가운데 어느 것을 맛볼 수도 없다. 때때로 나는 신의 사람들에게 나의 상태에 대해 말할 것이고, 그들은 내 얘기를 듣고 나서 나를 동정할 것이며, 신의 약속에 대해 말할 것이다. 그러나 그들이 신의 약속에 의지하고 받아들이도록 종용했던 것은 마치 나의 손가락으로 태양에 도달해야 한다고 말하는 것이나 마찬가지다. (그러나) 죄를 범하는 행동에 대해서 나는 지금 어느 때보다도 민감하다. 나는 지푸라기 정도의 크기일지라도 막대기나 핀을 잡으려 하지 않았다. 왜냐하면 나의 양심은 지금 아파하고 있고 모든 접촉에 비통해하고 있기 때문이다. 말을 잘못 할까 두렵기에, 어떻게 말해야 할지 모르겠다. 오, 그때 나는 모든 행동하고 말하는 데 있어서 얼마나 조심스러웠던가! 나는 조금만 움직여도 빠져버릴 진창에 빠진 자신을 발견했다. 나는 신과 그리스도 두 분 그리고 영과 모든 선한 것들로부터 버려져 있었다.

　그러나 나의 본래적이고 내적인 불결은 나의 병이고 고통이었다. 이런 이유로 내 눈에는 나 자신이 두꺼비보다도 더 혐오스러웠다. 신의 눈에도 역시 내가 혐오스러울 것이라고 생각했다. 나는 물이 샘으로부터 솟아나듯이 그렇게 죄와 타락은 마음으로부터 자연적으로 솟아나는 것이라고 말하곤 했다. 나는 다른 이와 마음을 바꿨어야만 했다. 나는 내적 사악함이나 불결에 대해 악마와 동등한 입장이라고 생각했다. 물론 내가 신을 저버렸다고 생각했다. 나는 몇 년 동안 계속 그러했다.

　신이 나를 인간으로 만드신 것이 유감스럽다. 짐승, 새, 물고기들의 처지에 축복을 보낸다. 그들에게는 죄를 짓는 본성이 없기 때문이다. 그들은 신의 분노를 일으킬 정도로 불쾌감을 주지도 않는다. 죽은 뒤 지옥의 불길 속으로 갈 필요도 없다. 그러므로 내가 그 동물들의 처지에 놓였더라면 기쁨을 느꼈을 것이다. 두꺼비와 개의 처지를 축복한다. 개와 말의 처지에 놓였더라면 즐거울 텐데. 왜냐하면 그들은 나처럼 지옥이나 죄의 영원한 무게에 눌려서 사라져 없어질 영혼을 갖고 있지 않다는 것을 알기 때문이다. 아니, 내가 이것을 보고 이것을 느끼고 있기 때문에 산산조각이 날지라도, 내 슬픔을 가중시키는 나의 영혼이 구원받기를 간절히 원했지만 그런 구원은 발견할 수 없었다. 나의 마음은 때때로 극도로 완악해진다. 눈물 한 방울에 천 파운드를 준다고 해도 눈물을 흘릴 수가 없을 뿐만 아니라, 눈물을 흘리고 싶은 마음도 없어진다.

나는 나 자신에게 짐이고 공포였다. 나는 무엇이 내 삶을 싫증나게 하고, 그러나 죽음을 두렵게 하는지 잘 알지 못했다. 내가 나 자신이 아닌 다른 존재였다면, 인간이 아닌 다른 존재였다면, 그리고 나 자신의 처지와는 다른 처지에 놓여 있었다면 얼마나 좋았을까![16]

불쌍한 환자인 버니언은 톨스토이와 마찬가지로 다시 빛을 보았다. 그러나 우리는 이 부분에 관한 이야기는 다음 시간으로 미루어야 한다. 나는 또한 다음 강연에서 백년 전 노바 스코샤(Nova Scotia)에서 사역하였고 초기의 종교적 우울증의 진면목을 생생하게 기술한 헨리 알린(Henry Alline)의 경험을 마지막으로 이야기할 것이다. 이 유형은 버니언의 것과도 비슷하다.

내가 본 모든 것은 나에게 짐스럽게 느껴졌고 이 세상은 나를 저주하고 있는 것만 같았다. 모든 나무와 식물, 바위, 언덕, 계곡들은 저주를 받아 신음하며 으르렁거리는 것 같았고 내 주위의 모든 것들은 나를 멸망시키려고 공모하는 것처럼 보였다. 나의 죄들이 공개된 것만 같았다. 그래서 내가 만난 모든 이는 내 죄를 알고 있다는 생각이 들었다. 나는 때때로

---

16) 『죄인들의 두목에게 주시는 풍성한 은혜』, 나는 이 책의 많은 부분들을 발췌하여 계속 출판해왔다.

그들이 안다고 생각하는 많은 것들을 인정할 준비가 되어 있었다. 그렇다. 때로는 모든 사람이 나를 세상에서 가장 죄 많은 불쌍한 놈이라고 지목하는 것처럼 보였다. 이제 나는 지상의 모든 것들에서 커다란 공허감과 허영감을 느끼기에, 이 세상이 나를 행복하게 할 수 없다는 것을 안다. 그렇다. 창조의 전 체계도 마찬가지이다. 내가 아침에 일어날 때 제일 먼저 떠오르는 것은 "오, 가련한 나의 영혼이여, 무엇을 해야 하고 어디로 가야 하는가?" 하는 생각이었다. 다시 누울 때는 "아마도 날이 새기 전에 지옥에 있게 될 거야"라고 말한다. 나는 짐승들을 쳐다볼 때 죽어야만 될 영혼을 갖지 않았을 그들의 처지를 진정으로 부러워한다. 내 머리 위로 날아가는 새들을 볼 때 내 안에서 자주 떠오르는 생각은 "나도 훨훨 날아서 나의 이 위험, 이 슬픔에서 벗어날 수 있었으면! 내가 그들의 처지에 놓인다면 얼마나 행복할까!"이다.[17]

평온한 짐승들이 되고 싶어하는 욕망은 이런 유형의 슬픔 속에 매우 널리 퍼져 있는 감정처럼 보인다.

가장 나쁜 종류의 우울증은 소름끼치는 두려움의 모습을 취한다. 여기에 훌륭한 예가 있다. 이것을 출판하게 허락한, 고통을 받고 있는 사람에게 감사한다. 원문은 프랑스어로 되어 있다. 그 사람이 이 글을 쓸 때는 신경이 몹시 날카로운 상태였지만, 이 사례는 아주 단순명쾌하게 그려졌다는 장점을 가지고 있다. 나는 그것을 자유롭게 번역했다.

나의 미래에 대한 철학적 비관과 일반적인 영혼의 침체상태에서, 어느 날 저녁 나는 옷을 걸어두는 방에 놓아둔 어떤 기사를 꺼내오기 위해 해가 질 무렵 그 방에 들어섰다. 그때 나의 존재에 대한 가공할 공포가 마치 어둠 속에서 튀어나오듯이 예고도 없이 덮쳤다. 동시에 내가 전에 정

---

[17] *The Life and Journal of the Rev. Mr. Henry Alline*, Boston, 1806, 25, 26쪽. 내가 이 책을 알게 된 것은 나의 동료인 벤야민 란트(Benjamin Rand) 박사의 덕택이다.

신병동에서 본 일이 있는 간질병 환자의 모습이 떠올랐다. 그는 검은 머리의 젊은이로 푸르스름한 살빛을 띤 완전한 백치였다. 하루 종일 벤치나 벽에 있는 선반 위에서 턱을 무릎 사이에 처박고 앉아 있곤 했는데, 한 벌뿐인 빛 바랜 회색 내의를 축 늘여서 그의 온몸을 감싸고 있었다. 그는 페루의 미라나 조각된 이집트의 고양이처럼 검은 눈동자만 빼고는 아무것도 움직이지 않은 채 앉아 있었는데, 그것도 절대로 인간이 아닌 것만 바라보았다. 이러한 이미지와 그에 대한 나의 공포가 서로 결합되어 한 종류가 되었다.

나는 그 형상이 잠재적으로 나라는 사실을 느꼈다. 그에게 닥쳤던 위기가 나에게 닥친다면 내가 가진 어떤 것도 이 운명으로부터 나를 지켜낼 수가 없을 것이다. 그에 대해 공포가 있었고, 단지 그와의 순간적 차이점만이 존재함을 인식했는데, 마치 내 가슴에서 이제까지 견고했던 그 무엇이 완전히 빠져나가 버리는 것 같았고, 나는 두려움에 떠는 물체덩어리가 되었다. 이후로는 우주 전체가 달라보였다. 나는 매일 아침 일어날 때마다 그전에는 알지 못했고 이제까지 느껴보지 못했던 삶의 불안을 느꼈으며, 내 몸에서 끔찍한 두려움을 느꼈다.[18] 이것은 하나의 계시와 같은 것이다. 직접적인 느낌들은 사라졌지만, 그후로 이 경험을 통해 타인의 병적 감정에 공감을 느끼게 되었다. 이 경험은 점차로 사그라들었지만, 몇 달 동안 어두운 곳을 혼자 다닐 수 없었다.

대체로 나는 혼자 남겨지는 것을 무서워했다. 삶의 표면 바로 밑에 있는 불안정한 구덩이를 인식하지 못하면서 사람들은 어떻게 살아갈 수 있었으며, 나 자신이 어떻게 살아왔는지 의문을 가졌던 것을 기억한다. 특

---

18) 버니언(Bunyan)과 비교해보라. "나는 이제까지 지은 가장 무섭고 용서받을 수 없는 죄에 대해 매우 떨었고, 어떤 때는 여러 날 동안 마음뿐만 아니라 육신도 흔들리고 비틀거리는 것을 느꼈다. 이런 나의 공포로 가슴이 메이고 열이 나는 것을 느꼈다. 특히 때때로 나는 가슴뼈가 쪼개져 나가는 것 같았다. ……이렇게 나에게 지워진 짐에 눌려 휘감기고, 꼬이고, 움츠러들었다. 이 짐은 내가 견딜 수도, 나갈 수도, 누울 수도, 쉴 수도, 조용히 있을 수도 없을 정도로 내리눌렀다."

히 나의 어머니는 매우 명랑하신 분인데, 나에게는 위험을 의식하지 못하는 완전한 모순에 빠져 있는 것처럼 보였다. 이 문제에 대해 여러분은 내가 나 자신의 마음상태를 표출하여 교란시키지 않으려 애쓴다고 믿고 있을 것이다. 나는 항상 이 우울증의 경험이 종교적 의미를 띠고 있다고 생각했다.

이 통신자에게 그의 마지막 말이 무엇을 의미하는지 좀더 상세히 설명해 달라고 요청했을 때 그는 이렇게 답했다.

공포는 너무나 압도적이고 강력해서 "영원한 신은 나의 피난처이다", "수고하고 무거운 짐 진 자들아 다 내게로 오라", "나는 부활이요 생명이다" 등과 같은 성서구절에 매달리지 않았더라면 정말로 미쳐버렸을 것이라고 나는 생각한다.[19]

더 이상의 예는 필요없다. 우리가 살펴본 사례만으로도 충분하다. 그 예 가운데 하나는 결국 소멸하고 말 사물들의 허무에 대해 들려준다. 또 다른 것은 죄의식을, 나머지 하나는 우주의 공포에 대해 묘사한다. 이 세 가지 방법 가운데 한두 가지만 살펴보더라도 인간의 원형적 낙관주의와 자기만족은 항상 먼지와 같이 보잘것없다.

이 사례들 가운데 어느 것도 지성적 광증이나 사실의 문제에 대한 망상을 다루지 않았다. 그러나 만일 우리가 환각과 망상을 갖고 있는 실제로 정신병적 우울증에 대한 토의를 시작하려 한다 하더라도 그것은 더욱더 고약한 이야기가 될 것이다. 완전하고 절대적인 절망, 즉 고통받고 있는 사람 주위에 존재하는 모든 만물이 뭉쳐져 시작도 끝도 없이 그를 에워싼, 압도적인 공포의 소재로 변화되는 이야기일 것이다. 악에 대한 지적 인식 또는 개념

---

[19] 갑작스러운 공포에 대해 거의 같은 내용의 또 다른 사례는 Henry James, *Society the Redeemed Form of Man*, Boston, 1879, 43ff 참조.

이 아니라, 섬뜩하게 피를 얼어붙게 하고 심장을 멈추게 하는 악에 대한 느낌은 사람들에게 너무나 가까이 다가와 있어, 그 존재 앞에서는 그 밖의 다른 개념이나 느낌은 잠깐 동안이라도 존재할 수가 없다. 우리 일상의 세련된 낙관주의나 지성, 도덕적 위안들이 이처럼 도움을 요청하는 상황에서 얼마나 무관하게 멀리 떨어져 있는 것처럼 보이는가. 여기에 종교적 문제의 실질적 핵심이 놓여 있다.

살려줘요! 살려줘요! 이들과 같은 희생자들의 귀에 실재의 소리를 담고 있는 것들을 말하지 않는다면, 어떤 선지자도 최후의 메시지를 전달할 수는 없다. 그러나 구원이 효력을 발휘하려면, 그것은 그런 불평만큼 강력한 형태 속에서 이루어져야 한다. 그것은 아마도 피와 기적, 그리고 초자연적 행위를 동반하는 지나치게 부흥 중심적인 조잡한 난교(亂交)들이 어떤 것으로도 대치될 수 없는 이유처럼 보인다. 어떤 체질은 그런 것들을 너무 많이 필요로 한다.

이 점에 이르게 되면, 우리는 이제 낙관주의적 성품이 세상을 보는 방식과, 악에 대한 이런 모든 경험을 본질적인 것으로 생각하는 방식 사이에는 자연적으로 얼마나 큰 대립이 일어날 수 있는지를 알 수 있다. 우리는 후자의 방식을 고뇌하는 성품의 방식이라고 부를 수 있다. 고뇌하는 성품의 입장에서 볼 때, 순수하고 단순한 낙관주의적 성품의 방식은 말할 수 없을 정도로 맹목적이고 천박한 것처럼 보인다. 반대로 낙관주의적 성품의 입장에서 볼 때, 고뇌하는 성품의 방식은 소심해 보이고 병적인 것처럼 보인다. 밝은 곳에서 살기보다는 쥐구멍을 파고 있고, 두려움을 쌓고, 건강치 않은 모든 종류의 비참함에 몰두해 있으므로 분노의 자녀들과 재생을 갈망하는 자들은 불쾌한 어떤 것이 있다. 종교적 독단, 교수형, 화형이 다시 유행하게 된다면, 과거에는 그런 일이 일어났을 수도 있었지만, 현재의 낙관주의적 성품은 덜 관대한 편으로 자신의 모습을 드러내놓는다고 해도 의심할 바가 없다.

만일 우리가 아직까지 단념하지 못해서 안일무사한 구경꾼 같은 태도를 지킨다면, 우리는 이 논쟁에 대해 무슨 말을 할 수 있겠는가? 내게는 우리가 병적인 성품은 경험 속에 대규모적으로 널리 퍼져 있어 그 연구가 겹칠 수도 있다는 것을 말해야 할 것처럼 보인다. 악에서부터 시선을 돌리고 선의 모습 속에서 단순하게 살아가는 방법은 그것이 효과가 있는 한 훌륭하다. 그것은 여러 사람들에게 효과가 있을 것이다. 그것은 우리들 대부분이 생각하는 것보다 훨씬 더 일반적인 효력이 있을 것이다. 그 방법이 성공적으로 작용하는 한 종교적 해결책으로서 그것을 반대한다고 말하는 것은 하나도 없다. 그러나 우울증이 나타나자마자 그 방법은 무기력하게 무너져버린다. 자기 자신의 자아가 우울증에서 멀리 벗어났다고 하더라도, 낙관주의적 성품의 방법은 철학적 원리로서 부적합한 것이 확실하다. 왜냐하면 그 성품이 명확하게 설명하길 거부하는 악과 같은 사실들은 실재의 진정한 부분이기 때문이다. 그리고 악의 요소들은 결국 삶의 의미에 대한 최고의 열쇠이자 아마도 진리의 가장 깊은 수준으로까지 눈을 뜨게 해주는 유일한 것이다.

정상적 삶의 과정 속에는 광적 우울이 가득하여 근본적인 악이 판을 치는 나쁜 시기도 있다. 정신병자의 공포에 대한 환상은 모두 일상적 사실의 요소로부터 나온다. 우리의 문명은 혼란 위에 세워져 있고, 모든 개인의 존재는 어쩔 수 없는 고통의 외로운 경련 속에서 자기 자신을 소멸시킨다. 만약 당신이 이에 반대한다면, 친구여, 당신 스스로가 거기에 도달할 때까지 기다리기를!

지질연대에 살았던 육식성의 파충류들을 믿는 것이 우리의 상상력으로 힘들다면, 그것들은 단지 박물관의 표본에 지나지 않게 보일 것이다. 그러나 박물관에 있는 해골들을 보면 지난 오랜 세월 동안 운이 다 된 데에 절망하여 허우적거리는 몸뚱이를 꽉 물고 있지 않은 이빨은 없다. 희생자에게 끔찍한 공포의 형상은 더욱 작은 규모로 인식된다 하더라도 오늘 우리 주위의 세상을 꽉 채울 것이다.

여기 우리의 난로 위에서, 우리의 정원에서 극악무도한 고양이가 헐떡거리는 쥐들을 희롱하거나, 부리를 타닥거리는 격렬한 새를 붙들고 있다. 지금 이 순간 악어와 방울뱀과 비단뱀도 우리들같이 실질적인 삶의 그릇들이다. 그것들은 길게 늘어져 있는 배를 끌면서 매일 매순간을 혐오스러운 모습으로 채운다. 그리고 그것들 또는 다른 야생짐승들이 산 먹이를 단단히 붙잡을 때마다 일어나는 몸서리치는 공포는, 흥분상태의 우울증 환자가 느끼는 것처럼 말 그대로 그 상황에서는 올바른 반응이다.[20]

확실히 사물들 전체와 종교적 화해가 가능하지 않다는 것은 사실일 것이다. 정말로 어떤 악마들은 고차적 형태들의 선에 봉사한다. 그러나 무엇이 되었건 어떤 선의 조직에도 들어갈 수 없을 정도로 극단적인 악의 형태들이 있고, 그와 같은 악에 대해서는 벙어리 같은 굴종 또는 무관심만이 실질적 자원이다. 이 문제는 훗날 우리가 다시 다루게 될 것이다. 그러나 잠정적으로 그리고 단순히 계획이나 방법의 문제로서 악적 요소들은 선의 요소와 마찬가지로 자연의 진짜 부분들이기에, 철학적 명제는 악의 요소들도 합리적인 어떤 의미를 지니고 있다고 말해야 한다. 그리고 슬픔과 고통, 죽음에다가 어쨌든 긍정적이고 적극적인 관심을 모으는 데 실패하는 체계적인 낙관주의적 성품은, 그 범위에서 적어도 이런 요소들을 포함시키려는 체계들보다 형식적으로 완전치 못하다.

그러므로 가장 완벽한 종교는 비관적 요소들이 가장 잘 발달된 종교인 것

---

20) 예 : "밤 11시경이었다. ……나는 사람들과 거닐고 있었다. ……갑자기 우리 쪽 길의 왼편 덤불 사이에서 큰 소리가 들렸으므로 우리 모두는 놀랐다. 곧 정글에서 뛰쳐나온 호랑이는 우리 일행 가운데 선두에 선 사람에게 덤볐는데, 그를 눈깜짝할 사이에 해치웠다. 그 동물의 공격, 그리고 그 입 속에 있는 불쌍한 희생자의 뼈들이 으스러지는 소리와 그의 마지막 비탄의 소리, 그리고 무의식적으로 우리 모두에게서 울려퍼졌을 '어, 저런'이라는 탄식은 불과 3초 동안 일어났던 것이다. 나는 정신이 들 때까지 무슨 일이 일어났는지 알지 못했다. 정신이 들었을 때, 나와 동료들은 숲의 왕인 우리의 적에게 잡혀먹히기 위해 준비된 것처럼 마냥 땅에 누워 있었다. 나는 이 끔찍한 순간의 공포를 글로 설명할 수가 없었다. 우리의 사지는 굳어지고, 말문이 막히고, 가슴이 격렬하게 뛰고, 오직 '오, 저런'과 같은 비탄의 소근거림만이 들렸다. 그 상태에서 얼마 정도를 기어서 간 후에, 반 시간 동안 아라비아의 말처럼 있는 힘을 다해 뛰어서 다행히도 작은 마을에 도착하게 되었다. ……이후에 우리 모두는 열에 시달리고 오한을 일으키는 상태로 아침까지 지새웠다." *Autobiography of Lutfullab a Mohammedan Gentleman*, Leipzig, 1857, 112쪽.

처럼 보인다. 물론 불교와 그리스도교는 이런 점에서 가장 잘 알려져 있다. 그것들은 본질적으로 구원의 종교이다. 인간은 진정한 삶으로 태어날 수 있기 전에 먼저 비실제적 삶을 잊어야 한다. 나의 다음 강연에서는 이 재생의 심리학적 조건에 대한 몇 가지 사실을 토론하고자 한다. 다행스럽게도 앞으로는 지금까지 다루어왔던 주제들보다 좀더 밝은 것을 다룰 것이다.

제8강 | 분리된 자아와 그 통합과정

지난번 강연은 우리가 살고 있는 세상에 만연하고 있는 요소로서 악을 있는 그대로 다루었기 때문에 좀 힘든 것이었다. 그 강연의 끝 부분에서 우리는 삶을 바라보는 두 가지 방식들 사이에서 분명히 대조가 되는 견해를 상세히 살펴보았다. 그것들은 각각 한 번만 태어날 필요가 있는 이른바 낙관주의적 성품의 방식과, 행복하기 위해서는 두 번 태어나야만 하는 고뇌하는 성품의 방식이다. 그 결과는 우리가 경험한, 우주에 대한 두 가지 다른 개념들이다.

한 번만 태어난 사람들의 종교에서 세상은 일종의 직선적이거나 단층적인 사건들로 이루어져 있다. 세상에 대한 설명은 한 가지로만 이루어져 있고, 그 구성요소들은 자연스럽게 보이는 가치들을 지니고 있으며, 플러스와 마이너스적 요소들의 단순한 대수학적 총합은 그것의 전체적 가치를 제공해 줄 것이다. 행복과 종교적 평화는 그 설명의 플러스적인 측면에 존재하도록 되어 있다.

반면에 두 번 태어난 사람들의 종교에서 세상은 이중적 신비이다. 평화는 삶에 플러스적 요소를 단순히 전가하고 삶으로부터 마이너스적 요소를 제거함으로써 도달될 수 있는 것이 아니다. 자연적 선이 양에 있어서나 한시적인 성격에 있어서 단지 충분하지 않다면 바로 그것의 존재 안에 허위성이 숨겨져 있음을 보여준다. 만일 보다 초기의 원수들에 의해서가 아니라면 죽음에 의해서 자연적 선이 소멸된다. 그것은 궁극적 평정을 제공해주지 못하므로 우리의 영원한 숭배대상이 될 수 없다. 오히려 이런 선은 우리의 참된 선을 갖지 못하게 한다. 그리고 이런 선에 대한 체념과 포기는 우리가 진리로 나아가는 첫 단계이다. 삶에는 자연적 삶과 영적 삶이 있는데 후자의 삶에 참여할 수 있기 전에 반드시 전자의 삶을 버려야 한다.

그것들의 극단적 모습인 순수 자연주의와 순수 구원주의에서 두 가지 유형은 아주 대조적이다. 현재 널리 알려져 있는 대부분의 다른 분류법에서처럼, 여기에서도 급진적 극단들은 이상적 추상화이고, 우리가 자주 만나는 구체적 인간들은 중급적 다양물과 혼합물들이다. 그러나 실제적으로 여러분은 그 차이를 모두 인식하고 있다. 예를 들어, 여러분은 단순히 청명하기만 한 낙관주의적 성품을 지닌 도덕주의자에 대해 감리교 회심자가 느끼는 경멸을 이해한다. 여러분도 마찬가지로, 살기 위하여 죽는 역설을 만들어내는 그 감리교 회심자의 병적 주관주의 그리고 그가 자연적 모습의 정반대를 본질적 신의 진리라고 생각하는 것에 대해 도덕주의자들이 갖고 있는 혐오감에 빠질 수도 있다.[1]

두 번 태어난 사람의 성격에 대한 심리학적 기초는 그 사람의 선천적 기질 속에 있는 부조화나 이질성, 즉 불완전하게 통일된 도덕적이고 지적인 기질인 것처럼 보인다.

알퐁스 도데(Alphonse Daudet)는 "이중인간, 이중인간!"이라고 쓰고 있다.

내가 둘이라는 것을 처음으로 인지했던 순간은 내 형 앙리가 죽었을 때이다. 그때 나의 아버지는 극적으로 "그가 죽었다, 그가 죽었다!"라고 울

---

1) 예 : "우리의 젊은이들은 원죄, 악의 원인, 그리고 예정론과 같은 신학적 문제와 유사한 것에 병들어 있다. 이러한 문제들은 어떤 사람들에게도 결코 실제적 고난을 제공해주지 못한다—이런 문제들에 대해서 심각하게 생각하지 않는 사람들의 길을 가로막아 결코 어둡게 하지 못한다. 이런 것들은 영혼의 성난 모습, 홍역, 백일해이다" 등등. Emerson, "Spiritual Lows."

부짖었다. 나의 첫번째 자아가 우는 동안, 내 두번째 자아는 '어떻게 저렇게 울 수가 있을까? 극장에서였더라면 얼마나 멋졌을까?' 라고 생각하였다. 그때 난 14살이었다.

　이 무서운 이중성은 나를 종종 반성하게 한다. 오, 이 두려운 제2의 나는 다른 자아가 행동하고 살고 고통받고 노력하면서 나아가는 동안에 항상 내 안에 자리잡고 있다. 난 제2의 나를 결코 흥분시킬 수도 없고 눈물을 흘리게 만들 수도, 또는 잠을 자게 할 수도 없다. 그것은 얼마나 사물을 꿰뚫어보며, 또 얼마나 조롱하는가!2)

　성격심리학에 대한 최근의 연구들은 이 점에 대하여 많은 이야기를 해왔다.3) 어떤 사람들은 처음부터 조화롭고 균형이 잘 맞는 내적 기질을 가지고 태어났다. 그들의 충동은 다른 충동들과 모순되지 않고, 그들의 의지는 어려움 없이 지성의 안내를 따르며, 열정은 지나치지도 않고, 그들의 삶은 후회스러워하지도 괴로워하지도 않는다. 다른 사람들은 기질적으로 정반대이다. 그러한 기질은 단지 이상하거나 변덕스러운 모순을 보여주는 너무나 하찮은 것에서부터, 극도로 부자연스럽고 조화되지 않는 결과들에 이르기까지 정도 면에서 너무나 다양하다. 나는 애니 베선트(Annie Besant) 부인의 자서전에서 좀더 순수한 종류의 이질성(heterogeneity)을 보여주는 좋은 예를 발견하였다.

　나는 나약함과 강함의 가장 이상한 혼합물이 되어 있었고, 나약함에 대해 심하게 대가를 치렀다. 어렸을 때는 수줍음 때문에 고통받곤 했다. 만일 내 구두 레이스가 풀렸다고 한다면, 나는 모든 사람이 나의 재수 없는 레이스 끈에 주목하고 있는 것을 수줍게 여겼다. 소녀시절에 나는 낯선

---

2) *Notes sur la Vie*, 1쪽.
3) 예를 들어, 1894년에 출판한 폴랑(F. Paulhan)의 *Les Caractères*를 참조하라. 그는 마음의 평정상태와 통일된 상태를 불안함, 반대, 모순 그리고 분열의 상태를 보여주는 그렇게 다양한 심리적 유형들과 대조하였다.

사람을 피하고, 남들이 나를 원하지도 좋아하지도 않는다고 생각했다. 그 결과 친절하게 나를 알아주는 사람에게 기꺼이 감사하는 마음을 가지게 되었다. 집안의 젊은 여주인으로서 나는 하인들을 꺼려했다. 그래서 잘못된 일을 책망함으로써 가져야 하는 고통을 대하기보다는 그냥 지나쳐버렸다. 강단에서 열정적으로 강연하고 논쟁을 하고 있는 중에 호텔에서 필요한 것이 있다면, 나는 웨이터를 불러 그것을 가져오게 하지 않고 그냥 그대로 계속 진행하는 것을 선호한다. 강단에서 내가 관심을 기울이는 명분에 대해 변론을 할 때에는 호전적이지만, 집에서는 싸움과 불만을 피한다. 대중 앞에서는 훌륭한 전사인 반면, 개인적으로는 겁쟁이다.

내가 아랫사람의 잘못을 책망하는 용기를 짜내기 위해 얼마나 자주 안절부절 못 하고 불행하게 보냈던가? 자신들의 일을 서투르게 한 젊은이를 비난하지 못하고 움츠릴 때 얼마나 나는 나 자신을 강단의 거짓된 전사라고 조소했는지 모른다. 불친절한 표정과 말투는 껍데기 속에 있는 달팽이처럼 나 자신을 위축시키는 반면, 강단에서의 적대적인 상황은 내가 최선을 다해 말을 하게 만든다.[4]

이러한 정도의 모순은 단지 호감이 가는 나약함으로 간주될 것이다. 그러나 더욱 강한 이질성은 그 사람의 삶을 파괴할지도 모른다. 때로는 하나의 경향이, 그리고 때로는 다른 경향이 우세하게 되는 것처럼 연속적으로 왔다갔다하는 사람들이 있다. 그들의 정신은 육체와 싸우고, 그것들은 조화되기를 바라지 않으며, 외고집적인 충동은 그들의 가장 정교한 계획을 방해하고, 그들의 삶은 비행과 실수를 고치려는 노력과 회개의 긴 드라마이다.

이질적 성격은 유전의 결과로 설명되어왔다. 이러한 성격을 가진 사람의 조상들 가운데는 모순되고 적대적 성격을 가진 사람들이 있었을 것이다.[5]

---

[4] Annie Besant, *an Autobiography*, 82쪽.
[5] Smith Baker, in *Journal of Nervous and Mental Diseases*, September, 1893.

이러한 설명은 그것의 가치가 무엇인지에 대해 설명해주는 듯하다. 그것은 확실히 확증적 사실을 필요로 한다. 그러나 이질적 성격의 원인이 무엇이든지 간에 정신병적 기질 안에서 우리는, 내가 첫번째 강연에서 이야기했던 그런 성격의 극단적 예들을 발견한다. 그러한 기질을 다루는 모든 저자들은 내적 이질성을 두드러지게 묘사한다. 때때로 그런 기질이 한 인간에게만 있는 것으로 들리는 것은 바로 이런 특성 때문이다.

'극도의 퇴행성'(dégénéré supérieur) 기질이 있는 사람은 여러 가지 측면에서 감수성이 예민하다. 그런 사람은 자신의 영적 집을 정돈하고 자신의 밭고랑을 고르게 만드는 일이 일반적인 일보다 더욱 어렵다는 것을 알게 된다. 왜냐하면 그의 감정과 충동은 상호적으로 너무 민감하며 서로 너무 큰 차이를 보여주기 때문이다.

끈질기게 잊혀지지 않고 나타나는 관념들과 불합리한 충동들, 즉 병적 의심, 근심, 억제는 그것이 완전히 현저하게 드러날 때 정신병적 기질을 갖고 있는 사람을 괴롭힌다. 그러한 것들은 이질적 성격의 정교한 예들이다. 버니언은 언어의 강박관념에 사로잡혀 있었다. "이것을 위해 예수를 팔자. 저것을 위해 그를 팔자. 그를 팔아라. 그를 팔아라!" 이런 말은 "나는 그렇게 하지 않을 것이다. 나는 그렇게 하지 않을 것이다"라는 대답으로 숨을 쉴 수 없을 때까지 그의 마음을 수백 번 스쳐 지나갔고, 그는 "만약 그가 가겠다면 가게 두어라"라고 충동적으로 말했으며 이런 싸움의 실패는 그를 1년 이상 절망 속에 갇히게 하였다. 그는 성인들의 삶은 언제나 사탄의 직접적 힘 때문에 생겨났다고 하는 신성모독적 강박관념으로 가득 차 있다. 이 현상은 우리가 머지않아 좀더 직접적으로 말해야 하는 잠재의식적 자아의 삶과 관련되어 있다.

지금 우리 모두가 기질적으로 어떻게 구성되었든지 간에, 우리가 가지각색의 유혹에 민감하게 열중해 있고 그 빠져 있는 정도가 얼마만큼 크든지 간에, 그리고 만일 우리가 결정적으로 정신병적 기질이 있다면 가장 큰 가능성이 어느 정도가 되든지 간에, 성격의 정상적 발달은 주로 내적 자아를 올바르게 하고 통일시키는 데 있다. 고차적 감정과 열등한 감정, 즉 유용한 충동과 잘못된 충동은 우선 우리들 안에서 상당한 혼돈을 야기시키기 시작한다. 그것들은 올바른 종속관계 안에 안정적 기능체계를 형성시켜줌으로써 끝을 맺는다. 불행은 그러한 안정된 질서 형성과 분투시기의 특징을 이루는 경향이 있다. 민감한 양심을 가졌거나 종교적으로 활기를 띠고 있는 사람들에게 불행은 도덕적 후회와 자책, 내적으로 자신이 사악하고 잘못되었다는 느낌, 자신의 존재를 지은 창조자와 자신의 영적 운명의 주관자와의 그릇된 관계가 벌어지고 있는 형태를 취할 것이다. 이것은 현재 프로테스탄티즘의 역사에서 크나큰 역할을 담당해온 종교적 우울증과 '죄의 확신'이다. 인간의 내면은 두 개의 지독한 적대적 자아, 즉 실질적 자아와 이상적 자아의 싸움터이다. 빅토르 위고(Victor Hugo)가 그의 무하마드(Mohomet)로 하여금 다음과 같이 말하게 한 것처럼 말이다.

나는 신성한 싸움의 천한 들판이다.
사막 안에 있는 저수지와 모래알처럼
선과 악을 나의 입 속에 번갈아가면서 담고 있는
때로는 고상한 인간이지만, 때로는 비열한 인간이다.

잘못된 삶, 무기력한 열망. 사도 바울이 말했듯이 "내가 해야 할 것을 나는 하지 않았다. 그러나 내가 싫어하는 것을 나는 했다." 자기혐오, 자기절망. 인간은 신비스러울 정도로 알 수 없고 견딜 수 없는 무거운 짐의 상속자이다.

자기비난과 죄책감의 모습을 띤, 우울증을 갖고 있는 전형적인 불일치 성격의 사례들을 몇 가지 인용해보자. 성 아우구스티누스의 사례는 전형적인 예이다. 여러분 모두는 그가 카르타고에서 반은 이교도로, 반은 그리스도교도로 성장하여 로마와 밀라노로 이주한 다음, 마니교를 받아들이고 그 이후에 회의주의를 받아들였다는 것과, 진리와 순결한 삶을 끊임없이 추구했음을 기억할 것이다. 여러분은 그가 직접 또는 간접적으로 알았던 많은 사람들이 성적 속박을 벗어던지고 자신들을 순결하게 지켜서 고차적 삶에 헌신하였다는 것을 깨달은 다음, 그의 가슴 속에서 두 영혼이 싸우고 있는 것을 혐오하고 또한 자기 자신의 연약한 의지를 부끄러워하며 그가 어떻게 정원에서 "책을 집어서 읽어라"(Sume, lege)라는 목소리를 들었는지를 기억할 것이다. 또한 그가 그 소리를 들은 다음 성서를 들고 아무 곳이나 펼쳐서 읽은 본문은 "방탕과 호색하지 말며"(로마서 13 : 13 — 옮긴이)였는데, 그것은 직접 그에게 보내진 것 같았고 그리고 내면의 폭풍우를 영원히 잠잠케 한 내용이었다는 것을 여러분은 기억할 것이다.[6] 아우구스티누스의 심리학적 천재성은 결코 극복될 수 없는 분리된 자아를 갖는 것이 얼마나 근심거리인지를 설명해주고 있다.

내가 갖게 된 새로운 의지는, 오랜 방종으로 인해 강해진 다른 의지를 극복할 만큼 충분히 강한 것은 아닙니다. 그래서 하나는 오래 되고 다른 하나는 새롭고, 하나는 육체적이고 다른 하나는 영적인, 이 두 가지 의지들이 서로 싸우고 있어서 나의 영혼을 방해하였습니다. "육체는 영을 대항하고 영은 육체를 대항한다"라고 읽었던 것을 나는 경험으로 이해하였습니다. 나 자신은 정말로 양쪽 의지 속에 존재했지만, 내가 나 자신 속에서 찬성하지 않았던 것보다는 나 자신 속에서 내가 찬성했던 것에 더욱 더 나 자신이 존재합니다. 그러나 습관이 너무나 강렬하게 나를 지배할 수 있었던 것은 바로 나 자신을 통해서입니다. 왜냐하면 나는 내가 가지 말아야 할 곳으로 기꺼이 가야 했기 때문입니다. 나는 여전히 땅에 묶여 있어, 모든 속박으로부터 구속받는 것을 두려워했던 만큼 그것들로부터 자유로워지는 것도 두려워했으므로 오, 신이시여, 당신 편에 서서 싸우는

---

6) 루이 구르동(Louis Gourdon, *Essai sur la Conversion de Saint Augustine*, Paris, Fischbacher, 1900)은 아우구스티누스가 개종한 날(386) 이후 직접 쓴 글들을 분석하여, 『고백록』에서 아우구스티누스가 제공해주는 설명은 성숙하지 못하다는 것을 지적하였다. 정원에서의 위기는 그의 이전 삶으로부터의 뚜렷한 전환을 나타내주었지만, 그것은 신플라톤적 관념으로의 전환이어서 단지 그리스도교로 나아가는 중간단계였다. 4년이 더 지나서야 비로소 아우구스티누스는 완전히 근본적 그리스도교를 받아들이게 되었다.

것을 거절하였습니다.

그러므로 내가 당신을 묵상할 때 하였던 생각은, 깨어 있지만 졸음이 밀려와 다시 잠드는 사람의 노력과 같습니다. 졸음이 사지에 몰려들면 사람들은 그것을 인정하지는 않지만 그것을 쫓아내는 것을 거절하고 종종 장려합니다. 그렇다 하더라도 나는 나 자신의 욕망보다 당신의 사랑에 복종하는 것이 훨씬 좋다고 생각합니다. 그러나 당신의 사랑에 복종하는 과정은 나를 확신시키지만, 욕망이 나를 기쁘게 하고 묶어둡니다. 나에게는 "깨어라, 너 잠자는 자여"라는 당신의 부르심에 대답할 말이 아무것도 없습니다. 그러나 나는 오직 느릿느릿하고 졸리는 목소리로, "지금, 예 지금 그러겠습니다. 잠시만 기다려 주세요"라고 대답하였습니다. 그러나 즉각적으로는 '지금 당장'이 아니었고 '잠시 동안'은 오랜 시간이 되었습니다. ……왜냐하면 나는 당신이 곧 나의 말을 듣고 욕망을 없애기보다는 만족시키기를 원하는 나의 병을 치유해주는 것을 두려워하기 때문입니다. 나는 통렬한 말로써 나 자신의 영혼을 괴롭히지 않았습니다. 그러나 내 영혼은 아무런 이유도 없이 피하고 거절하였습니다. ……나는 나 자신에게 말하였습니다. "오라, 지금 그것을 하라." 내가 이렇게 말할 때 나는 해결지점에 있었습니다. 나는 오직 그것을 제외한 모든 것을 다했습니다. 그러나 나는 그것을 하지 않았습니다. 나는 다른 노력을 하고 거의 성공했지만 죽기 위해 죽는 것, 살기 위해 사는 것을 주저하면서, 그것에 다가가지도 그것을 붙잡지도 않았습니다. 내가 그렇게 익숙해 있던 죄악은 내가 얻으려고 하지 않은 더 좋은 삶 이상으로 나를 붙잡았습니다.[7]

고차적 소망들은 폭발적인 강렬함이나 지속적인 격렬함 즉, 껍데기를 깨뜨리고 삶 속으로 효과적으로 분출해 나오도록 하여 열등한 성향들을 영원히 잔잔하게 할 수 있는 (심리학자들의 전문용어를 사용하자면) 역동 유전적 특질(dynamogenic quality)을 지니고 있지 않을 때가 있다. 그때 분리

---

7) *Confessions*, Book VIII, chaps.v, vii, xi(축약됨).

된 의지를 기술하는 것보다 더욱 완전한 기술은 있을 수 없다.

나중의 강연에서 우리는 이런 고차적 흥분성에 대해 충분히 이야기할 것이다.

나는 노바스코샤의 복음주의자인 알린의 자서전에서, 분리된 의지에 대한 또 다른 좋은 묘사를 발견했다. 나는 지난 강연에서 그의 우울증에 대하여 짧게나마 설명하였다. 여러분들이 알게 되겠지만, 그 가난한 젊은이의 죄들은 가장 해가 없는 종류이지만 그의 가장 진실한 소명을 방해하여 그에게 많은 낙심을 안겨주었다.

지금 나의 삶은 매우 도덕적이지만 나는 거기에서 양심의 안정을 찾을 수가 없다. 나는 지금 오랫동안 내 마음을 전혀 알지 못했던 젊은이들 사이에서 존경받기 시작하였다. 그들의 존경은 내 영혼의 올가미가 되기 시작하였다. 왜냐하면 나는 술 취하지 않고, 저주하거나 맹세하지 않았다면, 마시고 떠드는 육욕적 쾌락은 내게 없을 것이라고 생각했지만, 나는 곧바로 육욕적 쾌락을 좋아했기 때문이다. 그래서 나는 신께서 젊은이들에게 어떤(단순하거나 시민적인) 오락에 흠뻑 빠지게 했다고 생각하였다. 나는 여전히 의무를 충실히 이행하여 나 자신이 그 공개적인 악덕행위 때문에 고통받지는 않았다. 나는 건강하고 번창하던 시기에는 정말로 매우 잘 지냈다. 그러나 내가 병, 죽음 또는 매우 지독한 폭풍우 때문에 낙담하거나 위협받을 때, 나의 종교는 아무것도 하지 못했다. 나는 무엇이 부족하다는 것을 발견하고는 내가 너무나 많이 먹고 마시는 쾌락에 빠졌던 것을 회개하기 시작하였다. 그러나 마음의 고통이 없어져갈 때 악마와 나 자신의 사악한 마음이 다시 나타나, 나는 동료들의 유혹에 빠져들고 젊은이들과 멋대로 어울리는 일에 빠져들었다. 그래서 나는 매우 공격적이고 무례하게 행동하였다. 그러면서도 나는 동시에 기도와 말씀의 생활을 몰래 계속하였다.

그러나 신은 내가 스스로 파멸하는 것을 원하지 않으셨고, 여전히 그의 부르심으로 나에게 다가와 나의 양심을 그런 힘으로 움직였다. 그 결과

나는 쾌락적 삶에 만족할 수 없었고 때때로 쾌락의 한가운데에서 상실감과 파멸감을 맛보았다. 나와 함께 쾌락을 좇던 사람들로부터 나 자신이 멀리 떨어질 수 있기를 바랐다. 쾌락적 향연이 끝나고 집으로 돌아올 때마다 이런 식의 쾌락을 추구하는 모임에 더 이상 참석하지 않겠다고 굳게 약속을 하고 몇 시간 동안 그 죄에 대한 용서를 구했다. 그러나 다시 그런 유혹을 만나면 굴복하고야 말았다. 나는 음악을 듣고 술을 마셨다. 그러나 마음이 고양되어 있어서, 곧 즐거움이나 환락으로 나아감을 알게 되었다. 나는 그런 일이 퇴폐적인 것도, 공개적으로 사악한 것도 아니라고 생각하였다. 그러나 내가 육욕적 쾌락으로부터 벗어나고 나면 늘 죄책감 때문에, 잠을 자려 침대에 누워서도 몇 시간 동안 제대로 눈을 감을 수가 없었다. 나는 땅 위에서 가장 행복하지 못한 피조물 가운데 하나였다.

때때로 나는 환락적인 동료들로부터 벗어나서(가끔 바이올린 연주자에게 내가 피곤한 것 같으니 연주를 멈추어달라고 얘기하면서) 내 마음이 찢어질 정도로 신에게 소리쳐 기도하거나, 내 마음을 강곽하게 만들지 말고 제발 나를 버리지 말라고 간구하기 위해 밖으로 나가 걷는다. 오, 나는 얼마나 불행한 시간과 불행한 밤을 그처럼 보냈던가! 때때로 나는 즐거워하는 동료들을 만나서 낙심할 때 그들이 의심하지 않도록 가능한 한 명랑한 모습을 유지하려고 노력한다. 나는 때때로 내 영혼의 근심이 발견되거나 더욱 의심받지 않도록 일부러 젊은 남녀와 함께 얘기를 나누고 즐거운 노래를 부르기도 한다. 그러나 이럴 경우, 나는 그들과 쾌락이나 기쁨을 누리기보다는 황폐한 상태에 있게 된다. 이렇게 그들과 함께 있는 몇 달 동안 나는 위선자로서 행동하고 즐거운 것처럼 가장한다. 그러나 동시에 나는 그들과 함께 어울리는 것을 피하려고 부단히 노력한다. 나야말로 얼마나 가련하고 불행히 죽을 수밖에 없는 존재인가!

나는 무엇을 하든지 어디를 가든지 여전히 걱정에 싸여 있었다. 그 이후 몇 달 동안 나는 먹고 마시고 떠드는 쾌락적인 자리의 주된 계략자였고 바람잡이였다. 그런 자리에 참석한다는 것이 고통스러운 일이었으면서도 말이다. 그러나 악마와 나 자신의 사악한 마음은, 내가 동료들로부터 존경을 받고 신용을 지키려면 노예처럼 이것도 하고 저것도 해야 하며, 이것도 참고 저것도 참아야 하고, 이리로 가기도 하고 저리로 가보기도 해야 한다고 속삭였다. 이러는 동안에도 계속해서 나는 나의 의무를 가능한 한 엄격히 수행하였다. 나는 내 생각에 반대하는 양심을 진정시키기 위해 최선을 다했다. 계속해서 가는 곳마다 기도했다. 왜냐하면 내가 육욕적 쾌락을 추구하는 사람들과 어울릴 때, 어떤 만족도 얻을 수 없었고 단지 남들이 하는 대로 따라 했을 뿐이므로 아무 죄도 없다는 이유 때문이다.

그러나 여전히 양심은 밤낮으로 내가 했거나 할 수 있었던 모든 것들에 대해서 으르렁거리고 있었다.

성 아우구스티누스와 알린은 모두 내적 통일과 평화의 잔잔한 바닷속으로 침잠하였다. 나는 다음으로 여러분에게 그것이 일어날 때, 더욱더 치밀하게 통합과정의 독특성을 생각해보도록 요청할 것이다. 통합과정은 점차적으로 이루어지거나 또는 갑작스럽게 일어나기도 한다. 그것은 변화된 느낌이나 변화된 행위의 힘을 통해 이루어질 수 있다. 그것은 새로운 지적 통찰력이나 또는 우리가 나중에 '신비적' 상태로 이름 붙여야만 하는 경험들을 통해 이루어질 수도 있다. 어떻게 이루어지든지 간에 그것은 독특한 위안을 가져다준다. 그것은 종교적 모습 속에 던져졌을 때와 같은 그러한 극도의 위안은 아니다. 행복! 행복! 종교는 인간이 그런 선물을 얻는 방법들 가운데 유일한 것이다. 종교는 쉽게, 영원히, 그리고 성공적으로 가장 참을 수 없는 불행을 가장 근원적이고 영속적인 행복으로 가끔 변형시켜준다.

그러나 종교를 발견한다는 것은 내적 통일을 얻을 수 있는 많은 방법들 가운데 하나일 뿐이다. 내적 불완전을 치유하고 내적 불일치를 감소시켜주는 과정도 일반적 심리과정이다. 이 과정은 어떤 정신적 소재로도 일어날 수 있으므로 반드시 종교적 형태를 띨 필요는 없다. 우리가 지금 연구하려는 재생의 종교적 유형들을 판단하는 데에서, 그것들은 다른 유형들도 역시 포함하는 어떤 유(類)에 속한 하나의 종(種)일 뿐임을 인정하는 것이 중요하다. 예를 들면, 새롭게 태어난다는 것은 종교로부터 뛰쳐나와 회의하는 것일 수도 있다. 또 그것은 도덕적 양심으로부터 자유와 방종으로 나아가는 것일 수도 있다. 또 그것은 사랑, 야망, 탐욕, 또는 애국심과 같은 개인의 삶에 대한 새로운 자극이나 열정을 통해 나올 수도 있다. 이 모든 예들에서 우리는 엄밀히 말해서 똑같은 심리형태의 사건들인 격정, 긴장, 모순의 시기 다음에 일어나는 확고, 안정, 그리고 균형상태를 갖게 된다. 이런 비종교적인 사례들에서도 새로운 인간은 점차적으로 또는 갑자기 태어난다.

프랑스의 철학자 주프루아(Jouffroy)는 스타벅이 잘 설명한 정통교리의 신봉으로부터 배반으로의 변화와 같은 자기 자신의 '역회심'(counter-conversion)에 대한 감동적인 자료를 남겨놓았다. 주프루아의 의심은 오랫동안 그를 괴롭혀왔다. 그러나 그는 불신이 점점 고정되어가고 견고해져가던 어느 날 밤에 최후의 위기를 맞는다. 그 직접적 결과는 그가 잃어버렸던 환상에 대한 슬픔이었다.

주프루아는 이렇게 쓰고 있다.

나는 나 자신의 의심을 숨겼던 휘장이 찢겨진 12월의 그날 밤을 잊을 수 없다. 잠잘 시간이 됐음에도 불구하고 오랫동안, 습관적으로 걷곤 했던 그 작고 소박한 방 안에서 나의 발걸음 소리를 다시 듣는다. 나는 구름으로 반쯤 가려진 달을 다시 본다. 그 달은 싸늘한 창문유리를 밝게 비추어주었다. 밤의 시간이 흘렀을 때 나는 그 흐름을 주시하지 않았다. 열렬히 나는 나의 생각을 따라 한 층에서 한 층으로 가는 것처럼, 내 의식의 토대를 향해 내려갔다. 나는 그때까지 내 시야를 가렸던 모든 환상들을 매순간 더욱 분명하게 보이도록 하나씩 사라지게 하였다.

나는 마치 난파선의 선원이 헛되이 배의 부서진 조각들에 매달리는 것처럼, 이런 최후의 믿음들에 매달렸다. 나는 내가 막 떠 있었던 미지의 공간을 보고 깜짝 놀라, 이런 믿음들과 더불어 나의 어린 시절, 나의 가족, 나의 조국, 나에게 사랑스럽고 성스러운 모든 것을 생각하였지만 모두 헛된 것이었다. 부모, 가족, 기억, 믿음에 대한 내 사고의 완고한 흐름은 너무나 강했다. 그 생각은 그것들 이외의 다른 것을 생각하는 데에서 면제받도록 해주었다. 그 생각은 더욱더 집요하고 엄격하게 끝에 도달할 때까지 멈추지 않았다. 그때 마음의 심층에 똑바로 서 있던 어떤 것도 이제 내게 남아 있지 않다는 것을 깨달았다.

그 순간은 소름이 끼쳤다. 아침에 내가 피곤에 지쳐 침대에 누웠을 때, 나는 내 초기의 삶이 불처럼 환하게 함빡 웃으면서 밖으로 나가는 것처럼 느꼈고, 내 앞에 또 다른 삶이 열렸다. 그 삶은 우울하고 사람들이 없어 고독하였다. 나를 그쪽으로 추방시켰고, 내가 저주하고 싶었던 나의 운명적 사고 안에서 나는 앞으로 그런 삶을 홀로 살아야만 한다. 이것을 발견했던 날들은 나의 삶에서 가장 슬픈 날이었다.[8]

『성격의 결정』(Decision of Character)이라고 하는 존 포스터(John Foster)의 에세이를 보면 탐욕으로의 갑작스런 회심에 대한 사례를 설명하

---

[8] Th. Jouffroy, *Nouveaux Mélanges philosophiques*, 2me édition, 83쪽.
나는 어느 특정한 때라고 적혀 있는 역개종의 두 가지 사례를 첨가한다. 첫번째 것은 스타벅 교수의 원고 모음집에서 뽑은 것인데 화자는 여성이다.
"나는 언제나 '신'에 대해 다소간 회의적이었다고 생각한다. 회의는 청소년기 시작부터 내내 나의 내면 속에서 자랐다. 그러나 그것은 종교적인 환경 속에서 성장하면서 감정적 요소들에 의해 조절되고 숨겨졌다. 나는 16세 때 교회에 참여해서 내가 신을 사랑하는지 사랑하지 않았는지에 대한 질문을 받았다. 습관적으로 '네, 사랑해요'라고 대답하였다. 그러나 순간적으로 무엇인가가 내 마음 속에서 '아니야, 너는 사랑하지 않아'라고 말하고 있었다. 나는 오랫동안 나를 끔찍한 방법으로 벌주는 복수의 신이 있을 것이라는 두려움과 더불어, 신을 사랑하고 있다는 나의 거짓과 나의 사악함에 대한 부끄러움과 양심의 가책으로 시달렸다. ……19세 때, 나는 편도선염을 앓았다. 회복하기 아주 훨씬 전에 나는 자신의 부인이 인사불성이 될 때까지 계속해서 부인을 층계 밑으로 걷어찬 비열한 동물 같은 사람에 대한 이야기를 들었다. 나는 그에 대한 공포를 예민하게 느꼈다. 즉각적으로 이런 생각이 내 마음을 관통해 지나갔다. '그런 일들을 허용하는 신을 나는 필요로 하지 않는다.' 이런 경험은 나의 이전 몇 달 동안의 삶에서 신에 대한 무관심을 철저하게 해 주었다. 그리고 그러한 무관심한 삶 속에는

신에 대한 적극적인 혐오와 교만한 반항이 어느 정도 섞여 있었다. 나는 여전히 신이 존재할지도 모른다고 생각하였다. 그렇다면 그는 아마도 나를 저주하겠지만. 나는 굳건히 흔들리지 않고 서 있을 것이다. 나는 조금도 두려움을 느끼지 않았고 그를 달래줄 어떤 욕망도 느끼지 않았다. 이런 고통스런 경험 이후 나는 내내 그와 어떤 인격적 관계도 갖지 못하였다."

두번째 사례는 준비와 잠복기의 과정이 충분히 진행되었을 때 아무리 자극이 부과되더라도 어떻게 마음을 전복시켜서 새로운 균형상태를 이루는지를 보여준다. 이것은 낙타의 무거운 짐에 더해진 유명한 마지막 지푸라기, 혹은 갑작스럽게 과포화된 액체의 소금이 결정화되도록 하는 바늘의 접촉과 같다.

톨스토이는 다음과 같이 쓰고 있다. "솔직하고 지적인 사람인 S는 그가 어떻게 해서 신앙을 갖게 되었는지를 다음과 같이 나에게 말해주었다."

"그는 26세 되던 해 어느 날 사냥을 갔다가 노숙한 일이 있었다. 잠잘 시간이 되었을 때 그는 어릴 때부터 해오던 대로 기도를 하였다. 함께 사냥 나왔던 그의 형은 건초 위에 누워서 그를 응시하였다. S가 기도를 끝마치고 잠들려고 할 때, 그의 형은 '너는 아직까지도 기도를 계속하니?' 라고 물었고 그 다음에는 더 이상 어떤 말도 하지 않았다. 그러나 지금부터 30년도 훨씬 더 전인 그날 이후로 S는 결코 다시는 기도를 하지 않았다. 그는 성례전에도, 교회에도 가지 않았다. 이 모든 것은 그가 그때 그곳에서 받아들였던 그의 형의 확신에 익숙해 있었기 때문이거나, 그가 자신의 영혼 안에서 어떤 새로운 결단을 했기 때문이 아니었다. 단순히 그의 형이 했던 말의 무게가, 거의 넘어질 정도로 기울어져 있는 벽을 손가락으로 가볍게 미는 것과 같았기 때문이다. 이런 말들은, 단지 그가 종교라고 생각하여 자신의 마음 속에 그려놓은 장소는 오랫동안 텅 비어 있었고, 그가 발설한 문장들, 그가 기도하는 동안에 하였던 십자모양을 긋는 행위와 몸을 구부리는 동작은 내적 느낌이 없는 행위들임을 보여주었다. 어느 순간 그것들의 불합리성을 포착하였기 때문에 그는 더 이상 그런 행위들을 계속할 수 없었다." *Ma Confession*, 8쪽.

'사랑에 빠지는 것'의 반대를 '사랑으로부터 벗어나는 것'이라고 이름붙인다면 나는 아마도 매우 자주 일어나는 종류의, 회심을 설명해주는 내 수중의 문서 하나를 더 첨가해야 할 것이다. 사랑에 빠진다는 것은 어떤 사건(a mischief)이 돌이킬 수 없게 일어났다는 사실을 갑자기 깨닫기 전에도 가끔씩 진행된 잠재적으로 무의식적 준비과정의 표현이다. 이런 이야기 속에 발견할 수 있는 자유롭고 편안한 어조는 이 사건의 진실성을 보여준다.

"지난 2년 동안 나는 나를 거의 미치게 한 아주 바람직하지 못한 경험을 해보았다. 나는 고양이처럼 요염한 어떤 소녀에게 진한 사랑을 느꼈다. 이제야 뒤돌아보니 나는 그녀를 증오하며 내가 어떻게 그녀의 매력에 이끌려 그처럼 비천한 사랑을 할 수 있었는지 궁금하다. 그럼에도 불구하고 나는 철저한 사랑의 열병에 걸려서 어떤 것도 생각할 수 없었다. 혼자 있을 때마다 그녀의 매력적인 모습을 떠올렸고 걷고 있을 때는 대부분의 시간을 이전에 했던 대화를 생각해보기도 하고, 앞으로 하게 될 대화도 상상해보면서 보냈다. 그녀는 너무 아름다웠고, 유머가 넘쳤고, 극도로 명랑하였으며 나의 칭찬에 굉장히 기뻐하였다. 그녀는 긍정적이든 그렇지 않든 간에 나에게 결정적인 대답을 해주지 않았다. 이상한 일은 내가 그녀의 손을 잡으려는 동안 그녀가 나의 아내가 되기에는 적당치 못하다는 것을, 그리고 그녀는 결코 나에게 긍정적인 대답을 하지 않을 것을 비밀스럽게 알게 되었다. 우리는 1년 동안 같은 기숙사에서 한솥 밥을 먹어 서로 익숙해질 수 있었지만, 우리의 친밀한 관계는 대개 은밀하였다. 그리고 그 사실은 그녀의 또 다른 구애자에 대한 나의 질투심과 제어할 수 없는 연약함에 대해 멸시하는 내 자신의 양심과 함께, 나를 극도로 신경과민에 걸리게 하여 잠을 못 이루게 하였으므로 나는 정말로 내가 정신이 돌았다고 생각했다. 나는 너무나 자주 신문에 보도되는, 자기 아내를 살해하는 젊은 사람들을 충분히 이해한다. 그럼에도 불구하고 나는 그녀를 열정적으로 사랑하였고, 그녀는 그 사랑을 받을 가치가 있었다."

"이상한 것은 그런 모든 일이 기대도 하지 않았는데 갑자기 중단되었다는 것이다. 그날도 나는 평상시처럼 그녀와 나의 불행을 생각하면서 아침을 먹고 나서 일터로 가고 있었다. 그때 나는 마치 어떤 외부적 힘이 나를 잡고 있는 것처럼 돌아서서 거의 뛰다시피 하여 내 방으로 들어갔다. 거기서 나는 즉각적으로 그녀의 머리카락, 그녀의 공책과 편지들, 그리고 유리판에 새겨진 명암사진들을 포함해서 내가 소유하였던 그녀의 모든 잔재들을 꺼냈다. 나는 앞의 것을 불살랐고, 나중의 것은 실제로 복수와 형벌을 주는 듯한 무지막지한 기쁨으로 신발 뒤꿈치 밑에 놓고 부숴버렸다. 그때 나는 그녀를 철저히 싫어했고 멸시하였다. 그것이 끝이었다. 나는 그뒤 몇 년 동안 그녀에게 말을 걸지도, 다시 편지를 쓰지도 않았다. 그리고 나는 여러 달 동안 완전히 나의 마음을 온통 빼앗아갔던 사람에 대해 사랑하는 생각을 가져본 적이 한순간도 없었다. 사실상 나는 그런 방향으로 너무나 멀리 벗어나 있다는 것을 알 수 있지만, 나는 오히려 그녀와 맺은 추억을 언제나 증오해왔다. 어쨌든, 그 행복한 아침 이후 내내, 나는 나 자신의 고유한 영혼을 소유하도록 회복되었고, 결코 그와 비슷한 함정에 빠지지도 않았다."

이것은 전에 없이 인격의 두 가지 다른 차원을 보여주는 분명한 예로 보인다. 그 차원들은 양심의 명령에 있어서 불일치하지만 오랫동안 삶을 불일치와 불만족으로 채움으로써 균형이 삽히세 하였다. 미킴내 점진저이지 않게 갑작스러운 위기 속에서 안정적이지 못한 균형상태가 깨지고, 이것은 너무나 기대하지 않게 일어남으로써, 작가의 말을 사용하면, 그것은 마치 "어떤 외부적 힘이 붙들었던" 것처럼 보인다.

스타벅 교수는 자신의 *Psychology and Religion*, 141쪽에서 하나의 유사한 사례와, 또 증오가 갑자기 사랑으로 변하는 하나의 반대되는 사례를 제시하고 있는 부분이 있다. 그것은 예증으로서 충분한 인용구이다.

    그 설명은 다음과 같다.
    어떤 젊은 사람이 그들 스스로를 그의 친구들이라고 부르는 쓸모 없는 많은 동료들과 함께 난봉꾼적인 술잔치를 벌이기 위해 엄청난 재산을 2, 3년 동안 탕진하였다. 그의 재산이 다 탕진되었을 때, 그의 친구들은 물론 그를 무시하거나 경멸하였다. 그는 절내적으로 곤궁하였기 때문에 어느 날 자신의 생명을 끊기 위해 집 밖으로 나갔다. 거의 무의식적으로 한참 동안 헤매다가 그는 최근까지만 해도 자신의 것이었던 부동산이 내려다보이는 유명한 산의 꼭대기에 다다랐다. 그는 여기에 앉아서 몇 시간 동안 생각에 골몰해 있었다. 그러고 나서는 매우 고양된 감정으로 땅바닥에서 일어났다.
    그는 과거처럼 이 모든 부동산을 자신의 것으로 만들기로 결심하였다. 그는 그것을 바로 실행하기 위해 계획을 수립하였다. 그는 황급히 앞을 향해 걸어나갔고, 아무리 비천한 일이라 해도 돈을 벌 수 있는 최초의 기회를 포착하기로 결심하였다. 또 할 수 있다면 자신이 번 것의 4분의 1페니조차도 낭비하지 않으려고 굳게 결단하였다. 그의 관심을 끈 첫번째 것은 집 앞 포장도로 위의 마차로부터 새어나온 석탄 덩어리들이었다. 그는 손수 삽으로 새어나온 석탄 덩어리를 마차에 다시 퍼담아서는 원래 있어야 할 곳으로 마차들을 인도하였다. 이런 식으로 그는 그런 일을 하는 데 고용되었다. 그는 노동의 대가로 약간의 페니를 지불받았다. 그리고 절약하려는 계획에 따라서 그에게 주어진 고기와 술 대신 약간의 돈을 요구하

다. 그가 137~144쪽에서 습관이나 성격의 갑작스런 비종교적 변화에 대해 제시하는 기이한 사례들을 비교해보라. 스타벅은 모든 그러한 갑작스런 변화들이 의식적 삶에서 일어나면 조정자의 역할을 담당할 준비가 되어 있기 대문에, 그것들을 무의식적으로 발전해 나가는 두뇌의 특별한 기능들의 결과로서, 모든 그러한 갑작스런 변화들을 생각하는 것은 올바른 것처럼 보인다. 우리가 갑작스런 '회심'을 다룰 때 잠재의식적 잠복기의 이런 가정을 나는 가능한 한 많이 사용할 것이다.

였다. 그런 다음 우연히, 다음에 할 다른 일을 찾아보았다. 그는 1페니의 비용이라도 지출하지 않기 위해 벌벌 떨며, 짧은 기간이든 긴 기간이든 간에, 여러 곳의 고된 일들을 피곤도 못 느끼는 채로 열심히 하였다. 그는 직업의 비천함이나 체면과는 상관없이 자신의 계획을 발전시킬 수 있는 모든 기회를 신속하게 포착하였다.

상당한 시간이 경과한 후에 그는 다시 몇 마리의 가축을 팔고 사는 방법으로 충분한 돈을 벌었다. 그는 그 가축의 가치를 이해하기 위해 상당히 많은 고통을 감수해야만 했다. 그는 빨리, 그러나 조심스럽게 자신의 첫번째 이익을 다른 더 많은 이익을 내기 위해 사용하였고, 조금의 일탈도 없이 극도로 절약하는 생활을 유지하였다. 그는 점차적으로 보다 큰 거래를 하게 되었고 초기의 부를 다시 쌓아나갔다. 나는 그 다음에 그가 어떻게 살았는지에 대해서는 듣지 못했거나 또는 잊어버렸다. 그러나 마지막 결과는 이렇다. 그는 잃었던 소유물보다 훨씬 많은 것을 회복하였고 6만 달러에 상당하는 재산을 소유한 고질적인 구두쇠로 죽었다.[9]

지금부터는 우리들과 직접적으로 관련된 종교적 사례에 대해 살펴보겠다. 가장 단순한 유형으로서, 이미 자연적으로 낙관주의적 유형의 특질을 보여온 사람의 체계적 종교, 즉 낙관주의적 성품의 종교로 회심한 것에 관한 예를 들 수 있다. 이것은 과일이 익었을 때, 어떻게 만지는 것이 과일을 떨어지게 하는가를 보여준다.

호레이스 플레처(Horace Fletcher)는 『정신문화』(Menticulture)라는 작은 책자에서, 불교의 수행방법을 통해 일본인들이 도달한 자제심에 대해서 그의 친구와 같이 대화했던 것을 다음과 같이 적어놓았다.

"당신은 먼저 성냄과 걱정을 없애야 합니다." "하지만 그것이 가능합니까?"라는 나의 물음에 그는 "예, 일본인들에게 가능하다면 우리들에게도

---

9) 같은 책, Letter III(축약됨).

가능해야 합니다"라고 대답했다.

돌아오는 길에 내게는 "없애야 한다. 없애야 한다"라는 말 이외에는 어떤 말도 떠오르지 않았다. 그 생각은 계속해서 잠자는 시간에도 나를 사로잡고 있었음이 틀림없다. 왜냐하면 아침에 처음으로 떠올랐던 의식이 똑같은 생각을 하고 있었기 때문이다. 계시의 발견이라도 되는 것처럼 "만약 성냄과 걱정을 없애는 것이 가능하다면, 도대체 그러한 감정을 갖는 것은 무슨 필요가 있는가?"라는 추론에 대해 나는 강한 논쟁의 필요성을 느꼈고, 곧바로 그 추론을 받아들였다. 아기는 자신이 걸을 수 있다는 것을 발견했다. 따라서 아기에게 더 이상 기는 것은 비웃음거리가 될 것이다.

걱정과 성냄이라는 암적 존재를 없애는 것이 가능하다고 깨달은 그 순간부터, 그것들은 내게서 떠났다. 그것들의 취약성을 발견하게 됨에 따라 나는 그것들을 떨쳐버렸다. 그때부터 삶은 전적으로 다른 모습을 띠었다.

비록 그 순간부터 억눌린 열정으로부터의 자유에 대한 가능성과 소망이 내게 실제적인 것이 되었지만, 나의 새로운 위치에 절대적 안전을 느끼는 데에는 몇 개월이 걸렸다. 예전 같으면 걱정과 성냄이 반복되어 나타났어야만 하는 경우에도 나는 조금도 그것들을 느낄 수가 없었다. 나는 더 이상 그러한 감정들을 두려워하거나 경계하지 않았으며, 나의 확대된 원기와 활기찬 마음에 깜짝 놀랐다. 즉, 어떠한 상황에든 대처하는 나의 힘과, 세상의 모든 것들에 감사하고 사랑을 베푸는 나의 기질에 깜짝 놀랐다.

그날 아침 이후 나는 기차로 1만 마일 이상을 여행할 기회가 있었다. 이전에 짜증과 노여움의 원인이었던 똑같은 풀먼 기차의 짐꾼(Pullman porter), 차장, 호텔 웨이터, 행상인, 책 판매원, 택시기사 그리고 다른 사람들을 만났지만 단 한 차례의 무례함도 의식하지 못하였다. 갑자기 온 세상이 내게 유익한 것으로 바뀐 것이다. 말하자면, 나는 좋은 빛만을 민감하게 느끼게 되었다.

나는 새로운 마음의 상태를 입증하는 다양한 경험들을 열거할 수 있지만 한 가지 예로도 충분할 것이다. 내가 상당한 관심과 즐거운 기대감을 가지고 타기로 계획하였던 기차가, 내 짐이 도착하지 않았다는 이유로 나를 태우지 않은 채 역을 빠져나가는 모습을 만분의 일의 짜증이나 조바심 없이도 나는 바라보았다. 기차가 시야에서 막 사라질 때 숨을 헐떡이며 호텔에서 온 짐꾼이 역 안으로 뛰어들어왔다. 그는 나를 보자마자 야단맞을 것을 두려워하는 듯했고, 붐비는 거리에서 길이 막혔으며 쉽게 빠져나올 수 없었음을 말하기 시작했다. 그가 말을 마쳤을 때 나는 그에게 말했다. "괜찮습니다. 어쩔 수 없었잖아요. 내일 다시 부탁드립니다. 수고비는 여기 있습니다. 근심을 끼쳐드려서 죄송합니다." 그의 놀라워하는 표정이 너무나 기쁨으로 가득 차 있었으므로 나는 즉시 출발 연기에 대한 보상을 받았다. 다음날 그는 자기가 수고한 일에 대해 동전 한푼 받으려 하지 않았고, 그와 나는 일생의 친구가 되었다.

내가 이런 일들을 경험했던 처음 몇 주일 동안은 단지 걱정과 성냄에 대해 경계를 하였다. 그러나 나는 그러는 동안에 다른 우울증이나 위축감도 느끼지 않게 되었다는 것을 알게 되었다. 나는 관련성을 추적해 들어갔다. 그 결과 나는 그것들이 둘다 내가 자세히 서술하였던 두 개의 뿌리로부터 성장한다는 것을 확신하였다. 나는 그것과의 관련성을 확신하는 동안에는 자유를 느껴왔다. 나는 더이상 도둑질하고 싶고 우울한 기분 가운데 어떤 것도 품을 수 없었다. 그런 생각들은 어떤 난봉꾼이 자발적으로 주색에 빠지는 것을 숨길 수 없듯이 모든 인류가 유산처럼 물려받은 것들이다.

나의 마음은 순수 그리스도교, 순수 불교, 정신과학 그리고 모든 종교들이 기본적으로 내가 발견해온 모든 것을 가르쳐준다는 사실을 의심하지 않는다. 하지만 그것들 가운데 어떤 것도 단순하고 쉬운 제거 과정을 통해 내가 발견한 것을 제시해 주지는 못했다. 한번은 제거가 무관심과 게으름을 낳은 것은 아닌가 하고 의아해하였다. 내 경험으로 보았을 때 결과는 반대였다. 내게는, 유용한 무엇인가를 하고자 하는 그러한 확대된 욕구는 마치 내가 다시 소년이 되어 활동하고자 하는 힘이 다시 돌아온 것처럼 보였다. 나는 싸워야 할 경우만 생긴다면 언제든지 기꺼이 싸울 준비가 되어 있었다. 그것은 사람을 겁쟁이로 만들지 않는다. 왜냐하면 두려움이란 제거된 것 가운데 하나이기 때문에 사람을 겁쟁이로 만들 수 없다. 나는 대상이 누구이든 간에 수줍어함이 사라졌다. 나는 소년이었을 때 벼락맞은 나무 밑에 서 있었다. 나는 그 광경을 보고서 엄청난 충격을 받았다. 그래서 나는 걱정을 해소할 때까지는 그 충격으로부터 자유롭지 못했다. 그때 이후로 천둥이나 번개로부터 직접 영향을 받지 않았지만, 나는 마치 천둥과 번개가 이전의 심한 의기소침과 불안을 야기시킨 원인이었던 것처럼 그것들을 대하였다. 그러나 이제 나는 그 어떤 예기치 못했던 광경이나 소리에도 덜 놀라게 되었다.

내가 개인적으로 관계되어 있는 한, 나는 지금의 구속되지 않은 상태로부터 어떠한 결과가 생길지라도 현재의 나 자신을 괴롭히지 않는다. 나는 크리스천 사이언스가 목표로 하였던 완전한 건강이 가능한 것들 가운데 하나라는 사실을 의심하지 않는다. 왜냐하면 내가 소화를 시키라고 제공한 음식을 위가 소화해내는 방식이 두드러지게 좋아졌음을 나는 알고 있기 때문이다. 나는 찡그린 얼굴을 하면서 마찰을 빚을 때보다 노랫소리를 들을 때 위가 더욱 잘 작용하고 있음을 확신한다. 나는 미래의 생존이라든가 미래의 천국이라는 관념을 형성하는 데에 소중한 시간을 낭비하지 않는다. 나 자신 안에 있는 천국은 지금까지 약속되어왔던 어떠한 천국보다 또는 내가 상상할 수 있는 천국보다 매력적이다. 나는 성냄과 그 비슷한 것이 천국을 잘못 인도하지 않는 한, 기꺼이 내 안의 성장이 이끄는 대로 나아가도록 할 것이다.[10]

고대의학은 사람이 육체적 질병으로부터 회복되는 두 가지 방법, 즉 점진

---

10) H. Fletcher, *Menticulture, or the A-B-C of True Living*, New York and Chicago, 1899, 26~36쪽(축약됨).

적 방법인 라이시스(lysis)와 급진적 방법인 크라이시스(crisis)에 대해 이야기하곤 했다. 영적 영역에서도, 역시 내적 통일이 일어나는 데는 위의 두 방법이 있다. 다른 사람들의 이러한 마음의 우여곡절을 좇아가는 것이 어렵다는 것은 처음부터 고백되어야 하지만, 톨스토이나 버니언은 다시 한 번 우리에게 점진적 방법의 예들을 보여준다. 그러나 우리는 그들의 말이 그들의 모든 비밀을 보여주지 않는다는 것을 감지한다.

어쨌거나 자신의 끝없는 물음을 추구하였던 톨스토이는 이런저런 통찰력에 이른 것처럼 보였다. 처음에 그는, 삶이 의미가 없다는 확신은 단지 이 유한한 삶만을 고려하였음을 인식하였다. 그는 유한한 삶의 기간에 대한 가치를 다른 기간 속에서 찾고자 하였으며, 모든 결과는 수학에서 0 = 0으로 끝나는 부정방정식 가운데 하나였을 뿐이다. 그러나 비합리적 감정이나 믿음이 무한한 삶을 불러오지 않는다면 추론적 지성 스스로 갈 수 있는 한도는 이 정도이다. 보통 사람들이 그러하듯이 무한한 삶을 믿는다면 삶은 다시 가능해진다.

톨스토이가 말했다.

삶이 있는 곳 어디에나 인류가 존재해왔기 때문에 또한 삶의 가능성을 보여주는 믿음이 있어왔다. 믿음은 삶에 대한 느낌이며 그 느낌 때문에 인간은 자기 자신을 파괴하지 않고 계속해서 살아간다. 믿음은 우리가 살아가는 힘이기도 하다. 만약 사람이 무엇인가를 위해서 살아야 한다는 사실을 믿지 않는다면, 그는 결코 살아가지 못할 것이다. 무한한 신에 대한 관념, 영혼의 신성함에 대한 관념, 그리고 신의 행위와 인간의 행동의 합일에 대한 관념들은 인간 사고의 무한하고 비밀스런 심층 안에서 상세히 실명되어 있다. 나 자신은 존재하지 않을 것이다. 나는 나의 개인적 추론에 의지할 권리가 없다는 것을 알게 되었고, 믿음에 의해 주어지는 이러한 답변들을 단지 물음에 대한 답변들이라는 이유로 무시하게 되었다.

하지만 보통사람들이 가장 조잡한 미신에 몰두해 있을 때 그들이 믿고 있는 것을 어떻게 믿을 수 있겠는가. 불가능하다. 하지만, 그럼에도 불구하고 그들의 삶은! 그들의 삶은! 정상적인 것이다. 그것은 행복하다! 그 물음에 대한 해답은 바로 이것이다!

톨스토이는 점진적으로 불변의 확신에 이르게 되었다. 그는 이러한 확신에 이르는 데 2년이 걸렸다고 말한다. 그의 문제는 일반적인 삶이나 일반적인 사람들의 보통 삶에 관한 것이 아니라, 상류층의 지적이고 귀족적인 계층의 삶, 이지적인 삶, 관습적이고 인위적이고 개인적인 야망의 삶에 관한 것이었다. 그는 잘못된 삶을 살았으므로 꼭 달라져야만 하였다. 동물적 욕구에 부응하고, 거짓과 허영을 버리고, 일상적 궁핍을 이겨내고, 단순해지며, 신을 믿는 삶 속에 행복이 깃들어 있다.

그는 말하였다.

나는 초봄의 어느 날을 기억하는데, 숲에 혼자 앉아서 신비로운 소리에 귀를 기울였다. 나는 주의하여 들었고, 그때 3년 동안이나 나를 바쁘게 하였던 신의 추구에 대한 생각으로 돌아갔다. 하지만 나는 "신에 대한 관념을 어떻게 얻을 수 있겠는가"라고 말했다.

이러한 생각과 더불어 내 안에 다시 떠오르는 생각은 삶에 대한 즐거운 영감이었다. 내 안의 모든 것이 깨어났고 의미가 부여되었다. ······왜 내가 멀리 떨어져 있는 것처럼 보이는가? 내 안의 소리가 물었다. 신은 바로 거기에 있다. 신, 신이 없이는 아무도 살 수 없다. 신을 인정하는 것과 산다는 것은 하나이고 같은 것이다. 신은 삶 그 자체이다. 자, 그렇다면! 삶을 통해서 신을 추구하라. 그러면 신이 없이는 삶도 있을 수 없을 것이다······.

이러한 경험 후에 내 안의 모든 것은 명확해졌으며, 나 자신도 그 어느 때보다 나아졌다. 그 빛이 한꺼번에 사라진 적이 없었다. 나는 자살로부터 구원받았다. 언제 어떻게, 변화가 생겼는지를 말하는 것은 불가능하다. 하지만 삶의 힘이 알 수 없이 점차적으로 내 안에서 지워졌고, 내가 도덕적 죽음의 자리에 이르렀을 때, 바로 점차적으로 인식하지 못하는 사이에 삶의 힘이 다시 돌아왔다. 이상한 것은 다시 생긴 이 힘이 전혀 새로운 것이 아니라는 것이다. 이 힘은 내 삶의 유일한 목적이 더 나아질 것이라는 믿음, 즉 내 어린 시절에 존재했던 믿음의 힘이었다. 나는 인습적인 세계에서의 삶은 삶이 아니라 삶의 모방이라고 인지하면서 그 삶을 포기하였다. 우리들은 그것의 사치를 깨닫지 못한다——톨스토이는 그 이후로 농부의 삶을 신봉하였고, 정의와 행복을 느꼈거나 적어도 비교적 그러하였다.[11]

내가 톨스토이의 우울증을 이해하였을 때, 그것은 단순히 그의 기질의 우연적 손상 때문에 그런 것은 아니었다. 그것은 논리적으로 그의 내적 성격과 그의 외적 활동과 목표 사이의 충돌 때문에 생겨났다. 톨스토이는 비록 문학가였지만, 우리의 점잖은 문명의 사치와 위선, 탐욕, 혼란 그리고 잔인성에 근본적으로 만족하지 못하고, 영원한 진리는 자연적이고 동물적인 것에 더 많이 놓여 있다고 주장한, 소박하지만 강인한 사람들 가운데 하나였다. 그의 위기는 그의 영혼을 건강하게 해주었고, 영혼의 참된 거주지와 소명을 발견하게 해주었으며 또한 거짓으로부터 벗어나 그에게 진리라고 생각되는 길들로 들어가게 해주었다. 이것은 더디게 그리고 천천히 이질적인 인격의 통일성과 수준을 찾아낸 사례였다. 우리들 가운데 많은 사람들이 뼛속까지 인간의 본래적인 정수를 충분히 갖고 있지 않아서 톨스토이를 모방할 수 없지만, 대부분은 적어도 할 수만 있다면 그렇게 하는 것이 좋은 일인 것처럼 느낄 수는 있다.

버니언의 회복은 더 느려 보인다. 수년 동안 그는 기복을 보이면서 성서의 본문에 사로잡혔다. 그러나 마침내 그리스도의 피를 통한 그의 구원에 대한 설넝에 사고갑쳤다.

"내게 평화는 하루에도 스무 번씩이나 들어오고 나간다. 지금 비록 평

---

11) 나는 톨스토이가 한 말을 상당부분 축약하여 번역하였다.

온할지라도 곧바로 근심이 찾아든다. 지금은 평화롭지만 1펄롱을 가기도 전에 죄의식과 두려움이 마음을 뒤덮는다." 어떤 좋은 성서본문의 말씀이 그의 마음을 울릴 때, 그는 쓰기를 "이것이 나에게 두세 시간 간격으로 좋은 격려를 해주었다" 또는 "오늘은 내게 좋은 하루였으며 내가 오늘을 잊지 않기를 바란다" 또는 "영광스러운 이 말씀들은 내게 너무나 과중하여 앉아 있는 동안 자연히 황홀해진다. 슬픔이나 문제로 인해서가 아니라 기쁨과 평화로 인해서" 또는 "이것은 나의 영혼을 이상하게 사로잡는다. 더불어 빛을 가져오며, 이전에 주인 없는 지옥의 개들처럼 나의 마음 속에서 으르렁거리고 소름끼칠 정도로 소란을 피우는 데 사용된, 이런 모든 난잡한 생각들을 마음 속에서 진정시키도록 하였다. 이것은 내게 예수 그리스도가 나의 영혼을 버리거나 인연을 끊지 않았음을 보여준다"라고 썼다.

그러한 시간은 그가 다음과 같이 쓸 수 있을 때까지 축적된다. "그리고 지금은 번개가 나를 지나갔으므로 폭풍의 숨겨진 부분만이 남았으며, 때때로 나에게 떨어지는 몇 방울만이 남아 있다." 그는 마침내 이렇게 쓴다. "이제 나의 족쇄들이 내 다리에서 정말로 떨어졌다. 나는 고통과 낙인으로부터 느슨해졌다. 나의 유혹들 또한 사라졌다. 그래서 그 이후로 나를 곤란하게 하였던 신에 대한 두려운 성구들이 없어졌다. 그때 신에 대한 사랑과 은혜로 기뻐하며 가정으로 돌아갔다. ……이제 나는 동시에 천국과 지상에 있는 나 자신을 볼 수 있다. 지상에서는 나의 몸이거나 인격체이지만, 하늘에서는 나의 그리스도, 나의 머리, 나의 정의, 그리고 나의 생명인……. 그리스도는 그날 밤 나의 영혼에게 소중한 그리스도였다. 나는 그리스도를 통해 기쁨과 평화와 승리감으로 자리에 누울 수 있었다."

버니언은 신경질적 체질이었으며 비국교도라는 이유로 12년 동안이나 투옥되었음에도 불구하고 복음의 전파자가 되었으며, 그의 삶은 활동적으로 바뀌었다. 그는 평화의 수호자였고 선의 행위자였으며, 그가 쓴 불멸의 우화는 영국인들에게 바로 종교적 인내의 정신을 명심하게 해주었다.

그러나 버니언이나 톨스토이는 둘다 우리가 말하는 낙관주의적 성품은 될 수 없었다. 그들은 삶의 쓴맛을 너무나 달게 마셨기 때문에 그 맛을 결코 잊을 수 없었다. 그들의 구원은 우주 속에 있는 두 가지 깊은 이야기이다. 그들 각각은 슬픔의 강렬한 위기를 부서뜨렸던 선(善)을 깨달았다. 그러나 슬픔은 믿음의 마음 속에서는 극복될 수 있는 상태이므로 최소한의 구성요소로만 유지되었다. 우리에게 관심 있는 것은 사실상, 그들은 그들의 의식 안에서 샘솟는 무엇인가를 발견할 수 있었고 또 발견하였다는 것이다. 그들은 그것을 통해 극도의 슬픔을 극복할 수 있었다. 톨스토이는 그것에 대해 인간을 살아가게 하는 어떤 것이라는 표현을 썼다. 왜냐하면 이것은 정확하게 말해서, 심지어 이전에 삶을 참을 수 없게 한 것처럼 보였던 악의 존재가 가득한 곳에서도 살려고 하는 긍정적 의지를 다시 불어넣는 어떤 자극과 흥분제이며, 믿음이고 힘이기 때문이다. 왜냐하면 악에 대한 톨스토이의 인식은 그것의 범위 안에서 수정되지 않은 채 그대로 남아 있기 때문이다. 그의 후기작품들은 그가 모든 공식적 가치의 체제와 화합할 수 없었음을 보여준다. 즉 유행적 삶에 대한 무지, 제국에 대한 악평, 교회의 허위, 전문인들의 헛된 자만심, 위대한 성공이 있기까지의 비열함과 잔인함, 그리고 모든 다른 거만한 범죄와 이 세상의 거짓된 제도와 관습들을 보여주고 있다. 그러한 것들에서, 인내심을 통한 그의 경험은 그에게 죽음을 각오하게 하는 영원한 성적이었다.

버니언 또한 이 세상을 그 적에게 남겨놓는다.

나는 먼저 이 생의 어떤 것이라 적절하게 불리는 모든 것들에 죽음의 선고를 내려야 한다. 그것들 안에는 심지어 나 자신, 나의 아내, 나의 아이들, 나의 건강과 기쁨, 그리고 그 밖의 모든 것이 포함된다. 그것들은 나에게 죽은 것이고 그리고 나 자신은 그 모든 것에게 죽은 것이다. 다가올 세상에 대하여 관심을 기울여 그리스도를 통한 신을 믿고, 무덤을 나의 집으로 생각하고, 어둠 속에 나의 잠자리를 만들고 타락을 말한다. 당신은 나의 아버지이며 그리고 벌레들의 아버지이기도 했다. 당신은 나의 어머니이며 자매이다. ……나의 아내와 나의 불쌍한 아이들과의 이별은 종종 내게 뼈에서 살점을 떼어내는 것과 같았으며, 내가 함께 하는 어떤 이들보다도 내 마음에 더 가까이 있는 내 불쌍한 눈먼 아이와의 이별은 특히 더하다. 내가 생각하기로, 가련한 아이야, 네게 슬픔은 이 세상에 태어났다는 것이리라! 너는 매질당하고 구걸해야만 한다. 비록 지금은 내가 세상의 바람이 너를 강타하도록 놔두지 않지만 말이다. 너를 떠나는 것이 사무치지만 나는 신과 함께 너를 모든 위험에 내맡겨야만 한다.[12]

'결단의 기미'는 보였지만, 황홀한 자유의 물결은 불쌍한 존 버니언의 영혼에는 넘쳐나지 않는 것처럼 보인다.

이러한 예들은 일반적으로 우리들이 기술적으로 '회심'이라 부르는 현상에 익숙하게 해주는 데 충분하다. 다음 강연에서는 회심의 특수성과 부수적인 것들에 대한 더욱 자세한 연구에 여러분을 초대하고자 한다.

---

[12] 나는 버니언의 글 가운데 어떤 부분은 생략했음을 밝혀둔다.

제9강 | 회심

회심하는 것, 갱생하는 것, 은혜를 받는 것, 신앙을 체험하는 것 그리고 확신을 얻는 것은 종교적 실재들을 더욱 확고하게 붙잡은 결과, 지금까지 분리되고 의식적으로 빗나간 방향으로 나아갔던 열등하고 불행했던 자아가 통합되고 의식적으로 올바르고 우월하고 행복한 존재로 변모해가는, 점진적 또는 갑작스러운 과정을 직접적인 신의 작용이 그러한 도덕적 변화를 가져온다고 우리가 믿든 믿지 않든 간에, 적어도 이것은 일반적으로 회심을 의미하는 것이다.

이러한 과정에 대한 상세한 연구에 들어가기 전에 구체적인 예를 들어 그 정의에 대한 이해를 도모하고자 한다. 나는 교육을 받지 못한 스티븐 브래들리(Stephen H. Bradley)에 대한 특이한 사례를 들어보고자 한다. 그의 경험은 미국의 한 희귀한 소책자[1]에 실려 있다.

이 사례는 내적 변화를 통해 다른 사람의 내부에 확실히 예기치 못했던 삶의 심층이 있음을 발견할 수도 있다는 것을 보여주기 때문에, 나는 이것을 선택했다. 그 심층은 마치 성격의 가능성들이 일련의 층이나 껍데기로 배열되어 있는 것처럼 보이며, 우리는 그것들의 존재에 대해 전혀 사전지식

---

[1] 5살부터 24살에 이르기까지 스티븐 브래들리의 삶에 대한 소묘. 여기에는 1829년 11월 2일 밤에 있었던 성령의 힘에 대한 그의 엄청난 경험이 기록되어 있다. *Madison*, Connecticut, 1830.

을 가지고 있지 않다.

브래들리는 14세 때 이미 완전히 회심했다고 생각했다.

나는 믿음으로 분명히 인간의 형상을 한 구세주를 방에서 약 1초 동안 보았다고 생각했다. 그는 팔을 앞으로 뻗어 나에게 오라고 이야기하는 것처럼 보였다. 다음날 나는 전율을 동반하는 기쁨을 느꼈다. 그 이후 나는 너무나 행복해서 죽고 싶다고 말했다. 이 세계는 더 이상 내가 알았던 애착의 대상이 되지 못하였고 매일 매일이 나에게는 안식일처럼 신성해 보였다. 나는 내가 느꼈던 것처럼 모든 인간이 느낄 수 있었으면 하는 격렬한 욕망을 가졌다. 나는 모든 인간들이 신을 최대로 사랑하기를 원했다. 이전에 나는 매우 이기적이고 독선적이었다. 그러나 지금 나는 모든 인류의 행복을 열망하고 있고, 인정어린 마음으로 나의 가장 큰 적들을 용서할 수 있을 것 같다. 나는 마치 내가 어떠한 사람의 비웃음이나 조소를 기꺼이 견뎌야 하고, 만약 내가 신의 수중에서 한 영혼을 회심시키는 도구가 될 수 있다면 신을 위해서 무슨 일이든지 참아야 한다고 느꼈다.

9년 후인 1829년에 브래들리 씨는 그의 집 근처에서 시작된 신앙부흥집회에 대해 들었다. 그는 다음과 같이 말한다.

젊은 회심자 가운데 몇몇은 집회에서 나에게 신앙을 가지고 있는지에 대해 묻고자 했다. 내 대답은 일반적으로 나는 신앙을 갖기를 희망한다는 것이었다. 이 대답은 그들을 만족시켜주지 못하는 것 같았다. 그들은 자신들이 신앙을 갖고 있다는 것을 알고 있다고 말했다. 만약 내가 그리스도인이 되겠다고 고백하고 나서 오랜 시간이 지난 후에도 신앙을 가지고 있지 않다면, 그때야말로 신앙을 가져야 할 때라고 생각하면서 나는 그들에게 나를 위해 기도해달라고 요청하였다. 그리고 그들의 기도가 내게 응답되기를 바랐다.

어느 안식일에 나는 학교(Academy)에서 행한 감리교 설교자의 설교를 들으러 갔다. 그는 총체적 심판의 날의 도래에 대해 이야기하였다. 그는 내가 이전에 결코 들어본 적이 없는, 엄숙하고 끔찍한 방식으로 그 이야기를 토로하였다. 심판의 날에 대한 장면이 바로 눈앞에서 일어나고 있는 것처럼 보였다. 그리고 내 마음 속의 모든 힘이 깨어 있었기 때문에 나는 마치 펠릭스(Felix)처럼, 앉아 있던 의자 위에서 나도 모르게 부들부들 떨었다. 비록 그때 마음 속으로는 아무것도 느끼지 못했지만 말이다.

다음날 저녁, 나는 다시 그 감리교 설교자의 설교를 들으러 갔다. 그는 설교의 본문을 요한계시록에서 취하였는데, 그 내용은 이러하였다. "나는 신분이 높든 낮든 죽은 자들이 신 앞에 서 있는 것을 보았다." 그는 심판의 날의 공포에 대해 매우 열렬한 태도로 묘사를 하여, 마치 돌같이 굳은 심장도 녹일 수 있을 것처럼 보였다. 그가 설교를 마쳤을 때, 한 노신사가 나를 향해 "이것이 바로 설교라는 것이오"라고 말했다. 나도 그렇다고 생각했다. 내 감정은 그의 설교에 여전히 감동을 받고 있지는 않았으므로 나는 신앙의 기쁨을 누리지는 못했지만, 그가 감동할 만한 설교를 했다고 믿는다.

나는 이제 설교를 들은 그날 밤에 일어났던, 성령의 힘에 대한 내 경험을 이야기하고자 한다. 만약 어떤 사람이 내가 경험했던 방법으로 성령의 힘을 경험할 수도 있다는 것을 미리 나에게 말해주었더라면, 나는 그 경험을 믿지 않았을 것이고, 또 나에게 그렇게 말하는 그 사람이 나를 현혹하는 것이라고 생각했을 것이다. 나는 그 집회가 끝난 후 곧바로 집으로 돌아갔고, 집에 도착했을 때 무엇이 그렇게 내 얼을 빠지게 했을까 생각했다. 나는 집에 도착한 후 곧 잠자리에 들었다. 나는 신앙의 어떤 것에 대해서도 무관심하다고 느꼈다. 그런데 약 5분 후에 성령의 감화가 시작되었다.

처음에 나는 갑자기 심장이 매우 빠르게 고동치는 것을 느끼기 시작했다. 비록 놀라지는 않았지만, 처음에는 아마도 무엇인가가 나를 괴롭히려나 보다고 생각했다. 왜냐하면 나는 아무런 고통도 느끼지 않았기 때문이다. 내 심장은 점점 빠르게 고동쳤고, 곧 나는 나에게 이러한 영향을 미치는 것은 바로 성령이라는 확신을 갖게 되었다. 나는 매우 행복했고, 동시에 나 자신이 매우 하찮은 존재로 느껴지기 시작했다. 그러한 하찮은 존재라는 감정은 이전에는 결코 느껴보지 못한 것이었다. 내가 경험했던 것을 아주 큰 소리로 말하지 않을 수 없으므로 나는 외쳤다. "주여, 저는 그와 같은 영향으로 이러한 행복이나 말씀을 받을 자격이 없습니다."

그러자 하나의 어떤 흐름(감정 속에서 흐르는 공기와 유사한 것으로)이 무엇인가를 마시는 것보다 더욱 잘 느낄 수 있도록 내 입과 가슴 속으로 들어왔다. 그 흐름은 내가 거의 판단할 수 있을 정도로 5분 또는 그 이상 흘러들어왔다. 그 흐름은 마치 내 심장을 고동치게 만들었던 원인인 것처럼 느껴졌다. 그 흐름은 내 영혼을 완전히 사로잡아버렸다. 확신하건대, 그 상황 속에 있는 동안 나는 신이 더 이상의 행복을 주지 말기를 바랐다. 왜냐하면 내가 이미 얻은 것을 더 이상 수용할 수가 없을 것 같았기 때문이다. 내 심장은 마치 터져버릴 것만 같았다. 그러나 그 흐름은, 내가 형언할 수 없을 정도로 신의 사랑과 은총으로 채워진 것처럼 느낄 때까지 멈추지 않았다. 이렇듯 신의 감화를 받고 있는 동안에, 이것이 무엇을 의미하는 것일까 하는 생각이 떠올랐다. 갑자기 그 물음에 대답하려는 것처럼 내 기억이 매우 생생해졌다. 마치 신약성서가 내 앞에 펼쳐져 있는 것처럼, 로마서 8장이 생생하게 떠올랐다. 그리고 마치 촛불이 켜져 있는 것처럼, 밝은 빛이 내가 로마서 8장의 26절과 27절(원문에는 성서 본문을 다 기록하지 않았다. 참고로 기록하면 다음과 같다. "이와 같이 성령도 우리 연약함을 도우시나니 우리가 마땅히 빌 바를 알지 못하나 오직 성령이 말할 수 없는 탄식으로 우리를 위하여 친히 간구하시느니라. 마음을 감찰하시는 이가 성령의 생각을 아시나니 이는 성령이 하나님의 뜻대로 성도를 위하여 간구하심이니라." 로마서 8장 26, 27절—옮긴이)을 읽을 수 있도록 비춰주었다. 내가 읽은 구절은 다음과 같다. "성령은 말할 수 없는 탄식으로 우리의 연약함을 도우신다."

가슴이 두근거리는 동안 내내 나는 고통에 찬 사람처럼 끙끙대었는데, 아무런 고통도 느끼지는 않았지만 신음소리를 멈추기가 쉽지 않았다. 다른 방에서 잠자리에 들었던 형이 와서 방문을 열어보고서 내게 치통을 앓고 있느냐고 물었다. 나는 아니라고 대답하고 그만 가서 자라고 말했다. 나는 신음소리를 멈추고자 했다. 잠을 청하기를 원치 않았는데, 그것은 내가 너무 행복한 상태라서 그 행복한 감정이 사라지지나 않을까 해서였다. 나는 다음과 같이 생각했다.

나의 영혼은 기꺼이 머무르고자 할 것이다,
이와 같은 상태 속에.

뛰던 가슴이 멈추자, 나는 마치 내 영혼이 성령으로 충만한 것처럼 느끼면서 자리에 누워 생각에 잠겼다. 그동안 나는 내 침대 주위에 천사들이 맴돌고 있다고 생각했다. 나는 마치 그 천사들과 이야기하기를 원하는 것 같았고, 결국 그들에게 말을 걸었다. "오 그대, 자애로운 천사들이여! 어떻게 그대들은 우리들의 행복에 그토록 많은 관심을 기울일 수 있는가? 어떻게 우리는 우리 자신의 행복에 그토록 무관심할까?"라고. 이러한 일이 있은 후에 나는 가까스로 잠에 빠져들었다. 그리고 아침에 눈을 떴을 때 처음으로 떠오른 생각은 이런 것이었다. '나의 행복은 어떻게 되었지?' 나는 내 마음 속에 어느 정도 행복감이 남아 있는 것을 느끼면서 더 많은 행복감을 갖기를 원했다. 그러자 그 행복감은 마치 순간의 생각처럼 재빠르게 나에게 전해왔다.

그리고 나서 옷을 입기 위해 잠자리에서 일어난 나는 아무것도 하지 못하고 서 있을 수밖에 없었다. 마치 내게는 지상 위에 작은 천국이 있는 것처럼 느껴졌다. 내 영혼은 잠자리에 드는 것과도 같이 죽음의 공포를 완전히 넘어서 있는 것처럼 느꼈다. 새장에 갇힌 새처럼, 만약 그것이 신의 의지라면, 나는 나의 육신에서 벗어나 그리스도에게 갈 수 있기를 바랐다. 비록 다른 사람들에게 선을 행하기 위해, 그리고 죄 지은 사람들에게 회개하라고 경고하기 위해 기꺼이 살아야 하지만 말이다.

나는 마치 나의 모든 친구들을 잃어버린 것과 같은 숭고한 감정을 느끼면서 아래층으로 내려갔다. 우선 내가 성서를 들여다볼 때까지는 나의 경험을 부모님께 알리지 말아야겠다고 생각했다. 나는 곧장 책장으로 다가가서 성서를 펼쳐 로마서 8장을 보았다. 모든 구절들은 신의 말씀이 모두 진실하다는 것을 말하고 또 확신시키는 것 같았다. 내 감정은 마치 그 말씀의 의미와 일치하는 것 같았다. 그리고 나서 부모님께 나의 경험을 말씀드렸다. 또한 내가 말했을 때 그것은 내 목소리가 아니라는 것을 부모님도 아셨을 것이라고 말씀드렸다. 왜냐하면 나에게는 그렇게 보였기 때문이다.

내 이야기는 전적으로 나의 내부에 있는 성령의 지배를 받고 있는 것처럼 보였다. 그러나 내가 했던 말이 나 자신의 말이 아니라는 것을 의미하는 것은 아니다. 왜냐하면 그 말은 내 목소리가 낸 것이었기 때문이다. 나는 오순절날 사도들에게 임재하였던 성령의 영향을 받았다고 생각했다 (그들이 다른 사람들에게 영향을 줄 수 있는 힘을 지닌 것과 그들이 행했던 것을 제외하더라도 말이다). 아침을 먹은 후 나는 신앙에 대해 이웃들과 이야기하기 위해 이웃집에 들렀다. 이러한 내 행동은 이 경험 이전에는 결코 생각할 수조차 없는 것이었다. 나는 그들의 요청으로 그들과 함께 기도를 올렸다. 이전에는 공개적으로 기도를 올려본 적이 없었는데도 말이다.

나는 지금 이러한 진실을 고백함으로써 마치 나의 의무를 수행한 것처럼 느낀다. 그리고 신의 은총을 입어서, 성서를 읽게 되는 모든 사람들에게 많은 도움이 있기를 희망한다. 신은 성령을 우리 마음에 보내시어, 또는 적어도 내 마음에는 보내시어, 그의 약속을 이행하셨다. 나는 이제 이 세상에서 그리스도에 대한 나의 믿음을 뒤흔들려고 하는 이신론자나 무신론자 모두를 거부한다.

우리는 그의 나머지 삶에 대해서는 어떤 것도 알지 못하지만, 나는 브래들리와 그의 회심에 대한 이야기는 그것으로 충분하다고 생각한다. 이제는 회심과정의 구성요소들에 대한 상세한 연구를 이야기해보자.

만약 여러분이 심리학에 관한 어떠한 논문에서든지 연상작용을 다루어놓은 장을 펼친다면, 한 사람의 관념, 목표 그리고 대상이 비교적 서로 독립된 다양한 내적 체계와 조직들을 형성한다는 것을 읽게 될 것이다. 그 사람이 추구하는 각각의 '목표'는 어떤 특정한 종류의 이해타산적인 흥분을 일깨우며, 그 목표는 그 연상작용에 의해 목표에 종속되는 관념의 집단을 형성한다. 만약 그 목표와 흥분이 서로 다른 종류라면, 관념의 집단들은 일반적으로 거의 아무런 의미도 지니지 못한다. 한 집단이 형성되고 이해관계를 독점해버리면, 다른 집단과 연관되어 있는 모든 관념들은 정신영역에서 배제될 수도 있을 것이다. 한 예로, 미국의 대통령은 휴가를 즐기기 위해 노(paddle)와 권총, 낚싯대를 가지고 대자연 속으로 캠핑을 간다. 그때 그는 자신의 사상체계를 머리에서 발끝까지 완전히 바꾸게 된다. 그 대통령의 근심, 걱정들은 모두 배경으로 물러난다. 직무상의 습관들은 자연의 아들이 지니는 습관에 의해 대체된다. 그를 열심히 일하는 대통령으로만 알았던 사람들이 만약 야영자로서 지내는 그를 봤다면 '그가 대통령과 똑같은 사람인 것을 알지' 못할 것이다.

만약 지금 그가 결코 돌아갈 필요가 없고, 두 번 다시 그 자신을 통제하기 위해 정략적 이해관계 때문에 고통받을 필요가 없다면, 그는 실제적 의도와 목적을 위해 영원히 변형된 존재가 될 수 있을 것이다. 성격의 일상적인 변화들은, 우리가 한 목표에서 다른 목표로 넘어가는 것과 같은 일반적으로 변형들이라고 불리는 것이 아니다. 왜냐하면 그 변형들 각각은 서로 반대되는 방향으로, 매우 빠르게 하나에서 다른 변형으로 이어지기 때문이다. 그러나 한 목표가 매우 안정적으로 형성되어 그 개인의 삶에서 분명하게 이전의 경쟁자를 몰아낼 수 있을 경우에, 우리는 그 현상을 하나의 '변형'으로서 말할 수 있을 것이다. 또한 변형이라고 하는 그 현상에 대해 놀라게 될지도 모른다.

이 변형들은 자아가 분리될 수 있는 방법들 가운데 가장 완벽한 방법이다. 그보다 완전하지 않은 방법은 두 가지 또는 그 이상의 서로 다른 목표의 집단들이 동시에 공존하는 것이다. 그 가운데 한 집단은 실용적으로 올바른 방법을 취하고 활동을 야기시킨다. 반면에 그 나머지 다른 집단들은 단지 경건한 소망들을 나타낼 뿐이고, 결국 실제적으로 아무 결실도 얻지 못한다. 지난 강연에서 성 아우구스티누스가 보였던 더욱 순수한 삶에 대한 열망들은 잠시 하나의 예로 제시된 바 있다. 또 다른 예는 공직생활이 허영인지 아닌지, 그리고 나무꾼의 삶이 더욱 도움이 되는 운명인지 아닌지에 대해 결정하지 못하면서 공직생활에 최고의 자부심을 갖고 있는 대통령이 해당될 수도 있다. 그러한 덧없는 열망들은 단순히 불완전한 의욕(velleitates), 즉 변덕일 뿐이다. 그 열망들은 우리 마음에서 더욱 멀리 떨어져 있는 변두리에 존재한다. 그 사람의 진정한 자아, 다시 말해 그의 에너지의 중심은 전적으로 다른 조직에 위치하고 있다. 삶이 계속되면서 우리의 이해관계와 관념체계들은 중심적 위치에서 보다 주변적 위치로 변화한다. 그리고 그것들은 의식의 주변부에서 보다 중심부로 변화한다.

  나는 다음과 같은 예를 기억한다. 내가 청년이었던 어느 날 저녁 나의 아버지께서는 보스턴에서 발행된 신문에서 강연 장학회 네 개를 설립한 기포드 경의 의지를 다룬 기사를 큰 소리로 읽어준 적이 있다. 그 당시 나는 내가 철학선생이 될 거라고는 생각하지 않았다. 그때 내가 들었던 내용은 마치 그것이 화성과 연관된 것처럼, 나의 삶과는 동떨어진 것이었다. 그러나 나는 지금 내 자아의 일부분이 된 기포드 조직과 더불어, 그리고 한동안은 나 자신을 그 조직과 동일시하는 데 성공적으로 사용되었던 나의 모든 에너지를 가지고 여기에 서 있다. 이제 내 영혼은 한때는 실제적으로 비실질적 대상이었던 것에 뿌리를 두고 있으며, 그리고 그것의 고유한 장소와 중심지로부터 말하는 것처럼 그 조직에 기반을 두고 이야기하고 있다.

  내가 '영혼'이라는 말을 사용할 때, 여러분이 만약 내키지 않는다면 나의 말을 존재론적 의미로 받아들일 필요는 없다. 왜냐하면 존재론적 언어가 이러한 문제에서 본능적이긴 하지만, 그러나 불교도들과 흄 철학자들은 자신들이 선호하는 현상적 용어로 그 사실을 아주 완벽하게 묘사할 수 있기 때문이다. 그들에게 영혼은 단지 의식영역의 연속일 뿐이다. 그러나 각각의 의식영역에서는 초점의 역할을 하고 있고 흥분을 내포하고 있는 한 부분 또는 하부영역이 발견된다. 영혼의 목적이 어떤 중심에서 나오는 것처럼 이 영역에서 나오는 것으로 보인다. 이 부분을 이야기하면서, 우리는 이 하부 부분과 다른 나머지 부분을 구분하기 위해 자발적으로 '여기', '이것', '지금', '나의 것' 또는 '나를' 등과 같은 관점의 단어들을 사용한다. 그리고 '저기에', '그때', '그것'(that), '그의' 또는 '그의 것', '그것'(it), '내가 아니라' 등과 같은 입장을 다른 부분에 속하는 것으로 본다. 그러나 '여기'는 '저기'로 바뀔 수 있고, '저기'는 '여기'로 될 수 있으며, '나의 것'이었던 것과 '나의 것이 아니었던 것'은 서로의 위치를 바꿀 수 있다.

그러한 변화들을 일으키는 것이 감정적 흥분을 변화시키는 방법이다. 오늘날 우리들에게 격렬하고 활력 있는 것들이 내일은 냉담한 것으로 보인다. 이것은 다른 부분들이 격렬한 부분들의 영역에서 오는 것으로 보이는 것과 같다. 이러한 격렬한 부분들로부터 개인의 욕망과 의지는 감정을 용솟음치게 하는 것처럼 보인다. 간단히 말해서, 격렬하고 생기 있는 부분들은 우리의 역동적 에너지의 중심이다. 반면에 냉담한 부분은 차가움과 비례하여 우리들을 무관심하고 수동적이게 한다.

그러한 언어가 엄밀하게 정확한지 정확하지 않은지는 현재 중요하지 않다. 만약 여러분이 여러분 자신의 경험으로부터 내가 그 언어로서 나타내고자 하는 사실을 인식하기만 한다면 그것으로 충분한 것이다.

이제 감정적 이해관계 속에는 마음의 동요가 많이 일게 될 것이다. 격렬한 감정이 있는 장소들은 불타버린 종이 위를 스치는 불꽃과 같이, 거의 재빠르게 변화를 거치게 될 것이다. 그리고 나서 우리는 이전 강연에서 수없이 들었던 동요되고 분리된 자아를 만나게 되는 것이다. 또는 흥분과 열렬함의 초점, 즉 그 목표가 취하는 관점은 특정조직 내에 영원히 자리잡게 될 것이다. 그리고 나서 만약 그 변화가 종교적인 것이라면, 우리는 그 변화를 회심이라 부른다. 특히 그 변화가 위기에 의해 또는 갑자기 이루어진다면 더욱 그렇게 부를 것이다.

한 사람의 의식 안에 있는 격렬한 장소에 대해 이야기하면서, 지금부터는 그 사람이 헌신해오고 영향을 받은 관념집단을 그의 개인 에너지의 습관적 중심(the habitual centre of his personal energy)이라고 부르기로 하자. 관념의 하나의 묶음 또는 다른 묶음이 에너지의 중심이 되든 안 되든 간에 그것은 한 인간에게 중요한 영향을 미친다. 그러므로 인간이 소유할 수도 있는 모든 관념의 묶음은 중심이 되든 주변에 존재하든 간에 그에게 막대한 영향을 미친다. 그래서 사람이 "회심되었다"고 말하는 것은 이전에 그의 의식 주변부에 있던 종교적 관념들이 이제 중심적 위치를 차지한다는 것을 의미한다. 그것은 종교적 목표들이 그 사람의 에너지의 습관적 중심을 형성한다는 것을 의미한다.

이제 만약 여러분이 어떻게 흥분이 한 인간의 정신체계 안에서 변하는가, 그리고 왜 주변적 목표들이 어떤 특정한 순간에 중심적 위치를 차지하는가에 대해 묻는다면, 심리학에서는 다음과 같이 말할 수밖에 없다. 비록 심리학이 발생한 일에 대해 일반적 묘사를 할 수 있다고 하더라도, 주어진 사례에서 활동중인 모든 힘들에 대해 정확하게 설명하는 것은 불가능하다는 것이다. 외부의 관찰자나 그 과정을 경험한 주체 가운데 어느 누구도, 어떻게 특정경험들이 에너지의 중심을 그렇게 결정적으로 변화시킬 수 있는지를, 또는 왜 이 경험들이 그렇게 변화하는 데에 그들의 때를 기다려야 하는지를 충분히 설명해줄 수는 없다. 우리는 하나의 사고를 지니고 있거나 또는 행동을 반복해서 행한다. 그러나 어떤 날에는 그 사고의 실제 의미가 처음으로 우리에게 다가오기도 한다. 또는 그 행동이 갑자기 도덕적 불가능성으로 변하기도 한다.

우리가 아는 모든 것은 죽은 감정들, 죽은 관념들, 그리고 냉담한 믿음들이 존재한다는 것이다. 또한 격렬하고 살아 있는 것들이 있다는 것이다. 그리고 그것이 우리 안에서 격렬해지고 생기를 띠게 되면, 모든 것은 그것에 대해 다시 구체화되어야 한다는 것이다. 우리는 그 열렬함과 생기 있음이 단지 그 관념의 '원동력'을 의미하는 것이라고, 그리고 그 원동력은 오랫동안 유예되어왔으나 지금은 작동하고 있는 것이라고 말할 수 있을 것이다. 그러나 이러한 말 자체는 단지 완곡한 표현에 불과하다. 왜냐하면 어디에서 그 갑작스런 원동력이 나오는 것일까라는 의문이 제기되기 때문이다. 그러나 그때 우리의 설명들은 매우 모호하고 일반적인 것이기 때문에, 우리는 전체 현상에 대한 강력한 개체성을 그만큼 더 깨닫게 된다.

결국 우리는 마음의 기계론적 균형에 대한 진부한 상징론에 의존하게 된다. 마음은 관념들로 이루어진 하나의 체계이며 각각의 관념이 일으키는 흥분을 지니고, 관념들은 충동적 경향과 억제하는 경향을 지니고 있어서, 그것들은 각자를 상호 견제하거나 보강하기도 한다. 관념들의 집단은 경험을 거치는 동안에 감소되거나 추가됨으로써 변하게 된다. 그러한 경향들은 유기체가 나이를 먹어감에 따라 변하는 것처럼 변하게 된다. 한 마음체계는 한 건물이 시간이 지남에 따라 변하듯이, 이러한 갈라진 틈의 변화에 의해 기초가 흔들리거나 약화될 수가 있다. 그러나 당분간 죽은 습관에 의해 곧바로 그 체계를 지탱할 수는 있다. 그러나 새로운 지각, 갑작스러운 감정적 충격, 또는 유기체의 변화가 적나라하게 폭로되는 순간에는 전체 구조가 모두 와해될 수도 있다. 그때 중력의 중심은 더욱 안정된 태도를 향해 침잠하게 된다. 왜냐하면 재조정 단계에서 중심에 이르게 되는 새로운 관념들은 이제는 거기에 짜맞추어진 것처럼 보이고, 새로운 구조가 영원히 자리잡게 되기 때문이다.

관념들과 습관들로 이루어진 연상들은 대개 그러한 균형의 변화를 지연시키는 요소들이다. 새로운 정보는 후천적으로 습득되었지만 변화를 가속화시키는 역할을 한다. 우리의 본능과 성향들의 더딘 변화는 '상상할 수 없는 시간과의 접촉' 하에서 엄청난 영향력을 갖고 있다. 게다가 이러한 모든 영향들은 잠재의식적 또는 반은 무의식적으로 작용할 수도 있다.[2] 곧이어

---

2) 주프루아가 하나의 예이다. "내 지성은 이쪽 비탈로 미끄러져 조금씩 최초의 신앙으로부터 멀어지게 되었다. 그러나 이러한 우울한 변혁은 의식이 깨어 있는 대낮에는 일어나지 않았다. 너무나 많은 상심의 가책, 너무나 많은 교훈, 그리고 성스러운 감정은 나를 소름끼치게 만들었다. 그래서 나는 그러한 것들이 만든 진보를 결코 인정하지 않았다. 그것은 내가 관련되어 있지 않은 비자발적 노력에 의해 조용히 진행되었다. 내가 실제로 오래 전에 그리스도인이기를 중단했을지라도, 순수한 나의 의도를 살펴보면, 나는 그것을 의심하며 몸서리쳤어야 했고, 이러한 타락 때문에 정죄받고 있다고 생각했어야 했는데 그렇지 못했다." 그러고 나

내가 더욱 상세하게 이야기해야 할 내용인 잠재의식적 삶은 주로 주체 안에서 발달된다. 여러분이 그 주체를 갖게 될 때, 그 주체 안에서 동기들이 습관적으로 조용히 결실을 맺게 될 때, 여러분은 결코 충분히 설명할 수 없는 사례를 보게 될 것이다. 그리고 그 사례에서 주체나 방관자 모두에게 깜짝 놀랄 만한 요소가 나타날지도 모른다. 감정적인 경우들, 특히 격렬한 경우들은 정신적 재조정을 촉구하는 데서 매우 강력하게 작용한다. 사랑, 질투, 죄의식, 공포, 양심의 가책 또는 분노가 사람을 사로잡을 수 있는 갑작스럽고 폭발적인 방법들임은 모든 사람에게 잘 알려져 있다.[3] 이와 동등하게 회심의 감정적 특징인 희망, 행복, 안전, 결심은 폭발적일 수 있다. 이러한 폭발적인 방법으로 나타난 감정들은 거의 이전에 있던 그대로 사물들을 남겨놓지 않는다.

종교심리학에 대한 최근의 작품에서, 캘리포니아의 스타벅 교수는 통계학적 조사를 통해 다음과 같은 사실을 보여주었다. 그가 이 조사에서 제시한 것은 복음주의 분위기에서 성장한 젊은 이들에게서 발생하는 일반적 '회심'이 표현에 있어서 인간의 모든 계층에서 정상적인 청년기 단계에 해당하는 더욱 확장된 영적 삶으로의 성장과 현상학적 측면에서 얼마나 밀접하게 서로 병렬을 이루고 있는가를 보여주는 것이었다. 연구대상으로 삼은 사람들의 나이는 대개 14~17세에 해당하므로 거의 비슷하다. 나타나는 증상도

서 주프루아의 역회심에 대한 설명이 앞에서 인용한 246쪽에서 이어진다.
3) 우리는 예를 거의 필요로 하지 않는다. 그러나 사랑에 대해서는 251쪽의 각주를 참고하라. 공포에 대해서는 232쪽을 보라. 양심의 가책에 대해서는 살인을 저지른 후의 오셀로를 보라. 분노에 대해서는 코딜리어가 리어 왕에게 한 최초의 대사 후의 리어 왕을 보라. 해결에 대해서는 247쪽(포스터의 사례)을 보라. 여기에 병리학적인 한 사례가 있다. 이 사례에서 죄의식은 갑자기 분출했던 감정이었다. "어느 날 밤 스웨덴보리가 자신에게 엄습했던 신성한 느낌에 대해 묘사한 것과 같이, 나는 죄의식의 느낌을 혹독하게 느끼며 침대에 들었다. 그날 밤 내내 나는 지독한 죄의식에 시달렸으며 처음부터 나 자신이 신의 저주를 받았다고 느꼈다. 나는 내 삶에서 내가 지닌 의무적인 행동을 한 가지도 실행에 옮기지 않았다. 즉 내 기억이 회상할 수 있는 한, 초기에 나는 신과 인간에게 대항하는 죄들을 저질렀고, 인간의 모습을 띤 사나운 고양이와 같았다."

같다. 그것은 미완성과 불완전의 느낌, 시무룩함, 침체, 병적인 자기반성, 죄의식, 미래에 대한 걱정, 그리고 의심에 기인한 고통 등이다. 그 결과 또한 같다. 그들은 사물을 더 폭넓은 시각으로 볼 수 있는 능력을 조절함으로써 자아에 대한 보다 큰 신뢰를 얻게 되는 만큼 행복한 안도감과 객관성을 갖게 되었다.

부흥집회의 예들과는 달리, 자발적인 종교적 각성에서 그리고 일반적 감정의 격정과 스트레스와 사춘기 시기에서도 우리는 또한 신비적 경험과 대면할 수 있다. 그 경험은 부흥집회의 회심에서와 같은 그런 갑작스러움으로 당사자들을 놀라게 할 수도 있다. 그에 대한 유추는 사실 완벽하다고 할 수 있다. 스타벅 교수가 내린 일반적인 젊은이들의 회심에 대한 결론은 유일하게 건전한 것으로 보인다. 회심은 본질적으로 정상적인 청년기에 나타나는 현상이며, 그 현상은 어린이의 좁은 세계로부터 성숙기의 보다 넓은 지적이고도 영적인 삶으로 통과해나가는 것을 부수적으로 보여준다.

스타벅 교수는 말한다. "신학은 청년기적인 경향을 취하며 그 경향 위에서 형성된다. 청년기 성장에서 본질적인 것은 그 사람을 어린 시절에서 벗어나게 하여 새로운 성숙된 삶과 개인적 통찰력을 갖도록 하는 것이라고 생각한다. 이에 따라 신학은 정상적인 경향들을 강화하는 수단을 제시한다. 신학은 감정의 격정과 스트레스의 기간을 단축시키기도 한다." 이 연구자의 통계자료에 따르면 '죄의 뉘우침'에 대한 회심현상은 청년기의 감정의 격정과 스트레스의 시기에는 약 5분의 1 정도는 지속적으로 나타난다. 그는 또한 이 현상에 대한 통계자료를 갖고 있었다. 그러나 그 뉘우침에 대한 현상은 다른 현상들보다 훨씬 강렬했다. 예를 들면 육체의 부속물화, 수면과 식욕의 상실은 이러한 현상들 가운데서도 더 자주 나타난다. "본질적 차이는 회심이 사람을 명백한 위기상태에 처하게 함으로써 그 기간을 강화시키기도 하면서 동시에 단축한다는 것이다"라고 그는 말한다.[4]

물론 여기에서 스타벅 박사가 염두에 두고 있는 회심은 주로 매우 평범한

---

4) E.D. Starbuck, *The Psychology of Religion*, 224, 262쪽.

사람들에게서 일어나는 회심이다. 그 사람들은 교육, 간청 그리고 전형적인 예들에 의해 미리 지정된 유형을 충실하게 따랐다. 그들이 즐겨 사용하는 특정한 유형은 암시나 모방의 결과로 형성된다.5) 만일 사람들이 다른 믿음 체계와 다른 나라에서 성장의 위기를 경험했다면, 비록 그 변화의 본질이 같은 경우라 하더라도(왜냐하면 그 본질은 대체적으로 결코 피할 수 없는 것이기 때문에) 그러한 위기의 사건들은 서로 다를 수 있다. 예를 들어 카톨릭 국가에서, 그리고 우리 자신의 성공회 종파 내에서 죄에 대한 어떠한 걱정이나 양심의 가책은 신앙부흥을 조장하는 종파에서와 같이 결코 일반적인 것이 아니다. 성례전은 더욱 엄격한 교회주의 본체 내에 더 의존하고 있으면서, 개인구원의 개인적 수락은 강조되거나 따를 필요가 없다.

그러나 모든 모방적 현상은 이미 근원을 지니고 있었음에 틀림이 없다. 나는 미래를 위해서 우리가 가능한 한 경험에 대해 더욱 직접적이고 원형적인 형태에 근접할 것을 제안한다. 이 형태들은 돌발적인 성인의 사례에서 훨씬 더 잘 발견될 수 있다.

류바 교수는 회심심리학에 관한 귀중한 논문6)에서 종교적 삶의 신학적

---

5) 어느 누구도 조너던 에드워즈가 이미 이해했던 것보다 이것을 더 잘 이해하지 못한다. 보다 일반적인 종류의 회심 이야기들은 항상 에드워즈가 제시하는 고려사항을 취했음에 틀림없다. "만장일치로 받아들여져 확립된 하나의 규칙은 많은 사람들이 그들 자신의 경험과정에 대한 개념을 형성하는 데 비록 지각할 수 없지만 엄청난 영향을 미치고 있다. 나는 이 문제에 대해 많은 사람들이 어떻게 대처해가는지를 잘 안다. 왜냐하면 나는 그들의 행동을 관찰하는 기회를 자주 가졌기 때문이다. 매우 자주 그들의 경험은 처음에는 혼란스러운 혼돈처럼 보인다. 그러나 이처럼 강조된 특수한 단계와 가장 유사한 부분들은 곧바로 선별되었다. 이것들은 점점 더 자신들의 관점으로 의식하게 될 때까지 그들의 사고 안에 머물러 있고, 때때로 표현된다. 그러므로 무시된 부분들은 점점 모호해진다. 그러므로 그들이 경험한 것은 그들의 마음 속에 이미 확립되어 있는 체계에 정확히 순응하기 위해 알 수 없을 정도로 위축된다. 그 경험은 또한 그렇게 하기 위해서 특이하고 명확한 방법을 주장하는 사람들을 다루어야만 하는 성직자들에게도 자연스러운 것이다." *Treatise on Religious Affections.*
6) "Studies in the Psychology of Religious Phenomena," *American Journal of Psychology*, vii. 309(1896).

양상을 거의 전적으로 도덕적 양상보다 밑에 두고 있다. 그는 종교적 감각을 "기술적 언어를 사용하여 합일의 평화에 대한 갈망 때문에 일어나는 불건전함, 도덕적 불완전함과 죄에 대한 느낌"이라고 정의한다. 그는 "'종교'라는 단어는 죄의식과 그것의 해방으로부터 나오는 욕망과 감정들의 덩어리를 나타내는 의미를 더 많이 갖고 있다"라고 말한다. 그리고 그는 술에 빠지는 것에서부터 영적 오만에 이르기까지 죄의 다양한 예들을 제시하고 있다. 그는 그 예들을 통해서 죄의식이 사람을 괴롭히고 있으며, 그것은 병든 육신의 고통 또는 모든 형태의 신체적 불행이 바라듯이 그렇게 구원을 열망케 한다는 것을 보여준다.

이 개념은 분명히 수많은 사례를 망라하고 있다. 좋은 예로, 해들리(S. H. Hadley) 씨의 사례를 들 수 있다. 그는 회심한 후에 뉴욕에서 알코올 중독자들을 구제하는 능동적이고 쓸모 있는 구제자가 되었다. 그의 경험은 다음과 같다.

어느 화요일 저녁에 나는 집도 없고 친구도 없고, 그리고 다 죽어가는 술주정꾼으로서 할렘 가에 있는 한 홀에 앉아 있었다. 나는 술 한 잔을 얻기 위해 모든 것을 저당잡히거나 팔아넘겼다. 나는 곤드레만드레 취해 있지 않으면 잠을 잘 수가 없었다. 나는 여러 날 동안 아무것도 입에 대지 않았다. 이 일이 있기 전 나흘 동안은 한밤중부터 아침까지 알코올 중독에 의한 진전섬망(delirium tremens, 장기간 과음하다가 술을 끊거나 음주량을 줄였을 때 1주일 이내에 나타나는 의식의 혼탁, 지각장애, 발한, 혈압상승, 망상, 환각, 초조증 그리고 불규칙적인 진전 등의 병적상태-옮긴이)과 공포로 시달렸다. 나는 종종 이렇게 말하곤 했다. "나는 결코 부랑사가 되지 않을 거야. 그리고 결코 궁지에 몰리지도 않을 거야. 왜냐하면 그 시간이 다가오면, 아니 설사 그 시간이 다가온다고 할지라도, 나는 강 밑바닥에서 휴식처를 발견할 테니까." 그러나 그 시간이 다가왔을 때, 주님은 내가 그 강까지 가는 길을 4분의 1도 채 못 걷게 정하셨다. 나는 홀에 앉아 생각하는 동안 어떤 위대하고 강력한 존재를 느낀 것 같았다. 당시에는 그 존재를 알지 못했다. 나중에 그것이 죄인의 친구인 예수였다는 것을 알았다. 나는 술 판매대로 걸어가서 술잔들이 덜컹덜컹 소리를 낼 때까지 주먹으로 판매대를 쾅쾅 내리쳤다. 곁에서 술을 마시고 있던 사람들은 경멸에 찬 호기심으로 나를 쳐다보았다. 나는 거리에서 죽을지라도 결코 다시는 술을 마시지 않겠다고 선언했다. 그 상황은 마치 아침 이전에 일어났던 것처럼 느껴졌다. 어떤 존재가 이렇게 말했다. "만약 네가 이 약속을 지키기를 원한다면 가서 네 자신을 감금하라." 나는 가장 가까운 곳에 있는 경찰서로 가서 나 자신을 감금시켰다.

나는 좁은 감방에서 지냈다. 그 감방에는 빈틈이 조금이라도 있으면 끼여들려는 모든 악마들이 나와 함께 있는 것만 같았다. 그들은 결코 나의 동료들이 아니었다. 정말 아니었다. 주님께 찬양하라. 그 홀 안으로 나를 찾아왔던 바로 그 자비로운 성령이 나와 같이 있었고, 기도하라고 말했다. 나는 기도했다. 비록 어떤 커다란 도움을 느끼지는 못했지만, 나는 계속해서 기도했다. 감방을 나오자마자 나는 즉결재판소로 갔고 다시 감방으로 돌아왔다. 그리고 마침내 풀려나게 되었다. 나는 나 자신이 형의 집으로 가고 있는 것을 발견했다.

그 집에서 나는 모든 치료를 받았다. 내가 침대에 누워 있는 동안, 나를 훈계하는 성령은 결코 내 옆을 떠나지 않았다. 다음날 안식일 아침에 일어났을 때, 나는 그날 내 운명이 결정되리라는 것을 느꼈다. 저녁 때쯤에는 제리 멀리(Jerry M'Auley)의 선교회관에 가야 한다는 생각이 머리를 스쳤다. 나는 거기로 갔다. 선교회관은 사람으로 가득 차 있었다. 그래서 나는 어렵게 강단 근처로 겨우 다가갔다. 나는 주정뱅이와 추방자들의 사도인, 그리고 신의 사람인 제리 멀리를 보았다. 그는 일어서서 깊은 침묵 한가운데서 자신의 경험을 이야기했다. 나는 이 남자에게서 그의 경험을 확신케 해주는 성실성을 느낄 수 있었다. 나 자신이 "신이 정말 나를 구할 수 있을까?"라고 나도 모르게 말하고 있는 것을 발견했다. 나는 25명에서 30명 정도 되는 사람들의 증언을 들었다. 그 증언자들은 각각 럼주(酒) 중독증에서 구원받은 사람들이었다. 그래서 나는 나 자신도 구원받을 수 있으며 또한 그곳에서, 그 자리에서 죽을 수도 있다고 마음을 먹게 되었다. 나도 주정뱅이들과 함께 무릎을 꿇었다. 제리가 첫번째 기도를 했다. 그리고 멀리 부인이 우리들을 위해 열정적으로 기도했다. 오! 나의 불쌍한 영혼은 얼마나 갈등에 시달렸던지! 신의 은총을 입은 목소리가 말했다. "오라." 그러자 악마가 말했다. "조심해"라고. 나는 순간적으로 망설였다. 그러고 나서 비탄에 잠겨 "자비로운 예수님! 나를 도울 수 있겠습니까?"라고 말했다. 나는 그 순간을 결코 나의 죽어야 할 인간의 혀로는 표현할 수가 없다. 비록 바로 그 순간까지 내 영혼은 말로 표현할 수 없는 비탄으로 가득 차 있었음에도 불구하고, 한낮의 햇살이 비치는 영화로운 밝음을 내 마음 속에서 느꼈다. 나는 느꼈다. 내가 자유로운 인간이라는 것을. 오! 안전에 대한 귀중한 느낌, 자유에 대한 느낌, 그리고 예수에게 의지하여 맛보는 느낌이란! 나는 예수가 모든 밝음과 힘을 지니고서 내 삶으로 들어왔다는 것을 느꼈다. 진실로 나는 이전의 것들이 사라지고, 모든 것들이 새롭게 변하는 것을 느꼈다.

그 순간부터 지금까지 나는 결코 한 방울의 위스키도 원하지 않았다. 또한 결코 한 잔의 위스키를 마실 수 있을 만큼 충분한 돈을 만져보지도 않았다. 나는 신에게 그날 밤 맹세했다. 만약 신이 나에게 알코올에 대한 욕구를 거두어가 주신다면, 나는 기꺼이 평생 신을 위해 일하겠다고 맹세했다. 신은 나의 소망을 들어주셨고, 그래서 나는 나 자신과의 약속을 지키기 위해 노력하고 있는 중이다.[7]

류바 박사는, 고차적 구원자가 절대적으로 필요하다는 것으로부터 시작하여 그가 우리를 도와주었다는 느낌으로 끝나는 경험 속에는 교의적 신학은 거의 없다고 올바르게 지적한다. 기록된 대로 그는 어떤 신학적 믿음체

---

7) 나는 해들리의 이야기를 줄여서 썼다. 다른 알코올 중독자의 회심에 대한 예를 듣고자 한다면 그의 소책자 *Rescue Mission Work*를 보라. 이 소책자는 뉴욕 시에 있는 Old Jerry M'Auley Water Street Mission에서 출판되었다. 또한 이 사례들에 대한 놀랄 만한 모음집은 류바 교수의 논문 부록에도 있다.

계도 갖고 있지 않은, 전적으로 윤리적인 알코올 중독자들의 회심에 대한 다른 사례들을 제시한다. 예를 들면, 류바 박사는 존 고흐(John B. Gough)의 경우는 실질적으로 신이나 예수에 대한 언급이 조금도 없는 무신론자의 회심이라고 말한다.[8] 그러나 어떤 지적인 재조정이 약간 있다거나 전혀 없는 이런 유형의 갱생이 중요함에도 불구하고, 이 저자는 분명히 그것을 너무 배타적으로 만들고 있다. 이것은 주관적으로 집중된 형태의 병적 우울증에 해당된다. 대표적인 예는 버니언과 알린의 경우이다. 그러나 우리는 우주와 삶에 대한 합리적 의미의 결핍은 어쨌든 사람을 짓누르는 짐이 된다는, 객관적 형태의 우울증이 있다는 것을 일곱번째 강연에서 또한 보았다. 여러분들은 톨스토이의 경우를 기억할 것이다.[9] 이처럼 회심에는 분명한 요소들이 있으며, 그러한 요소들과 개인적 삶의 연관성은 식별할 만한 가치가 있다.[10]

어떤 이들은 어떠한 환경에서도 회심되지 않고 도저히 회심될 수도 없다. 종교적 관념은 그들에게 정신적 에너지의 중심이 될 수 없다. 그들은 어쩌면 우수한 사람들이며, 실질적인 면에서 신의 종일 수 있다. 그러나 그들은 신의 왕국의 자녀가 될 수는 없다. 그들은 보이지 않는 것들을 상상할 수도 없다. 또는 신앙의 언어로 표현하면, 그들은 '불모지'나 '무미건조함'을 갖

---

8) 어떤 식당 종업원은 고흐의 '구원자'로서 일시적으로 봉사했다. 구세군의 창시자인 부스(Booth) 장군은, 버림받은 사람을 구원하는 가장 중요한 첫 단계는 그들이 일어설 것인지 아니면 주저앉을 것인지에 대한 질문에 관심을 갖도록 그들로 하여금 어떤 고상한 인간이 마음을 쓰고 있다고 느끼도록 만드는 것이라고 한다.
9) 존 스튜어트 밀(J. S. Mill)은 자신이 삶에 아무 쓸모도 없다는 무감동적 우울증(apathetic melancholy)의 위기에 걸렸었고 마르몽텔(Marmontel)의 『회고록』 (*Heaven save the mark!*)과 워즈워스의 시를 읽음으로써 그 위기로부터 빠져나올 수 있었다고 기록하고 있다. 이 위기는 또 다른 지적이고 일반적인 형이상학적 사례이다. *Mill's Autobiography*, New York, 1873, 141, 148쪽을 참고하라.
10) 스타벅은 '죄로부터의 도피'뿐만 아니라 '영적 조명'도 일종의 분명한 회심경험으로 구별한다. *Psychology of Religion*, 85쪽.

고서 일생을 살아가는 주체들이다. 종교적 신앙을 위해서 이러한 부적절성은 어떤 경우에는 원래 지성적일 수 있다. 세상에 대한 억제의 믿음들, 이를테면 염세적이고 유물론적인 믿음들은 종교적 관념의 기능을 확장시키려는 자연적 경향을 억제한다. 그러한 믿음들 안에서 옛날엔 종교적 성향을 자유롭게 충족시켰던 훌륭한 사람들이 오늘날에는 그런 경향에 냉담해져 있다. 또는 불가지론자는 신앙을 약하고 부끄러운 것으로서 거부한다. 이런 상황에서 오늘날 우리들 가운데 많은 이들이 움츠러들어 우리의 본능을 사용하기를 두려워하고 있다. 많은 이들에게 그러한 금지는 결코 극복되지 않는다. 최후까지도 그들은 믿기를 거부하며, 그들의 개인적 에너지는 종교적 중심에 다다르지 못하여 영원히 비활동적으로 된다.

다른 이들에게 문제는 더욱더 심각하다. 감각적 범주에 결함이 있기 때문에 종교적인 면에서 마비되어 있는 사람들이 있다. 모든 선한 의지에도 불구하고 핏기 없는 유기체가 낙관적 기질을 지닌 사람들이 누리는 무모한 '활기'에 도달할 수 없는 것처럼, 영적으로 불모지인 본성의 소유자는 다른 이들에게 있는 신앙을 감탄하거나 부러워할 수는 있어도, 기질적으로 신앙에 자질이 있는 사람들이 누리는 열정과 평화를 소유할 수는 없다. 그러나 결국 이 모든 것은 일시적 억제의 문제인 것으로 판명된다. 심지어 인생의 말기에는 마음이 약간 풀리고 긴장이 완화되며, 어떤 화살이 가장 메말라 있는 가슴에 꽂혀 그 사람의 딱딱한 가슴을 부드럽게 하여 갑자기 종교적 느낌을 가지게 할 수도 있다. 어떤 경우보다도 이런 경우에, 갑작스러운 회심은 기적에 의해 이루어진다는 생각을 제시해준다. 그런 사례들이 존재하는 한, 우리는 돌이킬 수 없을 정도로 굳어져버린 사람들을 다룬다고 상상해서는 안 된다.

인간에게는 두 가지 정신적 사건이 있는데, 그것들은 회심의 과정에서 현저한 차이를 보인다. 그것은 스타벅 교수가 주의를 환기시켜온 차이점이다. 여러분은 잊혀진 이름을 상기하려고 할 때, 그것이 어떤 것인지를 알고 있다. 흔히 여러분은 그것에 대해 애써 노력하거나, 그 단어와 연결되어 있는 장소나 사람이나 사물들을 머릿속으로 대충 훑어봄으로써 기억을 되살리려고 한다. 그러나 때때로 이러한 노력은 실패한다. 그때 여러분은 더 열심히 노력할수록 더욱더 희망이 없는 것처럼 느끼게 된다. 마치 그 이름이 잼처럼 딱 달라붙어서 떨어지지 않는 것처럼 말이다. 그래서 그 방향으로의 압박은 단지 그 이름을 떠올리지 못하도록 더욱 짓누르고 있는 것처럼 느끼게 된다.

때로는 정반대의 방법이 성공하는 수가 있다. 그러한 노력을 전적으로 포기하라. 그리고 전혀 다른 어떤 것을 생각해보라. 그러면 에머슨이 말한 대로 결코 초대받지 않은 것이 경솔하게 나타나듯이 30분 이내에 그 잊혀진 이름이 당신의 기억 속에서 어슬렁거리며 되살아난다. 여러분 안에서 무엇인가 되살려내려는 노력을 통해서 오히려 감추어지는 어떤 과정은, 그러한 노력을 멈춘 다음에야 다시 작용하여 그 되살림을 자발적으로 이루어지게 한다. 어떤 음악선생이 학생들에게 해야 할 것을 명백하게 지적한 다음에도 그들이 그것을 제대로 수행하지 못하면, 그는 "시도하던 것을 멈춰라. 그러면 그것이 스스로 할 거야!"[11]라고 말한다고 스타벅 박사는 말한다.

이처럼 정신적 결과가 성취될 수 있는 것에는 의식적이면서 자발적인 방법과 비자발적이면서 무의식적인 방법이 있다. 우리는 회심의 역사에서 본보기가 되는 양쪽 방법을 발견하게 되는데, 그것은 스타벅 교수가 **의지에 의한 유형**(volitional type)과 **자포자기에 의한 유형**(type by self-surrender)으로 각각 이름붙였던 것들이다.

의지에 의한 유형에서 갱생적 변화는 흔히 점진적이고, 그리고 새로운 형태의 도덕적이고 영적인 습관을 조금씩 구축해나감으로써 이루어진다. 그러나 여기에는 항상 위기의 순간이 존재하는데 그 순간에는 앞으로 나아가는 움직임이 훨씬 더 빠른 것처럼 보인다. 이러한 심리학적 사실은 스타벅 박사에 의해 풍부하게 예시된다. 실천적 완성을 추구하는 우리의 교육은 마치 우리 몸의 성장이 진행되는 것처럼, 분명 급격한 동작이나 출발에 의해서도 계속 진행된다.

---

11) 같은 책, 117쪽.

운동 선수는……마치 회심자가 종교에 대한 이해를 일깨우듯이, 때때로 경기의 중요한 점이나 경기에 대한 진정한 즐거움을 깨닫게 된다. 만일 그가 계속 경기에 참여해서 경쟁에만 몰두한다면 갑자기 경기가 그를 통해서 스스로 진행되는 때가 올 것이다. 이와 같은 방식으로, 음악가는 갑자기 예술의 기교에 대한 즐거움이 완전히 떨어져나가는 지점에 도달하고, 영감의 어느 순간에 그는 음악을 통해서 흐르는 도구가 되기도 한다. 작가는 서로 다른 두 기혼자의 이야기를 우연히 듣게 되었다. 그들의 결혼생활은 처음부터 아름다웠으나, 결혼생활의 풍성한 축복에 대해 알게 된 것은 결혼한 지 1년 이상이 지나서였다. 그러므로 우리가 연구하려는 것은 바로 이러한 사람들의 종교적 경험에 관한 것이다.[12]

우리는 머지않아 우리가 갑자기 의식하게 되는 결과들을 불러내는, 잠재의식적으로 성숙해가는 과정에 대해 훨씬 더 분명한 예증들을 듣게 될 것이다. 윌리엄 해밀턴(William Hamilton) 경과 에든버러의 레이콕(Laycock) 교수가 이러한 종류의 효력에 관심을 가졌던 첫번째 사람들이었다. 그러나 만일 내가 실수를 범하는 게 아니라면, 카펜터(Carpenter) 박사가 처음으로 '무의식적 작용'(unconscious cerebration)이라는 용어를 소개하였다. 그 이후에 이 용어는 대중적인 설명구절이 되었다. 그가 그 사실들에 대해 알 수 있었던 것보다 이제 그것들은 훨씬 더 광범위하게 우리들에게 알려져 있다. 그리고 '무의식적'이라는 형용사는 많은 사람들에게 확실히 적절하지 못한 것으로 간주되어 '잠재의식적'(subconscious) 또는 '의식에 오르지 않는'(subliminal)이라는 한층 더 애매한 용어로 더 잘 대치되었다.

의지에 의한 회심의 유형에 관해 그 예들을 제시하는 것은 쉬운 일이다.[13] 그러나 그것들은 대체로 자포자기 유형의 예들보다 흥미롭지 못하다. 자포자기의 유형 안에서 가끔 잠재의식적 효력이 놀라울 정도로 훨씬 풍부하게 일어난다. 더욱 풍부하기도 하고 가끔 놀랍기도 하다. 그러므로 나는

---

12) 같은 책, 385쪽. 또한 137~144쪽과 262쪽을 비교해보라.

더욱더 서둘러 후자의 경우를 살펴볼 것이다. 왜냐하면 그 두 가지 유형들 사이의 차이는 크게 근본적으로 다르지 않을 것이기 때문이다. 대부분 자발적으로 이루어진 종류의 갱생에서조차도 자포자기의 과정이 부분적으로 사이사이에 삽입되어 있다. 거의 모든 경우에, 의지가 열망했던 완전한 통합에 근접되어가도록 최선을 다했을 때에도 최후의 단계는 다른 힘에 달려 있기 때문에 의지적 활동이 필요없는 것처럼 보인다. 다시 말해서, 자포자기

---

13) 예를 들면, 피니(C. G. Finney)는 의지적 요소를 정자고딕체로 쓰고 있다. "바로 이 점에서 복음의 구원에 관한 전체적 질문이 그 순간 나에게 가장 놀라운 형태로 내 마음 속에 이해되었다. 나는 그때 내가 지금까지 나의 삶 안에서 갖고 있던 것만큼 명백하게 그리스도 속죄의 충만함과 현실성을 목격했다고 생각한다. 복음의 구원은 나에게 받아들일 만한 어떤 것을 제공해주는 것으로 보인다. 나에게 필요한 것은 오로지 나의 죄를 포기하고 그리스도를 받아들이는 것에 동의하는 것이다. 이러한 분명한 계시가 내 마음 속에서 잠시 동안 일어난 후에 '너는 그것을 오늘 당장 받아들일 것인가?'라는 질문이 제기되는 것처럼 보였다. 나는 '네, 나는 그것을 오늘 받아들이겠습니다. 그렇지 않으면 죽을 것입니다!'라고 대답했다." 그러고 나서 그는 숲으로 들어가 그의 고통을 기술한다. 그는 기도할 수가 없었고, 그의 마음은 교만으로 강팍해져 있었다. "그러자 나는 숲을 떠나기 전에 신께 내 마음을 드리겠다고 약속하였기 때문에 나 자신을 나무랐다. 내가 그렇게 시도하고자 했을 때 나는 그렇게 할 수 없는 나 자신을 발견했다. ……나의 내적 영혼은 주춤거리며 좀처럼 신께로 나아가려고 하지 않았다. 나는 그날 나의 마음을 신께 드리겠다고, 그렇지 않으면 죽을 것이라고 한 나는 약속이 경솔했다는 생각에 짓눌렸다. 마치 그것이 나를 속박하는 것처럼 보였다. 그래서 나는 약속을 깨뜨리려고 했다. 엄청난 침체와 실망이 나에게 덮쳐왔다. 나는 너무나 약해서 무릎을 꿇을 수조차 없다고 느꼈다. 바로 그 순간에 또다시 누군가가 나에게 다가온다는 생각이 들어, 정말 그러한지 확인하려고 눈을 떴다. 바로 거기에, 내 마음이 얼마나 교만한지를 보여주는 계시가 명백하게 나에게 보였다. 교만은 해결하기에 엄청나게 어려운 일이었다. 신 앞에 무릎 꿇고 있는 나를 어떤 사람이 보고 있다는 것에 부끄러워하면서 나의 사악함에 대한 엄청난 느낌이 너무도 강하게 나를 사로잡아서, 나는 목놓아 울면서 지구상에 있는 모든 사람들과 지옥에 있는 모든 악마들이 나를 에워싼다 할지라도 그 장소를 떠나지 않겠다고 외쳤다. 나는 위대하고 거룩하신 신께 무릎 꿇고 '정말로 나는 얼마나 타락한 죄인인가!'라고 말하면서 나의 죄를 고백했다. 그 죄는 끔찍하고 끝이 없는 것으로 보였다. 그것이 나로 하여금 주님 앞에서 부서지게 했다." *Memoirs*, 14~16쪽(축약됨).

는 불가피하게 된다. 스타벅 박사는 "개인적 의지는 포기되어야만 한다"고 말한다. 많은 사례들에서 구원은 인간이 저항하기를 그칠 때까지, 또는 그가 가고자 하는 방향으로 노력하는 것을 그칠 때까지 지속적으로 오기를 거부한다.

"나는 포기하지 않으리라고 말했다. 그러나 나의 의지가 깨어졌을 때 모든 것이 끝났다"라고 스타벅에게 편지를 쓴 사람 가운데 한 명이 말하고 있다. 또 다른 사람은 이렇게 말하고 있다. "나는 단순히 말했다. '주님, 나는 내가 할 수 있는 모든 것을 다 했습니다. 나는 당신께 문제를 의탁하옵니다.' 그러자 즉각적으로 나에게는 한없는 평화가 찾아왔습니다." 또 다른 경우들이 있다. "만일 내가 내 힘으로 하려는 것을 멈추고 예수님을 따른다면 나는 구원받을 것이라는 생각이 갑자기 떠올랐다. 어느 정도 나는 정신적인 무거운 짐을 덜 수 있었다." "나는 마침내 저항하기를 그쳤다. 비록 괴로운 고통이었지만, 나는 나 자신을 포기했다. 점차로 나는 내가 할 수 있는 모든 일을 다했다는 느낌이 들었다. 신은 당신께서 하시고자 하는 일을 기꺼이 다하고자 했다."[14] "주님, 당신의 뜻이 이루어질 때입니다. 저주하거나 그렇지 않으면 구원하소서!"라고 저주를 피하기 위한 고통스러운 투쟁으로 지쳐버린 존 넬슨이 외친다.[15] 그 순간에 그의 영혼은 평화로 가득 차게 되었다.

스타벅 박사는 흥미로운 설명을 보여준다. 그것이 나에게는—도식적 개념들이 적어도 진리를 주장하는 한—왜 마지막 순간에 자포자기가 불가피하게 되는지에 대한 참된 설명인 것처럼 보였다. 회심을 하려는 예비자들의 마음 속에는 처음부터 다음의 두 가지 사실이 내재해 있다. 첫째는 현재의 불완전함이나 잘못됨, 그가 열렬히 피하고 싶어하는 '죄'이고, 둘째는 그가

---

14) Starbuck, 앞의 책, 91, 114쪽.
15) Jone Nelson의 잡지에서 발췌, London, 날짜 없음, 24쪽.

포착하고자 하는 적극적인 이상이다. 이제 우리 대부분에게 현재 우리의 잘못됨에 대한 느낌은 우리가 목표로 할 수 있는 모든 적극적인 이상에 관한 상상이라기보다는 훨씬 더 분명한 우리 의식의 일부분이다. 대부분의 사례들에서, 정말로 '죄'는 독점적으로 관심을 불러일으킨다. 그러므로 회심한다고 하는 것은 "의(義)를 향해 나아가는 과정이라기보다는 죄로부터 벗어나기 위한 분투의 과정이다."16)

인간의 의식적 이해력과 의지는 이상을 추구하는 한, 단지 희미하고 부정확하게 상상되는 어떤 것을 목표로 한다. 그러는 동안에 그의 내부에서 원숙해지는 단순한 유기체의 힘은 미리 설정된 결과를 향해 작용하고 있고, 그의 의식적 긴장들은 나름대로 재조정을 향해 작용하는 이면에서 잠재의식적 결속을 느슨하게 한다. 모든 이러한 더욱 심층적인 힘이 향해 있는 재조정은 아주 확실히 명백하고, 그가 의식적으로 감지하고 결정하는 것과는 명백히 다르다. 그것은 (우리가 잃어버린 단어를 열정적으로 기억하려고 할 때, 그 단어가 잼처럼 엉겨서 밖으로 나오지 않는 것처럼) 결과적으로 올바른 방향으로부터 기울어졌으므로 자발적 노력에 의해서는 실제로 방해받는다.

개인적 의지의 실행은 여전히 불완전한 자아가 가장 강조되는 곳에서 일어나는 것이라고 말할 때, 스타벅은 그 문제의 핵심을 찌르고 있는 것처럼 보인다. 반대로 잠재의식적 힘이 주도권을 잡는 곳에서는 훨씬 나은 잠재적 자아가 그것을 지시한다. 꼴사납고 애매하게 외부의 목표물이 되는 대신에, 이럴 경우 이 자아는 스스로 유기체의 중심이 된다. 그러면 개인이 해야 하는 것은 무엇인가? "긴장을 풀어야 한다"라고 스타벅 박사는 말한다. "즉, 의롭게 만드는 더욱 큰 힘에 의지해야 한다. 그것은 그 자신의 존재에서 솟아나 그것이 시작했던 일을 그 자체의 방식으로 끝나게 하는 힘이다. …… 포기의 행위는 이러한 관점에서 볼 때, 자신의 자아를 새로운 생명에 양도하여 그 생명을 새로운 인격체의 중심이 되게 하고, 또한 내면에서 이전에

---

16) Starbuck, 앞의 책, 64쪽.

객관적으로 보였던 자아의 진리를 살아가는 것이다."17)

"인간의 곤경은 신의 기회이다"라는 말은 자포자기의 필요를 진술하는 신학적 표현방법이다. 생리학적인 말로 표현한다면, 그것은 "사람으로 하여금 자신의 힘으로 모든 것을 하게 하라. 그러면 인간의 신경조직이 그 나머지를 도맡아 할 것이다"라는 말로 표현될 것이다. 이 두 가지 진술은 똑같은 사실을 인정한다.18)

우리 자신의 상징적 용어로는 다음과 같이 표현할 수 있다. "개인적 에너지의 새로운 중심이 잠재의식적으로 부화되어 꽃피울 수 있는 준비가 되어 있기만 한다면, '손을 떼라'가 우리들에게 할 수 있는 유일한 말이며, 아무 도움 없이 그 말이 불쑥 튀어나와야 한다."

우리는 심리학의 애매하고 추상적인 언어를 사용해왔다. 그러나 어떤 말로 하든지, 앞에서 기술했던 그 위기가 우리의 의식적 자아들을, 그것이 무엇이 되었든 우리를 구원해주는 실제보다도 더 이상적인 자비로운 힘들에 내맡기고 있기 때문에, 여러분은 왜 자포자기가 종교적 삶의 생생한 전환점으로 간주되어왔고 또 그렇게 되어야만 하는지를 알게 될 것이다. 종교적 삶이 의례, 성례전 그리고 외부적인 일들이 아니고 영적인 것이므로 그렇다. 사람들은 내면적으로 그리스도교의 전체적 발전은 이러한 자포자기의 위기감에 더욱더 매달리도록 강조하는 것에 있다고 말할지도 모른다. 카톨릭으로부터 루터주의, 칼뱅이즘까지, 그리고 카톨릭으로부터 웨슬리주의까지, 또한 형식적 그리스도교에 속하지 않는 개신교로부터 중세 신비주의자, 정적주의자, 경건주의자와 퀘이커교도들의 사상을 받아들이는, 마음치료의 유형이든 그렇지 않든 간에, 순수 '자유주의' 또는 '선험적 관념론'에 이르기까지, 우리는 직접적인 영적 도움을 향한 발전의 단계를 추적할 수 있다. 개인은 아주 고독한 상태에서 그것을 경험하였으므로 교리적 체계 또는 화해의 장치들을 본질적으로 필요로 하지 않는다.

---

17) 같은 책, 115쪽.
18) 같은 책, 113쪽.

그러므로 심리학과 종교는 이러한 점에서 완벽한 조화를 이루고 있다. 왜냐하면 양쪽 모두는 의식적 개인에게 속하지 않는 것처럼 보이는 힘들이 개인의 삶에 구원을 가져다준다고 믿기 때문이다. 그럼에도 불구하고 이런 힘들을 '잠재의식적'이라고 규정하고 '부화(孵化)작용' 또는 '사고작용' 때문에 그 힘들의 효력이 생겨나는 것으로 정의내리는 심리학은, 그 힘들은 개인의 인격을 초월하고 있지 않다는 것을 암시하고 있다. 바로 이 점에서 심리학은, 그 힘들은 신이 직접 일으킨 초자연적 작용들이라고 주장하는 그리스도교 신학과 갈라진다. 나는 여러분에게 아직 이런 분리가 최종적인 것이라고 생각지 말고 그 문제를 얼마 동안 미결상태로 놔둘 것을 제안한다. 지속적 탐구가 우리로 하여금 겉으로 보이는 불일치를 제거시킬 수도 있다.

그렇다면 잠시 동안 자포자기의 심리학으로 다시 돌아가기로 하자.

여러분이 지쳐 있는 의식의 벼랑에서 죄의식에 파묻혀 결핍되고 불완전하며 슬픔에 잠긴 사람을 보았을 때, 모든 것이 잘될 것이니 걱정, 불평, 근심을 그만두라고 단순히 말한다면, 여러분은 그에게 바보같이 보일 것이다. 그가 소유하고 있는 유일한 긍정적 의식은 그에게 모든 것이 잘될 것 같지 않다고 말할 것이므로, 여러분이 제안하는 더 좋은 방법은 마치 그에게 잔인한 거짓말을 하는 것처럼 들릴 것이다. '믿으려는 의지'는 그만큼 뻗어나갈 수 없다. 우리는 근거가 있는 믿음에 훨씬 더 충실할 수 있다. 그러나 우리의 지각이 반대의 사실을 적극적으로 확증시켜줄 때는 믿음을 창조해낼 수 없다. 그런 경우 우리에게 제공되는 더 좋은 마음은 우리가 갖고 있는 유일한 마음을 순수하게 부정하는 형태로 나타난다. 그러나 우리는 적극적으로 순수부정을 의도할 수는 없다.

성냄, 근심, 걱정, 공포, 좌절 또는 그 밖의 바람직하지 않은 애착들을 제거할 수 있는 두 가지 방법이 있다. 하나는 반대의 감정이 엄청나게 우리를 강타하게 하는 것이고, 다른 하나는 우리가 멈추게 해야 하는 그 투쟁으로 너무 지쳐 있으므로 어쩔 수 없이 그것을 그치게 하고 더 이상 그것에 대해 아무것도 염려하지 않는 것이다. 우리의 감정적 뇌중추가 작용을 하지 않으면 우리는 일시적 무감각 상태로 빠져들게 된다. 이러한 일시적 탈진상태는 종종 회심 위기의 한 부분을 형성한다는 것이 역사적으로 입증되었다. 고뇌하는 영혼의 이기적인 걱정이 그 문을 지키고 있는 한, 그 영혼의 신앙에 대한 솔직한 확신은 현실성을 얻을 수 없다. 그러나 잠시라도 전자를 잊게 되면 후자는 기회를 얻게 되며, 일단 기회를 얻게 되면 후자는 신앙을 유지할지도 모른다. 칼라일의 악마 주인공(Teufelsdröckh)은 '무관심의 중심'을 통하여 영원한 부정으로부터 영원한 긍정의 상태로 지나간다.

나는 회심의 과정에서 이런 특징에 대한 훌륭한 예증을 들어보겠다. 진정한 성인이었던 데이비드 브레이너드(David Brainerd)는 자신의 위기를 다음과 같이 묘사한다.

어느 날 아침, 여느 때와 마찬가지로 한적한 장소를 걸어가고 있을 때, 나는 곧 나 자신에 대한 구원과 구출을 얻거나 또는 영향을 미칠 수 있는 계획이나 고안이 전혀 아무 쓸모가 없다는 것을 일순간 깨닫게 되었다. 나는 나 자신을 완전히 잃어버린 것을 발견한 듯이 고요히 서 있었다. 내가 나 자신을 구원하거나 돕기 위해 어떤 것을 한다는 것이 영원히 불가능하다는 것을 알게 되었다. 그래서 내가 할 수 있는 한, 계속해서 모든 변명거리를 꾸며보았다. 그러나 그러한 변명조차도 아무 쓸모가 없었다. 왜냐하면 나는 사리사욕에 이끌려 기도했으며, 신의 영광에 대한 어떤 존경심을 가지고 기도해본 적이 없었기 때문이다.

나는 나의 기도와 신적 자비의 분배 사이에 어떤 필수적인 관련이 없다는 것을 알게 되었다. 따라서 신이 나에게 은총을 내려야 할 어떠한 의무도 없었다. 물 속에서 손으로 물을 튀길 수 없는 것처럼, 나의 기도 속에는 미덕이나 선이 없었다. 나는 신 앞에서 단식하고 기도하는 등 가장을 하고, 때때로 내가 신의 영광을 위해 사는 것처럼 생각하면서 나의 헌신을 쌓고 있었다는 것을 알았다. 나는 결코 그것을 진정으로 의도했던 적은 없었으며, 단지 나 자신의 행복만을 위해 살아왔다. 내가 신을 위해 아무것도 한 일이 없으므로 나의 위선과 거짓 때문에 내가 신에게 주장할 수 있는 것은 파멸 외에는 아무것도 없음을 알게 되었다. 나에게 이기심만이 존재한다는 것을 명확히 알게 되자, 나의 의무적인 행위들은 비열한 허식과 지속적 거짓말로 드러났다. 왜냐하면 모든 것이 자기숭배였으며 신에 대한 모독이었기 때문이다.

내가 기억하기로는 이러한 마음의 상태가 금요일 아침부터 다음날인 안식일 저녁 때까지 지속되었으며(1739. 7. 12), 그때 나는 다시 한 번 똑같이 적막한 장소를 걸어가고 있었다. 여기서 나는 서글프고도 우울한 마음이 되어 기도를 하려고 노력하고 있었다. 그러나 나는 그것 또는 어떤 다른 임무를 수행할 마음이 없다는 것을 알게 되었다. 이전의 나의 관심이나 훈련 그리고 종교적 열성이 모두 사라지고 아무것도 남지 않았다. 나는 신의 영이 나를 떠나갔다고 생각했다. 고통스럽지는 않았으나 마치 하늘과 땅 그 어디에도 나를 행복하게 할 수 있는 것은 아무것도 없는 것처럼 서글퍼졌다. 나는 매우 어리석고 아무런 의미도 없는 것처럼 생각되었지만, 반 시간 가량을 기도하기 위해 안간힘을 썼다.

그러고 나서 울창한 숲속을 걷고 있을 때, 말로 형용할 수 없는 영광이 나에게 열려 내 영혼이 감지할 수 있을 것 같았다. 이것은 어떤 외적 광채를 의미하는 것이 아니며, 어떤 상상할 수 있는 신체의 빛 같은 것을 의미하는 것도 아니다. 그것은 신에 대한 새로운 내적 이해나 견해 같은 것인데, 이전에 내가 결코 인식할 수 없었던 것이며 그와 유사한 어떤 것도 아니다. 나는 아버지, 아들, 성령이라는 삼위일체 가운데 어느 하나의 위격에 대해 어떤 특별한 이해를 가져본 적도 없었다. 그러나 그것이 신적인 영광으로 나타났다. 나의 영혼은 그러한 신을 볼 수 있다는, 그렇게 영광스러운 신적인 존재를 볼 수 있다는 것 때문에 말로 형용할 수 없는 기쁨으로 가득 찼다. 나는 내적으로 기뻤으며 그가 영원히 변치 않는 신이라는 것에 만족했다. 나의 영혼은 신의 특출함에 너무 매료되었고, 나는 기뻐서 그분 안에 완전히 들어갈 수 있었다. 적어도 나는 그때까지는 나 자신의 구원에 관한 어떤 생각도 하지 않았다. 나는 나와 같은 피조물이 있다는 것을 조금도 생각하지 않았다.

나는 어두워질 때까지도 어떤 감퇴도 느끼지 못했고, 내적 기쁨과 평화, 놀라움의 상태가 지속되었다. 나는 내가 본 것을 생각하고 검토하기 시작했다. 나는 다음날 저녁 내내 마음의 평정을 느낄 수 있었다. 새로운 세계에 들어와 있는 나 자신을 발견했으며, 나에 대한 모든 것이 전과는 다른 측면으로 나타났다. 이때 구원의 길이 끊임없는 지혜와 적절함과 탁월함으로 나에게 열렸다. 왜 내가 이전에는 이런 구원의 길을 알지 못했는지 의아했고, 나 자신의 방법을 포기하지 않았던 것에 놀랐으며, 이렇게 사랑스러운, 축복받은, 뛰어난 방법을 전에는 따르지 않았던 것에 놀랐다. 만일 내가 나 스스로의 의무적인 행위나 내가 이전에 고안해낸 다른 어떤 방법에 의해 구원받을 수 있다고 할지라도, 나의 온 영혼은 지금 그것을 거절했을 것이다. 나는 전적으로 그리스도의 의로움에 의해 일어나는 이러한 구원의 길을 세상 사람들이 알지 못하고 응하지 않는 것이 의아했다.[19]

나는 지금까지 습관적으로 불안한 감정의 배출을 기록한 구절을 정자고 딕체로 썼다. 대부분의 보고서에서 저자들은 열등한 감정의 고갈과 고상한 감정의 유입이 동시적으로 이루어지는 것처럼 말하고 있다.[20] 그러나 그들은 때때로 고상한 감정이 열등한 감정을 적극적으로 몰아내는 것처럼 말하기도 한다. 이것은 우리가 곧 보게 되겠지만, 아주 많은 예에서 찾아볼 수 있는 의심할 수 없는 진실이다. 그러나 종종 양쪽의 조건들, 즉 한 가지 감

---

19) *Edward's and Dwight's Life of Brainerd*, New Haven, 1822, 45~47쪽(축약됨).
20) 모든 현상을 평형상태의 변화로 묘사하고자 할 때, 개인의 중심을 향한 새로운 심리적 에너지의 움직임과 주변자리를 향한 오래된 에너지들의 후퇴(또는 위로 떠오르는 어떤 물체, 그리고 의식의 출발점 아래로 가라앉는 다른 것들)는 더 이상 분할할 수 없는 사건을 묘사하는 유일한 두 가지 방법이다. 의심할 여지없이 이것은 종종 절대적으로 사실이며, 스타벅이 '자포자기'와 '새로운 결단'이 얼핏 보기에는 대단히 다른 경험인 것처럼 보이지만 "사실은 똑같은 것이다"라고 말한 것은 옳다. 자포자기는 오래된 자아라는 관점에서 그 변화를 인정한다. 결단은 새로운 자아의 관점에서 그 변화를 인정한다. 같은 책, 160쪽.

정의 잠재의식적 성숙과 다른 감정의 고갈은 그 결과를 만들어내기 위하여 동시에 협력하지 않으면 안 된다.

돌발적으로 예민하게 죄를 자각하게 된 사람, 네틀턴(Nettleton)의 한 회심자(T.W.B.)는 죄에 대한 확신으로 감정이 격해지자 하루 종일 음식을 전폐하고 완전한 절망에 빠져 저녁에는 방문을 잠근 뒤 "오 주님, 언제까지, 언제까지?"라고 외치면서 소리쳐 울었다. 그는 계속 말한다. "이러한 말과 이와 유사한 말을 반복한 후에 여러 번 나는 무감각적인 상태에 떨어졌던 것으로 보인다. 내가 의식을 되찾았을 때 나는 무릎을 꿇고 나 자신을 위해서가 아니라 다른 이들을 위해 기도하고 있었다. 나는 신이 나와 함께 당신이 보시기에 좋아보이는 일을 행하시기를 바라면서 신의 뜻에 종속되어 있음을 느꼈다. 나는 다른 이들에 대한 걱정 때문에 나에 대한 걱정은 몽땅 잊어버린 것 같았다."[21]

우리 미국의 위대한 부흥사인 피니는 다음과 같이 쓰고 있다.

나는 나 자신에게 말했다. "이게 무엇인가?" 나는 성령을 몹시 슬프게 해서 완전히 떠나가게 한 것이 틀림없다. 나는 나의 모든 신념을 잃어버렸다. 나는 내 영혼에 관해서는 티끌만큼의 관심도 없다. 성령이 나를 떠난 것이 틀림없다. '왜!'라고 나는 생각했다. '나는 내 삶의 구원에 대해 결코 무관심한 것이 아니었다.' ……나는 내가 괴로워했던 죄의 짐 아래로 다시 돌아가기 위해 나의 확신을 회상하려고 노력했다. 나는 애써 근심하려고 했으나 허사였다. 나는 너무도 고요하고 평화로워서 그것이 성령을 슬프게 한 결과가 되지 않도록, 그것에 관해 마음을 쓰려고 노력했다.[22]

그러나 의심할 바 없이, 주체가 감정을 갖는 능력을 독립적으로 고갈시키

---

21) A.A. Bonar, *Nettleton and his Labors*, Edinburgh, 1854, 261쪽.
22) Charles G. Finney, *Memoirs Written by Himself*, 1876, 17, 18쪽.

는 경우든 또는 그 이전의 어떤 날카로운 감정을 갖고 있지 않은 경우든 간에, 적당한 에너지의 양에 도달한 더욱 고차적 상태는 모든 장애물들을 돌파해 갑작스러운 홍수와도 같이 사람들을 확 쓸어갈 수 있다. 이것들은 가장 놀라운, 그리고 기억되는 사례들이다. 이것들은 신의 은총에 대한 개념이 특별히 부여된 즉각적 회심의 사례들이다. 나는 그것들 가운데 하나인 브레들리 씨의 사례를 매우 길게 제시하였다. 그러나 다른 사례들과 그 주제의 나머지에 대한 나의 의견은 다음 강연을 위해 남겨두는 것이 좋을 듯하다.

제10강 | 회심―결론

이 강연에서 우리는 먼저 성 바울에게서 가장 두드러지게 나타나는 주목할 만한 즉각적 사례들을 숙고해보면서 회심이라는 주제를 마무리짓지 않으면 안 되겠다. 이러한 사례들에서는 때때로 엄청난 감정적 흥분이나 감각의 동요가 일어나는 가운데 옛 삶과 새 삶 사이에 완전한 구분이 이루어진다. 이러한 유형의 회심은 이미 프로테스탄트 신학에서 그것이 해왔던 역할 때문에 종교적 경험의 중요한 단계가 되었으며, 따라서 그것을 양심적으로 연구하는 것은 우리의 책임이 되었다.

더욱 일반화된 설명으로 들어가기 전에 이러한 사례들 가운데 두세 가지를 인용하는 것이 좋겠다. 우리는 먼저 구체적 사례를 알아두어야 한다. 그 이유는 아가시(Agassiz) 교수가 버릇처럼 말하듯이, 우리가 세부사항을 미리 알고 그것을 받아들일 수 없다면 일반화 과정을 이해할 수 없기 때문이다. 그러면 우리의 친구 알린의 경우로 돌아가 그의 1775년 3월 26일 보고서를 인용하겠다. 거기에서 그는 자신의 가련하게 분열된 마음이 영원히 통합되는 과정을 보여주고 있다.

해질녘 들판을 헤매면서 상실되고 부서진 참담한 내 처지를 탄식하고 걱정 속으로 빠져들어가기 시작했을 때, 나는 어느 누구도 겪지 않았던 너무나 비참한 상황에 처해 있다는 생각이 들었다. 집으로 돌아와 문을 열고 막 들어서려는 그때, 어떤 느낌이 마음 속에 들어와 힘차고 나지막한 소리로 이렇게 외치는 것 같았다. '그대는 계속 구하고, 기도하고, 행실을 고치고, 일하고, 독서하고, 설교를 들으며, 묵상해왔다. 그러면 그대의 구원을 위해 그것이 얼마나 도움이 되었는가? 처음 시작할 때보다 그대는 회심에 더 가까이 다가섰는가? 그대는 처음 간구할 때보다 천당에 갈 준비가 더 많이 되었으며, 신의 공명정대한 심판대 앞에 서기에 더욱 적합해졌는가?'

그것은 나에게 내가 처음보다 구원에 한 걸음 더 가까이 가지 못하고 전과 똑같이 죄책감을 느끼고, 죄를 드러내고, 비참해졌다고 고백하지 않을 수 없는 확신을 가져다주었다. 나는 마음 속으로 외쳤다. '오 주님이시여, 저는 길을 잃었습니다. 오 주님이시여, 만약 당신이, 제가 전혀 모르는 새 길을 찾아주시지 않으면 저는 구원받지 못할 것입니다. 왜냐하면 제가 제 자신에게 알려준 길과 방법은 저에게 실패만 안겨주었고 저는 기꺼이 그것들이 실패하기를 바랍니다. 오 주님이시여, 자비를 베푸소서! 오 주여, 자비를 베푸소서!'

이러한 일은 내가 집에 들어가서 앉을 때까지 계속되었다. 포기하고 가라앉은 익사자처럼 온통 심란하여 고뇌하면서 앉아 있을 때 의자를 돌려보니 오래된 성서의 일부가 한 의자 위에 놓여 있었다. 나는 그것을 재빨리 집어들었다. 나는 아무 생각 없이 시편 38편에 시선을 멈추었다. 그것은 내가 최초로 본 신의 말씀이었다. 그것은 너무 힘있게 나를 사로잡았기 때문에 내 전 영혼 안으로 관통하는 것 같았고, 그래서 마치 신이 내 안에서, 나와 함께, 나를 위해 기도하고 있는 것 같았다. 바로 이때 아버지가 가족기도회에 참석하라고 가족들을 불렀다. 나는 기도회에 참석하여 아버지의 기도에는 전혀 관심을 두지 않고 계속하여 시편의 말씀으로 기도해나갔다. '오 저를 도우소서, 저를 도우소서! 영혼의 구원자여, 저를 구원하소서. 그렇지 않으면 저는 영원히 죽습니다. 오늘 밤 당신이 원하시면 당신의 한 방울의 보혈로 저의 죄를 사해주실 수 있나이다. 그리고 신의 성난 분노를 거두어주소서.'

내가 모든 것을 그분에게 넘겨 그분이 원하는 대로 나를 처리하도록 하고 신이 자신의 뜻대로 내 위에 군림하시기를 바라는 바로 그 순간에, 죄를 사하는 사랑이—반복된 성서구절의 인용과 더불어—내 영혼 속으로 침입하였다. 그 힘이 너무나 강력하여 내 전 영혼이 사랑으로 녹아내리는 듯하였다. 죄와 선고의 짐은 벗겨졌고, 어둠은 걷혔으며, 내 마음은 자세를 낮추었고 감사로 가득하였다. 조금 전까지만 해도 태산 같은 죽음 밑에 깔려 신음하며 알려지지 않은 신에게 도와달라고 부르짖었던 내 영혼은 지금 불멸의 사랑으로 충만하여 신앙의 날개로 솟아올랐으며 죽음과 어둠의 사슬에서 해방되어 나의 주, 나의 신을 외치고 있었다. "당신은 나의 반석이요, 나의 요새, 나의 방패요, 나의 높은 탑입니다. 당신은 나의 생명이요, 나의 기쁨, 나의 선물이요, 나의 영원한 운명입니다." 위를 쳐다보면서 나는, 좀 다르게 보이긴 하였지만, 똑같은 빛(그는 그전에도 한 번 이상 밝은 섬광의 빛을 본 적이 있었다)을 보았다. 내가 그것을 보는 순간, 그의 언약에 따라 그 계획이 드러나게 되었다. 나는 이렇게 외치지 않을 수 없었다. "이젠 됐습니다. 됐습니다. 오 축복의 신이여!" 회심의 작업, 그 변화 그리고 그것의 발현은 내가 보는 빛, 아니 내가 전에 보았던 그 빛과 마찬가지로 논란의 대상이 되지 못하였다.

　내가 한창 기쁨에 들떠 있는 와중에, 내 영혼을 해방시킨 후 반 시간이 채 안 되어 주님은 나에게서 성직의 일을 발견하시고 복음을 전파하라는 소명을 주셨다. 나는 "아멘, 주여, 기꺼이 가겠습니다. 저를 보내주소서, 보내주소서!"라고 외쳤다. 나는 그날 밤의 대부분을 기쁨의 열락 속에서, 신(the Ancient of Days)의 자유롭고 끝없는 은총을 찬송하고 경배하면서 보냈다. 이 황홀하고 거룩한 상태에 너무 오래 있었던 탓인지 잠이 쏟아지는 듯하였다. 나는 잠시 눈을 감고 잠을 청하였다. 그때 마귀가 걸어 들어와 내가 만약 자게 되면 그 모두를 잃을 것이며, 아침에 잠에서 깨어날 때 그것은 다름 아닌 공상과 망상에 불과하다는 것을 알게 되리라고 꼬드기는 것이었다. 나는 즉각 "오 주여, 제가 속았다면 저를 깨우쳐주소서!"라고 소리쳤다.

그러고 나서 나는 몇 분 동안 눈을 붙였다. 잠을 자고 나니 마음이 상쾌해지는 것 같았다. 잠에서 깼어났을 때 첫 질문은 '나의 신은 어디에 계시느냐?'였다. 잠시 후 내 영혼은 신 안에서 함께 깨어 영원한 사랑에 둘러싸여 있는 것처럼 보였다. 동틀 무렵 나는 기쁘게 일어나 부모님께 신이 내 영혼에게 행한 일을 말씀드렸고 그들에게 신의 무한한 은총의 기적을 분명히 밝혔다. 나는 전날 저녁에 신이 내 영혼에 감명을 주셨던 말씀을 찾아 보여드리기 위하여 성서를 집어들었다. 그런데 내가 성서를 펼쳤을 때 그것은 새로운 모습으로 나에게 나타났다.

나는 복음을 설교하면서 그리스도를 위해 유용하게 쓰임받기를 간구하였다. 그래서 나는 이제 더 이상 쉴 수 없으며, 가서 죄를 사하는 사랑의 기적을 전해야만 할 것처럼 느껴졌다. 나는 육체적 쾌락과 친구들에 대한 흥미를 완전히 상실하였고 그것들을 저버릴 수 있었다.[1)]

젊은 알린은 곧 성서 이외의 다른 책에서는 배운 것이 없고, 자기 자신의 경험을 제외하면 가르칠 것이 없는 그리스도교 목사가 되었고, 그때부터 그의 생은 그 엄격함과 올곧음 때문에 가장 헌신적인 성인들의 삶과 어깨를 나란히 하기에 손색이 없게 되었다. 그는 자신의 분투하는 삶으로 행복하게 되었을 때, 가장 순수한 신체적 즐거움조차도 다시 취하지 않았다. 우리는 버니언이나 톨스토이처럼, 혹독한 우울증이 영혼에 영원한 흔적을 남겨놓은 사람들 가운데 한 사람으로 그를 분류해넣는다. 그의 구원은 우리의 이 자연계와는 또 다른 우주를 향하고 있었으며, 삶은 그에게 슬프고 끈질긴 시련으로 남아 있었다. 그의 일기에서 우리는 몇 년 뒤에 그가 다음과 같은 경지에 입문했음을 알 수 있다. "12일 수요일에 나는 어떤 결혼식 설교를 하였다. 나는 그로 인하여 육체적 환락을 배제하는 도구가 된 것에 행복을 느꼈다."

내가 인용하려는 다음 사례는 류바 교수의 어느 통신원에 관한 것인데, 이

---

1) *Life and Journals*, Boston, 1806, 31~40쪽(축약됨).

는 이미 인용했던 『미국 심리학회지』(*The American Journal of Psychology*) 제6권의 후반부 기사로 실린 바 있다. 이 이야기는 목사의 아들이며 옥스퍼드 대학 졸업생에 관한 것으로, 여러 가지 면에서 모든 사람들이 알고 있을 것으로 생각되는 가드너 대령의 고전적 사례와 매우 유사하다. 다음 글은 그것을 요약한 것이다.

나는 옥스퍼드를 떠난 후 회심할 때까지 한 번도 내 아버지의 교회를 찾은 적이 없었다. 아버지와 8년 동안을 함께 살았으면서도 그때 나는 글을 써서 내가 원했던 돈을 벌었으며 나와 함께 술을 마시고 싶은 사람이라면 누구하고라도 한바탕 주연을 벌여 그 돈을 다 써버렸다. 그래서 때때로 일주일 동안 취한 상태에서 살고는 했지만, 그 다음엔 무지하게 후회하였으며 한 달 동안 입에 술 한 방울도 대지 않곤 하였다.

내가 살아온 전 기간 동안, 즉 33세가 될 때까지 나는 내 종교적 토대에 개혁을 하고픈 욕구가 전혀 없었다. 그러나 내 모든 고통은 한바탕 흥청거리고 난 뒤 엄습하던 지긋지긋한 회한에 기인했다. 그 회한은 재능이 있고 교육을 받은 내가 나의 인생을 그런 식으로 낭비하는 우를 범한 데 대한 후회였다. 이 무서운 뉘우침은 어느 날 밤 나를 잿빛으로 만들었고, 그것이 내게 떠오를 때는 언제나, 다음날 아침 더욱 잿빛으로 변해 있는 나를 감지할 수 있었다. 내가 겪었던 이런 고통은 이루 말할 수 없었다. 이것은 지옥에서 불로 받는 가장 무서운 고문과 같은 것이었다. 나는 자주 '이번' 만 넘기면 마음을 고쳐먹겠다고 맹세하였다. 그러나 3일 정도만 지나면 다시 옛날로 돌아가 여느 때처럼 마음이 느슨해졌다. 그래서 이런 일이 수년 동안 계속되었지만 코뿔소 같은 체격을 가졌던 나는 언제나 다시 회복되었고, 혼자 술을 마실 때는 나만큼 인생을 즐길 줄 아는 사람도 없을 거라고 생각했다.

나는 몹시도 더웠던 7월 어느 날(1886년 7월 13일) 오후 정각 3시에 아버지의 사택 안에 있는 내 침실에서 회심하였다. 나는 거의 한 달 가량 술을 끊고 있었기 때문에 완전히 건강한 상태에 있었다. 나는 전혀 내 영혼에 대하여 고민하지 않았다. 사실 신은 염두에도 없었다. 한 젊은 여자 친구가 내게 드루먼드(Drummond) 교수의 『영적 세계에서의 자연의 법칙』(Natural Law in the Spiritual World)이라는 책 한 권을 보내면서 그것이 문학작품으로서 어떠한지 나의 의견을 구하였다. 나는 나의 비평적 재능을 자랑하면서, 또한 새로운 내 친구에게 높은 평가를 받고자 하는 소망에서 그 책을 조용한 내 침실로 가져와 완벽한 연구를 시도하였다. 그리고 나서 그녀에게 그 책에 대한 생각을 써 보냈다.

신이 나와 얼굴을 맞대고 만난 것은 바로 여기서였다. 나는 그 만남을 결코 잊지 못할 것이다. "독생자가 있는 자에게는 생명이 있고 신의 아들이 없는 자에게는 생명이 없느니라." 나는 지금까지 이 문장을 수십 번도 더 읽었지만 이번엔 완전히 달랐다. 나는 지금 신의 현존 속에 있었고, 나의 주의는 온통 이 구절에서 '떼어지지' 않았으며, 나는 이 말이 무슨 의미를 내포하는지 꽤 숙고하기 전까지는 책의 진도를 나갈 수가 없었다. 그리고 나서야 비로소 볼 수는 없지만, 내 침실에 또 한 사람이 존재하는 것을 느끼면서 진도를 나갈 수 있었다. 그 고요함은 매우 경이로운 것이어서 극도의 행복감을 느꼈다. 의심할 나위도 없이 내가 지금까지 한 번도 영원한 존재를 접해본 적이 없었다는 것이 일순간에 증명되었던 것이다. 이것은 내가 그때 죽으면 불가피하게 길을 잃고 헤매야 한다는 사실도 증명해주었다. 나는 파괴되었다. 나는 내가 구원되는 것만큼이나 그것을 잘 알았다. 성령은 형언할 수 없는 사랑으로 그러한 사실을 나에게 보여주었고, 그 안에는 어떠한 공포도 없었다. 나는 신의 사랑이 내 위에 내리는 것을 강력하게 느꼈기 때문에 나의 우매함을 통해 모든 것을 잃어버렸다는 강한 슬픔만이 엄습해왔다.

그렇다면 나는 무엇을 해야 했는가? 내가 할 수 있었던 것은 무엇인가? 나는 참회까지는 하지 않았다. 신은 내게 참회하라고 요구하지 않았다. 내가 느낀 것은 '내가 파괴되었다'는 것이었다. 그리고 나를 사랑해주시긴 하지만 신도 어쩔 수 없다는 것이었다. 전지전능한 쪽에는 책임이 없다. 나는 항상 최고의 행복을 느꼈다. 나는 아버지 앞에서 재롱을 피우는 어린애 같았다. 과오를 저질렀지만, 나의 아버지 신께서는 나를 꾸짖지 않고 더욱 놀랍게 사랑하셨다. 여전히 내 심판의 날은 봉인되었다. 나는 확신이 없었고 자연히 과감한 성격을 갖고 있는 나로서는 그것 때문에 기가 죽지 않았다. 그러나 과거에 대한 깊은 비애는 상실해버린 것에 대한 후회와 함께 혼합되어 나를 놓아주지 않았고, 내 영혼은 내 안에서 모든 것이 끝났다고 생각하며 전율하였다.

그때 탈출의 길이 너무 부드럽게, 너무 감미롭게, 너무 확실하게 내 안으로 들어왔는데 과연 그것이 무엇이었을까? 옛날 이야기는 다시 이렇게 가장 쉬운 방법으로 되풀이되었다. "다른 이로써는 구원을 얻을 수 없나니 천하 인간에 구원을 얻을 만한 다른 이름을 우리에게 주신 일이 없음이니라." 어떤 말도 들리지 않았다. 내 영혼은 열정적으로 구세주를 보는 것 같았고 그때부터 지금까지 거의 9년 동안, 주 예수 그리스도와 아버지 신께서 7월 그날 오후, 두 분이 서로 다르게 그리고 완벽한 사랑으로 나에게 역사하였다는 것과, 내가 회심할 당시 온 마을 사람들이 너무나 기뻐 놀란 나머지 근 24시간 동안 그 소식을 들었다는 것을 내 생에서 한 번도 의심해본 적이 없었다.

그러나 고난의 시간이 다시 왔다. 회심한 다음날 나는 추수를 돕기 위해 건초 밭으로 나갔다. 술을 마시지 않겠다거나 혹은 적절히 마시겠다고 신께 약속하지 않았기 때문인지 나는 취해서 집에 돌아왔다. 내 가련한 여동생이 상심하였고, 나는 수치스러워 금방 잠자리에 들었다. 내 누이는 거기까지 따라와서 눈물을 펑펑 쏟았다. 그녀는 내가 회심했다가 금방 타락했다고 말했다. 나는 술을 많이 마셨지만(그러나 녹초가 될 정도는 아니었다) 내 안에서 시작된 신의 역사가 헛되지 않음을 알았다. 점심 때쯤 나는 신 앞에 무릎을 꿇고 20년 만에 처음으로 기도를 했다. 용서해달라고 간구하지는 않았다. 나는 그것이 소용이 없음을 알았는데, 왜냐하면 내가 또 타락할지도 모르기 때문이었다. 그러면 나는 무엇을 했는가? 나는 내 개성이 파괴되고, 그가 내게서 모든 것을 앗아갈 것이며, 나도 그렇게 되기를 바란다는 신념으로 나를 그에게 맡겼다. 그러한 포기 속에 신앙생활의 비결이 있다.

그 시간 이후 술에 대한 공포가 사라졌다. 나는 결코 그것을 만지지도 원하지도 않는다. 담배도 마찬가지였다. 12세 때부터 담배를 피워왔던 내게 담배에 대한 욕망은 금방 사라졌고 다시는 생각나지 않았다. 모든 잘 알려진 죄도 마찬가지이다. 거기서 한 번 빠져 나오면 그것은 영원하고 완전한 것이다. 나는 회심 이후 어떠한 유혹에도 빠지지 않았다. 신은 나의 항로에서 사탄을 아예 봉쇄하였던 것이다. 그는 다른 방면에도 자유자재로 역사하시지만 육체의 죄에는 아랑곳하지 않는다. 내 삶에서 내 소유를 신께 맡기고 난 이후 그는 수천 가지 방법으로 나를 인도하셨고, 진정 포기하는 삶의 축복을 즐기지 못하는 이들에겐 믿기지 않는 방법으로 나의 길을 열어주셨다.

옛 욕망을 완전히 불식시킨 것을 회심이 맺은 열매의 하나로 여러분이 알고 있는, 이 옥스퍼드 졸업생의 이야기는 이 정도면 충분하므로 여기서 그만두기로 하자.

내가 알고 있는 갑작스런 회심의 사례 가운데 가장 호기심을 자극하는 기록은 1842년 로마에서 카톨릭으로 회심한, 자유사상가이면서 프랑스계 유대인인 알퐁스 라티스본(M. Alphonse Ratisbonne) 씨의 경우이다. 이 회심자는 한 성직에 있는 친구에게 몇 달 후에 보낸 편지에서 가슴을 두근거리며 당시의 상황을 설명하고 있다.[2] 미리 회심하리라고 예견되는 상황은 거의 없었던 것 같다. 그에게는, 일찌감치 회심하여 카톨릭 사제가 된 큰형이 있었다. 그 자신은 반종교적이었으며, 변절자인 형과 그의 '사제제복'에 대한 반감을 키웠다. 그는 29세 되던 해에 로마에서 한 프랑스 신사와 우연히 만났다. 그 신사는 그를 회심시키려 노력했으나 몇 마디 대화를 하고는 더 이상 나아가지 못하고 그의 목에 (반은 익살스럽게) 신앙 표시의 메달을

---

[2] 내가 인용하는 편지는 *Biografia del Sig. M.A. Ratisbonne*, Ferrara, 1843년 판인 이탈리아어 번역본에서 따온 것이다. 나는 이것을 알려준 데 대해 로마의 오코넬(D. O'Connell)에게 감사드린다. 그 원본을 축약한다.

걸어주면서 성모 마리아에 대한 짧은 기도문을 읽어주는 것으로 만족해야 했다. 라티스본 씨는 대화중에 자기는 그러한 수도회를 무시하였다고 미리 털어놓는다. 그러나 그는 때때로 그 기도문을 마음에서 완전히 추방할 수 없었다는 사실과, 그 위기의 전날 밤 검은 십자가가 그리스도의 모습을 띠지 않은 모습으로 나타난 일종의 악몽을 꾸었다는 사실을 귀뜸해준다. 나는 그 다음날 정오까지 한가한 마음으로 사소한 대화를 하며 보냈다. 여기에 그가 한 말을 옮긴다.

만약 어느 누구라도 이때 내게 다음과 같이 말했다면, 즉 "알퐁스야, 15분 후면 너는 예수 그리스도를 너의 구세주로 경배할 것이다. 너는 네 얼굴을 초라한 교회 땅바닥에 대고 누울 것이고, 사제의 발치에서 너의 가슴을 치며, 예수회대학에서 사육제가 있은 다음에 세례를 받아들이고 카톨릭 신앙으로 너의 삶을 준비할 것이다. 너는 세상과 그 환락을 포기하고 재산과 희망, 그리고 필요하다면 약혼자까지도 버려야 한다. 네 가족에 대한 애정, 네 친구들에 대한 존경, 네 동족에 대한 애착을 끊어야 한다. 오직 예수 그리스도를 따라 죽을 때까지 십자가를 지고 가는 것 외의 모든 욕망을 버려야 한다" 하고 말했다면, 또한 어떤 선지자가 그러한 예정을 가지고 나에게 다가왔다면, 나는 오직 한 사람만이—즉 그처럼 무의미한 우매함이 진리가 될 가능성이 있다고 믿는 사람이면 어느 누구라도—그보다 더 광적일 수 있다고 판단했을 것이다. 그러나 그 어리석음은 바로 지금 나의 지혜이며, 나의 유일한 행복이다.

나는 카페에서 나오다가 마차를 타고 가는 B씨(회심한 친구)를 만났다. 그는 같이 타고 가자고 하면서 자기가 산 안드레아 델레 프라테(San Andrea delle Fratte) 교회의 업무를 볼 동안 잠시 기다려달라고 요청했다. 나는 마차에서 기다리는 대신에 교회 내부를 둘러보기 위해 교회 안으로 같이 들어갔다. 산 안드레아 교회는 초라하고 작고 텅 비어 있었다. 나는 나 혼자 거기에 있다고 믿었다. 어떠한 예술작품도 내 주의를 끌지 못했다. 나는 무심코 시선을 교회의 실내로 돌렸다. 유심히 그 실내를 바라보고 있을 때, 굉장히 큰 검은 개 한 마리가 나를 향해 뛰어왔던 것을 기억할 뿐이다. 금방 그 개가 사라지고 나서 교회 전체가 사라지는 순간 나는 아무것도 볼 수 없었으며, 오직 한 가지만을 보았다.

도대체 그것을 어떻게 설명할 수 있을까? 오 아니야! 인간의 말로는 도저히 표현할 수 없다. 아무리 거룩한 설명을 붙이더라도 그것은 말할 수 없는 진리에 대한 모독일 수밖에 없다.

나는 그 교회 바닥에 엎드려 눈물의 강에 흠뻑 젖었다. 제정신이 아니었다. B씨가 불러서야 정신이 돌아왔다. 나는 그가 하나 둘 던지는 물음에 대답할 수가 없었다. 그러나 마침내 나는 내 가슴에 달린 메달을 잡고 혼이 나간 채 거기에 새겨진 은총으로 빛나는 성모 마리아 상에 입맞추었다. 오, 그것이 바로 그녀였다(그가 보았던 것은 성모 마리아의 환영이었다).

나는 내가 어디 있는지 몰랐고, 내가 알퐁스인지 다른 사람인지도 몰랐다. 단지 나 자신이 변화된 것을 느꼈고 나 자신이 또 하나의 나라고 믿었다. 나는 나 자신을 내 속에서 찾았지만 발견하지는 못했다. 내 영혼의 밑바닥에서 가장 열렬한 기쁨이 터지는 것을 느꼈지만 말할 수 없었으며, 일어났던 일을 드러내고 싶은 마음도 없었다. 그러나 내 안에서 무엇인가 거룩하고 성스러운 것을 느꼈다. 그것은 나로 하여금 사제를 부르게 만들었다. 나는 어느 한 사제한테 인도되었다. 그가 나를 긍정적으로 대해준 이후에 거기서 홀로 나는 무릎을 꿇고 여전히 떨리는 가슴으로 최선을 다해 말했다. 나는 내가 지식과 신념을 얻은 그 진리에 대하여 스스로 이해할 수 없었다. 내가 말할 수 있는 것은, 한순간에 눈에 감은 붕대가 벗겨졌으며, 그것은 한 겹뿐만이 아니라 지금까지 그 안에서 내가 양육되었던 여러 겹의 모든 붕대라는 것이다. 연달아 그것들이 황급히 사라졌는데 마치 타는 햇빛 아래서 진흙 묻은 얼음이 사라지는 것 같았다.

나는 무덤에서, 어둠의 심연에서 나왔다. 나는 살아 있었고 완전히 살아 있었다. 그러나 나는 그 피안의 밑바닥에서 무한한 자비에 의하여 내가 구원받았던 참상의 끝을 보았다. 그래서 나는 흐느껴 울었다. 나는 나 자신의 사악함을 보고 몸서리쳤고 기적과 감사의 마음으로 망연자실하였다. 여러분은 아마 내가 이 새로운 혜안을 어떻게 가지게 되었는지 물을지도 모르겠다. 왜냐하면 사실 나는 종교서적을 한 번도 뒤적인 적이 없을 뿐더러, 성서의 한 쪽도 읽은 일이 없었기 때문이다. 나는 원죄의 교리는 요즈음의 유대인들에게 부정되거나 잊혀진 지 오래되어 그에 대한 생각을 전혀 하지 않았기 때문에, 내가 그 명칭조차도 아는지 모르는지 의심이 갈 지경이었다. 그런데 어떻게 내가 그것에 대한 이러한 인식을 터득하였을까? 나는 이것, 즉 내가 교회에 들어서자마자 온통 어둠 속에 휩싸여 있었고, 나올 때는 충만한 빛을 보았다는 것말고는 아무것도 대답할 수 없다.

나는 그 변화를 깊은 잠의 비유나, 타고난 소경이 갑자기 눈을 떠 바깥세상을 보게 되는 유추보다 더 잘 설명할 수 없다. 그 소경은 보기는 하지만 그를 쬐는 빛을, 그의 놀라움을 끌어내는 물체를 자기가 보는 방법으로 정의를 내릴 수 없다. 만약 우리가 자연의 빛을 설명할 수 없다면 그 자체가 진리인 빛을 설명할 수 있을까? 나는 종교적 교리에 대한 자구적 지식 없이 그 의미나 정신을 직관적으로 지금 인식한다고 말할 때 그 진실성에는 한계가 있다고 믿는다. 나는 그것을 본 것보다 더 잘 그 숨겨진 것들을 느꼈다. 나는 그것들이 일으킨 설명할 수 없는 효력으로 인해 그것들을 느꼈다. 그 모든 것은 내 내면의 마음 속에서 일어났다. 그 감명은 생각보다 훨씬 빨리 내 영혼을 뒤흔들었고, 말하자면 다른 길들에 의해 딴쪽으로, 다른 목표를 향하도록 방향을 돌려놓았다. 나는 표현력이 부족하다. 그러나 주님, 당신은 내가 보잘것없고 무미건조한 말로 가슴만이 이해할 수 있는 감정을 포장하기를 원하십니까?

나는 무한하게 다른 사례들로 확대할 수 있지만, 이것은 갑작스런 회심이 그 경험을 한 사람에게 얼마나 생생하고 확실하게 기억에 남는 사건일 수 있는지를 여러분에게 충분히 보여주었을 것이다. 그런 극단적 절정의 경험을 통해 그는 분명히 위로부터 그에게 나타난 놀라운 과정을 수동적으로 구경하는 사람이거나 경험하는 사람처럼 비칠 것이다. 그런 의심의 개연성을 보여주는 증거는 너무나 많다. 신학은 이 사실을 예정과 은총의 교리와 연계시켜, 성령은 극적인 순간에 이상하게 기적의 방식으로 우리와 함께하신다는 결론을 내려왔다. 그것은 우리 삶의 다른 것과 연관해서 일어나는 사건과는 판이하게 다르다. 바로 그 순간에 절대적으로 새로운 본성이 우리에게 불어넣어져 그 신성의 본질을 공유케 되는 것으로 믿어진다.

회심이 순간적이어야 한다는 것은 이러한 견지에서 요구되는 것 같다. 모라비아 프로테스탄트 교도들은 이 논리적 결과를 이해하는 최초의 사람들이 되었다. 감리교도들도 얼마 안 있어 교리로서가 아니라 실생활에서 이 전철을 밟았다. 존 웨슬리는 죽기 바로 전에 이렇게 썼다.

나는 런던에서만 우리 협회의 회원 652명을 보았다. 그들 각자의 경험은 지나칠 정도로 분명하였고 나는 그들의 증언을 의심할 이유를 찾을 수 없었다. 그들 각자는 (단 하나의 예외도 없이) 죄로부터의 구원은 순간적이며, 그 변화는 순식간에 이루어진다고 천명하였다. 이 가운데 절반, 또는 3분의 1, 또는 20분의 1이 그들 안에서 점차적으로 변화가 일어났다고 선언하였다면 나는 그들에 관해서 믿었을 것이고, 어떤 이들은 점진적으로, 또 어떤 사람들은 순간적으로 죄를 사함받는다고 생각했을 것이다. 그러나 그렇게 긴 시공 속에서 그렇게 말하는 사람을 한 사람도 찾지 못하였기 때문에 나는 죄 사함은 항상은 아니지만 보통 순간적으로 일어나는 역사라는 것을 믿지 않을 수 없다(*Tyerman's Life of Wesley*, i. 463쪽).

대부분 프로테스탄티즘의 종파들은 순간적 회심에 큰 비중을 두지 않았다. 왜냐하면 카톨릭 교회에서처럼 구원에 따르는 자포자기나 체념의 쓰디쓴 위기의 경험이 없다고 하더라도, 그 종파들은 그리스도의 보혈, 성례 그리고 개인의 일상적인 종교적 직분도 구원을 받는 데 충분할 것이라고 실제로 생각해왔기 때문이다. 반대로 감리교에서는 이런 종류의 위기가 없으면 구원은 단지 주어질 뿐이지 유효하게 받아지는 것이 아니다. 그래서 지금껏 말해온 그리스도의 희생은 완전하지 못하다. 감리교가 보다 낙관주의적 성품의 경향성을 갖고 있지만 않다면, 대체로 더욱 깊은 영적 본능을 따르는 것은 확실하다. 감리교가 전형적이고 가치 있는 모방으로 정립해온 개인적 모형들은 극적으로 훨씬 더 관심을 불러일으킬 뿐만 아니라, 심리학적으로도 훨씬 더 완벽하다.

대영 제국과 미국에서 충분한 발전을 이룩한 신앙부흥운동에서 우리는 이러한 사고방식이 이끌었던, 말하자면 성문화되고 판에 박힌 과정을 접하게 된다. 한 번 태어난 유형의 성인들이 존재하며 큰 정신적 변혁 없이 거룩함이 점진적으로 자랄 수 있다는 확실한 사실에도 불구하고, 즉 많은 단순한 자연적 선이 구원의 계획 안으로 유입(사람들이 그렇게 말할 수 있듯이)됨에도 불구하고, 신앙부흥운동은 언제나 그 자신의 종교적 경험만이 완전할 수 있다고 가정하였다. 여러분은 먼저 자연적 절망과 고민을 십자가에 못 박고 나면 눈 깜짝할 사이에 기적적으로 해방된다.

몸소 그런 경험을 했던 사람들은 이 경험이 자연적 과정이라기보다는 기적적 과정이라는 느낌을 갖게 되는 것이 당연하다. 때때로 음성이 들려오고, 빛이 보이고 또는 환상이 보인다. 자동증적 근육현상이 일어난다. 개인의 의지가 굴복된 후엔, 이것은 항상 외부의 고차적 힘이 넘쳐흘러 그것을 점유해버리는 것처럼 보인다. 더욱이 쇄신되고 안전하고 청결하고 공정한 느낌은 급진적으로 새로운 실체의 본성에 대한 믿음을 보장할 뿐만 아니라 매우 불가사의하고 환희에 차 있다.

뉴잉글랜드의 청교도인 조지프 알레인(Joseph Alleine)은 "회심이란 거룩함의 한 조각을 끼워넣는 것이 아니라, 그 거룩함이 진정한 회심의 모든 힘, 원리 그리고 실천 안에 짜여들어간 것이다. 신실한 그리스도인은 기초 토대로부터 꼭대기까지 전혀 새로운 구조물이 된다. 그는 새 사람이고 새로운 피조물이다"라고 적고 있다.

조너던 에드워즈는 같은 맥락에서 다음과 같이 말한다.

성령의 효력인 자비로운 영향력은 모두 초자연적이므로 거듭나지 않은 사람의 경험과는 판이하게 다르다. 그런 영향력은 자연적 조건, 원리들의 혼합 또는 계량이 만들어내지 못하는 그런 것이다. 왜냐하면 자비로운 영향력은 자연적인 것과 자연적인 사람이 정도와 상황에 따라 경험하는 모든 것들과 다를 뿐만 아니라, 그 종류에서도 현격히 뛰어난 본성을 지녔기 때문이다. 여기에서 자비로운 감정에는 [또한] 그것의 본성과 종류에서, 그것이 성화되기 이전의 [같은] 성인들에 의해 경험된 어떤 것과도 판이하게 다른 새로운 인식과 감정이 있음이 추정된다. ……성인들은 신의 사랑스러움을 지니고 있다는 개념과, 성인들이 그 속에서 경험하는 그러한 종류의 즐거움은 매우 독특하여, 자연적인 사람이 소유할 수 있는, 또는 적당한 개념을 형성할 수 있는 어떤 것과도 판이하게 다르다.

에드워즈는 이와 같은 영광스러운 변화에는 절망이 먼저 선행되어야 한다는 것을 다른 구절에서 보여주고 있다.

그는 다음과 같이 말한다.
확실히 이것은 궤변이 아니다. 신이 죄와 유혹받기 쉬운 상태로부터 영원한 비탄에 이르기까지 우리를 구원하시기 전에, 그는 우리를 악으로부터 구원하셨고, 그 악에 대해서 생각해 볼 수 있는 감각을 갖게 해주었다. 이로써 우리가 구원의 중요성을 알고 느낄 수가 있으며, 신이 기꺼이 우리를 위해 행한 것의 가치를 식별할 수 있다. 구원받는 자들은 연속적이고 극도로 다른 두 상황에 처하게 된다. 처음엔 죄의 선고상태에, 그리고 나서는 의롭다고 인정받아 축복받는 상태에 처한다. 마찬가지로 신도 인간을 구원하는 데 있어서 그들을 이성적이고 지성적인 피조물로 다루기 때문에, 구원받은 사람은 이런 상이한 두 상태 속에서 그들의 존재를 깨달아야만 한다는 지혜에 동의할 수 있다. 무엇보다도 먼저 인간은 저주받은 상태를 깨닫고 난 후에 구원과 행복의 상태를 느낄 수 있도록 만들어져야 한다는 것이다.

이와 같은 인용구들은 우리의 목적인, 이런 변화들에 대한 교리상의 해석을 충분히 잘 표현해주고 있다. 설사 암시와 모방이 고양된 집회에 모인 남녀들 속에서 그런 변화들을 만들어내는 데 역할을 수행할 수 있다고 할지라도, 적어도 그러한 변화들은 셀 수 없이 많은 개인적인 예들 안에서 고유하고 독창적 경험이 되어왔다. 만일 우리가 어떤 종교적 관심도 없이 전적으로 자연 역사적 관점을 가지고 마음의 이야기를 서술한다면, 우리는 인간의 갑작스럽고 완전한 회심의 경향을 인간의 가장 진기한 특성 가운데 하나로 기록해야만 할 것이다.

그렇다면 우리 자신은 다음과 같은 질문들을 어떻게 생각하여야 하는가? 순간적으로 일어나는 회심은 신이 뚜렷하지도 않고 갑작스런 변화도 없는 마음에 존재할 때와 같이 신의 모습을 나타내는 기적이란 말인가? 심지어는 명백히 거듭난 사람 가운데에도 두 부류가 존재하는가? 그 가운데 한 부류는 그리스도의 본성에 진실로 참여하는 반면, 다른 부류는 단지 흉내만 낼 뿐이란 말인가? 또는 반대로, 심지어 이런 놀랄 정도의 순간적인 예들에서, 그것의 열매들에서는 물론 신성하지만, 거듭남의 현상 전체는 엄격히 자연적인 과정으로 볼 수 있는가? 즉, 그것은 어떤 경우에서는 더 자연적이고 또 다른 경우에서는 덜 자연적이며, 또한 그것의 단순한 인과관계와 메커니즘에서 인간 내면의 고상하거나 또는 하찮은 또 다른 삶의 과정보다도 더욱 자연적이거나 덜 자연적인가?

이 질문에 답하기 전에 여러분이 좀더 심리학적 사실에 귀기울여줄 것을 부탁하고 싶다. 지난 강연에서 나는 인간 내면에서 인격적 에너지의 중심이 변화한다는 사실과 감정의 새로운 위기를 밝히는 것에 대해 설명했다. 나는 그 현상을 부분적으로는 사고와 의지의 분명한 의식적 과정들 때문에 일어나는 것이지만, 대부분은 삶의 경험에 의해 침전된 동기들의 성숙과 잠재의식적 잠복 때문에 일어나는 것으로 설명했다. 삶의 침전물들은 그 자체가 무르익으면 부화되거나 꽃으로 피어난다. 지금 나는 잠재의식적 영역에 대해 언급해야 하는데, 그 영역에서는 그와 같은 꽃을 피우는 과정들이 어느 정도 덜 모호한 방법으로 일어날 것이다. 나는 다만 한정된 시간 때문에 여기에서 짧게 줄여야 하는 것이 유감이다.

'의식의 영역'이란 표현이 심리학 책들에서 최근에 유행되기 시작했다. 바로 얼마 전까지만 해도 가장 눈에 띄는 인간 정신의 단위는 사물의 명확한 윤곽이 그려져야 하는 하나의 '관념'이었다. 그러나 현대 심리학자들은 첫째, 실질적 단위는 더욱 개연적으로 총체적 정신상태, 의식의 물결 전체 또는 언제나 사고에 나타나는 대상들의 영역이라고 인정하는 경향이 있고 둘째, 이러한 물결 영역의 윤곽을 명확하게 그리는 것은 불가능하다고 보는 경향이 있다.

우리의 정신적 장들이 서로 잇달아 이어질 때, 각각의 장들은 관심의 중심을 갖고 있으며, 그 주위에는 우리가 점점 주의깊게 의식하지 않는 대상들은 너무나 희미하게 가장자리로 사라지므로 그것의 한계선을 지정할 수 없다. 어떤 장들은 협소하고, 어떤 장들은 광범위하다. 일반적으로 광범위한 장을 소유할 때 우리는 기뻐한다. 왜냐하면 우리는 그때 일괄하여 많은 진리를 보게 되기 때문이다. 우리는 때때로 본다기보다는 예측하는 관계들을 언뜻 깨닫게 된다. 왜냐하면 관계들은 장의 범위를 넘어서서 우리가 실지로 인지한 것이라기보다는 막 인지할 것같이 보이는 영역들, 즉 아직까지 멀리 떨어져 있는 객관성의 영역 안으로 들어가버리기 때문이다. 우리의 장들은 평소에는 나른함과 질병과 피곤함으로 인해서 한 점으로 좁혀질 수 있으며, 우리는 이에 상응하여 억압되고 위축된 자신을 발견한다.

장의 넓이는 개인에 따라 구조적 차이를 나타낸다. 조직력에 큰 재능을 갖고 있는 사람들은 늘상 정신적 비전에서 광대한 장을 가진 사람들이다. 이들의 정신적 장에서 미래를 작동하는 전체 프로그램은 단번에 산재되어 나타나고, 빛은 명확한 방향을 향해 밝게 빛나고 있다. 보통 사람들에게는 하나의 주제에 대해 이와 같이 거대하고 포괄적인 과정이 나타나지 못한다. 말하자면 그들은 길을 더듬고, 비틀거리며 걷고, 때로는 완전히 멈춰버린다. 어떤 병에 걸린 상태에서 의식은 단순한 불꽃과 같아서, 과거에 대한 기억이나 미래에 대한 생각이 없고 단순한 감정 또는 육신의 감각에만 매달려 있으므로 축소된 현재를 산다.

이 '장'의 법칙이 기념하는 중요한 사실은 한계에 대한 불확실성이다. 한계가 의식적으로 설정되는 것은 아니지만, 그럼에도 불구하고 언제나 존재하여 우리의 행동을 안내하고, 우리의 관심이 다음으로 이동할 곳을 결정짓는 모든 것을 돕는다. 이것은 마치 '자장'과 같이 우리의 주위에 놓이는데, 이 내부는 우리의 에너지 중심이 의식의 현재 단계에서 다음 단계로 바뀔 때처럼, 즉 나침반 바늘처럼 바뀐다. 누적된 과거의 모든 기억들은 이런 한계를 넘어 의식 안으로 들어올 준비가 되어 있다. 우리의 경험적 자아를 구성하는 남겨진 힘, 충동들과 지식들의 전체 덩어리는 끊임없이 이것을 넘어 뻗어나간다. 우리의 의식적 삶의 어떤 순간에 실제적인 것과 단지 잠재적인 것 사이의 윤곽이 너무나 모호하게 그려져서, 우리가 어떤 정신적 요소들에 대해 그것들을 의식하는지 아닌지 말하기는 항상 어렵다.

일반적인 심리학은 한계의 윤곽을 추적하는 어려움을 전적으로 인정함에도 불구하고, 첫째로 사람이 현재 갖고 있는 의식이 같은 초점에 있든 가장자리에 있든, 주의하거나 부주의하거나 간에, 후자의 윤곽일 것이라고 지정하는 것은 불가능하고 모호할 수 있는 그 순간의 '장'에 존재한다고 본다. 둘째로 그것은 한계 밖에 있는 것은 절대적으로 존재하지 않는 것이며, 절대로 의식의 사실이 될 수가 없다는 것도 당연시한다.

이 시점에 도달했으므로, 이제 여러분에게 잠재의식적 삶에 대해 지난 강연에서 내가 했던 말을 떠올리길 부탁해야 할 것이다. 여러분이 기억하다시피, 먼저 이 현상을 강조했던 사람들은 우리가 지금 이해하고 있는 것처럼 그 사실들을 이해할 수 없었다고 나는 말했다. 이제 나의 첫번째 의무는 그와 같이 언급함으로써 내가 의도하고자 했던 바를 여러분에게 말해야 한다는 것이다.

내가 심리학을 공부한 이래 심리학 분야에서 생겨난 가장 중요한 첫걸음은 1886년에 처음으로 이루어졌는데, 즉 적어도 어떤 주제들에는 중심과 한계를 지닌 일반적 장의 의식뿐만 아니라, 기억들과 사고들과 감정들의 형태로 존재하는 첨가물이 있다는 것이다. 그것들은 한계 밖에, 그리고 전적으로 일차적 의식의 외부에 있는 것이지만, 일종의 의식적 사실들로 분류되어야 하며 명백한 표시들로 그것들의 존재를 밝힐 수 있다. 나는 이것을 가장 중요한 발전이라고 부른다. 왜냐하면 심리학이 이룩한 다른 진보와 달리 이 발견은 인간본성의 구성에 대하여 전혀 예기치 못했던 특색을 드러내주었기 때문이다. 심리학이 이룩한 어떤 다른 시도도 그와 같은 주장을 제공할 수 없다.

특별히 그 장을 넘어서 또는 마이어스(Myers) 씨가 칭한 것처럼 잠재의식적으로 존재하는 의식의 발견은, 종교적 전기의 많은 현상들을 이해하는 데 빛을 던져주었다. 비록 이 자리에서 내가 그와 같은 의식의 승인에 근거가 될 증거를 제시한다는 것이 불가능하더라도, 그 점은 지금 내가 그것을 언급해야 하는 이유가 된다. 여러분은 최근에 나온 책들에서 이것을 보았을 것이다. 비네(Binet)의 『인격의 변화』(*Alterations of Personality*)[3]는 누구에게라도 추천할 만한 좋은 책일 것이다.

이러한 논증의 자료는 지금까지는 오히려 제한되어 있었고 그리고 적어도 부분적으로는 괴상하며, 주로 최면술의 암시에 걸리기 쉬운 사람들과 히스테리 환자로 구성되었다. 그러나 우리 삶의 기본적 메커니즘은 너무나 획일적이므로, 어떤 사람들에게 현저할 정도로 진실한 것처럼 보이는 것은 아마도 모든 이들에게도 어느 정도는 진실일 것이며, 몇몇 사람들에게는 비범할 정도로 고차적 수준에서의 진실일 것이다.

이와 같은 종류의 강하게 발달된 극도의 한계적 삶의 가장 중요한 결과는 사람들의 일반적 의식의 장이 그것으로부터 습격을 받고 있는 것이다. 주체는 그 습격의 원천을 추측할 수 없다. 그런 까닭에 이런 습격은 주체로 하여금 행동, 강박관념, 심지어는 시각이나 청각의 환각을 행하거나 억제하라는 설명할 수 없는 충동의 형태를 취하게 한다. 충동들은 무의식적 말하기 또는 글쓰기의 방향으로 나아갈 수 있다. 그러나 그것을 말할 때조차도 주체 자신은 그것의 의미를 이해하지 못한다. 이 현상을 일반화하면서, 마이어스 씨는 정신의 잠재의식적 부분에서 발생하는 에너지가 일반적 의식 안

---

[3] *International Scientific Series*로 출판이 되었음.

으로 '분출'되어 들어가기 때문에 생기는 이런 효과의 전 영역에 감각적 또는 운동 근육적, 감정적 또는 지성적이라는 **자동증**의 이름을 붙였다.

자동증의 가장 간단한 예는 최면 이후의 암시(post-hypnotic suggestion)를 들 수 있다. 최면에 걸린 대상자가 최면상태로부터 깨어난 후, 여러분이 그에게 어떤 지시된 동작——평범한 동작이든지 괴상한 동작이든지 어느 쪽도 차이가 없다——을 행하라고 명령해보라. 여러분이 대상자에게 어떤 행위를 하라고 지시했던 그 시간이 경과하거나 그 신호가 떨어지면, 정확하게 그는 명령을 실행한다. 그러나 그는 명령대로 행위를 하면서도 여러분이 주었던 암시를 기억하진 못한다. 그는 만약 행위가 좀 괴상한 것이라면, 항상 자신의 행동에 대해 즉흥적으로 핑계를 꾸며낸다. 심지어 대상자는 최면에서 깨어난 후 일정한 간격을 두고 환청을 듣거나 환상을 보게 될 것이라고 암시해줄 수 있다. 그래서 정말로 그 시간이 되면 그 원천이 무엇인지 알아채지 못한 채 그 대상자는 환상을 보고 환청을 듣는다.

비네(Binet), 자네(Janet), 브로이어(Breuer), 프로이트(Freud), 메이슨(Mason), 프린스(Prince)와 그 밖의 사람들이 행한 히스테리 환자의 잠재의식에 대한 놀라운 탐구에서, 우리는 숨겨져 있는 삶의 모든 체계를 알게 되었다. 이 체계는 아픈 기억의 형태로 의식의 주요 장 바깥에 묻혀 기생 상태로 존재하고, 그 속에서 환각, 고통, 경련, 감정과 운동신경의 마비와 신체와 정신의 히스테리성 질병 증후들의 모든 과정을 일으킨다. 암시에 의해 이 잠재의식의 기억들을 바꾸거나 없애버리면 환자는 즉시 회복된다. 이런 증후들이 마이어스 씨의 말로 표현한다면, 자동증이다. 이런 임상기록들을 처음 읽게 된다면 아마 옛날 이야기처럼 들릴 것이다. 그러나 그 정확성을 의심할 수는 없다. 첫번째 관찰자들에 의해 개척된 길은 이런 유의 다른 곳에서도 그와 유사하게 관찰이 될 것이다. 내가 말했듯이, 그들은 우리의 자연적 구조에 새로운 빛을 던져주었다.

내가 보기에 그것들은 필연적으로 더 발전된 단계를 이룰 것 같다. 이미 알려진 것을 유추하여 미지의 것을 해석할 때 그 일은, 이후 우리가 자동증을 대할 때, 그것이 운동근육 자극, 강박관념, 설명할 수 없는 변덕, 망상 또는 환각일지라도, 무엇보다도 먼저 그것이 그 의식 밖에 있는 정신의 잠재영역에 동화되어 있는 관념들을 일상의식의 범위 안에서 파열시키는지 그렇지 않은지를 조사하는 것이라야 한다. 따라서 우리는 대상자의 잠재의식적 삶에서 그것의 원천을 찾아야 한다. 최면의 사례에서 우리는 암시에 의해 그 원천을 우리 스스로 창조할 수 있으므로 그것을 직접 알 수 있다. 히스테리의 사례를 보면, 그 원천이 되는 잃어버린 기억들은 수많은 독창적 방법에 의해 환자의 잠재의식에서 이끌어내졌다.

이것을 설명하기 위해서 여러분은 그것과 관련된 책들을 참고해야 한다. 다른 병리학적 사례들, 이를테면 광적 망상, 정신병적 강박관념을 살펴보면, 아직도 그 원천은 계속해서 찾아야 할 것들이다. 그러나 유추해보면, 그것의 원천 또한 잠재의식적 영역 안에 있음에 틀림없다. 그것을 찾아내기 위한 우리 방법의 진보는 이미 생각할 수 있는 최고의 단계에 있다. 우리에게는 논리적으로 추정되는 메커니즘이 있다. 그러나 그 추정은 인간의 종교적 경험들이 제 역할을 다해야 한다는 검증방법으로 이루어지는 방대한 프로그램의 작업을 포함한다.[4]

---

4) 여기에서 독자들은 증가하는 경험에 의해 축적된 동기들은 잠재의식적으로 '잠복'해 있다는 나의 배타적 믿음을 기술한 지난 강연에서 내가 될 수 있는 한 광범위하게 일반인들에게 인정된 설명의 원리들을 따랐다는 것을 알아챘을 것이다. 잠재의식의 영역은 적어도 심리학자들에게 지금 인정된 감각적 경험의 자취를 축적하기 위한 장소(주의 깊게 인상지워졌든지 부주의하게 인상지워졌든지)이다. 왜냐하면 심리학자들은 그 영역을 일반심리학 또는 논리적 법칙에 따라 때때로 파열과 같은 어떤 것이 의식으로 들어오는 '긴장' 등을 획득하는 장소로 서술하기 때문이다. 그러므로 다르게는 설명할 수 없는 침략적 의식의 모든 변화를 잠재의식적 기억의 긴장이 폭발한 결과로 해석하는 것은 '과학적'이다. 그러나 공정성을 위해 자백하자면, 때때로 의식으로 터져나오는 파열이 존재하는데, 그것의 결과로서 연장된 잠재의식적 잠복을 증명하는 것은 쉽지 않다. 내가 제3의 강연에서 보이지 않는 실재의 현존느낌을 예증했던 어떤 사례들은 이런 순서로 되어 있다(이 책의 119~122쪽과 127~129쪽과 비교해보라). 그리고 우리가 신비주의라는 주제를 다룰 때는 이런 종류의 다른 경험들을 보게 될 것이다. 브래들리 씨의 사례, 라티스본의 사례, 어쩌면 가드너 대령의 사례, 아마 성 바울의 사례도 이런 간단한 방법으로는 쉽게 설명할 수 없을 것이다. 그때

이제 나는 순간적 회심이라는 우리의 특정한 주제로 돌아왔다. 여러분은 알린, 브래들리, 브레너드 그리고 오후 3시에 회심한 옥스퍼드 졸업생의 사례를 기억할 것이다. 유사한 사건들 중 어떤 사건은 광휘의 환영을 동반하고 어떤 사건은 그렇지 않지만, 그것들은 모든 사람들에게 놀라운 행복감과 고차적 통제에 의해 만들어졌다는 느낌을 많이 갖게 해준다. 만약 우리가 미래의 영적 삶을 위한 그 사건들의 가치문제를 배제하고 배타적으로 심리학적 측면만을 취한다면, 그것들의 많은 특성들은 우리에게 회심 이외의 현상에서 발견한 것을 상기시켜주어 우리로 하여금 그것들을 다른 자동증들과 함께 분류하도록 유혹받게 할 것이다. 우리는 갑작스러운 회심과 점진적 회심을 구별짓는 차이는 전자의 경우는 반드시 신적 기적의 현존 때문이고 후자의 경우는 덜 신성한 것의 현존 때문이라는 것만은 아니라고 보게 될 것이다. 오히려 더욱더 순식간에 일어나는 은총의 수용자들 중에서 우리는 정신작용이 잠재의식적으로 이루어질 수 있는 넓은 영역을 소유하고 있는 대상자 한 명을 찾을 수 있고, 그 영역으로부터 기본적 의식의 평형을 갑자기 깨뜨리는 침략적 경험이 나올 수 있다는 사실, 즉 단순한 심리학적 특성에 불과하다고 생각하게 될 것이다.

나는 왜 감리교 신자들이 이런 시각에 대해 반대해야 하는지 모르겠다. 앞으로 돌아가서 내가 첫 강연에서 이끌어내려 했던 결론들 가운데 하나를 기억해보기 바란다. 여러분은 내가 얼마나 그 강연에서 사물의 가치가 기원에 의해 결정될 수 있다는 의견에 반대했던가를 기억할 것이다. 내가 말했듯이 우리의 영적 판단, 인간조건 또는 인간사의 의미와 가치에 대한 의견

결과는 간질의 경우처럼 '정신적 외상의 방출'(discharging lesion)인 단지 생리적 신경의 격정에 기인하거나 언급된 후자의 두 사람의 경우에서는 신비적 또는 신학적 가설이 보다 더 유용하고 합리적이다. 내가 이런 말을 하는 것은 독자들로 하여금 이 주제가 매우 복잡한 것임을 알게 하기 위해서이다. 그러나 나는 가능한 한 좀더 '과학적' 시각을 견지하도록 할 것이다. 이후의 강연에서 줄거리가 복잡하게 될 때는 모든 사실들의 설명으로써 그 시각의 절대적 충족에 관한 문제를 생각할 것이다. 그런 잠재의식적 잠복은 수많은 것을 설명한다는 데 의심의 여지가 없다.

은 오로지 경험적 근거에 의해 결정되어야 한다. 만약 회심상태의 삶을 위한 열매들이 좋다면, 우리는 그 상태가 자연적 심리학의 한 부분일지라도 그것을 존중하고 이상화시켜야 한다. 그렇지 않으면 비록 초자연적 존재가 그러한 상태를 일으켰을지라도 우리는 그것을 제거해버려야 한다.

그러면 이 상태와 열매들은 어떻게 연결될까? 만약 그 이름이 역사를 장식했던 탁월한 성인계급을 제외시키고, 신앙부흥회나 엄격한 성장훈련(methodistic growth)의 자발적 과정에 있는 평범한 교회신도들과 순간적 회심을 경험한 보통의 젊은이 또는 중년의 일반적 '성인들'을 생각해보면, 여러분은 전반적으로 초자연적 창조물의 가치를 지닌 어떤 광휘도 그들로부터 나오지 않고 그런 은혜를 전혀 경험하지 못했던 사람과 그들을 따로 분리할 수 없다는 것에 동의할 것이다. 만약 그리스도의 본질에 직접 참여할 때, 에드워즈가 말한[5] 갑작스럽게 회심된 사람이 자연적인 사람과 완전히 다르다는 것이 사실이라면, 반드시 어떤 두드러진 계급표시가 있어야 한다. 그 표시는 가장 낮은 종류의 사람에게도 부착되어 있고 모두가 다 감지할 수 있는 뚜렷한 빛이어야 하며, 또 자연적인 사람 가운데서 이제까지 가장 고귀한 재능을 받은 사람보다도 그것에 관한 한 그가 더 탁월하다고 입증해줄 수 있는 것이어야 한다. 그러나 그런 빛은 존재하지 않는다. 한 계급으로서 회심된 사람은 자연적인 사람과 구별되지 않는다. 자연적인 사람이 삶의 열매에서, 회심한 사람보다 뛰어난 경우도 있다. 아무리 교의신학에 무지한 사람이라고 할지라도 그 앞에 놓인 두 집단의 사람들이 일으킨 '사건들'에 대하여 매일 단순히 조사를 한다고 해서, 그들의 실체가 인간적인 실체와는 다른 신적인 것이라고 추측할 수는 없다.

갑작스런 회심의 비자연적 성격을 믿는 사람들은 참된 회심자를 구분짓는 명백한 등급표시가 없다는 것을 사실상 인정해야 했다. 초정상적 사건들

---

5) 에드워즈는 다른 곳에서 말한다. "감히 말을 꺼내자면, 한 영혼을 회심시키기 위해 그것의 원천, 토대, 획득을 생각해보고, 또한 그것의 이익, 목적 그리고 영원한 문제 모두를 고려하는 신의 작업은 물질적 우주전체를 창조하는 것보다 훨씬 영광스런 신의 작업이다."

인 환상, 환청, 갑자기 나타난 성서구절들의 의미에 대한 압도적 인상, 감동적 정서와 변화의 위기와 연관된 격앙된 감정은 모두 자연스런 방법에서 나왔거나, 또는 더 심하게 사탄에 현혹된 것이었을 수도 있다. 거듭난 영혼의 진정한 증거는 신의 진정한 자녀의 성향이라고 할 수 있는, 영원히 참는 마음에서, 자신을 버린 사랑에서만 발견된다. 그 증거는 또한 위기를 겪지 않은 사람에게서 발견되며, 심지어는 그리스도교 외부에서도 발견될 수 있다는 사실을 인정해야만 한다.

에드워즈의 『종교적 감정에 관한 논문』(*Treatise on Religious Affections*)에서 초자연적으로 일어난 상태에 대한 감탄할 정도의 풍부하고 세세한 묘사를 살펴보아도, 오직 예외적으로 높은 수준의 자연적 선일 수도 있다는 것으로부터 명백히 그 상태를 구분할 수 있는 어떤 표시도, 어떤 결정적인 흔적도 없다. 사실 우리는 인간의 탁월함에 대한 서열 사이엔 어떤 간격도 존재하지 않으며, 다른 곳에서처럼 본성이 계속해서 차이점을 보여주고 그리고 발생과 갱생은 정도의 문제라고 하는 논제에 찬성하는, 이 책보다 더 명확한 논증을 제시한 책은 결코 읽어보지 못했을 것이다.

간격에 의해 분리된 인간의 객관적인 두 계급을 부인함으로써, 개인의 회심사실에 대한 특별한 중대함을 무시해서는 안 된다. 각 개인의 삶에는 더 높고 더 낮은 가능성의 한계선이 있다. 만약 홍수가 어떤 이의 머리 위까지 닥친다면, 그것의 절대적 높이는 별로 중요하지 않게 된다. 우리는 우리 자신의 상한선을 접하고, 우리 자신의 가장 최고의 에너지 중심에서 살아갈 때, 타인의 중심이 얼마나 높든 간에 우리 자신은 구원받았다고 말할 수 있다. 도량이 좁은 사람의 구원은 항상 굉장한 구원이 될 것이며, 그에게는 모든 사실들 중에서 가장 위대한 일이 될 것이므로, 우리는 우리의 일반적 복음주의의 열매들이 저조해 보일 때 이 점을 기억해야 한다. 즉 크럼프 (Crumps)와 스티기니스(Stigginses)가 받았던 불충분한 은혜가 그들을 전혀 감동시키지 않았다면, 이런 영적 유충들의 삶이 이상적인 것이라고 누가 감히 말할 수 있겠는가?[6]

만약 우리가 영적 탁월함을 나타내는 등급으로 인간을 대충 배열한다면,

모든 등급에서 자연적인 사람들과 점진적으로 또는 갑작스럽게 회심한 사람들을 발견할 것이라고 나는 믿는다. 그때 갱생의 변화가 가져오는 모습은 일반적인 영적 의미를 지니는 것이 아니라 다만 심리학적 의미를 지닌다. 우리는 스타벅의 공들인 통계연구가 어떻게 회심을 일상적인 영적 성장에 다 융합시켰는지를 살펴보았다.

또 다른 미국인 심리학자 조지 코(Georgy A. Coe) 교수[7]는 그에게 알려진, 77명의 회심자의 사례를 분석했다. 결과는 놀랍게도 갑작스런 회심은 능동적 잠재적 자아(active subliminal self)의 사로잡힘과 관계가 있다는 견해를 확신시켜준다. 최면감각과 최면환각, 기이한 충동들, 회심기를 알려주는 종교적 꿈과 같은 자동증을 참고하여 그의 연구 대상자들을 연구할 때 그는 변화가 '두드러' 졌었다고 하는 일단의 회심자들에게서 이러한 현상들이 상대적으로 더 빈번히 발생한다는 것을 발견했다. '두드러진' 변형은 즉각적일 필요는 없지만, 이것의 대상자에게는 아무리 빠르더라도 성장과정과는 현저하게 달라보이는 하나의 변화로서 규정된다.[8]

신앙부흥회에서 회심 희망자들은 여러분도 알다시피 때때로 실망을 하기도 한다. 뚜렷한 어떤 것을 경험하지 못했기 때문이다. 코 교수는 그 77명의 대상자들 가운데 이 등급에 속해 있는 많은 사람들을 알고 있었는데, 최면술로 시험을 받을 때 그들 대부분은 그가 '자발적'(spontaneous)이라고 부르는 하위등급에 속한다는 것이 입증되었다. 즉 이 등급은 자기암시가 풍

---

[6] 에머슨은 말한다. "우리가 한 영혼의 행동이 당당하고 우아하고 장미꽃처럼 즐거운 것을 보면 이런 것들은 천사에게 달려 있지 않고, 그러한 것들을 가능케 하며 실제로 존재케 하는 신에게 감사하다고 말해야 한다. 크럼프는 그의 천성적인 모든 악에 반항하는 불평의 소리를 내는 보다 훌륭한 인간이다. 진실이기에 충분하다. 그러나 크럼프는 그의 내면의 불화와 거듭남 때문에 진정으로 더 나은 크럼프가 될 것이다. 여러분의 한 번 태어난 '당당한' 성격은 사실 불쌍한 크럼프보다는 항상 좋을지라도, 개인적으로 자신의 특정한 악행을 후회하는 크럼프 같은 능력을 지녔다면 우아하고 즐겁고 항상 신사다울 수 있는, 그런 상태에는 크게 미치지 못할 것이다."

[7] Georgy A. Coe, *The Spiritual Life*, New York, 1900.

[8] 같은 책, 112쪽.

부하여 '수동적' 하위등급과 구별된다. 두드러진 변화를 하였던 대부분의 대상자들이 여기에 속한다. 그의 추론은, 불가능성의 자기암시는 더욱 '수동적인' 대상자들이 찾았던, 효과를 쉽게 산출했던 환경에 속해 있는 사람들에게 영향을 주는 것을 방해했다는 것이다. 이 범위에서 명확한 구별을 하기는 어렵다. 코 교수의 표본수가 작다. 그러나 그의 방법들은 용의주도하고 그 결과들은 예상과 꼭 들어맞는다. 전체적으로 그것들은 그의 실제적 결론을 정당화시키는 것처럼 보이는데, 만약 여러분이 다음의 세 가지 요소, 즉 첫째, 진술된 정서적 지각능력, 둘째, 자동증에 이르는 경향성, 셋째, 수동적 유형의 암시 가능성이 결합되어 있는 어떤 대상자에게 회심의 영향을 접하게 한다면, 여러분은 두드러진 종류의 변화, 즉 갑작스런 회심이 생길 것이라는 결과를 틀림없이 예상할 수 있을 것이다.

이런 기질적 근원은 갑작스런 회심이 발생할 때 그것의 의미를 감소시킬 수 있을까? 코 교수가 잘 말하였듯이 전혀 그렇지 않다. 왜냐하면 "종교적 가치에 대한 궁극적 시험은 심리학적인 것이 아니고, 어떻게 발생하는가라는 말로 정의될 수 있는 것이 아니며, 다만 윤리적인 어떤 것이고, 무엇이 **달성되었는가**라는 말로 정의될 수 있기 때문이다."[9]

우리의 연구를 더욱 진척해나갈 때 얻어지는 것은 때때로 전부 영적 생명력의 새로운 단계, 즉 상대적으로 영웅적 단계라는 것을 보게 된다는 것이다. 이 단계에서는 불가능이 가능해지고, 새로운 에너지와 인내력이 제시된다. 인간의 심리학적 특이성이 그의 변형에 특정한 형태를 부여하든 그렇지 않든 간에 인격이 변하여 새로운 인간으로 태어난다. 성화는 이런 결과를 나타내는 전문적 이름이다. 오래지 않아 이런 예들이 여러분 앞에 제시될 것이다. 이 강연에서 나는 변화의 특성인 평화와 확신에 대해 몇 가지 소견만을 덧붙이면 된다.

그런 관점으로 나아가기 전에 잠재의식적 행동에 의한 돌발성에 관한 설명의 최종적 목적이 오해받지 않기 위해서는 한 가지 덧붙여야 할 것이 있

---

9) 같은 책, 144쪽.

다. 만일 주체가 잠재의식적 행동에 책임이 없거나 그의 의식적 영역들이 의식 너머의 어떠한 관여를 거부하는 두터운 한계의 틀을 가지고 있다면 주체에게 회심이 일어나는 것은 점진적일 것이며, 어떤 새로운 습관이 형성되는 것과 유사하리라고 나는 확신한다. 발달된 잠재의식적 자아와 새기 쉽고 침투하기 쉬운 한계영역에 주체가 사로잡혀 있다는 것은 즉각적인 방법으로 회심하는 데서 필수 불가결한 상태이다. 그러나 만일 여러분 같은 정통 그리스도인들이 심리학자인 나에게 어떤 현상을 잠재의식적 자아와 연결하는 것은 신의 직접적 현현을 배제하는 것이냐고 묻는다면, 나는 심리학자로서 솔직히 왜 그래야 하는지 알 수 없다고 말할 수밖에 없을 것이다. 사실 잠재의식적인 것의 더욱 낮은 현시는 개인적 주체의 근원에 포함된다. 부주의하게 이해되거나 잠재의식적으로 기억되고 조합된 일상적 감각 재료들은 그의 평상적인 모든 심리적 자동증들을 설명할 것이다. 그러나 우리의 주된 깨어 있는 의식이 사물들과 접촉하도록 우리의 감각을 열어젖히는 것처럼, 우리를 직접 감동시킬 수 있는 고차적인 영적 힘이 있다면 그것들에게 접근을 용인하는 잠재의식적 영역을 소유하는 것은 논리적으로 타당한 심리적 조건이라고 볼 수 있다. 깨어 있는 삶의 분주함은 꿈 같은 잠재의식 안에서 반쯤 열려 있거나 활짝 열려 있는 문을 닫을 것이다.

따라서 회심에서 필수적 특징인 외부통제의 지각은 어떤 경우이든 간에 정통파가 그것을 해석하는 방식대로 해석되어야 한다. 유한한 개인을 초월한 힘이 잠재의식적 인간 종이라는 조건 아래 그를 압박한다. 그러나 어떤 경우든 이러한 힘의 가치는 그것들의 영향력에 의해 결정되어야 할 것이다. 그것들의 초월성이라는 단순한 사실만으로는 그것들이 악마성보다 더 신성하다는 어떠한 가정도 할 수 없을 것이다.

이 부분은 훨씬 나중의 강연 뒤 흩어진 가닥들을 모아 좀더 명확한 결론을 내릴 때까지 염두에 두어야 한다. 잠재의식적 자아의 개념은 확실히 이 점에서 우리 연구의 고차적 통찰력에 대한 모든 개념을 **배제하지** 말아야 한다. 우리에게 감명을 줄 수 있는 고차적 힘이 있다면, 그것은 단지 잠재의식적인 문을 통해서 우리에게 접근할 수 있다(이 책 604쪽 참조).

이제 회심경험의 시간을 즉각적으로 채우는 느낌에 대해 살펴보도록 하자. 먼저 주목해야 할 것은 고차적 통제에 대한 감각이다. 그러한 것은 항상 있는 것은 아니지만 종종 존재한다. 우리는 그러한 예를 알린, 브래들리, 브레너드 등에서 찾아볼 수 있다. 그러한 고차적 통제의 기능에 대한 욕구는 유명한 프랑스의 프로테스탄트 교도인 모노(Adolph Monod)가 회심의 위기에서 언급한 짧은 표현에 잘 나타나 있다. 그가 젊었을 때인 1827년 여름 나폴리에서 생긴 일이었다.

그는 말한다.
나의 슬픔은 끝이 없었다. 내가 소유한 것이라고는 슬픔뿐이었다. 슬픔은 내 삶을 가장 중요치 않은 외부의 행위로부터 가장 은밀한 생각에 이르기까지 채우고 있었고, 또한 그것은 원천적으로 나의 감각과 판단과 행복을 파괴시켰다. 내 이성과 의지 자체가 병들어 있기 때문에 그것들로써 이러한 무질서를 중지시키기를 기대하는 것은 마치 멀어버린 한쪽 눈으로 멀어버린 다른 쪽 눈을 교정하려는 시각 장애인의 행동과 같다는 것을 깨달은 것은 그 무렵이었다. 나는 그때 밖에서부터 오는 영향력 외에는 기대할 것이 없었다. 나는 성령의 약속을 기억했다. 복음의 어떠한 긍정적 선언들도 나를 편안케 하지 못했다. 나는 필요에 의해 내 인생 최초로 이 약속을, 또 내 영혼의 갈구에 답하는 유일한 감각을, 즉 나에게 사고들을 제공해줄 수 있고 그것들을 나로부터 빼앗을 수 있는, 그리고 자연에게 하듯이 내 마음의 참된 주인으로서 신에 의해 나에게 영향을 미칠 수 있는 실질적이고 외부적인 초자연적 행동을 알게 되었고, 마침내 믿게 되었다. 그때 나는 모든 공적과 모든 힘을 포기하고 내 모든 개인적 소유를 버리고 나 자신은 완전히 비참한 신세라고 말하는 것 이상으로 그의 자비심을 고백할 수 없음을 인정하면서 집으로 돌아가 무릎을 꿇고 전에는 하지 못했던 기도를 드렸다. 이 날부터 새로운 내적 삶이 시작되었다. 우울함이 사라진 것이 아니라 우울함의 상처가 사라진 것이다. 희망이 나의 마음 속으로 들어왔고, 그리고 예수 그리스도의 길로 들어서자마자 그 길

에 따라 나 자신을 조금씩 포기하기 시작하여 나중에는 완전히 포기하게 되는 것을 배웠다.[10]

이러한 경험들에서 보이는, 마음의 구조에 관한 프로테스탄트 신학의 훌륭한 조화에 대해서는 다시 언급할 필요가 없다. 극단적 우울증에서는 의식적으로 존재하는 자아는 절대적으로 아무것도 할 수 없으며 완전한 파산이며, 그 어떤 것도 소유하지 않고, 어떠한 일도 성취시키지 못한다. 그러한 주관적 상태로부터의 구원은 자유로운 선물이거나 아무것도 아닐 수 있을 것이다. 그리스도에 의해 이루어진 희생의 은총은 그러한 선물이다.

루터는 다음과 같이 말하고 있다.
신은 가난하고 비참하며 억압받고 절박하며 아무것도 가진 것이 없는 사람들의 신이다. 신의 본성은 눈먼 이에게 시력을, 상처받은 이에게 위안을, 죄 지은 이에게 용서를, 절박하고 저주받은 이에게 구원을 주시는 것이다. 깨끗하지 못하고 비참하고 저주스러운 죄인은 아니지만 의롭고 거룩한 죄인일 것이라는 인간 자신의 의로움에 대한 유해하고 치명적인 생각은, 신으로 하여금 그 자신의 자연적이고 적당한 일을 하지 못하게 한다. 그러므로 신은 헛된 확신으로 차 있는 이런 짐승 같은 사람을 분쇄하고 아무것도 아닌 것으로 만드는 망치(나는 법을 의미한다)를 직접 지니고 있다. 그것은 그 짐승 같은 사람은 자신이 오랫동안에 걸친 자신의 비참한 신세 때문에 완전히 버림받았고 저주받았음을 깨닫게 한다.
그러나 여기에 어려움이 있다. 인간은 잔뜩 겁을 먹었거나 낙담했을 때 스스로를 추스릴 수 없고, 그렇다고 해서 "이제 나는 충분히 상처받았다. 이제는 은총의 시간이다. 이제는 그리스도의 말씀에 귀기울일 때이다"라고 말할 수도 없다. 인간의 마음은 너무나 어리석어, 자신의 양심을 만족

---

10) 나는 모노(W. Monod)의 책 *la Vie*에 있는 인용구와 그 책에 인쇄되어 있는 편지 한 편을 조합하였다. Adolphe Monod, I., *Souvenirs de sa Vie*, 1885, 433쪽.

시키기 위해 자신보다는 율법을 더 많이 찾는다. "만일 내가 산다면, 나는 나의 삶을 개선시킬 것이다. 반드시 그렇게 할 것이다"라고 말한다. 그러나 여기에서 당신이 정반대로 하지 않는 한, 모세와 그의 율법을 버리지 않는 한, 또 당신의 죄를 위해 죽은 그리스도를 공포나 근심으로 붙들고 있는 한은 어떤 구원도 찾을 수 없다.

당신이 입은 수도복, 당신의 삭발, 당신의 순결, 당신의 복종, 당신의 가난, 당신의 일, 당신의 공로……이런 것이 대체 무슨 소용이 있는가. 모세의 율법이 대체 무슨 소용이 있는가. 만일 사악하고 저주받은 죄인인 내가 일이나 공로를 통해 신의 아들을 사랑했거나 그에게 다가간다면 그가 나를 위해 구원할 필요가 있었겠는가. 사악하고 저주받은 죄인인 내가 다른 어떤 대가에 의해 구원될 수 있었다면 신의 아들이 있을 필요가 있겠는가. 그러나 다른 어떤 대가가 없기에 양이나 소, 금 또는 은 따위를 보내지 않고 신 자신이 오신 것이다. 전적으로, 완전히 '나를 위해서', 미천하고 사악한 죄인인 '나'를 위해서. 그러므로 지금 나는 이것을 위안 삼고 나 자신에게 적용시킨다. 이런 방식은 신앙의 진정한 힘이 된다. 왜냐하면 예수는 정의로운 자들을 칭의하기 위해서가 아니라 불의한 자를 위해서 죽었고 그들을 신의 자녀로 만들었기 때문이다.[11]

다시 말해서, 여러분은 많이 잃으면 잃을수록 그리스도의 희생이 이미 구원해낸 사람이 된다. 내가 생각하기에 카톨릭의 어떤 신학도 루터의 개인적 경험으로부터 나온 이 메시지만큼 직접적으로 고뇌하는 성품의 소유자들에 관해 언급한 것이 없다. 프로테스탄트 교도들이 모두 다 고뇌하는 성품의 소유자들은 아니지만, 루터가 인간의 공로를 배설물이라 하고 인간 자신의 정당함을 더러운 웅덩이라고 부르면서 기쁘게 가졌던 신뢰가 다시 그들 종교의 전면에 나온다. 그러나 그리스도교에 대한 그의 견해가 인간의 정신적 구조에 대한 심층부분에서 나오는 욕구를 충족시켜줄 수 있다는 것은, 그것

---

11) 갈라디아서 3장 19절과 2장 20절 주석(축약됨).

이 새롭고 활력을 불어넣는 것이었을 때 삽시간에 퍼져버리는 전염성을 통해 나타난다.

그리스도가 참되게 자신의 일을 했다는 것에 대한 신앙은 루터가 의미하는 신앙의 일부분, 즉 지금까지 지성적으로 상상한 신앙의 일부분이다. 그러나 이것은 루터 신앙의 일부분에 지나지 않는다. 다른 부분이 훨씬 강하다. 다른 부분은 지성적인 것이 아니라 즉각적이고 직관적인 확신, 단 한 번의 간청도 없었지만 개인으로서의 나 자신이 있는 그대로 지금부터 영원히 구원받았다는 확신 같은 것이다.[12]

류바 교수가 그리스도의 일에 대한 개념적 믿음은 종종 효과적이고 선행적이기는 하지만 부가적이고 부수적인 것에 불과하고, '즐거운 확신'은 이런 개념과는 다른 경로를 통해 얻어진다고 주장하는 것은 의심할 여지없이 타당한 말이다. 그가 **최우선적으로** 신앙의 이름을 부여한 것은 기쁨의 확신 그 자체, 즉 모든 것이 하나로 조화되는 확신이다.

그는 다음과 같이 기술하고 있다.

인간을 제한된 협소한 자아로 차단시키는 불화의 감정이 파괴될 때 개인은 자신이 '모든 피조물과 하나임'을 느낀다. 그는 우주적 삶을 산다.

---

12) 어떤 회심에서는 두 단계가 뚜렷이 보인다. 예를 하나 들면 다음과 같다. "내가 복음적 논문을 읽고 있는 동안 나는 '그리스도께서 끝마치신 사역'이라는 표현 때문에 너무나 놀랐다. 나는 스스로 '왜 저자는 이런 용어들을 사용했을까?' 라고 물어보았다. 그 다음 내 마음 속에 '끝마쳤다'라는 말이 떠올랐다. '끝마쳤다는 것이 무엇인가?' 라고 나는 물었고 곧장 내 마음은 다음과 같이 대답하였다. '죄에 대한 완전한 속량, 전적인 만족감이 주어졌다. 빚이 대속자에 의해 청산되었다. 그리스도는 우리의 죄를 위해서 돌아가셨다. 우리들뿐만 아니라 모든 인간들의 죄를 위해서도 돌아가셨다. 완전히 일이 끝마쳐졌고 모든 빚이 청산되었다면 나는 무엇을 하도록 남겨졌는가?' 다른 경우에 즉각적인 빛은 성령에 의해서 나의 마음을 통해 비추어졌고, 무릎을 꿇고 구세주와 그의 사랑을 받고, 신을 영원히 찬양하는 것 외에 그 어떤 것도 더 이상 할 수 없다는 기쁨의 확신이 들었다." 허드슨 테일러의 자서전. 나는 원본을 구입할 수가 없어서 샬랑(Challand, 제네바, 출판일이 없음)의 프랑스어 번역판을 다시 영어로 번역했다.

자신과 인류, 자신과 자연, 자신과 신 모두가 하나이다. 도덕적 통일성을 얻은 후 뒤따르는 확신과 믿음과 모든 것이 결합된 상태가 **신앙상태**(faith-state)이다. 신앙상태에 도래하면 다양한 교리적 믿음이 갑자기 확신을 불러일으키고 새로운 실재를 가정하며 신앙의 대상이 된다. 여기에서 확신의 근거는 이성적이지 않기에 토론은 타당하지 못하게 된다. 그러나 그러한 확신은 우발적 불발탄과 같은 신앙상태여서, 그 주된 실용적 가치가 어떤 특정한 신학적 개념의 실재성을 각인시키는 힘에 있다고 생각하는 것은 큰 잘못이다.[13] 반대로 그 가치는 오로지 정신과 생물학적 성장의 상호관련성이 한 방향으로 상호경쟁적 욕구들을 줄여나가는 사실에 있다. 이러한 성장은 새로운 감정적 상태와 새로운 반응 속에서 그리고 더욱 크고 고상하고 더욱더 그리스도와 같은 활동들 안에서 그 자체를 드러내놓는다. 종교적 교리에서 구체적 확신의 근거는 감정적 경험에 있다. 신앙의 대상들은 때로 터무니없을 수도 있다. 그러나 감정의 물결이 그것을 쓸어가버리고 그것들에게 확고부동한 확신을 부여한다. 더 놀라운 감정적 경험을 하면 할수록 더 설명하기 어렵다. 쉽게 설명할수록 실체 없는 개념만을 전달하게 된다.[14]

내가 생각하기에 애매함을 피하기 위해서 신앙상태라기보다는 확신상태라 불러야 할 감정적 경험의 특징은, 비록 그러한 경험을 하지는 않았더라도 그 강렬함을 이해하기는 힘들지만 쉽게 열거할 수 있는 것이다.

그것의 핵심은 모든 걱정이 없어진 상태, 즉 비록 외부의 조건이 같다고 할지라도 모든 것이 궁극적으로 하나로 잘 연결되어 있다는 느낌, 평화, 조화, 기꺼이 **존재하려는 상태**이다. 신의 '은총', '칭의', '구원'의 확실성은 일반적으로 그리스도인들에게 변화를 가져다주는 객관적 믿음이다. 그러나 이런 확실성이 완전히 결여되어 있을지라도 평화스러움의 감정은 여전히

---

13) 톨스토이는 이런 진술에 대한 좋은 예이다. 그의 회심에는 신학이 거의 없다. 그의 신앙상태는 삶은 도덕적 의미에서 무한하다는 느낌으로 구성된다.
14) *American Journal of Psychology*, 7장, 345~347쪽(축약됨).

남아 있다. 여러분은 옥스퍼드 졸업생의 예를 기억할 것이다. 개인 구원의 확신은 나중의 결과라는 많은 사례가 제시되었다. 자발성, 순종, 경외는 이러한 마음상태의 선명한 핵심이다.

두번째 특징은 이전에는 몰랐던 진리에 대한 자각이다. 류바 교수가 말했던 것처럼 삶의 신비들이 또렷해진다. 종종 해답은 말로 표현하기 힘들다. 그러나 이러한 더욱더 지성적인 현상은 신비주의를 다루기까지 미루어두어도 좋을 것이다.

확신상태의 세번째 특징은 세상이 가끔 경험하는 객관적 변화이다. "새로움의 출현은 모든 대상을 아름답게 한다." 즉 다른 종류의 새로움에 대한 정확한 반대, 즉 우울증 환자들이 경험하는 세상, 그리고 여러분이 관계되는 몇 가지 예들[15]을 상기시켜보면 나타나는 황량한 비현실성과 이상스러움이다. 안과 밖의 이러한 청결하고 아름다운 새로움에 대한 느낌은 회심의 기록물들 속에 있는 가장 일반적인 도입부 가운데 하나이다. 조너던 에드워즈는 그것을 다음과 같이 묘사하고 있다.

신성한 것들에 대한 나의 느낌이 늘어났고, 모든 것이 점점 더 활기차고 내적으로 달콤해졌다. 보이는 모든 것이 변했다. 모든 것에 신의 영광의 모습과 아름다운 고요함이 있는 것 같았다. 신의 위대함, 지혜, 순결, 사랑이 모든 사물에 드러나는 듯했다. 태양에서, 달에서, 푸른 하늘에서, 별에서, 나무에서, 물에서, 모든 자연에서 드러났다. 그것들 모두가 내 마음 속에 강하게 자리했다. 자연의 모든 작품들 가운데 나에게 천둥과 번개처럼 달콤한 것은 없다. 그러나 전에는 그것들이 나에게 정말로 공포스러웠다. 전에 나는 천둥을 두려워하였고 폭풍우가 몰아칠 때 공포에 떨었지만 이제 그것들은 나를 즐겁게 한다.[16]

---

15) 같은 책, 150쪽
16) Dwight, *Life of Edwards*, New York, 1830, 61쪽(축약됨).

글은 못 읽지만 영국의 뛰어난 복음전도자인 브레이(Billy Bray)는 새로움에 대한 느낌을 다음과 같이 기록한다.

> 나는 신에게 말했다. "구하는 자는 얻을 것이고, 찾는 자는 찾을 것이며, 문을 두드리는 자에게는 열릴 것이라고 당신은 말씀하셨습니다. 그리고 나는 그것을 믿습니다." 그 순간 신은 표현할 수 없을 정도로 나를 행복하게 만드셨다. 나는 기쁨에 겨워 소리쳤다. 나는 온 마음을 바쳐 신을 찬양했다. ……나는 이 일이 일어난 때가 1823년 11월이었다고 기억한다. 그러나 정확한 날짜는 기억나지 않는다. 나는 모든 것, 즉 사람들, 들판, 소, 나무들이 내게 완전히 새롭게 보였다는 것을 기억한다. 나는 새로운 세상의 새로운 사람 같았다. 나는 대부분의 시간을 신을 찬양하며 보냈다.[17]

스타벅과 류바는 인용문을 통해 이러한 새로움의 느낌에 대한 예시를 들고 있다. 나는 스타벅의 사본집에서 두 가지 사례를 제시한다.

그 중 첫번째는 한 여성이 말한 것이다.

> 나는 한 캠프 모임에 따라갔다. 어머니와 친구들은 내가 회심하기를 원했으며 그것을 위해 기도하고 있었다. 나의 감정상태는 심하게 흔들리고 있었다. 나는 악행에 대해 고백하고 신에게 죄에서 구원해줄 것을 간청하며, 주변의 환경을 전혀 의식하지 않게 되었다. 나는 자비를 간청했고, 나의 마음이 용서받고 새롭게 살아나는 것을 생생하게 깨닫게 되었다. 무릎을 펴고 일어서며 나는 "이전의 것들은 사라지고 모든 것들이 새롭구나!"라고 외쳤다. 그것은 또 다른 세계의 새로운 상태로 들어가는 것과 같았다. 자연의 사물들은 은총을 받았고, 나의 영적 눈은 너무나도 투명해져서 우주의 모든 물질적 사물들에서 아름다움을 보았다. 나무들은 천

---

[17] W.F. Bourne, *The King's Son, a Memoir of Billy Bray*, London, Hamilton, Adams and Co., 1887, 9쪽.

상의 음악을 연주하고 있었다. 나의 영혼은 신의 사랑으로 고양되었고, 나는 모두가 나와 함께 이러한 기쁨을 나누기를 원했다.

두번째는 한 남성의 것이다.

　나는 내가 어떻게 야영지로 돌아갔는지 알지 못한다. 그러나 나는 내 자신이 목사님의 텐트가 쳐진 집회장소를 향해 비틀거리면서 걷고 있는 것을 발견했다. 그 장소에는 사람들로 꽉 차 있었고, 끔찍한 소음들, 울부짖음, 웃음소리, 비명, 외침들로 가득했다. 나는 텐트에서 10피트 정도 떨어진 곳에 있는 큰 오크나무 옆의 벤치에 얼굴을 대고 기도하고자 했다. 내가 신을 부를 때마다 무언가 사람의 손 같은 것이 내 목을 졸라 질식시키는 듯했다. 나는 내 곁에 누군가가 있었는지 없었는지 전혀 알지 못한다. 나는 도움을 받지 못하면 반드시 죽게 될 것이라고 생각했다. 내가 기도를 할 때마다 그 보이지 않는 손이 나의 목과 가슴을 조이는 것을 느낄 수 있었다. 마침내 무언가가 말했다. "과감히 속죄를 청하라. 그렇지 않으면 너는 반드시 죽을 것이다." 그래서 나는 숨이 막히고 질식할 정도의 상황에서 최후의 수단을 다해 신의 자비를 간구하였다. 나는 숨이 막혀 죽는다면 기도를 멈추리라고 결심했다. 내가 마지막으로 기억하는 것은 내가 바닥에 쓰러졌을 때 보이지 않는 손이 여전히 나의 목을 감싸고 있었다는 것이다. 나는 내가 그곳에서 얼마나 누워 있었고 어떤 일이 있었는지 알지 못한다. 나의 친구는 아무도 없었다. 제정신이 돌아왔을 때, 내 곁에는 신께 찬양을 드리는 한 무리의 사람들이 있었다. 하늘은 활짝 열린 듯이 보였고 빛과 은총으로 가득 차 있는 것 같았다. 잠시 동안이 아니라 온종일 빛과 은총이 나의 영혼을 가득 채우는 듯했고, 나 자신이 얼마나 변화됐는지 모든 것이 새로워졌다. 나의 말(馬)들과 돼지들과 심지어 모든 이들이 변화된 것처럼 느껴졌다.

　이 남자의 경우는 자동증(automatism, 무의식적으로 기계적인 행동을 하는 증상-옮긴이)의 특성을 보여준다. 에드워즈와 웨슬리, 휘트필드의 시대에 복음전파를 위한 일반적 수단이 된 이후 부흥회 때 최면술에 걸리기 쉬운 사람들에게서 쉽게 발견할 수 있는 뚜렷한 현상이다. 처음에 이 현상은 성령이 지닌 다소 경이로운 '힘'의 증거로 이해되었다. 그러나 곧 다양한 견해가 제시되면서 반대의견이 생겨났다. 에드워즈는 『뉴잉글랜드 종교의 부흥에 대한 고찰』(Thoughts on the Revival of Religion in New England)에서 그것을 그 반대자들로부터 옹호해야 했다. 그리고 그 가치는 심지어 부흥회를 강조하는 교단에서조차 논란거리가 되었다.[18] 의심할 여지없이, 이것이 본질적인 영적 의미를 담고 있는 것은 아니다. 또한 비록 이것의 현존이 회심자에게 자신의 회심을 더욱 잊을 수 없도록 만들지만, 이러한 현상을 경험한 이들이 그렇지 못한 이들보다 더욱 값진 신앙의 열매들을 맺을 수 있었는가는 증명된 바가 없다. 대체적으로 무의식, 경련, 환상, 방언 그리고 질식 등은 단지 경험의 주체가 신경불안을 포함하여 좀더 넓은 잠재의식의 영역을 소유하고 있기 때문에 일어난다. 이것은 나중에 종종 그 문제를 바라보는 주체 자신의 관점이기도 하다. 예를 들어, 스타벅과 편지왕래를 했던 사람 가운데 하나는 다음과 같이 쓰고 있다.

나는 회심이라고 알려진 경험을 했다. 이를 설명하자면, 경험주체의 감정은 최고상태를 경험하고, 동시에 물리적 표시, 가령 빨라진 맥박 등에 저항을 하게 된다. 그리고 나서 갑자기 이것에 완전히 사로잡히게 된다. 그것으로부터의 안정은 다소 아름다운 것이고, 주체에게는 감정의 유쾌한 효과가 최고로 경험된다.

잦은 빈도 때문에 특별히 주목할 가치가 있는 감각 자동증의 한 형태가 있다. 나는 환각 또는 유사-환각의 광명현상, 즉 심리학자들의 용어를 써

---

[18] William B. Sprague, *Lectures on Revivals of Religion*, New York, 1832 참조. 이 책 끝의 부록에 여러 목사들의 견해가 첨부되었다.

서 환시(photisms)에 대해 말하고 있다. 사도 바울의 눈을 멀게 하는 천상의 광경은 이러한 종류의 현상으로 보인다. 콘스탄티누스의 하늘의 십자가도 그러하다. 내가 인용한 것 가운데 두번째 것은 빛과 은총의 물결에 대하여 언급한다. 알린은 빛의 외관에 대해서는 확신하지 못했지만 하나의 빛을 언급한다. 가드너 대령은 강렬한 빛을 본다. 피니는 다음과 같이 쓰고 있다.

갑자기 신의 후광이 나를 놀랍게 비추었다. ……이루 말할 수 없는 빛이 나의 영혼을 비추었고, 나를 바닥으로 넘어뜨리다시피 했다. ……이 빛은 마치 사방으로 빛나는 태양빛과 같았다. 그것은 눈으로 바라보기에는 너무도 강렬했다. ……나는 그 순간의 실제 경험으로, 다마스쿠스로 내려가던 바울을 넘어뜨렸던 빛에 대해 알게 되었다고 생각한다. 그것은 분명히 내가 오래 버텨낼 수 없을 정도의 빛이었다.[19]

환시에 대한 이러한 보고들은 실제로 그리 드문 것이 아니다. 여기에 스타벅의 모음집에서 또 하나의 글을 인용하겠다. 이 글에서 빛은 분명히 외부의 것으로 보인다.

나는 거의 2주 동안 이따금씩 부흥회에 참가했다. 제단에 여러 번 초대를 받았고 매번 깊은 감동을 느꼈다. 나는 내가 이것을 해야 하며, 그렇지 않으면 나는 길을 잃고 말 것이라고 생각했다. 회심의 실현은 매우 생생했다. 마치 1톤 무게의 짐이 나의 가슴에서 들어올려지는 느낌이었으며 방을 환히 비추는 빛이 있었다(어두웠기 때문이다). 내게 오랜 시간 동안 "신에게 영광을"이라는 말을 반복하게 만들었던 강렬한 환희를 경험했다. 일생 동안 신의 자녀가 되기로 결심하고 나의 사소한 야심과 부와 사회적 지위의 욕망을 포기하기로 결심했다. 이전의 삶의 습관들이 나의

---

19) *Memoirs*, 34쪽.

성장을 방해하기도 했으나 나는 이런 것들을 체계적으로 극복하기 시작했고, 1년 사이에 나의 모든 본성이 변화되었다. 나의 야심은 이제는 다른 것들로 채워졌다.

여기에 빛의 요소를 포함하고 있는 스타벅의 사례들 가운데 또 다른 예가 있다.

나는 23년 전에 분명히 회심하였다. 아니 오히려 개심하였다. 당시 나의 재생경험은 분명하고 영적인 것이었으며 나는 회심 전의 상태로 돌아가지 않았다. 그런데 1893년 3월 15일 오전 11시경 나는 완전한 만족을 경험하였다. 이 경험이 가져온 특별한 부수물은 전적으로 예기치 못한 것이었다. 나는 집에서 조용히 앉아 성령강림절 찬송(Pentecostal Hymns) 가운데 몇 곡을 부르고 있었는데 갑자기 무엇인가가 내 안으로 밀려들어와 나를 송두리째 부풀리기 시작하는 것 같았다. 나는 그런 느낌을 이전에는 결코 경험해본 적이 없었다. 이런 경험이 일어났을 때 무엇인가가 나를 넓찍하고 밝은 방안에서 이리저리로 끌고 다니는 것 같았다. 이 보이지 않는 안내자에게 이끌려 걸으면서 주변을 둘러보았을 때, 내 마음 속에 한 가지 분명한 생각이 자리잡았다. 그것은 '그들은 여기 없고 사라졌다'는 것이었다. 말로 표현된 것은 아니지만 마음 속에 이런 생각이 명확히 생겨나자, 성령이 나를 감동케 하여 나는 나의 영혼을 살피고 있었다. 그리고 나서 내 평생 처음으로 내 모든 죄가 씻겨 나갔고 내게 신의 은혜가 충만함을 알게 되었다.

류바는 픽(Peek) 씨의 다음과 같은 사례를 인용하고 있다. 빛의 효력은 멕시코 사람들이 메스칼(mescal, 멕시코 인디언이 환각제로 사용하는 선인장의 일종-옮긴이)이라고 부르는 마취성 물질인, 선인장의 싹이 일으키는 색채 환각상태(chromatic hallucinations)를 생각나게 해준다.

내가 아침에 일을 하러 들판으로 나가면 신의 영광이 그의 모든 창조물 속에 나타나기 시작했다. 우리는 귀리를 수확하고 있었는데, 모든 귀리의 줄기와 이삭이 마치 일종의 무지개와 같은 찬란한 영광을 받아 정렬해 있는 듯하였다. 내가 표현하기에, 그것은 신의 영광 속에 빛나고 있는 것 같았다. 나는 이 모든 경험을 아주 잘 기억하고 있다.[20]

20) 이러한 감각적 환시의 보고는 예를 들면 브레이너드의 진술에서처럼 단지 새로운 영적 조명에 대한 느낌을 은유적으로 설명하는 것이다. "내가 우거진 숲속을 걷고 있을 때, 형언할 수 없는 영광이 내 영혼 속으로 찾아드는 것 같았다. 나는 외부로부터 오는 밝음이나, 세번째 하늘에 있다는 빛의 형체를 상상하거나, 그런 특성을 지닌 어떤 것을 말하는 것이 아니다. 그것은 신에 대한 내가 겪게 된 새로운 내적 이해나 깨달음이었다."
　스타벅의 원고모음집에서 뽑은 다음 사례의 경우에서도 어둠을 밝힌다는 것이 은유적으로 표현되어 있다.
　"어느 일요일 밤 내가 일하고 있던 목장 집으로 돌아갈 때, 나는 내 자신의 능력과 모든 것을 신에게 바치기로 결심하였다. ······ 비가 와서 진흙길이 되어 있었지만, 이러한 바람은 점점 강해졌다. 그래서 나는 길가에 무릎을 꿇고 나의 결심에 관한 모든 것을 신께 고하였다. 나는 다시 일어서서 가던 길을 계속 갈 작정이었다. 신앙을 통해 회심에 이르긴 했지만, 나는 내 기도에 대한 어떤 특별한 대답을 듣지 못했다. 그러나 나는 틀림없이 구원을 받았다는 믿음을 갖고 있는 상태였다. 그런데 기도를 하던 중 나는 손을 신께 내밀고 만일 신이 나를 도구로 써주고 환한 빛이 밤의 어둠을 가르는 것과 같은 그러한 만족스러운 경험을 제공해 준다면 이 손이 신을 위해 일하고, 내 발은 신을 위해 걸으며, 내 혀는 신을 위해 말할 것이라는 결심을 기억한다."
　그때 나는 신이 내 기도에 응답하셨다고 느꼈고, 깨달았으며, 알게 되었다. 심오한 행복감이 나에게 찾아왔다. 나는 신이 사랑하는 핵심적인 사람들의 모임에 받아들여진 것처럼 느꼈다." 다음의 사례에서도 빛의 광채는 은유적으로 표현되어 있다.
　"저녁예배가 끝날 무렵 기도모임이 개최되었다. 목사는 그의 설교에 내가 감명받았다고 착각했다(그는 아둔하다). 그는 내게 와서 그의 손을 나에게 얹고 말하였다. '당신의 마음을 신께 바치기를 원하지 않느냐?' 나는 그렇다고 대답했다. 그러자 그는 내게 '앞자리로 나오라'고 말했다. 사람들과 나는 함께 노래하며 기도하며 대화를 나눴다. 내가 경험한 것은 오로지 설명할 수 없는 비참함이었다. 사람들은 내가 '평화를 얻지' 못하는 것은 모든 것을 기꺼이 신께 바치려 하지 않기 때문이라고 선언했다. 두 시간쯤 뒤에 목사는 집으로 돌아가자고 말했다. 흔히 그렇듯이 교회를 나오면서 나는 기도했다. 크게 실망한 가 회심의 위기가 가져오는 모든 요소 가운데—내가 말하려고 하는—가장 특징적인 마지막 요소는 행복한 황홀경이다. 이미 그 점에 대하여 몇 번 설명했지만 몇 가지 더 첨가하겠다. 피니의 경험은 매우 생생해서 그것을 상세히 묘사해놓은 부분을 인용해보겠다.

내 모든 감정들이 솟아났다가는 흘러나가는 것 같았다. 내 마음은 '내 모든 영혼을 신에게 바치고 싶다'고 말하였다. 내 영혼은 너무나 고양되어 있어 나는 기도하기 위해 앞 사무실의 뒷방으로 달려갔다. 방에는 불도 빛도 없었다. 그럼에도 불구하고 방은 더할 나위없이 환히 밝혀진 것 같았다. 내가 뒷방으로 들어가 문을 닫았을 때, 마치 주 예수 그리스도와 직접 대면하는 것 같았다. 그것이 전적으로 정신적 경험이라는 생각이 당시에도, 그 이후에도 들지 않았다. 오히려 나는 다른 사람을 보듯 주 예수 그리스도를 만나는 것 같았다. 그리스도는 아무런 말씀도 하지 않으셨다. 그러나 그는 마치 그의 발에 무릎을 꿇으라는 듯이 나를 바라보고 계셨다. 그는 내 앞에 서 있었고, 나는 그의 앞에 무릎을 꿇고 앉아 내 영혼을 그에게 바쳤는데 그것이 마치 현실인 것 같았다. 그 이후 나는 가장 특별한 마음의 상태로 이 경험을 항상 되새겨왔다.

나는 아이처럼 큰 소리로 울었고, 목이 메인 상태로 내가 할 수 있는 모든 고백을 하였다. 나는 내 눈물로 그리스도의 발을 씻어드리는 것과 같은 느낌을 받았지만, 회상컨대 그를 접촉하고 있다는 명확한 느낌은 없었다. 틀림없이 한동안 이 상태 안에 있었지만, 내 마음이 이런 만남에

운데 이번에는 그저 '주여, 저는 할 수 있는 모든 것을 했습니다. 모든 것을 주님께 맡깁니다'라고 말했다. 그런데 곧이어 섬광처럼 큰 평화가 내게 찾아들었다. 나는 일어서서 부모님의 침실로 들어가서 말했다. '나는 정말 행복합니다' 나는 이것을 회심의 순간이라고 여긴다. 그 순간은 내가 신의 승인과 은혜를 확신하는 순간이었다. 그러나 내 삶에 관한 한, 그 경험은 커다란 즉각적인 변화를 가져오지는 않았다."

너무나 몰입해 있어서 내가 말했던 그 어떤 것도 기억이 나지 않았다. 그러나 내 마음이 그 대면에서 벗어날 수 있을 정도로 원상을 회복하자마자 곧 앞 사무실로 돌아왔을 때 나는 내가 큰 나무에 지펴놓은 불이 거의 타버렸다는 것을 알았다. 그러나 돌아서서 불가의 내 자리에 막 앉으려고 할 때 나는 성령의 강렬한 세례를 받았다. 전혀 예상하지 못한 채로, 내게 그런 일이 일어날 것이라는 마음 속의 생각도 전혀 없이, 세상의 누군가가 그런 것에 대해 언급하는 것을 들어본 일이 있다는 기억도 없이, 내 영혼과 육신을 통과하는 듯한 방식으로 성령께서 나에게 내려오신 것이었다.

내 마음속에 넓게 부어진 그 놀라운 사랑을 어떤 말로도 표현할 수 없다. 나는 기쁨과 사랑에 넘쳐 큰 소리로 울었다. 정확히는 잘 모르겠지만 말 그대로 내 마음은 형언할 수 없는 감정에 사로잡혀 큰 소리로 울었다. 이러한 물결이 내게 계속해서 밀려들었고, 마침내 나는 '이러한 물결이 내게 계속 밀려온다면 나는 죽게 될거야'라고 말했지만 죽음에 대한 두려움 따위는 없었다.

이러한 세례가 내게 흘러들어와 얼마나 오랫동안 나를 통과하는 상태에 빠져 있었는지는 잘 모르지만, 그 시간이 우리 성가대원 가운데 한 사람이 나를 만나기 위해 사무실로 왔던—왜냐하면 나는 성가대 지도자였기 때문이다—늦은 저녁이었다는 것은 알고 있다. 그는 내가 큰 소리로 우는 것을 보고 말했다. "피니 씨 왜 그러세요?" 나는 잠시 동안 대답을 할 수 없었다. 잠시 뒤 그가 물었다. "어디 아프세요?" 나는 최대한 나를 억제한 뒤 "아니에요, 너무 행복해서 살 수가 없군요"라고 대답했다.

나는 조금 전에 빌리 블레이를 인용하였다. 회심한 이후의 감정에 대한 그의 간단한 설명을 들어보는 것이 가장 좋을 듯하다.

나는 주님을 찬양할 수밖에 없다. 나는 내가 길을 걸어가고 있을 때 한 발을 쳐들고는 '영광'이라고 말하는 것 같았고, 다른 발을 들고는 '아

멘'이라고 말하는 것 같았다. 내가 길을 걸을 때는 언제나 계속해서 그 랬다.[21]

이 강연을 마무리하기 전에 이러한 갑작스런 회심이 일시적인지 그렇지 않으면 영원한 것인지에 대해 한 마디 하겠다. 확신하건대, 여러분 가운데 몇몇은 수많은 재타락과 회심 전 상태로의 환원이 일어난다는 것을 알고, 그것들을 전체적인 주제로 해석하는 그것들의 보조집단(apperceiving mass)으로 생각하고, 회심을 동정어린 미소를 띠며 모두 다 '히스테리 현상'이라고 치부할 것이다. 그러나 종교적으로뿐만 아니라 심리학적으로도

---

21) 나는 각주에 몇 개의 사례를 더 들어보겠다.
"어느 날 아침 깊은 시름에 빠진 나는 지옥에 떨어질 것을 매순간 두려워하여 자비를 허락해 주실 것을 간구하면서 진지하게 울고 있었다. 바로 그때 주께서 오셔서 나를 위로하시며, 내 영혼을 고통과 죄의식에서 구해주셨다. 나의 몸은 머리에서 발끝까지 온통 떨고 있었다. 그러나 나의 영혼은 감미로운 평화를 느낄 수 있었다. 당시 내 기쁨은 이루 말로 표현할 수 없는 것이었다. 이 행복은 3일 동안 계속되었고, 그 동안 누구에게도 내 감정을 표현하지 않았다." *Autobiography of Dan Young*, edited by W.P. Strickland, New York, 1860.
"순간적으로 내 마음 속에는 주를 믿는 자들을 신께서 돌보시고 계신다는 생각이 일어났다. 그러자 나는 1시간 정도 모든 세상은 투명하고 하늘은 맑게 개었다는 느낌을 갖게 되었다. 나는 벌떡 일어서서 울고 웃기 시작하였다." H.W. Beecher, quoted by Leuba.
"내 슬픔의 눈물은 기쁨으로 바뀌었고, 그것을 경험해본 영혼만이 깨달을 수 있는 기쁨의 황홀경 속에서 신을 찬양하려고 나는 그곳에서 엎드려 있었다. 당시의 내 느낌을 표현할 수 없다. 마치 어두운 땅굴 속에 있다가 햇빛 속으로 나오는 느낌과 같았다. 나는 외쳤고, 나를 사랑하시고 내 죄를 씻어주신 분을 위해 찬양의 노래를 불렀다. 나는 눈물을 흘렸기 때문에 은밀한 곳에 갈 수밖에 없었다. 가게 동료들이 나를 보기를 원하지 않았지만, 그것을 비밀로 감출 수는 없었다. 나는 거의 울 뻔한 기쁨을 경험하였다. 나는 내 얼굴이 모세의 얼굴처럼 빛나고 있음을 느꼈다. 나는 뭐랄까, 공중에 뜬 기분이었다. 그것은 내가 경험한 것 가운데 최고의 기쁨이었다. 나는 울다가 웃다가를 반복했다. 내 몸은 마치 하늘을 걷고 있는 것처럼 가벼웠다. 나는 기대했던 것 이상의 평화와 행복을 얻은 것 같았다(스타벅의 통신모음집에 있는 사례들).

이런 견해는 얕은 이해에 지나지 않는다. 이 입장의 문제는 기간보다는 인격의 특성과 특질이 더욱 높은 수준으로 변화한다는 심각한 견해를 간과하는 것이다. 인간은 모든 단계에서 변하게 되어 있다. 이것은 통계수치를 필요로 하지 않는다. 예를 들어, 사랑은 돌이킬 수 없는 것이라고 널리 알려져 있지만, 그것이 지속적이든 그 반대이든지 간에 그것이 지속되는 동안 사랑은 새로운 비상들과 이상적 상태의 도달을 드러내 보여주고 있다. 그 기간이야 어쨌든 간에 이런 새로운 단계의 노출이 남녀에게 사랑의 의미를 형성해준다. 회심의 경험에서도 마찬가지이다. 즉 비록 짧은 기간 동안일지라도 이 경험은 인간에게 그의 영적 능력이 도달 가능한 최고수준이 무엇인지를 보여준다. 바로 이 점이 그 경험의 중요성을 구성한다. 결코 재타락이 그것의 중요성을 감소시킬 수는 없다. 물론 그 경험이 계속된다면 그 중요성도 계속 증가할 것이다.

사실 회심의 보다 두드러진 예들은, 특히 내가 지금까지 인용한 모든 예들은 영구적이 되어왔다. 간질병적 발작을 강력히 시사함으로써 가장 의심의 대상이 되는 사례는 라티스본 씨의 경우였다. 그러나 나는 라티스본 씨의 장래에 대한 전체윤곽은 그 몇 분 동안에 형성되었다는 것을 알고 있다. 그는 결혼계획을 포기하고 성직자가 되었으며, 이후 정착하게 된 예루살렘에서 유태인들의 회심을 위한 수녀들의 선교회의 토대를 세웠으며, 그의 회심의 독특한 상황 때문에 얻게 된 평판을 이기적 목적을 위해 사용하는 경향을 보이지도 않았다. 그는 자신의 회심상황에 대해 말할 때는 언제나 눈물을 흘렸다. 간단히 말해 그는 내가 기억하는 것이 옳다면 1880년대 후반에 생을 마칠 때까지 교회의 모범적 아들로서 남아 있었다.

회심기간에 대해 내가 알고 있는 유일한 통계는 존스턴(Johnston) 양이 스타벅 교수를 위해 수집한 것들이다. 그 통계는 단지 100명의 대상자들만 다루고 있는데 그 절반 이상이 감리교도들인 복음주의교회 교인들이었다. 그 대상자들 자신의 진술에 따르면 여성의 93퍼센트, 남성의 77퍼센트에 이르는 거의 모든 대상자들의 사례 속에 일종의 재타락의 경험이 존재해왔다. 그 재타락에 대해 더욱 상세한 논의를 하던 스타벅은 6퍼센트만이 회심을 확신케 한 종교적 신앙을 버렸으며, 사람들이 불평하던 재타락은 주로 종교적 열정이 감소되는 변화였을 뿐이라는 것을 알았다. 100가지 사례 가운데 단지 여섯 경우만이 믿음의 변화를 언급하고 있다. 스타벅의 결론은, 회심의 효력은 비록 감정의 동요에도 불구하고 매우 지속적이고 영구적인 '삶에 대한 태도의 변화'를 수반한다는 것이다. ……다른 말로 표현하면, 회심을 겪은 사람들은 종교적 삶의 입장에 서보았기 때문에, 비록 그들의 종교적 열정은 사그러들지 몰라도 스스로를 종교적 삶과 동일하다고 느끼는 경향이 있다는 것이다.[22]

---

22) *Psychology of Religion*, 357, 360쪽.

제11·12·13강 | 성인다움

지난번 강연은 우리들에게 기대감을 남겨두었다. 우리가 들었던 회심의 사례들처럼 심금을 울릴 수 있을 정도로 행복한 회심들의 결과, 즉 삶의 실제적 열매들은 무엇이 되어왔는가? 우리의 임무 가운데 정말로 중요한 부분은 이런 질문과 더불어 시작한다. 왜냐하면 우리는 인간의식의 자연적 역사에 대한 호기심을 끄는 장을 열 뿐만 아니라, 우리가 보아온 모든 종교적 문제와 행복의 전체 가치와 긍정적 의미에 관한 영적 판단을 달성하기 위해 이런 모든 경험적 연구를 시작한다는 것을 여러분은 기억할 것이기 때문이다. 그러므로 우리는 먼저 종교적 삶의 열매들을 기술하고, 그것들을 판단해야 한다. 이것은 우리의 연구를 두 가지 뚜렷한 부분으로 나눈다. 더 이상의 서론적인 말은 그만두고 이에 대해 기술해보도록 하자.

이것은 우리의 연속강연 중에서 가장 즐거운 분야임에 틀림없다. 이 강연 가운데 어떤 부분은 고통스럽거나 또는 감상적 측면에서 인간본성을 보여주는 것도 사실이지만, 대부분은 즐거울 것이다. 왜냐하면 종교적 경험의 최선의 열매들은 역사가 보여주어야 할 최선의 것들이기 때문이다. 그것들은 언제나 그렇게 평가받아왔다. 진실로 노력하는 삶이 있는 곳은 어디는 여기에서와 같을 것이다. 내가 최근에 독서를 통해 헤매면서 살펴보았던 일련의 예들을 상기하는 것은 격려되고, 고양되고 그리고 도덕적 분위기에 푹 젖어 있다는 느낌을 갖게 한다.

인간본성의 날개가 펼쳐나가는 자비, 헌신, 신뢰, 인내, 용기의 가장 높은 비상은 종교적 이상들을 향해 도약하였다. 생트-뵈브(Saint-Beuve)가 그의 저서인 『포트 로열의 역사』(History of Port-Royal)에서 회심의 결과들 또는 은총의 상태에 대해 평한 몇 가지 말보다 이것에 대해 더 잘 이야기할 수는 없다.

생트-뵈브는 다음과 같이 말한다.

순전히 인간적인 관점에서 본다고 할지라도, 은총현상의 특성과 효력은 더욱 친밀한 연구를 하기에는 언제나 굉장히 비범하고 두드러지고 진기하다. 왜냐하면 영혼은 그것에 의해서 어떤 고정되고 정복할 수 없는 상태, 즉 참으로 영웅적이고, 그것이 실행하는 가장 위대한 행위들을 이루어지게 하는 상태에 도달하기 때문이다. 간단히 말해서, 어느 곳, 어느 때든지 간에, 축제, 공동참회, 혼자만의 기도와 발로(發露)에 의해서든 그렇지 않은 간에, 이 상태를 만들어내는 데 도움을 주는 다양한 수단들과 영적 교섭의 다른 형태들을 통해 살펴보면, 근본적으로 이것은 정신과 열매들이 하나인 상태라는 것을 쉽게 인식할 수 있다. 다양한 상황들 이면으로 조금만 더 들어가 살펴보자. 상이한 시대의 그리스도인들에게 이 상태는 언제나 하나이고, 같은 의미의 변화라는 것이 분명하다. 그들은 이것에 의해 영향을 받는다. 정말로 은총을 받아온 사람들에게는 공통적으로 한결같이 근본적이고 동일한 신앙심과 자비가 있다. 이것은 모든 것들 앞에 사랑과 겸손, 신에 대한 무한한 신뢰 그리고 타인들에 대해서는 온유함을 동반하지만, 자신의 자아에 대해서는 엄격한 내적 상태이다. 이런 상태의 영혼에게 그 독특한 열매들은 헤른후트(Herrnhut)의 모라비아 교도처럼, 아빌라의 성 테레사처럼, 멀리 떨어져 있는 지역과 상이한 환경에서도 모두 똑같은 맛을 갖고 있었다.[1]

---

1) Sainte-Beuve, *Port-Royal*, vol. ⅰ. 95와 106쪽(축약됨).

여기에서 생트-뵈브는 단지 마음 속에 더욱더 현저한 갱생의 예들을 생각하고 있다. 물론 이것들은 우리가 생각해보아야 할 교훈적인 것들이다. 이런 신앙인들은 가끔씩 다른 사람들과는 너무나 다르게 그들의 삶의 과정을 진행시키고 있으므로, 세상의 법에 의해 그들을 평해보면 우리는 그들을 자연적 길에서 벗어난 괴물들이라고 부르고 싶을지도 모른다. 그러므로 나는 한 인간의 성격을 너무나 극도로 다른 사람과 차별을 갖게 하는 내적 상태들이 무엇인지에 대한 일반심리학적 질문을 함으로써 이 연구를 시작하겠다.

지성과는 구별되는 것으로서 성격이 관계되어 있는 인간의 다양성의 원인은 주로 감정적 흥분에 대한 서로 다른 감수성, 그리고 잇달아 이것이 가지고 올 서로 다른 **충동과 억제**에 있다고 나는 곧바로 대답할 것이다. 이 점을 더욱더 분명히 알아보도록 하자.

일반적으로 말하자면, 우리의 도덕적이고 실제적인 태도는 주어진 시간에는 언제든지 우리들 안에서 일어나는 두 가지 힘, 즉 우리를 한쪽으로 밀어내려는 충동과 우리를 끌어당기려는 억제에 의해 생겨나는 결과이다. 충동은 "그래! 그래!"라고 말하는 반면에, 억제는 "안 돼! 안 돼!"라고 말한다. 이 문제를 분명하게 숙고하지 않는 사람들은 억제의 이런 요소가 어떻게 변함없이 우리에게 영향을 미치고, 우리가 항아리 안에 갇힌 유동체인 것처럼 어떻게 그것이 우리를 억제하고 그것의 구속적 압력에 의해 우리를 만들고 있는지를 깨닫지 못한다. 그 영향력은 매우 지속적이어서 결국 잠재의식적이 된다. 예를 들면, 여러분 모두는 그런 영향 때문에 이 순간에 어떤 구속감을 갖고 있지만, 전적으로 그 사실을 명백히 의식하지 못한 채 여기에 앉아 있다. 여러분 각자가 이 방에 혼자 남아 있다면, 아마도 본의 아니게 마음을 가다듬고서 더욱더 '자유롭고 편한' 자세로 앉아 있을 것이다. 그러나 어떤 큰 감정적 흥분이 일어나면 소유본능과 그것의 억제가 거미줄처럼 덤벼든다.

길 건너편에 있는 집에 불이 붙었을 때, 면도하려고 비누를 칠한 얼굴로 길가로 나온 멋쟁이를 나는 보았다. 만약 이것이 어떤 여인이 아기의 생명 또는 그녀 자신의 생명을 구하는 문제라면 그 여인은 잠옷을 입은 채였더라도 낯선 사람들이 모여 있는 곳으로 뛰어나올 것이다. 일반적으로 제멋대로 사는 여인의 삶을 생각해보자. 그녀는 자신의 불유쾌한 감정이 만들어놓은 모든 억제에 굴복하고, 침대에 늦게까지 누워 있고, 차 또는 브롬주를 주식으로 마시며 추위를 피하기 위해 집 안에만 틀어박혀 있을 것이다. 그녀는 "안 돼"라는 충동에 복종한다는 것이 매우 어렵다는 것을 깨닫는다. 그러나 그녀를 어머니라고 생각해보자. 그러면 여러분은 무엇을 기대할 것인가? 그녀는 모성적 흥분에 사로잡혀서, 지금 잠을 못 이루고 피로에 지쳐 있다고 해도 주저하거나 불평하는 말 한 마디 없이 일할 것이다. 아기와 관련된 문제에 있어서는 그녀를 억제하는 고통의 힘은 소멸된다. 힌턴(James Hinton)이 말하듯이, 이 피조물(아기—옮긴이)이 일으키는 불쾌한 일은 그녀에게 강렬한 기쁨이 되고, 정말로 가장 깊은 상태의 기쁨이 된다.

   이것은 여러분이 '고차적 감정의 폭발적 힘'으로서 이미 들었던 예이다. 그러나 감정이 가져다주는 흥분이 충분히 강한 한, 그것이 높아지거나 낮아지거나 상관없다. 드러먼드(Henry Drummond)는 그의 강연에서, 방갈로가 있는 높은 언덕은 물에 잠기지 않아 사람들과 더불어 수많은 야생 동물과 파충류들의 피난처가 되었다는 인도의 홍수 이야기를 전한다. 어느 날 왕립 벵갈 호랑이가 그곳을 향해 헤엄쳐 도착하여 많은 사람들이 에워싸고 있는 가운데 개처럼 헐떡거리면서 땅바닥에 누웠다. 그런데 그 호랑이는 총을 가진 한 영국 사람이 조용히 다가와 자신의 머리를 쏘지 않을까 하는 공포에 떨고 있었다. 바로 이때 호랑이의 습관적 사나움은 일시적으로 지배적 공포의 감정에 의해 소멸되고 새로운 성격의 중심을 형성하였다.

   때때로 지배적인 감정적 상태는 나타나지 않고 여러 상반되는 감정적 상태들이 함께 혼합되어 나타나는 경우가 있다. 그런 경우에 사람들은 수많은 '돼'와 '안 돼'를 듣는다. 그리고 그때 '의지'가 그 갈등을 풀기 위해 동원된다. 예를 들면, 전진하는 것이 겁이나 공포에 떨고 있고, 뛰쳐나가는 데 두려움을 갖고 있으며, 그의 동료들이 다양한 예를 보여주면 여러 가지로 모방하는 습성을 갖고 있는 군인을 생각해보자. 그의 인격은 다양한 간섭들의 충돌로 얼룩진 장소가 된다. 그리고 그는 단지 주저한다. 왜냐하면 어떤 하나의 감정도 우세하지 않기 때문이다. 그렇지만 어떤 감정이라도 일어난 다면 그것을 유일하게 효력이 있는 것으로 받아들이고, 그것은 절대적이며 방해하는 감정들을 소멸시키는 강렬함이 있다. 그의 동료들이 격렬하게 돌격하는 모습은 이 군인에게 그 정도의 용기를 줄 것이다. 그들의 참패에 대한 공포는 그 정도의 두려움을 줄 것이다. 이런 최상의 흥분들 안에서 일반적으로 불가능한 일들이 자연스럽게 일어난다. 왜냐하면 억제하는 감정들이 무시되기 때문이다. 그것들의 "안 돼! 안 돼!"라는 충동소리는 들리지 않을 뿐만 아니라 존재하지도 않는다. 그때 방해물들은 서커스 곡예사가 치마폭을 넓히기 위해 허리에 두른 종이테와 같이 가벼운 것이다. 결코 극복하지 못할 방해물이 아니다. 반면에 홍수는 그들이 만드는 댐보다도 더 높다. 아내와 아이들이 생각나고 황제가 사로잡혀 있다는 사실에 격해 있는 근위병이 "그들이 굶주리고 있다면 구걸하도록 내버려두어라!"라고 외친다. 그리고 불타는 극장에 갇혀 있던 사람들은 칼을 휘둘러서 빠져나올 수 있는 길을 만들어 군중들을 헤치고 나온다고 알려졌다.[2]

감정적 흥분의 한 가지 양식은, 특히 억제에 대한 그것의 파괴적 힘으로 보아 원기왕성한 성격을 구성하는 데 대단히 중요하다. 하위형태의 흥분으

---

[2] "부르제(Bourget)는 '사랑이 사람들을 죄로 이끌지 않는 한, 그것은 사랑이 아니다'라고 말한다. 그러므로 죄로 이끌지 않는 한, 그것은 진실한 열정이 아닐 것이다"(Sighele, *Psychologie des Sectes*, 136쪽). 다른 말로 이야기하면 위대한 열정은 '양심'에 의해 확립된 일반적 억제들을 무력화한다. 그리고 반대로 실질적으로 거짓되고, 겁 많고, 관능적이고 또는 잔인한 죄인들은 누구든지 자신의 성격 속에 잠재되어 있는 또 다른 감정으로 인해—그 감정이 충분히 강렬하다고 한다면—어떤 순간에는 죄를 지으려는 충동에 압도당한다. 두려움은 이런 특별한 종류의 사람들에게서 이런 결과를 위해 언제나 가장 유용한 감정이다. 이것은 양심을 대변하지만 여기에서는 '고차적 감정'으로 적당히 분류되어야 한다. 만약 우리가 곧 죽는다면, 또는 만약 우리가 임박해 있는 심판의 날을 믿는다면, 우리는 얼마나 빨리 우리의 도덕적 집을 정돈하겠는가! 우리는 죄가 어떻게 우리를 유혹하는지 보지 못하도다! 지옥불을 강조하는 구식 그리스도교는 두려움으로부터 회개의 열매들과 완전히 동등한 것과 완전한 회심의 가치를 이끌어내는 방법을 잘 알고 있었다.

로는 성급함, 분노하기 쉬움, 전투적 기질 등을 들 수 있다. 좀더 미묘한 방식의 흥분은 성격의 조급함, 엄격함, 진지함, 가혹함으로 그 자체를 드러낸다. 진지함이란 원기가 고통을 가져온다고 해도 기꺼이 원기있게 살고자 함을 의미한다. 고통은 다른 사람에게 가해질 수도 있고 자신에게 가해질 수도 있으나 별 차이가 없다. 왜냐하면 격렬한 기분에 사로잡힌 사람들에게 나타나는 유일한 목적은 대상이 누가 되었든 또는 무엇이 되었든 간에 무엇인가를 부술 것이기 때문이다. 어떠한 것도 분노만큼 억제력을 꼼짝 못하게 소멸시키지는 못한다. 왜냐하면 몰트케가 전쟁에 대해 말했듯이 순수하고도 순전한 파괴는 그것의 본질이기 때문이다. 이것은 다른 모든 열정과 연합하도록 분노를 매우 귀중한 것으로 만든다. 고차적 분개를 이끌어내는 원인을 억제하는 순간 가장 감미로운 기쁨은 잔인한 기쁨에 의해서 짓밟히고 만다. 그때 우정을 버리고, 오랫동안 뿌리박아온 특권과 재산을 포기하고 사회적 유대관계를 끊는 것에는 아무런 비용이 들지 않는다. 오히려 우리는 엄격함과 고독 속에서 단호한 기쁨을 취한다. 성격의 약점이라고 불리는 것이 대부분의 경우 이러한 희생적 기분의 부적절함 속에 존재하는 것처럼 보인다. 사람들 자신의 열등한 자아와 그것의 특별한 관대함이 종종 이러한 희생적 기분의 표적과 희생이 되는 것임에 틀림없다.[3]

지금까지 나는 동일한 사람에게서 변하기 쉬운 흥분에 의해 만들어지는 일시적 변화에 대해 이야기하였다. 그러나 각기 상이한 사람들의 상대적으로 고정된 성격의 차이는 정말 유사한 방법으로 설명된다. 특별한 종류의 감정에 빠지기 쉬운 사람에게는 다른 사람들에게는 유효하게 남아 있는 억제의 모든 범위가 습관적으로 사라지고 다른 종류의 억제가 그것을 대신하

---

3) 예 : 벤야민 콩스탕(Benjamin Constant)은 종종 열등한 성격을 가지고서도 뛰어난 지성을 가진 특별한 사례로서 기이하게 여겨졌다. 그는 다음과 같이 쓰고 있다.(*Journal*, Paris, 1895, 56쪽) "나는 나의 비참한 약점에 의해 이리저리 내동댕이쳐지고 질질 끌려다녔다. 나의 우유부단함만큼 어리석은 것은 없었다. 결혼, 고독, 독일, 프랑스, 실제로 나는 어떤 것도 포기할 수 없었기 때문에 주저하고 또 주저하였다." 그는 어떤 것에도 '미칠 수' 없었다. 그러나 다방면에 호감을 갖고 있는 사람은 성공할 가망이 없다.

게 된다. 어떤 사람이 특정한 감정에 대해 타고난 자질을 가지고 있다면, 그의 삶은 일반인과는 이상할 정도로 다르다. 왜냐하면 일반인이 지닌 통상적 억제책 중 그 어느 것도 그를 저지하지 못하기 때문이다.

반대로 자연의 선물인 열정을 갖고서 여러분의 천부적인 봉사자, 전사 또는 개혁가가 자신의 일들을 잘해 나가고 있을 때, 하나의 성격유형만을 바라는 여러분의 열망자는 본능적 행위에 대해 자발적 행위가 절망적으로 열등하다는 것을 보여준다. 그는 신중히 그의 억제들을 극복해야만 한다. 타고난 열정을 지닌 천재는 그러한 것들을 전혀 느끼지 않는 것 같다. 그에게는 모든 내적 마찰과 신경쇠약이 없다. 폭스(Fox), 부스(Booth) 장군, 가리발디(Garibaldi), 존 브라운(John Brown), 루이 미셸(Loise Michel), 브래들로(Bradlaugh)와 같은 사람에게는 마치 그들을 둘러싸고 있는 것들을 압도하는 절대적 장애물이 존재하지 않는 것 같다. 우리들 중의 많은 사람들도 그렇게 그것들을 무시한다면, 그러한 영웅들이 많이 생길지도 모른다. 왜냐하면 많은 사람들은 그와 비슷한 이상을 위해 살고자 하는 바람을 가지고 있기 때문이며, 단지 그들에게는 적당한 정도의 억제를 소멸시키는 분노가 부족하기 때문이다.[4]

---

4) 고차적 흥분이 줄 수 있는 위대한 것은 용기이다. 그리고 이러한 흥분을 어느 정도 가감하느냐에 따라 다른 사람이 되고 다른 삶이 된다. 다양한 흥분은 용기가 나오게 한다. 신뢰할 수 있는 희망도 그러할 것이고, 영감을 주는 사례도 그러할 것이며, 사랑과 분노도 그러할 것이다. 대부분의 사람들에게는 위험이 행위의 중대한 억제물이 되지만, 몇몇 사람에게는 나면서부터 너무 많은 용기를 가지고 있어 단지 위험의 기미만 있어도 용기가 솟아나오게 한다. 그러한 사람들에게는 '모험을 사랑하는 것'이 지배적 열정이 되어버린다. 스코벨레프(Skobeleff) 장군은 다음과 같이 말한다. "나는 나의 용기가 단지 열정에 지나지 않으며, 동시에 위험에 대한 경멸이라고 믿는다. 삶의 위험은 나를 과장된 환희로 채운다. 그것을 더 적게 나눌수록 나는 그것을 더 많이 좋아한다. 나의 육체를 그 사건 속에 참여시키는 일은 나에게 적절한 흥분을 주도록 정해져 있다. 지성적인 모든 것은 내게 반사적인 것처럼 보이지만, 사람 대 사람과의 만남, 결투, 내가 나 자신을 쏜살같이 던질 수 있는 위험이야말로 나를 유혹하고 감동시키고 도취시킨다. 나는 그것에 열광하고 그것을 사랑하며 숭배한다. 나는 남자가 여자를 뒤좇아가듯 위험을 뒤좇아간다. 나는 그것이 결코 멈추지 않

기꺼이 하려는 것과 단순히 바라는 것 사이의 차이, 창조적 이상을 갖는 것과 단지 갈망과 후회일 따름인 이상을 갖는 것 사이의 차이는 오로지 성격을 습관적으로 이상적 방향으로 몰고 가는 강제력(steam-pressure)에 의존하느냐, 아니면 일시적으로 획득되는 이상적 흥분에 의존하느냐에 달려 있다. 일정량의 사랑, 분개, 관대, 아량, 칭찬, 충성 또는 열정적 자포자기가 주어진다면 결과는 언제나 똑같다. 유순한 사람들과 침체된 분위기 속에서 일어나는 행위에 지배적 방해물인, 소심한 장애물의 그 모든 뗏목은 즉시 가라앉고 만다. 우리의 인습,5) 우리의 수줍음, 나태 그리고 인색, 전례와 허용에 대한 우리의 요구, 담보와 보증에 대한 요구, 우리의 하잘것없는 의심, 소심한 절망, 그것들은 지금 어디에 있는가? 거미줄처럼 끊어지고, 태양 아래에서 거품같이 부서졌다.

어제까지도 나를 무기력하게 만들어놓았던
걱정과 근심은 어디로 갔는가?
나는 아침 일찍 나 자신을 반성해본다.

우리가 영향을 받았던 것들은 홍수에 너무나 쉽게 떠밀려가서 우리는 그것들과의 접촉을 느끼지 않는다. 그것들로부터 자유롭게 될 때, 우리는 공

기를 바란다. 그것이 항상 변함없다면 언제나 내게 새로운 즐거움을 가져다줄 것이다. 내가 그것을 찾고자 하는 모험 속에 나 자신을 던질 때 나의 가슴은 불확실성으로 떨리게 된다. 나는 즉시 그것이 나타나기를 원하나, 또한 그것이 늦춰지기를 원할지도 모른다. 일종의 고통스럽고도 유쾌한 전율은 나를 흔들어놓는다. 나의 본성 전체는 달려가서 나의 의지가 헛되이 저항하고자 하는 관성을 가지고 위험과 조우하게 된다"(Juliette Adam, *Le Général Skobeleff*, Nouvelle Revue, 1886, 축약됨). 스코벨레프는 지독한 이기주의자였던 것처럼 보인다. 그러나 사욕 없는 가리발디는 그의 『회고록』(*Memorie*)을 통해 판단한다면, 위험을 추구하는 흥분의 지칠 줄 모르는 감정 속에서 살았다.

5) 앞의 사례 132쪽 참조. 그곳에서 저자는 "언제나 나의 삶을 뒤덮고 있는 인습들의 잠정적 망각에 단순히 놓여 있는 것"으로서 신과의 영적 교섭에 대한 그의 경험들을 묘사한다.

중에 높이 떠올라 날아다니며 노래하게 된다. 이 빛나는 개방성과 정신적 앙양은 모든 창조적인 이상적 차원에 밝고 기쁜 특성을 부여한다. 이러한 것은 종교적으로 억제감정이 존재하는 곳에서 가장 두드러지게 나타난다. 이탈리아의 한 신비주의자는 "진정한 수사(修士)는 수금 이외에는 어떠한 것도 갖고 있지 않다"라고 쓰고 있다.

우리는 이제 이런 심리적 일반론에 대한 이해에서 벗어나 현재 진행중인 강연의 특별한 주제를 형성하는 종교적 상태의 그러한 열매들에 대해 알아보겠다. 인격적인 에너지가 종교적 중심 속에 자리잡고, 영적 열정에 의해 움직이는 사람은 이전의 육욕적 자아와는 완전히 다른 삶을 산다. 그의 가슴 속에 타오르는 새로운 열정은 이전에 그를 사로잡았던 보다 열등한 충동인 '안 돼'를 불식시키고, 그의 모든 비굴한 본성으로부터의 전염에서 그를 보호해준다. 이전에 불가능하였던 관대함이 이제는 힘들지 않다. 이전에 포악했던 하찮은 인습과 비열한 자극들이 이제는 지배적이지 않다. 그의 내면에 있는 돌벽이 무너졌고, 그의 가슴에 있는 완강함이 부서져버렸다.

내가 생각하기에 우리들 중 많은 사람들도 진정한 삶을 살아가려고 하거나 또는 연극이나 소설이 이따금 우리에게 던져주는 그러한 일시적인 '감상 분위기'에서의 감정상태를 회상함으로써 이것을 상상할 수 있다. 특히 우리가 울 때는 말이다! 왜냐하면 마치 우리의 눈물이 완강한 내적 댐을 부수고, 갖가지 과거의 죄악들과 도덕적 침체를 배출하며, 이제는 우리를 깨끗이 하여 부드러운 감정을 갖게 하고, 훨씬 더 숭고한 안내를 받도록 하는 것처럼 보이기 때문이다. 테레사나 로욜라와 같이 활동적인 사람들과 마찬가지로 많은 성인들은 교회가 전통적으로 특별한 은총으로 찬양했던 것, 즉 눈물의 은사를 소유했다. 이런 사람들에게서는 감상적 기분이 거의 끊임없는 지배력을 갖는 것처럼 보인다. 고귀한 감정 역시 눈물과 감상적 기분에서와 마찬가지로 작용을 한다. 그러한 감정은 점진적 성장 또는 위기에 의해 나타날지도 모른다. 그러나 어떤 경우에서든지 그것은 '계속될' 것이다.

지난 강연의 마지막 부분에서 우리는 감정적 흥분의 쇠퇴 속에서 더 비열한 자극들이 일시적으로 우세하고 재타락이 일어날지라도, 일반적으로 탁월한 고차적 통찰력이 이런 영속성을 내포하고 있음을 보았다. 그러나 일시적 감정은 별개로 하더라도, 마치 사람의 습관적 본성의 변화에 의한 것처럼 하등의 유혹들이 완전히 폐기될 수도 있다는 것이 또한 특정한 사례들에 의해 증명된다.

갱생한 성격의 일반적 자연사(史)에 착수하기 이전에 여러분에게 한두 가지 예를 들어 이 진기한 사실을 확인시키고자 한다. 가장 많이 나타나는 예가 갱생한 술주정꾼들의 경우이다. 여러분은 지난 강연에서의 해들리 씨의 경우를 기억할 것이다. 제리 매컬리 거리 선교회(Jerry McAuley Water Street Mission)에는 유사한 예가 많다.6) 여러분은 또한 어느 날 오후 3시에 회심하고 그 다음날 들판에서 술에 취해 있었으나 영원히 그의 알코올 중독을 치료받은 옥스퍼드 졸업생을 기억할 것이다. "그 시간 이후 내게서 술에 대한 공포가 사라졌다. 나는 결코 그것을 만지지도 원하지도 않는다. 담배도 마찬가지였다. ……담배에 대한 욕망은 금방 사라졌고 다시는 생각나지 않았다. 모든 알려진 죄도 마찬가지이다. 영원하고 완전한 것이다. 나는 회심한 이후 아무런 유혹에도 빠지지 않았다."

여기 스타벅의 원고모음에도 비슷한 예가 있다.

나는 오래된 아델피 극장에 갔다. 그곳에서는 거룩한 집회가 열리고 있었다. ……그리고 나는 말하기 시작했다. "주님, 주님, 저는 이 축복을 받아야만 합니다." 그때 내게 들리는 목소리가 있었다. '너는 주님께 기꺼이 모든 것을 헌신할 준비가 되어 있느냐?' 질문이 계속되었고 나는 모든 질문에 이렇게 대답했다. "예, 주님, 예, 주님." 그러나 이런 말이 들렸다. "왜 너는 **지금** 그것을 받아들이지 않느냐?" 그래서 나는 대답했다. "그렇게 하겠습니다. 주님." 나는 신뢰감 외에는 다른 특별한 기쁨을 느

---

6) 앞의 276쪽. "알코올 중독에 대해서 내가 아는 유일하게 급진적 치료법은 신앙 중독이다"는 내가 어떤 치료사로부터 듣고 인용해온 말이다.

끼지 못했다. 집회가 막 끝나고 나는 거리로 나갔는데, 거기서 한 신사가 담배를 피우는 것을 보았다. 담배연기가 내 얼굴로 다가왔다. 나는 길고도 깊은 숨을 쉬고서 주님을 찬양했다. 그러자 흡연에 대한 모든 욕구가 사라져버렸다. 그리고 나서 길을 걷다가 독한 술내음이 새어나오는 술집을 지나쳤다. 나는 나의 모든 미각과 진저리나는 물질에 대한 갈망이 사라졌음을 발견했다. 신께 영광을……! [그 이후로] 10년 또는 11년 동안 나는 순전히 황폐한 가운데 살았지만 술에 대한 욕구는 다시 돌아오지 않았다.

가드너 대령의 고전적 사례는 한 시간 만에 성적 유혹에서 치료를 받은 경우이다. 스피어 씨에게 그 대령은 이렇게 말했다. "나는 내가 그토록 강하게 빠져 있어서 머리를 총으로 쏘는 일 외에는 나를 치료해줄 것이 아무것도 없다고 생각한, 그 죄의 성향에서 효과적으로 치료되었다. 마치 내가 젖을 빠는 아이가 된 것처럼 그것에 대한 모든 욕구와 성벽이 완전히 사라졌고, 지금까지 그 유혹은 되돌아오지 않았다." 이 사람에 대한 웹스터의 말은 이렇다. "그 대령이 자주 했던 말 가운데 하나는 이것이다. 그는 종교를 알기 이전에 불순한 행위에 너무 깊이 빠져 있었다. 하지만 그가 하늘로부터 깨우침을 받자마자 성령의 힘이 자신의 본성을 너무나 놀랍게 변화시키는 것을 느꼈고, 이러한 면에서 그의 성화는 어떤 경우에서보다 더 주목받을 만한 것처럼 보였다."[7]

오래된 충동들과 성향들을 그렇게 빨리 제거할 수 있다는 것은 우리들에게 최면암시의 결과로 간주되어왔던 것을 매우 강력하게 상기시켜준다. 그래서 우리는 잠재의식적 영향들이 최면술에서 보이는 역할과 같이, 갑자기 마음을 바꾸도록 하는 데 결정적 역할을 한다는 사실을 믿지 않을 수 없다.[8]

---

7) *Doddridge's Life of Colonel James Gardiner*, London Religious Tract Society, 23~32쪽.

일반적인 도덕적, 물리적 힘에 의지해서 고질적인 나쁜 습관을 고치려고 노력하였으나 실패했던 환자가 암시치료법을 통하여 몇 번의 시도를 거친 후에 그것을 치료한 사례는 수도 없이 많다. 알코올 중독과 성적 부도덕도 역시 이러한 방법으로 치료되었다. 다시 말해서, 많은 사람들이 비교적 안정적인 변화를 초래하는 특권을 지닌 것처럼 보이는 잠재의식을 통하여 치료되었다. 만약 신의 은총이 기적적으로 작용한다면 그것은 아마도 잠재의식의 문을 통해서 이루어질 것이다. 그러나 이 잠재의식의 영역 안에서 어떤 것이 정말로 어떻게 작용하는지를 설명하는 것은 여전히 불가능하다. 그래서 우리는 변형의 과정에 대해서는 그만 이야기하는 것이 좋겠다. 여러분이 괜찮다면, 변형과정은 심리학적인 또는 신학적인 신비로 많은 부분을 남겨두기로 하자. 그리고 이제 우리는 어떠한 방식으로 종교적 조건의 열매들이 제시되든지 간에 우리의 관심을 그것들로 돌리는 것이 좋겠다.[9]

---

8) 예를 들어 여기에 스타벅 교수의 책에서 인용한 한 사례가 있다. 그의 책에서 '감각의 자동증'은 기도와 결심이 영향을 미칠 수 없었던 것을 재빠르게 성취시켜주었음을 보이고 있다. 그 대상자는 한 여성이다. 그녀는 다음과 같이 쓰고 있다.
"내가 40세였을 때 나는 담배를 끊으려고 시도하였으나 담배에 대한 욕구가 계속 남아 있었고 그 욕구에 짓눌리게 되었다. 나는 담배를 끊을 수 있게 해달라고 신에게 울부짖고 기도하고 맹세했으나 끊을 수가 없었다. 그래서 15년간 담배를 피워왔다. 그런데 내가 53세였을 때의 어느 날 벽난로 옆에서 담배를 피우며 앉아 있었는데 어떤 목소리가 내게 말했다. 나는 그 목소리를 귀로 직접 듣지는 못했다. 오히려 그 목소리는 꿈 또는 일종의 이중신념인 것 같았다. 그 목소리는 말했다. '루이자, 담배를 내려놓아라.' 즉시 나는 응답했다. '당신이 나의 욕구를 거두어갈 수 있습니까?' 그러나 그 목소리는 계속 말하기만 했다. '루이자, 담배를 내려놓아라.' 나는 일어나서 담배 파이프를 벽난로 선반 위에 내려놓았다.
그러고 나서 두 번 다시 담배를 피우지 않았고, 또한 피우고 싶은 욕구도 일지 않았다. 그 욕구는 마치 내가 담배를 전혀 몰랐던 것처럼, 또는 담배를 결코 만져본 적이 없는 것처럼 사라졌다. 다른 사람이 담배를 피우는 광경을 보거나 담배냄새를 맡아도 결코 담배에 다시 손대고 싶은 욕구가 털끝만큼도 일어나지 않았다." *The Psychology of Religion*, 142쪽.
9) 스타벅 교수는 옛 영향력들이 급진적으로 소멸하는 것을 생리적으로 고위뇌중추

와 하위뇌중추(higher and lower cerebral centers) 사이의 연결고리를 끊는 것으로 설명한다. 그는 다음과 같이 말한다. "영적 삶과 연관되어 있는 연상작용-중추들이 하위 뇌와의 연결고리를 끊는다는 이 조건은 종종 기고가들이 그들의 경험을 기술하는 방법에 반영되어 있다. ……예를 들면 '외부에서 오는 유혹은 여전히 우리를 공격하고 있다. 그러나 그 유혹들에 응답해줄 수 있는 것이 내부에는 아무것도 없다.' [여기에서] 자아는 전적으로 고위뇌중추와 동일시되고, 고위뇌중추가 갖는 감정의 질은 내부에 있는 감정의 질과 같다. 응답자들 중에서 다른 사람이 말한다. '사탄이 비록 나를 유혹했을지라도, 그때 이후로 내 주위에는 말하자면 놋쇠로 된 벽이 있어서 그 사탄의 화살은 나를 맞출 수가 없다.'"

분명히 이러한 종류의 기능적 제거는 뇌에서 일어나는 것임에 틀림없다. 그러나 내성적 고찰이 가능한 측면에서 보면, 이러한 일들의 원인이 되는 조건은 단지 영적 흥분의 정도에 해당되며, 그것은 마침내 매우 고귀하고 강하게 되어 절대적이 된다. 우리는 그러한 절대적 힘이 어떤 사람에게는 생기고 다른 사람에게는 생기지 않는지에 대한 이유나 방법을 전혀 모른다는 것을 솔직하게 고백해야 한다. 우리는 단지 기계적 유비에 의해 어떤 망상적 도움이 주어진다는 것만을 상상할 수 있을 뿐이다.

예를 들어, 만약 우리가 서로 다른 평형의 가능성을 지닌 인간의 마음을 평평하게 놓을 수 있는 서로 다른 표면들로 구성된 다면형의 입방체와 같다고 상상한다면, 우리는 정신의 혁신을 그러한 물체가 지닌 공간의 혁신으로 비유할 수 있을지도 모른다. 예를 들면, 정신이 표면 A에 놓여 있는 위치에서, 말하자면 지렛대를 사용하여 들어올려지기 때문에 정신은 잠시 동안 중간 높이까지 불안정하게 매달려 있을 것이다. 그리고 만약 지렛대가 더 이상 들어올려지지 않는다면, 정신은 계속적으로 끌어당기는 중력에 의해 뒤쪽으로 떨어지거나 '원래 상태로 되돌아가게 될 것이다'.

그러나 만약 중력 중심이 표면 A를 넘어서 지나갈 수 있을 만큼 충분히 회전하게 되면, 물체는 B 표면 위에 오게 될 것이고, 영원히 그 위치를 고수하게 될 것이다. A를 향한 중력의 끌어당김은 사라지고, 이제는 신경을 쓰지 않게 될 것이다. 그러면 다면체는 각각 끌어당기는 방향에서 좀더 멀리 가려는 유혹에 대해 벗어나게 된다.

이러한 비유적 표현에서 지렛대는 새로운 삶을 구성하는 감정적 영향들에 해당될 수 있고, 중력이 지닌 초기의 끌어당김은 이전의 상태로 되돌아가는 것이나 또는 억제에 해당된다. 감정적 영향이 어떤 특정한 높낮이의 효력을 발휘하지 못하면, 그 영향이 초래하는 변화들은 불안정해진다. 인간은 그의 원래적 태도로 다시 돌아가게 되는 것이다. 그러나 특정한 강렬함이 새로운 감정으로 인해 얻어지게 되면 위기의 순간은 극복되고, 그러면 새로운 본성이 만들어지는 것에 상응하는 되돌릴 수 없는 변혁이 뒤따라 일어난다.

성격에서 종교의 성숙한 열매들을 가리키는 집단적 명명은 성인다움이다.[10] 성인다운 성격은 영적 감정이 개인 에너지의 습관적 중심이 된다. 그리고 보편적 성인다움에 대해서는 일종의 합성그림이 제시된다. 이것은 모든 종교에서도 똑같으므로 그러한 특징들을 쉽게 추적할 수 있다.[11]

그 특징들은 다음과 같다.

첫째, 지금의 현 세계에서 이기적인 얄팍한 이해관계보다는 더욱 폭넓은 삶 속에 존재한다는 느낌. 그리고 이상적 힘의 존재에 대하여 지적으로 확신하는 것일 뿐만 아니라 지각할 수 있는 확신. 그리스도교의 성인다움에서 이런 이상적 힘은 항상 신으로 의인화된다. 그러나 추상적인 도덕적 이상들, 시민적 또는 애국적 유토피아들, 또는 성스러움이나 옳음에 대한 내적 변형들도 역시 보이지 않는 것의 실재성에 대한 강연에서 내가 기술하였던 방식대로 우리 삶의 참된 주인들과 확대자로서 느껴진다.[12]

---

10) 나는 때때로 이 말에 '신성한 체함'(sanctimoniousness)이라는 특정한 의미가 포함되어 있음에도 불구하고 이 말을 사용한다. 왜냐하면 다른 어떤 말도 이처럼 본문에서 묘사하는 데 사용되는 감정들을 정확하게 조합해주지 못하기 때문이다.

11) 잉(W.R. Inge) 박사는 다음과 같이 말한다(그의 *Christian Mysticism*에 대한 강연에서 인용, London, 1899, 326쪽). "매우 탁월한 성인다운 특성을 지닌 사람들이 우리에게 말해주는 것은 매우 면밀하게 합치하고 있음을 보인다. 그들은 우리들에게 추론에 기초한 것이 아니라 즉각적 경험에 기초하여 그들의 확고한 신념에 도달하게 되었다고 말한다. 또한 그들은 신은 인간의 영이 교접을 유지할 수 있는 하나의 영이라고 말한다. 그들은 또한 그들이 상상할 수 있는 진·선·미와 같은 모든 것을 신 안에서 대면할 수 있다고 말한다. 그들은 자연의 구석구석에서 신의 발자국을 볼 수 있고, 그들 삶의 생명으로서 존재하는 신의 현존을 느낄 수 있으므로 그들 자신의 내면에 다가가는 만큼, 그들은 신에게 다가갈 수 있다고 우리에게 말한다. 그들은 신과 행복으로부터 우리를 분리하는 것은, 첫번째로는 모든 형태의 이기주의를 추구하는 것이며, 두번째로는 모든 형태의 성적 욕망의 추구라고 말한다. 이러한 것들은 죽음과 어둠의 방법들이어서 우리들로부터 신의 얼굴을 가린다. 반면에 정의로 가는 길은 점점 더 완벽한 날을 향하여 비추는 반짝이는 빛과 같다.

12) '인간애에 대한 열정'은 많은 면에서 그리스도교의 성인다운 열정적 특성과 합치되는 삶으로' 이끌어진다. 도덕적 행동을 위한 협회(Union pour l'Action morale)의 구성원들에게 제시되었던 다음의 규칙들을 보라. 그것은 *Bulletin*

de l' Union, April 1~15, 1894에 제시되어 있다. 또한 *Revue Bleue*, August 13, 1892를 참조하라.

"우리는 직접 규칙, 훈련, 체념 그리고 포기의 유용성을 우리 자신이 알려야 한다. 우리는 고통의 필연적인 영속성을 가르쳐야 한다. 그리고 그 고통의 창조적 역할에 대해서도 설명해야 한다. 우리는 잘못된 낙관주의에 대해서, 우리에게 가져다줄 행복에 대한 비열한 희망에 대해서, 그리고 지식으로만 또는 영혼들의 친밀한 결합과 동의를 잘못 판단하여 대신 들어앉은 불안정한 외적 장치이자 문명의 허구적 상징인 물질문명에 의해서만 구원받을 수 있다는 개념에 대해서 논란을 일으켜야 한다. 우리는 또한 공개적 생활이든 사적 생활이든 간에 좋지 못한 품행에 대해서, 사치와 괴팍스러움, 도를 넘어선 정교함에 대해서, 고통스럽고 비도덕적이고 반사회적인 우리의 결핍들의 증식을 확대하려는 모든 것들에 대해서, 일반인들의 영혼 안에서 시기와 혐오를 조장하는 모든 것에 대해서, 그리고 삶의 주요목표가 즐기는 자유라는 개념을 확인시켜주는 모든 것에 대해서 논란을 벌여야 한다. 우리는 예를 들어 우월자들과 동등자들 그리고 모든 사람들에 대한 존경에 대해서, 열등자들과 중요하지 않은 사람들과의 관계에서 보이는 애정 어린 단순성에 대해서, 또한 우리의 요구가 유일하게 관련되어 있는 탐닉에 대해서도 설교해야 한다. 그러나 우리는 우리의 요구가 다른 사람이나 대중을 향한 의무와 관련되어 있는 확고함에 대해서도 설교해야 한다."

"왜냐하면 일반인들은 우리가 도와주어서 무엇이 되게끔 한 사람들이기 때문이다. 그 사람들의 악은 곧 지켜보고, 시기하고 그리고 모방한 우리의 악이기 때문이다. 만약 그 사람들이 그들의 모든 짐을 우리에게 부과하기 위해 돌아온다면, 그것은 정당한 일인 것이다."

우리 모두는 스스로 인기를 추구하는 것과 중요한 것처럼 보이는 모든 야심을 좇는 것을 금하고 있다. 우리는 모든 면에서 허위에서 벗어날 것을 우리 자신에게 맹세한다. 우리는 우리의 말과 글로써 가능할지도 모른다는 환상을 갖거나 부추기는 것을 하지 않기로 약속한다. 우리는 각자 모두에게 적극적으로 성실할 것을 약속한다. 그래서 우리는 진리를 분명하게 보려고 할 것이며, 결코 진리가 보여주는 것을 선언하는 데에 두려워하지 않을 것이다.

우리는 유행의 대변동에, 대중의 마음을 혼란스럽게 하거나 당황하게 하는 모든 행위에 대해, 그리고 나약함과 공포를 자아내는 모든 모습에 대해 신중하게 저항할 것을 약속한다.

우리는 야유하지 않을 것이다. 신중한 일에 대해 우리는 놀리거나 놀리는 기색을 전혀 보이지 않고, 진지하게 미소짓지 않고 이야기할 것이다. 우리는 심지어 모든 일에 대해서도 그러할 것이다. 왜냐하면 마음의 빛인 신중한 방법들이 존재하기 때문이다.

우리는 항상 우리 자신을 현학적이지 않고 허식 없이, 그리고 오만을 부리지 않는 것뿐만 아니라 오도된 비굴함 없이 우리의 본질을 향해 나아가도록 해야 할 것이다.

둘째, 그런 이상적 힘과 우리 자신의 삶이 친근하게 연계되어 있다는 느낌, 그리고 그 힘의 지배에 기꺼이 우리 자신을 헌신하는 것.

셋째, 한계적 자아의 윤곽이 용해될 때 나오는 무한한 용기와 자유의 느낌.

넷째, 정서의 중심이 사랑스럽고 조화로운 감정으로 이동, 다시 말해 비자아의 요구가 관계하고 있는 '부정'의 영역에서 벗어나 '긍정'의 영역으로 변화.

이러한 기본적인 내적 조건들은 다음과 같은 특징적 실제 결과들을 지니고 있다.

1. **금욕주의**—자포자기는 매우 열정적으로 행해지고 있으므로 자기희생으로 변할 수도 있다. 그렇다면 이 태도는 육체에 대한 일반적 억제를 너무나 많이 지배해서, 그 억제가 고차적 힘에 대한 충성의 정도를 측정해주고 표현해주는 것처럼, 성인은 희생과 금욕주의에서 긍정적인 기쁨을 찾는다.

2. **영혼의 힘**—삶의 확장적 느낌은 너무나 고양될 수가 있어서 일반적으로 무엇이든지 할 수 있다고 하는 개인적 동기들이나 억제들은 주의를 끌기에는 너무 무의미하므로 인내와 강직함에 대한 새로운 지평이 열리게 된다. 공포와 걱정은 사라지고 기쁨이 넘치는 평정의 상태가 찾아온다. 천국이 열리고 지옥이 오더라도 이것은 이제 아무런 영향도 받지 않는다.

3. **순결**—첫번째로, 감정의 중심이 변화하는 것은 순결의 증가를 초래한다. 영적 부조화에 대한 민감성이 강화되고, 야만적이고 관능적인 요소들로부터 존재를 정화하는 것은 절대적인 것이다. 그러한 요소들과 접촉하게 되는 경우들은 사전에 방지된다. 성인다운 삶은 영적 일관성을 심화시켜야 하고, 세상으로부터 때묻지 않은 상태를 유지해야 한다. 몇 가지 기질 중에서 정신의 순결에 대한 이러한 요구는 금욕적 경향을 취하고 있다. 육체가 지닌 나약성은 엄격하게 다뤄진다.

4. **자비**—두번째로, 정서 중심의 변화는 자비의 증가를 초래한다. 다시 말해 동료에 대한 애정이 싹트는 것이다. 대개 인간 사이의 애정을 제한시키고 있는 반감에 대한 일반적인 동기들은 억제된다. 성인은 자신의 원수를 사랑하고 불쾌한 거지들을 자신의 형제들로 대하게 된다.

이제 나는 영적 나무에서 형성된 이러한 열매들에 대한 구체적인 몇 가지 예를 들어보아야 할 것이다. 이에 대한 예는 너무 많아서, 그를 제시하는 데서 유일한 어려움은 어떤 것을 선택하느냐 하는 것이다.

그러나 고차적이고 친근한 힘의 현존에 대한 느낌이 영적 삶에서 기본적 특징으로 보이기 때문에, 나는 이것으로 이야기를 시작하고자 한다.

우리는 회심에 대한 이야기에서 어떻게 세계가 빛나 보이고, 어떻게 회심자로 변모하는지의 경위를 보았다.[13] 그리고 명백히 종교적인 모든 것을 제외하고서라도, 우리 모두는 우주적 삶이 친절하게 우리를 둘러싸고 있는 것처럼 보이는 순간에 접할 때가 있다. 젊고 건강할 때나 여름에, 또는 숲속이나 산 위에서 날씨가 평화롭게 속삭이는 것 같은 날들이 있으며, 선과 미의 존재가 습기 없는 온화한 기후와 같이 우리를 감싸거나 또는 마치 우리 내면의 귀가 이 세상이 안전하다는 소리를 듣고 있는 것처럼 우리를 통해 울려퍼지는 날들이 있다. 소로(Thoreau)는 다음과 같이 쓰고 있다.

숲에 들어온 지 몇 주가 흐른 후에, 나는 한동안 가까운 이웃이 정말로 평정한 마음과 건강한 삶에 반드시 필수적인 것인가에 대해 의심하고 있었다. 혼자 지낸다는 것은 어쨌든 유쾌한 일은 아니었다. 그러나 부드러운 빗속에서 이러한 생각들이 난무하는 동안 나는 갑자기 (빗방울이 후드득 떨어지는) 자연 속에서 그리고 내 집 주변을 둘러싸고 있는 모든 광경과 소리 가운데에서 달콤하고 선의를 베푸는 사회에 대해 인식하기 시작했다. 그때 나는 마치 이웃 사람들이 베푸는 이점에 대한 생각을 무의미하게 만들려는 것같이 무한하고 설명할 수 없는 친근감이 대기처럼 나를 떠받치고 있는 것을 느꼈다. 이것은 이전에 결코 내가 생각해보지 못한 것이었다. 모든 작은 솔잎은 쭉쭉 뻗어 있었고 연민으로 부풀어 있었으며 나를 친구로 삼아주었다. 나는 나와 같은 동족의 존재를 너무나 강렬하게 의식해서 어떤 장소도 다시는 나에게 낯설지 않을 것이라고 생각

---

13) 같은 책, 243ff.

했다.14)

그리스도인의 의식에서 자신을 감싸고 있는 이러한 친근감에 대한 느낌은 가장 인격적이고 뚜렷하다. 한 독일 작가는 이렇게 쓰고 있다. "인간이 마지못해 포기한 개인적인 독립감의 상실에 대한 보상은 인간의 삶에서 모든 공포가 사라지는 것이다. 다시 말해서, 그에 대한 보상은 묘사할 수 없고 설명할 수 없는 내적 안전에 대한 느낌이다. 이것은 오직 사람이 경험할 수 있는 것이지만, 일단 한 번 경험하게 되면 결코 잊을 수 없는 것이다."15) 나는 이러한 마음상태를 훌륭하게 묘사한 것을 보이시(Voysey)의 설교에서 찾아냈다.

나갈 때나 들어올 때나, 그리고 밤이나 낮이나 신이 분명히 그들과 함께 존재하고 있다는 느낌은 절대적 휴식과 확신에 찬 고요함을 주는 요소라고 하는 것은 믿음이 있는 수많은 사람들이 경험한 것이다. 이 경험은 그들에게 닥칠 수도 있는 모든 공포를 없애준다. 신과 근접해 있다는 것은 공포와 근심에 대항하여 항상 안전하다고 느끼게 해준다. 이러한 느낌은 그들이 신체적 안전을 보장받았다거나, 또는 그들이 다른 사람들은 부정하는 사랑에 의해 자신들이 보호받는다고 생각하게 해주는 것이 아니라, 그들이 해를 당해도 그에 대처하거나 안전할 것이라는 마음상태에 있다는 것을 보여준다.

만약 그들이 해를 당한다면, 그들은 기꺼이 그것을 견디어낼 것이다. 왜냐하면 신은 그들의 수호자이고, 그 어떤 일도 신의 의지가 아니고서는 그들에게 닥치지 않기 때문이다. 만약 그 일이 신의 의지에 따라 행해진 것이라면, 그들에게 해는 하나의 축복이지 결코 재앙이 아니다. 이러저러해서 믿음이 있는 사람은 해악으로부터 보호받고 있는 것이다. 나는 한

---

14) H. Thoreau, *Walden*, Riverside edition, 206쪽(축약됨).
15) C.H. Hilty, *Glück*, vol.i. 85쪽.

개인으로서—결코 무신경하거나 또는 신경이 강한 사람은 아니다—이러한 결론에 절대적으로 만족하고 있으며, 위험이나 대재난에 대한 다른 종류의 대비책을 바라지도 않는다. 나는 가장 강렬하게 팽창되어 있는 유기체만큼이나 고통에 매우 민감하다. 그러나 나는 신이 애정을 베푸는, 그리고 항상 깨어 있는 수호자라는 생각과, 그 어느 것도 신의 의지가 작용하지 않고서는 우리를 해할 수 없다는 생각으로 가장 최악의 고통을 극복하고, 그 고통이 주는 아픔도 함께 극복할 수 있다고 생각한다.16)

이러한 상태에 대한 더욱 흥미 있는 표현들은 종교적 문헌에서 많이 찾아볼 수 있다. 이러한 단조로운 이야기들로 여러분을 쉽게 지치게 할 수도 있다. 다음에서 제시되는 이야기는 조너던 에드워즈 부인의 이야기이다.

에드워즈 부인은 이렇게 쓰고 있다.
지난 밤은 내 일생에서 내가 경험한 그 어떤 밤보다도 달콤했다. 나는 이전에는 결코 그렇게 오랫동안 내 영혼 속에서 천국의 빛과 휴식과 달콤함을 누려보지 못했다. 그러나 그 순간 내내 나는 내 신체에 아무런 동요도 느끼지 못했다. 나는 그 밤의 한 순간에는 깨어 있었고, 어떤 순간에는 잠이 들기도 하고, 또 어떤 순간에는 비몽사몽인 상태에 있기도 했다. 그러나 지난 밤 내내 나는 그리스도의 탁월한 사랑과 그리스도가 내 가까이에 있다는 느낌, 그리고 그리스도에 대한 나 자신의 경배가 자아내는 천국의 달콤함에 대한 끊임없는 느낌과 분명하고도 생생한 느낌 속에 젖어 있었다.
또한 나는 그리스도 아에서 온전한 휴식을 취하고 있을 때 말로 형언할 수 없는 영혼의 평온함을 느꼈다. 나는 마치 천국에 계시는 그리스도의 마음에서 내 마음 속으로 끊임없는 한 줄기 흐름이, 달콤한 빛의 흐름 또

---

16) Voysey, *The Mystery of Pain and Death*, London, 1892, 258쪽.

는 광속과 같이 성스러운 사람의 광휘가 내려오는 것을 보는 것만 같았다. 동시에 내 마음과 영혼 모두는 그리스도에 대한 사랑으로 넘쳐흘렀다. 천국의 사랑은 끊임없이 흐르고 또 다시 흐르는 것 같았고, 그래서 나는 태양의 빛살이 비추는 곳에서 떠도는 먼지와 같이, 또는 창문으로 비추는 빛의 흐름과 같이, 나 자신이 이렇듯 밝고 달콤한 빛살 속에서 떠돌며 헤엄치고 있는 것처럼 보였다. 나는 지난밤 내가 매순간 느꼈던 것은 나의 전 생애에서 누렸던 외적인 모든 평안과 기쁨보다도 더욱더 가치 있는 것이라고 생각한다. 그것은 최소한도의 고통이나 어떠한 방해도 없는 기쁨이었다. 그것은 내 영혼이 넋을 빼앗긴 달콤함이었다. 그것은 내 연약한 몸이 떠받칠 수 있는 모든 것처럼 보였다. 내가 깨어 있든 잠들어 있든 간에 그것은 최소한의 차이도 없었다. 만약 차이가 있다면 내가 잠자는 동안 그 달콤함이 가장 강렬했다는 것이다.[17]

다음날 아침 일찍 깨어났을 때 나는 나 자신이 전적으로 모든 일을 행한 것처럼 느껴졌다. 나는 나와 관련된 세계에 대한 견해들은 모두 무(無)라고 느꼈다. 또한 내가 한 번도 보지 못했던 사람에 대한 관심 외에 나 자신의 어떠한 외적 흥미와도 관련이 없다고 느꼈다. 신의 영광은 내 마음 속의 모든 바람과 욕망을 집어삼키는 것처럼 보였다. ……나는 쉬기 위해 잠자리에 들어 잠시 눈을 붙이고 난 후 깨어나, 여러 해 동안 나

---

17) 기용(Guyon) 부인의 경우와 비교해보자.
"헌신의 목적으로 한밤중에 깨어나는 것은 나의 관례였다. ……그것은 내게 신이 정확한 시간에 오셔서 그를 영접할 수 있는 기쁨을 누리게 하기 위해 나를 깨우는 것처럼 느껴졌다. 내가 건강이 악화되거나 매우 피곤한 상태일 때 신은 나를 깨우지 않으셨다. 그러나 나는 그러한 경우에도, 심지어 잠자는 경우에도 신에게 분명히 감화받고 있음을 느낄 수 있었다. 신은 나를 너무 사랑하셔서 내가 신의 존재를 불완전하게 의식하는 경우에, 신은 내 존재에 고루 스며드시는 것 같았다. 때때로 나는 잠에서 깨어난다. 그런 잠은 일종의 선잠 형태이다. 그러나 내 영혼은 그 밖의 것은 거의 알 수 없는 경우에도 신만은 충분히 의식할 수 있을 만큼 깨어 있는 것 같았다." T.C. Upham, *The Life and Religious Experiences of Madame de la Mothe Guyon*, New York, 1877, vol.i. 260쪽.

에게 기꺼이 죽을 수 있는 마음을 심어준 신의 자비를 되새겨보았다. 그러고 나서 나를 기꺼이 살 수 있도록 해주신 데 대해서, 나는 신이 나를 여기로 부른 이유가 무엇이든 간에 그 일을 할 수 있고, 또 견디어낼 수 있다고 생각했다.

나는 또한 신이 내가 받아들여야만 하는 죽음의 종류와 방법에 관해 얼마나 은혜롭게 나로 하여금 그의 뜻에 전적으로 기댈 수 있게 해주셨던가를 생각하였다. 그리고 고문을 당해 죽든지 또는 화형을 당하든지 만약 그것이 신의 뜻이라면 어둠 속에서 기꺼이 죽을 수 있다고 생각했다. 그러나 나는 평범한 사람보다 오래 살지 못할 것이라고 생각해보곤 했던 것이 떠올랐다. 여기에 기초하여 나는 천국에서 더 이상 오래 벗어나 있기를 정말 원치 않는지를 나 자신에게 물어보았다. 나의 모든 마음은 천년 동안 공포 속에서 산다고 하더라도, 만약 그런 삶이 신에 대한 최대한의 경의의 표시라면 이제는 '그렇다'라고 즉각적으로 대답하려는 것 같았다.

내 육체의 고통이 매우 크고 끔찍하고 압도적이어서 어느 누구도 그 광경이 보이는 나라에서 사는 것이 견딜 수 없고 내 마음의 고통은 점점 더 커져만 가는 그것이 신의 영광에 대한 최대의 것이었다고 한다면, 나는 그렇게 해야 한다는 것을 동의할 때 나의 영혼은 완전히 자발적이 되었고, 잠잠해졌고, 또한 활발함을 찾은 것처럼 보였다. 그래서 내 마음에는 이제 망설임도 회의도 어둠도 없었다. 신의 영광은 나를 압도하고 집어삼키는 것처럼 보였다. 그리고 있을 수 있는 모든 고통과 내 본성에 매우 끔찍하게 영향을 줄 수 있는 모든 것은 신의 영광 앞에서 무력하게 움츠러드는 것만 같았다. 이러한 체념은 명백함과 밝음 속에서 밤새 계속되었고, 다음날 낮과 밤 그리고 그 다음날인 월요일 정오 전까지 아무런 방해 없이 또 전혀 줄어들지 않고 계속되었다.[18]

---

[18] 나는 원본에 있는 말을 상당부분 요약하여 사용하였다. 그 원본은 에드워즈가 쓴 *Narrative of the Revival in New England*에 제시되어 있다.

카톨릭 성인에 대한 정기간행물에는 무아지경과 같은 기록들이나 위의 사례보다 더 무아지경 상태에 속하는 사례들이 많이 있다. 다음 이야기는 마르티니에의 세라피크 수녀(Sister Séraphique de la Martinière)에 대한 이야기이다. "종종 엄습하는 신의 사랑은 그녀를 거의 죽음의 경지까지 이르게 하였다. 그녀는 이것에 대해 신에게 부드럽게 불평하곤 하였다. '나는 이것을 감당할 수 없습니다'라고 그녀는 말하곤 하였다. '저의 나약함을 온화하게 감싸주소서, 그렇지 않으면 나는 당신의 맹렬한 사랑에 휩싸여 죽게 될 것입니다.'"[19]

이제 나는 성인다움의 일반적 열매라 할 수 있는 자비와 형제애로 넘어가기로 하겠다. 이 자비와 형제애는 특정신학에서 주장했던 봉사의 일종이라는 한계점을 지니고 있다 하더라도, 항상 본질적인 신학적 미덕으로 간주되어왔다. 신이 우리 모두의 아버지라는 개념에서 모든 사람을 형제라고 즉각적으로 추론하듯이, 형제애는 논리적으로 신이 우리와 친근한 존재라는 확신에서 비롯된다. 그리스도는 "원수를 사랑하고, 너희를 저주하는 자를 축복하라. 너희를 미워하는 자들에게 선을 행하고 너희를 악의로써 이용하고 너희를 박해하는 자들을 위해 기도하라"라고 말씀하시는데, 여기서 그 이유를 제시한다. "이같이 한즉 하늘에 계신 너희 아버지의 아들이 되리라. 이는 신이 그 해를 악인과 선인에게 비춰게 하시며 비를 의로운 자와 불의한 자에게 내리우심이라."

그러므로 사람들은 영적 흥분의 특징이라 할 수 있는 다른 사람들을 향한 자비와' 자신에 대한 겸손을 모든 유신론적 믿음의 균등적 특성의 결과로서 설명하고자 할지도 모른다. 그러나 이러한 감정들은 분명히 유신론에서 나온 단순한 파생물들은 아니다. 우리는 이러한 감정들을 최고로 가능한 경지에 오른 스토아 철학이나 힌두교 그리고 불교에서 발견하기도 한다.

이 감정들은 부성적 유신론과 아름답게 **조화**를 이루고 있다. 그러나 이 감정들은 인간이 지닌 일반적 대의명분에 의존하는 것은 무엇이든 간에 조

---

19) Bougaud, *Hist. de la Bienheureuse Marguerite Marie*, 1894, 125쪽.

화를 이룬다. 그리고 내가 생각하건대, 우리는 이 감정들이 우리가 진행중인 연구에서 커다란 복합적 흥분에 종속되는 것이 아니라 협력하는 부분들임을 고려해야 한다. 종교적 환희, 도덕적 열정, 존재론적 경탄 그리고 우주적 감정 이 모두는 마음을 통합하는 상태를 가리키는 것이다. 이러한 마음상태에서 이기심의 기개와 용기는 사라지고 다정스러움이 솟아나오는 경향이 있다. 최선의 것은 우리의 본성이 쉽게 가질 수 있는 특징적 감정, 우리가 편안하다고 느끼는 지역 그리고 우리가 수영할 수 있는 바다처럼 그 상태를 통합적으로 묘사하는 것이다. 그러나 너무도 교묘하게 각각의 요소에서 이 감정들을 도출해냄으로써 각각의 부분을 설명하려고 해서는 안 된다. 사랑이나 공포와 마찬가지로 신앙-상태는 자연스러운 정신적 복합체이며 그것과 더불어 유기적 결과로 자비를 가져온다. 환희는 확장적 감정이므로 모든 확장적 감정들은 지속되는 한 사심이 없으며 또한 애정어린 특성을 지닌다.

우리는 이 감정들이 그 기원상 병리학적 사례가 되는 경우를 찾아볼 수 있다. 『비애와 환희』(la Tristesse et la Joie)[20]라는 교훈적 작품에서, 뒤마(M. Georges Dumas)는 순환성 정신병(circular insanity : 현대의 조울증 또는 기분장애-옮긴이)에서의 우울의 양상과 기쁨의 양상을 비교하고, 이기심이 전자의 특징인 반면, 애타적 충동은 후자의 특징임을 보여주고 있다. 어떠한 인간도, 우울증을 보이는 단계에 처한 마리(Marie)가 그랬던 것만큼 그렇게 인색하고 쓸모없지는 않았을 것이다. 그러나 행복한 기간이 시작되자마자, "연민과 친절은 그녀의 특징적 감정이 된다. 그녀는 단지 의도뿐 아니라 행위에도 보편적 선의지를 보여준다. 그녀는 다른 환자들의 건강을 염려하고, 환자들을 밖으로 데리고 나가는 데 관심을 쏟고, 몇 명의 환자들에게 야맘을 짜주기 위해 필요한 양모를 구하러 기꺼이 나선다. 그녀는 내가 관찰한 이래로, 그녀가 기쁨을 느끼는 기간에 오직 자비로운 견해를 피력하는 것 이외에 다른 견해를 나타내는 것을 결코 본 적이 없었다."[21]

---

[20] Georges Dumas, *la Tristesse et la Joie*, Paris, 1900.

뒷날 뒤마 박사는 모든 기쁨의 상태에서 보이는 것에 대해 다음과 같이 말한다. "비이기적 감정과 부드러운 감정은 즐거운 상태에서 발견되는 유일한 감정적 상태들이다. 주체의 마음은 시기, 증오 그리고 복수를 거두어들임으로써 전적으로 자선, 관용 그리고 자비로 변형되어간다."[22]

그러므로 기쁨과 애정 사이에는 유기적 친화성이 있다. 성인다운 삶에서 이 두 가지의 친화적인 관계는 결코 놀라운 경우가 아니다. 행복과 함께 이러한 애정의 증가는 종종 회심에 대한 이야기에서 보여진다. "나는 다른 사람들을 위해 일하기 시작했다." "나는 내 가족과 친구들에 대해 더 애정어린 감정을 갖게 되었다." "나는 내가 화를 냈던 사람에게 즉시 말을 걸었다." "나는 모든 사람들을 가엾게 여기고 내 친구들을 더욱더 사랑하였다." "나는 모든 사람들이 나의 친구라고 느꼈다." 이러한 구절들은 스타벅 교수가 수집한 기록에서 찾을 수 있는 많은 표현들이다.[23]

에드워즈 부인은 내가 조금 전에 인용했던 이야기에 이어서 계속 말한다.

안식일 아침에 눈을 떴을 때 나는 모든 인간에게 사랑의 감정을 느꼈다. 그 감정은 내가 이전에 느꼈던 모든 감정들을 훨씬 뛰어넘는 것으로서 그 힘과 달콤함에서 아주 독특한 감정이었다. 그 사랑의 힘은 말로는 설명할 수 없는 것처럼 보였다. 만약 내가 나에게 고통을 주기 위해 적의와 잔인성으로 가득 찬 적들에게 포위되어 있다면, 사랑, 연민 그리고 적들의 행복을 바라는 열렬한 욕구의 감정 이외에 그 적들에 대해 다른 감정을 갖는다는 것은 불가능하다고 생각했다. 내가 그날 아침에 했던 대로, 나는 이전에는 결코 다른 사람들을 평가하고 책망하는 성향에서 그렇게 멀리 떨어져 있다고 느껴본 적이 없었다. 또한 나는 매우 독특하고 생생한 방법으로 그리스도교의 많은 부분이 어떻게 사회적으로 관련된 의

---

21) 같은 책, 130쪽.
22) 같은 책, 167쪽.
23) Starbuck, 앞의 책, 127쪽.

무들을 수행하는 데 연결되어 있는지를 깨달았다. 그러한 즐거운 느낌이 그날 내내 지속되었다. 그 느낌은 신과 모든 인류에 대한 달콤한 사랑의 느낌이었다.

자비에 대한 설명이 무엇이든 간에 자비는 모든 인간의 일반적 장벽들을 제거해줄 것이다.[24]

여기에 리처드 위버(Richard Weaver)의 자서전에서 인용한 그리스도인의 무저항에 대한 예가 하나 있다. 위버는 젊은 시절에 광부였으며 준프로 권투 선수였다가 후에 매우 사랑받은 복음전도자가 되었다. 그는 술에 취해 싸우는 것을 근본적으로 그의 육체가 가장 사악하게 이끌려진 죄악으로 보았다. 그는 처음으로 회심한 후에 다시 신앙의 타락을 경험했다. 즉 어떤 남자가 한 소녀를 희롱하는 것을 보고 그를 구타하는 죄를 저질렀던 것이다. 한 번 타락을 하면 그는 바늘도둑이나 소도둑이나 매한가지라고 느끼면

---

[24] 인간과 동물의 경계 또한 허물어질 수 있다. 우리는 폴란드의 훌륭한 애국자이며 신비주의자인 토비안스키(Towianski)에 대해서 읽었다. 그 내용은 다음과 같다. "그는 어느 날 빗속에서 친한 친구 한 명을 만났다. 그 친구는 큰 개가 자기에게 뛰어올라 끔찍하게도 진흙으로 범벅을 만드는데도 그 개를 쓰다듬어 주는 것이었다. 그는 개가 옷을 더럽히도록 왜 그냥 내버려두느냐는 질문을 받자 이와 같이 대답했다. '이 개는 내가 지금 처음 만나는 개지만 나에게 커다란 동료의 감정을 보여주고, 자기의 인사를 내가 알고 받아주는 것에 대해 큰 기쁨을 보여주었다. 만약 내가 그 개를 쫓아버렸다면, 나는 그 개의 감정에 상처를 주고 도덕적 피해를 입히게 되었을 것이다. 그것은 이 개에게뿐만 아니라 그 개와 같은 수준에 있는 다른 세계의 모든 영들에게도 모욕을 주는 것이었으리라. 그 개가 내 코트를 더럽힌 피해는, 만약 내가 그 개가 보여준 호의에 무관심을 표현하는 경우 그 개에게 가할 수도 있는 잘못에 비하면 아무것도 아니다.' 그는 덧붙여서 이야기한다. '우리는 우리가 할 수 있을 때마다 동물들의 상태를 기쁘게 해주어야 하며, 또한 동시에 우리 자신 안에서 모든 영들의 세계와 합치하도록 해야 한다. 그리스도의 희생이 그것을 가능하게 하였다.'" André Towianski, *Traduction de l'Italien*, Turin, 1897(사적으로 출판됨). 내가 이 책과 토비안스키에 대해 알게 된 것은 내 친구 루토슬라브스키(W. Lutoslawski) 교수 덕분이다. 그는 『플라톤의 논리』(*Plato's Logic*)의 저자이기도 하다.

서 술에 빠져들었고, 최근에 그에게 도전해왔지만 그리스도인으로서 그가 싸움을 거절한 것 때문에 겁쟁이라고 조소했던 또 다른 사람의 턱을 부러뜨려버렸다. 내가 이 사건들을 언급하는 것은 당사자인 위버가 서술하고 있는 다음의 행동에서 암시하듯이, 마음의 변화가 얼마나 진심에서 우러나온 것인가를 보이기 위해서이다. 그의 이야기는 다음과 같다.

내가 갱도로 내려갔을 때 그곳에서 한 소년이 울고 있는 것을 발견했다. 소년이 우는 이유는 동료 노동자가 완력으로 그 소년에게서 갱차를 빼앗으려고 했기 때문이었다. 나는 갱차를 빼앗으려는 그에게 말했다. "톰, 저 갱차를 가져가선 안 돼."
그는 내게 욕을 하며 나를 감리교파의 악마라고 불렀다. 그가 나를 약탈하도록 신이 나에게 말씀하지 않았음을 그에게 말해주었다. 그는 다시 저주를 퍼부었고 그 갱차를 나에게로 밀쳐버리겠다고 위협했다.
"글쎄, 그러면 악마와 네가 합친 것이 주님과 내가 합친 것보다 더 강한지 한 번 보기로 하자"라고 나는 말했다.
주님과 내가 악마와 그 남자보다 더 강하다는 것이 입증되었고, 그는 길에서 비켜서야 했으며, 그 갱차는 오히려 그 남자를 덮칠 수도 있었다. 나는 그 갱차를 소년에게 돌려주었다. 그때 톰이 말하였다.
"나는 너의 얼굴을 때리고 싶다."
그래서 나는 말했다. "글쎄, 만약 네가 원한다면 그렇게 해라." 그러자 그는 내 뺨을 때렸다. 나는 그에게 다른 쪽 뺨을 내밀면서 말했다. "더 때려라." 그는 계속해서 다섯 번을 때렸다.
나는 여섯번째 타격을 위해 내 뺨을 돌렸다. 그러나 그는 저주하면서 돌아서버렸다. 나는 그에게 소리쳤다. "내가 너를 용서하였기 때문에 주님은 당신을 용서하시고 구원할 것이다."
이것은 어느 토요일에 있었던 일이다. 그리고 내가 탄갱에서 집으로 돌아갔을 때, 아내는 내 얼굴이 부어 있는 것을 보고 무슨 일이 있었는지를 물었다. "싸웠소. 내가 어떤 사람에게 선의의 채찍을 가해주었소"라고 나는 대답했다.

　아내는 갑자기 울음을 터뜨리면서 "오! 리처드, 왜 싸웠나요?"라고 물었다. 그래서 나는 그녀에게 싸운 이유를 비롯하여 싸움의 모든 과정을 이야기해주었다. 그녀는 내가 상대편 남자를 되받아치지 않은 것에 대해 주님께 감사했다.

　그러나 주님은 채찍을 내리치셨고, 그의 채찍은 인간의 손보다 더 많은 효과를 지닌 것이었다. 월요일이 다가왔다. 악마는 나를 유혹하기 시작하면서 다음과 같이 속삭였다. '다른 사람들은 톰이 토요일에 네게 했던 짓에 대해 네가 그냥 놔두었다는 것을 비웃을 거야.' 나는 "사탄아, 썩 물러가라"라고 울부짖으면서 탄갱으로 가던 길을 계속 걸어갔다.

　그날 내가 최초로 만난 사람은 톰이었다. 나는 "안녕"이라고 아침인사를 했지만 답례는 받지 못했다.

　그는 먼저 갱도로 내려갔다. 내가 내려갔을 때 나는 그가 나를 기다리며 갱차 길 위에 앉아 있는 것을 보고 놀랐다. 내가 그에게 다가갔을 때 그는 갑자기 울음을 왈칵 터뜨리더니 말했다. "리처드, 내가 너를 때린 것을 용서해줄 수 있겠니?"

　"나는 너를 이미 용서했어"라고 나는 말했다. "이제 신에게 용서를 빌어봐. 주님은 네게 복을 주실 거야"라고 말하면서 그에게 손을 내밀었다. 그리고 우리는 일을 하기 위해 각자의 자리로 갔다."[25]

"네 원수를 사랑하라!" 이 말에 주목하라. 이 말은 단지 친구가 될 수 없는 사람에 대해 일컫는 말이 아니라 여러분의 원수들, 즉 적극적이고 실제적인 여러분의 원수들에 대해 언급하는 말이다. 이 말은 우리가 할 수 있는 한, 단지 우리의 적개심을 없애야 한다는 어느 정도 언어적 사치의 의미를 지닌 단순한 동양적 과장법이다. 그렇지 않다면 이것은 신실하고 문자적인 의미이다. 친근한 개인관계에 대한 특정사례에서 벗어나 이 말이 문자 그대

---

25) *J. Patterson's Life of Richard Weaver*, 66~68쪽(축약됨).

로 받아들여지는 경우는 거의 없다. 그러나 이 말은 사람들이 다음과 같은 질문을 하게 만들 수도 있다. 일반적으로 인간과 인간 사이의 차이들을 말소하거나 통합시킬 수 있는 감정의 단계가 있을 수 있을까? 그래서 심지어 증오심이 부적절한 상황으로 변하여서 솟아오르는 우호적인 관심을 억제하지 못 할 수도 있을까? 만약 긍정적으로 남의 행복을 빌어주고픈 소망이 최고의 흥분에 달할 수 있다면, 그러한 상태에 영향을 받은 사람들은 초인간적 존재로 보일 수도 있다. 그 사람들의 삶은 다른 사람들의 삶과는 달리 도덕적으로 다른 것이리라. 그러나 효과들이 있을 법한 믿을 만한 종류의 적극적 경험이 결여되어 있는 것에 대해서는 언급할 것이 없다. 왜냐하면 우리의 성서 인용구에서는 실제적인 예가 거의 없고, 불교의 예는 전설적이기 때문이다.[26] 그 사람들은 아마 세계를 변화시킬지도 모른다.

심리학적으로 그리고 원칙적으로 "네 원수를 사랑하라"는 계명은 자기 모순적인 것이 아니다. 이 계명은 우리의 박해자들을 동정적으로 포용하는 것으로 우리에게 친숙해 있는, 일종의 아량이 극단적인 한계선에까지 도달한 상태를 가리키는 말이다. 그러나 만약 급진적으로 해석해본다면, 이 계명은 대체적으로 우리의 본능적인 행동의 동기와 현세계의 협정을 깨뜨리고 있어 실제적으로 위기의 순간을 벗어나게 하지만, 우리로 하여금 다른 존재의 왕국에서 태어나게 한다. 종교적 감정은 우리의 손이 미치는 범위 안에서 다른 왕국이 우리 가까이에 있다고 느끼게 해준다.

본능적 반감을 억제하는 것은 적에게 사랑을 베푸는 것에서뿐만 아니라 개인적으로 불쾌감을 느끼는 어느 누구에게든지 사랑을 베푸는 것에서 입증되고 있다. 성인다운 특질에 대한 정기간행물에서, 우리는 이러한 방향을 추구하는 진기한 복합적 동기들을 볼 수 있다. 금욕주의는 그 역할을 다하고 있다. 우리는 순수하고 단순한 자비와 더불어 우월감을 거부하고, 신 앞

---

26) 산토끼로 화신한 미래의 붓다가 거지를 위한 음식을 준비하려고 스스로 자기 자신을 요리하기 위해 불 속으로 뛰어든다. 그 붓다는 불 속에 뛰어들기 전에 자기의 털에 있는 곤충들이 타죽게 내버려두지 않으려고 세 번씩이나 몸을 흔든다.

에서 평범한 수준으로 낮아지려는 욕구 또는 겸손을 발견한다. 분명히 성 프란체스코와 성 이그나티우스 로욜라가 그들의 의복을 지저분한 거지들의 옷과 바꾸어 입었을 때, 여기에는 확실히 금욕주의, 자비 그리고 겸손의 세 가지 원칙이 작용되고 있다.

이 세 가지 원칙은 종교인들이 나병을 치료하거나 흉측하고 불쾌한 병을 치료하는 데 자신들을 바치고자 할 때에도 작용한다. 병든 사람들을 간호하는 것은, 심지어 교회의 전통이 그러한 방식을 취한다는 사실을 별도로 하더라도, 종교인들의 마음을 강하게 끄는 역할을 한다. 그러나 이러한 종류의 자비심에 대한 정기간행물에서, 우리는 동시에 우러나오는 자기부정의 열광에 의해서만 설명될 수 있는 열광적 헌신의 극단적 사례를 볼 수 있다. 아시스의 성 프란체스코는 나병환자들에게 입을 맞추었다. 마가렛 메리(Margaret Mary), 알라코크(Alacoque), 사비에르(Francis Xavier), 십자가의 성 요한(St. John of God), 그리고 다른 성인들은 각자 혀로 환자들의 종기와 병난 곳을 씻어주었다고 한다. 그리고 읽기에도 혐오스러운 헝가리의 엘리자베스와 샹탈(Chantal) 부인과 같은 성인들의 삶은 병원에서 고름을 짜는 일로 정신이 없었다. 이러한 이야기는 우리로 하여금 그들을 존경하게 하기도 하지만 동시에 오싹하게 만들기도 한다.

신앙상태에서 형성된 인간의 사랑에 대한 이야기는 이 정도로 충분하다. 다음에는 인간의 사랑이 빚어내는 평정, 체념, 강직 그리고 인내에 대해 이야기해보고자 한다.

'천국 같은 내적 평정'은 신앙이 가져오는 일반적 결과인 것처럼 보인다. 심지어 종교인의 자아를 갖추지 않았다고 하더라도 이것을 이해하는 것은 쉬운 일이다. 조금 전에 신의 현존에 대한 느낌을 다루는 데서 나는 그때 사람들이 갖고 있을지도 모르는 설명할 수 없는 안전감에 대해 이야기했다. 사람들이 설사 그때 어떤 어려움에 당면해 있는 것으로 보일지라도, 대체로 자신의 삶에서 절대적으로 의지할 수 있는 힘을 보유하고 있다는 것을 의식한다면, 정말이지 어떻게 그 감정이 신경을 안정시키고 열을 내리게 하고 초조함을 달래는 데에 실패할 수 있겠는가? 종교심이 매우 깊은 사람들은 이러한 힘에 자아를 열정적으로 포기해버린다. "신의 뜻이 이루어질 것이다"라고 말하는 사람뿐만 아니라 느끼는 사람도 누구든지 모든 나약함에 대항하여 무장되어 있는 것이다. 역사상의 순교자들, 선교사들 그리고 종교개혁가들은 자연적으로 혼란스럽고 고통스러운 상태에서 자포자기가 가져오는 평온한 마음상태를 입증하고 있다.

물론 그 사람이 체질적으로 우울한 마음을 가졌는가 쾌활한 마음을 가졌는가에 따라 평온한 성품의 기질도 달라진다. 우울한 사람들에게서 평온한 기질은 체념이나 복종의 기미를 더 많이 보인다. 쾌활한 사람들에게서 이 기질은 즐거운 감정의 일치를 보인다. 전자의 기질의 예를 들기 위해, 라그노(Lagneau) 교수로부터 온 편지에서 일부분를 인용하고자 한다. 라그노 교수는 매우 병약한 사람이어서 최근에 사망하였다. 그는 파리에서 존경받는 철학교수였다.

여러분이 보내준 선의의 호의 덕분에 나의 삶은 이루어낼 수 있는 삶이 될 것이다. 나는 내 삶에서 아무것도 요구하지 않고 아무것도 기대하지 않는다. 지금까지 오랜 세월동안 나는 단지 나의 전적인 힘이 되고 나의 유일한 기초가 되는 절망을 통해서 존재하고 사고하고 행동하고 있으며, 그리고 내가 가치를 두는 것에 가치를 두고 있다. 심지어 내가 다가서게 될 마지막 시련에서조차 절망은 구원의 욕망 없이도 잘 해낼 수 있는 용기를 나를 위해 지속시켜준다. 나는 모든 힘이 솟아나오는 원천에서 더 이상 아무것도 요구하지 않는다. 만약 그것이 받아들여진다면 여러분의 호의는 성취될 것이다.[27]

이 이야기에서는 감상적이고 숙명적인 태도가 엿보인다. 그러나 그러한 어조가 띠고 있는 힘은 외부충격에 대한 하나의 보호책으로서 명백하게 드러나고 있다. 파스칼은 비관적인 자연적 기질을 소유한 또 다른 프랑스인이

---

27) Lagneau, *Bulletin de l' Union pour l' Action Morale*, 1894. 9.

다. 그는 자포자기의 복종적 기질을 한층 더 풍부하게 표현하고 있다.

파스칼은 그의 기도서에서 다음과 같이 쓰고 있다.
주님! 자신에 대한 사랑이 빚어내는 것일 수도 있는 나 자신의 고통 때문에 생겨난 슬픔에서 나를 건져주소서. 그러나 나를 당신의 슬픔과 같은 슬픔에 처하게 해주소서. 내 고통이 당신의 화를 달랠 수 있게 해주소서. 또한 내 고통이 나의 회심과 구원의 근거가 되게 해주소서. 나는 당신에게 건강에 대해서나 병을 낫게 해달라고 간청하는 것이 아닙니다. 또한 생명과 죽음에 대해 간구하는 것이 아닙니다. 그러나 당신은 당신의 영광, 나의 구원, 그리고 교회와 성인들의 목적을 위해서 내 건강과 병, 그리고 내 삶과 죽음을 주관하실 수 있습니다. 나는 당신의 은총을 입어 한 사람의 성인이 될 수도 있을 것입니다. 당신만이 나에게 무엇이 합당한지를 아십니다. 당신은 최고의 지배자이십니다. 당신의 뜻에 따라 나를 주관하실 수 있습니다. 내게 무엇을 주시든지 빼앗아가시든지, 오직 나의 뜻이 당신의 뜻만을 따르게 해주십시오. 주님, 나는 오직 한 가지만을 알고 있습니다. 그것은 당신을 따르는 것이 선한 것이며, 당신에게 맞서는 것이 나쁘다는 것입니다. 나는 그밖에는 무엇이 선하고 악한지 잘 모릅니다. 또한 나는 건강과 병 중에서, 그리고 부와 가난 중에서 어느 것이 나에게 더 이로운 것인지를 모릅니다. 또한 이 세상에 있는 그밖의 것에 대해서도 모르고 있습니다. 그러한 판단은 인간이나 천사들의 힘을 넘어서는 것입니다. 나는 그 판단을 경외하지만, 그것은 헤아릴 수는 없는 당신의 섭리의 비밀 안에 숨어 있습니다.[28]

낙관적 기질을 가진 사람에게서 체념은 덜 수동적 경향을 보이고 있다. 그에 대한 예는 인용이 필요 없을 정도로 역사를 통해 매우 널리 퍼져 있다. 여기서는 제일 먼저 나의 마음에 떠오른 이야기를 살펴보자. 그것은

---

28) B. Pascal, *Prières pour les Maladies*, 13, 14장(축약됨).

기용 부인에 관한 것으로, 그녀는 신체적으로는 연약하였지만 선천적으로 행복을 느끼는 성향을 지녔다. 그녀는 놀랄 만한 침착한 정신으로 많은 위험을 극복해나갔다. 다음은 그녀가 이단이라는 구설수 때문에 감옥에 수감된 후에 쓴 것이다.

그녀는 다음과 같이 쓰고 있다.
내 친구 몇 명은 나의 소식을 듣고서 몹시 울었다. 그러나 나는 승인하고 체념한 상태였기 때문에 눈물 한 방울 흘리지 않았다. 그때 내 안에는, 지금 내 안에서 발견할 수 있는 것처럼 나 자신을 완전히 볼 수 없었기 때문에 나 자신의 이해관계와 연관된 것은 그 어떤 것도 고통이나 즐거움을 주지 못했다. 오직 신이 행하시는 바로 그 일을 나 스스로 바라거나 희망할 뿐이었다.
또 다른 글에서 그녀는 이렇게 쓰고 있다.
우리 모두는 불가피하게 건너야 하는 어떤 강에서 거의 죽을 뻔하였다. 우리가 탔던 마차는 모든 것을 빨아들이는 모래 속에 잠기고 말았다. 우리와 함께 있었던 다른 사람들은 거의 공포로 죽을 지경이었다. 그러나 나는 신과 매우 가까이 접해 있다는 것을 알았기 때문에 특별히 위험을 느끼지 않았다. 그러나 이러한 생각은 내게 다음과 같은 생각 이외에는 어떤 다른 느낌이나 의견도 얻을 수 없는 것이었다. 즉 만약 이 일이 천국에 계신 나의 아버지의 선택이라면 나는 그 일이 그렇게 되었다는 것에 대해 매우 만족하고 기꺼이 받아들이겠다고 느끼는 것이었다.
그녀는 니케아에서 제노바로 배를 타고 항해하던 중에 11일 동안을 폭풍 때문에 바다 위에 갇혀 있어야 했다. 그녀는 계속해서 쓴다.
성난 파도가 우리를 덮쳤을 때, 나는 어느 정도의 만족을 경험하지 않을 수 없었다. 나는 그러한 반항적인 큰 파도가 모든 일을 옳게 주관하시는 신의 명령을 받아 아마도 물로 만든 무덤을 나에게 갖춰줄지도 모르겠다는 생각에 기뻐하였다. 아마도 나는 그때 얻은 기쁨으로 인해 나의 생각을 납득할 수 있었다. 사실 그때 나는 그 기쁨 속에서 굽이치는 파도가 나 자신과 부딪히고, 나 자신을 치고 가는 것을 지켜보았다. 나와 같이 있었던 사람들은 나의 대담한 행위를 눈여겨보았다.[29]

종교적 열정이 만들어낼 수 있는 위험에 대한 경멸은 여전히 훨씬 더 부력이 있을 수 있다. 나는 프랭크 불렌(Frank Bullen)이 최근에 쓴 『바다에서 그리스도와 함께』(*With Christ at Sea*)라고 하는 매력적인 자서전으로부터 한 예를 들어보겠다. 그는 배 위에서 회심한 지 이틀 후에 자신의 회심에 대해 다음과 같이 설명한다.

바람이 몹시 불고 있었다. 그래서 우리는 고약한 날씨를 피해 돛대의 방향을 북쪽으로 옮기고 있었다. 종을 네 번 친 직후에 삼각돛(flying-jib)을 끌어내리고, 나는 그것을 감아올리기 위하여 뛰어올라 돛 아래 활대에 걸터앉았다. 그때 갑자기 그것이 무너졌다. 돛이 손가락 사이로 흘러내렸고, 나는 뒤로 넘어져 뱃머리 아래서 반짝이는 파도의 소용돌이치는 거품 위로 머리를 처박고 한 발로 매달린 채 간신히 지탱했다. 그러나 나는 오로지 영원한 생명에 대한 확신에 차서 고도의 환희를 느낄 뿐이었다. 죽음이 가까스로 나를 비켜갔지만, 그것이 나에게 흥분을 일으키기보다는 오히려 기쁨을 주었다는 사실만큼은 확실히 인식할 수 있었다. 5초 정도 매달려 있었지만, 그 시간 동안 나는 내가 누릴 수 있는 전 생애의 모든 기쁨을 다 누렸다. 그러나 나는 몸을 추스린 다음 체조할 때처럼, 필사적인 노력으로 그 활대를 복구했다. 내가 어떻게 돛을 감아올렸는지 알 수 없지만, 나는 최고저의 음성으로 신을 찬양하는 노래를 불렀고 그 노랫소리는 광막한 바다에 울려퍼졌다.[30]

---

29) From Thomas C. Upham's *Life and Religious Opinions and Experiences of Madame de la Mothe Guyon*, New York, 1877, ii. 48, 141, 413쪽(축약됨).
30) 같은 책, London, 1901, 130쪽.

순교 연대기는 물론 종교적 침착성의 승리가 가장 잘 드러나 있는 곳이다. 루이 14세 치하에서 위그노 교도로서 박해당한 겸손한 수난자의 진술을 한 예로 인용해보겠다.

블랑슈 가몽(Blanche Gamond)은 다음과 같이 쓰고 있다. 그들은 모든 문을 닫았다. 나는 6명의 여인들을 보았는데, 그들 각각은 1야드 정도 길이의 버들가지 막대를 손으로 집을 수 있을 만큼 두껍게 한 다발씩 쥐고 있었다. 그는 나에게 "옷을 벗어"라고 명령을 내렸으며 나는 시키는 대로 했다. "너는 네 차례가 되면 떠나게 될 것이다. 그러니 그것을 벗어야 한다"고 그는 말했다. 그들은 참을성이 없어서 자신들이 직접 옷을 벗겼으며, 나는 허리까지 옷이 벗겨졌다. 그들은 끈을 가져와 나를 부엌의 대들보에 묶었다. 그들은 있는 힘을 다해서 끈을 단단히 묶고 나에게 아프냐고 물었다. 그리고 나서 그들은 내게 분노를 쏟아붓고 때리면서 "이제 너의 신께 기도해라"라고 외쳤다. 이 말을 계속해서 했던 사람은 바로 룰렛(Roulette, 재봉용 구멍 뚫는 도구-옮긴이) 여인이었다.

그러나 그 순간에 나는 내 일생 동안 받을 수 있었던 그 어떤 위로보다도 더 큰 위로를 받았다. 왜냐하면 그리스도의 이름으로 매맞을 수 있는 영광을 얻었으며, 게다가 그의 자비와 위로의 관을 받았기 때문이다. 내가 내적으로 느낀 상상할 수 없는 감화와 위로 그리고 평화에 대해 쓰지 않을 이유가 무엇이겠는가! 그런 것들을 이해하려면 누구나 같은 시련을 겪어봐야 할 것이다. 그것들이 너무도 커서 나는 황홀해졌다. 왜냐하면 고통이 많은 곳에 은총도 넘치게 주어지기 때문이다. 그 여인들은 헛되이 소리쳤다. "두 배로 세게 때려야 한다. 그녀는 말도 하지 않고 외치지도 않으니 전혀 느끼지 못하고 있는 것이다." 내가 내적 기쁨으로 졸도해 있을 때 어찌 소리를 지를 수 있었겠는가?"[31]

---

31) Claparède et Goty : Deux Héroines de la Foi, Paris, 1880, 112쪽.

긴장, 자기 책임감과 걱정으로부터 침착, 수용성과 평화로 바뀌는 것은 내적 평정의 모든 그러한 변화들, 즉 내가 종종 분석해 왔던 인격적 에너지 중심의 그러한 변화들 중에서 가장 훌륭한 것이다. 그 평정에 대한 주된 경이로움은 행동함으로써 오는 것이 아니라, 단순히 긴장을 풀고 짐을 내려놓는 데서 온다. 이와 같은 자기 책임감에 대한 포기는 도덕적 실행과는 구별되는 것으로서, 특히 종교적인 것에서는 기본적 행위인 것처럼 보인다. 그러한 포기는 신학에 앞서며 철학에 의존하지 않는다. 마음치료, 신지학, 금욕주의, 일반 신경학적인 위생학은 그리스도교가 하듯이 단호하게 그러한 포기를 주장한다. 그러한 포기는 모든 사색적 신조[32]와 가장 밀접한 관계를 맺을 수 있다.

그러한 포기를 강하게 갖고 있는 그리스도인들은 이른바 '회상'이라는 것 속에서 살고 있으며, 미래에 대한 걱정은 전혀 하지 않고, 그날의 결과에 대해서도 걱정하지 않는다. 제노바의 성 캐서린(Saint Catharine of Genoa)에 대해 사람들은 "그녀는 단지 사물들이 순간순간 연달아 그녀에게 제시될 때에만 사물을 인식했다"라고 말한다. 그녀의 거룩한 영혼에 "거룩한 순간은 현재의 순간이었고, ……현재의 순간이 그 자체로서, 그리고 다른 것과의 관계 속에서 측정될 때, 또한 그 순간에 열중하고 있는 의무가 완성될 때, 마치 그것이 결코 아무 일도 없었던 것처럼 지나가는 것이 허락되며, 뒤따라오는 순간의 의무와 사실에 길을 양도하게 된다."[33] 힌두교와 마음치료와 신지학 모두는 바로 가까이에 있는 순간에 대한 의식의 이러한 집중에 커다란 강조점을 둔다.

내가 주목하게 될 다음의 종교적 증상은 삶의 순결이라고 부르는 것이다.

---

32) 그것에 관한 세 가지 다른 진술을 비교해보라. A.P. Call, *As a Matter of Course*, Boston, 1894 ; H.W. Dresser, *Living by the Spirit*, New York and London, 1990 ; H.W. Smith, *The Christian's Secret of a Happy Life*, published by the Willard Tract Repository, and now in thousands of hands.

33) T.C. Upham, *Life of Madame Catharine Adorna*, 3d ed., New York, 1864, 158과 172~174쪽.

거룩한 사람은 내적 불일치나 모순에 극도로 민감해져서 혼란이나 혼동을 참을 수 없게 된다. 모든 마음의 대상들과 일들은 지금 그것의 기조가 되는 특별한 영적 흥분에 대한 언급으로 질서가 잡혀야 된다. 영적인 것에 반대되는 것은 무엇이든 영혼의 순수한 물을 더럽히며 유쾌하지 못하다. 도덕적 감각의 이러한 고양과 혼합되어, 사랑스러운 조물주를 위해 그에게 가치 없는 모든 것을 희생하고자 하는 열정이 있게 된다. 때때로 영적 열정은 너무도 엄격해서 순수성이 단 한 번에 성취된다. 우리는 지금까지 이런 예들을 보아왔다. 흔히 그것은 더욱 점진적인 정복의 형태를 띤다. 빌리 브레이가 담배를 끊은 것에 대한 그의 설명은 점진적 정화의 성취를 보여주는 좋은 예가 된다.

나는 술고래였을 뿐만 아니라 흡연가였다. 그래서 고기를 좋아하는 만큼 담배를 사랑했다. 나는 파이프 없이 탄광으로 내려가느니보다는 차라리 식사를 하지 않고 가는 편이 더 나았다. 옛날에 주님께서는 그의 종인 예언자들의 입을 통해 말씀하셨지만, 지금은 우리들에게 그의 아들의 영을 통해 말씀하신다. 나는 종교적 감정을 느꼈을 뿐만 아니라, 내게 말하는 작고 조용한 내적 음성을 들을 수 있었다. 내가 담배를 피우기 위해 파이프를 집어들면 내부에서 '그것은 우상이며 욕망이다. 깨끗한 입술로 주를 경배하라' 라는 말이 들렸다. 그래서 나는 담배를 피우는 것이 옳지 않다고 느끼게 되었다. 주께서는 나를 확신시키기 위하여 어떤 한 여자를 보내주셨다. 나는 어느 날 집에서 화로에 담배를 붙이기 위해 파이프를 꺼냈다. 그러자 메리 허크(Mary Hawke)—이것이 그녀의 이름이다—가 "당신은 담배 피우는 것이 나쁘다고 느끼지 않으세요?"라고 물었다. 나는 무엇인가가 내 안에서 담배는 하나의 우상이며 탐욕이라고 말한다고 대답했다. 그러자 그녀는 그것이 바로 주님이라고 말했다. 그래서 '나는 담배를 끊어야만 한다. 왜냐하면 주께서 내 안에서 그것에 관해 말씀하시기 때문이고, 그 여인이 외부에서 말하기 때문이다. 그러니 내가 담배를 사랑할지라도 끊어야만 한다' 고 나는 생각했다. 그때 나는 주머니에서 담배를 꺼내 불 속에 던져버리고, "재는 재로, 먼지는 먼지로"라고 말하면서 파이프를 발로 밟아버렸다.

그리고 나서 나는 담배를 더이상 피우지 않았다. 나는 옛 습관을 끊어버린다는 것이 어렵다는 것을 알았다. 그러나 나는 주님께 도와달라고 외쳤으며 그분께서는 나에게 힘을 주셨다. 왜냐하면 그분은 "환란의 날에 나를 부르면 너를 도우리라"라고 말씀하셨기 때문이다. 담배를 끊은 바로 그 다음날 나는 심한 치통을 앓아서 어떻게 해야 좋을지를 알지 못했다. 나는 이것이 금단현상 때문이라고 생각했다. 그러나 내 머릿속에서는 이를 모두 잃게 되더라도 다시는 담배를 피우지 않겠다고 다짐했다. 나는 "주님, 당신께서는 나의 멍에는 편하고 나의 짐은 가볍다고 우리에게 말씀하셨습니다"라고 말하자 모든 고통이 나를 떠나갔다. 때때로 파이프에 대한 생각이 매우 강하게 다시 떠올랐다. 그러나 주께서는 그 습관을 뿌리칠 수 있도록 나에게 힘을 주셨고 그분의 이름으로 축복해주셔서 나는 계속 담배를 피우지 않게 되었다.

브레이의 전기작가에 의하면 브레이는 담배를 끊은 이후에 씹는 담배를 씹을 거라고 생각했지만 역시 이 더러운 습관도 극복하였다고 한다. 브레이는 다음과 같이 말하였다.

이따금씩 힉스밀에서 열린 기도회에서, 나는 주께서 깨끗한 입술로 나를 경배하라고 말씀하시는 소리를 들었다. 그래서 우리가 무릎을 펴게 되었을 때, 나는 입에서 씹던 담배를 뱉어 그것을 의자 밑으로 던져버렸다. 그러나 우리가 다시 무릎을 꿇었을 때, 나는 다시 씹는 담배를 입 속에 집어넣었다. 그러자 주께서 다시 "깨끗한 입술로 나를 경배하라"라고 말씀하셨다. 그래서 나는 담배를 입에서 꺼내 다시 의자 밑으로 버렸다. 그리고 "네, 주님, 그렇게 하겠습니다"라고 말했다. 그때 이후로 나는 담배를 피우는 것뿐만 아니라 씹는 것도 포기하게 되었다. 그리고 자유로운 사람이 되었다.

삶의 진실성과 순결에 대한 충동이 취하는 금욕주의적 형태들은 종종 감상적이다. 예를 들면, 초기의 퀘이커 교도들은 그 시대의 그리스도교의 위선과 세속성에 대항하는 어려운 싸움을 벌였다. 그러나 그들이 가장 큰 상처를 받은 싸움은, 아마도 존경스러운 칭호를 사용하지 않거나 모자를 벗지 않고 '그대를'이라는 말을 쓰거나 '그대는'이라는 말을 씀으로써, 사회적 성실성과 진실성에 대한 그들 자신의 권리를 방어하기 위해 싸운 싸움이었다. 이와 같은 전통적 관습을 거짓이며 허위라고 공격한 사람은 바로 조지 폭스였다. 그 이후 그를 추종하는 모든 사람들이 진리에 대한 헌신으로서 그것들과의 관계를 끊었다. 그래서 그들의 행위와 그들이 고백한 영이 더욱 일치할 수 있었다.

폭스는 그의 일기에서 다음과 같이 말한다.
주께서 나를 세상에 보내셨을 때, 그분은 나에게 지위의 고하를 막론하고 그 어느 누구에게도 모자를 벗지 못하게 하셨다. 그래서 나는 모든 남자와 여자에게, 부자이거나 가난하거나, 위대하거나 비천하거나 상관없이, '그대를' 그리고 '그대는'이라고 부르라는 명령을 받았다. 그래서 나는 여행을 다닐 때, 사람들에게 아침인사나 저녁인사도 하지 않았고 어느 누구에게도 아첨하지 않았다. 이것이 교파와 성직자들을 화나게 만들었다. 오! 그 분노는 성직자들과 행정장관들, 교수들 그리고 모든 직종의 사람들에게 일어났다. 특히 성직자들과 교수들에게 그러했다. 왜냐하면 독신자에게 비록 '그대'가 그들의 어형변화론, 문법적인 규칙, 그리고 성서에 따라 단수형을 가리킨다고 할지라도, 그들은 그 소리를 참고 들을 수가 없었던 것이다. 내가 그들 앞에서 모자를 벗을 수가 없었기 때문에 그들 모두를 화나게 했다. 오! 그때 일어난 경멸과 소동과 격노란⋯⋯. 오! 인간 앞에서 모자를 벗지 않았기 때문에 겪어야 했던 타격과 강타와 일격과 투옥이란⋯⋯. 몇몇 이들은 그들의 모자를 격렬하게 벗어던졌고, 그래서 그것들을 잃어버렸다. 이 일로 인해 받게 된 욕설과 사악한 대우는 표현하기 어려우며, 이 밖에도 때때로 이 일 때문에 목숨을 잃을 뻔한 위험에 처하기도 했는데, 그것도 그리스도교의 위대한 교수들에 의한 것이었고, 그렇게 함으로써 그들은 진정한 신도가 아님을 스스로 입증하였다. 비록 이것이 사람들 눈에는 하찮은 일일지라도, 그것은 모든 교수들과 성직자들에게 굉장한 혼란을 가져다주었다. 그러나 주님의 축복이 있어서 많은 사람들은 사람들 앞에서 모자를 벗는 습관이 허영임을 깨닫게 되었고, 그것에 대항한 진리의 증언의 무게를 느꼈다.

한때는 존 밀턴의 비서였던 초기 퀘이커 교도인 토머스 엘우드(Thomas Elwood)의 자서전에서 우리는, 폭스의 신실한 규범을 따르고 있기 때문에 엘우드가 국내외에서 겪은 사건들에 대한 절묘하고도 솔직한 이야기를 발견할 수 있다. 그 일화들은 인용하기에는 너무 길다. 엘우드는 이러한 것들에 대해 짧은 말로 그의 느낌을 기술했는데, 나는 영적 민감성을 드러내는 특징적 말을 인용해보겠다.

엘우드는 말한다.
그때 이러한 신적 빛에 의해서 내가 위대한 신의 선함과 시민교육을 통해서 더 큰 악으로부터 보존되었기 때문에, 보편적 더러움, 방탕, 신성모독 그리고 없애버려야 할 세상의 오염된 악을 지니지 않았을지라도 나는 없애야 하고 끊어버려야 할 다른 많은 악을 지니고 있었다. 그 중에서 어떤 것들은 사악함(요한 1서 5장 19절)이 있는 세상이 보기에는 악으로 간주될 수 없지만 그리스도의 빛에 의해서 나에게 악으로 입증되었으므로 내 안에서 그러한 것들은 비난받았다.
특히 그러한 교만의 열매들과 효과는 의상의 과다함과 허영에서 발견되는 것으로서, 나는 그러한 것들 속에서 너무도 큰 즐거움을 누리고 있었다. 나는 이러한 행동의 악함을 치워버리고 끊어버리도록 요구받았다. 내가 그렇게 할 때까지 나에게 심판이 내려졌다.
나는 내 의상에서 불필요한 레이스나 리본, 그리고 쓸데없는 단추들을 떼어버렸는데, 그것들은 실제로 쓸모는 없었지만, 단지 장식이라는 미명하에 부착된 것이었다. 나는 반지도 빼버렸다.

또 나와 존칭을 주고받을 관계에 있지 않은 사람들에게 아첨하여 그러한 칭호를 붙였다. 이것은 내가 몹시 빠져 있었던 악이었으며, 나는 그것에 이미 익숙해져 있었다. 그렇기 때문에 이 악 또한 없애버리고 끊어버리라는 요청을 받았다. 그때부터 나는 감히 경, 주인, 나의 주님, 부인(혹은 나의 귀부인)이라고 말하지 않았다. 또는 내가 실제로 종의 관계에 있지 않은 어느 누구에게도 당신의 종이라고 말하지 않았으며, 어느 누구에게도 그렇게 말해본 적이 없다.

또 모자를 벗거나 허리를 굽혀 절하는 인간에 대한 존경은, 내가 즐겨 사용해왔던 관습이었다. 그러나 이것은 세상의 영에 의해 소개된 세상의 헛된 관습이며, 진정한 경의 대신에 사용되는 거짓된 연출이며, 상대방에 대해 진정한 존경을 지니고 있지 않은 사람들에 의해 사용되는 존경의 표시로서 속임수로 사용되는 것이었다. 이 밖에도 이러한 존경은 전능하신 신에게만 주어져야 하고, 또한 그리스도인이라는 이름을 지니고 있는 온갖 직종의 사람들이 신께 기도드릴 때 나타내는 신적 존경에 대한 상징이며 형태이므로 인간에게 행해져서는 안 되는 것이다.

나는 이것도 내가 오랫동안 행해왔던 그러한 악들 중의 하나라는 것을 알게 되었다. 그렇기에 나는 이제 그것을 치워버리고 그만두도록 요구받고 있는 것이다.

또 '그대' 대신에 한 사람에게 복수형을 사용해서 '당신들'이라고 말하는 타락한, 그리고 불건전한 형태의 화법은 한 사람 이상에게 '당신들'이라고 말하고 한 사람에게는 '그대'라고 말하는 순수하고 솔직하고 한결같은 진리의 언어에 상반되는 것이다. 진리의 언어는 태초로부터 인간이 타락할 때까지 서로가 서로에게 뿐만 아니라 인간이 신에게, 신이 인간에게 하는 말로 항상 사용되어왔다. 왜냐하면 타락은 후대에, 그리고 타락한 시대에 결국 아양거리고 아첨하여 거짓되고 분별없는 방식으로 한 사람에게 '당신들'이라고 말했던 사람들의 타락한 본성에 작용하기 때문이다. 그 이후 그런 어법은 현대의 언어를 타락시켰고 인간의 정신을 크게 손상시켰으며, 또한 인간의 예절을 부패시켰다. 나도 다른 사람들처럼 이러한 악한 습관에 많이 빠져 있었다. 나는 지금 이런 습관을 끊어버리라는 명령을 받았다.

어두움의 밤에서 솟아나 진리와 참된 종교를 배신했던 이런 습관들과 더 많은 악한 습관들은 이제 내 양심을 비쳐주는 이러한 순수한 신적 빛에 의해, 점차로 내가 끊어버리고 피해야 할 것으로 발견되었으며, 맞서서 증언해야 할 것으로 깨닫게 되었다.[34]

초기의 퀘이커 교도들은 진정한 청교도들이었다. 고백과 행위 사이의 가장 가벼운 불일치도 그들 중 몇몇은 적극적 저항에 부딪치게 했다. 존 울맨(John Woolman)은 일기에서 다음과 같이 쓰고 있다.

이번 여행길에 나는 주로 염색된 옷을 입고 다녔다. 그런데 여러 시간을 걷다보면 염색된 물감들이 빠져버렸다. 이것은 사람들이 영적으로 깨끗해지고, 깨끗한 사람이 되고, 그들의 집과 옷이 깨끗해지기를 바라는 갈망을 일으켰다. 먼지를 온통 뒤집어쓰고 여행했을 때 나는 다소간 인간의 눈을 즐겁게 하기 위해서, 또 더러움을 감추기 위해서 발명되었던 염색은 나약한 것이라고 생각하였다. 그리고 나쁜 냄새로 찌든 채 더러운 부분을 숨기기 위한 염색옷의 정체를 좀더 깊이 숙고해보려는 강한 욕구를 느꼈다.

상쾌한 상태를 유지하고자 우리가 옷을 빠는 것은 분명하지만, 그 속에 있는 더러움을 감춘다는 것은 진정한 청결에 정반대되는 것이다. 우리의 옷에 있는 더러움을 감추려고 하는 데서 불명예스러운 것을 감추려고 하는 영혼은 더욱 강화된다. 참된 정화는 인간을 거룩하게 하지만, 우리의 옷을 재색힘으로써 깨끗하지 않은 것을 감추려고 하는 것은 성실성의 아름다움에 반하는 것처럼 보인다. 어떤 종류의 염색은 천을 더욱 쓸모없이

---

[34] 그 자신에 의해 쒸어진 *The History of Thomas Elwood*, London, 1885, 32~34쪽.

만든다. 만약에 염료의 가격, 염색의 비용, 옷의 손상을 모두 합산해보면 상쾌하고 깨끗하게 옷을 유지하기 위해서 드는 모든 비용보다 훨씬 더 많이 든다.

    이러한 것들을 종종 생각해볼 때, 모자를 쓰거나 옷감에 해로운 물감으로 염색한 옷을 입는 것, 그리고 평소 때보다 여름에 옷을 더 많이 입는 것은 진정한 지혜에 기초를 두지 않은 관습적인 것들로서 점점 더 나에게 불편해졌다. 이상한 모양새 때문에 나의 사랑하는 친구들로부터 따돌림 받는다는 것은 견디기 어려웠다. 그래서 나는 나의 판단과는 정반대로 약 9개월 동안 염색된 의상을 계속해서 입고 다녔다. 그리고 나서 나는 자연색 털모자를 생각했지만, 애처로운 이상한 사람으로 보이게 될 것이라는 생각에 미치자 불편해졌다. 이러한 이유로 나는 1762년에 있었던 봄 집회 때 올바르게 지도되기를 간절히 바라면서 내 마음을 단련시키게 되었다. 주님 앞에서 영적으로 깊이 머리를 숙였을 때 나는 나에게 요구되었던 것에 기꺼이 복종하고자 하는 마음이 들었으며, 집으로 돌아와서는 자연색 털모자를 집어들었다.

    모임에 참석하면서 이러한 독특함은 나에게 곤란한 점이 되었는데, 특히 이 시기에는 더욱 그러했다. 변덕스러운 의상의 유행을 쫓기를 좋아하는 몇몇 사람들이 하얀 모자를 쓰고 있었을때, 그리고 내가 그러한 모자를 쓰는 동기를 전혀 알지 못하는 몇몇 친구들이 나를 부끄럽게 여겼을때 나는 고통스러웠다. 그래서 나는 잠시 동안 목회에만 몰두하기로 작정했다. 몇몇 친구들은 내가 그러한 모자를 쓰는 것이 독특하게 보이고자 하는 것으로 이해했다. 친근한 방법으로 나에게 말을 건네오는 사람들에게 나는 간단한 말로, 내가 그 모자를 쓰는 것은 나 자신의 뜻이 아니라는 것을 알려주었다.

    도덕적 일관성과 순수성에 대한 갈망이 어느 정도 발전되었을 때, 경험의 주체는 살기에는 너무도 많은 충격으로 가득 차 있는 외부세계를 발견하게 될 것이며, 세상으로부터 움츠러듦으로써 그의 영혼을 순결하게 지키고 그의 삶을 단일화할 수 있을 것이다. 예술가가 그의 작문이 조화를 이루도록 단순히 귀에 거슬리는 부분을 제거하거나 불협화음을 암시하는 법칙은 또한 영적 삶에도 적용된다. 생략하는 것은 문학에서 하나의 예술이라고 스티븐슨은 말한다. "만일 내가 생략하는 법을 안다면 나는 다른 지식은 묻지 않을 것이다." 무질서와 태만함과 모호성으로 가득 차게 될 때, 문학이 유사한 상황에서 주된 성격을 창출할 수 없는 것처럼 삶도 그런 성품을 창출할 수 없게 된다. 서로 마음이 통하는 귀의자들의 공동체들과 수도원들은 그들의 문을 개방한다. 행동을 구성하는 것만큼이나 생략으로 특징지워지는 변함 없는 질서 안에서, 거룩한 성품의 사람은 내적 평온과 청결이 세속적 존재의 야만적 행위와 부조화에 의해 매번 더럽혀진다는 것은 고통임을 안다.

순결의 지조는 환상적인 극단까지 갈 수 있다는 것은 인정되어야만 한다. 이러한 면에서 그것은 금욕주의를 닮았으며, 성인다움의 더 깊은 증상들은 다음번에 다루는 것이 좋겠다. '금욕적'이라는 형용사는 다양한 심리학적 차원에서 유래된 행위들에 적용되는 것인데, 그것들을 서로 구별해 봄을 시작으로 삼는 편이 더 나을 것 같다.

1. 금욕주의란 너무 안락한 것에 혐오감을 느끼는 기질적인 엄격함의 단순한 표현이다.
2. 고기나 술의 절제, 의복의 단순성, 정숙 그리고 제멋대로 하지 않는 신체의 자제는 감각적인 것에 의해 충격을 받은 순결에 대한 사랑의 열매이다.
3. 그러한 것들은 사랑의 열매일 수도 있다. 즉 그것들은 그가 인정하고 있는 신에게 희생하는 것을 행복해하는 주체에게 딱 들어맞을 수도 있다.
4. 또 금욕적 고행과 고난은 자아에 대한 염세적 감정에 기인한 것일 수도 있으며, 속죄와 관련된 신학적 믿음과 결부된 것일 수도 있다. 귀의자들은 참회를 함으로써 자기 자신이 자유를 사고 있다고, 또는 지금부터 더 나쁜 고통을 피하는 것이라고 느낄 것이다.

5. 정신질환자에게서 금욕은 도전으로 다가오는, 그리고 제거되어야만 하는 일종의 강박관념이나 고정관념에 의해 무분별하게 시작될 수 있다. 왜냐하면 단지 그렇게 함으로써 그 환자는 자신의 내적 의식이 다시 올바르다고 느끼기 때문이다.
   6. 마지막으로, 금욕적 훈련은 정말로 도착적인 육체적 민감성에 의해 자극되는 예는 거의 없지만, 있다고 한다면 그때에는 정상적 고통을 주는 자극이 실제로 쾌락으로 느껴지는 결과를 얻게 된다.

   나는 차례로 이러한 각 항목에 대한 예를 들 것이다. 그러나 그것들을 순수하게 드러나게 하는 것은 쉽지가 않을 것이다. 왜냐하면 분명히 금욕적인 것으로 분류되었을지라도 흔히 복합적인 동기가 작용하기 때문이다. 더구나 어떤 예를 들기에 앞서, 나는 그것들 모두에 적용되는 몇 가지 일반적인 심리학적 측면을 고려하도록 여러분을 초대해야만 한다.
   어떤 이상한 도덕적 변화가 지난 세기 동안 우리의 서방세계를 휩쓸었다. 우리는 더 이상 우리가 침착하게 육체적 고통을 직면하도록 불렸다고 생각하지 않는다. 이제는 인간에게 고통을 참아내야 하거나 받아들여야 한다고 요청할 수 없다. 그래서 고통에 대한 사례들을 듣는 것은 육체적으로뿐만 아니라 도덕적으로 우리의 육체를 움츠러들게 만든다. 우리 조상들이 고통을 세계질서의 영원한 구성요소로 간주한 방법, 그리고 그들의 하루 일과의 당연한 부분으로 경험했던 방법은 우리를 몹시 놀라게 한다. 우리는 인간이 그렇게 무감각할 수 있다는 것에 의아해한다. 금욕적 훈련을 전통적 유산으로 간주해온 카톨릭 교회에서조차도 금욕이 대부분 폐지되었으며, 그렇지 않을 경우 불명예로 간주되어왔다는 것은 이런 역사적 변천의 결과 때문이다. 오늘날 자신에게 매질을 하거나 '단식을 하는' 신자는 자극보다는 경악과 두려움을 자아낸다. 시대가 변했다는 것을 인정하는 많은 카톨릭 작가들은 이 문제를 체념적으로 생각한다. 그들은 아마도 그 문제를 잊어버리는 것이 감정들을 소모하는 것이 아니라고 덧붙인다. 왜냐하면 옛날의 영웅적인 육체적 훈련으로 되돌아가는 것은 낭비가 될 수도 있기 때문이다.

편안함과 쾌락을 추구하는 것은 본능적인 것으로 보이며―그 본능적인 것은 인간 안에 존재하는 것으로 나타난다. 그러나 그 자체를 위해 고통과 역경을 추구하는 모든 경향은 순전히 비정상적인 느낌을 받게 해줄 것이다. 그럼에도 불구하고 적당한 정도에서 어려움을 자초하는 것은 인간의 본성에서 자연스럽고 평범한 것이다. 그것은 단지 역설로 간주될 수 있는 극단적 경향의 증거가 될 것이다.

이에 대한 심리학적 근거는 대부분 밝혀졌다. 우리가 추상적 개념들을 떨쳐버리고 행위 속에 나타나는 의지를 살펴보면, 의지가 무척 복합적 기능을 갖고 있음을 알게 된다. 그것은 자극과 억제를 모두 포함하고 있다. 그것은 일반화된 습관을 따른다. 그것은 사려 깊은 비평의 호의를 받는다. 그것은 실행방식에 따라 뒤에 좋거나 나쁜 맛을 남긴다. 감각적 경험이 우리에게 줄 수 있는 즉각적 쾌락은 별도로 하고, 그 결과는 경험을 통해 갖게 되는 우리 자신의 일반적인 도덕적 태도는 부수적인 만족과 혐오를 초래한다. 참으로, 영원히 미소를 지으며 "예"라는 말을 할 수 있는 몇몇 남녀들이 있다. 그러나 다른 사람들에게는(대부분의 사람들에게는) 이것은 너무도 시들시들한, 긴장이 풀어진 도덕환경이다. 수동적 행복은 느슨하고 김빠진 것이며, 곧 역겨워지고 견딜 수 없는 것이 되고 만다. 개성과 조직과 힘을 지닌 존재라는 느낌을 만들어내기 위해서는 약간의 엄격함과 쌀쌀맞은 부정, 약간의 거침, 위험성, 절박함 그리고 수고, 약간의 '아니오! 아니오!'가 혼합되어야만 한다. 이러한 점에서 개인적 차이의 범주는 대단히 크다. 그러나 '예'와 '아니오'의 혼합이 어떻게 되든지 간에, 인격은 그를 위해 언제 적당한 비율로 그것을 산출했는지를 정확히 알고 있다. 그가 느끼기에 이것은 나의 적절한 소명이며, 최적조건이고, 법이며, 내가 살아가야 할 삶이다. 여기서 나는 평정과 안정, 고요 그리고 나에게 필요한 여가를 발견하거나, 또는 도전, 열정, 싸움 그리고 나의 영혼의 에너지가 소멸되는 것을 막아주는 고난을 발견하게 된다.

간단히 말해서, 모든 개인의 영혼은 모든 개개의 기계나 유기체처럼 최상의 능률 조건들을 가지고 있다. 어떤 기계는 적당한 증기-압력과 전류량하에서 최대로 가동될 수 있다. 마찬가지로 어떤 유기체는 적당한 음식물과 중량 또는 운동하에서 최상으로 가동될 수 있다. 나는 어떤 의사가 "당신의 혈압은 140mm일 때가 최상이오"라고 환자에게 말하는 것을 들은 적이 있다. 그것은 다양한 영혼들에게서도 마찬가지이다. 어떤 이들은 맑은 날씨에 행복해하는가 하면, 어떤 이들은 그들이 살아 있다는 것을 느끼기 위해 강한 힘과 긴장감을 필요로 한다. 후자의 사람들에게는 매일매일 얻어지는 것이 무엇이든 간에 희생과 절제가 필요하다. 그렇지 않으면 영혼이 너무 저급해져서 품위를 잃게 된다.

이러한 후자의 영혼들이 종교적으로 될 때, 그들은 욕망으로부터 멀어져 그들의 본성적 자아에 대하여 소극성을 띠게 되고 결국 수도생활을 시작하게 된다.

틴들(Tyndall) 교수는 그의 강연 가운데 하나에서 우리에게, 베를린의 추운 겨울에 매일 아침 토머스 칼라일이 욕조에 들어가서 이것이 수도생활의 가장 낮은 단계라고 선언하곤 했다는 것을 이야기해주었다. 굳이 칼라일이 아니더라도 우리들 대부분은 영혼의 건강을 위해 매일 찬물에 들어갔다 나오는 것으로 하루를 시작하는 것이 필요하다는 것을 알고 있다. 범위를 약간 확대시켜보면, 불가지론자인 나의 통신원 중의 한 사람이 다음과 같은 진술을 하는 것을 발견하게 된다.

나는 종종 밤에 따뜻한 침대에 누워 있을 때면 따뜻함에 의존하고 있는 나 자신을 부끄럽게 여길 때가 있는데, 이러한 생각이 들 때는 언제나 시간에 상관없이 벌떡 일어나 나의 남성다움을 증명하기라도 하듯이 찬 공기 속에서 몇 분간씩 서 있곤 하였다.

이러한 것들은 단지 우리의 첫번째 항목에 있을 뿐이다. 다음의 사례는 아마도 두번째와 세번째 항목의 혼합이 될 것이다. 금욕주의 생활은 훨씬 더 조직적이고 확고한 것이 된다. 그 작가는 프로테스탄트 교도인데, 그의 도덕관념은 의심할 바 없이 더 이상 만족할 수 없었다. 나는 이 이야기를 스타벅의 작품집에서 발췌하였다.

나는 육체적 욕망을 끊고 금욕적 생활을 실행하였다. 나는 아무도 모르게 삼베로 셔츠를 만들어 그 위에 모래를 뿌려서 입고, 신발에는 자갈을 넣어서 신고 다녔다. 또한 마룻바닥에 아무것도 깔지 않고 길게 누워 밤을 새우곤 하였다.

로마 카톨릭 교회는 이러한 종류의 고행사례를 정리해서 법전화하였고 이러한 고행에 '공적'(功績)의 형태로 가치를 부여하였다. 그러나 우리는 각처에서 믿음을 갖고 있는 사람들이 행한 고행이 그 사람들의 자발적 필요에 의한 것임을 안다. 유니테어리언교의 목사로서 이곳에 처음 정착했던 채닝(Channing)의 다음 이야기를 살펴보자.

그는 지금 과거 어느 때보다도 생활이 단순해졌으며 어떤 형태의 방종도 허용치 않는 것처럼 보였다. 그는 더 밝고 통풍이 잘 되며 모든 면에서 더 나은 방을 요구할 수 있었지만 연구를 위하여 그 집에서 가장 작은 방을 선택했다. 또한 어린 형제와 같이 쓰는 다락방을 침실로 선택했다. 다락방의 가구는 은둔자의 방에 딱 맞게, 마루 위에 딱딱한 간이침대와 나무로 만든 책상과 의자가 놓여 있었다. 그곳은 몹시 추웠는데 난방시설이 안 되어 있었다. 그는 추위를 많이 타는 편이었지만 결코 불평을 하거나 불편하다는 표현을 하지 않았다. 그의 동생은 다음과 같이 말한다. "나는 몹시 추웠던 어느 겨울 날 아침 그가 농담하듯이 자신의 고통을 넌지시 말하였던 것을 기억한다." 만일 나의 침대가 나의 고향이라면 나는 나폴레옹과 같아야 한다. 나는 내가 점령하는 곳을 제외하고는 통제하지 않았다. 내가 움직이는 순간 서리가 생긴다. 그는 몸이 아플 때만 잠시 아파트를 옮겨서 약간의 안락을 취했다. 그가 늘상 입고 다니는 옷 역시 가장 싸구려였고, 사람들이 천하다고 놀릴 정도로 그의 의상은 대부분이 낡았다. 그러나 그의 여자 같은 단정함이 너저분한 외모를 덮어주었다.[35]

채닝의 고행은 위에서 본 바와 같이 명백히 고난과 순결을 사랑하는 것으로 이루어진 것이었다. 인간에 대한 열정과도 같은, 그리고 후에 내가 빈곤을 예찬하면서 말하게 될 민주주의는 의심할 바 없이 고통을 분담하는 것이다. 확실히 그의 사례에서는 비관적 요소가 나타나지 않는다. 그러나 다음 사례에서는 비관적 요소를 보게 될 것이고, 그것은 네번째 항목에 속한다. 이 사례는 감리교의 첫번째 전도사였던 존 케닉(John Cennick)에 관한 이야기이다. 그는 1735년 런던 중앙부를 가로지르는 큰길을 걷다가 자신이 죄인임을 깨달았다고 한다.

그래서 그는 즉시 노래하는 것, 카드놀이, 그리고 극장에 가는 것을 그만두었다. 때때로 그는 카톨릭 수도원으로 들어가서 경건한 은둔생활을 하면 어떨까 하고 생각해보았고, 또 어떤 때는 동굴로 들어가서 낙엽 위에서 잠자며 나무열매만 먹고 살기를 원했다. 그는 자주 오랫동안 단식을 하였고 하루에 9번씩 기도를 하였다. ……또한 마른 빵을 너무 좋아하는 자신이 너무나 큰 죄인같이 여겨져 감자와 도토리, 야생사과, 나물을 먹기 시작하였다. 그는 종종 나무뿌리와 푸성귀만 먹고 살기를 원했다. 1737년 마침내 그는 신 안에서 평안을 찾았으며, 계속 그런 기쁨의 생활을 하였다.36)

이 가련한 사람의 이야기에서 우리는 병적 우울과 공포와 희생을 통해 죄의식을 떨쳐버리고 안도감을 얻는 것을 보게 된다. 육체적 욕망과 일반적 인간의 본성적 측면에서 보면, 그리스도교 신학의 절망은 공포를 체계화하여 고행을 대단히 고무시켜왔다. 그러나 비록 이러한 권장이 보상을 최고의 목적으로 한다고 할지라도 그것을 장삿속이라고 부르는 것은 부당하다. 그리스도교 신학의 처음 의도에서 보면 속죄하고 참회하고 싶은 충동은 너무

---

35) *Memoirs of W.E. Channing*, Boston, 1840, i. 196쪽.
36) L. Tyerman, *The Life and Times of the Rev. John Wesley*, i. 274쪽.

나 자발적이고 즉각적으로 자포자기와 불안을 표현한 것이므로 그러한 비난을 받을 수 없는 것이다. 희생을 좋아하고 헌신적임을 나타내기 위하여 우리가 가진 모든 것을 바치는 분위기가 형성되면서, 처절할 정도의 숭고한 극기훈련이 가장 낙관적인 종교적 감정의 열매가 되었다.

아르(Ars) 교구의 비앙니(M. Vianney)는 프랑스의 신부로서 그의 성직 생활은 모범적이었다. 우리는 희생의 내적 요구를 설명해주는 다음의 이야기에서 그의 생활을 읽을 수 있다.

비앙니는 말하였다. "이 길 위에서 그것은 값을 치러야 하는 오직 첫 번째 발걸음에 불과하다." 수도생활에는 사람이 일단 친구를 사귀어 같이 지내보지 않고서는 알 수 없는 것과 같은 고통과 희열이 함께 있다. 거기에는 신에게 자신을 던지는 오직 한 가지 길밖에 없다. 즉 자신을 완전히 던져 자신을 위해서는 아무것도 갖지 않는 것이다. 사람이 할 수 있는 작은 일이란 사람을 괴롭히고 고통받게 하는 것뿐이다. 따라서 그는 스스로 짐을 지고, 꽃의 향기도 맡지 않고, 목이 탈 때 물도 마시지 않고, 결코 파리를 쫓지도 않으며, 비위 상하는 물건 앞에서도 절대로 싫어하는 표정을 짓지 않고, 개인의 안락을 위해서는 어떠한 것에도 불평을 하지 않으며, 앉지도 않고, 무릎을 꿇고 앉았을 때에도 절대로 팔꿈치로 기대지 않았다. 아르 교구 지역은 매우 추운 지방이었지만, 그는 절대로 추위로부터 자신을 보호하려 하지 않았다. 매우 추운 겨울 동안 그의 전도사 중 하나가 고백실의 마루 밑에 뜨거운 물이 들어 있는 금속상자를 놓아두었다. 그 속임수는 성공하였고, 그 성인은 속았다. "신은 매우 선한 분이시다"라고 그는 감동에 차서 말했다. "매우 추운 겨울 날씨인데도 금년에는 내 빌이 항상 따뜻하였다."[37]

이 사례에서 보면 신에 대한 순수한 사랑을 위해 희생하고자 하는 자발적

---

[37] A. Mounin, *Le Curé d'Ars, Vie de M.J.B.M. Vianney*, 1864, 545쪽(축약됨).

충동이 최상의 의식적 동기였다. 그렇다면 우리는 그것을 우리의 세번째 항목으로 분류할 수 있을 것이다. 어떤 작가는 희생의 충동이 주요한 종교적 현상이라고 생각한다. 그것은 확실히 어떠한 특별한 신조보다도 깊이 뿌리박힌 지배적이고도 보편적인 현상이다. 예를 들면, 여기서 개인과 조물주 사이가 동시에 올바른 것처럼 보이는 것을 단순히 표현하고 있는 듯한 자발적인 사례가 있다.

뉴잉글랜드의 청교도 목사인 코튼 마더(Cotton Mather)는 일반적으로 괴상한 현학자로 명성이 나 있다. 그러나 그가 자신의 아내가 임종했을 때 보여주었던 태도보다도 더 생생한 사례가 또 어디 있겠는가?

> 내가 단념해야 할 시점을 알았을 때 신의 부르심을 받았다. 신의 도움으로 신께 영광을 돌릴 수 있었다. 그래서 나의 사랑하는 아내가 죽기 두 시간 전에 그녀 옆에 무릎을 꿇고 앉아 나의 두 손으로 세상에서 가장 사랑하는 그녀의 손을 잡았다. 내 손으로 그녀를 들어서 엄숙하고 진지하게 그 죄인(그녀)을 신께 넘겨주었다. 그리고 내가 진정으로 그녀를 **단념했**다는 증거로 다시는 절대로 그녀의 손을 만지지 않겠다는 결심을 하면서 그 가장 사랑스러운 손을 내 손에서 내려놓았다. 이것은 그 이전에 내가 했던 어떠한 행동보다도 용기 있고 힘든 행동이었다. 그녀는 ……나의 단념의 행위를 승낙한다고 말했다. 비록 이 일이 있기 전에는 그녀가 나에게 계속 요구했을지라도 그 이후 그녀는 나에게 더 이상 아무것도 요구하지 않았다.[38]

전체적인 면에서 보면 비앙니 신부의 금욕주의는 그 실체를 입증하기를 열망한 나머지 단순히 고상한 영적 열광의 홍수가 지속적으로 흐른 결과였다. 로마 교회는 필적할 수 없는 방법으로 금욕주의에 대한 모든 동기를 집대성하여 성문화시켜 놓았으므로, 그리스도교적 완성을 추구하는 사람은

---

38) B. Wendell, *Cotton Mather*, New York, no date, 198쪽.

이미 만들어져 있는 편람 가운데 자신에게 맞도록 정밀하게 설명해놓은 실천적 체계를 찾아볼 수 있다.[39] 완전함에 대한 교회의 지배적 개념은 물론 죄를 피한다는 소극적인 것이다. 죄는 음욕으로부터 출발하고 음욕은 우리의 육체적 열정과 유혹에서 시작된다. 또한 그것들의 주범은 교만, 모든 형태의 관능 그리고 세상적 흥미와 소유에 대한 욕심이다. 이 모든 죄의 근원에 우리는 저항해야 한다. 수양과 엄격한 삶은 이것들을 퇴치하는 매우 효과적인 방식이다. 그러므로 이런 책들에는 언제나 자기금욕에 관한 장이 있게 마련이다. 그러나 그러한 고행의 절차가 성문화되면 언제나 그것의 보다 정교한 정신은 증발해버린다. 우리가 희석되지 않은 금욕적 정신——가련한 육체를 학대하는 자기경멸이라는 열정, 숭배대상에게 자신이 가진 모든 것을 희생으로 바치는 헌신이라는 거룩한 비합리성(즉, 그 감수성)——을 원한다면 자서전이나 다른 개인적 문서들로 방향을 돌려 살펴보아야 한다.

16세기에 활약하였거나 또는 그의 활약상을 제시할 것이 거의 없어서 오히려 존재했었다고 말하는 것이 정확한 스페인의 신비주의자 십자가의 성 요한은 우리의 목적에 알맞는 글을 제공한다.

무엇보다 먼저, 예수 그리스도를 닮아가겠다는 모든 사물에 있는 습관적 사랑의 의지를 그대 안에 조심스럽게 불러일으켜라. 만약 마음에 드는 것이 그대의 감각에 호소하지만 신의 명예와 영광에 전적으로 부합되지 않으면, 그리스도의 이름으로 그것을 부정하고 그것으로부터 그대를 분리시켜라. 그리스도는 평생 동안 그 스스로 그의 음식이요 양분이라고 부른 그의 아버지의 뜻을 행하는 것 이외에 다른 취미나 소원이 없었다. 예를 들면, 그대는 신의 영광과 아무런 관련이 없는 일들에 관하여 듣는 데서 만족을 취한다. 이 만족을 그대 스스로 부정하고 듣고 싶은 소망을 억

---

[39] 초기 예수회 수도사인 로드리게스의 경우가 가장 잘 알려진 것 가운데 하나이다. 이 기도서는 거의 모든 언어로 번역되어왔다. 최근에 나온 것 가운데 이용하기 간편한 기도서는 매우 잘 조합되어 있는 M.J. Ribet가 쓴 *L'Ascétique Chrétienne*, Paris, Poussielgue nouvelle édition, 1898이다.

제하라. 그대는 그대의 마음을 신에게로 향하게 하지 않는 대상을 보는 데서 쾌락을 취한다. 이 쾌락을 그대 자신이 거부하고 그대의 눈길을 돌려라. 대화나 다른 모든 일들도 마찬가지로 행하라. 그대의 능력이 미치는 한, 감각의 모든 작용에서도 똑같이 행동하고 그 굴레에서 그대를 해방시키도록 부단히 노력하라.

급진적 요법은 자연의 4대 열정, 즉 기쁨, 희망, 두려움, 비애를 절제시키는 데 있다. 그대는 이 모든 만족을 박탈시켜 그것들을 암흑과 허공 속에 있던 그대로 두도록 애써야 한다. 그리하여 그대의 영혼은 항상 다음과 같은 것들을 향하게 하라.

"가장 쉬운 것보다 가장 어려운 것에"

"가장 맛있는 것보다 가장 맛없는 것에"

"가장 기분 좋은 것보다 가장 혐오스러운 것에"

"위안의 문제보다는 오히려 적막함의 문제에"

"휴식이 아니라 노동에"

"더욱더 많은 욕망보다는 더욱더 적은 욕망에"

"가장 고귀하고 가치 있는 것에 대한 동경보다는 가장 낮고 가장 하잘것없는 것에 대한 동경에"

"어떤 것을 도모하기보다 아무것도 도모하지 않는 쪽에"

"매사에 최선보다는 최악을 추구하라. 그러면 그대는 그리스도의 사랑으로 완벽한 궁핍, 정신의 완전한 빈곤 또한 이 세상의 모든 것에 대한 절대적 포기를 이룰 수 있다."

"이 모든 관행을 그대 영혼의 전 에너지로 포용하라. 그러면 그대는 곧 큰 즐거움과 말할 수 없는 위안을 찾을 것이다."

"그대 자신을 멸시하라. 그리고 남들이 그대를 경멸하기를 소망하라."

"그대 자신의 약점을 말하라. 그리고 남들도 똑같이 하기를 소망하라."

"그대 자신을 낮추어라. 남들이 똑같이 낮출 때 그것이 잘한 것임을 알라."

"모든 사물의 맛을 즐기려면 어느 것에 대한 기호도 갖지 말아라."

"모든 것을 알려면 아무것도 모른다는 것을 배워라."

"모든 것을 소유하려면 아무것도 갖지 않기를 결심하라."

"모든 것이 되려면 기꺼이 아무것도 되지 않으려고 하라."

"그대가 어느 것에 대한 기호도 갖지 않는 경지에 도달하려면 그대가 좋아하지 않는 것은 무엇이나 경험하라."

"아무것도 모르기를 배우려거든 그대가 모르는 쪽으로 가라."

"그대가 소유치 않은 것에 이르려면 그대가 소유치 않은 쪽으로 가라."

"그대의 인격이 아닌 것이 되기 위하여 그대의 인격이 아닌 것을 경험하라."

이러한 후기의 운문들은 신비주의에서 현기증이 날 정도로 매우 중요한 자기모순에 대한 기술들이다. 다음에 나오는 또 다른 운문들은 완전히 신비적이다. 왜냐하면 거기서 성 요한은 신으로부터 만물(All)이라는 더욱더 형이상학적인 개념으로 나아가기 때문이다.

"그대가 한 가지 일에 멈추어 섰을 때 그대는 만물에 그대 자신을 개방하지 못한다."

"만물에 다가가기 위해서는 그대는 만물을 포기해야 한다."

"그리고 그대가 만물의 소유에 도달하려면, 무(Nothing)를 소원하며 그것을 얻어야 한다."

"이런 강탈 속에서 영혼은 평정과 휴식을 찾는다. 영혼은 그 자체의 무(nothingness)의 중심 깊숙이 자리잡았지만 아래에서 나온 무(naught)의 공격을 받을 수 있다. 그것이 더 이상 아무것도 바라지 않기 때문에 위로부터 온 것은 그것을 억누를 수 없다. 왜냐하면 영혼의 욕망만이 그 비애의 원인이기 때문이다."[40]

---

40) Saint Jean de la Croix, *Vie et Œuvres*, Paris, 1893. ii. 94, 99쪽(축약됨).

그리고 이제, 4, 5항목——그러나 실제로는 전 항목——과 정신병 환자가 육체적 엄격함으로 들어갈 수 있는 비합리적 극단성의 구체적인 예로서, 나는 자학에 관해 성실히 설명한 주조(Suso)의 경우를 인용하겠다. 여러분도 기억하다시피 주조는 14세기 독일의 신비주의 학파의 한 사람이다. 3인칭으로 씌어진 그의 자서전은 고전적 종교문서이다.

청년시절의 그는 불과 같은 생명력이 충만한 성격의 소유자였다. 그에게 이것이 느껴지기 시작했을 때 그것은 매우 슬픈 일이었다. 그는 여러 수단을 동원하여 어떻게 하면 자신의 육체를 복종시킬 것인가를 찾으려고 하였다. 그는 오랫동안 거친 모직 셔츠와 철사슬을 피가 흐를 때까지 착용하여 그것들을 벗어버리지 않을 수가 없었다. 그는 비밀리에 자기가 입을 속옷을 만들도록 했는데, 그것은 150개의 놋쇠못이 뾰족하게 박힌 가죽띠를 고정시킨 것으로서 침이 살 쪽으로 향해 있었다. 그는 이 옷이 몸에 착 달라붙어 옷 끝이 살을 찌르도록 꼭 끼게 만들었고, 몸 주위를 빙 둘러서 앞에서 매도록 배열하였다. 그 옷은 배꼽까지 올라올 정도로 길었다. 그는 이것을 입은 채 잠을 잤다. 여름에는 날씨가 덥고 잦은 여행과 항의로 매우 지치고 아플 때가 있었는데, 그는 온몸을 속박받고 올무에 걸리고 해로운 곤충에 의해 공격받을 때 때때로 큰 소리를 지르며 짜증을 냈으며 벌레가 온몸을 침으로 찌를 때는 괴로움에 몸을 꼬며 이리저리 뒤척이곤 하였다. 그것은 마치 그가 개미둑에 누워 그 곤충들의 고문에 시달리는 것처럼 느껴졌다. 왜냐하면 그가 잠을 청하거나 잠에 곯아떨어졌을 때 곤충들은 그를 서로 경쟁하듯 물어뜯었기 때문이다.[41]

---

41) '곤충', 즉 몸에 기생하는 이는 중세 성인들의 흔들림 없는 징표였다. 우리는 아시시의 프란체스코의 양가죽 옷에 관한 글을 읽어보면 그의 동료가 그것을 정화 및 박멸하기 위하여 자주 불길에 갖다대곤 하였음을 알 수 있다. 왜냐하면 그가 말했듯이 천사와 같은 프란체스코는 이(pedocchi)를 적으로 생각하지 않았기 때문이었다. 그러나 반대로 그것들을 몸에 지니고(le portava adosso) 이 하늘의 진주들을 습관적으로 몸에 끼고 있는 것을 명예와 영광으로 간주하였다. P. Sabatier, *Speculum Perfectionis, etc.*, Paris. 1898, 231쪽, 각주에

때때로 그는 전능한 신에게 설움이 북받쳐 외쳤다. "슬픕니다! 온유의 신이시여, 이 얼마나 모진 목숨입니까? 사람이 살인범이나 사나운 짐승에게 죽임을 당한다고 해도 빨리 끝납니다. 그러나 나는 여기 잔인한 곤충들 밑에 깔려 죽어가고 있으나 결코 죽을 수 없습니다." 그러나 기나긴 겨울밤이나 무더운 여름날도 그의 고행을 중단시킬 수 없었다. 반대로, 그는 머리를 더 써서 두 가죽 고리를 고안해 그의 목에 둘러서 그의 손을 하나씩 잡아매었고, 그의 방에 화재가 나더라도 빠져나갈 수 없도록 확실하게 묶은 끈을 조여댔다. 그는 그의 양손이 긴장으로 떨릴 때까지 끈을 조여댔다. 그런 후 그는 다른 방법, 즉 장갑을 고안하였다. 그는 놋쇠 세공업자에게 장갑 전체에 예리한 쇠못을 박도록 하여 그것을 밤에 착용하곤 했다. 목적은 잠자는 동안 그가 몸부림쳐서 거친 모직옷을 벗어던지려 하거나, 해충의 공격에서 헤어나더라도 그 쇠못이 그의 몸을 찌르도록 하기 위함이었다. 그것은 의도한 대로 되었다. 그가 취침 중 그의 손을 가지고 어찌하려 했지만 그는 못을 가슴에 밀어넣어 자신을 찢었고 마침내 그의 살은 곪아터졌다. 몇 주가 지나 회복되었을 때 그는 다시 흠집을 내고 상처를 새로 만들었다.

그는 이 고행을 거의 16년이나 계속하였다. 이 시기의 끝 무렵 그의 혈기가 이제 차가워지고 불 같은 그의 기질이 죽었을 때, 성신강림 축일에 환영 속에서 하늘로부터 한 사자가 내려왔다. 그 사자는 그에게 신은 더 이상 이것을 요구하지 않으신다고 말했다. 이에 그는 이 일을 중단했고 모든 장신구들을 흐르는 시냇물에 내던졌다.

주조는 십자가에 못 박혀 돌아가신 주님의 슬픔에 필적하기 위하여 스스로 30개의 쇠바늘과 못이 달린 십자가를 어떻게 만들었는지를 말한다. 그는 밤낮으로 등에 이것을 지니고 다녔다.

그가 처음 십자가를 등에 짊어졌을 때, 그의 부드러운 몸은 전율로 떨었으며 그는 날카로운 못들을 돌에 갈아 약간 무디게 만들었다. 그러나

서 인용함.

그는 곧 여성에게나 어울리는 이런 겁쟁이 같은 짓을 후회하고 줄톱으로 다시 예리하게 만들어 십자가를 한 번 더 몸에 걸쳤다. 그것은 뼈와 맞닿는 등을 피로 물들이고 멍들게 하였다. 그가 앉았다 일어설 때는 언제나 고슴도치의 살갗을 걸치고 있는 것 같았다. 누가 갑자기 그를 건드리거나 그의 옷에 부딪히면 못들이 그를 찔렀다.

주조는 다음으로 이 십자가를 쳐서 그 못을 살 속 깊숙이 넣는 방법을 사용하였던 그의 회개에 관하여 이야기하고 있다. 마찬가지로 자기 매질에 관해 말하고 다음과 같이 계속 이어나갔다.

같은 시기에 그는 버려진 낡은 문짝을 하나 구하여 신을 벗고 두꺼운 외투로 몸을 감싸는 것 외에는 밤에 그를 편안하게 해줄 잠옷 하나 걸치지 않고 그 위에 누웠다. 그래서 그는 매우 비참한 침대에서 자게 되었다. 왜냐하면 거친 강낭콩 줄기 더미 위에 머리를 눕히고 날카로운 쇠못이 박힌 십자가를 등에 받치고 두 팔은 끈으로 묶인 채, 거친 모직 내의를 허리에 둘렀으며 외투 역시 무겁고 문짝은 단단하였기 때문이다. 그리하여 그는 비참한 상태에서 흔들리는 것을 두려워하며 통나무처럼 누워 있었고 한숨만 자주 신에게 올려보내고 있었다.

겨울이면 그는 추위 때문에 시달렸다. 발을 뻗으면 맨발이 마룻바닥에 나와 시렸고, 발을 위로 쳐들면 피가 다리로 쏠렸다. 이것은 큰 고통이었다. 그의 발은 상처투성이었고, 다리는 수종을 앓았으며, 무릎은 피멍이 들었고, 허리는 거친 모직에 의한 흠집으로 뒤덮여 있었다. 또한 손은 허약해져서 떨리고 있었다. 그는 수많은 낮과 밤을 이러한 고통 속에서 보냈다. 그는 신성하고 영원한 지혜인 우리의 주님이신 예수 그리스도에 대하여 가슴 속 깊이 간직하고 있는 거대한 사랑으로 이 고난을 감내하였다. 그는 그리스도의 고난을 본받으려 했던 것이다.

얼마 후 그는 이 참회의 문짝 고행을 그만두었고 그 대신에 그는 거처를 한 조그만 오두막집으로 정하여 이번에는 벤치를 사용하였다. 그것은 너무나 좁고 짧았기 때문에 몸을 뻗어 침대로 사용할 수가 없었다. 그는 밤마다 이 토굴 속에서, 혹은 그 문짝 위에서 속박된 채 약 8년간이나 누워 지냈다. 그는 겨울에 수도회에 머물 경우 하루의 마지막 예배가 끝난 후, 아무리 날씨가 춥더라도 다른 이유가 없다면 절대 따스한 방 안으로 들어가거나 난롯가로 가지 않는 것이 25년간 그가 쌓은 습관이었다. 이전 기간을 통하여 그는 물로 씻어내는 것이든 수건으로 닦기만 하는 것이든 한 번도 목욕을 한 적이 없었으며 이것은 안락을 추구하는 육체를 억제하기 위해서였다. 그는 오랜 기간 지나친 가난을 실천하여 허가가 있든 없든 동전 한 푼 받거나 만지지 않았다. 한동안 그는 단지 그의 손발을 제외하고는 신체의 일부를 절대 긁거나 만지지 않을 정도로 최고 수준의 순수성을 유지하려고 노력하였다.[42]

나는 여러분에게 갈증으로 인한 가련한 주조의 자학적 고행에 관한 설명은 생략하기로 하겠다. 그가 40세가 넘은 뒤 자연적 인간의 본능을 충분히 극복했고 이제 그러한 고행을 그만두어도 좋다고 신이 그에게 일련의 환상을 보여주었다는 것을 알면 기분이 흐뭇하다. 그의 경우는 분명히 병적이지만, 그가 몇몇 금욕주의자들이 즐겨온 완화작용, 즉 실제로 고행을 정반대의 기쁨으로 전환할 수 있는 감각의 변화를 경험한 것 같지는 않아 보인다. 예를 들면, 성심(聖心)수도회(Sacred Heart order)의 창설자에 대해서 우리는 다음과 같은 사실을 알 수 있다.

> 고통과 고난에 대한 그녀의 사랑은 끝이 없다. ……그녀는 자기가 신을 위한 고난의 문제를 항상 안고 있다면 심판의 그날까지 용기를 내어 살아갈 수 있지만, 단 하루라도 고난 없이 사는 것은 견딜 수 없다고 말하였다. 그녀가 다시 말하기를, 자기는 두 가지 누그러뜨릴 수 없는 열병에 걸려 있는데 하나는 성령과의 교섭이고, 다른 하나는 고난과 굴욕, 그리고 소멸에 대한 열병이라고 하였다. 그녀는 편지에서 계속 말하기를,

---

42) *The Life of The Blessed Henry Suso*, by Himself, translated by T.F. Knox, London, 1865, 56~80쪽(축약됨).

"다름 아닌 고통이 내 생명을 지탱해주고 있다"[43]고 하였다.

특정한 사람의 금욕주의적 충동이 야기시키는 현상들에 관해서는 이 정도 해두자. 교회적으로 성별된 사람들에게 자기금욕에 대한 세 가지 작은 지류는 완전에 이르는 불가결한 통로들이다. 나는 수도사들이 지킬 것을 맹세하는 순결, 복종 그리고 가난을 지적한다. 복종과 가난의 항목에 대하여 몇 마디 언급하고자 한다.

첫째, 복종에 관해 말하겠다. 20세기의 세속적 삶은 이러한 덕을 높이 평가하지는 않는다. 이와는 반대로, 자기 자신의 행동거지와 이익 또는 고통을 그 결과를 고려하여 결정해야 하는 개인의 의무는 우리 속에 가장 잘 뿌리를 내린 현대 프로테스탄티즘의 사회적 이상들 중 하나인 것처럼 보인다. 내적 삶을 소유한 사람들일지라도 어떻게 자신들의 의지를 추천할 만한 다른 유한한 피조물들의 의지에 종속시킬 것인지를 이해한다는 것은 상상하기조차도 어려울 정도이다. 나는 나 자신에게 그것은 신비하게 보인다는 것을 고백한다. 그러나 복종은 많은 사람들의 심오한 내적 욕구와 분명히 일치하므로, 우리는 그것을 이해하기 위하여 최선을 다해야 한다.

가능한 가장 낮은 차원에 대해, 확고부동한 교회의 조직에서 어떻게 복종의 편익이 칭찬할 만한 것으로 보이도록 인도되어 왔는가를 우리는 안다. 다음으로, 경험은 모든 사람의 삶 속에서 사람들은 그들 자신의 자아에 의해서보다는 타인에 의하여 권고를 받아 개선될 때가 여러 번 있다는 것을 보여주고 있다. 결단을 내리지 못하는 것은 신경쇠약의 가장 흔한 징후이다. 보다 폭넓게 우리의 고민을 이해하는 친구들이 그것을 우리보다 더 지혜롭게 보는 일이 자주 있다. 그래서 의사, 동료, 아내의 자문을 구하고 그 의견을 존중하는 것이 흔히 훌륭한 미덕으로 간주된다.

그러나 이런 저차원의 분별적인 영역들을 벗어날 때 우리가 지금껏 연구

---

43) Bougaud, *Hist. de la Bienheureuse Marguerite Marie*, Paris, 1894, 171, 265쪽, 또한 386, 387쪽과 비교해보라.

해온 어떤 영적 흥분상태에서 복종을 이상화시킬 좋은 이유를 발견한다. 복종은 내적 온건화, 자포자기 그리고 고차적 힘에 자아를 내맡기는 일반적인 종교적 현상으로부터 그 근원을 찾을 수도 있다. 이러한 태도들은 구원해주는 느낌을 주므로 그것들은 자체적으로 유용성은 그만두고라도 이상적으로 구별된다. 우리가 훤히 꿰뚫어볼 수 있는 오류를 갖고 있는 사람에게 복종할 때에도 우리는 우리의 의지를 무한한 지혜의 의지에 포기할 때 느끼는 것처럼, 많은 것을 느낄 수 있다. 자포자기와 자아를 십자가에 못 박는 열정에 더해보라. 그러면 복종은 그것이 신중히 사용될 수 있는 것인지와는 상관없이 아주 바람직한 금욕주의적 희생이 된다.

카톨릭 저술가들은 복종을 주로 희생, 즉 '금욕'의 한 양태로 생각한다. 그것은 "인간이 신에게 드리는 희생이며 그리고 인간 그 자신이 사제가 되고 산제물이 되는 희생이다. 가난을 실천함으로써 그는 외적 소유물을 제물로 바치고, 순결을 지킴으로써 그는 그의 몸을 바치며, 복종함으로써 그는 그의 희생을 완성시키고, 아직까지 그 자신의 소유로 가지고 있는 모든 것, 즉 그의 두 가지 보물인 지성과 의지를 모두 신에게 바친다. 그때 그 희생은 완성되며 유보되지 않는 참된 전번제(全燔祭, holocaust)가 된다. 왜냐하면 전체 희생물은 지금 신의 영광을 위하여 소모되기 때문이다."[44] 따라서 카톨릭적 훈련에서 우리는 단지 인간으로서가 아니라 그리스도의 대표자로서의 상관에게 복종한다. 우리의 뜻대로 그 상관 속에 있는 신에게 복종하는 일이라면 복종은 쉽다. 그러나 교과서적인 신학자들이 복종의 이유들을 나열하면서 권유하는 것은 우리의 귀에 꽤 이상하게 들릴 것이다.

한 예수회 당국자가 말한다.
수도원 생활의 최대 위안 중 하나는 복종하는 데에서 잘못을 범할 수 없다는 우리의 확신이다. 수도원장은 당신에게 이것 또는 저것을 하라고

---

[44] Lejuene, *Introduction à la Vie Mystique*, 1899, 277쪽. 전번제의 비유는 이그나티우스 로욜라에게까지 거슬러올라간다.

명령을 내리는 가운데 실수를 할 수도 있다. 그러나 신이 당신에게 당신이 받은 명령을 정히 수행했는지 물을 것이기 때문에 당신이 복종하는 한, 잘못을 저지르지 않는다는 것을 당신은 확신한다. 만일 당신이 이 점에 대해서 분명하게 설명을 할 수 있다면, 당신은 완전히 죄사함을 받게 될 것이다. 당신이 행한 일들이 적절한 것이었는지 또는 그보다 더 나은 일을 할 수 있지 않았느냐는 물음은 당신에게가 아니라 당신의 수도원장에게 던져져야 할 물음이다. 당신이 한 일이 복종 속에서 행해지자마자 신은 그 행위에 대한 책임을 당신에게서가 아니라 수도원장에게 물을 것이다. 성 제롬(Jerome)은 복종의 장점을 찬양하면서 이렇게 감탄하였다. "오, 최고의 자유여! 오, 성스럽고 축복받은 우리가 그렇게 함으로써 완전무결하게 되는 안전이여!"

성 요한 클리마쿠스(John Climachus)도 복종을 신 앞에서의 변명이라고 부를 때 똑같은 심정이다. 사실 신이 당신에게 왜 이것 또는 저것을 했느냐고 물을 때, 그리고 그것은 수도원장으로부터 그렇게 명령을 받았기 때문이라고 대답할 때, 신은 별도의 변명을 요구하지 않을 것이다. 좋은 선장이 있는 좋은 배에 탄 승객은 임무를 다하여 '그를 지켜주기' 때문에 아무런 걱정 없이 마음놓고 잠을 청할 수 있다. 마찬가지로 복종의 굴레 아래 사는 종교인도 잠을 자는 동안, 즉 자기 배의 선장이자 자기를 위해 계속 보초를 서는 수도원장의 행동거지에 전적으로 의지하는 동안 마찬가지로 하늘나라에 간다. 사실 인생이라는 폭풍의 바다를 양 어깨에 짊어지고 다른 사람의 양팔에 안겨 횡단할 수 있다는 것은 사소한 일이 아니다. 그러나 그것은 신이 복종의 굴레 아래 사는 사람들에게 부여하는 은총 바로 그것이다. 그들의 수도원장은 그들이 진 짐을 모두 운반한다. ……어떤 근엄한 의사는 자기 자신의 책임 있는 선택으로 거만한 자선의 업무에 바쁘기보다는 차라리 복종함으로써 이삭을 줍는 데 그의 생을 보내겠다고 말했다. 왜냐하면 우리가 복종으로써 하는 일은 무슨 일이든지 신의 뜻을 따르는 것이 확실하지만, 우리 자신의 움직임으로 하는 일은 무엇이든 신의 뜻을 따르는 것이라고 확신할 수는 없기 때문이다.[45]

우리가 복종의 정신에 대한 통찰력을 얻으려 한다면 이그나티우스 로욜라가 복종을 수도회의 뼈대로 추천한 서한을 읽어보아야 한다.[46] 이 서한들은 너무 길어 인용할 수 없다. 그러나 이그나티우스의 믿음은 몇몇 동료들에 의해 보도된 두 가지 금언에 너무나 생생하게 나타나 있기 때문에 자주 인용되었다. 나는 여러분의 허락을 얻어 그것을 한 번 더 그대로 옮겨 보겠다.

한 초기 전기작가는 다음과 같이 말하면서 그에게 보고하고 있다.
나는 마땅히 종교에 귀의하자마자 나 자신을 신의 손 안에, 그리고 권능으로 신의 자리를 떠맡은 그에게 맡겼다. 나는 수도원장이 나에게 나 자신의 판단을 포기하고, 나 자신의 마음을 통제하라고 명하기를 바라야 한다. 나는 한 수도원장과 다른 수도원장 사이의 차이를 거론치 말고, ……오히려 그들이 채우는 자리들은 신 앞에서 모두 평등하다는 것을 인정해야 한다. 왜냐하면 내가 차별을 하면 나 스스로 복종의 정신을 약화시키기 때문이다. 내 수도원장의 손 안에 나는 부드러운 양초 같은 물건이 되어야 한다. 그것이 서한을 보내는 일이든 아니면 받는 일이든, 그러한 사람들에게 말을 거는 일이든 아니든, 그를 즐겁게 하는 일이면 어떤 것이든 나는 그가 요구하는 존재가 되어야 한다. 나는 온 정열을 내가 명령받은 것을 열심히 정확하게 실행하는 데 쏟아야 한다. 나는 나 자신을 어떤 지성이나 의지가 없는 주검, 아무런 저항 없이 남이 좋아하는 곳에 스스로 가서 놓이는 한 덩어리의 물질, 노인이 그의 필요에 따라 쓰고 원하는 곳에 놓아두는 그의 손에 잡힌 하나의 지팡이 같은 것으로 생각하여야 한다. 그래서 나는 수도회의 손에 내맡겨져서 그 수도회가 가장 유용하다고 판단하는 방식으로 봉사해야 한다.

---

45) Alfonso Rodriguez, S.J., *Pratique de la Perfection Chrétienne* Part iii., Treatise v., ch.x.
46) Letters li. and cxx. of the collection translated into French by Bouix, Paris, 1870.

나는 결코 수도원장에게 특정한 곳으로 보내달라거나 특정한 의무를 부여해달라고 요구해서는 안 된다. 나는 무엇이든지 개인적으로 내 소유가 되는 것을 생각하지 말아야 한다. 내가 쓰는 물건에 대하여 아무런 저항도 없이 옷을 벗고 있는 조각상(彫刻像)처럼 되어야 한다.[47]

다음의 이야기는 내가 조금 전에 인용했던 장에서 로드리게스가 보고한 것이다. 로마 교황의 권위에 관해 이야기하면서 로드리게스는 다음과 같이 쓰고 있다.

성 이그나티우스가 그 일행의 대장이었을 때 그는 다음과 같이 말했다. 교황께서 로마 근처에 있는 오스티아 항에서 발견할 수 있는 첫 배로 출항하라는 명을 내린다면, 그리고 돛대와 돛, 노와 삿대, 항해와 저항에 필요한 어떤 장비도 없이 나 자신을 바다에 내맡기라고 한다면, 나는 활발하게 그리고 근심이나 반감 없이 오히려 내적인 큰 만족감으로 복종할 것이다.[48]

우리가 생각해보고 있는 미덕이 터무니없이 구체적으로 수행된 실례를 마지막으로 나는 다음 주제로 넘어가겠다.

[포트 로열(Port Royal)]의 마리 클레어(Marie Claire) 수녀는 랑그레(Langres) 수녀원장의 거룩함과 우수성에 깊은 감명을 받아왔다. 이 수도원장은 포트 로열에 오자마자 그녀가 앙젤리크(Angélique) 수녀에게 너무나 예민하게 관심을 보이는 것을 보고는 어느 날 그녀에게 다시는 말을 걸지 않는 것이 좋겠다고 말했다. 마리 클레어는 복종에 굶주린 나머지 이 경솔한 말을 신의 신탁으로 간주하고 그날 이후 수년 동안 그 수녀에

---

47) Bartoli-Michel, ii. 13쪽.
48) Rodriguez, 앞의 책, Part iii., Treatise v., ch.vi.

게 한 번도 말을 걸지 못하고 지냈다.[49]

우리의 다음 화제는 성인다운 삶의 하나의 장식품으로서, 모든 시대, 모든 신조 아래서 느끼는 가난을 이야기해야 한다. 인간의 본성에서 소유의 본능은 근본적이므로 이것은 금욕주의적 역설의 또 하나의 본보기가 된다. 그러나 우리의 고상한 흥분이 저속한 탐욕을 어떻게 쉬이 제압하는가를 떠올리는 순간, 그것은 전혀 역설로서가 아니라 완벽하게 합리적으로 보인다. 복종의 주제에 관하여 방금 예수회 로드리게스의 글을 인용했기 때문에 나는 가난에 관한 우리의 논의에 구체적인 변화를 주기 위하여 이 미덕에 관한 그의 글을 한 쪽 정도 읽어주겠다. 여러분이 기억해둘 것은 그가 수도회의 수도사들을 위하여 교훈을 작성하고 있고, 그것은 온통 "마음이 가난한 자는 복이 있나니"라는 말씀에 기초를 두고 있다는 사실이다.

그는 말한다.
여러분 가운데 어느 누구라도 그가 마음이 가난한지 아닌지 알고자 한다면, 그로 하여금 가난의 일상적 결과와 효과를 사랑하는지 아닌지 숙고하게 하라. 그것은 기아, 갈증, 추위, 피로 그리고 모든 편의시설의 박탈이다. 헝겊조각으로 기운 낡아빠진 누더기옷을 즐겨 입는지 살펴보라. 당신의 식사에 무엇이 빠져 있고, 당신이 배식에서 제외될 때, 당신이 받은 음식이 당신의 입맛에 맞지 않거나 당신의 방이 수리되어 있지 않을 때 마음이 즐거운지를 살펴보라. 당신이 이것들에 대하여 기뻐하지 않으므로 그것들을 사랑하는 대신에 회피한다면, 분명히 당신은 가난한 마음의 완벽한 경지에 도달하지 못했다는 증거이다.

로드리게스는 계속하여 가난의 실천에 관하여 보다 상세하게 기술하고 있다.
첫번째 요점은 성 이그나티우스가 그의 규칙서에서 제안한 것인데 그는

---

49) Sainte-Beuve, *Histoire de Port Royal*, i. 346쪽.

이렇게 말하고 있다. "아무에게도 어떤 것이나 자기 개인소유인 것같이 사용케 두지 말라." 그는 다음과 같이 말한다. "종교적인 사람은 그가 사용하는 모든 물건에 관하여, 옷을 입히면 입고 그것을 다시 벗길 때 어떤 슬픔도 저항도 느끼지 않는 동상처럼 되어야 한다. 당신은 옷, 책, 방 그리고 당신이 활용하는 것 이외의 모든 것에 대하여 이와 같이 해야 한다. 만약 그것들에서 손을 떼거나 다른 것으로 바꾸라는 지시를 받아도, 당신은 제막되는 동상이 된 것처럼 슬퍼하지 말라. 이처럼 당신의 소유인 것같이 그것들을 사용하는 것을 피하라. 만약 당신이 방을 내놓거나 이런저런 소유물을 양도하거나 다른 것으로 바꿀 때 반감을 느끼고 동상처럼 되지 않는다면, 그것은 당신이 이것들을 당신의 사유물로 보고 있다는 증거가 된다."

그리고 이것은 우리의 성스러운 창립자가 수도원장들로 하여금, 신이 아브라함을 시험한 것같이, 그들의 수도사들을 시험하게 하고 그들의 가난과 복종을 시험하기를 원하였기 때문이다. 이렇게 하여 그들은 그들의 미덕이 어느 정도인가를 알게 되고 그들의 정진이 더욱더 완벽하게 될 기회를 얻으며……그래서 한 수도사로 하여금 그가 편안하게 느끼고 좋아하는 방을 빼앗거나, 다른 수도사에게서 그가 좋아하는 책을 빼앗거나 또 다른 제3자에게는 그의 옷을 남루한 것으로 바꾸도록 명령할 수 있었을 것이다. 그렇지 않으면 우리는 이러한 몇 가지 물건들로 일종의 재산을 획득하는 것으로 끝나며, 우리를 둘러싸고 있고 우리의 일차 방어선인 가난의 벽은 허물어지고 말 것이다. 옛날 사막의 사제들은 가끔 그들의 동반자들을 이렇게 다루었다. ……간호의 임무를 맡았던 성 도시테우스 (Dositheus)는 한 자루의 칼이 필요하여 성 도로테우스(Dorotheus)에게 그것을 달라고 하였다. 사적인 목적이 아니라 그가 맡고 있는 진료소에서 사용하고자 한 것이다. 그러자 도로테우스는 이렇게 대답했다. "도시테우스여, 그 칼이 그렇게도 그대 마음에 드는가. 그대는 그 칼의 노예가 되려나, 아니면 예수 그리스도의 노예가 되려나? 그대는 그 칼이 그대의 주인이 되기를 바라는 것이 부끄럽지도 않은가? 나는 그대가 그것에 손대지 않았으면 하네." 그 책망과 거절은 그 거룩한 제자에게 효력을 미쳐 다시는 그 칼에 손대지 않았다.

로드리게스 신부는 계속해서 말을 이어나갔다.

그래서 우리 방에는 침대 하나, 책상 하나, 의자 하나, 그리고 촛대 하나 등 꼭 필요한 물건말고는 절대 어떤 가구도 있어서는 안 된다. 우리들 사이에서는 방에 그림이나 그 어떤 것을 걸어놓아서도 안 되며 팔걸이 의자, 양탄자, 커튼은 물론이고 어떠한 종류의 장식장이나 호화로운 화장대 장식도 허락되지 않는다. 또한 우리는 우리 자신이나 방문자들을 위해 먹을 것을 갖다놓아서도 안 된다. 심지어 물 한 잔을 마시기 위해 식당에 가는 일도 허가를 받아야 한다. 마지막으로 우리는 한 줄의 낙서를 할 수 있는 책을 보관해서도 안 되며 또는 그것을 갖고 다녀서도 안 된다. 따라서 우리가 매우 지독한 가난 속에 처해 있음을 부정할 사람은 없다. 그러나 이 가난은 동시에 하나의 큰 휴식이자 완벽함이었다. 왜냐하면 어떤 종교인이 과도한 소유물을 갖는다면 그 물건들이 그의 마음을 크게 차지할 것이며, 그것들을 얻으면 그것들을 지키거나 불리려고 애쓸 것은 뻔하기 때문이다. 그래서 우리가 그것들을 가지지 못하게 하는 데서 이 모든 불편함이 치유되는 것이다. 우리의 동료들이 세속적인 사람들을 우리 방에 출입하지 못하게 하는 주된 이유는 우리가 그렇게 함으로써 훨씬 쉽게 가난 속에서 견딜 수 있기 때문이다. 결국 우리는 모두 인간이다. 그래서 만일 우리가 세상사람들이 우리 방으로 들어오는 것을 허용한다면, 우리는 규정된 한계 내에 머무를 힘이 없으며 그들을 훈계하기 위해 최소한 몇 권의 책을 비치하여 방문객들에게 우리가 닦은 학문에 대한 나은 식견을 제공하고자 할 것이다."[50]

힌두교의 고행자, 불교의 승려, 이슬람교의 탁발승은 가난을 개인의 가장 고귀한 상태로 이상화하는 데서 예수회 및 프란체스코회와 일치하기 때문

---

50) Rodriguez, 앞의 책, Part iii, Treatise iii., chaps. vi., vii.

에, 이렇게 부자연스럽게 보이는 사상의 영적 근거들을 검토해보는 것은 가치 있는 일이다. 무엇보다도 먼저, 인간 공동의 본성에 가장 가까운 것들을 살펴볼 가치가 있다.

소유자와 존재자 사이의 대립은 아주 오래된 것이다. 고전적 의미로 좋은 가문에서 태어난 신사는 사실상 약탈을 일삼고 토지와 재물을 흥청망청 써버렸지만, 그는 결코 자신의 본질을 이러한 소유물이 아니라 개인적 우월성, 용기, 관대함과 그의 생득권에 기인한 자존심과 동일시해왔다. 돈이면 물불을 가리지 않고 덤벼드는 사고방식에 도저히 다가갈 수 없음을 신께 감사하였고, 변화무쌍한 삶 속에서 결핍으로 가난해져도 순수한 용기로써 구원을 도모하는 데 훨씬 더 자유롭다고 생각하며 기뻐하였다. 레싱(Lessing)의 수도사(Tempelherr)는 '오직 자기 자신만을 가진 사람'을 현자 나단의 목소리로 "나의 신, 나의 신이여! 나는 가진 게 아무것도 없습니다!"라고 말한다.

이러한 명문태생의 무소유적 삶의 이상은 무술연마와 궁중기사도를 통해서 구체화되었다. 그것은 무시무시할 정도로 늘 타락되어 왔으므로 실제적으로는 아니지만 정서적으로 군인과 귀족의 인생관을 아직까지 지배하고 있다. 우리는 군인을 절대적으로 방해받지 않는 사람으로 미화한다. 삶을 겨우 유지시키고, 대의명분만 있으면 언제라도 내던질 의향이 있으므로, 그는 방해받지 않는 자유를 이상적 방향으로 구현하는 사람이다. 날품팔이를 하면서 장래가 보장돼 있지 못한 노동자가 이 이상적 초연함의 많은 부분을 제공하고 있다. 야만인과 같이, 그는 자신의 오른팔이 견딜 수 있는 곳이면 어디서나 잠자리를 만들 수 있으며, 그의 단순하고 활력 넘치는 삶의 태도에 의하면, 부의 소유자는 '지푸라기와 쓰레기가 무릎까지 차올라' 천한 외형과 속박 속에 묻히고 질식된 것처럼 보인다. 물건을 소유하려는 것은 인간성의 타락자, 영혼의 담보 그리고 천국으로 가는 우리의 발길을 잡는 덫이다.

휘트필드는 다음과 같이 쓰고 있다.

내가 마주치는 모든 것은 다음과 같은 목소리를 지니고 있는 것처럼 보인다. "그대는 가서 복음을 전파하라. 지상에서 순례자가 되어라. 무리를 짓거나 깃들일 곳을 갖지 말라." 내 가슴은 메아리쳐 응답한다. "주 예수여, 당신의 뜻을 행하고 경험하게 하소서. 당신께서 내가 둥지를 트는 위험 속에 있음을 불쌍하고 애처롭게 보신다면, 내가 깃들이지 못하게 가시를 집어넣으소서."51)

오늘날 우리의 노동계급을 점점 오염시키고 있는 '자본'에 대한 혐오는 대체로 소유에 기초한 삶에 대한 건전한 반감으로 구성되어 있는 것처럼 보인다. 어떤 무정부주의자 시인은 이렇게 읊고 있다.

부를 축적함보다는 그대가 가진 것을 포기함으로써
그대는 아름다워지리라.
그대는 껍데기를 벗어던져야 하리라.
새것으로 감싸지 말지어다.
옷을 겹쳐 입음으로써 그대의 몸을 건전하고 건강하게 만드는 것이 아니라, 오히려 그것을 벗어버림으로써…….
왜냐하면 전장에 나가는 군인은 등에 질 새 가구보다는 오히려 뒤에 남겨둘 것이 무엇인지 찾기 때문이리라.
자유롭게 사용하고 다루지 못할 부가적인 모든 것은 하나의 방해요소임을 알아야 한다.52)

간단히 말하면, 소유에 기초한 삶은 행위나 존재에 기초한 삶보다 자유롭지 못하다. 행위의 측면에서 영적 흥분에 사로잡힌 사람들은 거추장스러운 나막신을 벗어버리듯 소유물을 내던진다. 사적 이해관계가 없는 자들만이

---

51) R. Philip, *The Life and Times of George Whitefield*, London, 1842, 366쪽.
52) Edward Carpenter, *Towards Democracy*, 362쪽(축약됨).

하나의 이상을 곧장 따라갈 수 있다. 나태와 비겁함은 우리가 간수해야 하는 모든 돈에 스며든다.

새 신자가 성 프란체스코에게 다가와서 "신부님, 시편 기도서 한 권만 가지면 더 이상 바랄 것이 없이 제게 큰 위안이 되겠습니다. 우리 수도회 원장님께서 제게 이 방종을 허락한다 해도 저는 당신의 허락을 받고 싶습니다"라고 말했을 때, 그는 샤를마뉴(Charlemagne), 롤란드(Roland)와 올리버(Oliver)가 피땀 어린 노력으로 이교도들을 쫓다가 전장에서 죽어간 예를 들어 그를 돌려보냈다. 그는 "책과 지식을 소유하는 데 너무 마음 쓰지 말고 선행에 관심을 두라"고 말했다. 그리고 몇 주 뒤에 그 초심자가 다시 와서 그 시편 기도서에 대한 열망을 이야기했을 때, 프란체스코는 이렇게 말해주었다. "그대가 시편 기도서를 손에 넣으면 그 다음엔 일과 기도서를 갖고 싶어할 것이다. 그리고 그것을 얻으면 그대는 설교대에서 수도원장처럼 그대의 동료 신자에게 '내게 나의 일과 기도서를 갖다주시오'라고 말할 것이다." ……그때부터 그는 다음과 같은 말을 하면서 그러한 모든 요구를 거절하였다. "사람은 행할 수 있어야 그 학문을 소유할 수 있고, 수도승은 몸소 실천할 수 있어야 훌륭한 설교자가 된다. 왜냐하면 모든 나무는 그 열매를 보면 알기 때문이다."[53]

그러나 행위와 존재에 연관된, 이와 같이 보다 활동적이고 가치 있는 태도 너머에 소유하지 않겠다는 욕망에 존재하는 훨씬 심오한 그 무엇, 자기보다 더 큰 힘에 완전히 굴복함으로써 얻을 수 있는 만족감, 다시 말하면 종교적 경험의 근본적 신비와 관계된 어떤 것이 있다. 어떤 세속적 안전장치가 있는 한, 어떤 사려 깊은 보장이 조금이라도 남아 있는 한, 중대한 위기는 지나가지 않으며, 공포 또한 가시지 않고 신적 존재에 대한 불신이 싹트게 마련이다. 즉, 우리는 두 개의 닻으로 버티고 있다. 하나는 신을 향해 어느 정도 의지하고 있으며, 다른 한편으로는 우리의 적절한 책략이 우리의 버팀목이 되고 있다.

---

53) *Speculum Perfectionis*, ed. P. Sabatier, Paris, 1898, 10, 13쪽.

몇몇 의학적 경험에서도 우리는 극복해야 할 문제를 똑같이 안고 있다. 알코올 중독자나 아편 또는 코카인 중독자는 스스로 그 치료법을 갖고 있다. 그는 의사에게 자신을 적으로부터 막아달라고 하지만, 그것을 완전히 끊는 데 주저한다. 전제군주같이 힘을 휘두르는 마약은 또한 방해의 닻이다. 그는 옷 속에 마약을 숨겨 필요할 때 몰래 쓸 수 있도록 준비해둔다. 매우 불완전하게 갱생을 얻은 사람 또한 여전히 자기만의 편법을 신봉한다. 그의 돈은 마치 주기적으로 잠을 깨는 환자가 침대머리에 두는 수면제와 같다. 그는 자신을 신에게 내맡기지만, 만약 그가 다른 도움을 필요로 한다면, 신보다는 다른 도움에 의지할 것이다. 모든 사람은 이 불완전하고 비효과적인 개혁에 대한 열망의 사례를 알고 있다. 사람들은 알코올 중독자들이 자책과 결의에 가득 차서 다시 **결코** 술에 취하지 않겠다고 선언하는 것을 진지하게 받아들이지 않으려 할 것이다. 사실 우리가 매달려 의지하는 것을 포기하는 일, 확실히 그것을 '영원히' 끊는 일은 우리가 회심강연에서 살펴보았던 성격의 급진적 변화 가운데 하나를 뜻한다. 이러한 포기 속에서 내적 인간은 전혀 다른 위치의 평형상태로 들어가며, 이때부터 새로운 에너지의 중심에서 살게 된다. 그래서 그런 모든 행동의 전환점과 요점은 궁핍과 빈곤의 수용을 내포하고 있는 것처럼 보인다.

따라서 성인다운 삶의 연대기들을 살펴보면 영원히 반복해서 들려오는 음성을 발견한다. 어떠한 주저도 없이 신의 섭리에 그대를 내맡겨라. 내일에 대한 미련을 버려라. 그대의 전 재산을 팔아 가난한 자들에게 나누어주라. 다만 그 희생이 무자비하고 무모할 때 고차적 안전장치가 찾아올 것이다. 구체적인 예로 부리뇽(Antoinette Bourignon)의 전기 한 쪽을 읽어보겠다. 그녀는 자신의 종교를 단념하지 않음으로써 프로테스탄트나 카톨릭 교도로부터 박해를 많이 받은 착한 여자였다. 어린 소녀였을 때 아버지 집에서…….

그녀는 "주여, 저는 무엇을 해야 합니까?"라는 기도를 되뇌이면서 온밤을 지새웠다. 그녀는 어느 날 밤 깊은 참회 가운데 가슴 속 깊은 곳에서 우러나오는 듯이 말했다. "오 나의 주님! 당신을 기쁘게 하려면 어떻게 해야 합니까? 제게는 지금 가르쳐줄 사람이 아무도 없습니다. 제 영혼에다 말씀해 주세요. 그러면 제 영혼이 들을 것입니다." 바로 그때 마치 다른 사람이 그녀 안에서 말하는 것같이 들렸다. "모든 세상적인 것을 버려라. 피조물에 대한 사랑에서 너 자신을 분리하라. 네 자신을 부정하라." 그녀는 이 말을 이해하지 못한 채, 놀라움에 사로잡혔으나 이 세 가지 점에 관해 골똘히 생각하면서 그것들을 실천할 수 있는 방법을 찾았다. 그녀는 자기가 세상적인 것 없이 살 수 없으며, 피조물이나 그녀 자신을 사랑하지 않고 살아갈 수 없다고 생각했다. 그러나 그녀는 이렇게 말했다. "주님, 당신의 은총으로 그리 하겠나이다!" 그러나 그 약속을 지키려고 했으나 어디서부터 시작해야 할지를 몰랐다.

그녀는 회랑으로 담 쳐진 수도원에 갇혀 모든 세상적인 것을 버리고 그들의 의지를 복속시킴으로써 자신들에 대한 애정을 버리는 수도원 안의 종교인들을 생각했다. 그리고 그녀의 아버지에게 집을 떠나 맨발의 카르멜 수녀회에 출가시켜줄 것을 요구하였다. 그러나 아버지는 자기 눈에 흙이 들어가기 전에는 허락하지 않겠다고 하였다. 이것은 그녀에게는 잔인한 일이었다. 왜냐하면 그녀는 지금까지 그녀가 추구해온 진정한 그리스도인들을 수도원 담장 안에서 찾았다고 생각했기 때문이다. 그러나 나중에 그녀는 아버지가 자기보다 수녀원 생활에 대해 더 잘 알고 있었다는 것을 발견하였다. 왜냐하면 그녀의 아버지는 그녀가 수도원으로 가는 것을 금지시킨 후에 그녀를 결코 종교인으로 만들지 않을 것이며, 또한 거기에 들어갈 돈을 한푼도 주지 않겠다고 말하였기 때문이다. 그럼에도 불구하고 그녀는 원장인 로렌스 신부에게 가서 받아만 주신다면 수도원에서 봉사하고 열심히 일하여 밥값을 벌어가며 무슨 일에든 최선을 다하겠다고 제의하였다. 이에 그는 미소를 띠며 이렇게 말했다. "그렇게는 안 되지. 우리는 건축할 돈이 필요해. 우리는 돈이 없으면 어떤 처녀도 받아들일 수 없어. 돈을 가져올 궁리를 해라. 그렇지 않으면 여기에 들어올 수 없어."

이 말에 그녀는 매우 놀랐고 수도원 생활에 대한 인식을 바꾸었으며 평생 친구를 떠나 혼자 살기로 결심했다. 그것은 마침내 신을 기쁘게 하려면 무엇을 해야 하고 어디로 가야 하는지를 가르쳐주었다. 그녀는 언제나 신실하게 물었다. "오 나의 주여, 제가 완벽하게 당신의 것이 되는 것은 언제입니까?" 그리고 그녀는 그가 이렇게 대답한다고 생각했다. "네가 더 이상 아무것도 갖지 않고 스스로 빈손으로 죽을 수 있는 날이 언제가 되겠느냐?" "주여, 어디서 그것을 하게 됩니까?"라고 물으면 대답은 "사막에서란다" 하였다. 이 말은 그녀의 영혼에 너무나 강한 인상을 심어주었기 때문에, 그녀는 이 말을 갈망하듯 되새김질하였다. 그러나 단지 18세 소녀였던 그녀는 불운한 운명이 두려워 여행을 삼갔으며 길도 몰랐다. 그녀는 모든 의문들을 제쳐두고 이렇게 말했다. "주여, 당신을 기쁘게 하는 방법과 길을 가르쳐주십시오. 제가 그렇게 하는 것은 오직 당신을 위해서입니다. 저는 처녀로서 가졌던 습관을 버려두고 이제 제가 그냥 지나칠 수도 있는 은둔자의 길을 가려 합니다."

그녀의 부모는 한 부유한 프랑스 상인과 약속한 터라 그녀를 이미 결혼시켰다고 생각하는 반면에, 그녀는 전부터 수도복을 몰래 만들어왔다. 그래서 그 시간을 막기 위해 어느 부활절 저녁에 삭발을 하고 승복을 입고 눈을 약간 붙인 후 새벽 4시경 그녀의 방을 빠져나왔다. 그날 먹을 빵값만 달랑 들고 집을 나섰던 것이다. 그리고 나서는 그녀에게 "그대의 믿음은 어디에 있느냐? 그 돈 몇 닢 안에?"라는 음성이 들리자 그녀는 그 돈을 내던지고 "아닙니다. 주여, 저의 믿음은 돈 몇 닢이 아니라 오직 당신에게 있습니다"라고 말하면서 신에게 잘못을 빌었다. 이리하여 그녀는 이 세상의 좋은 것들과 근심의 무거운 짐으로부터 완전히 유리되었고, 자기 자신의 영혼이 너무 민족헤히고 더 이상 지상의 것에 대한 어떤 소망도 없어졌기 때문에 완전히 신에게 의지하였으며 오직 그녀가 발각되어 집으로 다시 불려가는 것만이 걱정되었다. 왜냐하면 그녀는 세상의 모든 즐거움 속에서 삶을 누렸을 때보다 훨씬 더 큰 만족을 느꼈기 때문이다.[54]

몇 닢의 돈은 자그마한 재정적 안전장치이지만 실제로 영적 장애물이기도 하다. 그것을 포기해야만 비로소 인격은 완전히 새로운 균형을 회복하게 된다.

자포자기의 신비 저 너머, 가난에 대한 예찬 속에는 또 다른 종교적 신비가 있다. 그것은 진실이라는 신비이다. "이 세상에 빈손으로 왔다" 등등. 그것을 맨 처음 말했던 사람은 누구나 이 신비를 가지고 있었다. 나 자신의 발가벗은 실체는 싸움을 해야 한다. 거짓은 나를 구원할 수 없다. 또한 가난에는 민주주의나 신 앞의 모든 피조물들이 평등하다는 신비가 있다. 이런 감정(이것은 그리스도교 지역보다 이슬람 세계에 광범위하게 퍼져 있는 것 같다)을 일반적으로 갖고 있는 사람들은 인간의 탐욕을 무가치하게 만든다. 사람들은 위엄, 명예, 권위, 특권을 도외시하고 앞의 강연에서 말한 바와

---

54) *An Apology for M. Antonia Bourignon*, London, 1699, 269, 270쪽(축약됨).

스타벅의 모음집에서 또 하나의 예를 들면 다음과 같다.

"다음날 아침 6시에 열린 집회에서 나는 한 남자가 자신의 경험을 진술하는 것을 들었다. 그는 다음과 같이 말했다. 주님은 그에게 채석장에서 함께 일하는 근로자들 앞에서 그리스도를 고백하겠느냐고 물었다. 그는 그렇게 하겠다고 대답했다. 그때 주님은 그가 모아둔 400달러를 쓰임받도록 내놓겠느냐고 물었고 그는 그렇게 하겠다고 말하였기 때문에 주님은 그를 구원하였다. 문득 나에게 이런 생각이 떠올랐다. 지금까지 나 자신이나 내 재산을 실제로 봉헌한 적은 없으나 내 방식대로는 주님께 봉사하기 위하여 항상 노력해왔다. 지금 주님은 내게 그의 방식대로 섬길 것인지, 또 그렇게 하라고 명을 내리면 무일푼으로 혼자 나갈 것인지를 물어보았다. 이 물음은 나를 짓눌렀고 나는 결단을 내리지 않으면 안 되었다. 모든 것을 버리고 그를 얻느냐, 아니면 모든 것을 얻는 대신에 그를 잃느냐! 나는 곧 그를 택하기로 결심했다. 축복 속에 확신이 섰다. 즉 그는 나를 그 자신의 것으로 간주하였다는 것과 나의 기쁨이 충만하다는 확신이었다. 나는 그 집회에서 아이같이 천진한 감동을 안고 집으로 돌아왔다. 나는 주님이 나에게 주신 기쁨을 들으면 모든 사람들이 기뻐할 것이라고 생각했다. 그래서 나는 그 단순한 이야기를 들려주기 시작하였다. 그러나 매우 놀랍게도 목사들(나는 세 교회의 집회에 모두 참석하였다)은 그 경험에 반대의 견을 냈고 그것을 광신이라고 했다. 그 중 한 목사는 자기 교회 사람들에게 그러한 고백을 하는 사람들을 피하라고 일러주었다. 나는 곧 그 원수들이 내 집 안 사람들이라는 것을 알았다."

같이 신의 면전에서 평범한 수준으로 낮아지기를 더 좋아한다. 그것은 정확히 굴욕감은 아니다. 사실 굴욕감에 매우 근접해 있긴 하지만 오히려 다른 사람들이 갖지 못한 것을 즐기기를 거부하는 인간애이다. 한 심오한 도덕주의자는 그리스도의 말씀, 즉 "그대가 가진 모든 것을 팔아 나를 따르라"에 대하여 다음과 같이 말하고 있다.

> 그리스도는 아마 다음과 같은 의도로 그 말씀을 하셨을지 모른다. 만약 그대가 인류를 절대적으로 사랑한다면 결과적으로 그대는 무슨 재물이든 상관치 않을 것이다. 이것은 매우 타당성 있는 명제처럼 보인다. 그러나 한 명제가 진리일 수 있다고 믿는 것과 그것을 사실로 간주하는 것은 별개의 문제이다. 만약 그리스도가 인류를 사랑했듯이 그대가 그들을 사랑한다면, 그대는 그의 결론을 사실로 볼 것이다. 그것은 분명할 것이다. 그대는 그대의 전 재산을 팔 것이고 그것들은 그대에게 아무런 상관도 없을 것이다. 이러한 진리들은 문자 그대로 그리스도와 인류에 대한 그리스도의 사랑을 가진 사람에게 해당되는 한편, 그보다 덜한 성질의 것들에도 좋은 비유가 될 것이다. 성인이 되겠다는 사전 의도 없이 처음에 천진하게 시작하여 나중에 인류를 돕는 데 관심을 갖게 되고, 그 도중에 터득하는 이해심 때문에 그 자신 스스로 회오리 속에 휩싸여 있음을 발견하는 사람들이 각 세대마다 있다. 그들이 옛 생활방식을 포기하는 일은 미결정 상태에 있다. 그것은 점진적으로, 우연히, 부지불식간에 행하여진다. 따라서 호화로운 생활을 완전히 포기하는 것은 전혀 문제될 것이 없으며 다른 문제, 즉 우리가 타인에 대한 후회 없는 사랑이라는 논리에 얼마나 자신을 내맡길 수 있는가라는 물음만을 야기할 뿐이다.[55]

그러나 감정의 이러한 모든 문제에서 사람들은 그것을 이해하기 위하여 그들 스스로 '경험해 보았을' 것임에 틀림없다. 어떠한 미국인도 영국민족

---

55) J.J. Chapman, in the *Political Nursery*, vol.iv., April 1900, 4쪽(축약됨).

의 왕에 대한 충성, 독일민족의 황제에 대한 충성을 이해할 수 없다. 어느 영국인이나 독일인도 왕과 황제를 갖고 있지 않고 그리고 그와 만인공통의 신 사이의 거짓된 무의미성을 지니지 않은 미국인의 가슴 속에 새겨진 평화를 알 수 없다. 만약 이처럼 단순한 감정들을 출생의 선물로 받아야 하는 신비가 있다면, 우리가 지금껏 탐구해온 보다 미묘한 종교적 감정들에 대한 사례는 얼마나 많을 것인가! 우리는 감정의 깊이를 잴 수 없거나 그 외곽에 서 있기 때문에 그것의 명령을 예측할 수 없다.

그러나 타오르는 흥분의 시간에는 모든 불가해한 일들이 풀리고, 바깥세상에서 보면 그렇게도 어둡던 것들이 투명하게 밝아진다. 감정마다 그 자체의 논리를 따르고, 어떤 다른 논리도 끌어낼 수 없는 추론이 가능케 된다. 경건과 자비가 세상적 욕망과 공포와는 다른 우주에 존재하며, 에너지의 또 다른 중심을 함께 구축한다. 슬픔이 최고조에 달할 때 비교적 사소하고 성가신 일은 위로가 되며, 최고의 사랑이 사소한 희생을 이익으로 바꾸듯, 최고의 믿음이 흔한 안전장치를 불쾌한 방해물로 변하게 할 수 있다. 고차원적 흥분의 섬광 속에 개인적 소유물을 유지하는 것이야말로 말할 수 없이 비열한 짓처럼 보일 수도 있다. 유일하게 건전한 계획이란, 우리 스스로가 그러한 감정의 외곽에 처해 있다면 그 감정을 느끼는 사람들을 우리의 능력 범위 내에서 관찰함과 동시에, 관찰한 사실을 성실히 기록으로 남기는 일일 뿐이다. 이것은 말할 필요도 없는 것이지만, 지난번 두 차례의 기술적 강연에서 심혈을 기울여 행하려 했던 일이기도 하다. 나는 그것이 현재의 필요성에 대한 근거를 제공해주었기를 바란다.

제14·15강 | 성인다움의 가치

우리는 지금까지 진정한 종교의 열매와 헌신적인 사람들의 특징들로 간주되는 중요한 현상들을 차례차례 살펴보았다. 오늘 우리는 우리의 태도를 기술하는 것에서 평가하는 것으로 바꾸어야 한다. 즉, 우리는 인간의 삶을 증대시키는 종교의 절대적 가치를 판단하는 데 문제의 열매들이 도움이 될 수 있는지를 물어야만 한다. 칸트를 모방한다면 우리의 주제는 '순수 성인다움의 비판'이 되어야 한다고 말해야 할 것이다.

이 주제로 바꾸는 데서, 만약 우리가 카톨릭 신학자들처럼 인간과 인간의 완전함에 대한 우리의 확고한 정의와 신에 대한 분명한 교리를 갖고서 위로부터 우리의 주제를 공략해본다면, 문제는 간단해질 것이다. 인간의 완성은 그 목적을 완수하는 것이며 그 목적은 조물주와의 합일이다. 그러한 합일은 행동, 정화 그리고 명상 이 세 가지의 길에 따라 각각 추구될 수 있다. 각각의 진행과정은 제한된 수의 신학적이고 도덕적인 개념과 정의를 적용함으로써 간단하게 측정될 수 있는 문제일 것이다. 우리가 듣는 모든 종교적 경험의 절대적 의미와 가치도 거의 수학적으로 우리 손에 주어질 수 있는 것이다.

만약 편리함이 전부라면, 우리는 이와 같이 경탄할 만큼 편리한 방법으로부터 격리되어 있는 우리 자신을 발견할 때 마땅히 슬퍼해야 할 것이다. 그러나 우리는 여러분이 기억하다시피 첫번째 강연에서 경험론적 방법에 대해서 피력하는 가운데 의도적으로 우리 자신을 그 방법으로부터 차단시켰다. 따라서 그러한 폐기의 행위 후에 우리는 결코 선명하고 학구적인 결과들을 기대할 수 없을 것이라고 고백하는 것이다. 우리는 인간을 동물적 부분과 이성적 부분으로 뚜렷하게 나눌 수 없다. 우리는 자연적 작용과 초자연적 작용을 구별할 수 없다. 우리는 초자연적 작용 사이에서 어떤 것이 신의 호의이고 어떤 것이 악마의 작용인지를 알지 못한다. 우리는 어떤 특정한 **선험적** 신학체계 없이 단순히 자료들을 수집해야 한다. 우리는 이런 저런 경험의 가치에 대한 단편적인 판단들—우리의 일반적인 철학적 편견, 우리의 본능 그리고 우리의 상식이 우리의 유일한 길잡이라는 판단들—을 종합하는 가운데 **대체로** 어떤 유형의 종교는 그것의 열매에 의해 옳다고 인정되고, 다른 유형은 옳지 않다고 인정되는 것을 결정한다. '대체로' 실천적인 사람에게는 너무나 중요하지만, 체계를 세우려는 사람에게는 엄청난 불쾌함을 줄 수 있는 그러한 조건과의 관계로부터 벗어나지 못할 것을 나는 두려워한다.

또한 내가 이러한 솔직한 고백을 함에 따라, 내가 여러분 가운데 어떤 사람들에게는 우리의 항해 나침반을 배 밖으로 던져버리고 일시적 충동을 항해사로 채택하는 것으로 보일까봐 걱정이 된다. 내가 취한 일정치 않은 방법은 단지 회의주의나 임의적인 선택일 뿐이라고 생각하는 사람이 있을 수도 있다. 그러므로 그러한 견해를 반박하고 내가 주장한 경험주의적 원리들을 보다 깊이 설명하는 데 있어서 몇 가지 소견은 이 시점에서 적절하다고 보여진다.

이론적으로, 단지 인간적 가치기준으로 종교열매의 값어치를 측정하려는 시도는 비논리적인 것처럼 보일 것이다. 여러분은 그 열매들을 맺게 해주는 신이 실제로 존재하는지 여부를 고려하지 않고 그것들의 가치를 어떻게 측정할 수 있겠는가? 실제로 신이 존재한다면 그의 필요를 채우기 위해 인간이 행하는 모든 행위는 반드시 신의 타당한 종교열매이어야 할 것이다. 그 열매는 단지 신이 존재하지 않는 경우에만 타당하지 않은 것이다. 예를 들어, 만약에 여러분이 주관적 감정에 의해 인간이나 동물의 희생제의를 하는 종교를 비난하지만 신이 실제로 그러한 희생제의를 요구한다면, 여러분은 암묵적으로 신이 존재하지 않아야 함을 가정함으로써 이론상의 실수를 범하게 될 것이다. 여러분은 현학적 철학자처럼 여러분 자신의 신학을 세우게 되는 것이다.

나는 솔직히 우리가 어떤 유형의 신을 단호히 믿지 않는 제한된 범주의 신학자임을 고백한다. 만약 불신이 신학을 구성하는 것이라고 말할 수 있다면, 내가 우리의 지침서로 선택한 편견, 본능 그리고 상식은 특정한 신앙들을 혐오케 함으로써 우리를 신학적 맹종자로 만들 것이다.

그러나 그러한 상식과 편견과 본능은 그 자체가 경험적 진화의 열매이다. 인간의 자연에 대한 통찰과 사회적 결합이 점진적으로 발전함에 따라 도덕적이고 종교적인 경향에서 계속되는 세속적 변화보다 두드러지게 눈에 띄는 것은 없다. 몇 세대가 지난 후에 정신적 풍토는 이전의 완전히 만족스러웠던 신의 개념에 대해 호감을 갖지 못할 것임이 분명하다. 옛날의 신은 일반적인 세속적 수준 이하로 떨어져버려 더 이상 믿음의 대상이 될 수 없다. 자신을 달래기 위해 피의 희생제의를 요구하던 신들은 오늘날에는 너무 잔인해 진정으로 받아들여질 수 없다. 비록 강력한 역사적인 신임장이 그의 허락으로 주어진다고 할지라도 우리는 그것에 주의를 기울이지 않는다. 이와는 대조적으로 한때는 신의 잔인한 욕구 그 자체가 신임장이었다. 이런 잔인한 힘의 징표가 존경받아 그 밖의 다른 징표들은 이해될 수 없던 시대에 그 신은 적극적으로 인간의 상상력에 호감을 주었다. 그러한 신들은 그 당시 그러한 열매들이 맛있게 보였기 때문에 숭배받았다.

물론 역사적 사건도 신들의 모습을 결정하는 데 나중에 부분적 역할을 담당했지만, 본래적 요소는 언제나 심리적인 것이었음에 틀림없다. 특별한 종파를 세운 예언자나 선각자, 열광적 신자들이 증언한 신은 개인적으로 그들에게 상당한 가치를 지니고 있었다. 그들은 신을 이용할 수 있었다. 신은 그들의 상상력을 인도하고, 그들의 희망을 보증하고, 그들의 의지를 통제했다. 또 그 밖에도 그들은 악마에 대항하는 보호자와 다른 사람들의 범죄를 억제하는 자로서의 신을 요구했다. 어떤 경우에든 그들은 자신들에게 이익을 가져다주는 열매들의 가치 때문에 신을 선택하였다. 그러나 이러한 열매들이 완전히 가치 없는 것으로 여겨지기 시작하자마자, 또는 그 열매들이 인간의 피할 수 없는 이상과 충돌하거나 그 열매들이 유치하고 하찮으며 비도덕적인 것으로 보이자마자, 그 신은 신용을 잃게 되었고 이윽고 무시되고 잊혀졌다. 이러한 방식으로 교양 있는 이교도들에 의해 그리스와 로마의 신들은 신앙의 대상으로서는 잊혀졌다. 결과적으로 우리 자신도 힌두교, 불교, 이슬람교 신학을 이런 식으로 판단한다. 프로테스탄트교도들은 카톨릭의 신개념을 그런 식으로 취급했고, 자유주의 프로테스탄트교도 보다 오래된 프로테스탄티즘의 신개념을 그런 식으로 취급했다. 그러므로 중국인들은 우리를 이런 식으로 판단할 것이고, 우리들의 후손들도 지금 살아가는 우리 모두를 똑같은 방식으로 판단할 것이다. 우리가 신에 대한 정의가 의미하는 것을 존경하거나 증명하는 일을 중지할 때, 그런 신은 신앙할 수 없다고 간주해버린다.

  어떤 역사적 변화도 신학적 견해의 이러한 변화보다 더 흥미를 끌지는 않는다. 예를 들자면, 군주제적 통치권의 유형은 우리 조상들의 마음에 너무 뿌리 깊이 박혀 있어서, 신 안에 있는 약간의 잔임함과 횡포는 그들의 상상력에 의해 적극적으로 요구된 것으로 보인다. 그들은 잔인함을 '보복적 정의'라 불렀고, 그것이 없는 신은 그들에게 '군주'로서 충분치 않다는 인상을 주었다. 하지만 오늘날 우리는 강요된 영원한 고통이라는 바로 그 개념을 싫어한다. 조너던 에드워즈가 '대단히 기쁜, 찬란한, 달콤한' 교리로 '기쁨 속에서 확신' 했던 선택받은 개인들의 구원과 저주를 일방적으로 취급하는 것은, 만약 자주적인 어떤 것이 존재한다면, 우리에게는 비합리적이고 저속하게 비친다. 이전의 세기들에서 믿어졌던 신들의 잔인성뿐만 아니라 비열함은 후대 사람들에게 놀라운 충격을 준다. 우리는 프로테스탄티즘의 시각에서는 진기하게만 보이는 카톨릭의 성자연대기로부터 이것에 관한 예들을 보게 될 것이다. 예배의식은 일반적으로 매우 엄격한 청교도적 심성을 가진 사람들뿐만 아니라 근대의 초월주의자에게는 마치 장난감 가구, 작은 초, 의상, 값싸고 번지르르한 장식용 쇳조각, 혼자 중얼거리는 무언극에서 기쁨을 취하고 그렇게 함으로써 자신의 '영광'이 고양되었다고 생각하는 어처구니없는 유치한 특성을 지닌 신에게 청원하는 것처럼 보인다. 다른 한편으로 무형적인 범신론의 광대함은 의례적 특성에서 상당히 공허한 것으로 나타나는 것에 반해, 복음주의 종파의 말라빠진 유신론은 견딜 수 없이 단조롭고 분필냄새가 나는 것처럼 보인다. 에머슨은 다음과 같이 말한다. "만약 루터가 자신의 논제들이 보스턴 유니테어리어니즘의 힘 없이 부정할 운명임을 알았다면 비텐베르크에 있는 문에 그의 논제들을 못 박느니 차라리 그의 오른손을 잘랐을 것이다."

지금까지 경험론에 대한 우리의 주장이 무엇이든 간에 다른 사람의 종교 열매를 평가한다고 가정할 때마다, 일종의 개연성 있는 우리 자신의 신학적 기준을 강제적으로 차용해왔을지라도, 바로 이러한 기준은 일반적 삶의 경향으로부터 생긴 것이다. 그것은 스스로 발전되어가는 것으로 느끼며 좁은 길을 따라서 어긋나게 서 있는 모든 신을 판단하고 비난하는 우리들 내면에 있는 인간경험의 목소리이다. 만약 우리가 광범위한 의미로 그 기준을 취한다면, 경험은 경험론적 방법과 모순되는 불신의 원인이라고 비판받는다. 여러분이 알고 있듯이 모순은 중요하지 않으므로 그 비난은 아마도 무시될 것이다.

만약 우리가 불신을 적극적 믿음으로 바꾼다면, 우리의 방법에 대립되는 형식적 모순조차도 없는 것처럼 보인다. 우리가 지지하는 신들은 우리가 필요로 하고 사용할 수 있는 신들이다. 신들의 요구는 우리 자신과 타자에 대한 우리의 요청을 강화하는 것들이다. 그렇다면 내가 제안하는 것은 간략히 말해서, 상식으로 성인다움의 가치를 판단하자는 것이고, 인간적 기준을 사용해 이상적 종류의 인간활동으로서의 종교적 삶이 얼마나 마음을 끌 수 있는지를 결정하자는 것이다. 만약 그것이 마음을 끌 수 있다면, 그것을 고무시키는 어떠한 신학적 믿음도 그 정도까지는 일반적으로 인정될 것이다. 만약 마음을 끌 수 없다면 그 믿음은 불신을 받게 될 것이고, 따라서 인간이 만들어낸 원칙 이외에는 어떤 것과도 관련이 없을 것이다. 그것은 단지 인간적으로 부적당한 것을 제거하고 인간적으로 가장 적당한 것만을 종교적 믿음들에 적용하는 것이다. 만약 우리가 솔직하게 편견 없이 역사를 조사한다면, 우리는 어떠한 종교도 결국 이런 방식 이외에 다른 방식으로 스스로를 확립해나가거나 입증해나가지 않았음을 인정해야 한다. 종교들은 스스로를 입증해왔다. 그것들은 널리 유행하고 있는 온갖 요구들을 충족시켜왔다. 그러나 그것들이 다른 요구들을 강하게 방해하거나, 같은 요구에 더 잘 봉사하게 될 다른 신앙들이 나타날 때 첫번째 종교들은 대체된다.

이러한 요구들은 언제나 많았기 때문에 그에 대한 검증은 결코 예리하지 못했다. 그러므로 우리가 사용하려는 경험적 방법에 완전히 합법적으로 가해진 모호성, 주관성, '전체'성에 대한 비난은 결국 이런 문제들을 다루는 인간의 모든 삶을 짜증나게 만든다. 어떠한 종교도 아직까지는 '필연적인 확실성' 때문에 널리 전파되었다고 생각한 적이 없다. 다음 강연에서 나는 신학적 추론을 통해 이미 경험론적으로 유행하고 있는 종교에 객관적 확실성이 더해질 수 있는지를 물을 것이다.

이런 종류의 경험적 방법을 따라가면서 우리 자신이 체계적 회의론으로 넘어가고 있다는 비난에 대해 나는 또 한 마디 해야겠다.

우리의 감정과 욕구에서 세속적 변화를 부정한다는 것은 불가능하기 때문에, 우리 세대가 다음 세대에 의해서 교정받을 수 없다고 주장하는 것은 불합리하다. 그러므로 회의론은 하나의 가능성으로 일련의 사상가들에 의해 배제될 수 없다. 회의론에 대한 그들의 결론은 확실하지 않다. 어떤 경험론자라도 이런 보편적 경향성으로부터 면제해달라는 요구를 할 수는 없다. 그러나 사람들이 교정받고 싶은 경향을 인정하는 것과 변덕스러운 의심의 바다로 출항하는 것은 별개이다. 우리가 의도적으로 회의론에 이득이 되도록 해주었다고 해서 비난받을 수는 없다. 자신이 갖고 있는 도구의 불완전성을 인정하며 자신의 관찰을 논의하는 것을 고려하는 사람은 자신의 도구가 완전하다고 주장하는 사람보다 진리를 얻는 데서 훨씬 더 나은 위치에 있다.

교리적 또는 현학적인 신학이 자신의 방법은 의심의 여지가 없다고 주장한다고 해서 사실의 측면에서 덜 의심되는 것인가? 그렇지 않다면, 진리가 절대적 확실성 대신에 진리의 결론을 위해 단지 합리적 가능성을 요구했다면, 이런 신학이 정말로 진리 주장에서 잃어버리게 되는 것은 무엇인가? 우리가 단지 합리적 개연성만을 주장한다면, 그 개연성은 진리를 사랑하는 사람들이 어느 때건 진리를 이해하게 되기를 희망하는 것과 같다. 자신의 한계를 의식하는 사람은 우리가 실수를 저지를 수밖에 없다는 것을 의식하지 못했을 때보다 확실히 더 많은 것을 얻을 것이다.

그럼에도 불구하고 교리주의는 아마도 이런 고백에 대해 계속 우리를 비난할 것이다. 불변의 확실성이라는 단순한 외적 형식은 어떤 사람들에게는 너무나 귀중하여 단정적으로 그것을 부인하는 것은 불가능하다. 그들은 사실들이 가장 명백하게 그것의 어리석음을 단언하는 곳에서조차도 그것을 요구할 것이다. 그러나 안전한 것은 우리 자신들과 같은 하루살이 창조물들의 모든 통찰은 잠정적임에 틀림없다는 것을 확실하게 인식하는 것이다. 가장 현명한 비평가는 내일의 좀더 나은 통찰에 복종하는, 어느 순간에든지 단지 '현재까지'와 '대체로' 변화해가는 사람이다. 좀더 큰 진리가 열릴 때, 이런 진리를 받아들이기 위해 이전의 허식으로부터 해방되어 우리 자신을 열어놓는 것은 확실히 가장 좋다. "반쪽 신(half-gods)들이 가고 나면 완전한 신들이 도착한다는 것을 마음으로부터 알게 될 것이다."

그러므로 번복할 수 없는 판단에 도달하기 위한 자신의 욕망이 무엇이 되었든, 종교적 현상에 대한 다양한 판단은 절대로 피할 수 없는 사실이다. 그러나 그 사실은 제외하고라도 좀더 근본적인 질문이 우리를 기다린다. 그 질문은 사람들의 의견이 이 분야에서 절대적으로 똑같아져야 하는지 그렇지 않은지에 관한 것이다. 모든 사람들이 같은 종교를 가져야만 하는가? 그들이 똑같은 열매를 얻고, 동일한 지도를 따라야만 하는가? 그들의 내적 욕구들——강하고 부드러운 면, 자부심과 비천함, 정력적이고 게으른 면, 낙관주의적인 면과 절망하는 면——에서도 같은 종교적 자극이 필요한 것인가? 또는 인간성의 기관 내에 존재하는 상이한 기능들을 상이한 유형의 사람들에게 할당해, 어떤 사람은 정말로 위안과 안심의 종교에 더 적합하고, 반면에 또 다른 사람은 공포와 비난의 종교에 더 적합하다고 말해야 하는가? 아마 그럴지도 모른다. 그리고 내가 생각하기에, 우리는 우리가 계속해온 것처럼 점점 더 그것을 의심할 것이다. 만약 그렇다면, 자신의 욕구들을 최고로 만족시켜주는 종교를 편파적으로 보지 않기 위해서는 어떤 판단과 비판이 가능할까? 비판자는 공정함을 열망한다. 그러나 그는 그 투쟁에 너무나 가까이 서 있어 어느 정도 참여자가 된다. 그는 그에게 가장 좋은 맛을 느끼게 해주고 가장 자양분이 많은 경건한 열매를 다른 사람들 안에서 발견하여 가장 따뜻하게 시인해줄 수 있다고 확신한다.

나는 내가 말한 것의 많은 것들이 얼마나 혼란스럽게 들리는지 잘 안다. 그러므로 나의 표현이 추상적이고 간단하기 때문에 진리에 대한 바로 그 개념에 혼동을 주고 있는 것 같다. 그러나 우리가 우리 앞에 놓여 있는 세목들에 그 개념이 적용된 것을 볼 때까지 나는 여러분의 판단을 유보하기를 간청한다. 나는 우리 또는 죽을 수밖에 없는 또 다른 인간들이 언젠가는 종교가 다루는 문제들과 같은 문제들에 대해 절대적으로 교정할 수 없고 개선할 수 없는 진리에 도달할 수 있다는 것이 정말로 믿겨지지 않는다.

그러나 내가 교의학의 이상을 거부하는 것은 지적 변덕에서 생겨난 왜곡된 기쁨 때문이 아니다. 나는 무질서와 의심 그 자체의 찬양자가 아니다. 오히려 나는 진리를 이미 완전히 소유했다는 이러한 주장 때문에 진리를 잃어버리는 것을 두려워한다. 나는 항상 올바른 방향으로 움직임으로써 점점 더 많은 진리를 얻을 수 있다는 것을 어느 누구보다도 믿고, 이 강연이 끝나기 전에 내가 생각하는 방식으로 여러분 모두를 이끌기를 바란다. 그때까지 내가 주장하는 경험론에 반대하여 여러분의 마음이 완고해지지 않기를 기도한다.

나는 더 이상 나의 방법을 추상적으로 정당화시키지 않겠다. 그러나 나는 즉시 그 방법을 사실들을 연구하는 데에 사용하려고 노력할 것이다.

종교적 현상의 가치에 대한 비판적 판단에서, 개인적 기능으로서의 종교와 제도적, 집합적, 종족적 산물로서의 종교를 구별하도록 주장하는 것은 아주 중요하다. 여러분이 기억할지 모르지만 나는 두번째 강연에서 이 구별에 대해 얘기했다. 일반적으로 사용되는 '종교'라는 단어는 애매하다. 역사를 살펴보면 종교적 천재들은 일반적으로 제자들을 끌어들여 동조자 그룹을 만든다. 이런 그룹들이 스스로 '조직'을 만들기에 충분할 만큼 강해질 때, 그들만의 같은 야망을 가진 교회제도가 된다. 그때 정치적 관심과 독단적 규칙에 대한 욕망은 원래의 순수한 것들을 타락시키기 쉽다. 그래서 요즘 우리는 '종교'라는 말을 들으면 먼저 '교회' 또는 다른 어떤 것들에 대해 생각하게 된다. 어떤 사람들에게 '교회'라는 말은 너무 위선적이고 폭정적이며 비열하고 집요하여, 그들은 모든 종교를 분별없이 전적으로 '멸시하여' 말하는 것을 자랑으로 생각한다. 심지어 교회에 속해 있는 우리들조차도 우리 자신의 교회 이외의 다른 교회들을 비난하고 있다.

그러나 이 강연에서 교회제도는 결코 우리의 관심사가 아니다. 우리가 연구하는 종교적 경험은 개인의 마음 속에 살아숨쉬고 있는 것이다. 우선 이런 종류의 개인적 경험은 그것의 탄생을 목격했던 사람들에게 항상 이단적 혁신으로 보인다. 그것은 세상에 벌거벗은 채로 외롭게 온다. 그것은 항상 적어도 당분간 그 경험자를 붓다, 예수, 무하마드, 성 프란체스코, 조지 폭스 그리고 그 외의 많은 사람들이 가야만 했던 문자 그대로 집 밖의 광야로 몰아냈다. 조지 폭스는 이런 고립을 잘 표현한다. 마음 속에서 종교가 진지하게 발효되기 시작한 그의 젊은 시절에 대해 언급하고 있는 일기 한 장을 여러분에게 읽어주는 것이 이를 가장 잘 표현한 것이다.

폭스는 다음과 같이 말한다.

나는 며칠을 단식하면서 외딴 곳을 걸어다녔다. 나는 자주 밤이 올 때까지 우묵한 나무 밑과 외떨어진 곳에 성서를 가지고 앉아 있었다. 밤에는 종종 나 자신을 생각하면서 슬프게 걸어다녔다. 왜냐하면 나는 주님께서 처음으로 내 안에서 일하셨을 때 슬픔에 잠겨 있던 사람이기 때문이다.

이 기간 동안 나는 어떤 방식으로도 결코 신앙고백을 하지 않았다. 그러나 나는 주님께 나 자신을 맡기면서 나쁜 친구들을 멀리하고, 부모와의 모든 관계에서 떠나 지구의 이방인처럼 신이 내 마음을 이끄는 대로 이리저리 떠돌아다녔다. 여행하다가 마을에서 방을 하나 얻어 때론 오래 머무르거나 또 때로는 잠시 머무르기도 했다. 왜냐하면 나는 민감한 젊은 사람이었기 때문에 신앙고백자나 세속인들과 함께 많은 것을 이야기함으로써 상처받지 않기 위해서 한 장소에 오래 머무르지 않았다. 이런 이유로 나는 오랫동안 이방인으로 지내면서, 주님으로부터 하늘의 지혜를 찾고 주님이 주시는 지식을 얻으려 했다. 그리고 세속의 일에서 떠나 단지 주님만 의지했다. 나는 신부들로부터 떠났듯이, 또한 독립전도자들과 가장 경험이 많다는 사람들로부터 떠났다. 나는 그들 가운데 내 상태를 말할 수 있는 사람이 없다는 걸 알았기 때문이다.

그들과 사람들에 대한 모든 희망이 사라졌을 때 외부적으로 나를 도와줄 것이 아무것도 없었고, 내가 무엇을 해야 할지를 말해줄 사람이 없었다. 그때, 바로 그때, "너의 상태에 대해 말할 수 있는 한 사람이 있다. 바로 예수 그리스도니라"라는 목소리를 들었다. 그것을 들었을 때 내 가슴은 기쁨으로 강하게 뛰었다. 그때 주님은 왜 내 상태를 말해줄 수 있는 사람이 지구 위에는 없는지를 보여주었다. 나는 사람, 신부, 신앙고백자 그리고 고립되어 있는 어떤 고행자와도 교제하지 않았다. 나는 모든 육욕적인 얘기와, 그것에 대해 말하는 사람을 두려워했다. 왜냐하면 나는 타락만을 볼 수 있었기 때문이다. 내가 모든 것이 닫혀 나락에 떨어져 있을 때, 나는 그 어려움을 극복할 수 있다고 믿을 수 없었다. 내 어려움, 슬픔, 유혹들이 너무 커서 나는 절망했고 그렇게 유혹받았다고 생각했다. 그러나 그리스도께서는 어떻게 똑같은 악마에 의해 유혹받고, 어떻게 극복했으며, 그의 머리에 어떻게 상처를 입혔는지 보여주셨다. 그와 그의 권능, 생명, 은혜, 영을 통해 나도 또한 이겨야만 한다고 말씀하였다. 그때 나는 그를 믿게 되었다. 내가 왕의 음식과 궁전, 시중을 가졌다고 해도 그 모든 것은 아무것도 아니었다. 주님의 권능 외에 아무것도 나에게 편안함을 주지 못했기 때문이다. 나는 신앙고백자, 신부들 그리고 사람들은 모두 나와 같이 비참한 상태에서도 완전하고 편안해하고 있는 것을 보았다. 그들은 내가 버렸던 것을 사랑했다. 그러나 주님은 나의 소망을 당

신께 두게 하셨다. 그래서 나는 오직 그분만을 의지하게 되었다.[1]

이와 같이 참되고 직접적인 종교적 경험은 그것의 목격자들에게 반드시 이단시되었다. 즉 선지자는 단지 고독한 미치광이처럼 보였다. 만일 그의 교리가 다른 이들에게 확산될 만큼 전파력을 지녔음이 입증된다면, 그 교리는 특정한 명칭을 지닌 이교가 된다. 그러나 그때에도 박해를 이겨내고 전파된다면 그것은 그 자체로 정통이 된다. 종교가 정통으로 승인을 받으면 내적 생명력은 끝난다. 그 샘물은 말라버린다. 충실한 신자들은 오로지 간접적이고 배타적 신앙생활을 하므로 이번에는 오히려 선지자들에게 돌을 던진다. 새로운 교회는 그 교회가 아무리 인간의 미덕을 키워낸다 할지라도 이후부터는 교조적 동맹자로서 자발적인 종교적 정신을 억누르려 하고, 순수했던 시절에는 영감을 공급해주었던 솟아오르는 모든 물줄기를 멈추게 하려고 온갖 시도를 할 수도 있다. 사실 그렇지 않으면, 새로운 정신운동을 받아들여 그것에 편승하고 그것을 이기적인 집합적 목적을 위해 이용할 수도 있다! 이런 정치적 보호조치가 신속하게 또는 느리게 정해지고, 로마 교회 중심주의가 수많은 선지자와 성인들을 대했던 태도는 우리의 교훈이 되기에 충분한 예들을 만들었다.

종종 이야기되는 것처럼 인간의 마음이 물샐 틈 없이 견고한 방 안에 세워졌다는 사실은 너무 단순하다. 어느 정도 종교적이라 할지라도, 그들의 견고한 방 안에는 그들의 종교 이외에도 다른 것들이 있으므로 필연적으로 신성하지 않은 분규들과 연상들을 내포하게 된다. 이렇듯 일반적으로 종교의 탓으로 돌린 대부분의 비열함은 종교 그 자체에 책임을 돌리는 것보다는 오히려 종교의 사악한 상대인 집단적 지배정신에 그 책임을 돌리는 것이 낫다. 변화의 시기에 대부분의 편협한 신앙은 종교의 사악한 지적 상대인 교리적 지배정신, 즉 절대적으로 닫혀 있는 이론체계의 형식 안에서 법을 세우기 위한 열정 때문에 생긴다. 교회의 정신은 일반적으로 이런 두 가지 지

---

1) George Fox, *Journal*, Philadelphia, 1800, 59~61쪽(축약됨).

배정신의 집합체이다. 여러분에게 부탁하고 싶은 것은, 우리 연구의 독점적 대상인 순수한 정신적 삶의 표상들과 교회의 정신이 나타내는 종족 또는 집단심리학의 현상을 혼동하지 말라는 것이다. 유대인 박해, 알비주아파 (Albigenses)와 발도파(Waldenses) 사냥, 퀘이커교도들에게 돌 던지기, 감리교도들을 물에 처넣기, 몰몬교 살인, 아르메니아인들의 집단학살은 다양한 범죄자들의 긍정적 신앙심을 표시한다기보다는 선천적으로 새로운 것에 대한 공포증, 즉 우리 모두 흔적으로 공유하고 있는 호전성, 그리고 외래인과 기인과 비순응자들에 대한 선천적 증오심을 표시한다. 신앙심은 가면일 뿐이고, 내부의 힘은 종족본능이다. 여러분도 나처럼 독일 황제가 중국 원정길에 나선 군사들에게 행하였던 그리스도교적 도유식(塗油式)에도 불구하고, 황제가 제안했던 행동과 다른 그리스도교 군대들이 그것들을 능가했던 행동이 전쟁수행과 관계된 사람들의 내면적인 종교적 삶과 관계가 있다고 믿지는 않을 것이다.

현재의 잔악한 행위와 마찬가지로 과거의 잔악한 행위들이 우리의 신앙심 때문이라고 할 수는 없다. 기껏해야 우리는 신앙심에 우리의 자연적 열정을 억제하지 못하고, 때때로 그 열정에 위선적 구실을 제공해준 책임을 물을 수 있을 것이다. 그러나 위선은 또한 의무들을 부과하고, 구실과 제작을 결부시킨다. 열정의 바람이 지나가면 신앙심은 비종교적 자연인에게는 나타나지 않는 참회의 반응을 불러낸다.

이제까지 종교의 책임으로 돌렸던 다수의 역사적 착오들에 대해 종교가 책임져야 할 필요는 없다. 그러나 지나친 열광과 광신은 종교가 책임져야 할 비난을 전적으로 종교의 책임이 아니라고 면죄해줄 수는 없다. 그래서 나는 이 점에 관해 다음에 언급할 것이다. 그러나 다음에 본격적으로 다루게 될 것과 연결하여 몇 가지만 먼저 지적해보겠다.

성인다움의 현상에 대한 우리의 고찰은 확실히 여러분의 마음에 과장되었다는 인상을 심어주었다. 잇따른 예들이 제시될 때, 여러분 가운데 몇몇은 그렇게 환상적으로 좋을 필요가 있을까라고 물었을 것이다. 우리의 겸손, 금욕주의, 경건함이 격렬치 못한 것으로 증명되면 성스러움의 극단적 경지를 향한 소명감을 갖고 있지 못한 우리는 언젠가는 분명히 이러한 극단적 신성의 영역을 단념하게 될 것이다. 이것은 실질적으로 이렇게까지 말할 수 있다. 즉 이 영역에서 감탄해도 무방한 많은 것들이 모방될 필요가 없고, 인간의 다른 모든 현상들처럼 종교적 현상도 중용의 원리를 따라야 한다는 것이다. 한동안 다른 대의명분들에 무관심하면서까지 정치개혁가들은 민족사에서 계속되는 과업을 성취한다. 위대한 미술 유파는 다른 유파들이 수정해야만 했던, 일방적으로 한쪽으로만 기울어진 예술효과를 만들어낸다. 그것을 나타내주는 것이 그런 유파의 사명이다. 우리는 존 하워드, 마치니, 보티첼리, 미켈란젤로의 작품을 관대히 받아들인다. 우리는 그들이 그런 방법을 제시한 것을 반가워하지만, 또한 다른 방식으로 삶을 관조하고 취하는 방법이 있는 것이 기쁘다. 우리가 고찰하는 많은 성인들의 경우에도 마찬가지이다. 우리는 그렇게 열광적으로 극단적이 될 수 있는 인간본성에 자부심을 느낀다. 그러나 다른 이들에게 그 선례를 따르라고 충고하기는 꺼린다. 우리가 이러한 예를 따르지 못하는 우리의 행위를 비난하며, 그 행위는 인간노력의 중간선 가까이에 위치한다. 그 행위는 특정한 신념과 교리에 덜 의존한다. 이것은 나이에 따라 옷을 다르게 입을 수 있으며 서로 다른 하늘 아래에서 모든 판단이 내려질 수 있는 것과 같다.

다른 말로 표현하자면, 종교의 열매는 인간의 모든 산물과 같이 지나침으로 인한 타락의 책임을 져야 한다. 상식이 그것을 판단해야 한다. 그것은 열정적 지지자를 책망할 필요가 없다. 그러나 그의 정신적 빛을 따라 충실하게 행동한 사람이라는 조건하에서만 상식은 그를 칭찬하는 것이 가능한 것이다. 그는 한 측면을 통해 영웅적 자질을 보여준다. 그러나 영웅적 자질의 절대적으로 좋은 측면은 어떤 무절제도 요청될 필요가 없다는 것이다.

우리는 지나침으로 인한 실수가 모든 성인다움의 덕으로 예시된 것을 발견한다. 인간의 기능에서 지나침은 주로 외곬과 균형결핍을 뜻한다. 만약 고르고 강한 다른 기능들이 행위를 통해 협력한다면, 지나침 때문에 강력한 본질적 기능을 상상하기가 어렵다. 삶을 안정되게 유지하기 위해서 강한 애정은 강한 의지를 필요로 하고, 강한 능동적 힘은 강한 지성을 필요로 하며, 강한 지성은 강한 포용력을 필요로 한다. 균형이 유지되면 어떤 기능이 지나치게 강할 가망성은 없다. 우리는 단지 모든 기능이 골고루 강해지는 특성을 갖는다. 성인들의 삶을 보면 기술적으로는 영적 기능이 강하다. 그러나 조사해보면 주로 무절제한 인상을 주는 것은 지성의 상대적 부족 때문이라고 입증된다. 영적 흥분은 다른 관심들이 너무 적고 지성이 너무 편협할 때면 언제나 병적 형상을 취한다. 우리는 성인다운 특성들, 이를테면 신에 대한 헌신적 사랑, 순수, 자비, 금욕에 의해 이런 모습이 번갈아 예시된 것을 발견한다. 나는 연속적으로 이런 미덕들을 살펴볼 것이다.

　무엇보다도 헌신을 생각해보기로 하자. 균형이 이루어지지 않을 때 그것의 악덕 중 하나는 광신이라 불린다. 광신(단지 교회의 야심적인 표현이 아닐 때)은 단지 격동적인 극단으로 옮겨간 충성일 뿐이다. 강렬한 충성과 편협한 마음을 지닌 사람이, 어떤 초인간적 인격이 배타적 헌신을 받을 만하다고 느껴지는 감정에 한 번 붙들리면, 처음 일어나는 일들 가운데 하나는 헌신 그 자체를 이상화시키는 것이다. 이 우상의 공덕들을 적당히 깨닫는 것은 예배자의 훌륭한 공로 중 하나로 생각된다. 야만족들은 아득한 옛날부터 추장에게 그들의 충성심을 희생과 굴종을 통해 보여주었다. 지금 그것들은 신을 위해 비싸게 경매된다. 신을 충분히 찬양하는 시도 속에서 단어들이 모두 소진되고 언어들이 변한다. 신의 주목을 끄는 죽음은 이득으로 간주된다. 신에게 헌신자가 되는 개인적 태도는 종족 내부에서 새롭고 고귀한 전문직의 특성이 된다.[2] 성인의 모든 삶 주변에 모여 있는 전설은 경축하고 찬미하고자 하는 충동의 열매들이다. 붓다[3]와 무하마드[4]와 그들의 동료

---

2) 그리스도교 성인들은 헌신에 대한 그들 나름대로의 특성을 가졌다. 성 프란체스코는 예수의 상처들에, 파투아의 성 안토니는 그리스도의 어린 시절에, 성 베르나르는 그의 박애에, 성 테레사는 성 요셉에 헌신을 다하였다. 시아파 이슬람교도들은 무하마드의 처남인 아부 바크르(Abu-bakr) 대신 그의 사위인 알리(Ali)를 받들어 모신다. 방베리(Vambérys)는 페르시아에서 만났던 한 이슬람교 금욕파의 수도사를 묘사한다. "30년 전에 엄숙하게 수도원에 들어가는 서약을 했던 그는 말을 하려 들지 않았고, 그렇지 않으면 끊임없이 그가 제일 좋아하는 이름인 알리, 알리를 되뇌였다. 그때 그는 천년 전에 죽은 알리의 가장 충실한 열성적

들과 많은 그리스도교 성인들은 두툼한 보석과 같이 빛나는 일화들로 장식되어 있다. 그 일화들은 경의를 표하기 위해 만들어졌지만 단지 **무미건조하**고 어리석으며, 찬미하고자 하는 인간의 잘못된 성향을 애처롭게 표출할 뿐이다.

이런 마음상태의 직접적 결과는 신의 영광을 위한 질투심이다. 어떻게 헌신자가 이와 관련하여 예민하게 반응함으로써 더 나은 충성심을 보여줄 수 있을까? 가장 경미한 모욕 또는 무시도 참회되어야 하고 신의 적들은 창피를 당해야 한다. 극도의 편협한 정신과 능동적 의지에서 이와 같은 관심은 마음을 빼앗기는 중대 관심사가 될 수 있다. 다름 아닌 신에 대한 상상적 모욕을 없애기 위해 십자군운동이 장려되고 대량학살이 부추겨진다. 신들의 영광을 잊어버리지 않고 신들을 서술하는 신학들과 제국주의적 정치성을 띠는 교회들은 작당하여 이런 기질을 극에 달하도록 부추긴다. 그래서 종교적 편협과 박해는 성인다운 마음과 떼려야 뗄 수 없이 밀접해 있고 우리들 가운데 몇몇도 연결되어 있는 악행이 되었다. 그것들은 확실히 죄로 둘러싸여 있다.

지지자가 자신임을 세상에 알리고 싶어했다. 집에서는 그의 아내와 자녀들, 친구들과 말할 때도 오직 '알리!'란 말만 되뇌었다. 음식과 음료 혹은 다른 것을 원할 때에도 '알리!'를 되풀이함으로써 그가 원하는 것을 표현했다. 시장에서 물건을 사거나 청할 때에도 그 말은 항상 '알리!'였다. 그를 친절하게 대하거나 불친절하게 대하거나 그는 여전히 한결같이 '알리!'만을 되뇌었다. 그는 나중에 미친 사람처럼 온종일 지팡이를 하늘 높이 던지면서 목청을 높여 '알리'를 외치고 시내 길거리 여기저기를 뛰어다닐 정도로, 그의 열정은 대단하였다. 이 이슬람교 금욕파의 수도사는 성인으로서 많은 이들에게 숭배받았고, 모든 곳에서 가장 훌륭한 영예의 표시를 받았다." 자신이 직접 쓴 *Arminius Vambéry, his Life and Adventures*, London, 1889, 69쪽. 알리의 아들인 후세인의 죽음을 애도하는 기념일에는 시아파 이슬람교도들은 여전히 후세인의 이름과 알리의 이름을 외쳐부르는 의식을 행했다.

3) H.C. Warren, *Buddhism in Translation*, Cambridge, U.S., 1898, passim과 비교해보라.
4) J.L. Merrick, *The Life and Religion of Mohammed, as contained in the Sheeah Traditions of the Hyat-ul-Kuloob*, Boston, 1850, passim과 비교해보라.

성인다운 기질은 도덕적이며 도덕적 기질은 때때로 잔인해져야 한다. 이것은 당파적 기질이고, 그 기질은 잔인하다. 다윗은 자신의 적과 여호와의 적 사이에 차이가 없다는 것을 알았다. 시에나의 캐서린은 그 당대의 수치였던 그리스도교도들 사이의 전쟁을 종식하기 위해 애썼다. 그녀는 그리스도교도들을 연합하는 방법으로 터키인들을 집단학살하기 위해 십자군을 보내는 것보다 더 좋은 방법은 없다고 생각하였다. 루터는 재침례교 지도자들을 죽음으로 몰아넣은 흉악한 고문에 대해 참회 또는 항변하는 어떤 말도 하지 않았다. 크롬웰파는 그들의 손으로 '처형'시킬 적들을 보내주신 것에 대해 주님께 찬양했다. 정치적 역학관계가 모든 사례에서 나타난다. 그러나 신앙심은 이 협력이 전적으로 부자연스러운 것이라고 생각하지 않는다. 그래서 '자유사상가들'이 우리에게 종교와 광신이 쌍둥이라고 말할 때, 우리는 이 비난을 무조건 부인할 수는 없다.

종교인의 지성이 일종의 독재적인 신을 만족시키는 단계에 머물러 있는 한, 그때 광신은 종교의 설명을 넘어서서 기술되어야 한다. 그러나 신이 그 자신의 명예와 영광에 덜 전념하는 신으로서 표시될 때, 광신은 위험하지 않다.

광신은 그 특성이 오만하고 공격적인 곳에서만 발견된다. 헌신하려는 마음은 강렬하고 지성은 약하고 온화한 성품에서 우리는 모든 실천적인 인간적 관심은 배제된 채 신의 사랑 안으로 흡수되어감을 발견한다. 이런 성품은 비록 충분히 순수하다 할지라도 칭찬하기엔 너무 외곬적이다. 지나치게 편협한 마음은 오직 한 종류의 애정에 대한 자리만 남긴다. 신의 사랑이 이런 종류의 마음을 점유할 때, 그 사랑은 모든 인간적 사랑과 습관을 몰아낸다. 이와 같이 극단적인 감미로운 헌신을 나타내줄 단어는 없다. 그래서 나는 이것을 신적 감정(theopathic)의 상태라는 말로써 언급할 것이다.

축복받은 마가렛 메리 알라코크(Margaret Mary Alacoque)의 사례가 하나의 예로서 도움이 될 것이다.

최근에 그녀의 전기작가는 소리높여 말한다.

여기 지상에서 사랑을 받는다는 것, 귀족출신인 고상하고 유명한 사람들에게 사랑받는다는 것, 충성스럽고 헌신적으로 사랑받는다는 것은 얼마나 황홀한가! 그러나 신에게 사랑받는다는 것은! 그에게서 열광적으로 사랑받는다는 것은(미칠 정도까지 사랑받는)! 마가렛은 이와 같은 일들을 생각하면서 사랑으로 황홀해졌다. 이전 시대의 네리의 성 필립과 같이 혹은 성 프란체스코 사비에르와 같이 그녀는 신에게 말했다. "오, 나의 신이여, 나를 압도하는 이 급류를 거두어주소서. 아니면 그것들을 받아들일 수 있도록 나의 능력을 키워주소서."[5]

마가렛 메리가 받은 가장 현저한 신의 사랑에 대한 증거는 그녀가 보고 만지고 듣고 하는 환각이었다. 이 중에서 가장 현저한 것은 '태양보다 더 빛나는 빛으로 둘러싸인, 수정같이 투명한 그리스도의 거룩한 심장이 계시된 것이었다. 그가 십자가 위에서 입은 상처가 거기에 나타났다. 이 신성한 심장 주위에는 가시관이 있었고 그 위에 십자가가 있었다.' 동시에 그리스도의 음성은, 인류에 대한 그의 사랑의 불길을 더 이상 간직할 수 없어서 기적에 의해 그녀를 선택해 그 사랑의 불길에 대한 지식을 펴고자 한다고 그녀에게 말했다. 그는 즉시 그녀의 심장을 빼내어 자신의 심장 속에 넣고는 그 심장에 불을 붙였고, 그것을 그녀의 가슴에 도로 집어넣었다. 그러고 난 다음에 그는 다음과 같이 덧붙였다. "지금까지 너는 나의 종의 이름을 가졌으나 이후부터는 나의 성스러운 마음의 소중한 제자로 불릴 것이다."

최근의 환영에서 구세주는 그녀를 통해 성취하고자 하는 '위대한 계획'을 그녀에게 상세히 보여주었다. "나는 너에게 당부한다. 성사주일이 지난 매주 첫번째 금요일을 나의 심장을 경외하는 특별한 성스런 날로 만들어, 이제까지 나의 심장이 받아왔던 모욕에 대한 영광된 보상을 위한 예배와 공동성찬식을 지키길 바란다. 나는 너에게 약속한다. 나의 심장은

---

5) Bougaud, *Hist. de la Bienheureuse Marguerite Marie*, Paris, 1894, 145쪽.

나의 심장에 존경을 표하는 모든 이들에게, 또는 다른 이들에게 그렇게 하도록 설득한 자들에게 풍성한 사랑을 부어줄 것이다."

부고(Mgr. Bougaud)는 다음과 같이 말한다. "이 계시는 주님의 성육신과 최후의 만찬 이후 교회를 비추었던 모든 계시 중에서 확실히 가장 중요하다. 성체성사 후에 이것은 예수의 성스러운 심장에 의해 이루어진 최고의 걸작[6]이다. 그렇다면 마가렛 메리의 삶에 나타난 좋은 열매는 무엇이었을까? 명백히 다른 것은 거의 없고 단지 고통과 기도와 졸도와 황홀한 상태와 무아지경뿐이었다. 그녀는 수녀원에서 점점 아무짝에도 쓸모 없는 사람이 되어갔다. 그리스도의 사랑에 대한 그녀의 몰두는,

매일 더해져서 점점 외적인 직책에 집중하는 것이 불가능해졌다. 그들은 그녀가 진료소에서 직책을 수행하도록 해보았으나—그녀의 상냥함과 열정, 헌신은 끝이 없었으며 그리고 그녀의 자비는 우리의 독자들이 그 이야기를 참아내지 못하게 하는 그러한 영웅적 행동들을 불러냈음에도 불구하고—별 성과가 없었다. 그들은 그녀를 부엌에서 일하도록 해보았지만 희망이 없는 것으로 포기하게 되었다. 그녀는 모든 것을 손에서 놓았다. 그녀의 서투름을 보상해줄 존경할 만한 겸손이 있었지만, 그것은 공동체의 영향력 있는 규율과 규칙에 방해가 될 뿐이었다. 그들이 그녀를 학교에 배치했을 때 어린 소년들은 그녀를 따랐으며, 그녀가 이미 성인이 된 것처럼 (유품으로) 그녀의 옷을 조금씩 찢었다. 그러나 그녀는 너무 내면에 몰입해 있어서 그것에 신경을 쓸 수가 없었다. 환영을 본 이후 이전보다 더욱더 그녀는 땅의 거주자가 되지 못하는 불쌍한 수녀였으므로 그들은 그녀를 그녀의 천국에 남겨놓아야 했다.[7]

---

6) 같은 책, 241, 365쪽.
7) 같은 책, 267쪽.

정말로 불쌍한 자매여! 프로테스탄트 현대교육을 받은 우리는 상냥하고 착하지만 지적 조망이 매우 박약한 그녀가 구현한 일종의 성인다움에 단지 연민밖에 느낄 수 없다. 정도는 약하지만, 13세기 베네딕트 수도회의 수녀였던 성 거트루드(Saint Gertrude)의 경우 역시 신적 감정의 성인다움을 보여주는 예라고 할 수 있다. 신비한 권위로 알려진 그녀의 '계시'는 주로 보잘것없는 그녀에 대한 그리스도의 편애의 증거들로 구성되어 있다. 그리스도가 개인적으로 거트루드에게 보냈다는 사랑에 대한 확신, 친밀, 애무, 가장 부조리하고 미숙한 종류에 대한 칭송 등이 이 무가치한 사람의 뒤범벅된 이야기를 형성하고 있다.[8]

이와 같은 이야기를 읽으면서 우리는 13세기와 20세기 사이의 간격을 깨닫는다. 그리고 우리는 성인다움의 성품이 그처럼 열등한 지성적 동정과 연결된다면 전적으로 쓸모 없는 열매를 맺게 된다는 생각이 든다. 한편으로 과학, 관념 그리고 민주주의와 관계되어 있는 우리 자신의 상상력은 우리의

---

[8] 예 : 그녀는 두통에 시달리고 있었기 때문에 어떤 향기로운 물질을 입에 물고 있음으로써 신의 영광을 위해 고통을 줄이려고 시도했다. 이때 주님이 나타나서 애정을 기울여 그녀를 향해 기대며 이 향기 속에서 자신의 안식을 찾는 듯했다. 그것들을 부드럽게 흐흡하여 들이마신 후에, 그는 일어서서 성인에게 만족한 듯한 태도로 말했고, 이는 마치 그가 한 일에 만족하는 듯이 보였다. "보라, 나의 약혼자가 나에게 준 새로운 선물을!"

하루는 예배당에서 그녀는 "거룩, 거룩, 거룩"이라는 말이 초자연적으로 울려퍼지는 것을 들었다. 마치 애인처럼 신의 아들이 그녀에게 기대어 그녀의 영혼에 감미로운 입맞춤을 했고, 두번째 거룩이 울려퍼질 때 그녀에게 말하길 "나의 인격에게 말하는 이 거룩 속에서 이 입맞춤과 더불어 나의 신성과 나의 인성의 모든 고결성을 받아 그대가 친교의 식탁에 다가갈 수 있도록 충분한 준비를 하여라." 나는 그 다음 주일에 이 호의에 대해 신께 감사하고 있는 동안 신의 아들을 보았는데 천사보다도 천 배는 더 아름다웠고, 자랑스러워하듯 그의 품에 그녀를 안고 그가 그녀에게 부여했던 완벽한 신성의 모습으로 이버지 신에게 그녀를 소개해주었다. 아버지는 마치 더 이상 자신을 주체할 수 없을 정도인 것처럼 기쁘게 외아들이 소개한 이 영혼을 받았다. 그와 성령은 그녀에게 각각 그 자신의 거룩에 기인한 신성을 주었다. 그녀는 신성의 축복을 전적으로 충만히 부여받았고 전능, 지혜, 사랑을 부여받았다. *Révélations de Sainte Gertrude*, Paris, 1898, i. 44, 186쪽.

조상들이 너무나 만족했던, 개인적 문제에만 배타적 관심을 보인 존재와는 전적으로 다른 기질의 신을 필요로 하게끔 성장했다. 우리가 사회적 정의라는 환영에 사로잡혀 있을 때, 아첨 이외엔 무관심하고, 개인적으로 좋아하는 것에 대한 편애로 가득 차 있는 신은 본질적 요소인 포괄성을 결여하고 있다. 심지어 과거에는 가장 고매한 성인이었다고 할지라도 그와 같은 관념에 묶여 있는 한, 우리에게 그들은 이상하게도 천박하고 교화되지 못한 사람으로 보인다.

성 테레사 수녀의 예를 들어보자. 그녀는 다방면에서 가장 유능한 여성 가운데 하나로 기술된 삶의 기록을 가지고 있다. 그녀는 실제 업무의 지시에서 강한 지성을 갖췄다. 그녀는 훌륭한 기술심리학을 저술했으며, 어떤 긴급한 상황에도 대처할 수 있는 의지를 지녔고, 정치와 사업에도 비상한 재주를 가졌으며, 쾌활한 성품과 일급의 문장력을 겸비했다. 그녀는 고집세게 뜻을 이루어 그녀의 전 생애를 종교적 이상을 위해 헌신했다. 그러나 우리의 현재 사고방식에 따르면, 이것들은 하찮아서(다른 이들은 이와 다르게 감동을 받았다는 것을 내가 안다 할지라도) 그녀의 삶에 대한 이야기를 읽을 때, 그렇듯 커다란 영혼의 생명력이 그런 궁색한 일만을 한 것이 유감이라는 나의 느낌을 고백할 수밖에 없다.

그녀가 감내했던 고통에도 불구하고, 그녀에게는 이상할 정도로 천박성을 드러내주는 성품이 있다. 버밍엄의 인류학자인 조던(Jordan) 박사는 인간 종족을 두 유형으로 나누어 각각 '잔소리가 심한 사람'(shrews)과 '과묵한 사람'(non-shrews)이라고 불렀다.[9] 잔소리가 심한 유형은 '능동적이고 냉정한 기질'을 소유한 것으로 정의된다. 다른 말로 하면, 잔소리가 심한 사람은 '감각신경' 쪽이라기보다는 '운동신경' 쪽이 발달한 사람이다.[10] 규칙상 그들의 표현은 일반적으로 그 표현을 유발시킨 감정보다도 더욱 강력

---

9) Furneaux Jordan, *Character in Birth and Parentage*, first edition. Later editions change the nomenclature.
10) 이런 구별에 대해서는 J.M. Baldwin의 조그마한 책인 *The Story of the Mind*, 1898의 경탄할 정도로 실질적인 설명을 참조하라.

하다.

성 테레사 수녀는, 이런 판단이 역설적으로 들릴지라도 이 용어에 비춰보면, 전형적으로 잔소리가 심한 사람이다. 그녀의 삶뿐만 아니라 그녀의 분잡한 스타일이 이를 증명한다. 그녀는 전대미문의 개인적 호의와 그녀의 구세주로부터 영적 은총을 받아야 하는 것뿐만 아니라, 즉각적으로 그것들에 대해 저술하고 전문적으로 그것들을 개발하고 특권을 받지 못한 사람들에게 가르침을 주기 위해 능숙함을 사용해야 한다. 그녀의 수다스러운 자기 중심주의, 정말로 죄를 깊이 뉘우치는 사람이 갖고 있는 근본적인 악이 아니라 복수형으로 되어 있는 그녀의 '과실들'과 '불완전들'에 대한 지각, 그리고 그토록 가치 없는 한 인간에 대해 신께서 독자적으로 일방적인 사랑을 베푸셨다고 새롭게 표현할 때마다 '어쩔 줄 몰라하는' 그녀의 상투적 답례와 겸손은 잔소리가 심한 유형의 특성이다. 탁월한 감각본성은 객관적으로 감사 속에 상실되어 침묵하고 있다. 그녀가 어떤 공적인 본능을 갖고 있던 것은 사실이다. 그녀는 루터파 신자들을 증오하고 교회가 그들을 이기기를 열망한다. 그러나 주로 종교에 대한 그녀의 생각은 헌신자와 신 사이에(불경한 의도 없이 말한다면) 존재하는 끝없는 사랑의 유희였던 것 같다. 젊은 수녀들이 그녀의 모범과 가르침에 감명받아 이 길로 들어서는 것을 도와주는 차원에서 벗어나 살펴보면, 그녀에게는 인간적 습관이나 일반적인 인간의 관심사를 드러내 주는 어떤 표시가 전혀 없다. 그러나 그녀 시대의 정신은 그녀를 견책하기는커녕 초인간으로 찬양했다.

공적들에 토대를 둔 모든 성인다움의 개념에 대해서도 비슷한 판단을 해야 한다. 한편으로는 개인적 단점들을 시시콜콜하게 하찮은 것까지도 주의 깊게 기억하고, 다른 한편으로는 그런 편애를 느낄 수 있고, 특정한 창조물들에게 그런 맥 빠지는 호의의 표시를 짐 지우는 그런 신은 우리의 신용을 얻기에는 너무 편협한 마음을 가진 신이다. 루터는 대담한 방법으로, 전능자가 개인들에게 계좌의 대변과 차변을 충분히 제공해주었다는 바로 그 관념을 일격에 쓸어버렸다. 그는 영혼의 상상력을 넓혀서 신학을 유치함에서 구해냈다.

단순한 헌신에 바쳐진 많은 것들은 인간의 유용한 열매를 맺게끔 인도했을 지적 개념들과는 분리되어 있다.

우리가 지나침을 발견할 수 있는 성인다움의 다음 미덕은 순결이다. 우리가 방금 고찰했던 이와 같은 신적 감정이 깃든 성품들에게 신의 사랑은 다른 사랑과 혼합되어서는 안 된다. 아버지, 어머니, 형제자매, 친구들은 정신을 혼란스럽게 하는 방해자들로서 생각된다. 왜냐하면 감수성과 도량 없는 마음은 가끔 그렇듯이 둘의 성질이 동시에 일어날 때, 무엇보다도 단순히 머무를 수 있는 세상을 필요로 하기 때문이다. 다양성과 혼란은 그들이 편안하게 순응하고 있는 힘을 거스리기에는 너무 벅차다. 공격적 경건과 교도들은 강제적으로 무질서를 진압시키고 일탈을 몰아냄으로써 객관적으로 통일성에 달하는 반면에, 내향적 경건과 교도들은 세상에 무질서를 그대로 내버려두고 작은 세상을 만들어 그 자신이 거기에 살면서 그 세상으로부터 무질서를 모두 몰아냄으로써 주관적으로 통일성에 도달한다. 그렇게 해서 감옥들, 무력박해, 종교재판의 방법들을 동원한 호전적인 교회가 있는 반면, 은자의 집들, 수도원들과 파벌적 조직체들이 있는 이른바 은둔적 교회가 존재한다.

이 두 종류의 교회들은 모두 삶을 통일시키고[11] 영혼에 나타나는 광경을 단순화시키는 동일한 목적을 추구한다. 내면의 불화에 극도로 민감한 마음은 영적 일에서 의식집중을 방해한다고 생각되는 외부의 관계를 하나 하나

---

11) 이 주제에 관해 나는 뮈리지에(M. Murisier)(*Les Maladies du Sentiment Religieux*, Paris, 1901)를 언급하는데, 그는 내면의 통일을 모든 종교적 삶의 원천으로 저술했다. 그러나 모든 강력한 이상적 관심들은 종교적이거나 비종교적이거나 간에 마음을 통일시키고, 모든 것을 그것들 자신에게 부속시키는 경향이 있다. 어떤 이는 뮈리지에의 문서 안에서 이 형식적 조건을 종교의 독특한 특성이라고 추론하지만 이후의 연구에서 어떤 이는 다른 문헌과 비교해볼 때 실질적 내용이 거의 부족하다고 볼 수도 있다. 나는 현재의 작업이 독자들에게 종교는 특징이 되는 많은 실질적 내용을 가지고 있고, 이것은 어떤 일반적인 심리학적 형태보다도 훨씬 중요하다는 것을 확신시킬 것이라고 믿는다. 이러한 비판에도 불구하고 나는 뮈리지에의 저서가 매우 교훈적이라는 것을 발견한다.

끊어버릴 것이다. 오락이 먼저 제거될 것이고 그 다음이 인습적 '교제', 직업 그리고 가족에 대한 의무이므로, 결국 하루가 종교적 행위들을 위해 정해진 시간들로 나눠진 격리생활만이 남는다. 성인들의 삶은 복잡한 것에 대한 연속적 단념의 역사인데, 이것은 내면상태의 순수를 지키기 위해 외부의 삶을 차례차례 떨쳐버리는 것과 연결되어 있다.12) 한 젊은 수녀가 수도원장에게 묻는다. "제가 말로써 의식하지 못하는 어떤 죄에 빠져버릴 위험을 피하기 위해 레크리에이션 시간 내내 말하지 않는 것이 더 낫지 않을까요?"13) 만약 삶이 전적으로 사회적인 것이라면, 사회에 참여하는 이들은 동일한 규율을 따라야 한다. 이 단조로움에 둘러싸여 있을 때, 순수에 대한 열광자는 다시 한 번 청결하고 자유로운 느낌을 갖는다. 금욕적이건 아니건 어떤 종파의 공동체 내에서 유지되는 철저한 획일성은 세속적 사람들에게는 거의 생각할 수 없는 것이다. 복장, 말씨, 집무시간과 습관은 완전히 판에 박혀 있다. 그래서 이런 안정 속에서 비길 데 없는 정신적 휴식을 찾는 사람들이 있다는 것은 의심할 수 없다.

더 이상의 예를 첨가시킬 시간이 없다. 그래서 나는 곤자가의 성 루이 (Saint Louis of Gonzaga)의 사례로 순결에 대한 극단적 유형을 제시할 것이다. 내 생각에 여러분도 이 젊은이가, 우리가 전적으로 경탄할 수 없을

---

12) 예 : 고해를 통해 그의 영혼을 정화한 뒤, 서비터(Servitor)[주조]는 내적 삶의 초창기에 자신을 위해 세 개의 활동범위를 생각하며 준비하였다. 그는 마치 영적 참호 속에 있는 것처럼 그 속에 자신을 가두었다. 첫번째 활동범위는 그의 방, 예배당 그리고 합창단이었다. 이 궤도 안에 있을 때 그는 완전히 안전한 것 같았다. 두번째 범위는 외부 문까지를 포함하는 수도원 전체였다. 세번째의 가장 특출한 범위는 문 자체였다. 여기에서 그는 그의 보호물에 의지하는 것이 필요했다. 그는 이 궤도를 벗어나 밖으로 나갈 때면 구멍 밖으로 나온 나생짐승의 공격을 받거나 사냥꾼에게 포위당할 것 같아서 무서워하였다. 따라서 그는 밖에 나갈 때면 모든 민첩성과 경계심을 필요로 하였다. *The Life of the Blessed Henry Suso*, by Himself, translated by Knox, London, 1865, 168쪽.

13) *Vie des Premières Religieuses Dominicaines de la Congrégation de St. Dominique, à Nancy* ; Nancy, 1896, 129쪽.

지경까지 외적인 것과 불화들을 제거해왔다고 하는 데 동의할 것이다. 그가 10세 때의 이야기를 전기작가는 다음과 같이 말한다.

    자신의 동정(童貞)을 성모에게 봉헌하자는 영감이 그에게 떠올랐다. 이 것은 성모에게는 가장 마음에 들 만한 선물이다. 그때 그는 지체하지 않고 기쁨과 사랑의 불꽃이 열렬한 마음으로 영원한 순결을 언약했다. 마리아는 그의 순수한 마음의 봉헌을 받았고, 그 보답으로서 그를 위해 일생 동안 순결의 미덕에 대적하는 아주 작은 유혹도 느낄 수 없도록 신의 특별한 은총을 신으로부터 받도록 해주었다. 대체적으로 이것은 성인 자신들에게조차 거의 주어지지 않은 특별한 호의였다. 더욱더 놀라운 것은 루이가 항상 위험과 기회가 특히 빈번한 궁정과 귀족들 사이에서 살았다는 것이다. 유년 시절부터 루이는 불결하고 불순하다고 할 수 있는 모든 것에 자연스러운 반감을 보였으며, 심지어 이성간의 관계에는 종류를 막론하고 그러했던 것이 사실이다.
    루이가 특히나 그런 서약이 있고 난 이후 위험의 그림자로부터 서약했던 순결을 보호하기 위해 여러 가지 방편들에 의존해야 할 필요성을 느꼈다는 것은 더욱 놀라운 일이다. 만약 어떤 사람이 모든 그리스도인들에게 명령된 일반적인 규정에 만족할 수 있을 것 같다면, 그 사람은 바로 루이라고 사람들은 가정할지도 모른다. 그러나 아니었다! 그의 육체고행에서 처럼 모든 위험의 가능성과 가장 하찮은 일들로부터 보호해주는 데에, 즉 방어수단과 예방책을 사용하는 데서 그는 대다수의 성인들보다 훨씬 앞서 나갔다. 신의 은총인 특별한 보호로 인해 유혹받지 않았던 그는 삶의 모든 순간들이 마치 특정한 위험들과 병행되어 위협받는다고 판단했다. 그 이후로 그는 사람들과 같이 있을 때나 길을 걸을 때에도 눈을 들지 않았다. 그는 전보다 더욱 빈틈없이 여성들과 관계된 모든 일을 피했을 뿐만 아니라, 그의 아버지가 참석시키려고 했던, 여성들과 어울리는 모든 종류의 사교적 오락과 모든 대화를 포기했다. 그는 너무 일찍부터 금욕적인 모든 방법을 동원하여 그의 순결한 육체를 다루기 시작했다.[14]

그가 12세였을 때의 이야기이다. "우연한 기회에 그의 어머니가 믿을 수 있는 하녀를 시켜서 그에게 메시지를 전하려고 하면, 그는 하녀를 안으로 들여보내지 않았다. 그는 문이 거의 열리지 않은 상태에서 메시지를 듣고 그녀를 즉시 돌려보냈다. 그는 식사중이건 대화중이건 상관없이 어머니와 같이 있는 것을 좋아하지 않았다. 그래서 나머지 사람들이 모두 물러날 때 그도 또한 물러나려는 핑계를 찾았다. 그는 멋진 숙녀와 친척들을 안면으로조차 알려고 하지 않았다. 그래서 아버지와 다음과 같은 약속을 했다. 그것은 만약 그가 숙녀들을 방문하는 일을 면제받는다면, 신속하고 즉각적으로 그의 모든 소망을 들어주겠다는 약속이었다"(같은 책, 71쪽).

루이는 기품 높은 가문의 후계자였기 때문에 아버지가 열렬히 만류하였음에도 불구하고 17세였을 때 예수회에 입문했다.[15] 1년이 지난 후 그의 아버지가 죽었을 때 그는 아버지의 죽음을 자신에 대한 신의 '특별한 관심'으로 받아들였고, 슬퍼하고 있는 어머니에게 영적 상관으로서 딱딱하지만 건전한 충고의 편지를 썼다. 그는 곧 훌륭한 수사가 되어 어떤 사람들이 그에게 형제자매의 수를 물으면 대답하기 전에 생각한 다음 그 형제자매의 수를 다시 세어야만 했다. 어느 날 수도원장이 그에게 가족 생각으로 고민하는지를 물었다. 그는 "나는 가족을 위해 기도할 때를 제외하고는 그들을 절대 생각하지 않는다"고 대답했다. 그는 꽃이나 향내나는 것에서 기쁨을 얻기 위해 손에 그런 것을 잡아본 적이 결코 없다. 이와 대조적으로 병원에서는 가장 더러운 것은 무엇이든지 찾았고, 궤양을 감쌌던 붕대를 그의 동료들 손에서 열심히 낚아채곤 하였다. 그는 세속적인 이야기를 피했고, 즉시 경건한 주제로 모든 대화의 방향을 바꾸려고 노력했다. 그렇지 않으면 침묵을 지켰다. 그는 의도적으로 주위환경에 관심을 가지는 것을 거부했다.

---

14) *Meschler's Life of Saint Louis of Gonzaga*, French translation by Lebréquier, 1891, 40쪽.
15) 소년시절 쓴 비망록에서 그는 죄로부터의 자유와 영원한 보배를 얻기 위한 금욕적 삶을 찬양했다. 금욕적 삶은 신을 영원한 우리의 채무자로 만드는 신의 관점에서 볼 때의 공적을 쌓아놓게 한다. Loc. cit., 62쪽.

어느 날 그는 수도원의 식당에 있는 수도원장 자리에서 한 권의 책을 가져다달라는 부탁을 받았다. 그때 그는 수도원장이 앉아 있던 자리가 어디인지를 물어야만 했다. 왜냐하면 그는 거기에서 석 달 동안 식사를 했지만 그의 눈길을 삼갔기 때문에 그 자리를 알 수가 없었다. 어느 날 휴식을 취하는 동안 우연히 그의 동료 중 한 사람을 바라보게 된 그는 겸손치 못한 죄에 빠져 있는 자신을 책망하였다. 그는 입술의 죄를 짓지 않기 위해 침묵을 연마했다. 그의 가장 큰 참회는 상관들이 정해놓은 육체적 참회의 한계까지 행하는 것이었다. 그는 잘못된 비난과 부당한 질책을 겸손의 기회들로 추구하였다. 그리고 종이가 다 떨어져 하나도 없는 그의 방 친구가 그에게 종이 한 장을 달라고 했을 때, 신을 대신해서 신의 명령을 전하는 수도원장의 허락 없이는 종이를 친구에게 자유롭게 줄 수 없었다. 그것은 그의 복종의 결과다.

나는 루이에게서 이런 종류의 성인다운 열매 외에는 다른 종류의 열매를 발견할 수 없었다. 그는 1591년에 29세의 나이로 죽었고, 교회에서 그는 젊은 사람들의 수호성인으로 알려져 있다. 그의 기념일에, 로마에 있는 한 교회에서 그에게 봉헌된 예배당의 제단은 "꽃으로 둘러싸여 있고 절묘한 양식으로 꾸며졌다. 젊은 남녀들이 그 성인에게 쓴 다음 '낙원'으로 직접 보낸 것 같은 한 무더기의 편지가 그 제단 밑에 있는 것을 볼 수 있다. 이 편지들은 오직 성 루이기(San Luigi) 이외에는 아무도 읽지 않은 채 불살라질 것으로 추측된다. 지금은 희망을 나타내는 녹색 리본과 사랑을 상징하는 빨간 리본으로 묶인 이 아주 작은 신앙문서들에서 그는 청원의 내용을 찾았음에 틀림없다."[16]

---

16) *Hare's Walks in Rome*에 인용되어 있는 소설, *Mademoiselle Mori*, 1900, i, 55쪽.
나는 스타벅의 책에서 제거를 통한 정화의 또 다른 사례가 실려 있는 388쪽을 인용하고 싶은 유혹을 억제할 수 없다. 그것은 다음과 같다.
"성화된 사람들이 보여주는 비정상적 징조들이 흔히 나타난다. 그들은 다른 사람들과 화합하지 못한다. 가끔 그들은 세속적이라고 생각하는 교회들과는 다

이처럼 삶의 가치에 대한 우리의 최종 판단은 주로 신에 대한 개념과 신이 자신의 창조물 속에서 가장 기뻐하는 그런 종류의 행동개념에 의존한다. 16세기 카톨릭 교회는 사회정의에는 거의 관심을 두지 않았다. 그렇다면 그때에는 인간 자신의 영혼을 구원하는 동안 악마에게 세상을 맡기는 것이 불명예스러운 음모로 설명되지 않았다는 것이다. 그러나 오늘날에는 내가 말한 도덕적 감정의 세속적 변화 중 하나의 결과로서 옳거나 그르거나 간에 일반적 사람들의 일에 도움이 되는 것은 성격에 있어서 가치의 본질적 요소라고 판단한다. 공적으로 또는 사적으로 쓸모 있는 것은 일종의 신성한 봉

른 사람들에 대해서 혹평을 한다. 그들은 사회적, 정치적 그리고 재정적인 의무를 염두에 두지 않는다. 이런 유형의 하나의 예로서 저자가 특별연구를 하였던 68세의 노파가 있다. 그녀가 다니는 교회는 큰 도시의 복잡한 지역에 있는 가장 적극적이고 발전적인 교회들 중 하나였다. 그 교회의 목사는 그녀를 비판하기를 좋아하는 단계에 도달해 있는 사람으로 묘사하였다. 그녀는 교회에 대해서 점점 더 비판적이 되어갔다. 마지막으로 그녀가 교회와 관계를 맺고 있던 것은 단순히 기도회에 참석하는 것이었다. 기도회에서 그녀의 유일한 메시지는 저속한 삶을 살아가는 사람들에 대한 견책과 책망이었다. 마침내 그녀는 모든 교회와의 관계를 끊었다. 그녀는 모든 인간관계를 끊은 채 싸구려 기숙사의 꼭대기층에 있는 조그마한 방에서 혼자 살았지만, 분명히 그녀 자신의 영적 축복을 즐기는 데 행복해하고 있다는 것을 발견하였다. 그녀는 꿈 같은 서사시인 소책자의 각 장을 성화에 대한 글로 채워가는 데 모든 시간을 소모하였다. 그녀는 전적 구원은 두 단계가 아니라 세 단계라고 주장하는 소규모 집단의 구성원이 되었다. 즉 회심과 성화가 있을 뿐만 아니라 그들이 '십자가에 못 박힘' 또는 '완전구원' 그리고 회심처럼 성화에서도 똑같은 관계를 맺는 것처럼 보이는 세번째 단계가 있다는 것이다. 그녀는 '교회에 나가는 것을 멈추라. 거룩한 모임(holiness meetings)에 나가는 것을 멈추라. 너 자신의 방으로 들어가라. 그러면 나는 너에게 가르쳐줄 것이다'라고 성령이 어떻게 말했는지를 스스로 마음 속에서 얘기하였다. 그녀는 동료나 설교자, 교회들에 대해서는 어떤 관심도 기울이지 않았으며 단지 신이 그녀에게 말하는 것을 듣는 데만 관심을 기울였음을 고백한다. 그녀의 경험에 대한 진술은 완전히 일관성이 있는 것처럼 보였다. 그녀는 행복했고 만족했다. 그래서 그녀의 삶은 완전히 그녀 자신에게 만족했다. 그녀 자신의 이야기를 듣고 있으면 사람들은 그 이야기가 다른 사람들과의 관계 속에서 살아갈 수 없는 사람으로부터 나왔다는 사실을 잊어버리는 유혹에 빠졌다."

사로 인지된다. 다른 초기의 예수회 교도들, 특히 그 중에서 선교사들인 사비에르(Xaviers), 브레뵈프(Brébeufs) 그리고 조그(Jogues)는 객관적 성품을 지닌 사람들이다. 그들은 세상의 복지를 위해 나름대로 분투하였다. 그래서 그들의 삶은 오늘날 우리들에게 영감을 주고 있다. 그러나 루이의 예처럼 처음부터 지성이 핀의 머리보다 더 크지 않아서 신에 대한 관념을 그에 상응하는 작은 지성으로 품을 때, 영웅적 행동이 최선을 다함에도 불구하고 결과는 대체로 불쾌하다. 우리가 이미 사례를 통하여 보았듯이 순결은 없어서는 안 될 그러한 것이 아니다. 그러므로 삶이 결백함을 유지하려는 노력 안에서 유용성을 상실하기보다는 더러운 오점들을 줄여가는 것이 더 좋다.

우리가 앞으로 계속 종교적 무절제를 추구하다보면 지나친 온유와 자비를 만나게 된다. 여기에서 성인다움의 특성은 건강치 못한 사람을 보호하고 식객들과 거지들을 먹이는 책임과 직면하게 된다. "악에 저항하지 말라", "네 원수를 사랑하라", 이런 말들은 성스러운 격언들이다. 이 세상 사람들이 인내하면서 이런 말들을 한다는 것은 매우 어렵다. 이 세상 사람들이 옳은 것인가, 아니면 성인들이 진리에 대해 보다 깊은 차원을 소유하고 있는 것인가?

대답이 간단할 수가 없다. 여기에서 어쨌든 사람들은 도덕적 삶의 복잡성, 그리고 이상과 사실이 서로 얽혀져 있는 신비한 길을 느끼게 된다.

완벽한 행동은 세 가지 용어 사이에서 볼 수 있는 관계이다. 행위자, 그가 행동하고 있는 목적, 그리고 그 행위를 받는 사람과의 관계이다. 즉 행동이 추상적으로 완벽하기 위해서는 의도, 실행, 수용 이 세 가지 용어가 서로 조화를 이루어야 한다. 최선의 의도라도 잘못된 수용자에게 전달되어 작용한다면 실패할 것이다. 그러므로 행동의 가치를 평가하는 비평가 또는 평가자는 실행의 다른 요소들과는 별개로 자기 자신을 행위자의 의도에만 국한시켜야 한다. 진리를 듣는 사람들에 의해 오해된 진리보다도 더 나쁜 거짓말이 없는 것처럼, 합리적 논쟁, 아량에 대한 도전 그리고 동정과 정의에의 호소도 우리가 악어와 보아뱀 같은 사람들을 상대할 경우에는 어리석게 된다. 성인의 신실함은 적의 손 안에 우주를 단순히 넘겨줄 수도 있을 것이다. 그는 무저항으로 인해 자신의 생존을 단축시킬 수 있다.

스펜서(Herbert Spencer)는 우리들에게 완벽한 인간의 행동은 환경이 완벽할 때 적절히 적응된다고 했다. 성인다운 행동은 모든 사람이 이미 성인이 된 환경에서 인지할 수 있는 가장 완벽한 행동임을 진심으로 인정함으로써, 우리는 이 사실을 부연설명할 수 있다. 그러나 성인이 거의 없고, 정확히 성인과는 반대되는 사람들이 많은 환경에서는 잘못 적응되었음을 첨가함으로써 우리는 이 사실을 부연설명할 수 있다. 우리는 솔직히 경험적 상식과 일상적이고 실제적인 시각에서 보아 실제적으로 존재하는 세계에서 동정, 자비, 무저항의 미덕은 지나치게 나타날 수 있고, 가끔 그렇게 나타났다고 고백해야만 한다. 어둠의 힘은 조직적으로 그것들을 이용해왔다. 현대의 모든 과학적인 자선기구는 단순히 자선행위의 실패로 인한 결과일 뿐이다. 제도적인 기구의 모든 역사는 저항하는 악의 우월성을 나타내는 논평이다. 그것은 한쪽 뺨을 세게 맞았을 때 그 대가로 맞받아 때림으로써 모욕을 받지 않는다는 말이다.

일반적으로 여러분은 이것에 동의할 것이다. 복음, 퀘이커, 톨스토이에도 불구하고 여러분은 불에는 불로 싸워야 하고, 강탈자는 쏘아 죽이고, 도둑들은 가두고, 방랑자와 사기꾼들은 몰아내야 한다고 믿기 때문이다.

그러나 내가 확신하듯이, 여러분도 세상이 이처럼 냉정하고 무자비하고 강압적인 방법들로 배타적으로 제한되어 있으며, 우선 형제를 돕고 난 다음 그가 가치가 있는지 없는지를 발견하도록 고무시켜주지 않음을 확신할 것이다. 어느 누구도 악행자의 사적 잘못을 기꺼이 동정적으로 바라보려는 사람은 없다. 어느 누구도 항상 의심 속에서 살겠다고 준비하기보다는 차라리 여러 번 속으면서 살겠다고 준비를 하는 사람은 없다. 어느 누구도 일반적으로 분별 있는 규칙들을 통해서라기보다는 열정적이고 충동적으로 개인을 대하는 것을 좋아하지 않는다. 세상은 지금 살고 있는 곳보다 무한히 잘못된 장소가 될 수 있다. 자연스럽게 형성된 황금률을 가지고 죽을 때가 아니라고 하더라도 어떻든 태어날 때에 지닌 부드러운 자비는 우리의 상상력의 관점에서는 삭제되어버릴 것이다.

　이런 방식으로 존재하는 성인들은 지나친 인류애를 가지고 예언적이 될 수도 있다. 오히려 무수한 시간 동안 그들은 스스로 예언자임을 증명해왔다. 성인들은 과거와 모든 외적 모습에도 불구하고 가치 있는 존재로 간주하여 만났던 사람들을 대할 때 그들로 하여금 자신들이 가치 있는 존재임을 깨닫게 해주었고, 그들에게 빛나는 모범을 보이면서, 그리고 그들의 기대에 부응함으로써 그들을 기적적으로 변형시켜왔다.

　이런 관점에서 우리는 모든 성인에게서 발견할 수 있는 인간의 자비와 일부 성인들에게서 발견할 수 있는 지나친 자비가 진정으로 창조적인 사회적 힘임을 인정할 수 있다. 즉, 그 힘은 가능하다고 생각한 미덕을 어느 정도 실질적이게 할 수 있다. 성인들은 선의 작가들, 선의 창조자들(auctores), 선을 증진시키는 사람들이다. 인간 영혼의 발달 가능성은 깊이를 헤아릴 수 없다. 그러므로 회복할 수 없을 정도로 강퍅한 많은 사람들이, 사실상 관찰자들을 놀라게 하는 것보다 그들 스스로를 더욱 깜짝 놀라게 하는 방법으로 부드러워졌고, 회심하였고, 새 사람으로 태어났다.

　그러므로 우리는 사랑의 방법을 통한 인간의 구원은 희망이 없다고 앞서서 주장하는 어떤 인간도 믿을 수 없다. 우리는 치료할 수 없는 존재와 같은, 악어와 보아뱀 같은 인간들에 대해 단호하게 말할 권리가 없다. 우리는 인격의 복잡성, 용솟음치는 감정의 불길, 다양한 성격의 다른 면, 잠재의식적 영역의 원천 등을 알지 못한다. 오래 전에 사도 바울은 우리 조상들로 하여금 영혼은 모두 실제적으로는 신성하다는 관념에 익숙하게 했다. 그리스도가 예외 없이 우리 모두를 대신해서 죽었기 때문에 우리는 어느 누구도 포기하지 말아야 한다고 사도 바울은 말했다. 오늘날 모든 사람의 본질적 신성에 대한 이러한 믿음은 인간의 모든 관습과 개혁적 제도 그리고 사형과 잔인한 형벌에 대해 점진적으로 증가하는 혐오감 속에 그 자체를 드러내주고 있다.

　깊은 인류애를 지닌 성인들은 이런 믿음의 위대한 선구자이고, 최고의 묘책을 가지고 어둠을 밝혀주는 사람이다. 태양빛 안에서 반짝거리는 하나의 물방울처럼 성인들이 파도 꼭대기나 홍수의 전진하는 끝머리를 훨씬 앞섰을 때 그들은 길을 제시해주고 선구자가 된다. 세상은 아직까지 그들과 함께 있지 않다. 그래서 그들은 자주 세상사의 한가운데에서 터무니없는 것처럼 보인다. 그러나 그들은 세상의 수태자이고, 영원히 잠자고 있는 선행의 잠재력을 일깨워주는 사람이고, 추진자이다. 그들이 우리 앞을 지날 때 우리들이 자연스럽게 비천한 것처럼 성인들도 비천하다는 것은 있을 수 없다. 하나의 불은 다른 불에 옮겨 붙는다. 그들이 보여주는 인간가치에 대한 지나친 신뢰가 없었다면 그들 이외의 사람들은 영적으로 침체상태에 접어들 것이다.

그리고 나서 잠시 숙고해보면, 성인은 그의 자비를 소모하였고 그의 자비로운 열정 때문에 얼간이와 희생물이 되었으나, 사회적 진화에서 그의 자선의 일반적 기능은 생명력 있고 본질적이다. 만약 사태가 늘 전진만 한다면, 누군가는 첫번째 발걸음을 뗄 준비를 해야 하고 그것의 위험을 떠맡아야 한다. 성인처럼 자비와 무저항을 실천하지 않으려는 사람은 이의 성공여부에 대해 말해줄 수 없다. 그 방법들이 성공했을 때 그것들은 물리적 힘 또는 세속적 사리분별보다는 훨씬 강력하게 성공적이다. 힘은 적들을 멸망시키며, 사리분별이라고 말할 수 있는 최선의 것은 우리가 이미 갖고 있는 것을 무사히 지켜준다. 그러나 무저항은 성공적일 때 적을 친구로 바꾸어주며, 자비는 자비의 대상을 갱생시켜준다. 내가 말했던 것처럼 이 성인다운 방법은 창조적 에너지이다. 진정한 성인들은 신앙이 그들에게 부여해준 숭고한 흥분 속에서 권위와 감동을 발견한다. 이런 권위와 감동은 더 천박한 본성을 가진 사람들이 세속적 사리분별력의 사용 없이 결코 해결해 나갈 수 없는 그런 상황이라고 할지라도 성인들로 하여금 즐거움으로 견뎌낼 수 있게 해준다. 세속적 지혜는 무난히 초월될 수 있다는 이 실제적 증명은 인류에 대한 성인들의 마술적 선물이다.[17]

---

17) 최고로 훌륭한 선교사의 삶은 인격적 권위와 무저항의 의기양양한 연합에서 풍부하게 나타난다. 예를 들어, 존 패턴(John G. Paton)은 뉴 헤브리디스의 잔인한 멜라네시아 식인종들 가운데서 그 자신의 권위의 힘으로 매력적 삶을 지

켜왔다. 그 힘이 알려졌을 때 어느 누구도 감히 그를 비난하려고 하지 못했다. 그를 통해 고무된 원주민 개종자들은 유사한 힘을 보여준다. "찾고 구원하려는 욕망으로 그리스도에 대해 완전한 열의를 가진 우리 추장 중 한 사람이 오지에 살고 있는 다른 추장에게 메시지를 보냈다. 그 메시지는 그와 네 명의 수행원들이 안식일에 갈 것이고, 그들에게 여호와 신의 복음에 관하여 이야기할 것이라는 내용이었다. 그러나 단호하게 그들의 방문을 거절하며 그들의 마을에 접근하는 모든 그리스도인은 죽여버리겠다는 위협이 담긴 답신이 왔다. 우리 추장은 그 대답으로 사랑이 담긴 메시지를 보냈다. 이 메시지는 그들에게 여호와는 그리스도인들에게 악을 선으로 갚을 것을 가르쳤고, 신의 아들이 이 세상에 왔으며 원수를 축복하고 구원하기 위해 죽었다는 그 이야기를 해주기 위해 그리스도인들이 아무 무장도 하지 않은 채 왔다는 것이었다. 이교도 추장은 즉각적으로 단호하게 다시 응답을 보내왔다. "만약 당신이 온다면 난 당신을 죽일 것이오." 안식일 아침에 그리스도교 추장과 네 명의 수행원들은 이교도 추장과 마을 밖에서 만났다. 이교도 추장은 다시 한 번 경고하고 위협했다. 그러나 그리스도교 추장은 말했다.

"우리는 전쟁의 무기 없이 당신에게 갑니다! 우리는 오직 당신에게 그리스도에 대한 이야기를 하기 위해 갑니다. 우리는 신이 오늘 우리를 지켜줄 것을 믿습니다!"

그들이 계속 마을을 향해 앞으로 나아갈 때 그들에게 창이 날아왔다. 그들은 일부를 피했다. 한 사람을 제외하고는 모두 솜씨 좋은 전사들이었다. 그들은 문자 그대로 나머지 창들을 믿을 수 없을 정도로 맨손으로 받아넘겼다. 이교도인들은 무기 없이 자신들에게 다가오고 있고 그 늙은 추장이 '소나기창'이라고 부른 것을 놀라지 않고 맨손으로 잡아 다시 던지지 않는 이 사람들을 보고 깜짝 놀랐다. 우리의 그리스도교 추장은 수행자들과 함께 그들 가운데 서서 큰 소리로 외쳤다.

"그리하여 여호와는 우리를 보호하셨다. 그는 우리에게 모든 창들을 주셨다! 일단 우리가 그 창들을 여러분에게 던졌다면 여러분은 죽었을 것이다. 그러나 우리는 지금 여기에 있고 싸우려고 온 것이 아니라 예수에 대해 이야기하려고 한다. 그는 우리의 사악한 마음을 변화시켰다. 그는 여러분에게 지금 다른 무기를 내려놓고 우리가 여러분에게 말하는 신의 사랑, 위대한 아버지, 그리고 오직 살아 있는 신에 관하여 들으라고 요구한다."

이교도인들은 완전히 위압감을 느꼈다. 그들은 명백히 그리스도인들이 보이지 않는 어떤 것에 의해 보호받고 있는 것으로 생각하였다. 처음에 그들은 복음과 십자가에 대한 이야기를 들었다. 우리는 이 이교도 추장과 그의 부족이 그리스도의 무리 속에 앉아 있는 것을 보곤 했다. 그리스도를 영접한 남쪽 해안의 모든 섬은 개종자들 편에서 볼 때 이와 비슷한 영웅적 행위에 관한 이야기를 갖고 있을 것이다. John G. Paton, *Missionary to the New Hebrides, An*

더 좋은 세상에 대한 성인의 비전은 일반적으로 널리 퍼져 있는, 산문으로 되어 있는 빈약한 말로 우리들을 위로한다. 또한 그의 비전이 대체로 잘못 적용되었다고 우리가 고백하는 경우조차도 그는 회심자들을 배출해내고, 환경은 그들의 사역을 위해 훨씬 좋게 되기도 한다. 그는 효과적으로 선을 발효시키는 사람, 즉 땅의 질서를 천국의 질서로 좀더 천천히 변형시키는 사람이다.

이런 측면에서 많은 현대 사회주의자들과 무정부주의자들이 흠뻑 빠져 있는 사회정의의 유토피아적 꿈들은, 현재의 환경조건하에서는 실행될 수 없고 적응할 수 없음에도 불구하고 존재한다. 이것들은 천국에 대한 성인의 믿음과 유사하다. 그들은 가혹한 지배체제의 위기를 극복하는 데 도움을 주고 더 나은 질서를 확립하는 데 천천히 영향력을 행사한다.

다음 화제는 금욕주의이다. 나는 여러분 모두 금욕주의는 지나침과 과도함으로 흐르기 쉬운 미덕임을 논쟁 없이 고려해야 한다고 생각한다. 내가 이미 다른 곳에서 말했듯이 낙관주의적이고 세련된 현대의 상상력은 육체적 금욕을 추구하는 교회의 태도를 바꾸어놓았다. 주조 또는 알칸타라의 성 베드로(Saint Peter of Alcantara)[18] 같은 사람은 오늘날 존경심으로 우리를

Autobiography, second part, London, 1890, 243쪽.
18) 테레사 수녀는 그녀의 자서전에서 우리들에게 다음과 같이 말한다(프랑스어 번역본, 333쪽). "성 베드로는 40년 동안 하루에 1시간 30분 이상 잠을 자지 않았다. 이것은 그가 금욕적 생활에서 치러야 할 가장 힘든 일 중의 하나였다. 금욕적 삶을 수행하기 위해 그는 항상 무릎을 꿇고 앉거나 일어서 있었다. 그가 거의 잠을 자지 않았다는 것은 벽에 고정되어 있는 나뭇조각에 머리를 기대고 앉은 그의 모습에서 알 수 있다. 비록 그가 눕기를 희망했을지라도 그렇게 할 수 없었다. 왜냐하면 그의 작은 방은 길이가 4피트 반밖에 안 되었기 때문이다. 이 기간 동안 그는 강렬한 태양 혹은 강렬한 비바람에도 그의 두건을 걷어올리지 않았다. 그는 결코 신발을 신지 않았다. 그는 올이 성긴 부대용 마포로 된 옷을 입었다. 이 의복은 몸을 감싸기에는 부족했다. 이 의복 위에 똑같은 재료로 만든 망토를 입었다. 추위가 너무 심할 때는 망토를 벗고 잠시 동안 그의 방에 있는 작은 문과 창문을 열었다. 그러고 나서 문을 닫고 망토를 다시 입었다. 그가 우리에게 말하였듯이 이러한 방법은 자신의 몸을 따뜻하게 해주고 보다 쾌적하게 느끼게 하는 것이었다. 그에게는 3일에 한 번 식사를 하는

고양시키는 사리분별이 있는 사람이라기보다는 비극적 사기꾼으로 비친다. 만약 내적 성품이 바르다면 외적 본성을 침해하는 이 모든 고행이 필요할까? 그것은 외적 본성을 정말로 중요하게 유지시켜준다. 정말로 육체의 정욕으로부터 해방된 사람은 기쁨과 고통, 그리고 풍부함과 결핍을 마치 부적절하고 무관심한 것처럼 생각할 것이다. 그는 타락할 수 있거나 노예상태로 빠질 수 있다는 두려움을 갖지 않고 행동할 수 있고 기쁨을 경험할 수 있다. 『바가바드기타』에 나타나 있듯이 여전히 내적으로 세속에 애착을 갖고 있는 사람들만이 세속적 행위를 포기해야 한다. 사람들이 정말로 행위의 열매에 어떤 애정도 갖고 있지 않다면 사람들은 침착하게 세상과 관계를 맺을 것이다.

나는 지난번 강연에서 성 아우구스티누스가 도덕률 폐기론에 대해 말한 것을 인용하였다. "만약 여러분이 신을 충분히 사랑한다면 여러분은 무사히 여러분의 성향을 따를 수 있을 것이다." "그는 어떤 헌신적 실천도 필요로 하지 않는다. 그의 가슴은 단지 하리(Hari)[19]라는 이름을 언급하는 것에 감동받아 울음을 터뜨린다." 이것은 라마크리슈나(Ramakrishna)의 격언 가

것이 자주 있는 일이다. 내가 놀라움을 표시하자 그는 만약 사람들이 한 번만 습관과 능력을 형성한다면 그것은 매우 쉬운 일이라고 말했다. 그의 동료 중 한 사람이 나에게 때때로 음식을 먹지 않고 8일간을 지냈다고 말하기도 했다. ……그의 가난은 극단적이었다. 그가 비록 젊다고 하지만 그의 금욕은 그가 나에게 말한 다음과 같은 것이다. 그는 수도원 승려들을 목소리 이외의 다른 방법으로는 알아보지 못한 채 3년 동안 지내왔다고 한다. 왜냐하면 그는 거의 눈을 들지 않고 오직 다른 승려들을 따라서 자신의 길을 찾아다녔기 때문이다. 그는 수도원 밖에서도 똑같은 정숙을 보여주었다. 그는 수년간을 결코 여자에게 시선을 두지 않고 보냈다. 그러나 그는 나에게 다음과 같이 고백했다. 그가 그 나이에 여자들에게 관심을 갖고 안 갖고는 상관없이 그런 일은 그에게 무관심한 것이었다고 한다. 내가 처음으로 그를 알았을 때 그는 매우 늙어 있었다. 그의 몸은 너무나 약했기 때문에 나무의 많은 뿌리들이 열매를 맺는 것과는 반대로 어떤 것도 할 수 없을 것처럼 보였다. 그는 신성할 뿐만 아니라 상냥했다. 그는 질문받지 않으면 결코 이야기하지 않았다. 그러나 그의 지적으로 올바른 마음과 은총은 그의 모든 말에 억제할 수 없는 매력을 준다."

19) F. Max Müller, *Ramakrishna, his Life and Sayings*, 1899, 180쪽.

운데 하나이다. 붓다는 그의 제자들에게 이른바 '중도'라는 것을 지적하면서 단순한 욕망과 쾌락만큼이나 비실제적이고 무가치한 극단주의의 지나친 금욕을 절제하도록 말했다. 그는 완벽한 삶은 오직 내적 지혜가 담긴 삶이라고 말한다. 이런 삶은 우리로 하여금 사물에 연연하지 않게 만든다. 그러므로 이런 삶은 우리를 휴식과 평화 그리고 열반으로 이끈다.[20]

따라서 우리는 금욕주의적 성인들이 나이를 먹어가고 양심의 지도자가 좀더 많은 경험을 했을 때, 그들은 대개 특별한 육체적 금욕을 더 이상 강조하지 않는 경향을 보여왔음을 안다. 카톨릭 교사들은 신에게 봉사하기 위해서는 건강이 필요하기 때문에 고행으로 건강을 희생시켜서는 안 된다는 규칙을 언제나 주장해왔다. 오늘날 자유주의적 프로테스탄트 집단의 일반적 낙관주의와 낙관주의적 성품은 우리가 고행을 위해 고행하는 것을 모순이라고 간주한다. 우리는 더 이상 잔인한 신들에게 동정할 수 없다. 그러므로 도의상 자기 갈등을 겪는 고통의 모습을 신이 기뻐한다는 관념은 이치에 맞지 않는다. 이런 모든 동기의 결과로, 만약 여러분이 몇몇 개인의 금욕적인 훈련에서 특별히 유익한 것을 볼 수 없다면, 여러분은 아마도 금욕주의에 대한 일반적 경향을 병리학적인 것으로 취급하려고 할 것이다.

그러나 전체 문제를 좀더 신중히 생각해보면 일반적으로 금욕주의의 선한 의도와 죄가 될 수 있는 특별한 몇몇 행동의 무용성을 구별하기 위해서는 금욕주의를 우리의 생각 속에 복원시켜내야 한다고 생각한다. 왜냐하면 영적 의미에서 금욕주의는 두 번 태어난 철학의 본질을 나타내기 때문이다. 금욕주의는 확실히 불완전하기는 하지만 진지하게 세상에는 정말로 잘못된 요소가 있다는 믿음을 나타내준다. 우리는 이 요소를 무시하거나 피해서는 안 된다. 우리는 이 요소들을 영혼의 영웅적 자력을 통해 정면으로 극복해야 하고, 고통을 통해 중화시켜 깨끗하게 해야 한다. 이런 견해와는 대조적으로 한 번 태어난 철학의 극단적-낙관적인 형식은 우리가 악을 무시하는 방법으로 다루어야 한다고 생각한다. 좋은 건강과 환경을 통해 자신의 인격

---

20) Oldenberg, *Buddha*, translated by W. Hoey, London, 1882, 127쪽.

속에 있는 거대한 악의 고통을 피한 사람으로 하여금 또한 그의 사적 경험 밖의 보다 광활한 우주에 존재하는 고통에 눈을 감게 하자. 그러면 그는 고통을 아주 단념할 것이고 낙관주의적 성품에 기초하여 행복하게 삶을 향해 해 나갈 수 있다. 그러나 우리는 우울증에 관한 강연에서 이런 노력이 필연적으로 얼마나 불확실한가를 알았다. 더욱이 악은 개인에게만 존재한다. 그러므로 개인 밖에 놓여 있는 악은 그의 철학에서 설 자리를 잃고 구원받지도 못한다.

그런 노력은 문제의 일반적 해결이 될 수 없다. 자연적으로 삶을 비극적 신비로 느껴 우울한 기미를 보이는 사람들에게 이런 낙관주의는 얕은 속임수 또는 천박한 회피이다. 그것은 진정한 구원 대신에 단지 운 좋은 개인적 사건에 의해 벗어날 수 있는 틈새라는 것으로 받아들인다. 그것은 일반적 세상에 도움이 되지 못하고 여전히 세상을 사탄의 손아귀에 놓아둔다. 두 번 태어난 사람들이 주장하는 진정한 구원은 보편적 적용이 되어야 한다. 고통, 악 그리고 죽음은 고도의 흥분상태에서 공정하게 만나야 하고 극복되어야 한다. 그렇지 않으면 그것들에 대한 상처는 본질적으로 치유되지 않은 채 그대로 남아 있다. 인간이 결빙, 익사, 생매장, 야생짐승, 타락한 인간, 그리고 끔찍한 질병으로 인한 비극적 죽음이 이 세상의 역사에 상당히 퍼져 있다는 사실을 받아들인다면, 그는 자신도 그런 상태에 내내 빠질 수 있거나 엄청난 시련을 겪을 수 있다는 것을 의심하지 않으면서 세속적 번영을 달성하기 위한 일을 어렵게 수행해 나갈 수 있다.

어쨌든 이 점은 정확하게 금욕주의가 의도하는 것이다. 그리고 그것은 자발적으로 삶을 인도해나간다. 그것은 삶은 익살극도, 그렇다고 해서 고상한 코미디도 아니라고 말한다. 그러나 상복을 입고 앉아서 애도하며 쓴맛을 기대하는 것은 어느 정도 우리의 어리석음을 깨끗하게 해준다. 거친 사람과 영웅적인 사람 모두 그런 삶의 일부분에 뿌리를 내리고 있다. 그래서 생각하는 사람들에게 감각적 낙관주의의 특성을 지니고 있는 순수하고 단순한 낙관주의적 성품은 진지한 해결책으로 간주될 수 없다. 산뜻함, 편안함 그리고 위로의 말들은 결코 스핑크스의 수수께끼에 해답을 줄 수 없다.

이런 견해에서 나는 인류가 공유하는 현실본능에 호의를 갖는다. 현실은 사실상 세상이 본질적으로 영웅주의를 위한 극장이 되어야 한다고 주장해 왔다. 우리는 영웅주의 속에 삶에 대한 최고의 신비가 감추어졌다고 느낀다. 우리는 어떤 방향으로든 삶의 신비에 관해 아무 능력이 없는 사람은 누구도 관대히 다루지 않았다. 반면에 인간의 나약함이 다르게 존재한다 할지라도 그가 죽음의 위험을 극복하려 하고, 그가 선택해온 일에서 죽음의 위험을 좀더 영웅적으로 겪는다면, 그 사실은 그를 영원히 신성하게 한다. 우리는 이렇든 저렇든 우리 자신보다 열등한 삶에 집착한다. 그러나 삶에 대해 신경을 쓰지 않고 '꽃처럼 삶을 내동댕이 칠 수' 있는 사람이 있다면, 우리는 마음 속 깊이 그는 우리보다 우월한 사람으로 타고 났다고 생각할 것이다. 우리들 각자가 스스로 삶에 무관심한 고매한 인격의 소유자는 모든 결점을 상쇄시킬 수 있다고 느낀다.

그러므로 죽음을 기꺼이 받아들이는 사람이 탁월하고 뛰어난 삶을 소유할 수 있으며 우주의 가장 비밀스러운 요구에 응한다는 것은 상식적으로 인정될 수 있는 형이상학적 신비이다. 그것은 금욕주의야말로 성실한 우승자가 되어왔다는 사실을 말해준다. 지적으로 설명할 수 없는 십자가의 우매함은 여전히 불멸의 생명력 있는 의미를 가지고 있다.

그렇다면, 대표적으로, 상징적으로 그리고 이전의 계몽되지 못한 지성이 그 신비를 변덕스러움으로 취급한 것과는 별도로, 내가 믿기에 금욕주의는 존재의 선물을 근원적으로 다루는 방법과 조화됨을 인정해야 한다. 자연주의적 낙관주의는 이와 비교해볼 때 단순한 미사여구, 아첨 그리고 달콤한 스펀지 케이크이다. 그러므로 종교인으로서 우리는, 오늘날 대부분의 사람들이 그렇듯이, 실천적 행동으로써 금욕적 충동에 등을 돌릴 것이 아니라 오히려 그런 충동을 위한 배출구를 발견하여 궁핍과 고난으로 맺은 열매들은 객관적으로 유용하다는 것을 알려야 할 것이다. 오래된 수도원의 금욕주의는 애처로울 정도로 하찮은 일들에 몰두해 있고 자기 자신의 완전함을 증대시키는, 단지 개인적 이기주의로 끝을 맺었다.[21] 그러나 우리가 대부분 이런 오랜 고행의 형태들을 버리고 그것들에 영감을 주었던 영웅주의를 위한 보다 온전한 경로들을 발견하는 것은 아직까지도 불가능할까?

예를 들면, 우리 시대의 '정신'을 너무나 거대한 분량으로 구성하고 있는 물질적 사치와 부의 숭배는 우리를 어느 정도 우유부단하고 소심하게 만들고 있지 않은가? 특별히 100년 전 복음주의적 집단의 교육과는 너무나 다르게 오늘날 대부분의 아이들이 받고 있는 극단적으로 동정적인 교육방법은 많은 장점이 있음에도 불구하고 쓰레기 같은 소질을 발전시키는 위험요소를 내포하고 있지 않은가? 여기에 혁신되고 수정된 금욕적 훈련을 적용할 수 있는 어떤 접촉점이 없을까?

여러분 가운데 많은 사람들이 이런 위험을 인식할 것이며 처방책으로 운동경기, 군국주의 그리고 개인적이고 국가적인 사업과 모험을 지적할 것이다. 현대의 종교가 이런 현대적 이상들을 무시하는 방법에 뛰어난 만큼, 이런 현대적 이상들은 삶의 영웅적 기준들을 만드는 에너지에 아주 특출나다.[22] 확실히 전쟁과 모험은 참가하는 모든 사람들로 하여금 그들 자신을 너무 부드럽게 취급하지 못하게 한다. 그것은 동기의 전체 규모가 변화될 정도로 정도와 기간에서 깊이로 측정할 수 없는 엄청난 노력을 요구한다. 불쾌함과 성가심, 배고픔과 눅눅함, 고통과 추위, 비열함과 추잡스러움은 무엇이든 억제작용을 할 수 없게 한다. 죽음이 일상적 일이 되어버리면 우리의 행동을 억제하는 죽음의 일반적 힘은 사라지고 만다. 이런 관습적 억제력이 폐기됨과 동시에 새로운 종류의 에너지가 자유롭게 분출하고, 삶은 고차적 수준의 힘에 의존하는 것처럼 보인다.

이 점에서 전쟁의 아름다움은 일반적 인간의 본성과 너무나 조화되어 있다. 선조들의 진화는 우리 모두를 잠재적 전사들로 만들어왔다. 그러므로 가장 보잘것없는 개인도 전쟁터의 군대 속에 투입되면 자신이 모셔온 소중

---

21) "다른 모든 사람들의 허영은 소멸될 수 있지만 성인다움에 대한 성인의 허영은 정말로 없어지기 어렵다." F. Max Müller, 앞의 책, 172쪽.

22) 나는 미국의 한 종교신문에서 "교회가 굴과 아이스크림 그리고 재미에 치중하고 있을 때, 교회는 그리스도로부터 멀어지고 있음을 여러분은 확신할 것이다"라는 구절을 읽었다. 만일 사람들이 외양으로만 판단한다면 이런 모습은 우리 대부분의 교회가 현재 빠져 있는 모습이다.

한 사람에게 가졌던 지나친 감수성을 어느 정도 단념하고 쉽게 괴물로 나타날 수도 있다.

그러나 군대적 유형의 자기 엄격성을 금욕적 성인의 엄격함과 비교해보면 그들의 모든 영적 부수물 사이에는 엄청난 차이점이 있음을 발견하게 된다.

명석한 오스트리아의 한 장교는 다음과 같이 쓰고 있다. "나도 살고 남도 사는 공존공영은 군대의 책략이 아니다. 자기 자신의 동지들, 적의 군대들에 대한 모욕, 그리고 무엇보다도 자기 자신에 대한 맹렬한 모욕은 전쟁이 모든 사람들에게 요구하는 것이다. 군대는 매우 풍부한 감수성과 인간적 분별력을 소유하는 것보다 야만적이고 잔인하고 상스러운 것이 훨씬 좋다. 만일 군인이 군인으로서 모든 것에 조화를 이룬다면, 그는 이성적이고 사고하는 사람과는 정확히 정반대의 사람임에 틀림없다. 군인에게 선함의 측정은 전쟁에서 가능한 유용성에 달려 있다. 전쟁 그리고 평화조차도 군인에게 절대적으로 독특한 도덕기준을 요구한다. 갓 입대한 신병은 그 자신 스스로 일반적 도덕관념들을 갖고 들어오지만 곧장 그것들을 제거해야 한다. 그에게 승리, 즉 성공은 모든 것임에 틀림없다. 사람들 속에 내재하는 가장 야만적 성향이 전쟁에서 다시 살아난다. 그것은 비교할 수 없을 정도로 전쟁을 위해 유용하다."[23]

물론 이런 말들은 문자 그대로 진리이다. 몰트케(Moltke)가 말하였듯이 군인다운 삶의 직접적 목적은 단지 파괴일 뿐이다. 건설을 목표로 하는 전쟁은 무엇이든지 간에 전쟁의 의미와는 거리가 멀고 비전투적이다. 따라서 군인은 사람이든 사물이든 간에 존속시키기 위한 일반적 동정과 존경심을 갖고서 자기 자신을 훈련해 나갈 수 없다. 그러나 전쟁은 격렬한 삶과 영웅주의의 수련장이라는 사실을 남겨놓는다. 전쟁은 원시본능의 계열에 존재하기 때문에 아직까지 보편적으로 유용한 유일한 수련장이다. 그러나 이런

---

23) C.V.B.K., *Friedens-und Kriegs-moral der Heere*. Quoted by Hamon, *Psychologie du Militaire Professional*, 1895, 91쪽.

대규모 조직의 비합리성과 범죄가 우유부단함에 대항하는 유일한 방파제인
지를 우리 자신에게 스스로 진지하게 물어볼 때, 우리는 기겁을 하고 진심
으로 더욱 금욕적 종교에 대해 생각한다. 사람들은 열의 기계적 등가(等價)
에 대해 들어왔다. 사회적 영역에서 우리가 지금 발견할 필요가 있는 것은
전쟁의 도덕적 등가이다. 즉 그것은 전쟁이 말하는 것처럼 보편적으로 인간
들에게 말할 영웅적인 어떤 것이다. 그러나 그것은 전쟁과는 달리 인간들의
영적 자아들과 양립해 나갈 영웅적인 어떤 것이다. 횡행하는 현학성에도 불
구하고, 예로부터 수도사적인 가난 숭배에는 우리가 추구하고 있는 전쟁에
상당하는 도덕적인 것과 같은 무엇이 있었다고 나는 가끔 생각하였다. 연약
한 사람들을 쳐부술 필요 없이 자발적으로 받아들여진 가난은 '격렬한 삶'
이 아닐까?

정말로 가난은 취주악단, 군복, 대중의 광란적 갈채, 거짓말 또는 핑계
없는 격렬한 삶이다. 사람들이 부의 축적을 우리 세대의 골수까지 파고들어
가는 이상으로서 이해하는 방법을 살펴볼 때, 사람들은 가난이 가치 있는
종교적 소명이라는 믿음의 부활이 '군인다운 용기의 변형'인지, 우리 시대
가 가장 필요로 하는 영적 개혁이 아닌지 궁금해한다.

영어를 말하는 우리는 특별히 가난에 대한 찬양을 한 번 더 대담하게 해
야 할 필요가 있다. 우리는 문자 그대로 가난해지는 것을 두려워해왔다. 우
리는 자신의 내적 삶을 단순화시키고 구원하기 위해 가난을 선택한 모든 사
람을 경멸한다. 어떤 사람이 일반적으로 재산을 긁어모을 수 있는 일을 하
지 않고 돈 벌 수 있는 수단을 열망하지 않는다면, 우리는 그를 생기 없고
야망이 부족한 사람으로 생각한다. 우리는 예부터 가난의 이상화가 의미했
던 것을 상상할 수 있는 힘까지도 잃어버렸다. 물질적 집착으로부터의 자유
로움, 매수되지 않는 영혼, 보다 대담한 무관심, 우리가 소유하고 있는 것
에 의해서가 아니라 우리의 존재 또는 우리가 하는 일로 헤쳐나아갈 수 있
는 삶, 언제라도 책임없이 삶을 내던질 수 있는 권리—더욱 강건한 상태,
다시 말해서 도덕적 전투상태를 우리는 잃어버렸다. 좀 나은 계층에 속하는
우리가 역사상 유례를 찾아볼 수 없을 정도로 물질적 곤궁에 대해 겁내고

있을 때, 멋진 집을 장만하기까지 결혼을 미룰 때, 은행계좌 없이 아이를 갖는다는 생각에 벌벌 떨 때, 그리고 막노동하는 일에 운명지어졌을 때, 바로 그때가 사고하는 사람이라면 너무나 소심하고 비종교적 견해에 저항할 수 있는 시기이다.

부가 이상적 목적을 위해 시간을 제공해주고 이상적 에너지에 과제를 제공해주는 한, 가난보다 부를 선택해야만 한다. 그러나 실제로 그런 경우는 극소수일 뿐이다. 그 밖에 다른 곳에서 부를 증대시키려는 욕망과 그 부를 잃어버리지나 않을까 하는 두려움은 비겁함을 갖게 해주는 우리의 주된 훈육자이며 타락의 선동자이다. 가난이 두렵지 않은 사람은 자유인이 되는 반면에, 부에 얽매여 있는 사람은 노예가 된다는 다수의 사례가 있다. 우리가 인기 없는 대의에 헌신하였을 때 가난에 대한 무관심이 우리에게 제공하는 힘을 생각해보자. 우리는 더 이상 침묵을 지킬 필요가 없고, 또 혁명가나 개혁가에게 투표하는 것을 두려워할 필요가 없다. 우리의 주식은 떨어졌고, 승진에 대한 우리의 소망은 사라지고, 우리의 봉급은 정지되어 있고, 우리의 클럽 문은 정면으로 닫혀 있다. 그러나 살아 있을 동안 우리는 그런 것들 때문에 동요되지 않고 가난의 정신을 증거할 것이다. 우리의 예는 우리의 세대를 자유롭게 하는 데 도움을 줄 것이다. 대의명분은 자금을 필요로 하지만 그것의 수행자들인 우리는 개인적으로 가난에 만족했던 것에 비례하여 효력을 발휘할 것이다.

나는 이 문제를 여러분이 심각하게 숙고해보기를 바란다. 왜냐하면 교육받은 계급들 중에서 가난에 대해 널리 퍼져 있는 두려움은 우리의 문명을 고통받게 하는 가장 나쁜 도덕적 병이라는 것이 확실하기 때문이다.

지금 나는 성인다운 삶에서 나타나는 몇몇 종교의 열매들에 관하여 도움이 될 만한 모든 것을 말했다. 그래서 이제 간단하게 재검토를 해보고, 보다 더 일반적인 결론으로 넘어가려고 한다.

여러분도 기억하겠지만, 우리의 질문은 종교의 열매들이 성인다운 유형의 성격에서 드러날 때, 종교가 그것의 열매들에 의해 승인되는지 그렇지 않은지에 관한 것이다. 성인다움의 단일한 속성들이 비종교적 개인들에게서도 발견되는 기질적으로 타고난 성품일지도 모른다는 것은 사실이다. 그러나 전체적으로 볼 때, 성인다운 속성들은 종교적 결합체를 형성한다. 왜냐하면 그 속성들은 심리적 중심부에서 흘러나올 뿐 아니라 신에 대한 느낌에서 흘러나오는 것처럼 보이기 때문이다. 이런 느낌을 강하게 지니고 있는 사람은 누구나 자연스럽게 세상의 가장 사소한 일들도 보이지 않는 질서와 관계를 맺음으로써 무한한 의미를 끌어낼 수 있다고 생각한다.

이런 질서에 대한 생각으로, 그는 보다 차원 높은 행복과 어떤 것과도 비교할 수 없는 영혼의 견고함을 갖게 된다. 사회적 관계에서 그의 봉사정신은 모범적이다. 그는 돕고자 하는 마음으로 충만하다. 그의 도움은 내적일 뿐만 아니라 외적이기도 하다. 왜냐하면 그의 동정심은 육체뿐만 아니라 영혼에도 미쳐, 그 속에 있는 생각지도 않은 능력들을 북돋워주기 때문이다. 평범한 사람들처럼 행복을 안락함에 위치시키는 대신에, 그는 불쾌함을 유쾌함의 요소들로 바꾸고 불행을 지워버리는 고차적인 내적 흥분상태에 행복을 배치한다. 그래서 그는 감사받지 못할지라도 의무를 저버리지 않는다. 우리는 우리가 도움이 필요할 때, 다른 어떤 이보다도 성인에게 기대하면 더욱 확실하게 도움을 받을 수 있다. 결정적으로 그의 겸손한 마음과 금욕적 성향은 우리로 하여금 일상적 교제를 가로막는 사소한 개인적 허식에 빠지지 않게 하고, 그의 순수는 그의 내면 속의 청결한 사람과 우리가 벗이 되게 한다. 행복의 희열, 순수, 자비, 인내, 자중 등은 훌륭한 장점들이다. 그래서 만인의 성인은 가장 완벽하게 이 장점들을 보여준다.

그러나 우리가 이미 살펴보았듯이 이 모든 것들로 인하여 성인이 완전무결해지는 것은 아니다. 성인들의 편협한 지적 조망으로 인해 신앙상의 온갖 좋지 못한 극단적 행위들, 광신, 신적 감정에의 몰두, 자학, 점잖은체함, 소심함, 어리석음, 그리고 세상에 대처하지 못하는 병적 무능에 빠져든다. 이와 같은 상황에서 열등한 지성 때문에 하찮은 이상에 열렬히 매달리는 성인은 천박한 육욕적 사람보다 더욱더 불쾌하고 가증스러울 수 있다. 우리는 성인을 오직 감상적으로 판단하거나 정황들 속에서 분리하여 판단할 것이 아니라, 우리 자신의 지적 기준을 가지고 환경적 정황 속에서 성인의 총체적 직무를 평가해야 한다.

지적 기준의 문제에서, 우리는 편협한 마음을 만날 때 그것을 개인에게 악행이라고 항상 뒤집어씌우는 것은 부당하다는 것을 명심해야 한다. 왜냐하면 종교적이고 신학적인 문제에서 그는 자신의 세대로부터 나온 편협함에 골몰해 있기 때문이다. 게다가 우리는 내가 말했던 일반적 열정인 성인다움의 본질과 역사적 순간에 이런 열정이 특별히 결정된 성인다움의 우연성을 혼동해서는 안 된다. 이런 결정들을 하는 데서 성인들은 그들 종족의 일시적 우상들에 언제나 충실할 것이다.

중세 시대에 수도원을 은신처로 택하는 것은 오늘날 세속의 일에 관여하는 것만큼이나 종족의 우상이었다. 성 프란체스코 또는 성 베르나르가 현 시대에 살아 있다면 그들은 틀림없이 어떤 양식의 신성한 삶을 영위했을 것이다. 그러나 그만큼 확실한 것은 그들이 세상으로부터 은거하여 삶을 영위하지는 않으리라는 것이다. 역사적으로 특정한 일에 대해 우리가 적대감을 갖고 있다고 해서, 성인들의 본질적 본성 속에 있는 성인다운 충동마저 적대감을 갖고 비판해서는 안 된다.

내가 아는 사람들 중에서 성인다운 충동에 대해 가장 적대적인 비판가는 니체(Nietzsche)이다. 그는 탐욕스런 군대적 특성으로 구체화되어 있는 세속적 열정과 성인다운 충동을 대비시킨다. 그는 전적으로 세속적 열정을 좋게 평가한다. 타고난 성인은 세속적인 사람을 구역질나게 만드는 무엇인가를 지니고 있다는 것을 여러분은 실토해야 한다. 그래서 검토중인 이 대비를 좀더 고려해야 할 만한 가치가 있을 것이다.

성인다운 본성에 대한 혐오는 지도력을 환영하고 종족의 지배자를 찬미하는 생물학적으로 유용한 본능의 부정적 결과일 것이다. 지배자는 실질적 독재자가 아니라면 잠재력 있는 사람이고 노련한 사람이고 다른 부족을 약탈하는 압도적 힘을 가진 사람이다. 우리는 우리의 열등성을 인정해야 하고 그 앞에 엎드려야 한다. 우리는 그의 눈길에 주눅이 들고, 동시에 무서운 군주를 섬기는 것을 자랑스러워한다. 그와 같은 천성적이고 복종적인 영웅숭배는 원시적 부족생활에서 필수불가결했을 것이다. 그 시대의 끊임없는 전쟁에서 지도자들은 종족의 생존을 위해 절대적으로 필요한 존재였다. 지도자가 없는 부족들은 그들의 운명을 이야기해볼 수 있는 토론의 장이 없을 것이다. 지도자들은 의지와 결합된 양심을 지니므로 그들은 항상 선한 양심만을 유지하였다. 그들의 얼굴을 똑바로 바라본 사람들은 지도자들의 외적 활동의 힘에 대한 경의만큼이나 내적 억압으로부터 해방된 모습에 놀라움을 금치 못하였다.

부리가 달리고 맹수처럼 긴 발톱이 난, 세상을 움켜쥐려는 사람들과 비교하면, 성인들은 초식동물이고 길들여진 농가 안뜰의 유순한 가축이다. 여러분이 원한다면 턱수염을 당겨보아도 무방한 성인들이 있다. 그런 사람은 공포 속에 감추어진 놀라움에 대해서도 전율을 일으키지 않는다. 그의 양심은 망설임과 후회로 가득 차 있다. 그는 자신의 내적 자유나 외적 힘으로 우리를 깜짝 놀라게 하지 못한다. 그가 우리의 마음 속에서 흥미를 끌 전혀 색다른 경탄의 능력을 발견하지 못한다면, 우리는 그를 무시하는 처사로 모른 체할 수 있다.

사실상 그는 색다른 능력에 호소한다. 바람, 태양 그리고 여행자에 대한 우화는 인간의 본성 안에서 다시 상연된다. 남성과 여성은 모순됨을 구현한다. 남성이 자신을 더욱더 난폭하게 드러낼수록 여성은 더욱 탄복하여 남성을 사랑한다. 지배자가 더욱더 강퍅하고 까닭을 알 수 없는 행동을 할수록 세상은 그를 신격화한다. 그러나 이번에는 아름다운 용모의 여성이 신비한 우아함으로 남성의 격정을 누그러뜨린다. 성인은 이와 비슷한 어떤 것으로 항상 세상을 매혹시켰다. 인류는 정반대의 방향으로 움직이고 암시에 걸리기 쉽다. 영향력의 경쟁은 잠잠해질 줄 모른다. 성인다운 이상과 세속적 이상 사이의 반목은 실생활에서만큼이나 문학에서도 나타난다.

니체에게 성인은 비겁함과 노예근성만을 나타내준다. 성인은 고도로 세련된 병자이고, 특히 퇴화된 자이며, 생명력이 부족한 자이다. 성인의 종족적 우세는 인간을 위험에 빠뜨릴 것이다.

병자들은 건강한 사람들에게 가장 큰 적이다. 건강한 자를 파멸시키는 것은 강한 자가 아니라 약한 자이다. 약해지는 사람들은 강함의 소멸이다. 우리가 감소되길 바라는 것은 우리의 동료에 대한 두려움이 아니다. 왜냐하면 두려움은 강건한 사람을 차례로 지독하게 만들고, 성공적인 유형의 인간성을 보존하기 때문이다. 다른 어떤 운명보다도 더욱더 무서워해야 할 것은 두려움이 아니라 오히려 대단한 혐오이고, 두려움이 아닌 대단한 연민, 즉 우리 인간 동료에 대한 혐오와 연민이다. '나쁜' 사람과 약탈하는 자가 아니라 병자들이 우리의 가장 큰 위험이다. 종족의 생명력을 훼손시키고, 삶에 대한 우리의 신뢰를 망가뜨리며, 인간성을 의심스럽게 하는 자들은 바로 잘못 태어난 자, 조산으로 태어난 자, 파산자들처럼 가장 허약한 자들이다. 그들 각각의 얼굴엔 한숨뿐이다. '내가 아닌 다른 무엇이 되어봤으면! 나는 지금의 나 자신에게 신물이 나고 지겹다.'

이러한 자기멸시의 늪에서는 모든 독이 든 풀만이 무성하다. 모든 것이 참으로 작고, 은밀하고, 부정직하고, 몹시 부패했다. 여기에 과민함과 분개함의 벌레들이 떼지어 살고 있다. 이곳에서 인정받지 못한 태도는 몰래 악취를 풍긴다. 여기에 성공하고 승리를 거둔 자를 못마땅히 여기는 자의 가장 비열한 음모들이 끝없이 짜인 그물이 있다. 여기서 승리를 거둔 자의 바로 그 모습은 미움을 받는다. 건강, 성공, 힘, 자존심, 활력감이 그들에게는 마치 결국은 속죄를 해야만 하는 사악한 일처럼 느껴진다. 오, 얼마나 이 사람들은 자신에게 속죄의 고통을 주길 좋아하며, 얼마나 열렬히 교수형 집행인이 되길 바라는가! 그러는 동안 내내 그들의 이중성은 증오의 대상이 되는 그들의 증오를 결코 인정하지 않는다.[24]

가련한 니체의 반감은 그 자체로 충분히 병적이지만, 우리 모두는 그가 의미하는 것과 두 이상들 사이의 충돌을 그가 잘 표현하고 있다는 것을 알고 있다. 육식성의 마음을 가진 '강한 사람', 성인(成人) 남성 그리고 식인

---

24) *Zur Genealogie der Moral*, Dritte Abhandlung, §14. 나는 이것을 축약하였으며 한 문장의 순서를 바꾸었다.

종은 성인의 온화함과 자중을 오직 병적이고 곰팡내 나는 것으로만 생각하고, 성인을 순전히 혐오의 시선으로 주시한다. 불화 전체는 본질적으로 두 개의 중심점에서 주기적으로 일어난다. 눈에 보이는 세계와 보이지 않는 세계 가운데 어디가 우리가 적응해야 하는 주된 영역일까? 그리고 보이는 세계에 적응하는 방법은 공격적이어야 하는가, 무저항적이어야 하는가?

이 논쟁은 심각하다. 어떤 의미에서, 또 어느 정도는 이 두 세계가 모두 인정되고 고려되어야 한다. 보이는 세계에서는 공격성과 무저항 모두가 없어서는 안 된다. 이것은 강조, 즉 더 많은지 적은지에 관한 문제이다. 성인의 유형과 강한 사람의 유형 중 어느 것이 더 이상적인가?

본질적으로 하나의 이상적 유형의 인간특성이 존재할 수 있다는 것은 과거에도 자주 생각되어왔고, 심지어는 현재도 내 생각에는 대부분의 사람들에 의해 가정되고 있다고 본다. 어떤 일정한 종류의 사람이 그의 직무의 유용성과 실질적 고찰은 별 문제로 치고, 전적으로 최고의 사람이 될 수 있다고 생각된다. 성인의 유형과 기사 또는 신사의 유형은 항상 자신들이 이 절대적인 이상적 성질을 지녔다고 서로 주장하는 경쟁자가 되어왔다. 군대같은 수도회의 이상적 상태에서는 두 유형이 얼마간 혼합되어 있다. 그러나 경험철학에 의하면 모든 이상들은 상관성을 띤 문제들이다. 예를 들어, 말(馬)이 건초를 실어 나르고, 경주를 하고, 새끼를 배고, 소매상인의 짐을 싣고, 천천히 달리는 것들이 모두 말의 기능에 따라 불가피하게 차별되어 있는 한, '이상적 말'에 대한 정의를 묻는 것은 무의미한 일이 될 것이다. 여러분은 절충하여 일반적으로 골고루 발달된 동물이라고 부를 만한 것을 택할 것이다. 그러나 그 말은 어떤 특정한 한 방향으로 더욱 특수화된 형태의 말보다는 열등할 것이다. 성인다움에 관해 토론하는 가운데, 그것이 인간의 이상적 유형이 될 수 있는지에 관해 물을 때, 더욱 이 점을 잊어서는 안 된다. 우리는 실질적 관계 안에서 인격의 이상적 유형을 시험해야 한다.

스펜서 씨가 그의 『윤리학 자료』(*Data of Ethics*)에서 사용한 방법이 우리의 의견을 결정하는 데 도움이 되리라고 생각한다. 행동에 대해 이상적 상태는 모두 적응에 관한 문제이다. 모든 사람들이 항상 공격적인 사회는 내재적 마찰로 인해 스스로 파멸할 것이고, 몇몇이 공격적 성향을 띤 사회에서는 어떤 종류의 질서가 존재한다면 나머지는 무저항주의자가 될 것이다. 이것이 현재의 사회구조이다. 우리가 많은 축복을 받을 수 있는 것은 이런 사회구조의 혼합 때문이다. 그러나 공격성을 띤 사회구성원들은 항상 약한 자를 못살게 구는 사람이나 강도, 사기꾼이 되는 경향이 있다. 현재 우리가 살고 있는 이와 같은 상태를 두고 황금시대라고 믿는 사람은 아무도 없다. 한편 공격성이 전혀 없고 동정과 공평만이 존재하는 상상적 사회를 생각해보는 것은 정말로 가능하다. 진실한 친구들이 모인 소집단은 현재 그와 같은 사회를 실현하고 있다. 이론적으로는 모든 훌륭한 일이 마찰 없이 실현될 것이기 때문에 그런 사회가 대규모로 확대되면 황금시대가 될 것이다.

성인은 그와 같은 황금시대의 사회에 전적으로 적응할 것이다. 왜냐하면 평화적으로 호소하는 그의 방식은 그의 동료들에게 효력을 발휘할 것이며, 현존하는 그 누구도 그의 무저항주의를 악용하지 않을 것이기 때문이다. 그러므로 그런 사회가 구체적으로 현실에서 가능하든 그렇지 못하든 간에 성인은 상상할 수 있는 것 중 가장 고상한 사회에 적응하기 때문에, 이론적으로 '강한 사람'보다도 더 고상한 유형의 사람이다. 강한 사람은 존재함으로써 그런 사회를 즉각적으로 타락시킬 것이다. 지금 현재의 사람들에게 사랑스러운 어떤 특정한 종류의 호전적 흥분상태를 제외하고는, 그 사회는 모든 면에서 열등해질 것이다.

그러나 우리가 이론적 질문에서 실질적 상황으로 관심을 돌린다면, 우리는 개개의 성인이 특정한 상황에 따라 올바르게 또는 잘못 적응할지도 모른다는 것을 알게 된다. 간단히 말해서, 탁월한 성인다움의 특성 안에 절대성은 존재하지 않는다. 이 세상이 건재하는 한, 자신을 완벽한 성인으로 만들고자 하는 자는 위험을 무릅쓰고 그렇게 하고 있다는 것을 인정해야 한다. 만약 그가 충분히 도량이 넓지 못한 사람이라면 그의 모든 성인다움의 삶에도 불구하고, 그가 속인으로 남아 있는 것보다도 더 미천하고 비열하게 보일지도 모른다.[25] 따라서 우리 서양세계는 종교를 너무나 급진적으로 받아들이지 않았음을 알 수 있다. 그래서 신앙인들은 종교를 세속적 성질과 혼합시킬 수 없었다. 종교적 충동을 대부분 따를 수 있었지만, 무저항에 직면해서는 발걸음을 갑자기 멈추었던 선한 사람들을 서양세계에서 우리는 언제나 찾을 수 있다. 그리스도 자신도 특별한 경우에는 사나워졌다. 크롬웰(Cromwells), 잭슨(Stonewall Jacksons), 고든스(Gordons) 등은 그리스도교도들도 강한 사람이 될 수 있다는 것을 보여준다.

적응을 고찰하는 방식과 상황들이 그렇게 다양하게 존재한다면, 어떻게 성공이 절대적으로 측정될 수 있겠는가? 그것은 절대적으로 측정될 수 없다. 판단은 채택된 시각에 따라서 다양해질 것이다. 생물학적 시각에서 보면 사도 바울은 참수당했기 때문에 패자였다. 그러나 그는 당당하게 더욱 큰 역사의 상황에 적응하였다. 어떤 성인의 예는 세상에서 정의의 누룩이고 그것을 더 주요한 성인다움의 습성으로 이끌어가는 한, 그 성인은 비록 가까운 장래에 나쁜 운명이 닥칠지라도 성공한 사람인 것이다. 모두가 인정하는 영적 영웅들로 가장 위대한 성인들인 프란체스코, 베르나르, 루터, 로욜라, 웨슬리, 채닝(Channings), 무디(Moodys), 그라트리(Gratrys), 필립 부룩스(The Phillips Brookses), 에인 존스(The Agnes Joneses), 마거릿 할라안(Margaret Hallahans)과 도라 패티슨(Dora Pattisons) 같은 사람들은 처음부터 성공한 사람들이다.

그들은 사람들 앞에 자신들의 모습을 보여주었으며 아무런 문제가 없다. 모든 사람들은 그들의 힘과 재능을 지각한다. 사물의 신비에 대한 그들의 직감, 그들의 정열, 그들의 미덕은 주위를 밝게 빛나게 하고 부드럽게 하여 그들의 윤곽을 확대시킨다. 그들은 마치 배경과 분위기를 지닌 회화 같다. 이 세상의 강한 사람이라 할지라도 그들 옆에 있다면 막대기처럼 뻣뻣하고

---

25) 우리 모두는 발광하는 성인들을 알고 있다. 그들은 묘한 혐오감을 불러일으킨다. 그러나 성인과 강한 사람을 비교할 때에는 동일한 지적 차원에서 개인을 선별해야 한다. 재치가 부족한 성인에 상응하는 재치가 부족한 강한 사람은 빈민가의 난폭한 깡패가 될 수 있다. 확실히 이러한 차원에서는 성인이 특정한 우월성을 유지한다.

돌덩이나 벽돌조각처럼 단단하고 조야해 보일 것이다.

그렇다고 한다면, 일반적으로 그리고 '전체적으로'[26] 우리가 신학적 판단기준을 포기하고 실질적 상식과 경험론적 방법에 의해 종교를 판단하는 것은 역사에서 우뚝 솟은 자리를 차지하게 되었다. 경제적 측면에서 일련의 성인다움의 속성들은 세상의 복지에 필수적이다. 위대한 성인들은 직접적으로 성공을 거둔 자이고, 좀더 도량이 좁은 성인들은 적어도 포고자와 선구자가 됨으로써 또한 더 나은 세속의 질서를 이루는 누룩들이 될 것이다. 우리가 일시적으로 뚜렷한 성취를 이루든 그렇지 못하든 간에, 가능하다면 성인이 되어보자.

그러나 우리의 아버지 집에는 우리가 머무를 수 있는 많은 저택들이 있으므로, 우리들 각자는 우리의 힘이라고 믿고 가장 참된 사명이고 소명이라고 느끼는 것과 가장 잘 어울리는 종교와 성인다움을 스스로 발견해야 한다. 우리가 경험적 철학의 방법을 따라가는 한, 개인들에게 주어진 어떤 보장된 성공이나 결정된 명령은 존재하지 않는다.

이것이 지금까지의 나의 결론이다. 여러분 가운데는 내가 13번째[27] 강연 첫머리에서 밝혔던 경험주의에 대한 모든 소견에도 불구하고, 그런 방법이 이와 같은 주제에 적용되어야 한다는 것에 놀라움을 금치 못하는 사람들이 있으리라는 것을 나는 알고 있다.

종교의 열매를 세상의 질서에 적응시키는 방법이 과연 두 세계와 눈에 보이지 않는 질서를 믿는 종교를 평가할 수 있을까? 우리의 판단이 의존하는 것은 종교의 유용성이 아니라 **진리**라고 여러분들은 주장한다. 만약 종교가 진리라면, 그것의 열매들은 이 세상에서는 한결같이 잘못 적용되고, 비애감 외에는 무가치한 것으로 가득 차 있다고 입증되더라도 좋은 열매들이다. 그렇다면 결국 신학적 진리문제로 되돌아간다.

부득이하게도 줄거리가 복잡해졌다. 우리는 이론적 고찰에서 벗어날 수

---

26) 이 책 412쪽을 보라.
27) 이 책 412~418쪽.

는 없다. 그래서 나는 우리가 어느 정도까지 그 책임성을 직시할 것을 제안한다. 종교인들은 한결같지는 않지만 때때로 특별한 방식으로 진리를 본다고 주장해왔다. 그 방식은 신비주의라고 알려져 있다. 따라서 이제 나는 상당히 길게 신비적 현상에 대해 언급할 것이다. 그런 후에 간단하게나마 종교적 철학(religious philosophy)을 고찰할 것이다.

제16·17강 | 신비주의

나는 앞의 강연들에서 우리가 신비주의라는 주제에 도달할 때까지 반복해서 논점들을 제기했을 뿐 끝맺지 않은 상태로 남겨두었다. 여러분 중에 어떤 분은 신비주의에 대하여 내가 계속 연기해왔던 것을 비웃을지도 모르겠다. 그러나 이제 신비주의를 매우 신중하게 다루어야할 시간이 되었다. 그리고 이러한 단절된 맥락들이 서로 결합되는 시간에 이르렀다. 생각하건대, 사람들은 개인적인 종교적 경험은 신비적 의식상태 속에 그 뿌리와 중심을 가지고 있다고 말한다. 그래서 일련의 강연에서 연구의 중심주제로 개인적 경험을 다루고 있는 우리들을 위하여, 이와 같은 의식상태는 다른 장에서보다 이 장을 더욱 생동감 있는 장으로 만들 것이다. 내가 신비적 상태를 다루는 것이 그것에 좀더 밝은 빛이 될지 어두움이 될지 나는 알지 못한다. 왜냐하면 나는 체질적으로 그 상태의 즐거움을 전혀 알 수 없고 그 상태를 단지 간접적으로만 말할 수 있을 뿐이기 때문이다. 그러나 이 주제를 외적으로밖에 바라볼 수 없지만, 나는 가능한 한 객관적이고 수용적이 될 것이다. 나는 적어도 문제가 되고 있는 그 상태들의 실재와 그 상태들이 수행하는 기능의 중요성을 여러분에게 확신시켜주는 데 성공할 것이라고 생각한다.

그렇다면 무엇보다도 나는 '신비적 의식상태'라는 표현이 무엇을 의미하는지를 물을 것이다. 그리고 신비적 상태를 다른 상태와 어떻게 구분할 것인지를 묻게 될 것이다.

'신비주의'와 '신비적'이라는 단어는 종종 사실이나 논리적 근거 없이 모호하고 광대하고 감상적인 것으로 여겨지는 의견에 던져지는 단순한 비난의 용어로 사용된다. 어떤 저자들은 '신비주의자'라는 말을 정신감응술 또는 영의 회귀를 믿는 사람을 가리키는 용어로도 사용한다. 그러나 이러한 방식으로 사용된 단어는 거의 가치가 없다. 그 밖에도 덜 모호한 많은 동의어들이 있다. 어느 정도 한정적인 의미에서 그 단어를 유용하게 만들기 위해서 나는 '종교'라는 단어에서 내가 행했던 것과 같은 것을 행하고자 한다. 그리고 여러분에게 네 가지 특징을 제시하고자 한다. 어떤 경험이 이러한 네 가지 특징을 가지게 될 때, 우리는 이 강연의 목적을 위해 그 경험을 신비적인 것이라고 정당화하여 부르게 될 것이다. 이런 식으로 우리는 용어상의 논쟁과, 일반적으로 그것과 더불어 나타나는 상호비난을 막을 수 있을 것이다.

1. 형언 불능성(Ineffability) : 내가 어떤 정신상태를 신비적인 것으로 분류할 때 사용하는 표시 중 가장 편리한 것은 부정적인 것이다. 이 정신상태의 주체는 즉각적으로 그러한 신비적 정신상태를 표현하는 것이 불가능하고 그 경험의 내용에 대한 타당한 보고가 말로는 이루어질 수 없다고 말한다. 이것은 신비적 정신상태의 특징이 직접적으로 경험되어야만 한다는 주장으로부터 기인한다. 이 상태는 다른 사람과 나누어 가질 수 없고, 다른 사람에게 전이될 수도 없다. 이러한 특수성 속에서 신비적 상태는 지적 상태보다는 감정적 상태에 더욱 가깝다. 어느 누구도 이러한 신비적 상태의 특질이나 가치 속에 있는 그 어떤 감정도 가지고 있지 않은 다른 사람에게 명확하게 깨닫게 할 수는 없다. 교향곡의 가치를 알기 위해서는 그것을 들을 수 있는 음악적인 청각을 가져야 한다. 또한 연인의 마음상태를 이해하기 위해서는 자기 안에 사랑하는 마음을 가져야만 한다. 사랑하는 마음이나 음악적인 귀가 없다면 우리는 연인이나 음악가를 올바로 이해할 수 없고, 그들을 마음이 약한 사람이거나 터무니없는 사람 정도로 생각한다. 신비주의자는 우리 대부분이 자신의 경험에 대해 일반사람들과 똑같이 부당한 취

급을 하고 있음을 발견한다.

2. 순이지적 특성(Noetic quality) : 신비적 상태는 비록 감정의 상태와 유사하다 하더라도 그 상태를 경험하는 사람에게는 역시 지식의 상태인 것처럼 보인다. 그것은 추론적 지성으로는 이해 불가능한 진리의 깊이를 통찰하게 되는 상태이다. 분명하지는 않지만, 그것은 의미와 중요성으로 충만한 환상과 계시들이다. 일반적으로 신비적 상태는 내세에 대한 호기심 있는 권위를 수반한다.

이러한 두 가지 특징은 내가 사용하고 있는 의미에서의 신비적이라고 불릴 수 있는 어떤 상태에 적용될 수 있는 것이다. 나머지 두 가지 특징은 다소 덜 두드러지기는 하지만 일반적으로 발견되는 특징들이기도 하다. 그 신비적 상태는 다음과 같다.

3. 일시성(Transiency) : 신비적 상태는 오랫동안 지속될 수 없다. 극소수의 경우를 제외하고는 30분 또는 한두 시간 정도가 한계인 것 같다. 그 시간을 넘어서면 그 상태는 일상 속으로 사라져버린다. 종종 사라져버린 후에 그 상태의 특성은 불완전하게나마 기억 속에서 되살릴 수 있다. 그러나 그 상태가 다시 발생하면 그것은 인식될 수 있다. 이러한 현상이 연이어 반복되면 그것은 계속 발전하여 내적 풍부성과 중요성을 느끼게 해준다.

4. 수동성(Passivity) : 신비적 상태에 도달하는 것은 주의를 집중하거나, 어떤 육체적 수행을 통하거나, 또는 신비주의 지침서들이 처방해주는 다른 어떤 방법에 의해서처럼 처음에는 자발적 실행에 의해 촉진될 수 있음에도 불구하고, 의식이 특정한 상태에 놓일 때 신비주의자는 그 자신의 의지가 마치 정지되어 있는 듯이 느끼며, 때때로 자신이 어떤 상위의 힘에 사로잡혀 있는 것처럼 느낀다. 이러한 후자의 특징은 신비적 상태를 예언자적 선포, 자동 글쓰기, 또는 영매적 몽환의 경지와 같은 이차적이거나 대체인격이라는 어떤 뚜렷한 현상과 연결시켜준다. 그러나 이러한 후자의 조건이 아주 뚜렷할 때 그 현상이 무엇이든 간에 회상되지 않으며, 그 회상은 단순히 주체의 내적 삶에 대한 방해일 뿐이지 어떠한 의미도 갖지 못한다. 엄격히 말해서, 신비적 상태는 결코 단순히 방해적인 것은 아니다. 그 내용에 대한

어떤 기억은 잔존하여 신비적 상태의 중요성에 대한 근본적 감각을 유지시킨다. 신비적 상태는 그 상태가 반복되는 사이에 주체의 내적 삶을 변형시킨다. 그러나 이러한 영역을 명확히 구분하는 것은 어려운 일이며, 그래서 우리는 모든 종류의 혼합과 단계를 발견하게 된다.

이러한 네 가지 특징은 특별한 이름을 붙일 만한, 그리고 조심스런 연구를 불러일으킬 만한 의식상태를 구분해내기에 충분하다. 그렇다면 이러한 의식상태를 신비집단이라고 부르기로 하자.

우리가 해야 할 다음 단계는 몇 가지 전형적인 예에 익숙해 있어야 한다는 것이다. 최고경지에 다다른 전문적 신비주의자들은 경험들을 정교하게 조직화하고 그것에 근거한 철학을 가지고 있다. 여러분은 내가 첫 강연에서 순차적으로 현상들을 배열하여 그것들의 처음과 쇠퇴하는 마지막을 같이 연구하고, 그 중 과장되고 퇴락한 종류의 것들을 서로 비교해볼 때 그 현상들을 가장 잘 이해할 수 있다고 한 말을 기억할 것이다. 신비적 경험의 범위는 매우 넓어서 제한된 시간 안에 우리 마음대로 다 다루기는 힘들다. 그러나 해석하는 데는 순차적 연구(serial study) 방법이 필수적이므로, 우리가 진심으로 결론에 도달하고자 한다면 이 방법을 사용해야만 한다. 그러므로 나는 종교적으로 특별한 의미가 없는 현상들에서부터 시작하여 종교적 주장이 극단적인 현상들로 끝내려고 한다.

가장 단순하면서도 기초적인 신비적 경험은 때때로 경험자에게 격언 또는 신조의 의미가 엄습해 들어 깊이 있게 느껴지는 경우일 것이다. "그 말은 내가 평생토록 들어왔던 말인데도 지금껏 그것의 진정한 의미를 깨닫지 못했다"라고 우리는 외친다. 루터는 다음과 같이 말했다. "어느 날 한 동료 수사가 사도신경 중 '나는 죄사함 받았음을 믿는다'라는 구절을 반복해서 외우고 있을 때, 그때 나는 완전히 새로운 빛 속에서 성서를 보았으며 곧바로 새로 태어난 느낌을 받았다. 그것은 마치 활짝 열린 천국문을 발견한 것과 같았다."[1] 이러

---

1) Newman's Securus judicat orbis terrarum(온 세상을 안정되게 판단한다)는 또 다른 예이다.

한 보다 깊은 의미의 느낌은 합리적 명제에만 국한되는 것은 아니다. 마음만 올바르게 조정되어 있다면 모든 것, 즉 개별적 단어들,[2] 단어와 단어를 잇는 접속구들, 땅과 바다 위의 불빛의 효과들, 냄새와 음악적 선율이 신비적 경험을 불러내기도 한다. 우리는 대부분 젊은 시절 어떤 시를 읽다가 어느 한 구절에서 감동적인 힘을 느꼈던 순간을 기억할 수 있다. 그것은 삶의 고통, 험악함, 사실의 신비를 관통해버리는 비합리적 관문으로서 우리 마음속으로 슬며시 밀려들어와서는 우리를 경탄케 했던 것이다. 그 낱말들은 아마도 지금은 단지 표면적인 광채만을 띠고 있을 것이다. 그러나 언제나 우리의 추적을 피해가지만 손짓하여 초대하는, 우리 자신의 삶과 이어져 있는 삶의 모호한 추억을 불러낼 때만, 서정시와 음악은 살아 있게 되고 의미 있게 된다. 우리는 이러한 신비적 예민성을 유지해왔느냐 그렇지 못했느냐에 따라 예술의 영원한 내적 메시지에 민감하거나 무감각할 수 있다.

신비주의라는 사다리를 좀더 오르기 위한 보다 명확한 단계는 극단적으로 빈번한 현상, 즉 그것은 때때로 우리를 엄습해오는 것으로 마치 과거 어느 때, 바로 그곳, 바로 그 사람들과 함께 있었던 것 같은 '전에 여기 있었다'는 갑작스러운 느낌 속에서 찾아볼 수 있다. 다음의 테니슨(Tennyson)의 글에서 이와 같은 현상을 볼 수 있다.

> 더욱이, 어떤 것이
> 나를 어루만지는 듯하다. 신비적 섬광으로,
> 마치 잊혀진 꿈들이 얼핏 스치는 것처럼.
> 그 중 어떤 것은 느껴졌다. 마치 이곳에 있는 것같이.

---

[2] '메소포타미아'는 우스운 예이다. 젊은 시절 여행을 즐겼던 꽤 나이가 든 훌륭한 목일녀싱은 나에게 '필라델피아'를 방문하고 싶다는 그녀의 열망을 묘사하곤 했다. 그 아름다운 이름은 언제나 그녀의 머릿속에서 떠나지 않았다. 존 포스터(John Foster)에 대해 다음과 같은 얘기가 있다. "개별적 낱말[옥수(chalcedony)처럼] 또는 고대영웅들의 이름은 그에게 굉장한 매력이 있었다. '언제라도 은둔자라는 말은 그를 황홀케 하기에 충분했다.' 나무와 숲이라는 말은 가장 강력한 감정을 산출해냈을 것이다." *Foster's Life*, by Ryland, New York, 1846, 3쪽.

그 중 어떤 것은 행하여졌다. 내가 알지 못하는 곳에서.
이와 같이 언어로는 형언할 수도 없는 것처럼.[3]

제임스 크라이튼 브라운(James Crichton-Browne) 경은 이처럼 희미한 회상에 잠기는 의식의 갑작스러운 침투를 '꿈같은 상태'라는 기술적 이름으로 불렀다.[4] 이런 상태는 신비감, 사물에 대한 형이상학적 이원성의 느낌, 그리고 절박한 듯하나 결코 그 자체로는 완전하지 못한 지각이 확장되는 느낌을 초래한다. 크라이튼-브라운 박사의 견해에 따르면, 이런 상태는 가끔씩 간질발작이 일어나기 전에 보이는 당혹스럽고 겁에 질린 듯한 자아의식 상태의 혼란과 연결되어 있다는 것이다. 나는 이 학식 있는 정신병 의사가 본질적으로 큰 의미가 없는 현상에 대해 쓸데없는 경각심을 불러일으키고 있다고 생각한다. 그는 신비주의의 사다리를 따라 내려와서는 정신병에 도

---

3) *The Two Voices*. 블러드(B.P. Blood) 씨에게 보낸 편지에서 테니슨은 자기 자신에 대해 다음과 같이 얘기하고 있다.
"나는 마취를 통해 어떤 계시도 받지는 못했지만 혼자였던 어린 시절부터 죽 내내 일종의 깨어 있는 몽환상태—더 좋은 말이 없기 때문에 이 말을 사용한다—를 경험하였다. 이 상태는 침묵적으로 나 자신에게 나의 이름을 반복하여 부름으로써 나타났다. 말하자면, 이 상태는 갑자기 개성에 대한 강력한 의식으로부터 나왔으므로 개성 그 자체가 끝없는 존재 속으로 용해되어 사라지는 것처럼 보였다. 이 상태는 혼돈된 상태가 아니라, 말로는 형용할 수 없는 가장 분명하고 가장 확실한 상태이다. 이 상태에서 죽음은 거의 우스울 정도로 불가능하고 인격의 상실(이런 상태가 정말로 일어난다면)은 소멸이 아니라 유일한 참된 삶인 것처럼 보인다. 나는 나의 미약한 묘사를 부끄럽게 생각한다. 내가 그 상태는 말로는 형언할 수 없다고 말하지 않았던가?"
한 통의 편지에서 틴들 교수는 테니슨이 이런 상태에 대해 얘기한 것을 회상하면서 다음과 같이 말하고 있다. "전능하신 신에 의해서라면! 기만은 결코 없도다! 이 상태는 모호한 황홀경이 아니라 절대적으로 분명한 마음과 관련된 초월적 경이로움의 상태이다." *Memories of Alfred Tennyson*, ii. 473쪽.
4) The Lancet, July 6 and 13, 1895, reprinted as the Cavendish Lecture, *On Dreamy Mental States*, London, Baillière, 1895. 이 상태는 요즈음 심리학자들에 의해서 자주 토론된다. 예를 들자면, Bernard-Leroy, *L'illusion de Fausse Reconnaissance*, Paris, 1898.

달한 것이다. 반면에 우리는 주로 사다리를 타고 올라가는 길을 추구하고 있다. 이러한 차이점은 한 현상과 관계없는 부분을 무시하는 것이 얼마나 중요한지를 보여준다. 왜냐하면 우리가 어느 맥락에 그 현상을 두느냐에 따라 그것을 경이롭게도 또는 두렵게도 나타나게 만들기 때문이다.

우리는 어느 정도 신비적 의식상태로 더 깊이 빠져드는 경우를 다른 종류의 '꿈 같은 상태'에서도 경험할 수 있다. 찰스 킹즐리(Charles Kingsley)가 기술했던 것과 같은 느낌은 그렇게 비범한 것은 아니다. 특히 젊은 시절에는 더욱 그렇다.

들판을 걷고 있을 때면 때때로 내가 보는 모든 것이 어떤 의미를 갖고 있다는 생득적인 느낌에 압도된다. 마치 내가 그것을 모두 이해할 수 있는 듯이 말이다. 내가 파악할 수 없는 진리에 둘러싸여 존재하는 듯한 느낌은 때때로 표현할 수 없는 두려운 상태에 이르게 한다. …… 여러분의 정신적 눈으로는 간혹 있는 거룩한 순간을 제외하고는 여러분의 진정한 영혼을 지각할 수 없음을 느끼지 않는가?[5]

시먼즈(J.A. Symonds)는 좀더 심한 신비적 의식상태에 대하여 기술하고 있다. 아마도 우리가 추측하는 것보다 더 많은 사람들이 이와 유사한 경험을 가지고 있을 것이다.

시먼즈는 다음과 같이 쓰고 있다.

교회에서, 회사에서, 또는 책을 읽다가, 그리고 내가 생각하기에 근육이 휴식상태에 있을 때는 항상 갑자기 그런 기분이 접근해오는 것을 느꼈다. 저항할 수도 없이 그 기분은 나의 마음과 의지를 사로잡았고, 영원할 것처럼 지속되다가는 마취상태에서 깨어날 때처럼 일련의 빠른 감각들

---

5) *Charles Kingsley's Life*, i. 55, quoted by Inge, *Christian Mysticism*, London, 1899, 341쪽.

속으로 빠르게 사라져갔다. 내가 이런 종류의 몽환상태를 싫어하는 이유는 나 스스로에게 그것을 설명할 수가 없기 때문이었다. 나는 지금도 그것을 지성적 언어로 설명할 수가 없다. 그것은 점진적이면서도 순식간에 진행하는 공간, 시간, 감각과 우리가 기꺼이 자아라고 부르기에 적합한 것처럼 보이는 경험의 여러 가지 요소들로 구성되어 있다. 이런 일상적 의식상태가 감소되면 될수록 저변에 깔려 있는 또는 본질적 의식이 더욱 강렬함을 느꼈다.

마침내 순수하고 절대적이며 추상적인 자아 외에는 어떤 것도 남아 있지 않는다. 그 우주는 모양과 내용이 없는 상태였다. 그러나 자아는 생생한 예리함을 고집스럽게 나타내고 있었다. 그리고 그 자아는 실재에 대한 가장 날카로운 의문을 느끼고 실재 주위에 있는 물거품을 없애면서 존재하는 것처럼 보였다. 그러고 나면 무엇이 나타날까? 다가올 용해상태에 대한 자각, 이러한 상태가 의식적 자아의 마지막 상태였다는 냉혹한 확신, 심연의 경계에까지 도달했다는 두려운 느낌, 그리고 영원한 환상 또는 마야(Maya)의 증거에 도달했다는 느낌, 이런 것들이 나를 다시금 뒤섞어놓았다. 아니, 뒤섞어놓는 듯했다.

처음의 감촉력이 회복되고, 이어서 점차적이면서도 빠르게 친숙한 인상들과 매일의 흥밋거리들이 유입되면서, 나는 감각적 존재의 일상적 상태로 돌아오기 시작하였다. 마침내 나는 다시 한 번 나 자신이 인간임을 느꼈다. 인생이라는 수수께끼를 풀지 못했음에도 불구하고 나는 그 심연으로부터 다시 현실로 돌아온 것, 즉 회의의 신비를 전수받는 것으로부터의 구원에 대해 감사함을 느꼈다.

이러한 몽환상태는 내가 28세가 될 때까지 그 빈도가 점차 감소하면서 반복되었다. 그것은 현상적 의식을 만들어내는 데 공헌하는 모든 주변환경이 단순히 환영적 비실재에 불과하다고 느끼게 해주어 나의 본성의 성장에 영향을 주었다. 나는 종종 적나라하고 예민하게 지각되는 존재의 그 무정형의 상태에서 깨어났을 때, 내가 유래한 불 같고 공허하고 걱정스럽고 염세적인 자아의 몽환상태가 비실재인가, 또는 내적 자아를 감추고 현실의 인습 속에서 자아를 구축하는 이런 주변의 현상들과 습관들이 비실재인가를 나 자신에게 고통스럽게 물었다. 다시 말해서, 그러한 사건의 순간에 이해하는 어떤 꿈 또는 꿈과 같은 빈 껍데기가 인간의 본질인가? 몽환상태의 마지막 단계에 도달하면 과연 무슨 일이 벌어질까?[6]

이와 같은 이야기에는 확실히 병리적인 현상을 시사하는 면들이 나타난다.[7] 신비적 상태로 들어가는 다음 단계는 개인적 실천과 서정적 시 구절이 여전히 그것의 이상적 상태를 증거하는 것처럼 보일지라도, 공적 견해와 윤리철학이 오래 전부터 병적인 것으로 낙인찍은 영역으로 우리를 이끈다. 나는 중독성 물질과 마취제, 특히 술로 인해 형성되는 의식상태에 대하여 언급하려고 한다. 인류를 압도하는 술의 지배는 의심할 여지없이 인간본성의 신비적 기능을 자극하는 술의 힘 때문에 생겨난다. 그 신비적 기능이란 술에서 깨어나고 나면 다가오는 냉혹한 사실들과 인정 없는 비판에 의해 여지없이 현실에서 으깨어지는 것이지만 말이다. 금주상태에서는 사람이 위축되고 분별력이 있으며 '아니오'라고 말한다. 그러나 술에 취한 상태에서는 위풍당당해지고 연합하고 '예'라고 말한다. 사실 술은 인간에 내재되어 있는 긍정기능(Yes function)에 대단한 자극제인 것이다. 술은 그 탐닉자들을 사물의 차가운 외면으로부터 찬란한 중심으로까지 이끌어간다. 술은 한 순간 그를 진리와 함께하는 존재로 만든다. 사람들이 술을 추구하는 것은 단순히 심술궂기 때문이 아니다. 술은 가난한 자와 문맹자에게 교향악단과 문학을 대신하여 서 있다. 즉 전체적으로 주독(酒毒)이 빨리 진행되어가는 초기단계에서 순간적으로 우리에게 훌륭한 것으로 인식되었던 것이 섬광과

---

6) H.F. Brown, *J.A. Symonds, a Biography*, London, 1895, 29~31쪽(축약됨).
7) 클라이튼 브라운은 분명히 다음과 같이 말한다. "시먼즈이 최고 신경충추는 그를 너무나 고통스럽게 괴롭혔던 이런 꿈 같은 정신상태 때문에 어느 정도 약해지거나 손상되었다." 그러나 시먼즈는 다양한 대뇌의 능력을 소유한, 아주 거대한 사람이었다. 그래서 브라운의 비평은 회의적이고 야망 있는 모든 사람들이 불평한 것처럼 시먼즈가 때때로 자신의 삶의 권태와 불확실성에 대해 불평했던 것을 제외하고는 그의 이상한 의견에 대한 객관적 근거를 제공해주지 않는다.

바람 같은 것으로 대부분의 사람들에게 판명된다는 것은 삶의 보다 깊은 신비이고 비극의 일부분이다. 술에 취한 의식상태는 신비적 의식의 단편에 불과한 것이고, 신비주의에 대한 전체 의견은 보다 광범위한 견해 속에서 찾아야 한다.

 아산화질소와 에테르, 특히 아산화질소는 공기 중에 충분히 희석되었을 때 신비적 의식상태를 엄청나게 촉발시킨다. 점점 더 깊은 진리가 흡입자에게 계시되어 나타나는 것처럼 보인다. 그러나 이러한 진리는 오는 순간에 곧 사라져버린다. 어떤 말이 잔존해 있다고 할지라도, 그 말은 완전한 난센스임을 증명한다. 그럼에도 불구하고 거기에 근원적 의미가 있었다는 느낌은 지속된다. 즉 나는 아산화질소의 흡입으로 인한 몽환상태에서 우리가 진정한 형이상학적 계시를 갖게 된다고 주장하는 사람이 한둘이 아님을 알고 있다.

 몇 년 전 나는 몇 가지 아산화질소 중독양상을 관찰하여 인쇄물로 그것을 보고한 바 있다. 그때 내 마음 속에는 한 가지 결론이 섰는데 그 진리에 대한 나의 인상은 그후로 전혀 흔들림이 없었다. 우리가 합리적 의식상태라고 부르는 정상적인 각성상태의 의식은, 아주 얇은 막에 의해 의식에서부터 떨어져 나온 단지 하나의 특별한 형태의 의식상태일 뿐이며, 반면에 거기에는 잠재적 형태의 의식상태가 전혀 다른 상태로 존재하고 있다는 것이다. 우리는 이러한 잠재적 존재에 대한 의구심 없이 인생을 살아갈지도 모른다. 그러나 필연적인 자극이 주어질 때, 그 순간 그것들은 아마도 어딘가에 그것들의 적용과 적응의 영역을 가지고 있는 완벽한 형태, 명확한 유형의 정신상태로 나타나게 된다. 우주에 대한 어떠한 설명도 이러한 형태의 다른 의식상태를 무시한다면 궁극적인 것이 될 수 없다. 이러한 형태의 의식상태를 어떻게 다루어야 할지는 의문이 아닐 수 없다. 왜냐하면 그것들은 일상적 의식상태와 단절되어 있기 때문이다. 그러나 그것들이 어떤 형식을 갖추고 있지는 않지만 태도를 결정할 수는 있다. 그리고 그것들이 지도(地圖)를 제공하는 데 실패할지라도 한 지역을 열어주는 역할을 할 수는 있다. 하여튼 그것들은 실재에 대한 우리의 설명이 성급하게 종결되지 못하도록 막아준다. 나 자신의 경험을 돌이켜보면, 그것들은 모두 몇몇 형이상학적 의미를 부여하지 않을 수 없는 통찰력을 지향하고 있다. 이러한 통찰력의 핵심은 바로 화해이다. 그것은 마치 우리의 모든 어려움과 고통을 야기시키는 갈등과 모순투성이의 세상 반대쪽 부분이 녹아서 하나로 연합되는 것과 같다. 이러한 서로 상반되는 종(species)으로서의 의식상태들은 같은 속(genus)에 속할 뿐만 아니라, 보다 고결하고 양호한 그 종의 하나가 그 속 자체이다. 그래서 종은 그것의 반대부분을 그것 자체 내로 빨아들여 흡수한다. 이것은 이와 같이 일반적인 논리로 표현했을 때 이해하기 어려운 진술임을 나는 안다. 그러나 일반적인 논리의 권위로부터 완전히 도피해 버릴 수가 없다. 누군가가 좀더 명확하게 할 수 있다면, 나는 그것이 마치 헤겔 철학이 의미하는 것과 같은 어떤 것임에 틀림없다고 느낀다. 들을 귀가 있는 사람들로 하여금 듣게 하자. 내게 그것의 실재에 대한 생생한 느낌은 단지 정신이 인위적으로 신비적 상태에 있을 때 느껴졌다.[8]

나는 마취상태에서의 계시를 믿는 친구들에 대하여 방금 말하였다. 타자가 다양한 형태로 일자(一者) 안에 흡수되어 나타난다는 것은 그들에게도 일원론적 통찰이다.

그들 중 하나는 이렇게 쓰고 있다. "우리는 이 광대한 천성 속에 함몰되어 자신을 잊고 또한 잊혀지게 된다. 그때부터 각자는 신 안에서 모두이다. 거기엔 우리의 기반인 삶보다 더 높은 것도, 더 깊은 것도, 다른 것도 없다. '일자는 남아 있지만 많은 것이 변하고 지나간다.' 각자이면서 모두인 우리 중 하나는 남아 있는 바로 그 일자이다. ······이것이 근본원리이다.

신이 위에 계시지 않은 고독한 가운데서 승리했을 때, 모호성, 대립 또는

---

8) 헤겔을 읽어본 사람이라면, 모든 타자성을 지니고 있는 완전한 존재에 대한 느낌은 그의 전체 철학을 지배하고 있으며 그것은 잠재의식적인 것을 자체 내에 흡수시키는 대부분의 사람들에게서처럼 신비적 상태에 대한 그의 의식의 탁월함으로부터 나온다는 것을 의심할 수 있을까? 그 개념은 완전히 신비적 수준을 특징적으로 보여준다. 그 개념을 명료화하려는 과제는 확실히 신비적 정서를 가진 헤겔의 지성에 부여되었다.

근심을 넘어선 곳에 우리의 모든 관심이 존재한다는 것은 내가 존재한다는 것처럼 너무나 확실하다.[9]

---

9) Benjamin Paul Blood, *The Anæsthetic Revelation and the Gist of Philosophy*, Amsterdam, N.Y., 1874, 35, 36쪽. 블러드 씨는 암스테르담에서 개인적으로 인쇄하여 스스로 직접 배포한, 문학적으로 아주 뛰어난 팸플릿에서 여러 번 마취상태의 계시의 윤곽을 나타내려고 노력해왔다. 1880년대에 암헤르스트에서 젊은 나이로 죽어 그를 알고 있던 많은 사람들이 애도하였던 철학자 제노스 클라크(Xenos Clark)도 마취상태의 계시로부터 깊은 감명을 받았다. 그는 한번은 나에게 다음과 같이 썼다. "블러드 씨와 나는 그 계시가 어느 편이냐에 대해 비(非)감정적이라는 데에 동의한다. 그 계시는 완전히 단조롭다. 블러드 씨가 말하듯이, 그것은 '왜 현재는 과거에 의해 밀려나고 미래의 공허에 의해 앞으로 빨려드는지에 대한 유일하고 충분한 통찰력이다. 계시의 필연성은 계시를 멈추거나 설명하는 모든 시도를 좌절시킨다. 그것은 모든 것보다 우선적이고 가정적이므로 그것과 관련된 질문은 영원히 너무 늦다. 계시는 과거의 비결전수이다.' 진정한 비밀은 '현재'는 그 계시로부터 벗어나려고 하지만 결코 도망갈 수 없는 형식이 된다. 정말로 존재로 하여금 그런 계시를 계속 벗어나도록 하는 것은 무엇인가? 어떤 것의 형식적 존재, 즉 그것의 논리적 정의는 정적이다. 단순한 논리에서 모든 질문은 그 자체의 답을 포함한다. 즉 우리는 구멍을 단지 우리가 파낸 흙으로 가득 메운다. 왜 2×2는 4인가? 왜냐하면 사실상 4는 2×2이기 때문이다. 그러므로 논리는 삶에서 추진력을 발견하지 못하고 단지 수동적 타성만을 발견한다. 그것은 하나의 진행이기 때문에 움직인다. 그러나 계시는 다음을 덧붙인다. "그것은 현재도 진행이고 과거에도 하나의 진행이었기 때문에 움직인다." 말하자면, 여러분은 계시 안에서 여러분 자신을 앞지른다. 일반철학은 자기 자신의 꼬리를 사냥하는 사냥개와 같다. 사냥개가 더 많이 사냥하기 위해서는 더욱 멀리 가야 한다. 그러나 사냥개의 코는 그 뒷발을 따라잡지 못한다. 왜냐하면 그 코는 언제나 뒷발보다 앞에 있기 때문이다. 그러므로 현재는 이미 처음부터 뻔히 알고 있는 결론이지만, 나는 언제나 너무 늦어서 그것을 이해하지 못한다. 그러나 마취로부터 회복되는 바로 그 순간, 즉 내가 삶을 시작하기 전 나는 막 시작하려는 현장에서 영원한 과정을 흘끗 보게 된다. 진리란 우리가 출발하기 전에 이미 완수했던 여행을 떠나는 것이다. 철학의 참된 목적은 우리가 (이미 그곳에 있는) 목적지에 도착했을 때가 아니라 그 목적에 남아 있을 때 완수된다. 즉 그 목적지는 우리가 지적 질문을 멈출 때 현세의 삶에서 대리적으로 나타날지도 모른다. 우리가 계시를 경험한 얼굴을 바라볼 때 웃음이 있는 이유가 바로 이것 때문이다. 계시는 우리에게 우리가 언제나 0.5초 정도 늦는다는 것을 말해준다. 그것이 전부이다. 그것은 여러분이 그 속임수를 안다면, '여러분은 여러분 자신의 입술에 입맞춤하는 꼴이 되어 웃음거리만 될 것이다'라고

말한다. 만약 여러분이 그것을 돌아올 때까지 그곳에 그것들이 계속 남아있다면 그것은 완전히 쉬울 것이다. 왜 여러분은 어느 정도 그것을 처리하지 않는가?"

이렇게 뒤범벅된 변증법적인 마음의 독자들은 적어도 클라크 씨가 비슷하게 쓴 사고의 영역을 인정할 것이다. 블러드 씨는 그의 최근의 소책자인 『테니슨의 몽환상태와 마취상태의 계시』에서 삶을 위한 그것의 가치를 다음과 같이 기술한다.

"마취상태의 계시는 일련의 필연적 회오리 바람으로서 계시된 존재의 열려 있는 비밀에 대해 기억할 수 없는 신비 안으로 인간이 들어가는 것이다. 이 말은 필연적이다. 이런 계시의 모티브는 본래적인 것, 즉 본질적인 것이다. 이런 계시는 어떤 사랑이나 증오, 기쁨이나 슬픔, 선함이나 사악함을 위해 존재하지 않는다. 이런 계시는 끝, 시작 또는 목적을 알지 못한다.

이런 계시는 복잡하고 다양한 사물들이 지니고 있는 특수성을 제시하지 않는다. 그러나 이것은 역사적이고 성스러운 것에 대한 인식을 존재의 본성과 동인에 대해 세속적이고 친밀하게 개인적으로 조명하여 충족시킨다. 그때 그것은 마치 거기에 참여하는 모든 참여자에게 나타났거나 머지않아 나타날 것처럼 보인다.

이것은 처음에 장엄하여 깜짝 놀라지만, 곧바로 당연한 일이 된다. 이것은 너무나 시대에 뒤떨어져 있고 유사한 격언이어서 두려움보다는 오히려 기쁨 그리고 본질적이고 보편적인 것으로서의 안전감을 부여해준다. 그러나 그 어떤 말로도 생명의 원형적이고 아담적인 경이로움을 실현하는 환자의 확고한 확실성을 표현하지 못한다.

반복되는 경험은 이러한 계시는 언제나 동일하게 나타나므로 다르게 나타난다는 것을 생각할 수 없게 한다. 주체는 자신의 정상적인 의식을 회복하여 발생한 사건을 부분적으로나마 기억하고 그것의 혼란스러운 의미를 단지 이런 위안적인 뒷생각으로 명확하게 한다. 그 생각이란, 그는 가장 오래된 진리를 알아왔다는 것과 그는 인류의 기원, 의미 또는 운명에 대한 인간의 이론을 다루어왔다는 것이다. 그는 '영적인 것들'에 대한 가르침을 훨씬 넘어서 있다.

교훈은 주된 안정, 즉 신의 왕국은 마음속에 있다는 것이다. 모든 날은 심판의 날이다. 그러나 영원의 전환기적 목적이거나 전체 체계일 수는 없다. 그래서 우리는 마음 산란한 복잡한 사물들을 우리들 각자가 추구하는 통일성으로 축소시킨다.

이것은 내가 그것에 대해 알아온 이후 나의 도딕직 자양물이 되어왔다. 나는 나의 첫 인쇄물에서 그것에 대해 다음과 같이 선언하였다. '내가 가르침받았던 세상은 더 이상 낯선 공포가 아니다. 나의 회색 갈매기는 어두운 구름을 뚫고, 가장 최근에는 폭풍우와 같은 무섭고 무시무시한 흉벽(battlements)을 물리치면서 날개를 들어 땅거미를 박차고 일어나 두려움 없는 눈으로 모호하게 세상을 바라보고 있다.' 그리고 이런 경험이 있은 이후 27년이 지난 지금 그 날개는 더 이것이야말로 진정한 종교적 신비의 고리이다! 나는 방금 시먼즈의 글을 인용하였다. 그도 역시 클로로폼(일종의 마취약—옮긴이)에 의한 신비적 경험을 다음과 같이 보고하고 있다.

숨막히는 순간이 지난 후, 처음에 나는 완전한 의식상실 상태에 있었던 것 같다. 그 후 방안 주변에서 진행되고 있는 것들에 대한 빈틈 없는 장면들과 어두움이 서로 교차하면서 강렬한 불빛의 섬광이 다가왔지만 촉감은 없었다. 나는 죽음 직전에 놓여 있다고 생각했다. 그때 갑자기 나의 영혼이, 소위 격렬한 개인적 현실 속에서, 명백히 나를 조종하고 인도하고 있는 신에 대해 깨닫게 되었다. 나는 그가 마치 불빛처럼 내게로 흘러 들어오는 듯이 느꼈다. 나는 내가 느꼈던 그 황홀경을 기술할 수가 없다. 내가 마취의 영향에서 서서히 깨어나고 있을 때, 세상과 관계를 맺어왔던 나의 옛 감각들이 돌아오기 시작하였고, 신과 가졌던 새로운 감각의 관계는 사라져가고 있었다. 나는 갑자기 내가 앉아 있던 의자 위로 뛰어올라가 비명을 질렀다. "너무 무서워요! 너무 무서워요!" 나는 이러한 미몽에서 깨어나는 것을 참을 수 없었기 때문에 소리를 지른 것이다. 그리고 나서 나는 땅바닥에 나동그라졌고, 마침내 두 명의 외과의들(그들은 겁에 질려 있었다)에게 "왜 너희들은 나를 죽이지 않았느냐? 왜 너희들은 나를 죽도록 내버려두지 않았느냐?"고 말하면서 피를 뒤집어쓴 채 깨어났다. 단지 그것을 생각해보건대, 모든 순수함, 부드러움, 절대적 사랑 속에서 오랫동안 시간감각을 상실한 채 바로 그 신을 보고 있는 황홀경의 느낌을 가졌고, 그런 후 나는 결국 어떤 계시를 받은 것이 아니라 비정상적으로 흥분된 뇌활동 때문에 속았다는 것을 깨달았다는 것이다.

욱 회색빛으로 변해 있지만 눈은 여전히 두려움을 모르고 있다. 반면에 나는 그런 선언을 새롭게 이중적으로 강조한다. 나는 존재의 의미를 알아왔던 방식대로 알고 있다. 즉 우주의 온건한 중심은 영혼의 경이로움이며 확신이다. 그 영혼에게 이성의 언어는 마취상태의 계시 이외에는 아직까지 이름을 갖지 못한다." 나는 인용구를 상당히 많이 축약하였다.

그러나 이런 의문은 아직도 남아 있다. 즉 나의 육체가 외부로부터 오는 느낌에 무감각한 상태였을 때, 육체와 관련된 그런 일상적 감각에 뒤따라 나오는 내적 실재감이 망상이 아니고 다만 실재적 경험이라는 것이 가능할까? 그 순간에 나는 성인들이 느꼈던 것과 같이 증명할 수는 없지만 논박할 수 없는 신에 대한 확신을 느꼈는데, 그것이 가능할까?[10]

---

10) 같은 책, 78~80쪽(축약됨). 나는 또한 그것을 축약한 다음, 영국에 있는 친구가 나에게 원고로 보내주었던 또 다른 흥미 있는 마취의 계시를 추가한다. 주체는 재능이 있는 여성인데 그녀는 외과수술을 받기 위해 에테르를 마시고 있었다.
"나는 내가 감옥에서 고문받고 있는 것은 아닌가 하고 생각했다. 그리고 나는 왜 '고통을 통해 배운다'는 말을 기억하게 되었는지를 궁금하게 생각했다. 그래서 나의 관점에서 볼 때 이런 어정쩡한 말은 나의 마음을 너무나 많이 찔러서 나는 '고통받는 것은 배우는 것'이라고 크게 말하였다.
나는 다시 무의식적으로 되었고 나의 마지막 꿈은 즉각적으로 나의 실질적 의식의 회복보다 선행하였다. 그것은 단지 몇 초간 지속되었고, 말로는 분명하지 않지만 나에게는 가장 생생하고 실질적이었다.
위대한 존재 또는 힘은 하늘에서 여행하고 있었고, 그의 발은 바퀴가 철로 위에 있듯이 일종의 번개 위에 있었다. 번개가 그의 통로였다. 번개는 서로 붙어 있는 수많은 사람들의 영들로만 만들어져 있었다. 나도 그들 중 한 사람이었다. 그는 직선으로 움직였고 선이나 섬광의 각 부분은 그가 여행할 수 있도록 짧은 의식적 존재 안으로 들어왔다. 나는 신의 발밑에 똑바로 놓여 있는 것처럼 보였고, 그가 나의 고통으로부터 그 자신의 삶을 갈고 닦는다고 생각하였다.
그때 나는 그가 전심전력으로 노력하여 자신이 가고 싶은 방향으로 그가 묶여 있던 번개의 길을 돌리고, 즉 **그의 행로를 바꾸려 한다**는 사실을 알게 되었다. 나는 나약함과 무력함을 느꼈고 그가 계속해서 나아갈 것임을 알았다. 그는 내가 삶에서 고통받았던 것 이상으로 나에게 고통을 가함으로써 자신의 고비를 넘기기 위해 나를 굴복시켰다. 이것의 가장 첨예한 순간에 그가 지나갔을 때 나는 그를 보았다. 나는 잠시 동안 내가 잊어버렸던 것, 즉 정신을 차리고 있는 동안에는 어느 누구도 기억할 수 없었던 것들을 이해하였다. 각도는 둔각이었고 내가 깨어났을 때 생각하기를 그는 직각 또는 예각을 만들었다는 것을 기억한다. 나는 고통을 받아 더욱 많이 '보아야 했고', 그리고 아마도 죽었어야 했는데 그렇지 못했다.
그는 계속 나갔고 나는 왔다. 그 순간에 나의 모든 삶은 사소하고 무의미한 고통의 편린들을 포함하여 내 앞을 지나갔고, 나는 그것들을 이해하였다. 이것은 그것이 의미하였던 모든 것, 즉 이것은 기여해왔던 모든 작품이었다. 나는 신의 목적을 보지 못했다. 나는 단지 수단을 향한 그의 의향과 완전한 가혹함을 보았다. 인간이 포도주병을 딸 때 코르크 마개를 손상시킨다거나 사격을 가할 때 탄약통을 손상시킨다고 생각하지 않듯이 그도 나에 대해 생각하지 않는다.

그러나 내가 깨어났을 때 첫번째 느낌은 눈물을 동반한 '주님이시여, 저는 합당치 않습니다'(Domine non Sum digna)였다. 왜냐하면 내가 너무나 작아 보였던 위치에까지 들어올려졌기 때문이었다. 에테르를 마신 그 30분 동안 나는 전에 나의 삶에서 언제나 했거나 또는 하기를 바랐던 것보다도 더욱 뚜렷하고 순수하게 신을 섬겼다. 나는 그가 무엇인가를 실현시키고 나타내기 위해 사용되는 수단이었다. 나는 그것이 무엇이고 누구에게 전달될 것인지를 알지 못했다. 그리고 나는 어느 정도까지 고통받을 수 있는지를 몰랐다.

의식을 회복하는 동안, 나는 그렇게 깊이 의식을 잃었음에도 불구하고 왜 성인들이 신의 사랑이라고 하는 것에 대해서는 어떤 것도 보지 못하고 단지 신의 냉혹함만을 보았는지 궁금했다. 그리고 난 다음 나는 '지식과 사랑은 하나이고 그것의 척도는 고통'이라고 대답하는 음성을 들었다. 나는 그 말을 나에게 나타난 대로 말한다.

나는 이런 말과 더불어 종국적으로 내가 떠나왔던 실재와 비교된 꿈의 세계인 것처럼 보이는 곳으로 빠져들어갔고 내 경험의 '원인'은 평범한 도시거리가 내다보이는 창문 쪽으로 밀어올려진 침대 위에서 불충분한 에테르로 마취한 상태에서 가볍게 진행된 수술이었다. 만일 내게 그 상태에서 언뜻 보았던 몇 가지 사실들을 명확하게 형식화하라고 한다면, 그것들은 어느 정도 다음과 같이 기술될 수 있을 것이다.

고통의 영원한 필연성과 그것의 영원한 대체성, 숨겨지고 표현할 수 없는 가장 사악한 고통의 본성, 아무리 본질적으로 도구적이고 무방비하며, 스스로 활동하는 것이 아니라 활동되어지며 그리고 할 것을 해야만 하는 천재의 수동성, 대가를 치르지 않고서는 발견이 불가능함, 그리고 마지막으로 고통받는 '예언자' 또는 천재가 그의 세대가 얻은 것을 깨끗이 지불하는 관용.(그는 기근으로부터 어떤 한 지역을 구해내기에 충분한 돈을 벌기 위해 땀을 흘리는 사람처럼 보인다. 그가 뒤로 비틀거리며 죽어가면서도 만족해 있고, 곡식을 사기 위해 10만 루피를 가지고 왔을 때 신은 1루피를 떨구고 10만 루피를 들어올리면서 말한다. '너희는 그들에게 그것을 주어야 하고, 그것을 벌어들이고, 나머지는 나를 위한 것이다.') 나는 결코 잊어버리지 않는 방법으로, 또한 우리가 증명할 수 있는 것보다도 우리가 본 과도함을 인식하였다.

기타 등등! 이런 것들은 당신에게 망상 또는 뻔한 일일지도 모른다. 그러나 나에게 그것들은 모호한 진리이고 내가 이런 말로 그것들을 표현하는 힘은 에테르의 마취에 의해 주어졌다."

이로써 우리는 순수하고 단순한 종교적 신비주의와 관계를 맺는다. 시먼즈의 질문은 우리로 하여금 보이지 않는 실재, 즉 신의 직접적 현존의 갑작스런 실현에 대한 강연에서 내가 인용한 것을 회상하게 한다. 한 현상이 이런 형태로도 또는 저런 형태로도 나타나는 것은 이상한 것이 아니다.

트린(Trine) 씨는 다음과 같이 기술하고 있다.
내가 아는 한 경관은 비번인 날 저녁에 귀가중일 때면 자주 무한한 힘과 그가 합일되는 생생한 경험을 했으며, 이 무한한 평화의 영은 그를 사로잡고 충만해져서 그의 발은 길바닥에 거의 붙어 있지 않았고, 그것이 밀물처럼 밀려들었기 때문에 그는 붕 뜬 기분과 즐거움에 사로잡히게 되었다고 내게 말했다.[11]

신비적 성격의 어떤 측면은 이와 같은 신비적 기분을 일깨워주는 독특한 힘을 가지고 있는 듯하다.[12] 내가 수집한 확실한 예들의 대부분은 집 밖에

---

11) *In Tune with the Infinite*, 137쪽.
12) 그때 큰 신은 작은 신을 삼켜버린다. 나는 이것을 스타벅의 원고모음집에서 발췌한다.
"나는 나이애가라의 만자폭포(Horseshoe Falls) 기슭에 서 있을 때까지 신의 현존의식을 결코 잃어버리지 않았다. 그런데 그때 내가 본 광대함 때문에 그를 놓쳐버렸다. 또한 전능하신 신의 모습에 비해 내가 너무나 작은 원자임을 느끼면서 나 자신을 잃어버렸다."
나는 스타벅의 모음집에서 또 다른 비슷한 사례를 추가로 덧붙인다.
"그때 신이 가까이 있음에 대한 의식이 나를 때때로 엄습하였다. 나는 형언할 수 없는 것을 묘사하기 위해 신을 말한다. 그러나 나는 신의 현존은 너무 강하게 인격을 암시한다고 말하였다. 그리고 내가 말하려는 요소들은 인격에 대한 의식을 파악하지는 못하였지만 나 자신 속에서 조종하고 있는 어떤 것은 나 자신을 더 큰 어떤 것의 부분으로 느끼게 하였다. 나는 지연 속에 있는 모든 것, 풀, 나무, 새, 곤충과 하나됨을 느꼈다. 내가 가랑비, 구름의 그림자, 나무줄기 등과 같은 모든 존재의 한 부분이라는 단순한 사실 때문에 무척 기뻤다. 그 뒤에도 여러 해 동안 그런 순간들은 계속해서 나를 엄습해왔음에도 불구하고 나는 그것들을 영구적으로 갈망하였다. 나는 최고의 힘에 대한 인식 속에서 자아를 잃어버리는 그 만족감을 너무나 잘 알고 있어서 행복하지 못했다.

서 일어났던 것들이었다. 문헌은 많은 위대한 아름다운 구절들에서 이러한 사실을 찬양하고 있다. 다음은 『아멜의 잡지』(*Amiel's Journal Intime*)에서 발췌한 한 예이다.

지난날 이따금씩 내게 다가왔던 그 비상한 환상들 가운데 어떤 것이든 다시 경험할 수 있을까? 동틀 무렵 포시그니(Faucigny) 성(城)의 폐허 속에 앉아 있던 젊은 시절의 어느 날, 정오의 태양이 내리쬐던 라비(Lavey) 위쪽의 산 속에서 나무 밑에 누워 세 마리의 나비들을 보고 있을 때, 그리고 북대서양 해변가에서 밤에 모래사장에 누워 은하수를 따라 환상을 보았다. 이와 같이 거대하고 광대한 불멸의 우주적 환상, 그때는 인간이 별에 도달하는 순간이도다! 무한을 소유하는 순간이도다! 거룩하고 황홀한 순간들, 그런 순간에는 우리의 사고가 이 세상에서부터 저 세상으로 훨훨 날아다니고, 그 위대한 수수께끼를 꿰뚫으며, 푸른 창공과 같은 무한과 고요한 바다의 숨처럼 깊고 평온하고 광대한 숨을 쉰다. 인간이 자기 자신을 우주처럼 위대하게 느끼고, 신처럼 고요하게 느끼는 저항할 수 없는 직관적 통찰의 순간들……. 아! 경이로운 시간과 기억들이여! 그것이 남겨놓은 자취는 마치 그것이 성령의 방문이었던 것처럼 우리에게 믿음과 열광을 가득 채워주기에 충분하다.[13]

왜냐하면 그런 인식은 영구적이지 않았기 때문이다." 내가 세번째 강연에서 인용한 사례들, 127, 128, 131쪽은 이런 유형의 보다 좋은 예들이다. 에델 파페(Ethel Puffer) 양은 자신의 에세이인 『애틀랜틱 월간지』(*The Atlantic Monthly*, vol.lxxxv, 195쪽)에 기재된 '인격의 상실'에서, 이런 열광적 경험들에서 자아에 대해 사라져가는 느낌, 즉 대상과의 직접적 합일의 느낌은 운동 근육조정의 사라짐 때문에 일어나는 것으로 설명한다. 이런 조정은 습관적으로 의식의 영구적 배경(자아)과 그것이 무엇이든 간에 전경(前景)에 놓여 있는 대상 사이에서 일어난다. 나는 독자들에게 대단히 도움이 되는 글을 지적해야 한다. 그 글은 주체의 눈에서는 경험의 환희 또는 계시-가치를 설명해주지는 못하지만, 심리학적 조건에 어떤 빛을 던져주는 것처럼 보인다.
13) 같은 책, i. 43, 44쪽.

독일의 관념론자인 마이젠부르크의 말비다(Malwida von Meysenburg)의 회고록에도 유사한 기록이 있다.

> 나는 이 모든 생각들이 흘러넘쳐 자유로운 화해의 상태로 해변에 홀로 있었다. 그리고 지금 다시, 그전에 도피네(Dauphine)의 알프스에서 그랬던 것처럼, 나는 무한자의 상징인 광대한 바다 앞에 있는 이 순간에 무릎을 꿇을 수밖에 없었다. 나는 전에 한 번도 기도하지 않았던 사람처럼 기도하였고, 무엇이 진정한 기도인지를 알게 되었다. 그것은 개별적 존재의 외로움으로부터 존재하는 모든 것과 연합하는 의식으로의 전환을 위한 기도요, 죽어가는 사람처럼 무릎을 꿇고 불멸의 존재로서 다시 살기 위한 기도였다. 땅과 하늘과 바다가 화음으로 둘러싸인 하나의 광대한 세상 속에서 일체가 되어 울려퍼졌다. 전에 살았던 모든 위인들의 합창이 마치 나에 관한 것인 양 들렸다. 나는 그들과 하나가 되었다고 느꼈고, 그것은 마치 내가 '당신도 모든 역경을 극복한 승리자의 무리 속에 속하게 되었습니다'라는 그들의 축하를 듣고 있는 것 같았다.[14]

아주 잘 알려진 월트 휘트먼의 구절은 산발적 유형(sporadic type)의 신비적 경험에 대한 고전적 표현이다.

> 나는 너, 나의 영혼을 믿는다.
> 초원 위에서 나와 함께 유유자적하며, 너의 목청을 가로막고 있는 것을 풀어주는구나…….
> 내가 좋아하는 건 오직 너의 흥얼거리는 잔잔한 목소리.
> 언젠가 우리가 뒹굴던 투명한 여름날 아침을 상기시켜본다.
> 지상의 모든 다툼을 없애는 평화와 지식이

---

14) *Memorien einer Idealistin*, 5te Auflage, 1900, iii. 166쪽. 그녀는 몇 해 동안 유물론적 믿음 때문에 기도조차 할 수 없었다.

나의 주위에서 빠르게 일어나 펴져나간다.
신의 도움이 나 자신의 약속이며
신의 영은 나 자신의 형제요,
태어난 모든 남성들도 역시 나의 형제들이며
여성들은 나의 자매들이요 연인들임을,
그리고 창조의 골격은 사랑임을,
나는 안다.15)

나는 쉽게 보다 많은 예를 제시할 수 있지만, 이제 하나의 예만으로도 족할 것이다. 트레버(J. Trevor)의 자서전에서 그 하나를 인용해보겠다.16)

어느 화창한 일요일 아침, 내 아내와 아들들은 매클레스필드(Macclesfield)에 있는 유니테어리언 교회에 갔다. 나는 그들과 동행하는 것이 불가능함을 느꼈다. 언덕 위의 햇빛을 떠나 거기 그 교회로 내려간다는 것은 영적 자살행위인 것처럼 느껴졌기 때문이다. 또한 나는 내 삶에서 새로운 영감과 확장이 필요함을 느끼고 있었다. 그래서 몹시 마음에 걸리고

---

15) 다른 곳에서 휘트먼은 보다 잔잔한 방식으로 아마도 고질적인 신비적 지각이라는 것을 표현한다. 그는 다음과 같이 쓰고 있다. "월등한 모든 인간의 아이덴티티를 구성하는 데 있어서 단순한 지성은 제쳐놓고서라도 논증이나 때로는 교육 없이도 실현되는 경이로운 것(나는 이것을 가치 있는 모든 교육의 목표와 장점이라고 생각한다)은 바로 시간과 공간에 존재하는 절대적 균형에 대한 직관, 다양성의 전체에 대한 직관, 바보들의 술잔치, 그리고 믿을 수 없는 것과 일반적으로 해결되지 않은 것을 믿게 하는 것이다. 우리는 이러한 것들을 세상이라고 부른다. 이것은 사물들의 전체적 퇴적물, 모든 역사와 시간, 사냥꾼의 손아귀에 쥐어져 있는 가죽끈에 묶여 있는 개처럼 아무리 사소할지라도 중요한 모든 사건들을 묶어내는 그런 신적 실마리와 보이지 않는 실을 간과하는 영혼의 시각이다. 그러한 영혼의 통찰과 마음의 뿌리의 중심에 대해 단순한 낙관주의는 그 표현만을 설명해줄 뿐이다." 휘트먼은 이러한 인식이 부족하였던 칼라일을 고발한다. *Specimen Days and Collect*, Philadelphia, 1882, 174쪽.

16) *My Quest for God*, 1897, 268, 269쪽(축약됨).

슬프기도 하였지만 아내와 아이들을 시내로 내려보내고, 나는 지팡이를 짚고 개와 함께 그 언덕을 좀더 올라가야겠다고 느꼈다. 아침의 감미로움과 언덕과 골짜기의 아름다움 속에서 나는 곧 슬픔과 후회의 감정을 잊었다. 나는 '고양이와 바이올린'(Cat and Fiddle)이라고 불리는 곳까지 거의 한 시간 가량 그 길을 따라 걸어갔다가 되돌아왔다. 되돌아오는 길에 갑자기 어떤 경고도 없이 나는 천국에 있음을 느꼈다. 그것은 따뜻한 광채로 목욕하는 듯 형언할 수 없는 평화와 기쁨과 확신의 내적 상태였다. 그것은 마치 외적 조건이 내적으로 영향을 미치는 효과와 같은 것이었다. 즉 내가 서 있는 자리 중앙으로 쏟아지는 조명 때문에 전보다 더 가깝게 그리고 좀더 명확하게 내 주변의 광경이 돌출되어 보였고, 육체를 넘어 통과하는 듯한 느낌을 받았다. 이러한 인상 깊은 감정은 그 강도가 약화되기는 했어도 내가 집에 도착할 때까지 지속되었고, 얼마 지난 후에 서서히 사라져갔다.

이 저자는 유사한 종류의 더욱 진전된 경험들을 하게 되어 그것을 잘 알게 되었다고 덧붙였다.

그는 다음과 같이 기술하고 있다.
영적 삶이란 그런 삶을 사는 사람들에게는 그 자체가 정당화된다. 그러나 이해하지 못하는 사람들에게 우리는 무어라고 말할 수 있을까? 우리는 적어도, 영적 삶의 경험은 경험자가 삶의 객관적 실재와 가장 가깝게 접촉되었을 때 남아 있기 때문에, 그런 삶은 경험의 소유자에게는 실질적으로 증명된 삶이라고 말할 수 있다. 꿈은 이러한 것의 증거가 될 수 없다. 우리는 그것이 단지 꿈이라는 것을 발견하면서 깨어난다. 뇌가 과부하되어 나타나는 현상들도 그러한 증거가 될 수 없다. 내가 신의 현존으로 간직해온 최상의 경험들은 순간적이었고 드문 현상이었다. 말하자면, '신이 여기 계시는구나!' 하는 감탄사가 절로 나오게끔 하는 의식의 섬광, 또는 조금 덜 강하기는 하지만 단지 점진적으로 사라져가는 고양과 통찰의 상태였다. 나는 이러한 순간들의 가치를 몹시 의문스러워하였다. 내가 그것들을 영혼 없음이라고 명명한 이유는 뇌의 단순한 환각에 나의 삶과 일을 의존하지 않으려고 했기 때문이다. 그러나 모든 의문과 테스트를 거친 후에 나는 그것들이 오늘날 나의 삶에서 가장 실재적 경험이었음을, 또 지나간 모든 성장과 경험들을 설명하고 정당화하고 연합하는 경험이었음을 발견하고 있다. 실로 그것들의 실재와 광대한 의미는 더욱더 명확해지고 확실해지고 있다. 그것들을 경험했을 때, 나는 가장 충만한, 가장 강한, 가장 또렷한, 가장 심오한 삶을 살았던 것이다. 확고한 결심을 가지고 내가 구했던 것은 세상이 내리곤 하는 정반대의 판단에 맞서, 나 자신의 삶을 좀더 강하게 살고자 했던 것이다. 실제적으로 가장 적절한 시기에 실재가 나에게 왔다. 그래서 나는 내가 신의 무한한 바다 속에 빠졌음을 의식하였다.[17]

요즘에는 여러분 가운데 가장 시시한 신비주의자라도, 신비적 순간의 존재를 완전히 특별한 성질의 의식상태로서, 그리고 그 순간들을 경험한 사람들에게 심층적 인상을 불러내는 의식상태로서 확신한다. 캐나다의 정신과 의사인 버크(R.M. Bucke) 박사는 이러한 현상들의 좀더 뚜렷한 특징을 우주적 의식이라고 부른다. 버크 박사는 "그것의 보다 정확한 예들 속에서 우주적 의식이란 단순히 우리에게 친숙한 자아의식적 마음의 확장이나 발전이 아니라, 자아의식이 한 고등동물이 소유하고 있는 어떠한 기능과도 구별되듯이, 그 의식상태는 보통의 사람이 소유한 어떠한 것과도 구별되는 한 가지 기능이 첨부된 것"이라고 말한다.

우주적 의식의 중요한 특징은 우주의 질서와 삶에 대한, 우주에 대한 의식이다. 그 우주의 의식과 더불어 개인을 새로운 존재의 지평에 외롭게 세워두는, 즉 그를 거의 새로운 종(種)의 한 일원으로 만드는 지적 계발

---

[17] 같은 책, 256, 257쪽(축약됨).

이 생기게 된다. 이와 더불어 도덕적 고양의 상태, 표현 불가능할 정도로 의기양양하고 기쁜 느낌, 그리고 강화된 지성적 힘보다 더 현저히 눈에 띄는 도덕적 감각 등이 주어진다. 이런 것들과 함께 이른바 영혼 불멸성의 느낌이 나타나는데, 이것은 그가 이것을 갖게 될 것이라는 확신이 아니라 그가 이미 그것을 갖고 있다는 영원한 생명의 의식이다.[18]

이제까지 말한 것은 버크 박사에게 일어난 우주적 의식의 전형적 시작에 대한 경험이었다. 이것은 그로 하여금 다른 사람들에게서 그것을 조사하도록 인도하였다. 그는 매우 흥미로운 한 저서에서 자신의 결론을 소개하고 있다. 나는 그의 책에서 그에게 어떤 일이 일어났는지를 설명하는 다음의 이야기를 인용하려 한다.

나는 한 대도시에서 두 친구와 함께 시와 철학에 관하여 읽고 토론하며 저녁을 보냈다. 우리는 한밤중에 헤어졌다. 나는 오랜 시간 이륜마차를 타고서 하숙집에 도착하였다. 독서와 토론으로 인하여 상기된 생각들, 영상들 그리고 감정들의 영향 속에 깊숙이 빠져 있는 나의 마음은 고요하고 평화로웠다. 나는 조용하고 거의 수동적인 즐거움의 상태에 있었는데, 실제로 그것은 생각하고 있는 상태가 아니라, 말하자면 생각들, 영상들 그리고 감정들이 나의 마음을 관통하여 그것들 스스로 흘러가도록 내버려둔 그런 상태였다. 갑자기 어떠한 준비단계도 없이 나는 화염과 같은 색깔의 구름으로 뒤덮인 나 자신을 발견하였다. 순간적으로 나는 그 대도시 어딘가에서 큰 화재가 났다고 생각했다. 다음 순간 그 불은 내 자신 속에서 났음을 알았다. 얼마 후 거대한 기쁨, 곧 환희의 감정이 내게 직접 엄습해왔으며, 형언할 수 없는 지적 깨달음이 주어졌다.
나는 단순히 믿게 되었던 것이 아니다. 나는 우주가 죽음의 물질로 구

---

18) *Cosmic Consciousness : A Study in the Evolution of the Human Mind*, Philadelphia, 1901, 2쪽.

성되어 있는 것이 아니라, 그와는 반대로 살아 있는 실재로 구성되어 있음을 보았다. 나는 나 자신 속에서 영원한 생명을 의식하게 되었다. 그것은 내가 영원한 생명을 얻을 것이라는 확신이 아니라, 그때 이미 영원한 생명을 소유하고 있다는 의식이었다. 나는 모든 사람이 불멸이라는 것, 우주질서는 한 점의 의구심도 없이 모든 것들이 개체와 전체의 선(善)을 위하여 서로 협력한다는 것, 모든 세상의 근본원리는 우리가 사랑이라고 부르는 것, 그리고 개체와 전체의 행복이란 결국 절대적으로 확실한 것임을 보았다. 그 광경은 몇 초간 지속되다가 사라졌지만, 그것에 대한 기억과 그것이 가르쳐주었던 것에 대한 실재감각은 그 이후 25년 동안 남아 있었다. 나는 그 광경이 보여주었던 것은 사실임을 알았다. 나는 그 조망, 그 확신, 즉 그 의식은 가장 심한 절망의 순간에도 결코 상실되지 않는다고 말할 수 있다.[19]

우리는 간헐적이기는 하나 이러한 우주적 또는 신비적 의식을 지금까지 충분히 보아왔다. 다음으로 우리는 종교적 삶의 요소로 신비주의적 의식을 조직적으로 육성하는 것에 대하여 알아보아야 한다. 힌두교도, 불교도, 이슬람교도, 그리고 그리스도교도들은 모두 신비적 의식을 조직적으로 육성해왔다.

인도에서는 태곳적부터 요가라는 이름의 신비적 통찰을 얻기 위한 훈련이 알려져왔다. 요가는 개인과 신의 실험적 결합을 의도한다. 그것은 끊임없는 훈련에 기초하고 있어서, 그것을 가르치는 각기 다른 조직에 따라 식사조절, 자세, 호흡법, 지적 집중법 그리고 도덕적 훈련이 조금씩 다르다. 이와 같은 방법으로 자신의 저급한 본성의 미몽(迷夢)을 극복한 요가 수도자 또는 문하생은 삼매(三昧, samâdhi)라는 상태에 입문하게 되어 "본능이나 이성이 결코 알 수 없는 사실들을 직접 대면한다." 그는 다음과 같은 사

---

19) 같은 책, 인용문, 7, 8쪽. 나의 인용구는 버크 박사의 대작보다 먼저 사적으로 출판한 소책자에서 나왔으므로 문자적으로 저자의 본문과는 약간 다르다.

실을 배운다.

    정신 그 자체가 이성을 넘어서 존재의 고차적 상태, 즉 초의식적 상태를 소유한다는 것과 정신이 고차적 상태에 다다르면, 그때 이성을 초월한 이러한 지식이 온다는 것을……요가의 모든 각기 다른 단계들은 초의식적 상태, 또는 삼매로 우리를 과학적으로 인도하려는 것이다. 바로 무의식적 작업이 의식 아래에 놓임으로써 의식 위에 있는 또 다른 작업이 존재한다. 그것은 이기주의의 감정이 동반되지 않는다. '나'라는 느낌은 없고 욕망도 없이, 안절부절함도 없이, 목적 없이 단지 무형의 정신만이 활동한다. 그때 진리는 그것의 충만한 광채로 빛난다. 우리가 진정으로 자유롭고 불멸하고 전능하며, 유한성과 선악의 대비로부터 해방되어 있고, 아트만 또는 우주적 영혼과 동일한 상태인 삼매가 우리 전체 속에 잠재되어 있는 동안, 우리는 우리 자신에 대해 알게 된다.[20]

    베단타주의자들(Vedantists)은 누구나 사전 훈련 없이 간헐적으로 초의식 속으로 우연히 들어갈 수도 있다고 말한다. 그러나 그러한 경험은 순수하지 않다. 그것의 순수성에 대한 시험은 종교의 가치에 대한 우리의 시험과 같이 경험적이다. 즉 그것의 열매들은 삶에 유익해야만 한다. 어떤 한 사람이 삼매로부터 벗어나면, 그는 우리들에게 '깨달음을 갖게 되며, 현자, 선지자, 성인이 되며, 그의 전 인격이 변화되며, 그의 삶이 변화되고 밝아졌음'을 확인시켜준다.[21]

---

[20] 나의 인용구는 Vivekananda, *Raja Yoga*, London, 1896에서 발췌한 것이다. 요가에 대한 가장 완벽한 지식은 Vihari Lala Mitra가 번역한 책 *Yoga Vasishta Maha Ramayana*, 4 vols, Calcutta, 1891~1899이다.
[21] 유럽의 어떤 증인은 신중히 요가의 결과를, 인위적으로 우리도 생산해낼 수 있는 최면이나 꿈 같은 상태의 결과와 비교하여 다음과 같이 말하고 있다. "요가는 그것의 참된 제자들을 선하고 건강하고 행복한 사람으로 만든다. ……요가 수행자는 수행을 통해 자신의 생각과 몸을 지배하여 어떤 '인물'이 된다. 충동과 성벽을 자신의 의지에 복종시킴으로써, 그리고 그 의지를 선의 이상에 고정

힌두교도들뿐만 아니라 불교도들도 '삼매'라는 단어를 사용한다. 그러나 좀더 높은 명상상태는 '선정'(禪定, dhyâna)이라는 특별한 단어로 말하기도 한다. 선정 속에서의 깨달음에는 네 단계가 있다. 첫번째는 정신을 한 점에 집중하는 단계이다. 이 단계는 통찰력이나 판단력이 아니라 욕망을 제거한다. 즉 이것은 아직도 지적 단계이다. 두번째는 지적 기능이 사라지고 합일의 만족스런 감각이 남아 있는 단계이다. 세번째는 만족감이 떠나가고 무관심이 기억과 자아의식과 함께 시작되는 단계이다. 네번째는 무관심, 기억 그리고 자아의식 모두가 완벽해지는 단계이다. [이 점과 관련해서 '기억'과 '자아의식'이 의미하는 것은 정말로 이해하기 어렵다. 그것은 저급한 삶을 살아가고 있는 우리들에게 유사한 기능일 수가 없다.] 명상의 보다 고차적 단계들이 언급된다. 그 단계에서는 무(無, nothingness)가 존재하므로 그곳에서 중재자가 "절대적으로 무가 존재한다"라고 말하고 멈춘다. 그때 그가 "거기엔 관념도, 무관념도 없다"라고 말하는 또 다른 영역에 다다른 다음 그는 다시 멈춘다. 그리고 나서 "관념과 인식의 끝에 도달한 다음 그가 마지막으로 멈추는 또 다른 영역이 있다." 이것은 아직 열반이 아닌 것처럼 보이지만 현세가 제공해주는 열반에 근접해 있는 것처럼 보인다.[22]

이슬람 세계에서는 수피 종파와 다양한 탁발승 집단들이 신비적 전통을 간직해오고 있다. 수피들은 오래 전부터 페르시아에 존재해왔다. 그들의 다신교는 아랍 정신의 열광적이고 경색된 일신교와는 모순되는 것으로서, 그것은 수피 종파가 힌두교의 영향을 이슬람교 안에 심어온 것이 틀림없음을 암시한다. 그리스도인인 우리들은 수피 종파의 비밀에 대해서는 단지 그들의 입문시기 때만 공개되기 때문에 조금밖에 알지 못한다. 여러분의 정신 속에 수피의 신비주의를 생생하게 심어주기 위해 나는 어떤 이슬람교도의

시킴으로써 그는 다른 사람들에게 영향을 받지 않는 인격이 된다. 그러므로 그는 우리가 일반적으로 무당 또는 영매라고 상상하는 것과는 정반대가 된다." Karl Kellner, *Yoga : Eine Skizze*, München, 1896, 21쪽.

22) 나는 C.F. Koeppen, *Die Religion des Buddha*, Berlin, 1857, i, 585ff의 설명을 따른다.

문서 하나를 인용하고 나서 이 주제를 끝내려고 한다.

모슬렘 교회의 가장 위대한 박사들 중 한 사람으로 11세기에 활약한 페르시아의 철학자이자 신학자인 알 가잘리(Al-Ghazzali)는 그리스도교 문헌 밖에서 발견되는 몇 안 되는 자서전 가운데 하나를 우리들에게 남겨놓았다. 그리스도교 문화권에 살고 있는 우리에게는 매우 흔한 자서전을 다른 종교에서는 쉽게 찾아볼 수 없다는 것은 이상한 일이다. 엄격한 개인 신앙고백의 자료들을 풍부히 갖고 있지 못하다는 것은 비그리스도교 종교들의 내면성에 가까이 접근해보려고 하는 순수한 문헌연구가들에게는 가장 큰 어려움이다.

슈묄더(M. Schmölders)는 알 가잘리의 자서전의 일부분을 프랑스어로 번역하였다.[23]

그 모슬렘 저자는 말한다.

수피들의 학문은 신이 아닌 모든 것에서부터 마음을 분리시키고, 그 마음이 오직 신적 존재에 대해서만 명상하도록 하는 것을 목적으로 삼는다. 나로서는 이론이 실행보다 쉬워서, 소문으로 듣고 공부해서 배울 수 있는 모든 것을 이해할 때까지 [어떤 책들을] 읽었다. 그런 후 나는 그것들의 방법을 가장 잘 이해할 수 있는 것은 공부로서가 아니라 바로 도취, 황홀경 그리고 영혼의 변형으로써만 파악할 수 있는 것임을 알았다. 예를 들어, 건강이나 포만에 대해 단지 그 원인과 상태와 더불어 정의를 알고 있다는 것과 실제로 건강한 또는 충족의 상태에 있다는 것 사이에는 얼마나 큰 차이점이 있는가! 술 취함은 복부에서부터 올라온 증기가 일으킨 상태라고 알고 있는 것과 정말로 술에 취해 있는 것과는 얼마나 다른가! 의심할 여지없이 술 취한 사람은 술 취함의 개념도, 과학이 그것에 관심을 갖는 이유도 알지 못한다. 술 취한 상태에서 그는 아무것도 모르지만, 반면

---

[23] 알 가잘리에 대한 완전한 설명을 위해서는 D.B. Macdonald, *The Life of Al-Ghazzali*, in the Journal of the American Oriental Society, 1899, vol.ix., 71쪽 참조.

에 의사는 술 취한 상태가 아님에도 불구하고 술 취한 상태가 어떻다는 것, 그것의 앞선 조건들은 어떤 것인가를 잘 알고 있다. 이와 유사하게 금욕의 성격을 아는 것과, 금욕하고 있거나 세상으로부터 분리된 자신의 영혼을 간직하고 있는 것과는 다른 것이다. 그러므로 나는 수피즘에 대하여 논쟁이 가르칠 수 있는 것을 배워왔다. 그러나 남은 것은 공부나 귀를 통해 배울 수 있었던 것이 아니라 단지 황홀경을 위해 자기 자신을 포기함으로써, 그리고 경건한 삶을 이끌어 감으로써 배울 수 있었던 것들이다.

나의 상황들을 돌이켜볼 때, 나는 모든 면에서 여러 가지 유혹의 끈에 나 자신이 얽매여 있음을 발견하였다. 나의 가르침을 숙고해보면서 나는 그것이 신 앞에서 순수하지 못했음을 발견하였다. 나는 영광을 성취하고 내 이름을 날리려고 하는 나의 모든 힘과 싸우고 있는 자신을 발견하였다. [바그다드에서 6개월간의 망설임 끝에 삶의 조건으로부터 벗어나게 되었으며, 종국에는 혀가 마비되는 병에 걸렸다는 설명이 여기서 이어진다.] 그때 나 자신의 연약함을 느끼고 전적으로 나 자신의 의지를 포기하면서, 나는 고통 속에서 더 이상 여력이 없는 한 사람으로서 신에게 의지하게 되었다. 신은 간절히 바라고 있는 가련한 사람에게 말하듯이 그에게 응답하였다. 나의 마음은 이제 더 이상 영광, 부 그리고 나의 아이들을 포기하는 데에서 어떠한 어려움도 느끼지 못했다. 그래서 나는 단지 나의 생계에 필수불가결한 것만을 남긴 채, 바그다드를 떠나 휴식을 취했다. 나는 시리아로 가서 약 2년간 머물렀는데, 거기서 전에 읽었던 수피들의 모든 방법에 따라 신에 대한 명상을 하기 위해 마음을 준비하고, 나의 성격을 완전하게 만들고, 나의 영혼을 순결케 하기 위하여 나 자신을 훈련시키고, 정열과 싸우고, 욕망을 정복하려는 은둔과 고독의 삶을 살아가는 것말고는 아무것도 하지 않았다.

이런 은둔생활은 단지 고독 속에 살면서 명상에 적합하도록 마음의 정화를 완수하고자 하는 나의 욕망만을 증가시켰다. 그러나 시간의 변화, 가족에 대한 일, 생계의 요구가 어떤 면에서 나의 근본적인 결심을 변화시켰고, 순수하고 고독한 삶을 위한 나의 계획을 방해하였다. 나는 잠깐 동안이라도 황홀경 속에서 나 자신을 결코 완전하게 발견한 적이 없었다. 그럼에도 불구하고 나는 그러한 상태를 얻고자 하는 희망을 계속 간직하고 있었다. 돌발적인 재난이 나를 타락시킬 때마다, 나는 그 상태로 다시 돌아가기를 구했다. 이러한 상황 속에서 나는 10년을 보냈다. 이러한 고독의 상태에 있는 동안, 기술할 수도 지적할 수도 없는 것들이 내게 나타났다. 나는 수피들이 확실히 신의 길을 가고 있음을 깨달았다. 행동할 때와 행동하지 않을 때 또는 내적이거나 외적이거나간에, 수피들은 예언의 원천으로부터 나오는 빛의 조명을 받고 있었다. 수피의 첫째 조건은 마음 속의 신이 아닌 모든 것을 완전히 정화시키는 것이다. 명상생활의 다음 단계는 열렬한 영혼으로부터 나오는 겸손의 기도와 마음을 완전히 있는 그대로 받아들이는 신에 대한 명상이다. 그러나 이것은 사실 수피생활의 시작일 뿐이며, 수피즘의 끝은 신 안에 전적으로 흡수되는 것이다. 직관력과 그에 선행하는 모든 것은 말하자면 입문자들을 위한 문지방에 불과하다. 처음부터 계시들은 너무나 무도한 형상으로 나타난다. 그래서 수피들은 깨어 있는 동안 그들 앞에 나타난 천사들과 예언자들의 영혼들을 본다. 수피들은 그들의 목소리를 들으며 그들의 은혜를 얻게 된다. 그때의 황홀감은 표현할 수 없고, 죄를 포함하는 그의 말 없이는 어느 누구도 기술할 수 없는 모양과 형상을 지각하는 데서부터 일어난다.

  황홀감의 경험이 없는 사람은 누구나 예언상태의 진정한 성질을 단지 이름만으로 안다. 한편 그는 수피들의 말을 들음으로써, 그리고 경험을 통해 그 존재를 확신할 수도 있다. 그들에게 제공된 순수한 이해의 대상들을 거부하는, 단지 감각적 기능만을 부여받은 사람들이 있는 것처럼, 예언적 기능을 통해 인지한 것들을 피하고 거부하는 지적인 사람들도 있다. 맹인은 그가 말과 풍문으로 배우게 된 것은 예외로 친다 하더라도 색깔에 대하여 아무것도 이해할 수 없다. 그러나 신은 예언의 중요한 특성 면에서 그것과 유사한 모든 상태를 사람들에게 제공함으로써 예언을 사람들 가까이로 가져다준다. 이런 상태가 잠이다. 죽은 사람처럼 때때로 기절하는 사람들과 '꿈속에서' 숨겨져 있는 것들을 지각하는 사람들이 있다. 여러분이 이와 같은 현상을 경험한 적이 없는 사람에게 그것을 말한다면, 그는 나름대로의 이유를 대며 그것을 부정할 것이다. 그럼에도 불구하고, 실제적인 경험은 그의 주장을 반박할 것이다. 그런 이유로, 이해력이 감각으로는 이해하기 어려운 다양한 지적 대상들을 식별할 수 있는 눈이 열리는 인생의 한 국면이라면, 예언자적 시각은 지력으로는 도달할 수 없는 숨겨진 것들과 대상들을 드러내게 하는 빛으로 조명된다. 예언상태의 주요 속성은 수피생활을 하는 사람들에 의해 단지 황홀경의 상태에서만 인식된다. 그와 유사한 것이라고는 전혀 가지고 있지 않아 결과적으로 여러분이 이해할 수조차 없는, 그런 성질을 그 예언자는 소유하고 있다. 이해할 수 있는 것만을 안다고 한다면 여러분은 예언의 진정한 속성을 어떻게 알 수 있겠는가? 그러나 수피들의 방법으로 얻게 되는 황홀감은 마치 자신의 손으로 그 물체를 만졌을 때와 같은 즉각적인 지각과 유사하다.[24]

황홀경을 말로 표현할 수 없다는 것은 모든 신비주의의 핵심이다. 신비적 진리는 황홀경의 경험자 외에는 어느 누구에게도 존재하지 않는다. 내가 이미 말해왔듯이, 이 점에서 그것은 개념적 사고에 의해 주어지는 것이라기보다 감각으로 우리들에게 주어지는 지식과 유사하다. 원격성과 추상성을 가진 사고는 철학사 안에서 바람직스럽지 못하게 감각과 대조되어왔다. 신에 관한 지식은 추론적일 수 없고 직관적이라는 것은, 즉 명제와 판단양식에 따르기보다는 우리 자신이 즉각적 느낌이라고 부르는 그런 양식에 따라 형성되어야만 한다는 것은 형이상학에서는 이미 진부한 표현이다. 그러나 우리의 즉각적 느낌 속에는 오감이 주는 것 외에는 아무것도 없다. 그래서 우리는 감각이 자신들의 황홀경을 낳는 최고의 지식의 형태로 어떤 역할을 할

---

[24] A. Schmölders, *Essai sur les Écoles philosophiques chez les Arabes*, Paris, 1842, 54~68쪽(축약됨).

수 있다는 것을 신비주의자들이 단호하게 부정하고 있음을 이미 보아왔고 또다시 볼 것이다.

그리스도교 교회 안에는 항상 신비주의자들이 존재해왔다. 그들 중 많은 사람들이 의심의 눈총을 받았지만, 몇몇은 권위 있는 기관의 보호하에 호의를 얻어왔다. 이들의 경험은 전례로 취급되어왔고 그것이 기초가 되어 신비신학의 체계가 성문화되었다. 합법적인 모든 것은 그 체계 안에서 제자리를 찾는다.[25] 그 체계의 기초는 신을 향한 영혼의 조직적 상승의 방법인 '기도' 또는 명상이다. 기도행위를 통하여 신비적 경험의 고차적 경지에 도달할 수 있는 것이다. 프로테스탄티즘, 특히 복음주의적 프로테스탄티즘이 이러한 계열의 조직적인 모든 것을 폐기해야만 했던 것은 이상한 일이다. 기도로 인한 것과는 별개로 프로테스탄트적인 신비적 경험이 거의 예외적으로 간혹 나타나기도 한다. 종교적 삶 속에 조직적 명상을 재도입하는 것은 우리 마음치료사들의 몫이 되어 버렸다.

기도의 첫째 목적은 정신을 외부감각으로부터 분리하는 것이다. 외부감각이 이상적인 것에 집중해야 하는 기도를 방해하기 때문이다. 성 이그나티우스의 『영성 훈련』(Sprital Exercises)과 같은 지침서는 거룩한 장면을 상상하기 위한 일련의 점차적인 노력으로 감각을 추방하는 훈련을 권장하고 있다. 이와 같은 훈련의 절정은 반환각적인 일원론적 관념주의(semi-hallucinatory mono-ideism), 예를 들어 마음 가득 채워지는 그리스도에 대한 상상의 형상일 것이다. 문자적이든 상징적이든 이런 유의 감각적 표상들이 신비주의 안에서 아주 많은 부분을 차지한다.[26] 그러나 어떤 경우에는

---

25) Görres의 *Christliche Mystik*는 보다 완전한 사실들을 설명해준다. Ribet의 *Mystique Divine*, 2 vols., Paris, 1890도 그렇다. 아직까지도 더욱 조직적인 힌대 지직은 *Mystica Theologia of Vallgornera*, 2 vols,, Turin, 1890이다.

26) 레케자(M. Récéjac)는 최근의 저서에서 그 이미지들을 본질적인 것으로 지적한다. 그는 신비주의를 '도덕적으로, 그리고 **상징들의 도움을** 받아 절대적 존재로 가까이 가는 경향성'으로 정의한다. 그의 *Fondements de la Connaissance Mystique*, Paris, 1897, 66쪽 참조. 그러나 감각적 상징들이 어떤 역할도 하지 않는 신비적 상태가 확실히 존재한다.

심상이 완전히 사라질지도 모르며, 그래서 극히 최정상의 황홀경상태에서 그렇게 되는 경향이 있다. 그때의 의식상태는 어떠한 구두적 묘사에도 무감각하게 된다. 신비주의의 교사들은 이것에 전적으로 동의한다. 예를 들어, 가장 유명했던 사람들 가운데 하나인 십자가의 성 요한은 이러한 상태를 '사랑의 연합'이라고 불렀다. 그는 '암흑의 명상'(dark contemplation)을 통해 이 연합에 도달하는 것이라고 말했다. 이런 상태 속에서 신성은 영혼을 단지 숨겨진 방법으로만 사로잡는다. 그래서 영혼은,

자신을 채우는 영적 느낌의 미묘함과 지혜의 고상함을 설명해주는 어떠한 말이나 일어나는 기간, 방법 또는 비유를 발견할 수 없다. ……우리는 다른 상황에서 우리의 정신이 사용하는 감각적 표현과 어떤 표상으로도 설명 불가능한 신에 대한 신비적 지식을 전수받고 있다. 따라서 이러한 지식 안에서는 감각과 상상력을 사용할 수 없기 때문에, 신비스럽고 달콤한 맛의 지혜가 다시 우리 영혼의 가장 심층적인 부분에 너무나 큰 감명을 줌에도 불구하고, 우리는 형태뿐만 아니라 인상도 얻지 못하며 어떠한 유사성도 설명할 수 없다. 일생에 처음으로 어떤 것을 본 사람을 상상해보라. 그는 그것을 이해할 수 있고 사용하고 즐기지만, 그것이 변함없이 단순한 감각임에도 불구하고 그는 그것을 어떻게 불러야 할지, 어떻게 전달해야 할지를 알지 못한다. 그것이 감각을 벗어나 있을 때, 그의 무력함은 얼마나 더 큰 것일까? 이것이 신적 언어의 미묘함이다. 그것이 더욱더 주입되어 들어올수록, 친숙할수록, 영적일수록, 초감각적일수록, 그것은 더욱더 외적, 내적 감각 모두를 벗어나게 되며 그 위에 침묵이 놓이게 된다. 그러면 영혼은 그것이 달콤할수록 더욱 고독해진다. 즉 광대하고 끝없는 사막 속에서 어떤 피조물도 근접하지 못하는 공허하고 근원적인 고독 속에 놓여 있는 듯한 느낌을 갖는다. 이러한 지혜의 심연 속에서 영혼은 사랑의 이해력의 원천으로부터 생수를 마심으로써 성장한다. 또한 영혼은 우리가 사용하는 말이 아무리 탁월하고 박식하다 할지라도 그런 말투로 신적인 것을 논술하려고 할 때, 그것이 얼마나 부도덕하고

무의미하며 부적절한지를 깨닫게 된다.27)

나는 그리스도인의 신비적 삶의 잡다한 단계들을 여러분에게 상술할 수는 없다.28) 우리는 한 가지만을 위한 충분한 시간을 가지고 있지 않다. 더욱이 나는 우리가 카톨릭 문헌에서 발견하는 이름들과 구체적인 예들에서 객관적으로 식별되는 것은 아무것도 없음을 고백하지 않을 수 없다. 많은 사람만큼 많은 정신이 있다. 즉 나는 개인들의 개성만큼 이런 유의 경험도 무한정으로 다양할 수 있다고 상상한다.

신비적 경험의 인지적 측면, 즉 계시로서의 그것의 가치는 우리와 직접적으로 관련되어 있는 것인데, 계시되어 있는 새로운 진리의 깊이에 대한 인상이 얼마나 강한가를 인용구로 보여주는 것은 쉽다. 성 테레사는 이와 같은 상태를 세련되게 묘사한 전문가 중의 전문가이다. 그래서 나는 가장 심오한 경험 가운데 하나인 '합일의 기도'에 대한 그녀의 말을 곧 제시할 것이다.

성 테레사는 말한다.

합일의 기도상태에서 영혼은 신에 대하여는 완전히 깨어 있지만, 세상의 것들과 그녀 자신에 대하여는 완전히 수면상태이다. 합일이 지속되는 짧은 기간 동안 그녀는 모든 느낌이 박탈당한 듯하다. 그녀는 생각하려고

---

27) Saint John of the Cross, *The Dark Night of the Soul*, book ii, ch.xvii, in Vie et Œuvres, 3me édtion, Paris, 1893, iii, 428~432쪽. 성 요한의 『카르멜의 등반』(*Ascent of Carmel*) 2권 11장은 신비적 삶을 위해 감각적 표상을 사용하는 것이 해롭다는 것을 충실하게 보여주고 있다.
28) 특별히 나는 시각적이고 청각적인 환각, 구두적이고 형상적인 자동증, '영적 삭용에 의한 공중부양'(levitation), 성흔기적(stigmatization) 그리고 병의 치유와 같은 놀라운 것들을 언급하는 것을 생략한다. 신비주의자들이 가끔 말해왔다는 (또는 말해왔다고 믿는) 이러한 현상들은 본질적으로 신비적 의미를 지니지 않는다. 왜냐하면 이것들은 가끔 그렇듯이 비신비적 정신 안에서 일어날 때 어쨌든 조명의식 없이 일어나기 때문이다. 조명의식은 우리에게 '신비적' 상태의 본질적 표시이다.

하더라도 전혀 생각할 수가 없다. 그러므로 그녀는 자신의 이해력이 발동하는 것을 멈추게 하기 위해 어떠한 기교도 쓸 필요가 없다. 즉 그것은 불활성화상태로 제한되어 있어서 그녀는 자신이 사랑하는 것이 무엇인지, 자신의 사랑 방법이 무엇인지, 자신이 무엇을 하게 될지도 알지 못한다. 간단히 말해서, 그녀는 세상의 것들에 대하여는 죽어 있으면서 다만 신 안에서만 살아 있는 것이다. 나는 그녀가 이러한 상태에서 생명을 유지할 만큼 충분히 호흡하고 있었는지조차 알지 못한다. 그녀는 그렇지 않았을 것 같다. 또는 적어도 그녀가 숨을 쉬고 있었다면, 그녀는 그것을 자각하지 못했을 것이다. 그녀의 지력은 자신 안에서 무엇이 진행되고 있는지를 어느 정도 충분히 알지만, 그 힘은 미약하여 그것이 활동할 길은 어디에도 없다. 그래서 깊은 졸도상태에 빠진 사람은 마치 죽은 것처럼 보인다…….

그러므로 신이 한 영혼을 높이 올려 그 자신과 합일을 이룰 때, 신은 그녀의 모든 기능의 본성적 활동을 중지시킨다. 그녀가 신과 합일된 상태에 있는 한, 그녀는 보지도 듣지도 이해하지도 못한다. 그러나 이런 시간은 항상 짧고 또한 실제보다 더욱 짧은 것같이 보인다. 이와 같은 방법으로, 신은 이런 영혼의 본성 안에서 자기 자신을 확증한다. 그래서 그녀가 자기 자신으로 되돌아왔을 때, 자신이 신 안에 그리고 자신 안에 신이 있었음을 의심할 수 없게 한다. 이 진리는 그녀에게 너무 강렬한 인상을 남겨서, 이와 같은 상태가 반복되지 않고 몇 년이 지나도 자신이 받은 은혜를 잊을 수 없을 뿐만 아니라, 그것의 실재를 의심할 수 없다. 그럼에도 불구하고 여러분이 그녀가 합일의 기간 동안에는 볼 수도 이해할 수도 없을 터인데, 영혼이 신 안에 있었음을 어떻게 이해하고 볼 수 있겠느냐고 묻는다면, 나는 다음과 같이 대답하겠다. 즉, 그때 그녀는 보지 못한다. 그러나 그녀가 그녀 자신으로 되돌아올 때 그것을 명확히 보게 되는데, 그것은 시각을 통해서가 아니라 신이 그녀와 함께 있다는 확신과 신만이 그녀에게 줄 수 있다는 확신을 통해서이다. 나는 만물 안에 신의 존재양태가 현존으로, 힘으로 또는 본질로 존재함이 틀림없다는 진리를 알지 못했던 사람을 알고 있다. 그러나 그녀는 지금 내가 말하고 있는 그 은혜를 받은 후에 이 진리에 대하여 가장 견고한 믿음을 갖게 되었다. 그녀는 깨닫기 이전의 자신처럼 이 점에 대해 무지해 불확실한 학식을 갖춘 사람에게 의견을 물어볼 때, 그는 신은 '은총으로만' 우리와 함께 계신다고 대답하였다. 그러나 그녀는 그의 대답을 믿지 않았을 정도로 참된 대답을 너무나 확실히 알고 있었다. 그녀가 보다 지혜로운 박사들에게 물어보았을 때, 그들은 그녀의 믿음을 더욱더 굳건하게 해주었고 그것은 그녀에게 큰 위안이 되었다.

"그러나 사람이 보지 못한 것을 어떻게 확신할 수 있을까?"라고 여러분은 반복해서 물어볼 것이다. 이 질문에 대하여 나는 힘있게 대답해 줄 수 없다. 이런 것들은 내가 간파할 수 없는 전지전능한 신의 비밀이다. 내가 아는 것의 전부는 내가 진리를 말하고 있다는 것뿐이다. 나는 이런 확신을 가지고 있지 않은 어떠한 영혼도 신과 진정으로 합일된 적이 없음을 확신한다.[29]

신비적 방법으로 의사소통을 할 수 있는 진리의 종류는, 그것이 감각적이거나 초감각적이거나 간에 다양하다. 그 중 몇몇은 이 세상과 관련되어 있다. 예를 들면, 미래에 대한 환상, 마음 읽기, 텍스트에 대한 갑작스런 이해, 먼 데서 일어난 사건들에 대한 지식 등이다. 그러나 가장 중요한 계시는 신학적이거나 형이상학적이다.

성 이그나티우스는 어느 날 라이네즈(Laynez) 신부에게 만레사(Manresa)에서의 단 한 시간의 명상이 그 동안 모든 박사들이 가르쳐준 것보다 하늘의 진리를 더 많이 가르쳐주었다고 고백하였다……. 도미니크회 교회의 합창을 들으며 기도하고 있던 어느 날, 그는 전혀 다른 방법

---

[29] *The Interior Castle*, Fifth Abode, ch.I., in œuvres, translated by Bouix, iii, 421~424쪽.

으로 세상의 창조 속에서 신적 지혜의 계획을 보았다. 또 다른 경우에 그의 영은 성령이 발현될 동안 신 안에서 황홀경에 빠졌다. 그래서 그는 이 땅에 살고 있는 사람의 가장 연약한 이해에도 적합한 형태와 이미지로 신령한 삼위일체의 깊은 신비를 명상하게 되었다. 이 마지막 환상이 그의 마음을 즐거움으로 흘러넘치게 하였고, 그후 그것을 생각하는 것만으로도 눈물 흘린 적이 많았다.[30]

---

30) Bartoli-Michel, *Vie de Saint Ignace de Loyola*, i. 34~36쪽. 다른 사람들은 창조된 세계에 대한 조명을 경험하였다. 예를 들면, 뵈메(Jacob Boehme)이다. 그는 25세 때 신적 빛에 의해 둘러싸여 있었고 천상의 지식으로 채워졌다. 괴를리츠에 있는 초원으로 갈 때마다 그곳에 앉아 들판의 풀을 바라보았고 동시에 그의 내적 빛으로 그것들의 본질, 사용 그리고 특징을 들여다보았다. 그것들은 용모, 모습 그리고 표시들에 의해 그에게 나타났다. 그는 경험의 나중 시기에 대해 다음과 같이 말한다. "15분 동안 나는 대학교에서 수년동안 보고 알았던 것보다 더 많은 것을 보고 알았다. 왜냐하면 나는 모든 사물들의 존재, 가장자리와 심연, 성 삼위일체의 영원한 발생, 세상의 몰락과 기원 그리고 신적 지혜를 통한 모든 피조물의 몰락과 기원을 보고 알았기 때문이다. 나는 나 자신 안에서 3개의 모든 세상들, 즉 내적이고 영적인 세상들로부터 태어난 또는 출산된 외적이고 보이는 세계를 보고 알았다. 나는 악과 선에 대해 전체적 작용의 본질과 그것들 상호간의 기원과 존재를 보고 알았다. 같은 방식으로 어떻게 영원의 자궁이 결실을 가져다주었는지를 보고 알았다. 내가 나의 외적 인간 속에 존재하는 동일한 것을 이해하고 펜으로 적어둘 수는 없었지만 나는 그것을 매우 경탄하였을 뿐만 아니라 극도로 기뻐하였다. 왜냐하면 나는 모든 것이 감추어져 있는 혼돈 속에서 우주를 관통해 보았지만, 내가 똑같이 설명한다는 것은 불가능하였기 때문이다." Jocob Boehmen's *Theosophic Philosophy*, etc., by Edward Taylor, London, 1691, 425, 427쪽(축약됨). 조지 폭스도 신비적 경험에 대해 다음과 같이 말한다. "나는 아담이 타락하기 전의 상태에 다다랐다. 창조가 나에게 개방되어 있었다. 그것은 모든 것이 어떻게 그 본성과 가치에 따라 이름 붙여졌는지를 나에게 보여주었다. 주님께서 나에게 개방해준 피조물들의 본성과 가치를 봄으로써 내가 인류의 선을 위해 의술을 실천해야 할지에 대해 마음 속에서 결정했다." *Journal*, Philadelphia, 발행 연월일이 없음, 69쪽. 현대의 '투시력'은 유사한 계시들에 풍부하게 나타나 있다. 예를 들면, 앤드루 잭슨 데이비스(Andrew Jackson Davis)의 우주발생론 또는 유쾌한 *Reminiscences and Memories of Henry Thomas Butterworth*, Lebanon, Ohio, 1886과 관련된 경험 등이다.

이것은 성 테레사에게서도 비슷하다. 그녀는 다음과 같이 쓰고 있다.

어느 날 기도 중에 갑자기 모든 것들이 신 안에 있었고, 그의 존재 안에서 보여지게 되는 방법을 지각하게 되었다. 나는 그것들을 고유한 형태로는 지각하지 못했다. 그럼에도 불구하고, 나는 그것들을 아주 명확하게 보고 있었고, 그것들은 나의 영혼 속에 생생하게 인상을 남겨주었다. 그것은 주님이 나에게 준 모든 은혜들 가운데 최상의 표시 중 하나이다. ……그 광경은 너무나 미묘하고 섬세하여 이해력으로는 파악할 수 없는 것이었다.[31]

그녀는 계속해서 신은 마치 거대하면서도 뛰어나게 투명한 다이아몬드와 같다고 말한다. 그래서 그 안에서는 우리 행위 속의 모든 죄성이 이전과는 다르게 확연히 드러날 수밖에 없다는 것이다. 또 다른 어느 날, 그녀가 아타나시오 신경(Athanasian Creed)을 암송하고 있는 동안 경험했던 것을 말하고 있다.

우리의 주님은, 한 분의 신이 세 인격체로 존재할 수 있다는 것을 내가 이해할 수 있도록 해주셨다. 신은 그것을 나에게 너무도 확실하게 보여주셔서 나는 위로받은 만큼이나 극히 놀라운 상태에 있었다. 그리고 지금, 내가 거룩한 삼위일체를 생각하고 그의 말을 듣고 있을 때, 나는 경배받아 마땅한 한 분의 신 안의 세 인격체를 이해하며, 또한 나는 형언할 수 없는 행복감을 경험한다.

또 다른 한편, 성모가 어떤 방식으로 천국에서 그녀의 역할을 담당하고 있는지를 보고 이해할 수 있는 힘이 성 테레사에게 주어졌다.[32]

이러한 상태 중 달콤한 부분은 일상적 의식으로 알 수 있는 모든 것을 넘

---

31) *Vie*, 581, 582쪽.
32) 같은 책의 인용문, 574쪽.

어서 있는 듯하다. 어떤 것은 지나쳐서 참을 수 없으며, 신체적 고통의 범주에 속하는 것처럼 말하기 때문에, 그것은 확실히 유기적 감수성을 내포한다.33) 그러나 그것은 너무도 예민하고 날카로워서 일상적 언어로 기쁨을 표현할 수 없는 것이다. 신의 감촉, 창에 찔린 그의 상처 그리고 술 취한 상태와 결혼의 합일에 대한 진술은 그런 경험을 희미하게 보여주는 표현들임에 틀림없다. 지성과 감각은 모두 황홀경의 절정에서는 희미하게 사라진다. 성 테레사는 "만일 우리의 이해력이 황홀경을 파악하고 있다면 그것은 지성에 알려지지 않은 형태로 파악될 것이며, 지성은 자신이 파악하고 있는 것을 아무것도 이해할 수 없을 것이다. 나 자신의 경우를 보자면, 내가 이미 말했듯이 경험은 사고력을 통해 그것 자체를 이해하지 못하기 때문에, 나는 그것이 이해된다는 것을 믿지 않는다. 나는 그것을 내가 그 속에서 모두 사라지는 하나의 신비임을 고백한다"라고 말하고 있다.34) 신학자들이 환희(raptus) 또는 황홀경이라고 부르는 상태에서는 호흡과 피의 순환이 저하되므로, 의사들 사이에서는 그 영혼이 일시적으로 육체로부터 분리되는 것인지 의문이 아닐 수 없다. 사람들은 상상적 경험을 다루는 것이 아니라, 희귀하기는 하지만 완전히 명확한 심리적 유형을 따르는 현상들을 다룬다는 것을 자신들에게 확신시켜주기 위하여 성 테레사의 기록과 그녀가 만들어 놓은 매우 정확한 구별들을 읽어보아야만 한다.

의학적 사고로 보면, 이러한 황홀경은 단지 미신에 대한 지적 기반과, 퇴행과 히스테리의 육체적 기반 위에서 암시되고 모방되어 나타나는 최면상태를 의미할 뿐이다. 의심의 여지없이 이러한 병리적 상태들은 매우 많다. 그러나 이러한 사실은 그것들이 유발하는 의식에 대한 지식에는 아무런 도

---

33) 성 테레사는 육체의 한 부분을 차지하는 고통과 순수한 영적 고통을 구별한다 (*Interior Castle*, 6th Abode, ch.xi.). 이러한 천상의 기쁨 속에 육체적으로 참여하는 것에 대해 그녀는 "땅의 기쁨은 단순히 감각의 표면에 영향을 미치는 반면 천상의 기쁨은 골수까지 관통하는 어떤 것"이라고 말한다. 그녀는 "이것이 바로 정확한 묘사이다. 이보다 더 잘 묘사할 수 없다"고 덧붙인다. 같은 책, 5th Abode, ch.i.
34) *Vie*, 198쪽.

움이 되지 못한다. 이러한 상태에 대하여 영적 판단을 내리기 위해서 우리는 표면적인 의학적 설명에 우리 스스로가 만족해서는 안 되며, 더 나아가 삶을 위해 그것의 열매가 어떠한지를 물어야 한다.

그러한 열매는 다양하게 나타난다. 한 가지 예를 든다면, 하나의 결과로서 망연자실이 전혀 없었던 것은 아닌 듯하다. 여러분은 불쌍한 마가렛 메리 알라코크가 부엌과 학교 교실에서 느꼈던 무력감을 기억할 것이다. 다른 많은 황홀경 경험자들이 열광적 추종자들의 관심이 없었으면 소멸되어갔을 것이다. 신비적 의식에 의해 고양된 '내세성'은 특히 본래 수동적이고 지적 능력이 모자라는 성격을 지닌 신비주의자들의 실제적 삶으로부터 이러한 지나친 추상적 개념을 만들어낸다. 그러나 본래 강한 성격과 정신을 지닌 사람들에게서 우리는 전혀 상반되는 결과를 보게 된다. 가능한 한 빈번하게 황홀경을 습관처럼 경험한 스페인의 위대한 신비주의자들은 대부분 불굴의 영혼과 힘을 보여왔으며, 그들이 황홀경 상태를 많이 경험하면 할수록 더욱 그러하였다.

성 이그나티우스는 신비주의자였지만 그의 신비주의는 그때까지 살았던 사람들 중 가장 힘있고 실제적인 한 사람으로 그를 만들었다. 신이 영혼의 실체에 도달하는 도구로서의 '접촉'과 직관을 기술한 십자가의 성 요한은 우리들에게 다음과 같이 말한다.

신비적 경험은 불가사의하게 영혼을 풍성하게 만든다. 그 중 단 하나가 영혼이 모든 생애에 걸쳐 제거하려고 헛되이 노력하고, 덕으로 꾸미려 하고, 그리고 초자연적 선물로 가득 채웠던 어떤 결함을 일격에 소멸시키기에 충분할 수도 있다. 도취 속에서 얻게 되는 위로 중 하나가 살아가면서 겪는 셀 수 없이 많은 모든 수고들을 덜어주기 위해 영혼에 보상을 줄 수도 있다. 불굴의 용기를 가지고 헌신하며 신에 대해 고민하려는 열렬한 욕망이 가득할 때, 영혼은 충분히 고통당하는 것을 허용받지 않았다는 이상한 고뇌에 사로잡히게 된다.[35]

성 테레사는 단호하고 더욱더 상세하다. 여러분은 아마도 나의 첫 강연에서 인용한 그녀의 글을 기억할 것이다.36) 그녀의 자서전 안에는 그와 유사한 문장들이 아주 많다. 새로운 영적 에너지의 중심 형성에 대한 설명은, 죽을 때 영혼을 감정적 흥분의 고차적 수준 위로 올려놓는 황홀경의 확실한 효과에 대한 그녀의 기록에서 정확하게 찾아볼 수 있다. 어디에서 이와 같이 분명하고 진실한 기록을 찾을 수 있겠는가?

황홀경에 앞서 종종 몹시 지독한 고통과 더불어 연약하고 초조할 때, 영혼은 충분히 건강하고 훌륭히 행동하도록 준비된다……마치 신이 이미 영혼의 욕망에 복종되어 있는 육체 그 자체가 영혼의 행복을 공유해야 한다는 것을 의도하고 있는 것처럼……그와 같은 은혜를 받은 영혼은 대단한 용기로 생기를 얻어서, 한 순간 육체가 신의 목적을 위해 산산조각 나야 할지라도 활기 있는 평안만 느낄 것이다. 이때가 바로 약속과 영웅적 결심이 우리들 안에서 솟구치는 욕망, 세상의 공포 그리고 우리는 본래 무가치한 존재라는 투명한 지각을 솟아오르게 하는 시기이다. ……신이 세운 이 최정상에서 발 아래로 세상의 모든 것을 보면서도 어느 누구에 의해서도 현혹되지 않는 영혼의 지배권과 견줄 만한 것이 있겠는가? 현재의 영혼이 그녀의 과거의 부착물이라는 것은 얼마나 수치스러운 일인가! 그녀가 앞을 보지 못하는 것이 얼마나 경이로운가! 영혼이 아직도 어둠 속에 쌓여 있는 자들을 동정함은 얼마나 생생한 연민인가!……

영혼은 그녀로 하여금 세상이 존경이라는 이름으로 부르는 것이 환상이었음을 깨닫고 명예에 연연해왔던 것을 애통해한다. 영혼은 지금 이 존경이라는 이름 속에서 세상을 여전히 희생자로 만드는 단지 거대한 거짓말을 보고 있다. 영혼은 위로부터 오는 새로운 빛 속에서 다음과 같은 것을 발견한다. 즉 진정한 존경 안에서는 진짜가 아닌 것이 없으며, 이 존경을

---

35) Œuvres, ii. 320쪽.
36) 같은 책, 22쪽.

믿는 것은 진심으로 존경받을 만한 것에 우리의 존경심을 부여하는 것이며, 신께 합당하지 않은 것과 소멸되는 것은 무엇이든 간에 무(無)인 것처럼 생각하는 것임을 발견한다……영혼은 이제 근원적으로 경멸하는 명예의 문제에 관심을 가지고 있는 엄숙한 사람들, 즉 기도하는 사람들을 보고 웃는다. 그들이 꾸며서 하는 그와 같은 행동은 그들의 지위가 갖는 위엄에는 적절한 것이다. 그래서 그러한 행동은 그들을 다른 사람들에게 보다 더 유용한 사람이 되도록 해준다. 그러나 영혼은 신의 순수한 사랑에 대해 그들의 지위의 위엄을 무시함으로써 10년 동안 그것을 보존하면서 영향력을 발휘하는 것보다 그들이 단 하루 만에 더 많은 선을 행하리라는 것을 알고 있다……영혼은 자신의 삶에서 언제든지 원할 경우에 어떤 돈이라도 마련할 수 있었음을 생각하고는 자신을 비웃었다……아! 인간이 모두 그것은 정말로 쓸데없는 쓰레기와 같다는 것을 인정만 한다면, 이 세상에 얼마나 아름다운 하모니가 울려퍼지겠는가!……우리의 명예와 돈에 대한 관심이 이 지상에서 사라질 수 있다면, 우리 모두는 서로 돌볼 것이다. 이 얼마나 멋진 우정인가!……내 입장에서 보았을 때, 나는 그것이 마치 우리의 모든 질병의 치료책인 것처럼 느낀다.[37]

그러므로 신비적 상황들은 그것들의 영감이 선호하는 선상에서 영혼을 좀더 힘있게 만든다. 그러나 이것은 단지 그 영감이 진실된 것이라는 경우에만 장점이 될 수 있다. 만일 그 영감이 잘못된 것이라면, 그 에너지는 더욱더 모든 것을 잘못 판단하게 하고 쓸모 없는 것으로 만들 것이다. 그러므로 우리는 성인다움에 대한 강연의 끝부분에서 직면하였던 진리의 문제 앞에 다시 한 번 서게 된다. 여러분은 우리가 진리의 빛을 얻기 위해 신비주의에 정확하게 관심을 기울인 것을 기억할 것이다. 신비적 상태는 성인다운 삶이 뿌리를 내리고 있는 신학적 성질의 진리를 확립하고 있는가?

명확한 자기 서술이 거부되고 있음에도 불구하고, 신비적 상태는 일반적

---

37) *Vie*, 219, 200, 231~233, 243쪽.

으로 확실히 구별되는 이론적 경향을 주장하고 있다. 대부분의 신비주의가 보이는 결과를 명확한 철학적 방향을 가리키는 언어로 제시할 수 있다. 그런 방향들 중 하나가 낙관주의이고, 다른 하나가 일원론이다. 적은 데서부터 많은 곳으로, 작은 것에서부터 광대함으로, 그리고 동시에 불안정한 데서부터 안정된 데로 넘어가듯이, 우리는 일상적 의식으로부터 신비적 상태로 넘어간다. 우리는 그 상태를 화해 또는 합일의 상태로 느낀다.

그 상태는 우리 내부의 부정기능보다는 긍정기능에 더욱 호소한다. 신비적 상태에서는 무한자가 유한자를 흡수하므로 평화롭게 유한자와의 관계를 중단한다. 여러분이 궁극적 진리—우파니샤드[38])가 단지 '부정, 부정' (No! no)으로만 기술한 그분, 자아, 아트만—에 적용하는 데 사용한 모든 형용어구에 대하여, 신비상태의 부정은 표면적으로는 부정기능인 듯하지만 그 부정은 좀더 깊은 긍정을 대신하여 생기는 부정이다. 절대적 존재를 특별한 어떤 것이라고 부르거나, 그것은 이것이라고 말하는 사람은 누구나 저것이 될 수 있는 가능성을 맹목적으로 차단하려는 듯하다. 이것은 마치 그가 절대적 존재를 축소시키는 것과 같다. 그래서 우리는 우리를 소유하는 고차적인 긍정적 태도에 관심을 가지고, 우리에게 부정을 의미하는 것처럼 보이는 것을 부정하면서 '이것'이라는 것을 부정한다. 그리스도교 신비주의의 근원은 디오니시우스(Dionysius the Areopagite)이다. 그는 절대적 진리를 오로지 부정적 언어로만 기술하고 있다.

모든 만물의 원인자는 영혼도 지성도 아니다. 그것은 상상력도 견해도 이성도 지력도 가지고 있지 않다. 그것은 이성도 지성도 아니다. 그것은 말해지지도 생각되지도 않는다. 그것은 수(數)도 질서도, 큰 것도 작은 것도, 평등도 불평등도, 유사성도 상이성도 아니다. 그것은 서 있지도 움직이지도 쉬고 있지도 않다. 그것은 본질도 영원도 시간도 아니다. 더욱이 지적 접촉조차도 그것에 속하는 것이 아니다. 그것은 과학도 진리도

---

38) Müller's translation, part ii, 180쪽.

아니다. 그것은 더욱이 왕권도 지혜도 아니다. 일자도 아니고, 합일도 아니고, 신성이나 선함도 아니고, 우리가 알고 있는 것처럼 영도 아니다. 기타 등등. 즉흥적 대사(ad libitum).39)

그러나 디오니시우스가 이러한 자질들을 부정하는 이유는 진리가 이러한 자질들에 미치지 못했기 때문이 아니라, 그것들을 무한히 능가하기 때문이다. 진리는 이러한 자질들을 넘어서 있다. 진리는 과도하게 빛나는, 최고로 훌륭한, 초본질적인, 장엄함을 넘어선, 이름붙일 수 있는 모든 것 위의 존재이다. 헤겔의 논리처럼 신비주의자들도 '절대적 부정의 방법'에 의해서만 진리의 긍정적 극점을 향하여 나아간다.40)

그러므로 신비주의 문헌에는 너무나 풍부한 역설적 표현들이 생기게 된다. 에크하르트는 신성의 조용한 사막에 대해 "아버지, 아들, 성령이 전혀 다르게 보이지 않는 곳, 거기서는 매우 낯선 느낌을 받지만, 영혼의 불꽃이 그것 자체 안에서 더욱 평화로운 곳"41)이라고 말한다. 뵈메는 근본적 사랑에 대해 다음과 같이 썼다. "그것은 무(無, Nothing)와 비교하는 것이 적절할 수도 있다. 왜냐하면 그것은 그 어떤 것보다 더욱 심오하기 때문이며, 그것은 어떤 것으로도 이해될 수 없으므로 모든 것들에 관해서도 무이기 때문이다. 그리고 그것은 그 각각이 무이기 때문에 모든 것으로부터 자유로우며, 그래서 사람이 그것이 무엇이라고 표현하거나 말할 수 없는 것, 단지 선일 뿐이다. 거기엔 그것을 표현하기 위해 비교할 수 있는 것이 아무것도 없다."42)

---

39) T. Davidson's translation, in *Journal of Speculative Philosophy*, 1893, vol. xxii., 399쪽.
40) "Deus propter excellentiam non immerito Nihil vocatur."(탁월성 때문에 신은 부당하지 않게 무(無)로 불린다.) *Scotus Erigena*, quoted by Andrew Seth, *Two Lectures on Theism*, New York, 1897, 55쪽.
41) J. Royce, *Studies in Good and Evil*, 282쪽.
42) Jacob Behmen's *Dialogues on the Supersensual Life*, translated by Bernard Holland, London, 1901, 48쪽.

또는 앙겔루스 실레시우스(Angelus Silesus)는 다음과 같이 노래한다.

신은 순수한 무(無)이다. 지금 여기에서는 그를 접촉할 수 없다. 당신이 그를 잡으려 하면 할수록 그는 당신에게서 멀어질 것이다.[43]

개인 의지의 범위 안에 있는 도덕적 대응물 가운데 가장 난해한 것은, 고차적 종류의 긍정을 향하여 나아가려는 통과의 한 양태로서 지성을 가지고 부정을 변증법적으로 사용하는 것과 관련되어 있다. 한정된 자아와 그것의 욕망을 부정함은, 즉 일종의 금욕주의는 종교적 경험에서는 보다 크고 좀더 축복받은 삶으로 들어가는 유일한 관문으로 발견되기 때문에, 이런 도덕적 신비는 모든 신비주의 문헌에서 지적 신비와 서로 뒤얽히고 결합된다.

뵈메는 계속하여 말한다.
'사랑'은 무이다. 왜냐하면 당신이 피조물과 보이는 것들로부터 완전히 벗어나려 할 때, 그리고 자연과 피조물 모두에게 무가 될 때, 그때 당신은 신 자체인 영원한 일자(一者) 안에 있게 되고, 그 안에서 사랑이라는 최상의 덕을 느낄 것이기 때문이다. 영혼을 위한 보물 중의 보물은 모든 것이 만들어질 수도 있는 것에서부터 벗어나 그 무로 나아가는 곳에 있다. 여기에서 영혼은 나는 아무것도 가지고 있지 않다고 말한다. 왜냐하면 나는 완전히 발가벗겨져 있기 때문이다. 나는 아무런 힘이 없기 때문에 아무것도 할 수 없지만, 그러나 나는 솟아오르는 물과 같다. 나는 아무것도 아니다. 왜냐하면 나인 모든 것은 존재의 한 형상에 지나지 않기 때문이며, 그리고 단지 나에게는 신만이 나의 존재 자체이기 때문이다. 그래서 나 자신의 존재하지 않음 속에 앉아 있을 때, 나는 영원한 존재에게 영광을 돌리고 나 자신은 어떤 것도 되지 않는다. 그래서 신이 나에게 나의 신과 모든 것이, 즉 내 안에서 모든 것이 되려 한다.[44]

---

43) Cherubinischer Wandersmann, Strophe 25.
44) 같은 책, 42, 74쪽(축약됨).

바울의 언어로는, 내가 사는 것이 아니라 그리스도가 내 안에서 사는 것이다. 단지 내가 무(無)와 같이 될 때 신이 내 안에 들어올 수 있으며, 그의 삶과 나의 삶 사이에 아무런 차이점도 눈에 띄게 남아 있지 않는다.[45]

이렇게 절대적 존재와 개인 사이에 존재하는 모든 보편적 장벽들을 극복하는 것은 신비적 상태의 위대한 성취이다. 신비적 상태에서 우리는 절대적 존재와 더불어 하나가 되며 우리의 하나됨을 깨닫게 된다. 이것은 지속적으로 당당하게 내세울 수 있는 신비적 전통이고, 지역이나 신조의 차이에 의해 쉽게 변화되지 않는다. 힌두교에서, 신플라톤주의에서, 수피즘에서, 그리스도교 신비주의에서, 휘트먼주의에서 우리는 똑같은 것으로 상기되는

---

45) 나는 프랑스어로 씌어진 어떤 책으로부터 신의 현존 속에서 느끼는 행복에 대한 이런 신비적 표현을 발췌한다.
 "예수는 내 마음에 거처를 취하기 위해 오셨다. 이것은 거주나 교제라기보다는 일종의 합일이다. 오, 새롭고 축복받은 삶! 매일 더욱 빛나는 삶. ……내 앞에 있는 벽은 몇 분 전에는 어두웠지만 태양이 그 위에 빛을 비추고 있기 때문에 이 시간에는 빛난다. 햇살이 드리워지는 곳마다 그 햇살은 영광의 큰 불을 붙인다. 가장 작은 유리 조각이 반짝거리고 모래알은 각각 불을 발산한다. 그럴지라도 내 마음에는 훌륭한 승리의 노래가 있다. 왜냐하면 주님이 그곳에 계시기 때문이다. 나의 날들은 서로서로 이어지고 있다. 어제는 청명한 맑은 날씨였고 오늘은 흐렸다. 밤에는 이상한 꿈으로 가득 찼고, 눈을 뜨고 내가 의식을 회복하여 삶을 다시 시작하는 것처럼 보이자마자 언제나 내 앞에는 똑같은 모습, 즉 언제나 나의 마음을 가득 채운 똑같은 존재가 있었다. ……이전의 날들은 주님이 내 마음 속에 없었기 때문에 따분하였다. 나는 모든 형태의 슬픈 인상이 엄습했기 때문에 깨어나곤 하였고, 나의 길에서 그를 발견하지 못했다. 그러나 오늘 그는 나와 함께 있다. 사물을 뒤덮는 구름도 내가 그와 함께 소통하는 데 어떤 방해물도 되지 못한다. 나는 그의 손의 밀착을 느낀다. 나는 평온한 기쁨으로 가득 채운 그 밖의 다른 것을 느낀다. 내가 감히 그것을 말할 수 있을까? 물론 할 수 있다. 왜냐하면 이것은 내가 경험한 것에 대한 진실한 표현이기 때문이다. 성령은 단순히 나를 방문하는 것이 아니다. 성령은 한 순간에서 다른 순간으로 날개를 펴고 나를 맘에 남겨두는 연혹직 환영이 아니라 내 안에 영원히 거주한다. 성령은 나를 데리고 갈 때에만 떠난다. 그것 이상이다. 그는 나 자신 이외에는 아무것도 아니다. 그는 나와 함께 있다. 이것은 병렬이 아니라 관통, 나의 본성의 근본적 변화 그리고 나의 존재의 새로운 양태이다." Wilfred Monod, II Vit : six méditations sur le mystère chrétien, 280~283쪽의 '노인에 대하여' (of an old man)의 사본으로부터(MS.) 인용함.

어조를 발견한다. 그래서 신비적 언사들에는 영원한 일치가 있다. 그 영원한 일치는 마땅히 비평가의 비평을 정지시키고 생각하게 만들며, 그리고 회자되어 왔듯이 신비적인 고전작품들은 어떤 특정한 날이나 특정한 장소에서 생겨나지 않았음을 알려준다. 끊임없이 신과 인간의 합일을 말함으로써 그들의 이야기는 언어를 앞서가며, 그래서 그들은 쇠퇴하지 않는다.[46]

"그것은 당신이다!"라고 우파니샤드는 말하며, 베단타주의자들은 다음과 같이 덧붙인다. "그것의 한 부분이나 양태가 아니라, 그것 자체, 즉 세상의 절대적 영." "그러므로 오 가우타마여, 맑은 물 속으로 퍼부어진 맑은 물이 똑같은 물로 남아 있듯이 진리를 알고 있는 사상가의 자아도 그렇다. 어느 누구도 물 속에 있는 물, 불 속에 있는 불, 에테르 속에 있는 에테르를 구분할 수 없다. 마찬가지로 어느 누구도 자아 안으로 들어간 마음을 자아와 구별하지 못한다."[47] 수피인 굴샨 라즈(Gulshan-Raz)는 다음과 같이 말한다. "마음이 더 이상 의심으로 흔들리지 않는 사람은 모두 거기에 일자(一者) 외에는 아무것도 존재하지 않음을 확실히 안다. 그의 신적 권위 안에서는 나도 너도 우리도 발견되지 않는다. 왜냐하면 그 일자 안에서는 구분이란 있을 수 없기 때문이다. 그 자신으로부터 완전히 분리되고 소멸된 모든 존재는 나는 신이다라는 음성과 메아리가 자기 밖에서 울려퍼지는 것을 듣는다. 그는 현존하는 영원한 길을 간직하고 있으며, 이제는 결코 죽지 않는다."[48]

신의 환상 속에서 플로티누스는 다음과 같이 말한다. "보는 것은 우리의 이성이 아니고, 선험적이며 우리의 이성을 초월한 어떤 것이다. 그러므로 올바르게 보고 있는 자는 두 개의 사물을 보는 것이 아니어서, 그것들을 구별하거나 상상하지도 않는다. 그는 그 자신이기를 멈추고 변하여, 그 자신에 관한 것은 아무것도 유지하지 않는다. 신 안에 흡수되면, 그는 단지 한

---

46) M. Maeterlinck, *L'Ornement des Noces spirituelles de Ruysbroeck*, Bruxelles, 1891, Introduction, xix쪽과 비교해보라.
47) *Upanishads*, M. Müller's translation, ii. 17, 334쪽.
48) Schmölders, 앞의 책, 210쪽.

원의 중심이 다른 중심과 일치하는 것처럼, 그와 함께 하나를 이룬다."[49] 주조는 이렇게 기술한다. "여기서 그 영혼은 죽지만, 신의 불가사의 안에서는 모든 것이 살아 있다. 그리고 영광스럽고 눈부신 모호함과 적나라하고 단순한 일치의 고요 속에서 그 영혼은 상실된다. 최고의 축복이 발견되는 곳은 바로 이러한 무형이다."[50] 안젤루스 실레시우스(Angelus Silesius)는 다시 "나는 신만큼이나 크다. 신은 나만큼이나 작다. 그는 나보다 클 수 없으며 나 또한 그분보다 작을 수 없다"라고 노래한다.[51]

신비적 문학작품에서 우리는 '눈부신 어둠', '속삭이는 침묵', '풍요로운 사막'과 같은 자기모순적 구절들을 지속적으로 접하게 된다. 그것들은 신비적 진리를 가장 잘 표현할 수 있는 요소는 개념적 언어가 아니라 오히려 음악이라는 것을 증명해준다. 수많은 신비적 경전들은 실로 음악적으로 구성되어 있다.

나다(Nada)의 소리인 '소리 없는 소리'를 듣고 이해하려는 사람은 다라나(Dhâranâ)의 본질을 배워야 한다. 그 자신에게 그의 형상이 마치 그가 꿈에서 보는 모든 형상들을 깨우면서 보는 것같이 비현실적으로 비쳐졌을 때, 그가 많은 것을 듣는 것을 멈췄을 때, 그는 그 일자, 즉 외부의 소리를 죽이는 내면의 소리를 분별하게 된다. 그런 후에 영혼이 내면의 소리를 들을 것이고 기억할 것이기 때문이다. 그런 후에 침묵의 소리는 내면의 귀에다 말할 것이다. ……그리고 이제 너의 자아는 자아 안에서, 너 자신은 너 자신 안에서 사라지며, 너를 처음 방출시켰던 그 자아와 연합한다. 보라! 너는 빛이 되었다. 너는 소리가 되었다. 너는 너의 주인이고 너의 신이다. 너는 네가 찾고 있는 대상인 너 자신이 된다. 변화와 죄악으로부터 벗어나 영원을 반향시키는 소멸되지 않는 목소리, 즉 일곱 가

---

49) *Enneads*, Bouillier's translation, Paris, 1861. iii. 561. 473~477쪽과 vol.i. 27쪽을 비교해보라.
50) *Autobiography*, 309, 310쪽.
51) 앞의 책, Strophe 10.

지가 하나로 들리는 소리, 즉 침묵의 소리. 그것이 옴이다(Om tat Sat).[52]

여러분이 이런 말들을 진지하게 받아들인다면 이것들은 음악과 언어가 공통적으로 영향을 주는 여러분 안의 현을 튕기게 한다. 음악을 모르는 비평가들은 그러한 것들에 마음이 쏠려 있는 우리를 어리석다고 비웃을는지도 모르지만, 음악은 우리에게 비음악적 비평이 반론을 제기할 수 없는 존재론적 메시지를 준다. 이러한 것들이 자주 나타나는 정신의 경계가 있다. 그래서 거기서부터 속삭임들은 마치 무한한 대양의 물이 파도가 되어 해변의 조약돌들 가운데에서 부서지듯이 우리의 이해력의 작용과 함께 뒤섞인다.

여기, 세상 끝날까지 끝나지 않는 바다가 시작된다. 우리가 서 있는 곳.
우리는 알 수 있다. 희미한 파도들 너머에 그 다음의 높은 파도 선(線)이 놓여 있음을.
우리는 인간이 결코 알 수 없었던 것을, 인간의 눈으로도 볼 수 없었던 것을 알 수 있다.
아, 그러나 지금 모험적인 기쁨으로 어둠을 동경하면서 인간의 심장은 박동한다.
그 너머에는 더 이상 해안이 없는 해안으로부터, 그것은 모든 바다 안에 놓여 있다.[53]

예를 들어, 영원은 시작도 끝도 없으며 우리가 영원 속에 산다면 우리의 불멸성은 미래에 있는 것이 아니라 이미 지금 여기에 있는 것이라는 신조가 오늘날 어떤 철학집단에서 자주 표현되는데, 그것은 신비적으로 보다 깊은

---

52) H.P. Blavatsky, *The Voice of the Silence*.
53) Swinburne, *On the Verge*, in "A Midsummer Vacation."

차원에서부터 나오는 "아멘" 또는 "들어라! 들어라!" 하는 말에 의존하고 있다.54) 우리는 그것을 들음으로써 신비적 영역으로 가기 위한 암호를 깨닫지만, 그러나 임의로 그것을 사용할 수가 없다. 그것은 그 자체로 '태고의 암호'를 간직하고 있기 때문이다.55)

나는 아주 간결하면서도 불충분하게, 그러나 허락된 시간 안에서 가능한 한 정당하게 신비적 범주의 의식에 대한 일반적 특성들을 개괄해왔다. 신비적 의식은 전체적으로 범신론적이고 낙관적이며, 또는 적어도 비관주의와 대립된다. 그것은 반자연주의적이며, 그래서 두 번 태어남과 정신의 내세적 상태와 최상의 조화를 이룬다.

내가 다음에 해야 할 일은 우리가 신비적 의식을 믿을 만한 것으로 권장할 수 있는지 아닌지를 물어보는 것이다. 신비적 의식은 그것이 선호하는 두 번 태어남, 초자연성 그리고 범신론의 진리를 위하여 믿을 만한 증거를 제공하는가? 나는 할 수 있는 한 자세하게 그 질문에 대한 답변을 해야 한다.

간단히 말해서, 나의 답변은 이렇다. 나는 이것을 세 부분으로 나누어 설명할 것이다.

(1) 잘 발전되어 있는 신비적 상태들은 언제나 그런 경험을 한 개인에게는 질대적으로 믿을 만한 것이며 또한 그럴 만한 정당성을 가진다.

(2) 신비적 상태의 그 어떠한 권위도 신비적 상태를 경험하지 못한 사람들에게 그 계시를 무비판적으로 받아들이라고 할 수 없다.

(3) 신비적 상태는 이해력과 감각에만 기초하고 있는 비신비적 또는 합리적 의식의 권위를 붕괴시킨다. 그것은 단지 한 종류의 의식만을 보여준다. 그런 상태는 비신비적 의식이 단지 의식의 한 종류임을 보여준다. 그것은 다른 종류의 진리의 가능성을 펼쳐준다. 우리 안에 있는 어떤 것이 진실로

---

54) 492과 493쪽에서 인용한 버크 박사의 인용과 비교해보라.
55) 신비적 영역과 추론적 삶 사이를 연결시키는 심각한 시도는, 내가 알기로는 실러(F.C.S. Schiller)가 1900년 *Mind*지의 9권에 기고한 아리스토텔레스의 움직이지 않는 동인자에 대한 논문에 포함되어 있다.

신비적 진리에 반응을 보이는 한, 우리는 자유롭게 그것에 대한 믿음을 계속 유지할 수 있다.

나는 이러한 점들을 하나씩 다루어갈 예정이다.

1.

심리학적 사실에서 본다면, 아주 뚜렷하게 명확한 종류의 신비적 상태는 일반적으로 그런 상태를 경험한 사람들에게는 권위 있는 것이다.[56] 그들은 '거기에' 있었으므로 알고 있다. 합리주의적 측면에서 이런 것을 못마땅해 하는 것은 헛된 일이다. 어떤 사람에게 도래한 신비적 진리가 그를 살아가게 하는 힘으로 입증된다면 어떻게 우리가 그에게 다른 방법으로 살아가라고 명령을 내리겠는가? 우리는 그를 감옥이나 정신병동에 내던질 수도 있으나, 그의 정신을 변화시킬 수는 없다. 오히려 보다 완고하게 그 정신의 믿음에 헌신하도록 할 뿐이다.[57] 그 정신은 사실상 우리의 최선의 노력들을 조롱하며, 논리적인 점에서도 우리의 판단영역을 완전히 벗어나 있다. 사실 우리 자신의 좀더 '합리적' 믿음들이라는 것도 정확하게 표현하자면, 신비주의자들이 자신을 위하여 인용하는 것과 유사한 증거에 기초하고 있다. 말하자면, 우리의 감각들은 우리에게 특별한 상태의 사실을 확신하게 해준다. 그러나 지금까지 감각들이 우리에게 그랬던 것처럼 신비적 경험들은 그 경

---

56) 나는 더 약한 상태들, 그리고 지도자(그러나 일반적으로 주체는 아니다)가 그 경험이 악마로부터 나왔는지를 의심하는 사례들로 가득 찬 책들은 여기서 생략했다.

57) 예 : 존 넬슨(John Nelson) 씨는 감리교를 선전했기 때문에 감옥에 수감되었던 것에 대해 다음과 같이 쓰고 있다. "나의 영혼은 물이 있는 정원과 같았고 나는 하루 종일 신에게 찬양을 드릴 수 있었다. 왜냐하면 신은 나의 수감생활을 기쁨으로 바꾸셨고, 나는 널빤지에 누워 있었지만 솜털로 되어 있는 침대 위에 누워 있을 때처럼 안식을 주셨기 때문이다. 곧바로 나는 '신의 돌보심은 완전한 자유이다'라고 말할 수 있었다. 그리고 나의 신이 너무나 거대하게 나에게 베푸셨던 평화의 똑같은 강물을 나의 적들도 마시기를 기도하였다." *Journal*, London, 날짜 표시 없음, 172쪽.

험자들에게는 사실에 대한 직접적 지각과 같다. 야만적 표현이 양해가 된다면, 오감은 신비적 경험들 속에서 정지상태에 있음에도 불구하고 인식론적 상태에서는 완전히 감각적임을 여러 기록들은 보여주고 있다. 다시 말해서, 신비적 경험은 즉각적으로 현존하는 듯한 어떤 것의 직접적 표상이다.

간단히 말해서, 신비적 경험자의 진술은 반박할 수 없다. 그래서 우리가 그것을 좋아하든 안 하든, 신비적 경험자는 그 어떤 방해도 받지 않고서 그의 신조를 즐기게 된다. 톨스토이는 믿음이란 인간을 생존케 하는 것이라고 말한다. 신앙의 상태와 신비적 상태는 실질적으로 동의어이다.

2.

그러나 우리 스스로가 신비적 상태에 대해 문외한이고 게다가 사적 부름을 느끼지 못할 경우, 신비주의자들이 우리에게 그들의 독특한 경험의 진술을 받아들여야 한다고 주장할 권리는 없다는 것을 나는 지금 계속해서 부언하려 한다. 그들이 이러한 삶 속에서 우리에게 요청할 수 있는 최대한도는 그들이 하나의 가정을 확립한 것을 인정받는 것이다. 그들은 하나의 합의를 형성하며 분명한 결과를 소유하고 있다. 그러한 만장일치적 유형의 경험이 전적으로 잘못되었다고 증명된다면, 신비주의자들은 그 증명은 이상하다고 말할지도 모른다. 그러나 이것은 근본적으로 그 반대인 합리주의의 호소와 유사하게 단지 수적 우세함을 가지고 호소하려는 것이다. 수적 우세로 인한 호소는 논리적 힘이 없다. 만약 우리가 그것을 인정한다면, 그것은 논리적 이유 때문이 아니라 '암시적'인 이유 때문이다. 우리는 다수결의 원리를 따른다. 왜냐하면 그렇게 하는 것이 우리의 삶에 어울리기 때문이다.

그러나 신비주의자들 모두로부터 나온 이러한 가정조차도 결코 강력하지는 않다. 나는 신비적 상태를 범신론이나 낙관주의 등으로 규정시킴으로써 그 진리를 너무 단순화시키는 것은 아닌가 하는 염려를 한다. 나는 설명하려고 그렇게 했고, 그래서 고전적인 신비적 전통에 근접하려고 하였다. 지금 고백하건대, 고전적인 종교적 신비주의는 단지 하나의 '특권적 경우'일 뿐이다. 그것은 '학파들' 내에서 보존되고 가장 적합한 본보기들 중에서 선택되어 유형화된 것을 그대로 유지해온 하나의 **추출물**이다. 그것은 아주 큰 덩어리로부터 잘려나온 것이다. 그래서 만일 우리가 종교적 신비주의를 역사적으로 선택했던 것처럼 그렇게 진지하게 좀더 큰 덩어리의 신비주의를 선택한다면, 신비주의자들이 말하는 의견의 일치는 대부분 사라질 것임을 알게 될 것이다.

첫째로 전통을 형성하고 학파를 만드는 종교적 신비주의 자체조차도 내가 인정해온 것보다 훨씬 상이하다. 종교적 신비주의는 그리스도교 교회 안에서도 금욕적 신비주의와 더불어 도덕률 폐지론처럼 자기방종적 신비주의가 동시에 존재해왔다.[58] 종교적 신비주의는 상키아 철학 안에서는 이원론적이며, 베단타 철학에서는 일원론적이다. 나는 그것을 범신론적이라고 지칭하였다. 그러나 위대한 스페인의 신비주의자들은 결코 범신론자들이 아니다. 몇몇 예외가 있기는 하지만, 그들은 형이상학적 정신을 갖고 있지 않은 사람들이다. 왜냐하면 그들에게는 '인격의 범주'가 절대적이기 때문이다. 그들에게서 인간과 신의 합일은 근본적 일치와 유사하다기보다 우연한 기적과 좀더 많이 유사한 것이다.[59]

월트 휘트먼, 에드워드 카펜터(Edward Carpenter), 리처드 제프리스(Richard Jefferies), 그리고 그 밖의 자연주의적 범신론자들의 신비주의와 그리스도교 양식의 신비주의는 모두에게 공통된 행복은 제쳐두고라도 얼마나 다른지.[60] 확대, 합일, 해방의 신비적 느낌은 그것이 무엇이든 간에 특별한 지적 내용을 가지고 있지 않다는 것은 사실이다. 단지 철학과 신학이

---

58) 마테를링크(Maeterlinck)가 번역한 저서를 보면 뢰이즈브루크는 제자들의 도덕 폐기론을 비판하는 글을 담고 있는 부분이 있다. 들라크루아(H. Delacroix)의 책(*Essai sur le Mysticisme spéculatif en Allemagne au XIVme Siécle*, Paris, 1900)은 도덕폐기론적인 자료를 많이 담고 있다. 또한 A. Jundt, *Les Amis de Dieu au XIVme Sécle*, Thèse de Strasbourg, 1879와 비교해보라.
59) Paul Rousselot, *Les Mystiques Espagnols*, Paris, 1869, 12장과 비교해보라.
60) 특히 카펜터의 *Towards Democracy*의 후반부와 제프리스의 아름답고 빛나는 신비적 광상극(rhapsody)인 *The Story of My Heart*를 참조하라.

그 구조 속에 신비주의의 독특한 정서적 분위기를 위한 자리를 발견하는 한, 신비주의는 가장 다양한 철학과 신학이 공급하는 자료와 함께 연합할 수 있게 된다. 그러므로 우리는 어떤 특별한 믿음, 즉 이 세상의 절대적 관념론, 절대적 일원론적 정체성, 또는 절대적 선의 믿음에 확실하게 찬성할 때처럼 신비주의에 대한 명성을 불러일으킬 권리는 없다. 그것은 이러한 모든 것들을 위해 단지 상대적일 뿐이다. 그것은 일반적 인간의 의식을 벗어나 여러 믿음들이 위치하고 있는 방향으로 통과한다.

이와 같이 종교적 신비주의 그 자체를 위한 것들은 많다. 그러나 종교적 신비주의는 단지 신비주의의 절반에 불과하므로 보다 많은 것들이 신비주의로 불리는 채 남아 있다. 나머지 반은 정신이상에 관한 교과서들에 수록된 경우를 제외하고, 축적된 전통을 가지고 있지 못하다. 이런 책들 중 어떤 것이라도 펼쳐보면, 여러분은 정신이 약해지거나 망상에 사로잡힌 상태에서 나타나는 특징적 증상으로서, '신비적 관념들'이 인용된 풍부한 사례들을 보게 될 것이다. 종종 편집증이라고 불리는 망상적 정신이상에서, 우리는 일종의 종교적 신비주의를 뒤집어놓은 악마적인 신비주의(diabolical mysticism)를 볼 수도 있다. 가장 사소한 사건들 속에서 형언할 수 없는 중요성을 느끼는 것, 동일한 책과 언어에서 새로운 의미를 발견하는 것, 환청과 환상, 그리고 인도와 임부, 외부적 힘에 의해 통제되는 것 등이 이러한 신비주의의 특성이다. 이런 신비주의 안에서 일어나는 감정은 단지 비관적이다. 위안 대신에 우리는 고독감을 느끼며, 목적하는 것들은 두려움으로 가득하고, 힘들은 삶에 적대적이다.

그것들의 심리과정의 관점에서 보면, 고전적 신비주의와 좀더 하위의 신비주의는 동일한 마음의 차원, 즉 과학이 그 존재를 인정하기 시작했지만 아직 잘 알지 못하는, 거대한 잠재의식의 영역 또는 경계선을 초월한 영역으로부터 분출된다는 것은 명백한 사실이다. 이러한 영역은 온갖 종류의 내용을 포함하고 있다. '세 쌍의 날개를 가진 천사'와 '뱀'이 거기에 나란히 오래도록 버티고 있다. 그렇기 때문에 그 결과로 생기는 것은 의심의 여지 없이 믿을 수 있는 것은 아니다. 결과로서 나타나는 것은 면밀히 조사하고 시험해보아야 하며, 바로 감각 너머의 세계로부터 오는 것과 같은 경험의 모든 정황에 직면할 준비가 되어 있어야 한다. 그것의 가치는 우리 스스로가 신비주의자가 아닌 한 경험적 방법으로 확인받아야만 한다.

다시 한 번 반복하건대, 비신비주의자들이 신비적 상태에서 그것의 내적 성질 때문에 부여된 신비적 상태의 초월적 권위를 인정해야 할 의무는 없다.[61]

3.

그러나 나는 다시 한 번 반복하는데, 신비적 상태가 존재한다는 것은 우리가 믿고 있는 것에 대한 유일하고도 궁극적인 명령자인 비신비적 상태의 주장을 전적으로 뒤집어엎는다. 대개 신비적 상태는 일반적 의식의 외부자료에 단순히 초감각적 의미를 첨가한다. 그것은 우리의 영에 주어지는 선물, 즉 사랑이나 야망의 감정과 비슷한 흥분상태이다. 이런 흥분상태를 통해 우리 앞에 객관적으로 놓여 있는 사실들은 새로운 표현을 시작하고 우리의 활동적 삶과 새로운 관계를 맺는다. 신비주의적 상태는 이와 같은 사실

---

[61] 맥스 노르다우(Max Nordau)는 그의 저서 『퇴보』(*Degeneration*) 2권 1장에서 보다 저급한 종류의 신비주의의 약점을 폭로함으로써 모든 신비주의를 훼손시키려고 한다. 그에게 신비주의는 사물 속에 숨겨져 있는 의미의 갑작스런 지각을 뜻한다. 그는 그런 지각을 경험들이 퇴화된 두뇌 안에서 일어난다는, 풍부하지만 완전치는 않은 연상들로 설명한다. 이런 연상들은 그 경험을 갖고 있는 사람에게 그 경험의 통솔에 대한 희미하고 방대한 느낌을 제공해준다. 그러나 이것들은 그의 사고 안에서 뚜렷하거나 유용한 결과를 불러내지는 않는다. 그 설명은 의미에 대한 어떤 종류의 느낌에는 그럴 듯한 설명이다. 다른 정신병 의사들(예를 들면, Wernicke는 그의 *Grundriss der Psychiatrie*, Theil ii., Leipzig, 1896에서)은 '편집증'의 상태를 연상기관의 부작용에 의해 생기는 것으로 설명하였다. 그러나 긍정적이고 갑작스런 특성을 지닌 고차원적인 신비적 비약은 확실히 그런 부정적 조건의 산물이 아니다. 우리가 아직도 알지 못하는 것과 관련 있는 대뇌의 활동, 즉 잠재의식적 삶으로부터 고차원적인 신비적 비약이 나온 것으로 이해하는 것은 확실히 합리적으로 보인다.

들에 반론을 제기하거나, 또는 우리의 감각이 즉각적으로 포착한 것을 부정하지 않는다.62) 논쟁에서 반대자의 편에 서는 사람은 오히려 합리주의적 비평가이다. 그러나 그들의 부정은 설득력이 없다. 정신이 더욱더 포괄적 관점으로 향한다면 사실들의 상태에 새로운 의미를 첨가하지 않을 수 없기 때문이다.

신비적 상태들이 항상 그처럼 뛰어난 관점들—정신이 보다 넓고 포괄적인 세상을 조망할 수 있게 하는 창문들—인지 아닌지 하는 것은 의문이 아닐 수 없다. 다른 신비적 창문들을 통해 보여지는 조망들의 차이점 때문에 우리는 이런 가정을 피해 나갈 필요는 없다. 이런 경우, 좀더 넓은 세계도 이 세계의 구성처럼 복합적으로 구성되어 있음을 입증할 것이다. 우리의 세계 속에 있는 것과 똑같이 그 안에도 천국의 영역과 지옥의 영역이 있고, 유혹의 순간들과 유보적인 순간들이 있고, 정당한 경험들과 거짓된 경험들이 있을 것이다. 그러나 그 세계는 언제나 더 광대한 세계가 될 것이다. 우리는 일상의 자연주의적 세계에서 하는 우리의 관습처럼 그 세계의 경험들을 선택과 경시와 대체를 통하여 사용해야만 할 것이다. 우리는 바로 지금의 우리처럼 자칫 쉽게 잘못을 저지를 수도 있을 것이다. 그러나 더 넓은 세계의 의미들을 고려해 넣고, 그 세계를 진지하게 다루려는 것은 모든 당혹스러움에도 불구하고 궁극적 진리의 충만함을 향한 우리의 접근과정에서 피할 수 없는 단계일 수도 있다.

이 상태에서 우리는 이 주제를 종결지어야 한다. 신비적 상태들은 단순히 신비적 상태에 있다는 것을 이유로 권위를 세우려 하지 않는다. 그러나 그 중 고차적인 것들은 비신비적인 사람들도 동의할 수 있는 종교적 감정 쪽으로 향해 있다. 그것들은 최고의 이상, 광대함, 합일, 안전 그리고 휴식에 대해 말한다, 그것들은 우리가 임의로 무시할 수도 있지만, 생각이 있는 사람이라면 전복시킬 수 없는 **가설**을 우리에게 제공한다. 그것들이 우리에게

---

62) 이 상태들은 때때로 주관적 환청과 환상(audita et visa)을 사실에 첨가한다. 그러나 이 상태들이 일반적으로 초세상적 상태로 해석될 때, 이것들은 감각적 사실들에 강제적 변화를 일으킬 수는 없다.

제시한 초자연주의와 낙관주의는 이런 저런 식으로 해석해볼 때 결국 현세의 의미 속으로 파고드는 가장 진실된 통찰일 수도 있다.

"오, 조금만 더, 그러면 얼마나 많을까. 조금만 덜, 그러면 세계는 사라질 텐데!" 종교적 의식이 생존을 위해 요구하는 모든 것은 이런 종류의 가능성이고 허용이다. 마지막 강연에서 나는 이것이 그 사례임을 여러분들에게 설득시키려고 노력할 것이다. 그러나 한편으로 나는 많은 독자들에게 이런 규정은 너무나 빈약하다고 확신한다. 여러분은 만약 초자연주의와 신의 내적 합일이 진실이라면, 그것들이 믿도록 허용되기보다는 강제되어야 한다고 생각할 것이다. 철학은 언제나 종교적 진리를 강제적인 논증으로 증명하려고 주장해왔다. 그리고 우리가 이런 용어를 폭넓은 역사적 의미로 사용한다면, 이런 종류의 철학은 언제나 종교적인 삶의 호의적 기능이 되어왔다. 종교철학은 광대한 주제이므로, 다음 강연에서 나는 가능한 한 간략하게 살펴보도록 하겠다.

제18강 | 철학

성인다움이라는 주제에 이르러 우리는 신의 존재에 대한 느낌은 객관적으로 존재하는 것에 대한 느낌인가 하는 문제에 직면하게 된다. 우리는 앞에서 그 답을 찾기 위해 신비주의를 연구하는 과정에서, 신비주의가 종교를 확증하려고는 하지만 그 표현이 너무나 사적이고 다양해서 보편적 권위를 주장할 수는 없다는 점을 발견했다. 그러나 철학은 이와 달리 보편적 타당성이 있다고 주장되는 결과를 공언하고 있으므로 철학으로 관심을 옮겨보도록 하자. 철학은 과연 신적인 것에 대한 인간의 종교적 믿음에 그 진실한 근거를 마련해줄 수 있을까?

이 시점에서 여러분은 내가 의도하는 목표가 무엇인가에 대해 숙고하기 시작할 것이다. 여러분도 알다시피 나는 앞의 강연에서 신비주의의 권위를 손상시켰다. 이번 강연에서도 나는 철학의 권위를 의심하려 한다. 여러분은 내게서 종교는 확실치 못한 감정, 또는 내 두번째 강연과 신비주의에 대한 강연에서 많은 예를 들었던, 보이지 않는 것들의 실재에 대한 생생한 감정에 토대를 둔 믿음의 문제라는 결론을 듣기를 기대할 것이다. 종교는 본질적으로 사적이고 개인적이다. 그것은 언제나 조직의 힘을 능가한다. 비록 그 내용을 철학의 범주에 넣으려는 시도가 계속될 것이지만, 인간의 본질이 변하지 않는 한 이러한 시도는 언제나 이차적 과정으로 남을 것이다. 그리고 그 과정은 그에 대한 자극과 확신을 제공하는 종교적 감정의 권위와 진실을 보증하는 데 전혀 보탬이 되지 못할 것이다. 간단히 말해서, 여러분은 내가 원초적이고 즉각적 감정을 복원하여 이름에 걸맞는 어떤 신학에 대한 희망을 포기하도록 종용하기 위해 이성을 희생시키고 감정을 옹호하려 한다고 생각할 것이다.

어느 정도 여러분의 생각이 옳다는 것을 인정한다. 나는 감정은 종교의 보다 깊은 원천이며 철학적이고 신학적인 신조들은 부차적 산물이라고 생각한다. 그러나 이것은 간단히 설명될 수 없는 문제이므로 내 생각을 정확히 표현하는 데 한 시간은 족히 걸릴 것이다.

신학적 신조들이 부차적 산물이라는 것은, 종교적 감정이 전혀 없다면 어떤 철학적 신학도 만들어지지 않았으리라는 것을 뜻한다. 내적 불행, 구원의 필요성, 그리고 신비적 감정은 별도로 생각하더라도, 우주에 관한 열정 없는 지적 사색이 지금과 같은 종교적 철학을 가져왔다고 생각하지는 않는다. 사람들은 실제로 그렇게 했던 것처럼, 자연적 사실의 물활론적 설명으로 시작할 것이고, 이런 설명을 과학적 설명을 통해 비판했을 것이다. 사람들은 과학의 영역에 어느 정도 '정신의학적 연구'를 남겨두었고, 지금도 이 영역을 어느 정도까지는 다시 인정하려 할 것이다. 그러나 교의적이고 관념적인 신학과 같은 높은 수준의 사색에 대해서는 신적인 것들을 다룰 필요가 없다고 느끼면서 도전하려 들지 않을 것이다. 이와 같은 사색은 감정이 암시를 제공한 방향으로 지성에 의해 세워지는 지나친 믿음(over-beliefs)으로 분류되어야 할 것이다.

그러나 종교적 철학이 원래 감정에 의해 촉발되었다고 하더라도 감정이 암시하는 문제를 더 고차원적인 방식으로 다루어온 것이 아닐까? 감정은 개인적이며 말을 하고 있지 않기 때문에 자신을 설명할 수가 없다. 감정은 그 결과가 신비스럽고 수수께끼 같음을 인정하고, 이성적으로 그것을 정당화시키는 것을 거절하며, 경우에 따라 역설적이고 불가해한 것이 되기를 원한다. 철학은 그 반대의 태도를 취한다. 철학의 야망은 그것이 다루는 영역이 어떤 것이든 신비와 역설을 해소하려 한다. 불명확하고 자의적인 설득으로부터 객관적으로 타당한 진리로 갈 수 있는 탈출구를 발견하는 것은 사고하는 모든 사람들이 가장 소중하게 생각하는 이상이다. 종교를 사적 상태에서 구해내고 그 구원에 대해 공적 지위와 보편적 타당성을 제공하는 것은 이성의 임무였다.

철학은 항상 이 임무를 수행할 기회를 가져왔다.[1] 우리는 사고하는 존재이며 우리의 기능에 참여하는 데에 지성을 배제할 수 없다. 스스로 자신과 내면의 대화를 나눌 때조차도 우리는 감정을 지성적으로 해석한다. 우리의 개인적 이상과 종교적이고 신비적인 경험은 모두 사고하는 정신이 깃들어 있는 배경 안에서 조화롭게 해석되어야 한다. 우리 시대의 철학적 풍토는 우리에게 어쩔 수 없이 영향을 미치고, 더 나아가 우리는 서로 감정을 교환하며, 그러할 때 우리는 일반적이고 추상적인 언어의 신조들을 말하고 활용하게 된다. 개념과 구조는 이처럼 우리 종교의 일부분이다. 철학은 가설간의 충돌과 서로의 구조에 대한 비판 사이에 존재하는 중재자로서 큰 임무를 띠고 있다. 내가 이 점을 부정하면 이상할 것이다. 왜냐하면 내가 지금 하고 있는 강연들은 (지금부터 분명히 보게 되겠지만) 모든 사람들이 동의하는 신조들로 정의내려질 수 있는 어떤 일반적 사실들을 사적인 종교적 경험으로부터 추출하려는 힘든 노력이기 때문이다.

다른 말로 하면, 종교적 경험은 자연적이고 필연적으로 신화, 미신, 교의, 신조, 형이상학적 신학을 만들어낸다. 이런 것들은 다른 것들의 추종자들에 의한 비판을 야기시킨다. 최근에 이르러서야 비난과 저주 대신에 공정한 분류와 비교가 가능해짐으로써 독단적 신조들 사이의 교류도 가능해졌다. 현재 우리는 이른바 '종교학'(Science of Religions)의 여명기를 맞이하고 있다. 나는 이 강연이 그와 같은 학문에 일조할 수 있다면 그보다 기쁜 일이 없을 것이다.

그러나 이 모두 지적 작업은 구조적이든 비교적이든 비판적이든 간에 연구주제로 직접적 경험을 전제하고 있다. 이 작업은 종교적 감정의 결과인

---

[1] Professor W. Wallace's *Gifford Lectures*, in *Lectures and Essays*, Oxford, 1898, 17ff쪽을 비교하라.

사실에 따라 해석하고 유도한다. 이 작업은 종교적 감정과 동등하지도 않고 그것이 확증하려는 것과 독립되어 있지도 않다.

내가 신뢰하지 못하는 종교적 지성주의는 이것과는 전혀 별개임을 주장한다. 지성주의는 오로지 논리적 이성으로만, 다시 말해 비주관적 사실로부터 엄격한 추론을 끌어내는 논리적 이성에 근거해서만 종교적 대상을 만들어내려고 한다. 이러한 주지주의는 경우에 따라서 스스로의 결론을 교의적 신학 또는 절대적 존재의 철학이라고 부르지만, 종교학이라고는 부르지 않는다. 지성주의는 자신의 결론을 선험적 방법으로 도달하여 그 결론에 진실성을 보장한다.

이런 식으로 진실성이 보장된 종교체계는 믿음을 갈망하는 사람들에게 우상이 되어왔다. 모든 것을 포함하면서도 단순하고 고귀하고 깨끗하며, 밝고 안정되고 엄격하며 진실한 체계—세상에 존재하는 감각적인 것들의 혼돈과 우연성에 의해 고난에 지친 영혼들에게 이런 체계보다 더 이상적인 도피처가 있을 수 있겠는가? 따라서 우리는 과거만큼이나 오늘날에도 여러 신학적 학파들에게서 단지 가능성 있는 진실에 대한, 그리고 오로지 개인적 확신만이 이해할 수 있는 결과에 대한 경멸이 끊임없이 존재하고 있음을 알게 된다. 학자연하는 이들이나 관념론자들은 모두 이런 경멸을 표현하고 있다. 예를 들면, 존 케어드(John Caird) 교장은 『종교철학 개론』(*Introduction to the Philosophy of Religion*)에서 다음과 같이 쓰고 있다.

> 종교는 반드시 마음에 속한 것이어야 한다. 그러나 주관적 변덕의 영역으로부터 종교를 향상시키기 위해서는, 그리고 종교에서 진실과 허위를 가리기 위해서는 객관적 기준에 근거해야 한다. 우리 마음 속으로 들어가는 것은 우선 지성에 의해 **진실로 판명된** 것이어야 한다. 지성은 본질적으로 감정을 지배할 권리를 가져야 하며, 감정을 평가할 원리를 구성해야 한다.[2] 개인, 민족, 인종의 종교적 특성을 평가하는 데에서 첫번째로 물

---

2) 같은 책, 174쪽(축약됨).

어야 할 것은 '그들이 어떻게 느끼느냐'가 아니고 '그들이 무엇을 믿고 생각하느냐' 하는 것이다. 그것은 종교가 열정적 감정으로 표현될 수 있으냐의 여부가 아니라, 그러한 감정을 야기하는 신 또는 신적인 것에 대한 개념 등이 어떤 것이냐는 물음이다. 감정은 물론 종교에 필요하지만, 그 성격과 가치가 결정되는 것은 감정에 의해서가 아니라 종교의 내용 또는 지성적 토대에 의해서이다.[3]

뉴먼 추기경은 그의 저서 『대학의 이념』(The Idea of University)에서 역시 감정에 대한 경멸을 보다 명확하게 표현하고 있다.[4] 그에 따르면, 신학은 가장 엄격한 의미의 과학이라는 것이다. 그는 신학은 신에 대한 '물리적 증거', 즉 '자연적 종교'가 아니라고 말한다. 왜냐하면 이러한 것들은 막연한 주관적 해석일 뿐이기 때문이다.

만일 최고의 존재가 망원경에 의해 관찰할 수 있는 것처럼 강력하고, 현미경의 솜씨와 같은 재주를 가지고 있고, 그의 도덕법칙이 동물의 몸에서 일어나는 것과 같은 물리적 과정으로 확인될 수 있고, 그의 뜻이 인간사의 직접적 결과로부터 모여지고, 그의 본질이 우주처럼 높고 깊은 동시에 광대하여 더 이상 서술할 수 없다면, 나는 신에 대한 특정한 학문이 존재하지 않으며 신학은 단지 이름일 뿐 신에 대한 저항은 단지 위선에 불과하다는 사실을 고백할 것이다. 그렇다면 신에 대해 생각하는 것이 경건한 일이기는 하겠지만, 실험과 추상적 추론의 행렬이 통과하는 상황에서 그와 같은 경건함은 사고의 시적 표현 또는 언어의 장식이며, 어떤 이는 가지고 있고 다른 이는 가지고 있지 않은 절대적 자연에 대한 특정한 견해에 불과할 것이다. 영리한 자들은 그러한 자연관을 배척할 것이고 어떤 이들은 훌륭하고 멋진 것으로 간주할 것이며, 어쨌든 누구나 그 견해

---

3) 같은 책, 186쪽(축약되었고 정자고딕체로 강조되었음).
4) Discourse II, §7.

를 받아들인다고 해서 나빠질 것은 없을 것이다. 이 경우는 **철학** 또는 **역사소설**, 어린 시절에 대한 시, 아름다운 것, 감동을 주는 것, 재미있는 이야기, 어떤 개인의 재능이나 변덕, 당시의 유행, 세상의 동의 등이 우리가 사색하려는 대상들 속에서 발견하는 어떤 추상적인 특질과 다름없는 자연의 신학이 될 것이다. 내 생각으로는 신이 존재하지 않는다고 주장하는 것이나 신에 대해 확실히 알 수 있는 것은 없다고 말하는 것 사이에는 어떤 차이점도 없다.

뉴먼은 계속해서 이렇게 쓴다.

내가 의미하는 신학은 이런 것들이 아닌, 별에 관한 과학인 천문학, 지각에 대한 과학인 지질학처럼 체계적으로 표현된 **신에 대한 과학**, 신에 대해 우리가 알고 있는 진실이다.

앞의 발췌문에서 우리가 당면한 문제를 명확히 제기했다. 개인에게만 타당한 감정은 보편적으로 타당성이 있는 이성과 대립한다. 이에 대한 판단기준은 명확하다. 순수이성에 기초한 신학은 사람들을 보편적으로 확신시켜준다. 그렇지 않을 경우 그 우월성은 근거를 상실하게 된다. 만일 이러한 신학이 감정과 신비주의의 방식대로 종파와 학파만을 만들어낸다면, 그것이 어떻게 우리를 개인적 변덕과 자의성으로부터 해방시킨다고 말할 수 있겠는가? 종교의 토대를 보편적 이성에 두려는 철학의 주장을 이와 같이 실제적으로 검증해보는 것은 내 작업을 매우 단순화시켜준다. 나는 철학의 주장을 힘들여 비판함으로써 철학을 끌어내릴 필요가 없다. 내가 역사의 문제로서 철학이 '객관적으로' 설득력이 있다는 자신의 주장을 증명해내지 못하는 것을 보여준다면 그것만으로도 충분한 것이다. 사실상 철학은 그렇게 하지 못한다. 철학은 다른 것들과의 차이를 추방하지 못하고 감정이 하듯 분파를 만들어낸다. 내가 믿기에, 인간의 논리적 이성은 우리의 열정 또는 신비적 직관이 미리 우리의 믿음을 결정해버리는 사랑, 애국심, 정치 또는 삶의 보다 많은 다른 분야에서처럼 정확히 신의 영역에서도 작용한다. 이성은 정말로 논증들을 찾아야만 하기 때문에 우리의 확신을 뒷받침하는 논증을 찾아낸다. 또한 우리의 믿음을 확장하고 규정하고 그것에 권위를 부여하여 언어와 개연성을 제공한다. 그러나 이성은 믿음을 만들어낼 수도 지켜줄 수도 없다.[5]

내가 과거의 교의신학 가운데 몇 가지 요점을 검토해보는 동안 여러분은 주목해주기 바란다. 여러분은 교황 레오가 성 토마스에 대한 연구를 권하는 동문통달을 내린 이래 출판된 수많은 교재 가운데 가장 훌륭한 카톨릭 입문서와 프로테스탄트 입문서 안에서 그 요점들을 발견할 것이다. 나는 먼저 신의 존재를 확립한 교의신학의 논증들을 먼저 살펴본 다음, 신의 본성을 확립한 교의신학의 논증들을 살펴보겠다.[6]

신의 존재에 대한 논증들은 끝없이 공격해오는 회의적 비판의 파장 속에서 수백 년 동안 존재해왔다. 이러한 비판들은 믿는 자들로부터는 그 주장을 멈추게 하지 못하였으나, 전체적으로 보면 천천히 그러나 확실히 믿는 자와 그렇지 못한 자들 사이의 간격을 벌려놓았다. 여러분이 이미 어떤 신을 믿고 있다면 이 논증들은 여러분의 믿음을 강화시킬 것이고, 여러분이 무신론자라면 그것들은 여러분을 믿음으로 이끌지는 못할 것이다. 그 증거는 다양하다. 이른바 '우주론적' 논증은 세계의 우연성으로부터 세계가 가

---

5) 종교적 믿음의 근거를 감정과 본능에 근거시키고 지적 해석을 부차적으로 다룬 예는 H. Fielding의 인상적인 작품인 *The Hearts of Men*, London, 1902이다. 나는 이 작품을 이 책이 씌어진 뒤 읽게 되었다. 저자는 다음과 같이 말한다. "일반문법이 말과 관계 있듯이 신조는 종교의 문법이므로 종교와 관계가 있다. 단어로 우리 요구를 표현하게 되면 그뒤 문법이라는 이론이 만들어지게 된다. 말은 결코 문법으로부터 생겨나지 않고 오히려 문법이 말로부터 생겨난다. 말이 발전되고 알 수 없는 원인으로 인해 변화함에 따라 문법도 그 뒤를 따른다"(313쪽). 전에 없이 구체적 사실에 충실하고 있는 그 책 전체는 이 인용된 본문의 확장에 불과하다.

6) 편의상 나는 A. Stöckl의 *Lehrbuch der Philosophie*, 5te Auflage, Mainz, 1881, Band ii의 순서를 따르고 있다. B. Boedder의 *Natural Theology*, London, 1891은 쉽게 접할 수 있는 영국의 카톨릭 입문서이지만 *Systematic Theology*, New York, 1873을 쓴 C. Hodge 또는 *Systematic Theology*, 5th edition, New York, 1896을 쓴 H. Strong과 같은 프로테스탄트 신학자들도 거의 동일한 교리를 제공하고 있다.

지고 있는 완벽한 것이 무엇이 되었든 모두 가지고 있어야 하는 제1원인을 추론해낸다. '목적론적 논증'은 자연의 법칙은 수학적이며 자연의 부분들이 서로 조화롭게 연결되어 있다는 사실로부터 제1원인이 지적이며 자비롭다는 것을 추론해낸다. '도덕적 논증'의 도덕률은 입법자를 전제한다는 것으로부터 추론한다. '사람들의 동의하에 이루어지는 논증'(ex consensu gentium)은 신에 대한 믿음이 인간의 이성적 본성에 뿌리내려졌을 정도로 넓게 퍼져 있으므로 그 권위가 인정되어야 한다고 추론한다.

내가 방금 전에 말한 대로 나는 이러한 논증들을 전문적으로 토론하지는 않을 것이다. 칸트 이래 모든 관념론자들은 이러한 주장들을 거부하거나 무시할 권리를 갖고 있다고 느꼈다. 이처럼 노골적인 사실을 보더라도 그 논증들이 종교의 굳건한 토대를 충분히 이루지 못하고 있음을 보여준다. 또한 절대적으로 비인격적 이유들이 더욱더 일반적인 설득력을 보여줄 것이다. 인과관계는 너무나 애매한 원리이므로 신학의 전체 구조를 지탱할 수 없다. 목적론적 논증에 대해, 우리는 어떻게 다윈의 사상이 목적론적 논증을 파괴시켰는지를 보게 될 것이다. 마치 무수한 파괴의 과정에서 운좋게 살아 남은 것들로 인식되는 자연에서 발견되는 놀라운 적응을 볼 때, 과거의 이 논증의 형태 속에서 예시되었던 신과는 매우 다른 신이 제시되고 있음을 알 수 있다.[7] 사실 이러한 논증들은 단지 사실과 우리의 감정이 결합된 제안

---

7) 목적론적 논증이 담고 있는 이 세계의 무질서는 어떤 형태가 되었든 그 무질서의 원인으로서 신을 상정한다는 것을 잊지 말아야 한다. 그 이름이야 어떻든 사물들의 모든 상태는 논리적으로 목적론적 해석의 대상이 된다. 예를 들면 리스본에서의 지진이 야기한 폐허의 경우, 과거의 모든 역사는 정확히 벽돌 부스러기, 가구, 한때 살아 있던 육체들이 바로 그런 모양으로 예정대로 배열되도록 계획되었어야만 하는 것이다. 다른 일련의 원인들로는 충분치가 않다. 그것이 바람직한 것이든 그 반대이든 사실상 이전의 조건에 의해 존재되는 것이라고 여겨지는 다른 배열도 마찬가지이다. 목적론적 논증은 그와 같은 염세적 결과를 피하고 설계자의 자비성을 구해내기 위해 그 작용이 제한적인 두 개의 다른 원리를 만들어냈다. 첫번째 원리는 물리적인 것이다. 자연의 힘은 자발적으로는 건축이 아니라 무질서, 파괴, 폐허만을 지향하고 있다. 이 원리는 언뜻 보기에 그럴 듯하지만 최근의 생물학적 발견에 따르면 거의 개연성이 없는 것처럼 보인

을 따르고 있는 것이다. 그 논증들은 엄격히 어떤 것도 증명해내지 못한다. 그것들은 단지 이미 존재해 있는 우리의 편협성을 강화시키고 있다.

만일 철학이 신의 존재를 확립하는 데 할 수 있는 일이 별로 없다면, 신의 속성을 규정하려는 철학의 노력을 어떻게 보아야 할 것인가? 이런 방향에서 교의신학의 시도를 한번쯤 검토해보는 것은 의미 있는 일이다.

다. 두번째 원리는 신인동형론적 해석의 원리이다. 우리들에게 '무질서하게' 보이는 배열은 전혀 설계의 대상이 될 수가 없다. 이 원리는 당연히 신인동형론적 유신론을 위한 단순한 가정에 불과한 것이다.

사람들이 어떤 뚜렷한 신학적 편견 없이 세계를 바라볼 때 우리가 지금 인정하고 있는 것처럼 질서와 무질서를 순전히 인간의 발명품으로 이해한다. 우리는 유용성이 있거나 심미적이거나 도덕적인 유형들의 배열에 너무나 관심이 커서 그것들이 실현된 것을 발견할 때마다 우리의 관심은 그곳에 쏠리게 된다. 그렇게 되면 결과적으로 우리는 세계를 구성하는 내용에 선택적으로 반응하게 되는 것이다. 우리의 관점에서 보면 세상은 무질서적인 배열로 넘쳐나지만 우리가 좋아하고 바라보는 것은 질서뿐이며, 그와 같은 선택을 통해 우리는 언제나 혼돈 속에서 어떤 질서 있는 배열을 갖춘 것들만을 발견할 수 있다. 내가 천 개의 콩을 아무렇게나 테이블 위에 던져놓아야 한다면 나는 상당한 수의 콩을 제거함으로써 확실히 여러분이 제시하였던 기하학적 방식으로 나머지의 콩을 배열할 수 있다. 여러분은 이러한 방식은 미리 예정된 것이고 나머지의 콩은 상관없는 존재에 불과하다고 얘기할 수 있다. 우리가 자연을 대하는 방식이 바로 이와 같다. 자연은 우리가 무수한 방향에서 바라볼 수 있는 충만 상태에 있다. 우리는 우리가 추적하는 특별한 면에 놓여 있는 것들을 중요하게 생각하여 이름을 붙이는 반면, 다른 것들과 추적되지 않는 것들은 이름도 붙이지 않거나 중요하게 여기지도 않는다. 이 세상에는 실제로는 서로 '어울리는 것'보다 '어울리지 않는 것'이 무수히 더 많다. 그리고 이 세상에는 서로 규칙적인 관계를 갖지 못한 것이 규칙적인 관계를 형성하고 있는 것보다 훨씬 많다. 그러나 우리는 오직 규칙적인 관계만을 찾아 영리할 정도로 그것을 우리의 기억 속에 보존한다. 이것은 다른 규칙적인 것들과 함께 모아져서 마침내 백과사전의 내용을 채운다. 그러나 그것들 사이와 그 주변에는 어느 누구도 함께 묶어서 생각하지 않는 무수한 이름 없는 혼돈의 대상과 우리의 관심을 끌지 않는 혼돈된 관계들이 존재한다.

그러므로 물리적인 신학적 논증의 출발점인 질서에 대한 사실은 쉽게 자의적 인간의 산물로서 해석될 수 있다. 이것이 사실인 한 당연히 신의 존재에 대해 반대하는 어떤 논증도 영향을 받지 않지만, 신을 지지하는 논증도 신의 존재에 대한 강력한 증거를 만들어낼 수가 없다. 이 주장은 단지 이미 다른 근거에서 신을 믿고 있는 자들에게만 그럴 듯하게 들리는 것이다.

신은 제1원인이기 때문에 존재 그 자체(a se)를 소유하고 있다는 점에서 그의 다른 모든 피조물과는 다르다고 학문 중의 학문은 말한다. 신학은 신의 이 '자존성' (a-se-ity)으로부터 단순한 논리로 신의 다른 완벽성을 연역해낸다. 예를 들면, 신은 필연적인 동시에 절대적이고 존재하지 않을 수 없으며 다른 어떤 것에 의해서도 결정되지 않는다. 이 점이 신을 외부로부터 절대적으로 제한받지 않게 만들며 내부로부터도 마찬가지다. 왜냐하면 제한은 비존재이고, 신은 존재 그 자체이기 때문이다. 이 무제한성은 신을 무한히 완벽하게 만든다. 더 나아가 신은 하나이며 유일하다. 그 무한한 완벽성이 경쟁자를 용납치 않기 때문이다. 신은 영적이다. 왜냐하면 신이 물리적 부분들로 구성되어 있다면, 어떤 다른 힘이 그 물리적 부분들을 결합시켜야 했을 것이므로 그의 자존성이 위협받을 수 있기 때문이다. 따라서 신은 본성적으로 단순하며 동시에 비물리적이다. 그는 또한 형이상학적으로 단순하다. 말하자면, 그의 본성과 존재는 서로 구별될 수 없다. 그의 본성과 존재는 형식적 본성을 공유하는 유한한 실체들 속에 존재하고, 오직 구체적인 상황 속에서만 개별적이 되기 때문이다. 신은 하나이고 유일하기 때문에 그의 본질과 존재는 단번에 주어지지 않으면 안 된다. 그의 존재는 유한한 사물들의 세계 속에서 너무나 흔하게 나타나는 가능성과 현실, 본질과 우연, 존재와 활동 그리고 존재와 속성의 구별을 허락하지 않는다. 우리가 신의 능력, 행위, 속성에 대해 말할 수는 있지만, 이 구별은 단지 '실질적인' 것이며 인간적 관점에서 비롯되는 것이다. 신에게는 이 모든 점이 절대적 존재의 주체성 안에 용해되는 것이다.

신에게 모든 잠재성이 없다는 것은 신을 불변케 한다. 신은 완전히 현실성이다. 신에게 잠재성이 있다면, 그것의 현실화 과정에서 필연적으로 상실이나 획득이 수반될 것이며 이것은 완벽성에 위배되는 것이다. 따라서 신은 변할 수 없는 것이다. 더욱이 신은 무한하고 한계가 없다. 공간 속에 그려질 수 있다면 복합성을 뜻하게 되고, 그렇게 되면 신의 불가분성과 위배되기 때문이다. 따라서 신은 공간 어디에나 더 이상 분할할 수 없을 정도로 구석구석 **편재**한다. 또한 신은 모든 시간 속에 존재하므로 영원하다. 그 이유는 신이 시간 속에서 시작되는 존재라면 앞서는 원인이 있어야 하고 그렇게 되면 자존성과 위배되기 때문이다. 만약 신의 끝이 있다면 그것은 신의 필연성과 위배된다. 그리고 신이 연속성을 갖는다면 그것은 신의 불가변성과 대립되는 것이다.

신은 **지성**, **의지**, 다른 모든 피조물의 완벽함을 가지고 있다. 우리에게 그러한 속성들이 있기 때문이다. 결과가 원인들을 결코 정복할 수 없다(effectus nequit superare causam). 그러나 신에게 그 요소들은 실제적으로 절대적이고 영원하며, 신은 외부적인 어떤 것에 의해서도 제한받지 않기 때문에 그 요소들의 대상은 신 자신 이외에는 근본적으로 아무것도 될 수가 없다. 따라서 신은 영원하고 분할할 수 없는 하나의 행위 속에서 자신을 알고 있으며 무한히 스스로 즐거움을 느끼는 가운데 자신의 의지를 행사한다.[8] 신은 논리적으로 당연하게 이처럼 자신을 사랑하고 의지를 행사하므로, 유한성을 갖는 피조물들의 특징인 모순된 자유를 가지고 **내적으로**(ad intra) '자유롭다'고 불릴 수 없다. 그러나 **외적으로**(ad extra), 또는 그의 창조행위의 관점에서 보아도 신은 자유롭다. 이미 존재와 행복에 대해 완벽하기 때문에 신은 무엇을 창조해낼 필요가 없다. 그렇기 때문에 신은 절대적 자유에 의해 창조하려고 **생각**한 것이다.

이처럼 지성과 의지와 자유를 가진 존재인 신은 자신의 행위의 대상이며 주체이므로 인격체이자 **살아** 있는 인격체이고, 이 점은 죽은 것과 산 것을 구별케 해준다. 신은 이처럼 절대적으로 **자기충족적**이다. 그의 자각과 **자애**는 무한하며 적절하므로 그것을 완벽하게 만들어줄 다른 외부조건을 따로 요하지 않는다.

신은 **전지**(全知)하다. 왜냐하면 그는 자신을 모든 것의 원인으로 이해하고 있으므로 모든 피조물과 사건을 암암리에 알고 있기 때문이다. 신의

---

8) 스콜라 철학자들에게 **추구하는** 능력(facultas appetendi)은 감정, 욕망 그리고 의지를 포함한다.

지식은 예견적이다. 그 이유는 신은 항상 현존하기 때문이다. 우리의 자유로운 행위조차도 신은 미리 알고 있다. 그렇지 않다면, 신의 지혜는 시간의 진행에 따라 확대되었다는 것이고, 그 결과 신의 불가변성에 위배되기 때문이다. 신은 논리적 모순을 갖지 않는 모든 것에 대해 **전능**하다. 신은 **존재**를 만들어낼 수 있다. 즉 신의 능력은 **창조**를 포함한다. 만일 신이 창조한 것이 자신의 본질로 구성된다면, 본질적으로 피조물은 신 자신과 같이 무한성을 가져야 할 것이나 유한성을 가지기 때문에 본질적으로 피조물은 신적이지 않다. 예를 들어, 만약 피조물이 본질, 즉 신이 그곳에서 수월히 얻을 수 있다고 생각하고 단순히 형체만 제공한 영원히 존재하는 물질로 이루어졌다면 그것은 제1원인으로서 신의 정의에 위배되는 것이며, 신은 단지 이미 존재하는 어떤 대상에 움직임을 가한 존재가 될 뿐이다. 그래서 신은 모든 것들을 **무로부터** 창조하여 그 자신에게 부가된 너무나 많은 유한적 실체들로서 절대적 존재의 자리를 그것들에게 부여한다. 신이 피조물에 새겨놓은 형상은 그의 관념 속에 그것의 원형을 가지고 있다. 그러나 신에게는 다양성이 존재하지 않는다. 반면에, 우리에게 이런 관념들은 다양하게 존재한다. 그래서 신 안에 존재하는 관념들과 우리의 마음이 외적으로 그것들을 모방하는 방식을 구분해야 한다. 우리는 그 관념들을 그에게 단지 결정적인 의미로만, 즉 신의 독특한 본질과는 다른 유한한 관점에서만 귀착시킬 수 있다.

　신은 물론 거룩하고 선하며 정의롭다. 신은 긍정적 존재로서 충만함이고 악은 부정이므로 악을 행할 수 없다. 신이 간혹 물리적 악을 만들어냈다고 해도 그것은 보다 큰 선을 위한 수단에 지나지 않는다. 왜냐하면 전체의 선은 부분의 선을 능가하기(bonum totius praeminet bonum partis) 때문이다.

　신은 목적으로든 수단으로든 도덕적 악을 의도할 수 없다. 그렇게 되면 신의 신성함에 위배되기 때문이다. 신은 자유로운 존재를 창조해냄으로써 도덕적 악을 단지 허용할 뿐이다. 그래서 신 자신이 갖고 있는 선이나 정의의 속성은 자유의 수혜자가 부여받은 그런 선물을 오용하는 것을 강제적으로라도 막아낼 수 있는 힘을 갖고 있지 못하다.

창조행위에 대한 신의 목적은, 우선적으로 그 행위는 자신의 영광을 타자들에게 내보이는 것으로 절대적 자유를 행사하는 것이었다. 이 사실은 타자들이 지식, 사랑 그리고 명예를 선두로, 행복을 부차적으로 가질 수 있는 이상적 존재들이라는 결론을 초래한다. 그 이유는 신에 대한 사랑과 지식이 행복의 원천이기 때문이다. 그만큼 신의 창조의 이차적 목적이 사랑이라고 말할 수도 있다.

나는 신의 삼위일체의 신비와 같은 형이상학적 논증을 계속 파고들어감으로써, 예를 들어 여러분을 지루하게 만들지는 않을 것이다. 지금까지 한 이야기로도 카톨릭과 프로테스탄트교도들의 정통 철학적 신학의 모형을 충분히 보여주었기 때문이다. 뉴먼은 신이 가진 완벽성을 조목조목 열거하려는 충만한 열정을 갖고서 내가 앞으로 몇 장 인용할 글을 계속 이야기하고 있다. 인용할 그 글은 수사가 뛰어나기 때문에 많은 시간을 소비할 것임에도 불구하고 나는 그 글을 첨가시키지 않을 수가 없다.[9] 그는 우선 신의 속성들을 격조 높게 열거한 뒤, 하늘과 지상에 있는 모든 존재에 대한 신의 소유권과 생겨난 모든 것은 신의 허용적 의지에 달려 있음을 찬양한다. 그는 '약간 감정적 색조를 띤' 스콜라적 철학을 우리에게 제시하고 있는데, 실상 모든 철학이 제대로 이해되기 위해서는 감정적 색조를 띠어야 한다. 감정적으로, 교의신학은 뉴먼과 같은 마음을 가진 유형의 사람들에게는 가치 있는 것이다. 여기서 잠시 이 주제를 떠나 교의신학의 지적 가치를 평가해보는 것은 우리에게 도움을 줄 것이다.

신이 결합한 것을 인간이 흩어놓아서는 안 된다. 대륙의 철학 학파들은 인간의 사고가 인간의 행동과 기질적으로 연관되어 있다는 점을 지나치게 간과해왔다. 내 생각에는, 영국과 스코틀랜드의 사상가들이 바로 그 기질적 연관성을 유의해왔기 때문에 그들에게 영광이 주어진 것 같다. 영국 철학의

---

9) 앞의 책, Discourse III, §7.

주된 원칙은 사실상 어떤 차이든지 그 차이는 다른 차이를 가져오므로 모든 이론적 차이는 실제적 차이에서 오는 것이고, 이론적 관점을 논하는 최상의 방법은 이것이 진리냐 저것이 진리냐는 결과를 이끌어내는 어떤 실제적 차이점을 확증시켜줌으로써 시작한다. 지금 문제가 되고 있는 알려진 바대로의 독특한 진리란 무엇인가? 진리는 어떤 사실에서 나오는가? 특별한 경험의 관점에서 나타나는 실제적 사실의 가치는 무엇인가? 이것이 바로 영국식으로 문제를 다루는 특유의 방법이다.

로크가 이런 식으로 개인의 정체성 문제를 취급했다는 점을 여러분은 기억할 것이다. 로크에 의하면, 여러분의 개인적 정체성은 여러분의 특별한 기억들의 연결일 뿐이다. 그러한 기억은 개인적 정체성의 의미를 구체적으로 증언할 수 있는 유일한 부분이다. 그러므로 개인적 정체성이 기초하고 있는 영적 본질의 유일성 또는 다수성 같은 개인적 정체성을 넘어서는 모든 관념들은 지적 의미를 갖지 못하는 것들이다. 그런 관념들을 다루는 명제들은 큰 관심의 대상이 되지 않은 채 확증되거나 부정될 수 있다. 버클리(Berkeley)는 그의 '질료'를 그렇게 다룬다. 질료의 현실적 가치는 우리의 물질적 감각들이다. 그 가치는 우리가 그 개념에 대해 구체적으로 확증할 수 있는 것으로 알려진 것이다. 그러므로 그 가치는 '질료'라는 용어의 전반적 의미이며, 다른 허식적 의미는 단지 단어의 장난에 불과한 것이다. 흄은 인과관계를 똑같은 방식으로 다룬다. 인과관계는 습관적 선행이고, 우리 쪽에서 앞으로 도래할 분명한 어떤 것을 바라는 경향으로 알려져 있다. 이 실제적 의미를 별도로 하면 그것은 전혀 의미를 갖지 못하는 것이고, 그런 것을 다루는 책들은 태워버려도 무방한 것이라고 흄은 말한다.

더갈드 스튜어트(Dugald Stewart), 토머스 브라운(Thomas Brown), 제임스 밀(James Mill), 존 밀(John Mill), 그리고 배인(Bain) 교수 같은 이들도 다소 차이는 있을 수 있으나 이 방법을 따랐다. 그리고 섀드워스 하드슨(Shadworth Hodgson)은 이 원리를 매우 명백하게 활용했다. 진지한 사람들에게 어울리는 연구인 철학을 만들기에 적합한 '비판적 방법론'을 도입한 사람은 칸트가 아니라 바로 영국과 스코틀랜드의 저술가들이었다. 우리에게 감지할 수 있는 차이를 전혀 보이지 않는 철학적 명제를 토론하는 데 도대체 어떤 진지함이 남아 있을 수 있겠는가? 그리고 만일 모든 명제들이 실천적으로 중요하지 않다면, 우리가 그것들에 대해 '진실이다' 또는 '허위다'라고 말하는 것이 무슨 의미가 있겠는가?

뛰어난 독창성을 가진 미국의 철학자 찰스 퍼스(Charles Sanders Peirce)는 사고를, 위에 언급한 이들이 본능적으로 지배받은 원리를 그것이 적용되어 있는 구체적 사실들로부터 뽑아내어 근본적인 원리로 선택해나가는 봉사로 생각했다. 그는 이러한 원리에 헬라어 이름을 붙이고는 **프래그머티즘**(pragmatism)의 원리라 부르고, 다음과 같이 변호했다.[10]

활동하는 사고는 그것의 유일한 상상적 동기 때문에 믿음의 달성 또는 안정된 사고를 갖는다. 어떤 주제에 대한 우리의 사고가 믿음 속에서 그 휴식을 찾을 때만이 그 주제에 대한 우리의 행위가 안전하고 확고하게 시작될 수 있다. 간단히 말하면, 믿음은 행동을 위한 규칙이고, 사고의 전 기능은 활동적 습관을 만들어내는 하나의 단계에 불과하다. 어떤 사고의 부분이 사고의 실제적 결과에서 어떠한 차이도 가져오지 않는다면, 그 부분은 그 사고의 의미의 적절한 요소가 될 수 없을 것이다. 그러므로 사고의 의미를 발전시키기 위해서 우리는 그 사고가 어떤 행위를 초래하기에 적절한가만을 결정할 필요가 있다. 행위만이 우리에게 유일한 의미를 갖는 것이다. 우리가 모든 사고의 구별들을 근본적으로 살펴보면, 가능한 실천적 차이점을 보여주는 것 이외에는 그 구별들 가운데 어떤 것도 그렇게 분명하지가 않다는 것이다. 어떤 대상에 대한 우리의 생각을 명백히 이해하기 위해서는 즉각적이든 그렇지 않든 그 대상에게서 우리가 인식적으로 기대할 수 있는 감각내용이 무엇인가, 그 대상이 진심일 경우 어떤 행위를 준비해야 하는가 그것만 결정하면 된다. 이 실제적 결과들에 대한 우리의 개념은 그것이 긍정적 의미를 갖는 한, 그 대상에 대한 전체적 개념이 된다.

---

[10] *Popular Science Monthly*, 1월호, 1878, 12권에 있는 「우리의 관념을 명확하게 하는 방법」, 286쪽.

이것이 퍼스의 원리인 프래그머티즘의 원리이다. 신의 완벽성에 대한 학자들의 목록에 정해져 있는 다양한 속성들 가운데 어떤 것이 중요한가를 결정하는 경우에 이 원리는 우리에게 도움을 준다.

엄격히 말해서, 도덕적 속성과 구별되는 신의 형이상학적 속성에 프래그머티즘의 원리를 적용할 경우, 내 생각에는 우리가 강압적 논리에 의해 그것들을 믿도록 강요받는다 할지라도 우리는 여전히 그것들이 이해될 수 있는 의미를 가지고 있지 못하다는 것을 고백해야만 한다. 신의 자존성, 필연성, 비물질성, 신의 '단순성' 혹은 유한한 존재들 안에서 발견되는 일종의 내적 다양성과 연속성에 대한 우월성, 신의 불분해성, 존재와 행동, 실체와 우연, 잠재성과 현실성 등의 내적 구분의 부재, 어떤 유(類, genus)에 속하는 것에 대한 신의 거부, 실현된 신의 무한성, 신의 인격성이 행사할 수 있는 도덕적 자질과는 별개인 신의 '인격성', 신의 자존성, 자애, 그리고 자신에 대한 절대적 행복감을 예로 들어보자. 솔직히 말해서, 이와 같은 자질들이 우리 삶과 무슨 상관이 있는가? 그리고 이러한 속성들이 우리의 행동에 독특하게 적용될 필요가 없다면, 그 진위여부를 떠나 그것들이 인간의 종교에 대해 어떤 중요한 차이를 가져올 수 있겠는가?

나로서는 극단적 인상을 주는 말을 하고 싶지 않다. 그러나 나는 솔직하게 고백해야 한다. 비록 이런 속성들이 흠 없이 추론되었으므로 진실하다고 할지라도, 그것들은 우리에게 종교적으로 최소한의 의미조차도 느낌을 갖게 해줄 수 없다. 나 자신을 신의 단순성에 보다 잘 적응시키기 위해 어떤 구체적인 행동을 해야 하는가? 또한 신의 행복이 절대적으로 완벽하다는 것을 아는 것이 내 행동을 계획하는 데 어떤 도움을 줄 수 있겠는가? 19세기 중반의 메인 리드(Mayne Reid)는 탐험에 관한 훌륭한 작가였다. 사냥꾼과 살아 있는 동물들의 습관을 연구하는 현장탐사자들을 끝없이 칭찬했으며, 수집가, 동식물 분류자 그리고 유골과 가죽 따위를 다루는 사람이라고 불렀던 '서재 속의 박물학자'(closet-naturalists)에게는 욕설을 퍼부었다. 나는 어렸을 때 서재 속의 박물학자는 세상에서 가장 천박한 유형의 사람이라고 생각했다.

그런데 교의신학자들은 리드의 입장에서 보더라도 분명히 신에 대한 서재 속의 박물학자이다. 신의 형이상학적 속성에 대한 그들의 추론은 도덕 그리고 인간의 욕구와는 동떨어진 현학적인 사전적 형용사들을 혼합하여 연결해놓은 것에 불과하다. 이것은 살과 피를 갖고 있는 인간이 최근에 정교하게 고안해낸 나무와 놋쇠로 만든 논리적 기계가 '신'이라는 단순한 말을 엮어낸 것에 불과하다. 그들은 뱀과 같은 자취를 그 속성들에다 남기고 있는 것이다. 신학자들의 손에서 그 속성이라는 것은 단지 동의어를 기계적으로 조작함으로써 얻은 일련의 직함들에 불과한 것이다. 수다스러움이 비전을 대신하여 들어왔고, 전문성이라는 것이 생명을 대신하게 되었다. 우리는 빵 대신 돌을 가지게 되었으며, 물고기 대신 뱀을 얻게 되었다. 그와 같은 용어들의 집합이 신에 대한 핵심적 이해를 제공한다면 신학의 학파들은 계속 번성하겠지만 종교, 즉 생명력 있는 종교는 이 세상으로부터 달아나 없어질 것이다. 종교가 살아나가도록 만드는 것은 추상적 정의, 연속적인 형용사군과는 다른 어떤 것이며, 신학의 분과와 신학 교수와도 다른 어떤 것이다. 이 모든 것들은 부차적인 것으로서, 보이지 않는 신적 존재와의 긴밀히 교류하는 현상의 토대 위에 덧붙여진 것들이다. 그 신적 존재에 대해 나는 지금까지 많은 예를 제시해왔다. 그 신적 존재는 보잘것없는 사적 인간들의 삶에서 스스로 영원히(in sœcula sœculorum) 새롭게 태어나고 있는 것이다.

  신의 형이상학적 속성에 대해서는 이쯤해두겠다. 실제적 종교라는 관점에서 보면, 신의 속성이 우리의 예배에 제공해주는 형이상학적 괴물은 학자연하는 자들이 만들어낸 절대적으로 무용한 발명품에 불과하다.

  그러면 도덕이라고 불리는 속성에 대해서는 어떻게 말할 수 있을 것인가? 프래그머티즘의 관점에서 보면 그것은 전적으로 다른 토대 위에 기초해 있다. 그것은 긍정적으로 공포와 희망과 기대를 결정해주며 성인다운 삶의 토대가 된다. 그 의미가 얼마나 큰지를 보여주기 위해서는 단지 그것을 잠시 살펴볼 필요가 있다.

  예를 들어, 신의 거룩성에 대해 말해보자. 신은 거룩하기 때문에 단지 선만을 의도한다. 신은 전능하기 때문에 거룩성의 승리를 확보할 수 있다. 신은 전지하기 때문에 어둠 속에서도 우리를 볼 수 있다. 신은 정의롭기 때문에 신이 본 대로 우리를 심판하실 수 있다. 신은 사랑을 품고 있기에 용서할 수도 있다. 신은 변하지 않으므로 우리는 신에게 안전하게 의지할 수 있다. 이러한 특질들은 우리의 삶과 연결되므로 우리가 그것에 관해 아는 것은 매우 중요하다. 신의 창조의 목적이 신의 영광을 드러내는 것이어야 한다는 사실은 우리의 실제적 삶에 명확하게 연결되어 있는 또 하나의 속성이다. 그 속성은 무엇보다도 모든 그리스도교 국가들 안에서 예배의 대상이 되는 명확한 인격체를 제공해왔다. 만약 교의적 신학이 이러한 인격을 가진 신이 의심할 여지없이 존재한다는 것을 증명하게 된다면, 그 신학은 종교적 감정에 견고한 기초를 제공해주고 있다고 주장해도 좋을 것이다. 그러나 그 종교적 감정이 어떻게 신학의 논증들과 병립할 수 있을 것인가?

종교적 감정은 신의 존재에 대한 논증들을 대할 때와 마찬가지로 신학적인 교의적 논증들을 대할 때에도 불쾌감을 갖고 있다. 칸트 이후의 관념론자들은 철저히 그 논증들을 거절했다. 그 논증들이 세계의 도덕적 양상 때문에 선한 신의 세계창조를 의심했던 사람들을 회심시키지 못했다는 것은 명백한 역사적 사실이다. 신의 본질에는 비존재가 존재하지 않는다는 현학적 주장에 근거해 신의 선함을 증명하려는 것은, 그와 같은 목격자들에게는 어처구니없는 것처럼 들릴 것이다.

욥기는 이 전체 문제를 결정적으로 뚜렷하게 다루고 있다. 논리적 추론은 신에게 도달하는 비교적 피상적이고 비실제적인 노정이다. "내가 주께 대하여 귀로 듣기만 하였삽더니 이제는 눈으로 주를 뵈옵나이다"(욥기 44 : 5 – 옮긴이). 당혹하고 좌절된 지성, 그러나 존재에 대한 확신—이러한 것이 자기 자신과 사실에 충실하면서도 종교인으로 남아 있는 사람의 상황이다.[11]

---

11) 프래그머티즘의 입장에서 보면, 신의 가속성 가운데 가장 중요한 것은 징벌하는 정의이다. 그러나 그 점에 대한 현재 상태의 신학적 의견에서, 지옥불이나 그에 상응하는 어떤 것이 순수논리에 의해 분명해진다고 누가 감히 주장하겠는가? 신학 자체는 주로 계시에 의존해왔다. 그리고 그 교리를 논의하는 데에

그래서 나는 우리가 교의적 신학에는 이제 최종적인 작별을 고할 때가 되었다고 생각한다. 우리의 믿음은 그와 같은 보증 없이 성실히 지탱되어야 한다. 다시 말하지만, 현대의 관념론은 이런 신학에는 이미 영원히 작별을 고했다. 현대의 관념론이 신앙에 보다 나은 보장체계를 제공할 수 있는 것인가? 아니면 그 증거를 위해 미약한 자아에 의존해야 할 것인가?

현대관념론의 토대는 통각에 대한 칸트의 선험적 자아의 원리이다. 칸트는 이 엄청난 용어로 "나는 그것들을 생각한다"라는 의식이 (잠재적으로든 실제적으로든) 모든 우리의 인식 대상에 동반된다는 사실을 말하려고 했을 뿐이었다. 과거의 회의론자들도 그런 말을 했지만 문제의 '나'가 그들에게는 사적 개인과 동일한 존재로 남아 있었다. 칸트 자신에게 선험적 자아가 신학적 함의를 갖고 있지는 않지만, 그는 '나'를 추상화시키고 비개인적으로 만들어 그 '나'를 그의 모든 범주 가운데서 가장 보편적인 것으로 만들었다.

칸트의 후계자들에게는 칸트의 의식일반(Bewusstsein überhaupt) 또는 추상적 의식의 개념을 세계의 영혼이면서 우리의 잡다한 개인적 자아의식의 뿌리인 무한하고 구체적인 자아의식으로 전환시키는 것이 유보되어 있었다. 간단하게라도 여러분에게 실제로 이 변형이 어떻게 이루어졌는지를 보여주려면 전문적 이야기를 해야 할 것이다. 오늘날 영국적이고 미국적인 사고에 너무나 깊은 영향을 미친 헤겔학파 내에 다음의 두 가지 원리가 그런 변형을 전면적으로 거부하고 있다는 점만 지적해도 충분할 것이다.

이 원리 중 첫번째는 동일성에 대한 과거의 논리는 **버려진 지체**(disjecta membra)에 대해 사후분석 이상을 제공하지 못한다는 것과, 생명의 충만함은 우리의 사고가 제안하는 모든 대상은 처음에는 먼저 제시된 대상을 부정

> 서 신학은 점차 선험적 이성의 원리 대신 전통적 형법사상을 사용해왔다. 그러나 행성과 바람 그리고 미소짓는 하늘과 태양을 가진 이 영광스러운 우주가 전문적 범죄행위에 근거하여 만들어졌다는 관념은 오늘날 우리의 현대적 상상력으로는 받아들이기 어렵다. 그와 같은 토대 위에 세워진 논증들은 종교를 약화시킬 것이다.

하는 것처럼 보이는 다른 대상들의 관념을 포함한다는 사실을 깨달을 때만 이 추론될 수 있다는 것이다.

두번째 원리는 부정을 의식하는 것은 이미 실제적으로 그것을 넘어섰다는 것이다. 단순히 의문을 제기하거나 불만을 표출하는 것은 대답 또는 만족이 이미 가까웠다는 것을 증명한다. 그처럼 실현된 유한성은 이미 **잠재적으로 무한성**이라는 것이다.

이 원리들을 적용함으로써, 우리는 각 사물에서 꾸밈 없고 완고한 자기동일성에 대한 일반적인 논리가 도달할 수 없는 추진력을 우리의 논리에 확보할 수 있을 것 같다. 우리 사고의 대상들은 경험 속에서처럼 우리의 사고 내에서 지금 움직인다. 그 대상들은 변하고 발전한다. 그것들은 자신이 아닌 다른 것들을 끌어들이고, 이 다른 것은 처음에는 단지 관념적이고 잠재적이지만 이내 스스로 실제적임을 증명한다. 그것은 처음에 가정한 것을 대체한 다음, 그 의미를 충분하게 발전시키기 위해 그것을 증명해내고 동시에 교정해 나간다.

그 계획은 훌륭하다. 우주는 사물들이 잇따라 나타나면서 서로를 교정하고 채워주는 장소이다. 우리에게 이와 같은 사실의 움직임과 같은 것을 제공해주는 논리는, 스스로 어떤 사실로부터 다른 사실에 자발적으로 도달하지 못하고, 단지 예상과 포함관계 또는 정적인 유사성과 차이점만을 기록하는 전통적 학교논리보다 훨씬 훌륭하게 진실을 표현할 수 있다. 이러한 새 논리의 방법들보다 교의적 신학의 방법들과의 근본적 차이점을 더 잘 보여주는 것은 없다. 예를 들기 위해 앞에서 이미 언급한 스코틀랜드의 선험론자의 글을 인용하겠다.

케어드 교장은 다음과 같이 쓰고 있다. "모든 지성의 기초가 되는 실재를 우리가 어떻게 인식할까?" 그는 답한다.

이 실재는 절대정신이라는 것과, 역으로 유한한 정신이 스스로를 실현시키는 이 절대정신 또는 지성과 교류해야 한다는 두 가지 사실이 큰 어려움 없이 증명되어야 한다. 실재는 절대적이다. 만약 그 실재가 지성과 사고 자체의 절대적 실재를 전제하지 않는다면 인간 지성의 미약한 움직임이 저지되기 때문이다. 의심 또는 부정도 절대정신을 전제하고 간접적으로나마 확증한다. 내가 어떤 것이 진실이라고 선언할 때 그것은 일반적 사고에 비추어 선언하는 것이지 내 생각이나 다른 어떤 개인의 마음에 비추어 선언하는 것이 아니다. 나는 모든 개인의 마음 그 자체를 추상화시킬 수 있다. 나는 그러한 마음을 생각한 다음에는 잊어버릴 수도 있다. 그러나 내가 생각해서 물리칠 수 없는 것은 독립성과 절대성을 지닌 사고, 또는 자아의식 그 자체, 또는 다른 말로 표현하면 절대적 사고 또는 자아의식이다.

여기서 여러분이 보다시피 케어드 교장은 칸트가 생각하지 않은 변화를 생각하고 있다. 그는 어디에서나 가능한 '진실'의 조건으로서 일반적으로 의식의 편재성을 편재적 보편의식으로 바꾼 뒤, 그것을 구체적으로 신과 동일시하고 있다. 다음에 그는 여러분의 한계를 인정하는 것이야말로 본질적으로 한계를 넘어서는 것이라는 원리를 계속 사용하면서 다음과 같은 개인들의 종교적 경험으로 이행하고 있다.

만일 [인간이] 끝없이 명멸하는 직관, 환상, 감정의 연속을 가진, 그리고 일시적 감각과 충동을 가진 유일한 피조물이라면, 아무것도 인간을 위한 객관적 진리 또는 실재의 특성을 가질 수 없다. 그러나 자신의 사고와 의지보다 무한정 큰 사고와 의지에 자신을 맡길 수 있는 것이 인간의 정신적 본성의 특권이다. 사고하는 자아 의식적 존재로서의 인간은 정말로 자신의 본성에 의해 보편적 삶의 환경에서 살고 있다고 할 수 있다. 사고하는 존재로서 나는 내 의식 속에서 자기과시의 모든 움직임, 단지 나의 것에 불과한 모든 관념과 의견, 이런 독특한 자아로서 내게 속한 모든 욕망을 억누르고 소멸시키는 것이 가능하다. 또한 보편적 사고의 단순한 매개가 되는 것, 다시 말해 더 이상 나 자신의 삶을 사는 것이 아니라 내 의식이 영혼의 무한성과 영원한 생명으로 가득 차도록 만드는 것도 가능하다. 그러나 진정으로 나 자신을 얻게 되고 내 자신의 본성 속에 있는 최고의 가능성을 실현하는 것은 이처럼 자기를 버리는 것이다. 왜냐하면 어떤 의미에서 우리가 자아를 버리고 보편적이고 절대적인 이성적 삶을 추구한다고는 하지만, 우리 자신을 버리고 추구하는 대상은 실제로 우리의 진정한 자아이기 때문이다. 절대적인 이성적 삶이란 결코 우리에게 낯선 것이 아니다.

그럼에도 불구하고 케어드 교장은 계속해서 우리가 외적으로 이러한 원리를 깨달을 때까지는 그것이 제공하는 위안은 불완전하다고 말한다. 우리가 잠재적으로 무엇을 가지고 있든 우리가 가지고 있는 최상의 것도 실제로 절대적으로 신성할 수는 없는 것이다. 사회적 도덕성, 사랑, 자기희생조차도 우리의 자아를 어떤 다른 유한한 자아 또는 자아들 속에 합병한다. 그것들은 우리들의 자아를 무한자와 아주 동일시하지 않는다. 인간의 이상적 운명은 추상적 논리에서는 무한하지만 실제에서는 이처럼 영원히 실현 불가능한 것이다.

그는 계속해서 말한다.

그렇다면 이상과 현실 사이의 대립에는 해결책이 없는가? 해결책은 있지만, 우리가 거기에 도달하기 위해서는 도덕영역을 넘어 종교의 영역으로 나아가야 한다. 열망을 결실로 바꾸고, 기대를 현실로 바꾸고, 사람들이 사라지는 이상을 끝없이 좇게 만들지 않고 신성하고 무한한 삶의 동반자가 되도록 만드는 것이 도덕과 대비되는 종교의 본질적 특징이라고 할 수 있다. 우리가 종교를 인간의 관점에서 신에게 영혼의 굴복으로 보든 신의 관점에서 영혼 안에 존재하는 신의 생명으로 보든지 간에, 무한자가 멀리 떨어진 환상으로 존재하는 것이 아니라 현존하는 실재가 되도록 하는 것이 종교의 본질이다. 영적 삶의 최초의 맥박은, 우리가 그것의 의미를 제대로 이해할 때 영혼과 그 대상의 구별이 없어지며, 이상이 실제가 되고 유한자가 그 목적을 달성해 무한자의 존재와 삶으로 충만하게 되는 것이다.

인간의 마음이나 의지가 신의 마음이나 의지와 하나 되는 것은 종교에서는 먼 미래의 희망과 목표가 아니라, 영혼 안에서 종교가 시작되었고 탄생되었음을 의미한다. 종교적 삶에 들어간다는 것은 갈등을 끝내는 것을 뜻한다. 그것은 믿음, 신념, 자포자기, 또는 여러분이 어떤 이름으로 부르든, 종교적 삶의 시작을 구성하는 그 행위에는 영원히 실현된 삶과 유한자가 동일시하는 일이 포함되어 있다. 종교적 삶이 발전해 나가는 것은 사실이지만 전술한 사고의 입장에서 이해하면, 종교적 발전이란 무한자의 영역을 향해 나아가는 것이 아니라 무한자의 영역 내에서 일어나는 것이다. 끊임없이 유한한 더함과 보탬에 의해 무한한 부를 얻으려고 하는 것은 헛된 노력이 아니라, 끊임없이 영적 활동을 행함으로써 우리가 이미 소유하고 있는 무한한 유산을 자기 것으로 만들려는 노력인 것이다. 처음에 종교적 삶의 전체 미래가 주어졌지만 그것은 암시적이었다. 종교적 삶을 시작한 사람의 입장이라는 것은, 악, 과오 그리고 불완전은 그의 것이 아니며 그의 진정한 본성과는 기질적으로 연결되지 않은 파생물들이라는 것이다. 그것들은 실제로 그렇게 될 것처럼 이미 사실상 실제로 억압되고 무력해졌으며, 무력화되는 과정 자체 내에서 영적 성장의 수단이 되어왔다. 그 사람이 유혹과 갈등을 겪기는 하겠지만 [그러나] 그의 진정한 삶이 속한 내적 영역에서 그 갈등은 끝나고 승리는 이미 확보되어 있다. 영혼이 사는 것은 유한한 삶이 아니라 무한한 삶이다. 영혼[존재]의 모든 맥박은 신의 삶을 표현하고 실현하는 것이다.[12]

종교적 의식(意識)에 대한 어떤 묘사도 한탄하는 설교자와 철학자의 이런 말보다 더 잘 표현될 수 없다는 사실을 여러분은 쉽게 인정할 것이다. 그들은 우리가 들어온 회심의 위기가 주는 환희를 재연할 것이며, 신비주의자가

---

12) John Caird, *An Introduction to the Philosophy of Religion*, London and New York, 1880, 243~250쪽, 291~299쪽(많이 축약했음).

느끼기는 하지만 전달할 수 없는 것을 발언할 것이다. 그리고 성인은 그들의 말을 들었을 때 자신의 경험을 깨닫게 된다. 종교의 내용이 그렇게 일관되게 전해지는 것을 발견하는 것은 기쁜 일이다. 하지만 모든 것을 감안해 볼 때, 케어드 교장은 개인의 직접적 감정과 경험의 영역을 초월해 편견 없는 이성에 종교의 토대를 설정하였는가? 나는 단지 케어드 교장의 예를 사고의 완전한 방식으로 이용하고 있다. 그는 편견이 없는 이성에 의존해 종교를 보편적인 것으로 만들고, 종교를 사적 믿음에서 공적 확실성의 상태로 바꾸어놓았는가? 그는 종교의 주장을 불명료성과 불가해성으로부터 구해내었는가?

내가 알기로, 그는 이런 종류의 일은 하지 않았고 단지 보다 일반적인 어휘로 개인의 경험들을 재확인했다. 나는 다시 한 번 선험론자의 추론들이 종교를 보편적인 것으로 만들지 못한다는 명백한 사실을 기술적으로 증명하지 않아도 된다. 왜냐하면 대부분의 학자들, 아니 종교적 기질을 가진 학자들조차도 고집스럽게 그 추론들을 믿을 만하다고 인정하기를 거부한다는 단순한 사실을 지적할 수 있기 때문이다. 일반적으로 언급되듯이 독일 전체가 적극적으로 헤겔주의적 논쟁을 거부해왔다고 말할 수 있을 것이다. 스코틀랜드에 대해서는, 여러분 대부분이 잘 알고 있는 프레이저 교수와 프링글 패티슨(Pringle-Pattison) 교수의 기억할 만한 비평을 언급하는 것으로도 충분하다.[13] 나는 다시 한 번 선험적 관념론이 그들이 주장하는 것처럼 객관

---

13) A.C. Fraser, *Philosophy of Theism*, second edition, Edinburgh and London, 1899, 특별히 part ii, chaps.vii and vii ; A Seth [Pringle-Pattison], *Hegelianism and Personality*, 같은 책, 1890, 여러 곳에 있음.

내가 알고 있는 구체적이며 개인적인 세계 영혼을 지지하는 가장 설득력 있는 주장은 내 동료 Josiah Royce의 주장으로 그의 *Religious Aspect of Philosophy*, Boston, 1885 ; *Conception of God*, New York and London, 1897 ; *Aberdeen Gifford Lectures*, *The World and the Individual*, 2vols, New York and London, 1901~1902에 나타나 있다. 독자들은 틀림없이 내가 로이스 교수의 논쟁조차도 명확히 다루지 않음으로써 이 강연의 주제가 부여하는 철학적 의무를 저버린다고 생각할 것이다. 나는 나의 순간적 회피를 인정한다. 현재의 대중적 분위기에서 내내 진행되는 이 강연에서는 난해한 형이상

적이고 절대적으로 합리적이라면 설득력을 갖는 데 그렇게 터무니없이 실패할 수 있는지를 묻고 싶다.

여러분은 종교가 전하는 것은 항상 경험적 사실이라는 점을 기억해야 한다. 종교는, 신적 실재가 항상 존재하고 그 실재와 우리들 사이에 주고받는 관계들이 실질적으로 존재한다고 말한다. 이와 같은 사실에 대한 명확한 인식이 스스로 지탱될 수 없다면, 확실히 추상적 추론만으로는 그 인식이 필요로 하는 지지를 제공할 수 없다. 개념적 과정이 사실들을 분류하여 정의 내리고 해석할 수는 있지만, 사실을 만들어낼 수는 없으며 사실의 개별성을 재현시킬 수는 없다. 감정만이 파악할 수 있는 플러스 요인, 즉 지금 말한 것이 항상 존재한다. 이 영역에서 철학은 이처럼 부차적 기능을 하는 것이며 신념의 진실성을 보장해 줄 수는 없기 때문에, 이 강연 서두에서 말했던 결론을 내려야겠다.

안타까운 사실이지만, 순수하게 지적 절차로만 직접적인 종교적 경험의 진술들 속에 담겨 있는 진리를 보여주려는 시도는 절대적으로 가망이 없다는 결론을 내려야만 하겠다.

그러나 철학을 이처럼 부정적으로만 묘사하는 것은 부당한 일이다. 그래서 나는 철학이 종교를 위해 할 수 있는 점들을 간단히 열거해본 다음 이번 강연을 맺을까 한다. 철학이 형이상학적 비판을 위한 연역법과 귀납법을 버린 다음 신학을 종교학으로 변형시킨다면, 철학은 스스로 상당한 유용성을 확보할 수 있을 것이다.

인간의 자발적 지성은 그것이 느끼는 신적 존재를 일시적인 지적 선입견

학적 논의의 여지가 없으며, 철학의 주장(즉, 종교가 보편적으로 타당성을 주는 과학으로 변형될 수 있다는 것)이 있다고는 하나 어떤 종교적 철학도 실제로 다수의 신앙인들에게 확신을 주지 못했다는 점을 지적하는 것만으로도 내가 주장하는 바를 떠받치기에 충분하다. 저술할 여유가 생긴다면 나는 이 책 다음에 나오는 책에서는 로이스 교수의 주장뿐 아니라 일원론적 절대주의를 지지하는 다른 주장들이 그 중대성에 걸맞도록 전문성을 동원하여 다루어지게 되기를 희망한다. 지금 당장은 피상적이라고 비난받는다 할지라도 그것을 깊이 다루지 않을 작정이다.

과 조화되는 방식으로 정의를 내린다. 철학은 비교를 통해 이 정의들로부터 우연하고 지엽적인 것들을 제거할 수 있다. 철학은 역사적 껍질들을 교리와 예배의식으로부터 걷어낼 수 있다. 또한 철학은 자연과학의 결실과 자발적인 종교적 구조들을 대면케 함으로써 과학적으로 불합리하거나 조화되지 않은 것으로 알려진 교리들을 제거할 수도 있다.

철학은 이런 방법으로 무가치한 형식화들을 걸러버리면서 적어도 가능성 있는 나머지 개념들을 남겨둘 수 있다. 철학은 부정적이든 긍정적이든 여러 가지 방법을 동원하여 가설들이 검증받는 방식으로 이런 것들을 가설로 다룰 수 있다. 철학은 남겨진 것 중 어떤 것들에서 모순이 발견되면 그 숫자를 줄일 수 있다. 철학은 아마도 가장 면밀히 입증되어 있고 입증될 수 있는 대상을 선택하여 옹호할 수 있다. 철학은 순진하게 지나친 믿음이나 그 믿음이 표현되는 상징, 그리고 있는 그대로 표현된 것을 구별하면서 이 가설의 정의를 정교하게 할 수 있다. 결과적으로 철학은 각기 다른 믿음을 가진 자들을 중재할 수 있으며 의견의 일치를 이루어낼 수도 있다. 철학이 이것을 더욱더 성공적으로 할수록 종교적 믿음의 개인적이고 지엽적인 부분과 공통적이고 본질적인 부분을 잘 비교하여 구분할 수 있다.

나는 이런 종류의 비판적 종교학이 물리학처럼 궁극적으로 일반적 대중으로부터 지지를 받는 학문이 될 것이라고 생각한다. 심지어 개인적으로 비종교적인 사람들조차도, 장님들이 광학적 사실들을 인정하듯이―그렇지 않으면 어리석게 보일 테니까―그 종교학의 결론을 신뢰하게 될 것이다. 그러나 광학은 우선 시력을 가진 사람들에 의해서 경험된 사실들을 통해 유지되어야 하고 계속적으로 그 학문이 확증되어야 하듯이, 종교학도 그 최초의 자료를 얻기 위해서는 개인적 경험의 사실에 의존하게 되고 그것의 비판적 건축을 통해 개인적 경험과 일치시켜 나가야 할 것이다. 종교학은 결코 구체적 삶과 동떨어질 수 없을 것이며 개념적 진공상태 속에 빠져들 수도 없을 것이다. 모든 과학이 고백하듯이 자연의 미묘함은 종교학을 넘어서 있고 그것의 형식은 단지 실재의 근사치들에 불과하다는 사실을 종교학도 영원히 고백해야 할 것이다.

철학은 말로 살아가지만, 진리와 사실은 말의 형식화를 초월하는 방식으로 삶 속으로 솟아오른다. 인식이라는 살아 있는 행위 가운데에는 가물거리고 깜박거리면서 잡혀지지 않는, 그리고 그것에 대한 성찰은 너무 늦게서야 가능한 그 무엇인가가 언제나 존재한다. 철학자만큼 이러한 사실을 잘 아는 사람은 없다. 철학자는 그렇게 하도록 운명지어졌기 때문에 그의 개념적 총으로부터 새로운 말들을 쏘아대야 한다. 그러나 그의 마음 속은 그런 공허함과 부적절성을 알고 있다. 그의 표현방식들은 사진기 밖에서 보여진 입체사진 또는 활동사진과 같다. 그 방식들은 깊이, 움직임, 생명력이 없다. 특별히 종교적 영역에서는 신앙형식이 개인적 경험을 절대로 대신할 수 없다.

　다음번 강연에서는 종교적 경험에 대한 나의 서투른 묘사를 완성하려고 한다. 그리고 마지막이 될 그 다음 강연에서는 종교적 경험이 증언하는 진리를 개념적으로 형식화해 보겠다.

제19강 | 다른 특성들

 우리는 지금까지 신비주의와 철학에 대해 살펴보았으나 이제 이전에 다루었던 내용으로 다시 돌아왔다. 그 내용은 종교의 유용성, 종교인에게 종교가 주는 유용성 그리고 그러한 개인 스스로가 세계에 대해 보이는 유용성인데, 그것들은 진리는 세상 안에 존재한다는 주장을 가장 잘 보여주는 것들이다. 이 내용을 다루기 위해 비록 '대체적'이라는 조건이 항상 부가됨에도 불구하고, 진리라는 것은 훌륭하게 작용하는 데에 존재한다는 경험철학으로 돌아가보기로 한다. 이번 강연에서 우리는 종교적 의식을 다시 묘사하여 그것의 몇몇 다른 특성에 대한 그림을 구두로 완성해야만 한다. 그리고 나면 마지막 강연에서는 전반적으로 재검토를 하거나 독자적으로 결론을 내리는 데에 자유로울 것이다.
 내가 이야기하고자 하는 첫번째 요점은, 종교를 선택하는 사람이 마음을 결정하는 데에 심미적 삶이 담당하는 역할에 관한 것이다. 내가 얼마 전에 말했듯이, 사람들은 자신들의 종교적 경험을 무의식적으로 지성화한다. 사람들은 예배하는 데에서 친교를 필요로 하는 것과 같이 종교적 형식을 필요로 한다. 그러므로 나는 신의 속성을 열거한 유명한 스콜라 철학적 목록이 실용적 측면에서 보면 무용지물이라고 경멸적으로 말했다. 왜냐하면 그 속성들은 내가 다루기를 배척했던 한 가지의 유용성만을 지니고 있기 때문이다. 뉴먼이 그 속성들을 장황한 표현으로 예시하였던 글[1]에서 그 사실을 추적해볼 수 있다. 그는 대성당의 종교의식을 강조하듯이 신의 속성을 강조하면서, 신의 속성이 지닌 심미적 가치가 얼마나 큰지를 보여주고 있다. 교회 안에 오르간이나 오래된 금관악기, 대리석 조각들, 프레스코 그림들 그리고 착색된 유리창문들이 교회를 풍요롭게 하는 것과 마찬가지로, 이와 같은 고양되고 신비한 말들을 덧붙인다는 것은 우리의 미약한 신앙심을 풍요롭게 해준다. 이러한 형용사구들은 우리의 신앙심에 분위기를 형성해주고 부대적 의미를 부여해준다. 이러한 형용사구들은 신을 찬양하는 찬송가와 신의 영광을 위해 드리는 예배와 같은 역할을 한다. 또한 이 형용사구들은 이해할 수 없는 것이기에 더욱 숭고하게 들릴 수도 있다. 이교도의 사제들이 그들의 우상을 빛내주던 보석과 장신구들이 갖는 명예에 대해 그랬던 것처럼, 뉴먼2)과 같은 사람들은 이 형용사구가 갖는 명예를 잃지 않으려고 노력할 것이다.

자연스럽게 인간의 마음을 사로잡는 종교의 구성요소 가운데서 심미적 동기는 결코 간과해서는 안 되는 것이다. 나는 이 연속강연에서 교회조직에 대해 어떤 말도 하지 않을 것을 약속했다. 그러나 이 시점에서 어떤 심미적 요구를 충족시켜주는 조직들이 인간의 본성을 지속적으로 붙들고 있는 방법에 대해서는 한 마디 해야 할 것 같다. 비록 어떤 사람들은 지적 순결함과 단순화를 목적으로 삼는 경우가 있을지라도, 다른 사람들에게 풍요함이라는 것은 최고상태의 상상력이 만들어내는 전제조건이 된다.3) 이러한 유

---

1) *Idea of a University*, Discourse III, §7.
2) 뉴먼의 상상력은 너무나 천성적으로 교회의 조직을 갈망하고 있었으므로 그는 다음과 같이 쓸 수 있다. "15세 때부터 교의는 나의 종교의 근본적 원리가 되어 왔다. 나는 다른 종교를 알지 못한다. 나는 다른 종류의 종교에 대한 생각을 할 수 없다." 그리고 30세 때 다시 한 번 뉴먼이 자기 자신에 대해 말한 것을 보면 다음과 같다. "나는 주교가 마치 신처럼 나를 보고 있는 것처럼 느끼면서 행동하기를 좋아했다." *Apologia*, 1897, 48, 50쪽.
3) 지성적 차이점은 실제적으로 성격에 나타나는 유추적 차이점만큼이나 중요하다. '성인다움'이라는 제목 아래서 우리는 몇몇 성격의 소유자들이 어떻게 혼돈을 원망하고 순결, 일관성, 단순성(앞의 책, 257ff쪽)을 유지하면서 사는지를 살펴보았다. 반대로 그와는 다른 성격의 소유자들에게 과다함, 지나친 압박, 자극 그

형의 마음을 강하게 지니고 있는 사람들에게는 개인적 종교는 거의 그러한 목적에 부합할 수 없을 것이다. 그들의 내적 요구는 오히려 제도적이며 복잡한 것이고, 단계에서 단계로 전해지는 권위를 지니고 있으면서, 내적 요구의 각 부분의 위계질서와의 밀접한 관계에서 위엄을 지닌 것이다. 그들의 내적 요구는 모든 단계에서 신비스럽고 찬란한 형용사를 지닌 대상들로 구체화되는 것인데, 그 대상들은 결국 그 조직의 원천이며 최고점인 신에게서 파생되어 나오는 것이다. 그때 그들은 마치 보석으로 장식한 어떤 광대한 작품이나 건축물 앞에 서 있는 것처럼 느낀다. 그들은 다양한 예배의 호소를 듣는다. 그리고 모든 방면에서 경이로운 느낌을 받는다. 이러한 고상한 복잡성, 다시 말해 이 상태에서는 감정의 격동이 결코 안정감을 뒤흔들지 못하며, 아무리 하찮은 것일지라도 위엄을 갖춘 매우 많은 제도들이 적절성을 부여하기 때문에 어떤 단일한 항목도 무의미한 것이 아니라는 사실과 비교해볼 때, 복음주의적 프로테스탄티즘은 얼마나 밋밋해 보이는가. 그리고 "가시덤불 속에서도 인간은 신을 만날 수 있다"[4]고 자랑삼아 내세우는 프로테스탄트교도들의 고립된 종교적 삶의 분위기는 얼마나 적나라하게 보이던가. 그들은 영광으로 쌓아올린 구조를 얼마나 나누고 등급화하던지! 신의 위엄과 찬양의 관점에 익숙한 상상력을 소유한 사람들에게 숨김 없는 복음의 계획은 궁정에 구빈원을 제공해주는 것처럼 보인다.

이것은 고대제국에서 성장한 사람들이 지닌 애국적 감정과 매우 유사하다. 사람들이 위엄 있는 직책, 심홍색의 빛과 나팔소리, 금빛 자수품, 깃털

리고 수많은 피상적 관계들은 없어서는 안 될 요소들이다. 만일 여러분이 그들과의 약속을 지키고, 그들의 편지들에 대답을 하고, 그들의 난처한 일을 가볍게 하고, 그들의 의무에 방해받지 않고 즉각적으로 약속을 시행하여 그들의 모든 빚을 갚는다면 그들은 졸도증세를 보일 것이다. 너무나 적나라하게 짐이 벗겨진 낯은 그들에게 섬뜩해 보일 것이다. 우리 중 멋멋은 안락, 고상함, 애정의 찬사, 사회적 안정을 요구한다. 하지만 이러한 것들은 다른 사람들에게는 엄청난 거짓과 궤변으로 보일 것이다.

4) 뉴먼의『칭의론에 대한 강연들』(Lectures on Justification) 중, Lecture VIII, §6에서는 그리스도교적 계획을 느끼게 하는 이런 심미적 방법을 나타내주는 화려한 구절이 있다. 불행하게도 그 구절은 너무나 길어서 인용할 수가 없다.

꽂은 군대, 그리고 두려움과 전율을 포기해야 할 때, 검은 코트를 입은 대통령이 여러분과 악수를 나누려는 것을 참아야 할 때, 아마도 거실이 딸려 있고 그 거실의 중앙 테이블 위에 성서 한 권이 놓여 있는 대(大)초원이나 프레리에 세워진 '집'에서 살다 나올 때, 그들은 그들의 대상으로 인해 얼마나 많은 감정의 좌절을 느꼈겠는가? 이러한 것은 군주적 상상력을 약화시킬 것이다!

이러한 심미적 감정들이 지니는 카톨릭적 힘 때문에 프로테스탄티즘이 아무리 카톨릭교에 비해 영적 심오함에 있어 더 우월할지라도, 현재 프로테스탄티즘은 더 숭엄한 교회 중심주의로부터 많은 회심자들을 배출해내는 데 성공한다는 것은 매우 불가능한 것처럼 보인다. 카톨릭교는 훨씬 더 풍요로운 목초지와 그늘을 상상하게 해주며, 매우 많은 종류의 꿀을 담고 있는 많은 벌집을 지니고 있고, 인간본성에 대한 다양한 형태의 호소에 매우 관대하므로 항상 프로테스탄티즘은 카톨릭교도들에게 구빈원의 모습을 보여준다. 프로테스탄티즘이 지닌 신랄한 부정성은 카톨릭교도들의 정신으로는 이해할 수 없는 것이다. 프로테스탄트교도들에게 그러한 것같이, 지적 카톨릭교도들에게도 교회가 지지하는 많은 옛 교리와 실천들을 문자 그대로 받아들이는 것은 유치해 보인다. 그러나 이것은 '어린애 같은', 즉 순수하고 온화하다는 기분 좋은 의미에서 유치해 보인다는 것이다. 그들은 소중한 사람들의 지성이 아직 발달되지 않은 상태에 있다는 것을 고려하는 데에 관대하다. 반대로 프로테스탄트교도에게 이 교리들과 실천들은 바보스러운 거짓이라는 의미에서 유치해보인다. 프로테스탄트교도는 이 교리와 실천들이 지닌 섬세하고 사랑할 만한 잉여분을 근절시켜버릴 것임에 틀림이 없고, 이것은 카톨릭교도들로 하여금 프로테스탄트교도들의 융통성 없음에 전율하게 만들 것이다. 카톨릭교도에게 프로테스탄트교도는 마치 험한 눈을 지니고 무감각하며 단조로운 종류의 파충류와 같이 성미가 까다로운 것으로 보일 것이다. 프로테스탄트교도와 카톨릭교도는 감정적 에너지의 중심이 너무나 다르기 때문에 결코 서로를 이해하지 못할 것이다. 엄격한 진리와 인간본성의 복잡함은 언제나 상호간의 해석자를 필요로 하기 때문이다.[5]

이제 종교적 의식에서의 심미적 다양성에 대해서는 그만 이야기하기로 하자.

종교에 관한 대부분의 책들에서 종교의 가장 본질적 요소로서 세 가지가 제시되고 있다. 그것은 희생제의, 신앙고백 그리고 기도이다. 나는 이러한 요소들을 각각 간단하게나마 차례로 다루어보고자 한다.

첫번째로 다루고자 하는 것은 희생제의이다. 신에게 드리는 희생제의는 어느 원시의 예배에서나 존재하였다. 그러나 예배의식이 점차로 순화되어 오면서 번제나 희생양의 피는 그 본성이 보다 영적인 희생제물에 의해 대체되어왔다. 유대교, 이슬람교 그리고 불교는 희생제의 없이 유지되어왔다. 희생제의의 개념이 그리스도의 속죄의 신비 안에 변형된 형태로 보존되어 있는 것을 제외하고는 그리스도교도 또한 그렇게 유지되어왔다. 이 종교들은 이런 모든 헛된 제물 대신에 마음의 제물, 즉 내적 자아의 부정으로 대치하였다. 이슬람교, 불교 그리고 보다 오래된 그리스도교가 조장하였던 금욕주의적 의식에서, 우리는 희생제의가 일종의 종교적 의식이라는 생각은 결코 파기될 수 없는 것임을 알 수 있다. 금욕주의에 대해 강연했을 때, 나는 금욕주의의 의미에 대해 분투적인 삶이 요구하는 희생의 상징으로 이야기했다.[6] 그러나 나는 그러한 것들에 대해 이미 내 견해를 얘기하였고, 이 강연들은 초기 종교의 관례나 파생되는 질문을 피하고 있기 때문에 희생에 대한 주제는 이제 그만 다루기로 하고 신앙고백에 대한 주제로 넘어가고자 한다.

---

5) '선을 사랑하는 온순한 사람'이 자신이 고백하는 신하고만 환자들을 방문하는 프로테스탄티즘의 반형식성을 카톨릭교의 발전에 공헌하고 더욱더 복잡한 일들에 대한 사회적 자극을 가져다주는 정교한 '사업'과 비교해보라. 본질적으로 세속적인 마음을 가진 카톨릭 여성은 원칙적으로 아주 요염하게 그녀의 고해신부와 지도자, 그녀가 쌓아놓은 '공적', 그녀의 수호성인들, 전문적인 헌신자로서 전능한 신의 관심을 받으면서 맺은 그녀의 특권관계, 그녀의 뚜렷한 '신앙활동' 그리고 조직 내에서 그녀가 뚜렷이 인정하는 사회적 자세를 갖고서 환자의 방문자가 될 수 있다.

6) 앞의 책, 354ff.

신앙고백에 관해서도 나는 역사적으로 다루고자 하는 것이 아니라, 심리학적으로 내 견해를 매우 간단하게 피력할 것이다. 희생만큼이나 널리 알려져 있지 않은 신앙고백은 보다 내적이고 도덕적인 감정의 단계에 해당한다. 신앙고백은 인간이 신과 올바른 관계를 맺기 위하여 자신의 자아가 필요로 한다고 느끼는 일반적 정화체계의 한 부분이다. 신앙을 고백하는 사람에게 허위는 사라지고 진실이 다가오기 시작한다. 신앙고백을 하는 자는 자신의 부패한 허물을 끄집어낸다. 그가 자신의 허물을 실제로 제거하지는 못한다 할지라도 그는 적어도 더 이상 미덕을 위선적으로 드러내어 자신의 허물을 덮어씌우려고 하지는 않을 것이다. 다시 말해서, 그는 적어도 진실성에 기초를 두고 살아갈 것이다.

앵글로색슨족의 사회에서 신앙고백의 의식이 완전히 쇠퇴하게 된 것에 대해 설명하기는 쉽지 않다. 물론 이러한 현상은 역사적으로 로마 카톨릭 교리에서 신앙고백이 고해성사나 사면, 그리고 허용하기 어려운 다른 의식들과 연결되어 있었기 때문에, 로마 카톨릭 교리에 대한 반발이라고 설명될 수 있다. 그러나 죄를 지은 사람의 입장에서 보면, 고백에 대한 그 필요성이 너무 커서 그 만족감을 즉석에서 거절하는 것은 있을 수 없는 것처럼 보인다. 그래서 사람들은 대체로 신앙고백을 들어주는 귀가 그럴 만한 가치가 없다고 할지라도, 그것을 통하여 비밀을 둘러싸고 있는 껍데기가 벗겨지고, 안에 갇혀 있던 종기가 터져나오고, 그리고 구제를 받을 수 있다고 생각할 수도 있다. 보다 명백한 공리적인 이유로 카톨릭 교회는 공개적 신앙고백을 하도록 하는 보다 급진적 행동을, 신부에게 개인적으로 하는 비밀고해로 대체시켜왔다. 일반적으로 자립심과 반사교성의 특징을 지니고 있고 영어로 말하는 프로테스탄트교도들인 우리는 오로지 신에게만 모든 비밀을 털어놓고 말할 수 있다면, 그것만으로 충분하다고 생각한다.[7]

내가 논하고자 하는 다음 주제는 기도이다. 이번 논의는 그리 간단하게

---

7) 신앙고백에 대한 보다 완전한 논의는 프랭크 그레인저가 저술한 훌륭한 책 안에 있다. Frank Granger, *The Soul of a Christian*, London, 1900, ch. xii.

끝나지는 않을 것 같다. 우리는 최근에 기도에 반발하는 많은 말들에 대해 들어왔다. 특히 날씨가 더 좋아지기를, 그리고 병든 사람이 회복되기를 기도하는 것에 대한 반발을 많이 들어왔다. 병든 사람을 위한 기도에 관해 살펴 볼 때, 어떤 의학적인 사실이 입증될 수 있다면 어떤 환경에서는 기도가 병을 회복하는 데 도움을 줄 수도 있으며, 기도가 치유수단으로서 장려되어야 한다. 기도가 사람에게 도덕적 건강을 나타내는 정상적 요소가 되면, 기도를 소홀히 하는 것은 해가 될 수도 있을 것이다. 그러나 날씨에 대한 경우는 다른 것이다. 최근에 이와 반대되는 믿음[8]이 있었음에도 불구하고, 모든 사람들은 이제 가뭄이나 태풍은 물리적 전례를 따른다는 것, 도덕적 호소가 그것을 피하게 할 수 없다는 것을 알고 있다. 그러나 탄원하는 기도는 기도의 한 부분일 뿐이다. 만약 우리가 그 말을 신성한 것으로 인식되는 힘과 모든 종류의 내적인 영적 교접 또는 대화를 의미하는 보다 광범위한 의미로 받아들인다면, 그 말에 과학적 비판을 가할 필요가 없다는 것을 쉽게 알 수 있을 것이다.

이러한 광범위한 의미에서 기도는 종교의 영혼이자 본질이 되는 것이다. 프랑스의 한 자유주의 신학자는 다음과 같이 말하고 있다. "종교는 하나의 영적 교제, 다시 말하면 고통에 찬 영혼이 자신이 의존하고 있으며 자신의 운명을 좌우한다고 느끼는 신비적 힘과 의식적이면서도 자발적인 관계를 맺는 것이다. 이러한 신과의 영적 교제는 기도를 통해 실현된다. 기도는 현재 실행되고 있는 종교이다. 다시 말해서, 기도는 실제의 종교인 것이다. 그래서 매우 도덕적이거나 심미적인 감정에 유사하게 근접해 있는 현상과 종교적 현상을 구분해 주는 것이 바로 기도이다. 만약 종교가 온 마음이 자신의 삶을 이끌어낸 원리를 따름으로써 자신을 구원하고자 하는 역동적 행

---

8) 예 : 보스턴의 복요일 상년모임에 참석한 시드베리의 힌 목사는 시회를 보고 있는 목사가 비를 내려달라고 기도하는 것을 들었다. 예배가 끝나자마자 그는 그 탄원자에게 가서 다음과 같이 말하였다. "보스턴의 목사여, 튤립이 여러분의 창문 아래서 시들자마자 곧 교회로 가서 콩코드와 서드베리 전 지역이 물에 잠길 때까지 비를 내려달라고 기도하시오." R.W. Emerson, *Lectures and*

위가 아니라면 종교는 아무런 의미가 없다. 이러한 신앙행위가 바로 기도인 것이다. 기도라는 용어는 말들의 헛된 사용, 즉 어떤 성스러운 형식의 단순한 반복이 아니라 영혼이 존재하는 것으로 느끼는 신비스러운 힘과 개인적 관계를 맺게 해주는 영혼의 움직임 자체를 의미하는 것으로서 이해된다. 그 신비스러운 힘은 이름을 부여받기 이전에 존재할 수도 있는 것이다. 이러한 내적 기도가 결여되어 있는 모든 곳에서는 종교가 존재하지 않는다. 반면에 형식이나 교리가 존재하지 않는 곳에서조차도 영혼을 감동시키는 기도가 있다면, 우리는 살아 있는 종교를 지니게 되는 것이다. 사람들은 여기에서 "이른바 '자연종교는 정확하게 말하면 종교가 아니라는' 이유를 알게 될 것이다. 자연종교는 인간과 기도를 분리하고 있다. 자연종교는 친밀한 영적 교제도 없고 내적 대화도 없고 상호교환도 없다. 인간에게 신이 행사하는 것도 없고 신에게 인간이 보답하는 것도 없으며, 인간과 신을 서로 동떨어지게 하고 있다. 사실 허식적 종교는 단지 철학일 뿐이다. 이성주의와 비판적 연구가 성행하는 시대에 종교는 단지 추상적 개념일 뿐이다. 인위적이고 이미 죽은 창조물인 이러한 종교는 조사자에게 종교가 지닌 적절한 특성 중 거의 한 가지도 보여주지 못하고 있다."[9]

우리의 연속강연 전체는 사바티에의 주장이 담고 있는 진리를 증명해주는 것으로 보인다. 우리가 교회론적 또는 신학적 복잡성은 별도로 하더라도, 내적 사실로 연구하였던 종교적 현상은 개인들이 처해 있는 곳이 어디든지 자신들과 연관되어 있다고 보는 고차적 힘들(higher powers)과 영적 교제의 의식 안에 존재한다는 것을 보여왔다. 이러한 영적 교제는 능동적이고 상호적인 상태에서 이루어진다.

만약 영적 교제가 효과를 발휘하지 않는다면, 영적 교제가 주고받는 관계가 아니라면, 영적 교제가 지속되는 동안에 실제로 아무것도 교류되는 것이 없다면, 그리고 만약 영적 교제가 일어났다는 것에 대해 세계가 조금도 달

---

9) Auguste Sabatier, *Esquisse d'une Philosophie de la Religion*, zme éd., 1897, 24~26쪽(축약됨).

라지지 않는다면 무엇인가가 서로 교류된다는 느낌을 이처럼 넓은 의미로 받아들였던 기도는 착각과 같은 느낌일 것이다. 또한 종교는 단순히 모든 곳에 존재하는 망상의 요소들을 포함하고 있는 것일 뿐만 아니라 물질주의자나 무신론자들이 종교는 망상이라고 항상 말해왔었던 것처럼 모두 망상에 뿌리를 두고 있는 것으로 분류되어야 할 것이다. 기도의 직접적인 경험들이 잘못된 증언이라고 해서 배제되었을 때에는 기껏해야 존재의 전체 질서는 신적 원인을 지녀야 한다는 추론적 믿음만이 남아 있었을 것이다. 자연을 묵상하는 이러한 방법은, 비록 의심할 여지없이 경건한 태도를 지닌 사람들에게는 즐거울지라도, 그들에게 연극의 구경꾼 역할만을 하도록 할 것이다. 반면에 우리는 경험에 바탕을 둔 종교와 신앙심이 깊은 삶에서, 즉 연극에서와는 다른 바로 진지한 현실 속에서 자신이 주인공인 것처럼 생각한다.

그러므로 종교의 진실성은 신앙심이 돈독한 의식이 가식인지 아닌지에 대한 문제와 분명히 밀접하게 관련되어 있다. 이러한 의식에서 무엇인가가 진정으로 교류된다고 하는 확신은 살아 있는 종교의 핵심이 된다. 교류되는 것에 대해 말하자면, 여기에는 커다란 견해차이가 있다. 오늘날 개화된 사람들도 믿을 수 없는 일들을 보이지 않는 힘들이 한다고 가정해왔고, 그리고 가정하고 있다. 그 교류는 기도에서 영향력의 범위가 매우 주관적이라는 것과, 즉각적으로 변화되는 것은 오직 기도하는 사람의 마음뿐이라는 것을 잘 입증하고 있다. 그러나 기도가 미칠 수 있는 영향에 대한 우리의 견해가 비판으로 인해 제한된다고 하더라도, 이 강연에서 다루고 있는 생명력 있는 의미에서의 종교는 몇 가지 영향들이 주는 확신에 꿋꿋이 버티든가, 아니면 설득당하게 될 것이다. 종교는 기도를 통해 어떤 다른 방법에 의해서도 이루어질 수 없는 일들이 일어난다고 주장한다. 다시 말하면, 기도가 없었다면 묶여 있었을 에너지가 기도에 의해 자유롭게 되어 주관적이든 객관적이든 간에 사실들의 세계 일부분에서 작용하고 있다는 것이다.

이러한 가정은 고인이 된 프레더릭 마이어스(Frederic W.H. Myers)가 한 친구에게 보낸 편지에 잘 표현되어 있다. 마이어스의 편지를 받은 그 친구는 내가 그 편지를 인용하는 것을 허락해주었다. 이 편지는 기도-본능은 일반적 교리의 복잡함과 매우 독립되어 있다는 것을 보여주고 있다. 마이어스 씨는 다음과 같이 쓴다.

나는 자네가 기도에 대해 물어온 것에 대해 기쁨을 느끼고 있다. 왜냐하면 나는 그 주제에 대해 강렬한 생각들을 갖고 있기 때문이다. 우선은 무엇이 사실인가에 대해 생각해보기로 하자. 우리 주위에는 영적 세계가 존재한다. 그 세계는 물질적 세계와 실제로 연결되어 있다. 영적 세계에서 그 물질적 세계를 지탱시켜주는 에너지가 나온다. 그 에너지는 각 개인의 영적 삶을 형성해준다. 우리의 영혼들은 이러한 에너지를 영원히 빨아들여서 지탱한다. 에너지를 빨아들이는 활력은 우리가 물질에서 영양분을 섭취하는 활력이 시간에 따라 변하는 만큼 영원히 변하는 것이다.
나는 이것들을 '사실들'이라고 부른다. 왜냐하면 이러한 종류의 계획은 실제적 증거와 일치하는 유일한 것이라고 생각하기 때문이다. 이것은 너무 복잡해서 여기에서는 요약할 수가 없다. 그렇다면 우리는 어떻게 이러한 사실들에 근거해서 **행동해야** 하는가? 간단히 말해서, 우리는 가능한 한 많은 영적 삶을 흡수하도록 노력해야 할 것이고, 우리는 경험이 그렇게 흡수하는 것에 우호적이라고 보이는 모든 태도를 염두에 두어야 한다. **기도**는 개방적이고 진지한 기대를 품고 있는 태도를 나타내는 일반적 이름이다. 만약 우리가 **누구에게** 기도하느냐고 묻는다면, 그 대답은 (매우 이상하게 들리기는 하겠지만) 그것은 그렇게 중요한 것이 아니라고 대답할 것임에 틀림없다. 기도는 사실 순수하게 주관적인 것은 아니다. 기도는 영적 힘이나 은총을 흡수하는 강도의 실질적 증가를 의미한다. 그러나 우리는 기도가 영적 세계에서 어떻게 영향력을 발휘하는지를 충분히 알지 못한다. 또한 누가 기도의 영향력을 인식하는지, 또는 은총은 어떤 통로를 통해 전달되는지에 대해서도 모른다. 오히려 어린이에게, 어쨌든 우리가 어느 정도는 알고 있는 가장 고귀한 개인적 영인 그리스도에게 기도하라고 하는 것이 더 나을 것이다. 그러나 그리스도 자신이 우리의 말을 듣고 계신다고 말하는 것은 경솔한 행동일 것이다. 반면에 신이 우리의 말을 듣고 계신다고 말하는 것은, 은총은 무한한 영적 세계에서 흘러들어 오는 것이라는 첫번째 원리를 단순히 고쳐서 말한 경우이다.

힘이 흡수된다고 하는 믿음이 진실인지 아니면 잘못된 것인지에 대한 의문을 갖고 있다면, 교의적 결론을 반드시 도출해야만 하는 다음 강연 때까지 유보해두기로 하자. 이번 강연에서도 계속해서 현상을 기술해보도록 하자. 신앙심으로 가득 찬 삶이 유지되어온 방법, 즉 극단적 종류의 구체적인 예로서, 나는 여러분 대부분이 잘 알고 있으리라고 보는 사례를 하나 들어 보겠다. 이 사례는 브리스틀에 살다가 1898년에 사망한 조지 뮐러(George Müller)의 이야기이다. 뮐러의 기도들은 가장 터무니없는 탄원적 종류였다. 그는 어린 시절에 성서에 나와 있는 어떤 약속들을 말 그대로 받아들이고, 자신의 장래에 대한 세속적인 준비에 의해서가 아니라 주님의 손길에 의지하여 살아가겠다고 결심하기도 했다. 그는 특히 능동적이고 성공적인 임무를 수행하였다. 그가 이룬 결실은 서로 다른 언어로 씌어진 성서본문을 200만 부 이상 배포한 일, 수백 명의 선교사들을 준비시킨 일, 성서와 관련된 책, 팸플릿 그리고 소논문 등을 전부 1억 1,100권 이상 보급시킨 일, 다섯 개의 커다란 고아원을 세워 수천 명의 고아들을 돌보고 교육시킨 일, 그리고 마지막으로 12만 1,000명 이상의 청소년과 장년의 제자들이 배울 수 있는 학교들을 세운 일이다. 이러한 일들을 수행하는 과정에서 그는 150만 파운드 상당의 돈을 받아 관리하기도 하였고 20만 마일 이상의 거리를 바다나 육지로 여행하기도 하였다.[10] 그는 성직에 종사한 68년 동안 옷과 가구를 제외하고는 아무런 재산도 소유하지 않았다. 그리고 수중에 현금을 쥐어보지 않았다. 그는 86세의 나이로 160파운드에 상당하는 집에서 세상을 떠났다.

---

10) 이런 통계는 프레더릭 원(Frederic G. Warne)이 저술하여 뉴욕에서 1898년에 출판한 조그마한 책인 *Müller*에 근거한 것이다.

그의 방법은 그가 처한 일반적 부족상태를 공개적으로 알리는 것이었지만, 일시적 필수품들에 대한 자세한 것은 다른 사람들에게 알리지 않았다. 사람이 진실되게 믿기만 한다면 머지않아 기도가 응답될 것이라고 믿으면서, 일시적 필수품들을 구제받기 위해 그는 신에게 직접 기도하였다. 그는 다음과 같이 쓰고 있다.

나는 열쇠와 같은 물건을 잃어버렸을 때 신에게 그 열쇠가 있는 곳으로 나를 데려다달라고 요청한 다음 기도에 대한 응답을 기다린다. 내가 만나기로 약속한 사람이 약속시간에 오지 않아 불안해지기 시작하는 경우, 나는 신에게 그가 빨리 오도록 해달라고 간청하고는 그 응답을 기다린다. 내가 신의 말씀의 구절을 이해하지 못하면, 성령이 나를 가르치는 것을 보고는 기뻐하실 신에게 기도를 올린 다음, 비록 그 시간을 정하지도 않고 가르침받는 방법에 대해서도 정하지 않는다고 하더라도, 나는 가르침받기를 기다린다. 내가 신의 말씀에 봉사하고자 할 때 나는 신에게 도움을 구한다. 그리고……나는 신의 도움을 기다리고 있기 때문에 의기소침해 있는 것이 아니라 아주 쾌활하다.

뮐러가 지키는 관례는 지불해야 하는 청구서를 일주일 동안이라도 결코 미루지 않는 것이었다.

주님은 우리에게 그날 그날 베풀어주시고 있기 때문에, ……주말지급이 이루어져야 하지만 우리는 그것을 지불해줄 수 있는 돈이 없다. 그러므로 우리와 거래하는 사람들이 우리로 인해 불편을 겪을 수도 있을 것이다. 또한 이것은 우리가 '어느 누구에게도 빚지지 말라'는 주님의 계율을 어기게 되는 것이다. 오늘부터 그리고 지금부터는 주님이 우리에게 우리의 보급품을 당일날 주시는 동안 구입하는 모든 품목에 대해 즉시 지불할 작정이다. 우리는 즉시 지불할 수 있는 경우를 제외하고는, 아무리 필요하더라도 그리고 우리가 고용한 사람들이 주당 얼마를 받기를 원하든지 간에 어떤 것도 사지 않을 것이다.

여기에서 뮐러가 말하고 있는 필요한 보급품은 그의 고아원에 필요한 음식과 연료 등이었다. 어쨌든 그들은 종종 식사를 거르게 될 때까지도 실제 지불할 수 있는 경우를 제외하고는 거의 물품을 사들이지 않았던 것 같다.

나는 아침식사 후에 100명 이상의 사람들에게 제공해야 하는 저녁식사에 대한 대책이 없는 때보다 주님의 임재가 가까움을 더욱 크고 명확하게 느껴본 적이 없었다. 또는 저녁식사 후에 차를 마실 수 있는 방법이 없는 경우에도 주님께서는 이미 우리들에게 차를 제공해주셨다. 어느 누구도 우리의 필요를 알지 못했음에도 불구하고 모든 일이 행해졌다. 은총을 통해 나의 마음은 충분히 주님의 신실하심을 확신할 수 있었다. 그래서 가장 필요한 상황에서도 나는 마음놓고 다른 일에 정진할 수 있었다. 그러나 사실 주님께서 나에게 그를 믿는 결과로 이것을 주지 않으셨다면, 나는 전혀 일할 수 없었을 것이다. 왜냐하면 내가 다른 부분의 일을 필요로 하지 않는 때는 거의 없었기 때문이다.[11]

뮐러가 단순히 기도와 믿음으로 고아원을 세운 것에 대해, 그는 자신의 주요한 동기는 다음과 같은 것이라고 확신한다.

우리의 아버지 신은 이전에 그랬었던 것처럼 똑같이 신실한 신이라는 사실을, 눈으로 볼 수 있는 증거로 제시할 수 있다. 즉 이것은 이전에 그랬던 것처럼 오늘날의 우리가 사는 시대에도 신을 믿는 우리 모두에게 신은 살아 있는 신이라는 것을 변함없이 기꺼이 증명하는 것이다.[12]

이러한 이유 때문에 뮐러는 그가 거래하는 어떤 사업에서도 돈을 빌리는 것을 거부하였다.

그러므로 우리가 우리의 방식대로 일을 처리하면서 신에게 기대할 때 어떻게 그런 일이 일어날 수 있겠는가? 우리는 분명히 믿음을 강화시키기보다는 약화시킬 것이다. 그리고 우리 자신의 구제를 바랄 때마다 우리는 신을 믿는다는 것이 점점 더 어려워진다는 것을 알게 될 것이다. 마침내 우리가 우리의 타락된 자연적 이성에 우리 자신을 내맡김으로써 불신이

---

11) *The Life of Trust ; Being a Narrative of the Lord's Dealings with George Müller*, New American edition, N. Y., Crowell, 194, 219, 228쪽.
12) 같은 책, 126쪽.

팽배하게 된다. 사람이 신이 힘을 발휘하는 때가 오기를 기다릴 수 있다면, 그리고 오로지 도움과 구원을 받기 위해 신에게만 의지할 수 있다면, 얼마나 다른 결과가 주어지던가! 수많은 기도의 시간 후에 마침내 도움이 올 때 그것은 얼마나 달콤하던가! 그리고 이루 말할 수 없이 주어지는 보상! 사랑하는 그리스도교 독자 여러분, 만약 여러분이 이전에 이러한 순종의 길을 한 번도 걸어보지 못했다면 지금 그렇게 해보라. 그러면 여러분은 순종하는 것에서 나오는 기쁨의 달콤함을 경험적으로 알게 될 것이다.[13]

보급품이 다소 늦게 도착하는 경우에, 뮐러는 항상 이것은 자신의 믿음과 인내를 시험하는 것이라고 생각하였다. 그리고 그의 믿음과 인내가 충분히 시험을 거친 후에 주님은 보다 많은 것을 보내주실 것이라고 생각하였다. 나는 이 이야기를 뮐러의 일기장에서 다음과 같이 인용한다.

그러므로 그것은 증명되었다. 왜냐하면 오늘 나는 2,050파운드를 받았기 때문이다. 그 중 2,000파운드는 [어떤 특정한 집을 세우는 데 필요한] 건설기금이고, 50파운드는 현재 필요한 물품을 사기 위한 것이다. 내가 이 기부금을 받았을 때 신에 대한 나의 기쁨을 설명한다는 것은 불가능하다. 나는 결코 흥분하거나 놀라지 않았다. 왜냐하면 나는 내 기도에 대한 응답을 기다렸기 때문이다. 나는 신이 나의 말을 듣고 계시다는 것을 믿는다. 그러나 나의 마음은 기쁨으로 가득 찬 나머지 신 앞에 앉아 있을 수밖에 없었고, 사무엘하 7장에 나오는 다윗과 같이 신을 경외할 뿐이었다. 마침내 나는 신의 신실하신 돌보심에 새로운 마음으로 감사의 순종을 드리기 위해 얼굴을 바닥에 대고 엎드렸다.[14]

조지 뮐러가 보여주는 경우는 모든 면에서 극단적이다. 다른 어떤 경우도 뮐러의 지성적 지평의 엄청난 편협성이 보여주는 것보다 더 극단적이지는

---

13) 같은 책, 383쪽(축약됨).
14) 같은 책, 323쪽.

않다. 그가 종종 말했듯이, 그의 신은 그의 일의 동역자였다. 뮐러에게 신은 무역상인들의 조합과 브리스틀에 있는 성인들에 관심을 두고 있으며, 고아원이나 다른 사업에만 관심을 두는, 그러면서도 어디에서나 인간의 상상력이 신에게 부여해왔던 보다 광범위하고 폭넓고 이상적 속성들 중에서 그 어느 것도 지니지 않은 일종의 초자연적 목사처럼 보인다. 간단하게 말하자면, 뮐러는 절대적으로 반철학적이었다. 그와 신의 관계에서 그가 생각하는 매우 사적이고 실제적인 개념은 가장 원시적 인간의 사고의 전통을 이어받고 있다.15) 뮐러의 마음과, 예를 들어 에머슨이나 필립스 브룩스와 같은 마

---

15) 나는 더욱 원시적인 종교적 사고의 유형을 보여주는 표현을 인용하고 싶은 유혹을 뿌리칠 수 없다. 나는 그것을 『알버의 영시 선집』(Alber's English Garland) 7권 440쪽에서 발견하였다. 1689년 프랑스 배에서 포로로 잡혀 있던 영국인 소년과 함께 영국인 선원인 로버트 라이드(Robert Lyde)는 7명의 프랑스 선원들을 공격하여 2명을 살해하고 나머지 5명은 포로로 잡아 묶은 다음 집까지 그 배를 운행해왔다. 라이드는 그의 신이 어떻게 고통의 시기에 즉각적 도움을 주셨는지를 이런 위험 속에서 다음과 같이 묘사하고 있다.
"그들 3명과 1명이 더 가세하여 나를 넘어뜨리려고 결사적으로 달려들었을 때 나는 신의 도움으로 버티고 서 있을 수 있었다. 프랑스 선원이 나의 허리를 꼼짝 못하도록 누르는 것을 느꼈을 때 나는 그 소년에게 나침의함(binnacle)으로 가서 내 등을 붙잡고 있는 사람을 때려눕히라고 말했다. 그 소년은 그 사람이 넘어질 정도로 머리에 일격을 가하였다. ……그때 나는 그들을 때려눕히기 위해 밧줄을 두르는 데 사용하는 뾰족한 쇠막대나 그 밖에 다른 것들을 찾으려고 둘러보았다. 그러나 어떤 것도 보이지 않아서 '주님! 제가 무엇을 해야 합니까?'라고 말했다. 바로 그때 나는 시선을 왼쪽으로 돌렸고 그 뾰족한 쇠막대가 걸려 있는 것을 보았다. 나는 오른팔을 들어 그것을 잡고는 나의 왼팔을 잡고 있던 사람의 머리를 $\frac{1}{4}$인치 정도 들어가도록 그 뾰족한 쇠막대로 네 번을 찔렀다. [그때 다른 프랑스인이 그 쇠막대를 집어 던졌다.] 측량할 수 없는 신의 자비심으로 그는 그것을 놓쳐버렸거나 아니면 그것을 밑으로 던져버렸다. 전능하신 신은 이번에는 한 손으로 한 사람을 잡고 또 한 손으로 다른 사람의 머리를 칠 수 있도록 힘을 주셨다. 다시 한 번 그들을 칠 수 있는 물건을 찾았지만 아무것도 찾을 수 없었으므로 나는 '주님! 제가 지금 무엇을 해야 합니까?'라고 말했다. 그때 신은 기꺼이 나의 주머니 속에 있던 칼을 생각나게 해주었다. 그 사람들 중 두 사람이 나의 오른팔을 붙잡았지만 전능하신 신은 나에게 힘을 주셔서, 나는 오른손을 주머니에 넣어 칼집에서 칼을 빼어……무릎 사이에 놓은 다음 칼을 빼들었다. 그리고 나서 나는 내 가슴 쪽으로 등을 기대

음을 비교해보면, 우리는 종교적 의식이 걸쳐 있는 영역을 알 수 있다.

탄원적 기도에 대한 응답과 연관된 문헌은 엄청나다. 복음주의적 잡지들은 그러한 응답들로 가득 차 있으며, 이 주제를 다루고 있는 책들도 많이 있다.16) 그러나 우리는 뮐러의 사례만으로도 족하다고 생각한다.

뮐러보다 덜 기운차기는 하지만 거지와 같이 구걸하는 방식을 추구하는 수많은 또 다른 그리스도교도들도 있다. 우리는 끊임없이 도움과 지도를 받기 위해 신에게 의지하기 때문에 신의 존재와 적극적 영향력의 증거, 쉽게 지각할 수 있는 것이기는 하지만 훨씬 더 미묘한 증거를 얻게 될 것이라고 그들은 말한다. 다음에 소개하고자 하는 이야기는 내가 이미 인용했던 한 독일인이 쓴 것으로 '인도된' 삶에 관한 것이다. 의심할 여지없이 이것은 모든 나라에 있는 수많은 그리스도교도들이 마치 자신들의 개인적 경험을 옮겨놓은 것처럼 여기게 될 이야기이다. 사람들은 이러한 종류의 인도된 삶에서 다음과 같은 사실을 알게 될 것이라고 힐티(Hilty) 박사는 말하고 있다.

사람들은 어떤 책들과 말들(그리고 때때로 사람들)을 필요로 하는 바로 그 순간에 그것들을 인식하게 된다. 그리고 사람들은 자신들을 공포에 떨게 하거나 자신들로 하여금 탈선하게 했을 것에 대해 마치 아무것도 모르는 것처럼, 그 커다란 위험이 지나갈 때까지 눈을 감고서 조용히 지나쳐 버린다. 이러한 경우는 특히 허영이나 육욕의 유혹을 받은 경우에 그러하다. 사람이 걸어가서는 안 되는 그 길은, 말하자면 가시로 둘러싸여 있

고 있던 사람의 목을 베어버렸다. 그는 즉시 쓰러졌고 조금도 움직이지 않았다." 나는 라이드의 이야기를 약간 축약하였다.

16) 예를 들면, 리폰의 주교와 다른 사람들이 1898년 런던에서 출판한 『기도의 응답』(*Answer to Prayer*), 1898(?)년 해리스버그(Harrisburg, pa.,)에서 출판한 『감동적인 사건과 기도의 놀라운 응답』(*Touching Incidents and Remarkable Answers to Prayer*), 그리고 H.L. Hastings, *The Guiding Hand or Providential Direction*, illustrated by Authentic Instances, Boston, 1898(?).

다. 그러나 다른 방향에서는 커다란 장애들이 갑자기 제거된다. 사람은 무엇인가를 해야 하는 시기가 다가오면 갑자기 이전에는 얻지 못했던 용기를 얻거나 그때까지 드러나지 않았던 문제의 근원을 인식하게 되고, 사고나 재능, 심지어 자신의 자아에서 지식이나 통찰력의 단편들을—그것이 어디에서 나오는가를 말하는 것은 불가능하지만—발견하기도 한다. 사람들은 마치 본의 아니게 그렇게 해야 하는 것처럼 우리를 돕거나 돕기를 거절하기도 하며, 또는 우리에게 호감이나 반감을 보이기도 한다. 우리에게 무관심했던 사람들이나 심지어 적대적이었던 사람들까지도 가끔씩 우리를 가장 잘 대해주고 격려해주기까지 한다(신은 인도하였던 사람들에게서 종종 세속적 이익을 취하기도 한다. 이것은 보다 고상한 이익에 방해가 되는 바로 그 순간에 일어난다).

이러한 모든 것 이외에도 주목할 만한 다른 일들이 일어난다. 그 일에 대해서 설명하기는 쉽지 않다. 어쨌든 이제 인도함을 받는 사람은 상상할 수 있을 만큼의 근심이나 문제가 거의 없이 '열린 문들'을 통해 계속해서 걸어가거나 가장 편한 길을 걸어간다는 것이 확실하다.

게다가 사람들은 너무 이른 것도 그렇다고 너무 늦은 것도 아닌 시기에 자아가 자신의 일들을 해결하는 것을 보게 된다. 반면에 그 일들은 시기 상조로 인해 망쳐지기가 예사였다. 특히 모든 준비가 잘 갖추어져 있는 경우에 그러했다. 이에 덧붙여서 사람들은 마치 그 일들이 전혀 중요하지 않은 것처럼, 다시 말해 다른 사람을 위해 우리가 대신 심부름을 해주는 것과 같이 그 일들을 아주 침착한 마음으로 해결해나간다. 그러한 경우에 우리는 대개 우리 자신의 관심에 의해 행동하는 경우보다 더 침착하게 행동한다. 다시 한 번 사람들은 모든 일을 끈기 있게 기다릴 수 있다는 것을, 그리고 그것은 삶이 지니고 있는 커다란 기술 중의 하나라는 것을 알게 된다. 사람들은 또한 각각의 일이 제 시간에 교대로 일어난다는 것을 알게 된다. 그래서 더욱 앞으로 전진하기 이전에 자신의 기반을 확고하게 할 수 있는 시간을 얻게 되는 것이다. 그리고 나면 우리가 해야만 하는 바로 그 모든 일은—마치 제3자가 우리가 쉽게 잊어버릴 수 있는 일들을 계속 지킨 것처럼—아주 놀라운 방법으로 때에 맞게 일어난다.

자주, 그것도 너무 자주, 사람들은 필요한 것을 제공해주거나 필요한 것이 무엇인지를 알아보려고 적절한 시간에 우리를 찾아온다. 그리고 우리가 결코 자발적으로 떠맡을 만큼 용기나 결심을 가지지 못했을 일에 대해서도 그러했다.

이러한 모든 경험을 통해 사람들은 다른 사람에게, 심지어 혐오감을 주거나 태만하고 또는 악의를 지닌 사람에게도 친절히 대하며 인내를 발휘해야 한다는 것을 알게 된다. 왜냐하면 그들 또한 신의 권한하에서는 선의 도구들이기 때문이며, 종종 그들은 가장 효과적인 도구가 되기도 하기 때문이다. 이러한 생각 없이는, 우리 중에서 가장 뛰어난 사람일지라도 마음의 평정을 유지한다는 것이 어려울 것이다. 그러나 우리가 신적인 인도하심을 의식하면, 어쩌면 잘못된 방향으로 나갈 수도 있었을 일과는 매우 다른 많은 것들을 삶에서 보게 된다.

이러한 모든 것들은 모든 인간이 알고 있는 일들이며 누군가가 경험해온 일들이다. 그 일들 중 이야기하기에 가장 좋은 예들이 제시될 수도 있을 것이다. 세상적 지혜의 가장 귀한 원천으로는 신적인 인도하심 속에서 자발적으로 우리에게 다가오는 그것을 얻을 수가 없다.[17]

이와 같은 설명은 특수한 사건들이 우리의 신뢰를 보상해주는 신의 섭리 때문에 우리에게 보다 우호적으로 일어난다는 것이 아니라, 그러한 사건들을 일으키는 힘과 우리가 연결되어 있다는 의식을 끊임없이 조장함으로써 우호적으로 일어난다는 믿음을 가진 사람들을 점차로 변화시킨다. 우리는 그것들을 수용하는 쪽으로 더 향하게 된다. 자연의 외적 모습은 변할 필요가 없다. 그러나 자연이 담고 있는 의미의 표현들은 변하게 된다. 그 의미는 과거에 죽었다가 다시 살아나는 것이다. 이것은 사랑 없이 한 사람을 바라보는 것과 사랑을 가지고서 그 사람을 바라볼 때 나타나는 차이와 같은

---

17) C. Hilty, *Glück, Dritter Theil*, 1900, 92ff쪽.

것이다. 후자의 경우에 교제는 새로운 생명력이 흘러나오게 한다. 그래서 사람의 감정이 세계의 근원인 신과 교제하면 공포와 자기 중심주의가 없어진다. 이에 뒤따라 형성되는 평온한 상태에서 일련의 순수하고 온화한 기회들을 발견하게 된다. 이것은 마치 모든 문이 열린 것과 같으며, 모든 길이 새롭게 닦여지는 것과 같다. 우리는 이러한 종류의 기도가 불어넣어주는 정신에서 구세계를 만남에도 불구하고 신세계를 보는 것이다.

그러한 정신은 마르쿠스 아우렐리우스와 에픽테투스(Epictetus)가 지닌 정신과 같은 것이다.[18] 이 정신은 마음치료사들, 초월주의자들, 그리고 이른바 '자유주의적' 그리스도인들의 정신이다. 그러한 정신을 표현한 것으로서 마티노(Martineau)의 한 설교문에서 한 페이지를 인용하고자 한다.

오늘날 눈에 보이는 우주는 천 년 전과 같아 보인다. 밀턴의 아침의 찬가는 우리가 잘 알고 있는 태양이 세계 최초의 들판과 동산들을 장식했던 아름다움만을 이야기한다. 우리는 우리의 선조들이 보았던 것을 보고 있다. 만약 우리가 신을 여러분의 집이나 내 집에서, 길가나 바닷가에서, 움터나오는 씨앗이나 활짝 피어나는 꽃에서, 그날의 의무를 행하는 가운

---

18) 에픽테투스는 말한다. "저런! 겸손하고 감사할 줄 아는 사람에게는 창조물 가운데 어떤 것도 신의 섭리를 보여주기에 충분하다. 풀에서 우유를, 우유에서 치즈를, 그리고 가죽에서 양모를 산출하는 단순한 가능성을 누가 만들고 계획하는가? 우리가 파고 갈고 또는 먹든지 그렇지 않든지 간에, 우리는 신에게 이런 찬양을 드려야 하지 않을까? 우리에게 땅을 개간할 수 있는 도구를 공급해준 신은 위대하다. 우리들에게 손과 소화기관을 주신 신은 위대하다. 우리가 의식하지 않고 성장하게 해주고 잠잘 때 호흡하게 해주신 신은 위대하다. 우리는 영원토록 이 일들을 찬양해야 한다. ……그러나 여러분 대부분은 눈 멀고 무감각하기 때문에, 누군가가 이 장소에서 모든 사람들을 대신하여 신께 찬양을 드려야 한다. 설름날이인 늙은 내기 신께 찬양을 드리는 일 외에 무엇을 할 수 있을까? 내가 나이팅게일이었다면 나는 그 역할을 할 수 있었을 것이다. 내가 백조였다면 나는 그 역할을 할 수 있었을 것이다. 그러나 나는 분별력 있는 피조물이기 때문에 신을 찬양하는 것이 나의 의무이며……그래서 나는 여러분도 나와 함께 찬양하기를 바란다." *Works*, book i. ch.xvi., Carter-Higginson translation(축약됨).

데서나 명상에 잠기는 밤에, 평상시의 웃음이나 혼자만의 슬픔에서, 그리고 삶의 과정에서, 다시 말해 심지어 새로이 태어나고 숭고하게 스쳐 지나가거나 죽어가는 경우에서도 찾을 수 없다면, 우리는 에덴 동산의 풀밭에서나 겟세마네 동산의 달빛 아래에서도 더 이상 신을 알아보지 못할 것이라고 나는 생각한다. 이에 비추어 생각해보면, 우리로 하여금 신성한 감정들을 우리가 다다를 수 없는 멀리 떨어진 영역에 위치시키는 것은 더 위대한 기적들이 결여되어 있는 것이 아니라, 이것은 여전히 우리에게 가능한 그러한 것을 인식할 수 있는 영혼이 결여되어 있는 것이다.

그래서 독실한 신앙인들은 신의 권한이 행사되는 곳은 어디든지 바로 그곳에 기적이 존재한다고 느낀다. 그래서 기적이 일어나는 곳에서만 신의 권한이 실제로 행사된다고 생각하는 것은 신앙이 독실하지 못한 것이다. 천국의 관례들은 분명히 우리의 눈에 변칙들보다는 더욱 성스러운 것으로 보여야 한다. 신이 결코 싫증내지 않는 친근한 옛 방식들은 신이 좋아하지 않는 반복되는 이상한 것들보다 더 성스러운 것으로 보여져야 한다. 매일 아침 태양 아래서 신의 지침을 구별할 수 있는 사람은, 아담이 낙원에서 최초의 새벽을 맞이하면서 느꼈을 달콤하고 경이로운 놀라움을 다시 회복할 수 있을지도 모른다. 이것은 외적 변화 또는 시간이나 장소의 변화가 아니라 마음속에 있는 순수한 것에 대한 사랑스러운 명상이다. 이 명상은 우리의 영혼 안에서 잠자고 있는 영원한 것을 깨워줄 수 있다. 다시 말해서, 이것은 신을 다시 하나의 실체로 복원할 수 있는 것이며, 다시 한 번 신으로 하여금 '살아 있는 신'이라는 이전의 이름을 갖도록 해줄 수 있을 것이다.[19]

우리가 신 안에서 모든 것을 보고 신에게 모든 도움을 구한다면, 우리는 평범한 일에서도 우월한 의미를 가진 표현들을 읽을 수 있게 된다. 관습이

---

19) James Martineau, end of the sermon 'Help Thou Mine Unbelief', in *Endeavours after a Christian Life*, 2d series. 이 인용문이 이 책 354쪽에 있는 보이시의 글, 369쪽에 있는 파스칼 및 기용 부인의 글과 서로 비교해보라.

익숙한 것에 부여한 활력 없는 상태가 사라짐으로써 전체적으로 존재가 변형되어 나타난다. 그러므로 마비상태에서 깨어난 마음상태는, 내가 한 친구의 편지에서 발췌한 다음과 같은 말 속에 잘 표현되어 있다.

우리가 지닐 수 있는 모든 자비와 관대함을 요약해보면, 우리는 그 수에 압도당하게 된다(그 수가 너무 많아서 우리는 우리가 지니지 않았다고 생각하는 것들을 검토할 시간조차도 없다고 생각할 수 있다). 그것들을 종합해보고 난 후, 우리는 실제로 신의 지나친 친절때문에 화를 당했음을 깨닫게 된다. 우리는 관대함에 둘러싸여 있음을, 그리고 관대함이 없이는 모든 것이 타락할 수도 있음을 깨닫는다. 우리가 자비를 바라서는 안 되는 것인가? 우리는 영원한 신의 팔에 의존하고 있다고 느껴서는 안 되는 것인가?

때때로 사실들은 습관적인 것이 아니라 신이 보내신 것이라는 깨달음은 신비주의적 경험과 같이 우연히 주어진다. 그라트리(Gratry) 신부는 젊은 시절 우울증의 시기에 경험한 다음과 같은 예를 제시한다.

어느 날 나는 순간의 위안을 맞이했다. 왜냐하면 이상적으로 완벽한 것으로 보이는 어떤 것과 대면하였기 때문이다. 그것은 바로 파리의 거리에서 북을 두드리는 불쌍한 고수(鼓手)였다. 나는 휴일 저녁에 학교로 되돌아가는 도중에 그 고수의 뒤를 따라갔다. 그는 너무나 완벽하게 북을 울리고 있었으므로, 적어도 그 순간에 내가 아무리 기분이 언짢아 있었다 할지라도, 책망할 만한 구실을 찾을 수가 없었다. 내가 그 북소리에 젖어 있었던 것보다 더 많은 위기나 활력, 더 좋은 시간이나 시기, 그리고 더 많은 맑음이나 풍요로움을 느낀다는 것은 불가능한 것이었다. 이 방면에서는 더 이상의 바람이 없었다. 나는 매료되었고 위안을 받았다. 불쌍한 고수의 이와 같은 행동은 나에게 도움을 주었다. 선은 적어도 존재할 수 있다고 나는 말했다. 왜냐하면 이상은 때때로 구체화될 수 있기

때문이다.[20]

오버만(Obermann)에 대한 세낭쿠르(Sénancour)의 소설에도 진리가 일시적으로 드러나는 유사한 경우가 기록되어 있다. 3월 어느 날, 파리의 거리에서 그는 노란 수선화가 피어 있는 것을 우연히 보게 된다.

그것은 가장 강한 욕망의 표현이었다. 그것은 그해에 내가 맡은 최초의 향기였다. 나는 인간이 느낄 수 있는 모든 행복을 맛보았다. 말로 표현할 수 없는 영혼의 조화, 다시 말하면 이상적 세계의 환영이 내 안에서 완벽하게 형성되었다. 나는 그렇게 거대하고 즉각적인 것을 느껴보지 못했다. 나에게 이 꽃에서 무한한 아름다움을 보게 해준 것이 어떤 형태인지, 어떤 유추를 지니는지, 그리고 어떤 비밀과 관련이 있는지를 나는 모른다. 나는 결코 이러한 힘, 다시 말해 그 어느 것도 설명할 수 없는 막대한 것을 개념적으로 이해할 수 없을 것이다. 그 어느 것도 이 형태를 가질 수 없을 것이다. 사람들은 더 나은 세상의 이상을 느낄 수 있다. 그러나 자연이 그것을 실제적으로 만든 것 같지는 않다.[21]

우리는 이전 강연에서 회심자들이 각성한 후에 그들에게 나타날 수도 있는 세계의 활기 띤 양상에 대해 들었다.[22] 일반적으로 종교인들은, 어떠한 방법으로든 자신들의 운명과 관련된 자연적 사실들을 신성한 목적을 드러내주는 것으로 생각한다. 기도를 통해 그 목적은, 종종 명백히 드러나지는 않지만, 종교인들의 심금을 절실히 울려준다. 그리고 그것이 '시련'이라고 한다면 그 시련을 견딜 수 있는 힘이 종교인들에게 주어진다. 그러므로 우리는 기도생활의 모든 단계마다 영적 교제의 과정에서 하늘에서 온 에너지

---

20) *Souvenirs de ma Jeunesse*, 1897, 122쪽.
21) 같은 책, Letter xxx.
22) 같은 책, 243ff쪽. *Melancholiacs*, 148쪽에 있는 세상으로부터의 표현의 철퇴를 비교해보라.

가 그러한 요구를 충족시키기 위해 흘러들어오고 현상세계 안에서 작용하게 된다는 사실에 대해 확신을 갖게 된다. 이러한 작용이 현실적으로 되는 한, 그 작용의 즉각적 영향이 주관적인지 객관적인지에 대해서는 근본적인 차이가 없다. 종교의 근본적 요지는 기도 속에서 영적 에너지가 활성화된다는 것이고, 그렇지 않으면 잠자고 있을 수도 있다는 것이며, 일종의 영적 작용이 실제로 효과를 내기도 한다는 것이다.

이제 영적 교제의 넓은 의미에서 살펴보았던 기도에 대해서는 그만 논의하기로 하자. 이것에 대한 이야기는 종교의 핵심으로 다음 강연에서 다시 언급해야 할 것이다.

내가 언급해야 하는 종교적 삶에 대한 마지막 양상은, 종교적 삶의 표현들은 우리 존재의 잠재의식적 부분과 매우 자주 연결된다는 사실이다. 여러분은 내가 첫번째 강연에서 종교적 전기 안에는 정신병적 기질이 많이 있다는 것에 관해 이야기했던 것을 기억할 것이다.[23] 여러분은 실제로 삶 속에서 자동증에 대한 기록이 없는 종교지도자를 거의 발견할 수 없을 것이다. 나는 단지 자동발화와 행동 그 자체를 영감과 같은 것으로 간주하는 야만적 사제들이나 예언자들 그리고 그 추종자들에 대해 말하는 것이 아니라, 사고하는 지도자와 지성화된 경험을 지닌 주체들에 대해 말하고 있는 것이다. 사도 바울은 환상과 황홀경을 경험하였고, 방언도 경험하였다. 비록 그가 방언에 대해서는 중요성을 덜 부과했더라도 말이다. 위인들, 바너드파, 로욜라파, 루터파, 폭스파, 웨슬리파를 포함해서 열거할 수 있는 그리스도교 성인들과 이교의 지도자들 모두가 환상, 환청, 황홀한 상황, 인도받는다는 인상과 '마음의 문이 열림'을 경험하였다. 그들은 고양된 감수성을 지니고 있었기 때문에 이러한 것들을 경험할 수 있었다. 고양된 감수성을 지닌 사람들은 기질적으로 그러한 것들을 쉽게 경험한다. 이러한 경험들은 신학에 있어 중요한 의미를 갖는다. 교리는 자동증이 수반되는 곳에서 강화된다. 초한계영역(transmarginal relgion) 너머에서 오는 유입은 확신을 강화하는

---

23) 같은 책, 25, 26쪽.

특정한 힘을 지니고 있다. 그것의 존재에 대한 방금 시작된 느낌은 개념보다 훨씬 더 강하다. 그러나 그 느낌이 아무리 강할지라도 그것은 환각이 증명해주는 것과 동일한 것은 아니다. 실제로 자신의 구원자를 보거나 그의 소리를 듣는 성인들은 확신의 절정상태에 다다른다. 비록 아주 드물기는 하지만 만약 가능하다면 역동적 자동증은 감정보다 훨씬 더 확신을 줄 수 있다. 이 상태에서 주체들은 실제로 그들의 의지 너머에 있는 힘의 영향을 받아 행동한다고 느낀다. 그 증거는 역동적이다. 신 또는 영은 그들의 신체기관을 움직이고 있는 것이다.[24]

고차적 힘의 도구라는 느낌을 갖게 해주는 큰 영역은 물론 '영감'이다. 습관적으로 영감에 이끌려온 종교지도자들과 그렇지 않은 지도자들을 구분하는 것은 쉬운 일이다. 붓다, 예수, 사도 바울(그의 방언은 제외하고), 성 아우구스티누스, 후스, 루터, 웨슬리의 가르침을 보면 자동적 또는 반자동적인 기질이 단지 이따금씩 나타났던 것 같다. 반면에 히브리의 예언자들,

---

[24] 생생한 자동증을 경험한 일류급 심리학자인 나의 친구는 그가 자동적으로 글을 써나갈 때 그의 팔이 독립적으로 움직이게 하는 자극이 너무나 뚜렷해서 그가 이전에 확고히 믿었던 정신물리 이론, 즉 우리의 자발적 근육운동의 중심부 아래쪽으로 방출하는 느낌을 갖지 못하는 이론을 포기하였다고 나에게 말한다. 그는 우리가 정상적으로 그러한 느낌을 갖게 된다고 생각한다. 또는 그는 어느 곳에서도 방심의 느낌이 이 경험들에서처럼 그렇게 뚜렷하게 나타나 있지 않다고 생각한다. "나는 단지 나의 손과 영을 나의 힘보다는 다른 힘에 의탁한다"라고 말하는 안토니아 브리농(Antonia Bourignon)의 진술은 맥락상 직접적으로 자동글쓰기를 나타내주기 보다는 오히려 영감을 나타내주는 것으로 보인다. 몇몇 괴상한 종파들에서도 후자의 현상이 일어난다. 그것의 가장 뚜렷한 예는 아마도 뉴욕의 뉴브로(Newbrough) 박사가 자동적으로 쓰고 삽화를 넣은 부피가 큰 책인 『오스프, 여호와와 그의 천사대사들의 말씀인 새로운 성서』(Oahspe, a New Bible in the Words of Jehovah and his Angel Ambassadors)이다. 이 책은 1891년 보스턴과 런던에서 출판되었다. 내가 알기로 뉴브로 박사는 지금 뉴멕시코에 있는 샬람(Shalam)의 강신공동체(spiritistic community)의 지도자이거나 그렇지 않으면 최근까지 그랬을 것이다. 내 눈에 띈 자동글쓰기로 이루어진 가장 최근의 책은 조지 풀러(George A. Fuller)가 1901년 보스턴에서 출판한 『저툴렘의 만년의 예지』(Zertoulem's Wisdom of the Ages)이다.

제19강 다른 특성들   569

무하마드, 알렉산드리아 학파의 몇몇 지도자들, 그렇게 중요치 않은 많은 카톨릭 성인들, 폭스 그리고 조지프 스미스에게는 그와 같은 일이 자주 일어났으며, 때때로 습관적으로 일어났던 것 같다. 그들은 기묘한 힘의 영향 하에 뚜렷이 신앙고백을 하고 그것의 대변자로서 봉사한다. 히브리 예언자들에 대해 주의 깊게 연구했던 한 작가가 쓴 것을 보면 이것이 매우 뚜렷이 나타나 있다.

예언서들을 차례로 살펴보면 똑같은 특징들이 거듭 나타나고 있다. 그 과정은 만약 그 예언자가 일시적 노력에 의해 자신의 재능으로 영적 사물들을 통찰할 수 있게 된다면 가능할 수도 있는 것과는 명백히 다른 것이다. 이 과정에는 예리하고 갑작스러운 무엇인가가 존재한다. 예언자는 그 과정이 다가오는 그 순간을 정확하게 지적할 수 있을 것이다. 그 과정은 항상 외부에서 강력한 힘의 형태로 다가오며, 예언자가 대항하지만 항상 실패하게 만드는 힘의 형태로 다가온다. 예를 들어, 예레미야서가 시작되는 부분을 보라. 마찬가지로 에스겔의 예언을 다룬 처음 두 장을 읽어보라.
그러나 예언자가 분명히 자신이 야기시키지 않은 위기의 순간을 경험하는 것은 그의 소명의 처음시기에서만 일어나는 것은 아니다. 예언적 글쓰기에서 발견할 수 있는 것은, 강하고 저항할 수 없는 어떤 충동이 그 예언자에게 엄습해오고, 그 시대에 일어난 사건들에 대한 그의 태도를 결정해주고, 강제적으로 말을 하게 하고, 그의 말은 그 자체보다도 고차원적 의미를 전달하는 매개체가 된다는 것을 나타내주는 표현들이다. 예를 들어, 이사야서를 보면 이런 구절이 있다. "주께서 강한 손으로 내게 말하셨다." 이 말은 그 충동의 강력한 특성을 나타내는 강조적 어구이다. "그리고 내게 이 백성의 길로 다니지 말라고 가르쳐주셨다."……또는 에스겔서에서도 이와 같은 구절을 찾아볼 수 있다. "주님의 손이 나에게 임하셨다. 주님의 손은 나에게 강력해 보였다." 예언자가 지닌 현저한 특성 한 가지는 예언자는 여호와 자신에 대해 권위 있게 말한다는 것이다. 그러므로 그 특성이란 것은 예언자들은 너나 할 것 없이 모두 확신을 가지고서 "주님의 말씀" 또는 "주님은 그렇게 말씀하신다"라고 그들의 연설 서두를 시작한다는 것이다. 그들은 심지어 대담하게도, 마치 여호와 자신이 이야기하는 것처럼 1인칭으로 말한다. 이사야서에서처럼 말이다. "야곱아, 이스라엘아, 내 말을 들어라. 내가 바로 그이다. 나는 시작이요 끝이다" 등등. 예언자의 인격은 전부 배경으로 잠겨버린다. 예언자는 당분간 자신이 전능한 신의 대변자라는 것을 알게 된다.[25]

우리는 예언은 하나의 전문직업이었다는 것, 그리고 그 예언자들은 전문적인 한 계층을 형성했었다는 것을 기억해야 한다. 예언자들의 학교가 있었고 그 학교에서 재능이 규칙적으로 계발되었다. 젊은이들이 (사무엘이나 엘리사와 같은) 위엄 있는 인물 주위에 모여 그의 언행에 대한 지식을 기록하거나 퍼뜨렸을 뿐 아니라, 그의 영감 가운데 무엇인가를 스스로 붙잡고자 하였을 것이다. 이것은 마치 그들의 의식에서 음악이 제 역할을 다한 것과 같은 것이다. ……이러한 모든 예언자들의 아들들은 자신들이 추구했던 재능을 공유하는 데 성공만 한 것은 결코 아니라는 것은 분명하다. 예언을 '조작한다'는 것은 분명히 가능한 일이었다. 때때로 이러한 일은 고의적으로 행해졌다. ……그러나 잘못된 메시지가 전달되는 경우에도 그 메시지를 주는 사람이 자신이 행하는 것에 대해 의식하고 있는 것은 결코 아니었다.[26]

여기에 또 다른 유대인의 사례로서 알렉산드리아의 필로(Philo of Alexandria)가 자신의 영감을 묘사한 방법이 제시될 수 있다.

내가 하는 일이 무의미한 것이라고 여기게 되었을 때, 나는 갑자기 많은 것을 깨닫게 되었다. 생각들은 보이지 않는 방법으로 나에게 떠올랐

---

25) W. Sandy, *The Oracles of God*, London, 1892, 49~56쪽(축약됨).
26) 같은 책, 91쪽. 이 저자는 또한 출애굽기 3장과 4장, 그리고 이사야 6장에 있는 모세와 이사야의 임무들을 인용한다.

다. 그 생각들은 하늘에서 내 안으로 부여되었다. 신성한 영감의 영향을 통해 나는 매우 흥분되었으며, 내가 있던 장소나 함께 있던 사람들, 나 자신, 말했던 것, 그리고 쓰고 있던 것에 대해 알지 못했다. 왜냐하면 그때 나는 일어난 모든 일에서 해석의 충만성, 빛의 향유, 가장 예민한 통찰력 그리고 가장 명백한 에너지를 인식하게 되었기 때문이다. 이러한 것들은 가장 분명한 시각적 설명이 눈에 영향을 끼치는 것처럼 마음에 영향력을 행사한다.[27]

이슬람교에 대해 살펴보면, 무하마드의 모든 계시는 잠재의식의 영역에서 나온 것임을 알 수 있다. 그가 어떤 방식으로 계시를 얻게 되었는가 하는 질문에 다음과 같이 답한다.

무하마드는 때때로 종소리 같은 것을 들었고, 그것이 그에게 가장 강력한 영향을 주었다고 한다. 천사가 사라지고 나면 그는 계시를 받았다. 때때로 그는 사람과 이야기하는 것처럼 천사와 이야기를 나누었는데, 그의 이야기는 이해할 수 있을 정도로 아주 쉬웠다. 그러나 이후의 권위자들은 다른 종류의 계시도 여전히 구분짓고 있다. 이트간(Itgân) (103)에 다음과 같은 내용이 열거되어 있다. 1. 종소리를 동반한 계시, 2. 무하마드의 마음에서 성스러운 영의 영감에 의한 계시, 3. 인간의 모습을 띤 가브리엘에 의한 계시, 4. 깨어 있을 때나(천국으로 가는 여행에서와 같이) 꿈속에서 신의 직접적 영향에 의한 계시……. 알마와히브 알라두니야(Almawâhib alladunîya)에서도 다음과 같이 제시되어 있다. 1. 꿈, 2. 예언자 마음 속에서 가브리엘의 영감, 3. 다흐야(Dahya)의 모습을 한 가브리엘, 4. 종소리 등, 5. 본래적 인격(propriâ personâ)(이때에는 단지

---

[27] Augustus Clissold, *The Prophetic Spirit in Genius and Madness*, 1870, 67쪽에서 인용. 클리솔드 씨는 스웨덴보리주의자이다. 스웨덴보리의 사례는 물론 종교적 계시의 근거로서 제시할 수 있는 환청과 환상(audita et visa)의 탁월한 예이다.

2번만 일어난다)의 상태에 있는 가브리엘, 6. 천국의 계시, 7. 몸소 나타나지만 베일을 쓴 신, 8. 베일 없이 직접 모습을 드러낸 신. 다른 사람들은 두 가지 단계를 더 덧붙인다. 말하자면 1. 여전히 다른 사람의 모습을 하고 있는 가브리엘, 2. 자신의 모습을 몸소 꿈속에서 보여주는 신.[28]

위의 사례들에서 그 어느 것도 계시가 눈에 띄게 역동적으로 일어나는 경우는 없다. 조셉 스미스의 경우(그는 모르몬교의 성전을 나오게 한 황금판 위에 씌어진 계시들을 번역하였고, 예언적 계시들을 셀 수 없을 정도로 많이 경험하였다), 비록 역동적 요소가 있을 수 있음에도 불구하고, 영감은 지배적으로 감각적이었던 것 같다. 그는 분명히 '수정점'(crystal gazing, 수정구슬에 나타나는 환영으로 점치는 행위-옮긴이)의 상자와 같은 황금판과 함께 발견하였던—그렇다고 말했거나 생각했던— '엿보기돌'(peep-stone)의 도움을 받아 번역을 시작할 수 있었다. 다른 계시들에 대한 몇몇 경우에서 그는 엿보기돌을 사용하였지만 일반적으로 신에게 보다 직접적 지시를 구했던 것 같다.[29]

다른 계시들은 마음의 문이 '열림'으로 묘사된다. 예를 들어, 폭스의 계

---

28) Nöldeke, Geschichte des Qorâns, 1860, 16쪽. Sir William Muir's, Life of Mahomet, 3d ed., 1894. 제3장의 보다 충실한 설명과 비교해보라.
29) 모르몬교의 신권정치는 교회의 의장과 사도들에게 직접적으로 부여된 계시들을 통해 언제나 통치된다. 1899년에 저명한 모르몬교도가 나에게 보낸 친절한 편지에서 다음의 발췌문을 인용한다.
"당신이 모르몬교의 의장인 스노 씨가 최근에 하늘로부터 많은 계시를 받았다고 주장하는 것을 아는 것은 매우 흥미로운 일이다. 이런 계시들이 무엇인지를 충분히 설명하기 위해서는 일반적으로 말일성도 예수 그리스도의 교회는 또다시 하늘로부터 보내진 사자들을 통해 확립되었다고 믿고 있음을 알 필요가 있다. 인간에게 신의 거룩한 뜻을 제공해주는 이 교회는 조직의 꼭대기에 선지자, 예언자 그리고 계시자가 있다. 계시는 신의 의지가 인간에게 직접 선포되어 완전히 전달되는 수단이다. 이런 계시는 꿈이나 각성된 마음의 환시, 환상적 형상없이 들리는 환청 또는 눈앞에 실제적으로 나타난 신현존을 통해서 주어진다. 우리는 신이 친히 오셔서 우리의 예언자와 계시자에게 말씀하셨음을 믿는다."

시는 분명히 오늘날의 강신집단에서 '인상'으로 알려져 있는 종류의 것이었다. 모든 변화의 효과적 창시자는 어느 정도 새로운 진리의 갑작스러운 인식, 확신 또는 행동을 부추기는 충동을 너무 강하게 갖고 있으므로 발산하지 않으면 안 되는 정신병리학적 차원의 욕구에 의거하여 살아간다면, 나는 그것과는 매우 다른 일반적 현상에 대해서는 더 이상 이야기하지 못할 것이다.

영감에 대한 이러한 현상들에 덧붙여 종교적 신비주의를 고려해볼 때, 회심에서 보았던 조화되지 않은 자아의 두드러지고 갑작스러운 통일을 회상해볼 때, 그리고 성인다움에서 살펴보았던 온유, 순결, 자중이 지닌 지나친 강박관념을 검토해볼 때, 우리는 종교 안에서 인간본성의 한 부분이 잠재의식적 또는 초한계영역과 독특하게 밀접한 연관을 맺고 있다는 결론을 내릴 수밖에 없다고 생각한다. 만약 '잠재의식'이라는 말이 정신연구 또는 다른 정신이상의 냄새를 많이 풍기기 때문에 여러분 누구에게라도 무례하게 들린다면, 그 말을 빛으로 가득 찬 의식수준과 구별하기 위해 여러분이 원하는 어떤 다른 이름으로 부르도록 하자. 여러분이 괜찮다면 후자를 인격의 A영역으로 부르고 잠재의식적 영역을 B영역으로 부르기로 하자. 그러면 B영역은 잠복되어 있는 모든 것의 거주지이고 기록되지도 관찰되지도 않은 채 스쳐 가는 모든 것의 저장소이기 때문에, 명백하게 우리 각자가 지닌 보다 넓은 부분이 되는 것이다. 예를 들면, B영역은 우리 모두에게 잠시라도 멈춰 있는 기억들과 같은 것을 포함하며, 우리 모두에서 모호하게 움직이는 열정, 충동, 좋아하는 것과 싫어하는 것 그리고 편견들의 원천을 제공해주고 있다. 우리의 직관, 가정, 공상, 미신, 설득, 확신 그리고 일반적으로 우리 모두의 비이성적 기능들은 이 영역에서 나온다. 이 영역은 우리의 꿈의 원천이다. 분명히 꿈은 그 영역으로 되돌아갈 것이다. 그 영역 안에서는 우리가 경험하는 모든 신비적 경험들이 무엇이든 간에 일어날 것이다. 그러므로 우리의 자동증도 그곳에서 감각적이거나 역동적으로 일어날 것이다.

우리가 그러한 상태에 있다면 우리의 삶은 최면이나 '수면' 상태에 처하게 될 것이다. 우리가 히스테리적인 주체라면 우리의 삶은 망상, 고정관념을 지니고 히스테리의 사건들을 경험하게 될 것이다. 만약 그러한 것이 존재한다면, 그리고 우리가 정신감응의 주체라고 한다면 우리의 삶은 초정상적인 인식력을 지니게 될 것이다. 이 영역은 또한 우리의 종교에 영양분을 공급해주는 중요한 원천이다. 우리가 현재 충분히 보아온 것과 같이 종교적 삶에 깊이 관여하고 있는 사람들에게는 이 영역으로 들어가는 문이 매우 활짝 열려 있는 것으로 보인다. 이것이 내가 내리고자 하는 결론이다. 어쨌든 종교인들이 그 문을 통해 얻게 된 경험들은 종교적 역사를 형성하는 데 막대한 영향을 끼치고 있다.

이러한 결론과 더불어 나는 첫번째 강연에서 출발하였던 원으로 다시 돌아가서 이제 그 원을 완성하고자 한다. 다시 말하면, 나는 육체가 정상적으로 발달되어 있고, 정신이 분명한 개인들에게서 찾을 수 있다고 첫번째 강연에서 언급하였던 내적 종교현상들에 대한 재검토를 이런 식으로 끝내고자 한다. 시간이 허락되었더라면, 나는 자료들이나 나의 분별력을 더 많이 제공할 수 있었을 것이다. 나는 광범위하게 다루는 것은 그 자체로 더 좋은 효과를 낼 것이라고 믿으며, 종교적 현상의 중요한 특성들은 이미 우리에게 제시되었다고 생각한다. 마지막 강연이 될 다음 강연에서, 우리는 매우 많은 자료가 제시할 수도 있는 비판적 결론들을 이끌어내도록 노력할 것이다.

제20강 | 결론

인간본성에 대한 연구자료가 지금 우리 앞에 펼쳐져 있다. 이제 헤어질 시간에 더 이상의 서술 없이도 우리는 이론적이고 실제적인 결론을 내릴 수 있다. 첫번째 강연에서 경험적 방법을 옹호하면서 예견하기를, 우리가 어떤 결론에 이를지는 모르지만 그 결론은 '대체로' 영적 판단에 의해, 다시 말하면 삶에서 종교의 의미에 대한 평가에 의해 도달할 수 있으리라는 것이었다. 우리의 결론은 교의학적 결론만큼 예리할 수 없을지 모르지만, 때가 되면 가급적 예리하게 만들어갈 예정이다. 가능한 한 광범위한 방법으로 종교적 삶의 특징들을 요약해보면, 이미 살펴본 바와 같이 그것들 안에는 다음 몇 가지 믿음이 포함되어 있다.

1. 눈에 보이는 세계는 그것의 주된 의미를 파생시킨 보다 영적인 우주의 한 부분이라는 것.
2. 고차적 우주와 통합하거나 조화롭게 관계를 유지하는 것이 우리의 진정한 목표라는 것.
3. 기도 또는 그것의 넋—신 또는 '법칙'—과 내적 교감을 이룩하는 것은 실제로 무엇인가가 이루어지고 심리학적이든 물질적이든 현상세계에서 영적 에너지가 유입되어 효과를 나타내는 일련의 과정이라는 것.

물론 종교는 다음과 같은 심리학적 특징을 내포하고 있다.

4. 삶에 선물처럼 그 자체를 첨가시키고 서정적 황홀이나 진지함과 영웅적 자질에 호소하는 형태를 띤 새로운 열정.

5. 안전에 대한 확신과 평화의 기질, 그리고 타인과의 관계에서 사랑하는 감정의 우세.

준비한 원고로 이러한 특징들을 설명해보면서 우리는 문자 그대로 감정의 홍수 속에 흠뻑 젖어왔다. 나는 내 강연원고를 다시 읽으면서 거기서 만나는 감정의 양에 놀라움을 금치 못한다. 그러나 지금은 우리 앞에 놓여 있는 나머지 작업에 냉정하고 덜 감상적이 될 수 있다.

내가 준비한 원고 중 많은 부분이 감정적이었던 것은 그 주제에 대해서 너무 극단적으로 다루고 있는 것들 가운데서 얻으려고 한 결과이기도 하다. 여러분 가운데 누가 우리 조상들이 열정이라고 불렀던 것의 적대자가 되어 있다면, 그럼에도 불구하고 아직까지 내 강연을 듣고 있다면, 때때로 여러분은 아마 나의 자료선택이 거의 외고집스럽다고 느낄 것이며 좀 자제하면서 실례를 들었으면 하고 기대했을 것이다. 그러나 나는 이러한 극단적 사례가 보다 깊은 정보를 제공한다고 믿는다. 어떤 학문의 비결을 배우기 위해 우리는 설사 그가 괴팍한 사람이라고 해도 전문가에게 가지 평범한 학생에게는 가지 않는다. 우리는 그들이 이야기해주는 것과 우리의 나머지 지혜를 결합하여 독립적으로 최종판단을 내린다. 종교문제도 마찬가지 이치이다. 그것의 급진적 표현들을 탐구해왔기 때문에, 우리는 지금 그 비결을 다른 방식으로 배운 사람들 보다 더 확실히 안다는 사실을 확언할 수 있다. 이제 우리는 각자 다음의 실질적 질문에 대답하지 않으면 안 된다. 이러한 삶의 요소에서 위험한 것은 무엇인가? 적절한 균형을 유지하려면 그것은 어느 정도까지 다른 요소에 의해 제한받게 할 필요가 있는가?

그러나 이 질문은 내가 당장 대답하여 해결을 보아야 하는 또 다른 질문을 암시하고 있다. 왜냐하면 그것은 한 번 이상 우리를 괴롭혀온 질문이기 때문이다.[1] 모든 사람들에게 종교와 다른 요소의 혼합이 반드시 동일하게

---

1) 예를 들면 이 책 202, 230, 416쪽을 참조하라.

적용된다고 가정해야 할까? 정말로 모든 사람들의 삶은 동일한 종교적 요소들을 보여주어야 하는가? 바꾸어 말하면, 그렇게 많은 종교적 유형과 종파와 신조들이 있다는 것은 유감스러운 일인가?

이 질문에 대한 나의 대답은 단호히 '아니오'이다. 그 이유는 이러하다. 즉, 나는 인간 개개인들처럼 각기 다른 위치와 다른 힘을 가진 피조물들이 똑같은 기능과 의무를 가져야 한다는 것이 가능하다고 생각하지 않기 때문이다. 우리 가운데 단 두 사람도 동일한 어려움을 공유하지 않으며, 똑같은 해결책을 궁리해내리라고 기대해서는 안 된다. 모든 사람은 자신만의 독특한 관점을 갖고 있기 때문에 사실과 문제를 특정한 영역 내에서 받아들이고 독특한 방식으로 다루어야만 한다. 우리 가운데 어떤 이는 부드럽게 해결하고, 어떤 이는 힘들여 하지 않으면 안 된다. 또 어떤 이는 한 가지 부분을 양보하고, 다른 이는 그에게 맡겨진 자리를 지키기 위하여 굳건히 버티지 않으면 안 된다. 에머슨 같은 사상가에게 웨슬리 같은 성직자가 되라고 강요하거나, 무디 같은 부흥사에게 휘트먼 같은 시인이 되라고 한다면, 신적 존재에 대한 인간의 전체적 의식은 고통을 받게 될 것이다.

신적 존재는 단일한 성질을 뜻하지 않는다. 그것은 변화 속에서 상이한 여러 사람들 모두가 발견한 가치 있는 사명의 권위자가 됨으로써 일련의 집단적 성질을 의미하게 된다. 각자의 태도는 인간본성이 전하는 전체 이야기 속에서 각 음절을 이루고 있기 때문에, 우리 모두로 하여금 그 의미를 완벽하게 판독하도록 만든다. 그래서 어떤 사람에게는 '전투의 신'이, 어떤 사람에게는 평화와 천상과 가정의 신이 자신을 위한 신으로 다루어지지 않으면 안 된다. 솔직히 우리는 우리가 부분적 체제 안에서 살고 있다는 것과 영적 삶에서 부분들은 서로 교체될 수 없다는 것을 인식해야 한다. 우리가 조급하고 질투하는 마음이 있다면, 자아의 파괴가 우리 종교의 한 요소가 되어야 한다. 처음부터 우리가 착하고 동정심이 많다면, 그것이 하나일 필요가 있을까? 우리가 만약 고뇌하는 사람이라면, 우리는 구원의 종교가 필요하다. 그러나 우리가 낙관주의적 사람일 경우, 왜 그렇게 구원에 대해서 생각해야 하는가?[2] 의심의 여지없이 이곳에서도 사회에서처럼 몇몇 사람들은 보다 완전한 경험과 고차적 소명을 갖고 있다. 그러나 자기자신의 경험이 무엇이 되었든지 간에, 그 경험 속에 머무르는 것과 다른 사람들은 자기자신의 경험 속에 머무르는 사람을 최선을 다해서 관용적으로 대해야 할 것이다.

여러분은 지금 이런 질문을 던질 수 있다. 즉 우리가 종교학을 우리 자신의 종교로 신봉한다면 이 편파성이 고쳐질까? 이 질문의 대답으로 나는 이론적 삶과 실제적 삶 사이의 일반적 관계에 대해 논의를 하고자 한다.

어떤 사물에 대한 지식이 그 사물 자체는 아니다. 여러분은 알 가잘리가 신비주의 강연에서 우리에게 말해주는 것, 즉 술 취함의 원인을 이해하는 것은 의사가 이해하듯이 술에 취하는 것이 아니라는 것을 기억할 것이다. 과학은 종교의 원인과 요소에 관한 모든 것을 이해할 수 있고, 그것들이 다른 분야의 지식과 일반적인 조화를 이룸으로써 어느 요소가 참으로 간주되

---

2) 이러한 관점에서 보면, 낙관주의적 성품과 고뇌하는 성품의 대조, 그리고 한 번 태어나는 유형과 두 번 태어나는 유형 사이의 대조는 그것에 관해 앞의 강연에서 짚어본 바 있지만(이 책 230~237쪽을 보라) 많은 사람들이 일컫는 그들간의 적대관계에 종지부를 찍게 만든다. 두 번 태어나는 유형은 한 번 태어나는 유형이 갖는 삶의 수직적 의식을 '단순한 도덕성'으로 비하하고 적절한 종교로 보지 않는다. 한 정통종교의 목사가 이렇게 말한 것으로 전해진다. "채닝 박사는 성격이 지나치게 올곧기 때문에 최고의 종교적 삶의 형태에서 제외된다." 회심 후 삶에 대한 지평은 (보다 많은 악의 요소들을 해결해야 할 입장에 있지만) 보다 넓고 보다 완전하다. 그들의 삶 속에 나타난 '영웅적'이거나 '엄숙한' 방식은 낙관주의적이고 고뇌하는 성품을 모두 결합시키는 '고차적인 종합'이다. 악은 축출되지 않지만 이러한 사람들의 고차적 종교적 활력 속에 잠복하게 된다 (이 책 107~112, 445~448쪽을 참조하라). 그러나 각 유형이 신적 실재와 결합하여 도달하는 최종적 의식은 그 개인에게 실제로 같은 의미를 뜻한다. 개인들은 그들의 몇몇 기질에 대부분 개방되어 있는 통로를 통해서 그런 의식을 갖게 된다. 낙관주의적 성품의 마음치료에 관해 인용되었던 네번째 강연의 사례들에서 우리는 재생과정의 풍부한 예들을 살펴보았다. 이 과정에서 위기의 격렬함은 정도의 문제가 된다. 사람은 얼마나 오랫동안 악의 의식을 계속하여 마실 수 있는가, 그리고 언제 끊어버리기 시작하여 그것을 제거하느냐의 문제 역시 양과 정도의 문제이다. 따라서 여러 사례에서 보듯이 개인을 한 번 또는 두 번 태어나는 주체로 분류하느냐 않느냐의 문제는 상당히 자의적이 된다.

어야 하는지를 결정할 수도 있다. 그러나 과학에서 가장 훌륭한 사람은 몸소 열렬히 믿는다는 것이 얼마나 어려운 일인지를 아는 사람이라 할 수 있다. 모든 것을 안다는 것은 모든 것을 용서한다는 것이다. 르낭(Renan)이란 이름은 지식의 폭이 단지 사람을 아마추어 예술가로 만든 방법과 열렬한 신앙의 예리한 칼날을 무디게 만든 방법의 사례를 떠올리게 할 것이다.[3] 만약 종교가 신의 대의명분 또는 인간의 대의명분을 정말 향상시킬 수 있는 기능이라면, 종교적 삶을 실제로 사는 사람은 그 삶이 아무리 편협하더라도 종교에 관해 단지 많이 아는 사람보다 훨씬 훌륭한 사람이다. 삶에 관해 안다는 것과, 여러분의 존재 속을 관류(貫流)하는 역동적 물결을 타고 삶의 한 자리를 실질적으로 차지한다는 것은 별개의 문제이다.

이러한 이유로 종교학은 현존하는 종교의 등가물이 될 수 없다. 그러한 과학의 내적 난제 쪽으로 우리가 관심을 돌리면, 이제 과학은 순수한 이론적 태도를 버리고 풀리지 않는 매듭은 활동적 신앙에 의해 해결되도록 남겨두어야 할 시점이 다가오고 있음을 알 수 있다. 이것을 보기 위하여, 우리가 사실상 종교학을 사실의 문제로 만들었다고 가정해보자. 모든 필요한 역사적 자료를 과학이 흡수하고 거기에서 나 자신이 몇 달 전에 선언했던 것과 똑같은 결론을 본질적 요소로 추출해냈다고 가정하자. 종교가 활동할 수 있는 곳에서는 어디에서든 종교가 이상적 존재물에 대한 어떤 믿음과 연결되어 있다는 사실에 과학이 동의한다고 하자. 그것은 물론 우리의 깊은 신앙심[4] 속에서 그 존재물과 교감하면서 작용하고, 실제 어떤 일이 생긴다고 하는 믿음을 말한다. 이제 과학은 그 비평적 활동에 전력하여 다른 과학과 일반철학의 견지에서 그러한 믿음이 어디까지 진리로 볼 수 있는지 결정하지 않으면 안 된다.

이것을 교의학적으로 정하는 것은 불가능한 작업이다. 다른 과학들과 철학이 여전히 미완의 상태로 남아 있을 뿐만 아니라, 우리는 현 상태에서 그

---

3) 예를 들면, 이 책 95쪽 르낭의 인용문과 비교하라.
4) '신앙심'은 광의적인 의미로 이 책 551쪽에 잘 설명되어 있다.

것들 사이에 갈등이 가득하다는 것을 알기 때문이다. 자연과학은 영적 존재에 관해 무지한 상태이며, 전반적으로 일반철학이 기울어져 있는 관념론적 개념들과도 실제 교류가 전혀 없는 상태이다. 이른바 과학자들은 최소한 그들의 연구시간 동안에는 너무 유물론적이기 때문에, 종교는 마땅히 존중되어야 한다는 개념에 과학은 부정적인 영향을 끼친다고 말할 수 있다. 종교에 대한 이러한 반감은 종교학 내에 메아리되어 돌아오고 있음을 감지할 수 있다. 이 과학의 개척자는 너무 비굴하고 무서운 미신들과 교제하다 보니, 종교적 믿음은 무조건 거짓이라는 선입견이 마음 속에 자리잡게 되었다. 야만인들이 인정하는 미신적 우상들과 '신앙심 깊은 교감'을 이루면서, 우리가 어떤 순수한 영적 작용을 일으키는지—그것은 그들의 어두운 야만적 의무에만 관련된 작용이지만—를 알기는 어려운 일이다.

결과적으로, 종교학의 결론은 종교의 본질이 참이라는 주장에 유리한 만큼 불리할 수도 있다. 우리 주위에는 종교가 아마도 시대착오적인 것, 일종의 과거의 '잔존물', 또는 보다 계몽되어 있는 인간성을 벗어난 사고방식으로 되돌아가는 격세유전(隔世遺傳)에 지나지 않는다는 관념이 팽배해 있다. 그리고 현재 이러한 관념들을 우리 종교 인류학자들은 거의 제지하지 못하고 있다.

이러한 견해가 오늘날 널리 퍼져 있기 때문에 나 자신의 결론으로 넘어가기 전에 약간의 설명과 함께 그것을 깊이 생각해보아야 하겠다. 그것을 간략히 '잔존물이론'(survival theory)이라 부르자.

이미 추적해본 바와 같이 종교적 삶이 회전하는 축은 개인의 운명에 대한 그의 이해관계이다. 간단히 말해서, 종교는 인간의 자기중심적인 역사에서 하나의 기념비적 장이다. 믿음의 대상이 되어온 신들은 (잔인한 야만족에 의하든 지성적으로 훈련받은 인간에 의하든) 개인적 소명을 인정함에서 공통분모를 갖는다. 종교적 사고는 종교세계에서는 하나의 근본적 사실인 인격적 존재에 의해 수행된다. 오늘날 과거 어느 시대 못지않게 종교적 개인은 여러분에게 신적 존재는 개인적 관심에 기초해서 그를 만나준다고 말한다.

다른 한편으로, 과학은 개인적 관점과 완전히 절교함으로써 끝나고 있다. 그것은 그 필수요소들의 목록을 만들고, 어떤 목적이 그들에 의해 규명되는지에 관해 무관한 법칙을 기록하고, 인간의 근심과 운명에 아무런 관련이 없는 이론을 구축한다. 과학자들도 개인적으로 어떤 종교를 마음에 품고 책임질 필요가 없는 일상적 시간에 유신론자가 될 수 있지만, 과학 그 자체를 위하여 하늘이 신의 영광을 선포하고 궁창이 신의 제작품을 보여준다고 말할 수 있었던 시대는 지나갔다. 조화를 이루고 있는 우리의 태양계는 지금 단지 하늘에서 일종의 원동력적인 평형상태를 유지하면서 지나가는 것으로 보인다. 그것은 아무 생명체도 살 수 없는 삭막한 황무지에서 우연한 사건에 의해 이루어진 것으로 알려졌다. 우주의 거리로 단 한 시간으로 잴 수 있는 시간의 간격이 지나면 태양계는 종말을 맞이하게 될 것이다.

다윈의 우연한 생산과 그에 부수하는 파괴는 빠르든 지연되든 최소의 사실은 물론 최대의 사실들에도 적용된다. 현재의 과학적 상상력의 추세로 보아 우주적 원자의 흐름 속에서 그것들이 전반적 규모로 또는 국지적 규모로 맹목적인 기상 이외에는 모든 것에 작용을 하여 적절한 변천과 결과를 만들어내는지 그렇지 않는지를 발견한다는 것은 불가능하다. 자연은 동정심을 일으킬 수 있는 분별이 가능한 궁극적 추세도 보여주지 않는다. 그 과정의 광활한 리듬 속에 과학적 정신이 그들을 따르듯이, 자연은 그 자신을 말살시키는 것처럼 보인다. 우리 선조들의 지성을 만족시켰던 자연신학 서적들은 우리에게 매우 기괴하게 보인다.[5] 왜냐하면 자연신학 서적들은 전에도

---

[5] 18세기 초 모든 학문의 연구자들이 관심을 갖고 있었던 크리스쳔 볼프(Christian Wolff) 같은 사람이 자연적 물질의 용도에 관해 작업할 때처럼 자연의 작용을 설명할 때에도 자연의 인격적이며 인간적 특성에 대해서 그런 유치한 믿음을 가졌을 것이라는 말을 어떻게 상상이나 할 수 있겠는가? 예를 들면 다음은 태양과 그 유용성에 관해 그기 제시하는 설명이다.

"우리는 신이 사람과 짐승과 같이 살아 있는 피조물들이 지구 위에서 살 수 있는 가변적 조건을 갖추어 주기 위하여 태양을 창조했다고 믿는다. 피조물 중에서 인간이 가장 이성적이므로 세상에 대한 명상을 통해서 보이지 않는 신의 존재를 추론할 수 있다. 그래서 그 정도로 태양도 창조의 제일의 목적에 이바지한다. 그것이 없으면 인간 종족이 보존되거나 지속될 수 없다. ……태양은 지상에

서뿐만 아니라 다른 별에서도 햇빛을 만든다. 햇빛은 우리에게 가장 유용하다. 왜냐하면 우리는 그것으로 밤에는 불가능하거나 인조등의 경비를 지불하지 않고서는 도저히 할 수 없는 작업을 광범위하게 수행할 수 있기 때문이다. 들판의 짐승들은 밤에 찾을 수 없는 식량을 낮에 찾을 수 있고, 더욱이 우리가 가까이 있든 멀리 떨어져 있든 지상에 가깝고 멀게 존재하는 모든 것을 종류(種類)별로 볼 수 있는 것은 햇빛 덕분이다. 햇빛은 다양한 목적으로 사용되므로 인간의 삶뿐만 아니라 대부분 시력의 도움을 받아 이루어지는 자연관찰의 과학적 지식에도 필수적이다. 그래서 우리가 여행할 때도 햇빛이 없으면 불가능할 것이다. 만약 누구든지 태양으로부터 나오는 혜택을 마음 깊이 새기고 있다면 단 1개월간의 생활을 상정해보도록 하자. 낮이 없고 밤만 있다면 모든 것에서 무슨 일이 일어나는지를 보자. 그는 경험을 통하여, 특히 거리에서나 들판에서 그가 수행할 많은 일거리가 있는 사람이라면 그 결과를 충분히 납득할 것이다……태양은 우리에게 정오가 언제인가를 알게 하며 이 시점을 정확히 알게 됨으로써 우리는 시계를 맞출 수 있고 그 때문에 천문학도 태양의 덕을 보고 있다……태양의 도움으로 우리는 자오선을 찾을 수 있다……그러나 자오선은 해시계의 바탕이다. 일반적으로 태양이 아니면 해시계도 없다." *Vernünftige Gedanken von den Absichter der natürlichen Dinge*, 1782, 74~84쪽.

또는 "전세계 사람들의 얼굴, 목소리 및 필체의 다양성"을 신의 은혜로 설명하는 18세기에 많은 인기를 끌었던 더햄의 『물리 신학』(*Physico-theology*)이란 책을 읽어보라. "인간의 신체가 조물주의 계획이나 방법이 아닌 무신론적 계획이나 다른 방법에 의해 만들어 졌다면 이 현명한 다양성은 없었을 것이다. 인간의 얼굴은 똑같거나 그렇게 다르지 않은 모양으로 빚어졌을 것이며, 발음기관도 똑같거나 그렇게 다르지 않은 음성을 냈을 것이고, 손에 똑같은 근육과 신경구조가 주어져 필체가 같았을 것이다. 이 경우 세상은 얼마나 많은 혼동과 혼란과 불행을 겪어야 했을 것인가! 우리에게 아무런 보장도 없었을 것이며, 어떤 확신도, 재산에 대한 즐거움도, 인간 사이의 정의도, 그리고 선악간의, 아군과 적군 간의, 부자지간의, 부부간의, 남성과 여성간의 어떤 구분도 없었을 것이다. 질투심 많고 성질 나쁜 사람의 악의에 노출되어, 악한과 강도의 사기와 폭력에, 손재주 좋은 사기꾼의 위조 행각에, 유약하고 술주정하는 자의 욕망에 모든 것이 노출되어 세상 모든 것이 뒤죽박죽이 되었을 것이다. 우리의 법정은 잘못된 사람의 얼굴, 모조품을 위조하는 손, 남의 글을 도둑질하는 필체가 낳는 몸서리쳐지는 결과들을 합리화하느라 바쁠 것이다. 그러나 지금 무한히 지혜로운 창조주이자 지배자가 가지런히 정리해두었기 때문에 모든 이의 얼굴은 각기 불빛에서 구분되고 어둠에서 그 목소리를 알아 볼 수 있다. 그의 필체는 그가 이미 없지만 그의 것임을 알 수 있고, 그의 증인이 되어 후세의 계약을 안전하게 보장한다. 이것은 확실하고 경탄할 만한 신의 감독과 관리가 있다는 표시이다."

18세기 영국 성공회에서 진정으로 따르던 어떤 신은 심지어 은행수표와 증서의 서명을 틀림없이 해두기 위한 조항을 만들 만큼 세심했다.

나는 자본의 존재에 대한 설명은 뺀다고 하더라도 더햄의 『언덕과 골짜기의 존재에 의한 신의 변호』(Vindication of God by the Institution of Hills and Valleys)와 울프의 물의 효용적 존재원리에 대한 설명을 추가하겠다.

볼프는 다음과 같이 말한다. "인간생활에 물이 제공하는 용도는 상세한 설명이 필요 없을 정도로 자명하다. 물은 인간과 짐승의 보편적 음료수이다. 사람들이 인공적으로 음료수를 만들었지만 이것을 물 없이 만들 수는 없다. 맥주는 물과 누룩으로 빚고, 갈증을 가시게 하는 것은 그 안에 있는 물이다. 포도주는 포도로 만들고 포도는 물 없이는 자랄 수 없다. 영국이나 그 밖의 지역에서 과일로 만드는 음료수에도 같은 이치가 적용된다……그러므로 신이 세상을 그렇게 계획하여, 인간과 짐승이 그 위에 살면서 모든 것이 필요하거나 편의를 위해 꼭 있어야 한다는 것을 알기 때문에, 지구를 훌륭한 거주지로 만들기 위한 한 방편으로 물을 만들었다. 이러한 측면은 똑같은 물이 우리의 가사도구, 의복 등을 깨끗하게 하는 데 혜택을 주고 있다는 것을 생각하면 더욱 분명해진다……우리가 제분공장에 들어가면 맷돌은 언제나 축축해야 한다는 것을 알고 물을 사용하는 기발한 생각을 떠올릴 것이다."

더햄은 언덕과 골짜기에 관하여 그 아름다움을 칭찬한 후 다음과 같이 말한다. "어떤 체질은 사실 너무나 건강해서 어느 장소, 어느 기온에서도 끄떡없다. 그러나 또 다른 사람들은 너무 몸이 약하고 연약하여 어떤 곳에서는 견딜 수 없지만, 또 다른 곳에서는 편안하게 지낸다. 어떤 이에게는 보다 은은하고 온화한 언덕의 공기가 가장 잘 맞고, 대도시의 무덥고 탁한 공기 속에서는 몸이 늘어지고 숨이 막혀 죽을 지경이며, 따스하고 수분이 많은 골짜기와 바다 공기 속에서 못 견뎌 한다. 그러나 반대로 다른 이들은 언덕에서 나른해지고 골짜기에서 더운 공기를 마시면 힘이 솟아난다."

"그래서 거처를 언덕에서 골짜기로 옮기는 기회가 생기면 놀라울 정도로 그것은 안락함을 주고 원기를 용솟음치게 하여 허약한 인간이나 병약자에게 큰 혜택을 제공해 준다. 그렇지 않다면, 그것은 비참하게 몸이 약해져 파리하게 스러져 갔을 사람들에게 안락한 삶을 제공할 것이다."

"이 유익한 지구의 순응에 걸맞게 우리는 언덕에서 얻을 수 있는 또 하나의 큰 편의를 추가할 수 있다. 그것은 북쪽과 동쪽에서 부는 살을 에는 듯 차가운 광풍을 막아줄 바람막이 역할(유명한 저자가 그렇게 말한다)을 하면서 몸에 이롭고 소중한 햇빛을 안고 우리의 겨울 거처를 아늑하고 활기 차게 해주면서 거주하기에 매우 넓은 장소를 허용한다."

"마지막으로 샘이 용솟음 치고 강물이 발원하는 곳도 언덕이며 결과적으로 저 광활하고 높은 퇴적물은, 그것들이 쌓인 것같이 그렇게 조야하고 쓸모 없는 기형의 지구에 붙은 군더더기가 아니라 한없는 창조주께서 최고의 작품 가운데 하나를 만들려고 고안하고 명령한 자연의 경탄할 도구이다. 왜냐하면 지표는 고르

그랬듯이 지금도 가장 거대한 자연을 우리 개인적 필요 중에서 가장 시시한 것에 순응시키는 신을 대변하고 있기 때문이다. 과학이 인정하는 신은 전적으로 보편적 법칙의 신이어야 한다. 소매업보다는 도매업을 하는 신이어야 한다. 과학의 신은 자신의 법칙 전개과정을 개인의 편의에 순응시킬 수 없다. 폭풍의 바다를 뒤덮는 흰 거품의 개체들은 바람과 물이 만들었다가 지우는 떠다니는 삽화들이다. 우리의 사적 자아들은 클리퍼드(Clifford)가 기막히게 이름붙인 거품 부수현상과 같다. 그들의 숙명은 무게가 없고 이 세상의 돌이킬 수 없는 사건들의 물살들 속에서 아무것도 결정하지 못한다.

  이러한 관점에서 여러분은 종교를 단지 잔존신앙으로 다루는 것이 얼마나 자연스런 것인가를 안다. 왜냐하면 사실 종교는 가장 원초적인 사상의 전통들을 영속시켜주기 때문이다. 영적 힘을 강요하거나 우리 쪽으로 끌어들이는 일은 인류역사의 유구한 시간 동안 우리가 자연세계를 다루는 데 있어서 가장 큰 목표였다. 우리의 선조들에게 꿈, 환각, 계시 그리고 황당무계한 이야기들은 사실들과 불가피하게 범벅이 되었다. 비교적 최근까지 입증이 끝난 것과 단지 추정만 하는 것 사이에, 그리고 비인격적 존재 양상과 인격적 존재 양상 사이에 지어진 경계는 거의 감지되지도, 그런 생각이 미치지도 않았다. 활기차게 생각한 것은 무엇이든, 정말 진리라고 여겼던 것이면 무엇이든 여러분은 확신을 가지고 시인하였다. 여러분이 시인한 것이 무엇이든 여러분의 동료는 믿어주었다. 진리는 모순을 일으키지 않았던 것으로 정의되며, 대부분의 사물은 인간적 암시성의 관점에서 고려되었고, 관심은 오직 미학적이고 극적 사건의 양상에 전적으로 국한되었다.[6]

  고 평평하며 섬들과 대륙의 중간지역은 산이 많이 없고 지금처럼 높지 않지만 강물이 흐를 내리막이나 바다로 흘러갈 경사도 있을 수 없었던 것이 분명하기 때문이다. 그러나 지금 고지대가 물을 바다 쪽으로 허용한 저 부드러운 경사면을 따라 미끄러져 내려가는 대신에 그 물은 머뭇거리다가 아마도 빈 곳을 메우기도 하고 상당한 부분의 땅을 수몰시킬 것이다."
  "[그러므로] 불평하고 지쳐 있는 나그네에게는 언덕과 골짜기가 협소하고 골칫거리로 비칠지 모르지만, 그것들은 위대한 창조주의 고상한 작품이다. 그것들은 신이 지상세계의 이익을 위하여 지혜롭게 지정해 놓은 것들이다."

6) 17세기까지는 이런 사고방식이 지배적이었다. 예를 들면, 지렛대의 힘이 적은 힘을 들여 커다란 물건을 들어올릴 수 있다는 설명으로, 아리스토텔레스가 기계적 문제들조차 인상적으로 처리한 일을 회고할 필요가 있다.

아리스토텔레스에 의하면 이런 설명은 일반적으로 원과 모든 원운동의 불가사의한 성질 때문에 가능하다. 원은 볼록과 오목으로 되어 있다. 그것은 서로 상치되는 하나의 고정점과 하나의 움직이는 선으로 만들어진다. 원 안에서 움직이는 것은 모두 반대방향으로 움직인다.

그럼에도 불구하고, 원 운동은 가장 '자연스런' 운동이다. 큰 원을 그리면서 움직이는 긴 지렛대는 이 자연적 운동의 큰 분량을 가지므로 결과적으로 더 적은 힘이 필요하다. 또는 겨울 태양의 위치에 대한 헤로도토스(Herodotos)의 설명을 상기해보라. 태양은 추위 때문에 남쪽으로 이동한다. 추위는 태양을 리비아 너머 하늘의 따스한 지대로 몰고 간다. 또는 성 아우구스티누스의 명상에 귀기울여 보라.

"누가 왕겨에 얼리는 힘을 주어 눈을 그 밑에 보존하게 하였으며, 데울 힘을 주어 푸른 열매를 익게 만들었는가? 누가 불 자체의 이상한 속성을 설명할 수 있는가? ……그 자체는 매우 밝지만 그것이 태우는 모든 것을 까맣게 만든다. 그것은 가장 아름다운 색깔로 되어 있으나 그것이 닿아 먹어치우는 모든 것의 색을 없애고 이글거리는 재료를 회색 재로 바꾼다. 우리가 숯에서 발견하는 놀라운 특질은 살짝만 쳐도 부서질 정도로 너무 부스러지기 쉽고 약간만 눌러도 가루가 되지만, 어떤 습기도 그것을 부패시키지 않고 아무리 시간이 가도 썩지 않을 만큼 너무 강하다는 것이다." *City of God*, book xxi, ch.iv.

이와 같은 사물의 양상, 그 자연성과 반자연성, 그 피상적 특질에 대한 공감과 반감, 그 기괴한 성격, 그 명도와 힘과 파괴성은 불가피하게 그것이 타고날 때부터 우리의 주의를 끄는 방식이다.

만약 여러분이 초기의 의학서를 펼쳐보면, 각 페이지마다 감응적 마술(sympathetic magic)이 불러내진 것을 발견할 것이다. 파라셀수스(Paracelsus)가 개발한 치료제인 고약을 예로 들어보자. 이것의 제법은 여러 가지가 있었는데 그 중에는 사람의 지방, 황소 및 야생 수퇘지나 곰의 지방, 분말로 만든 지렁이, 우스니아(usnia), 또는 교수형으로 처형된 범인의 풍화된 해골 위에 끼어 있는 이끼, 그리고 똑같이 혐오감을 주는 물질 등이 있다.

이 모든 재료들은 가능하면 가급적 화성이나 토성의 별빛 아래가 아니라 금성의 별빛 아래에서 준비되었다. 그 다음, 날카로운 나뭇조각을 환자의 피에 담그거나 환자에게 상처를 낸 피문은 무기에 이 고약을 발라서 그 상처를 싸매면 영락없이 낫는다—나는 지금 반 헬몬트(Van Helmont)의 설명을 옮겨쓰고 있다—왜냐하면 무기나 나뭇조각에는 상처 난 사람의 영혼이 담겨 있기 때문에 고약이 닿으면 금방 흥분이 일어나서, 그때부터 그것에 그 사촌격인 환자의 피를 치유시킬 힘을 받게 된다. 그것은 상처 난 부위에서 괴롭고 이국적인 자국을 참으로 그것이 어떻게 그와 달리 될 수 있었을까? 설명이나 예측을 위해 과학이 사용하는 수학적·기계적 개념모형의 특별한 가치는 전혀 예측할 수 없는 결과에 있다. 중량, 운동, 속도, 방향, 위치 등의 개념들은 얼마나 희박하고 무기력하며 재미없는 생각들인가! 어떻게 자연의 풍부한 영혼불멸 사상, 현상을 그림같이 생생하게 만드는 특이함과 기이함이 자연의 삶에 대한 지식에 접근하는 보다 장래성 있는 수단으로 먼저 채택하고 철학이 뒤따르도록 하지 못하였던가? 여전히 종교가 기쁘게 거하고자 하는 곳은 이러한 풍부한 정령숭배적이고 극적인 모습 속이다. 종교적 마음이 끊임없이 큰 감명을 받는 것은 자연현상들의 공포와 아름다움, 새벽과 무지개의 '약속',

빨아냄으로써 이 일을 해저자는 많은 다른 자연적 사실의 유추로써 원거리에 있는 사물간의 이러한 감응적 작용이 그 사례의 진정한 논리적 근거임을 계속하여 증명하고 있다. 그는 다음과 같이 말한다.
"만약 마녀에 의해 피살된 말의 심장을 악취를 풍기는 시체에서 꺼낸 후 화살에 꿰어 구우면, 그 마녀의 온 몸이 불의 참을 수 없는 고통과 잔혹함으로 괴로워하는데 이것은 마녀 영혼과 말 영혼의 접속이 전제되지 않으면 결코 일어날 수 없다. 악취를 풍기고 아직 헐떡거리는 심장 속에 마녀의 영혼이 사로잡혀 관통한 화살 때문에 뒷걸음도 못 친다. 마찬가지로 검시관의 검시를 받고 있는 많은 시체들이 시해 당시 갓 출혈한 것이나 응혈 때문에 고통받지 않았을까?―이것은 신체에서 마지못해 영혼이 빠져나가는 순간에 격렬한 분노의 발작증세와 같이 살해자에 대한 복수의 낙인으로 피가 들끓고 동요하기 때문에 일어나는 현상이다. 여러분이 수종증이나 통풍, 황달을 앓고 있다면, 여러분의 피를 달걀 껍데기와 흰자에 약간 주입한 다음 살짝 데워 살코기 미끼에 섞은 후 굶주린 개나 돼지에게 던져주라. 그러면 그 병은 금방 여러분한테서 그 동물에게로 옮아가서 완전히 여러분과 이별할 것이다. 이와 마찬가지로 여러분이 암소나 여자의 젖 약간을 태우면 그 유선(gland)이 말라붙을 것이다. 브뤼셀의 한 신사가 싸움을 하다가 그의 코를 잘렸지만 유명한 외과의사인 타글리아코주스(Tagliacozzus)가 볼로냐에 있는 한 짐꾼의 팔에서 살점을 떼어내 그에게 새 코를 만들어 붙여 주었다. 약 13개월 후 그가 귀국하였을 때 그 접목된 코는 차가워져 썩었고 며칠 있다가 떨어져 나갔다. 그와 똑같은 시각에 그 짐꾼이 숨을 거두었다는 것이 밝혀졌다. 지금도 브뤼셀에는 이 사건의 목격자들이 있다." 반 헬몬트가 이렇게 말하고 다음과 같이 덧붙인다. "이러한 미신이나 고상한 상상력 안에는 무엇이 있는지를 빌어본다."
현대적 마음치료에 관한 문헌―예를 들면 프렌티스 멀포드(Prentice Mulford)의 작품들이 있다―은 감응적 마술로 가득하다.

천둥의 '소리', 여름비의 '온화함', 별들의 '숭고함'이지 이런 현상들이 따르는 물리적 법칙이 결코 아니다. 옛날과 같이 믿음이 독실한 사람은 그의 방과 들판에서 여전히 신적 존재를 느끼고 있으며, 그의 기도에 도움의 손길이 다가와 응답하며, 이 보이지 않는 실재에 대한 희생제의가 안전과 평화로 그를 충만케 한다고 말해준다.

철저한 시대착오! 잔존물이론은 그렇게 말한다. 상상적 신의 탈인격화(deanthropomorphization)의 구제책이 절실히 요구되는 시대착오. 우리가 우주적인 것에 개인적인 것을 덜 섞을수록 우리는 더욱더 보편적이고 비인격적 여건에 살게 되고, 우리는 보다 진정한 과학의 후계자가 된다.

이러한 과학적 태도의 비인격성이 어떤 과대한 기질에 부르짖는 호소에도 불구하고, 나는 그것이 천박한 이유를 단 몇 마디로 제시할 수 있다. 우리가 우주적이고 일반적인 것을 다루는 한, 우리는 실재의 상징만을 다룰 뿐이다. 그러나 우리가 사적이고 인격적인 현상을 그렇게 다루는 한, 우리는 실재들을 가장 완전한 의미로 다룬다. 나는 내가 이 말이 뜻하는 바를 분명히 할 수 있다고 생각한다.

우리의 경험세계는 항상 두 부분, 즉 객관적 부분과 주관적인 부분으로 되어 있다. 그 중 전자는 후자보다 엄청나게 포괄적이지만, 후자는 결코 생략되거나 억제될 수 없다. 객관적 부분은 우리가 어느 때라도 생각하는 것은 무엇이든, 이를 모두 합한 총계이다. 주관적인 부분은 사고력이 미치는 내면적 '상태'이다. 우리가 생각하는 것이, 예를 들면 우주적 시간과 공간과 같이 거대할 수 있다. 반면에 내면적 상태는 가장 달아나기 쉽고 하찮은 사고활동이 될 수 있다. 그러나 우주적 대상물은 경험이 그것을 잉태하는 한, 우리가 그 존재를 내적으로 소유하지 못하고 외적으로 가리킬 수밖에 없는 어떤 것에 대한 이상적 표상이다. 반면에 내면적 상태는 우리의 경험 바로 그 자체이다. 그것의 실재와 우리 경험의 실재는 하나이다. 어떤 의식적인 범위 안에 느끼고 생각되는 그 대상을 **첨부**하고 그 대상을 향한 태도도 **첨부**하고 그 태도가 속한 자아의식을 **첨부**한 총합—그러한 구체적인 부분의 개성적 경험은 작은 부분일 수 있지만, 그것이 지속되는 한 탄탄한 부분이기도 하다. 즉, 그 부분은 공허하지 않고 그 '대상'을 혼자 떼어놓을 때처럼 경험의 단순한 추상요소가 아니다. 사소한 사실이기는 하지만, 그것은 완벽한 사실이다. 그것은 모든 실재들이 귀속되어야 하는 그런 **종류**의 것이다. 세계의 동력적 조류는 이와 같은 경험을 통해서 흐른다. 그것은 실제 사건과 사건을 연결하는 선 위에 있다. 개개인의 운명이 각 운명의 수레바퀴를 돈다고 우리 각자가 개인적으로 느낄 때, 개개인이 갖는 그 위기에 대한 공유할 수 없는 감정은 자기중심적이라고 비방당하고 비과학적이라 해서 업신여김당하는 경우도 있지만, 그것은 우리의 구체적 현실의 척도를 채우는 유일한 것이다. 그러므로 그러한 감정이나 유사물을 결여한 가능적 존재나 그것의 유비는 실재의 반밖에 되지 못하는 것이다.[7]

만약 이것이 사실이라면 경험의 자기중심적 요소는 억제되어야 한다고 과학이 말하는 것은 이치에 닿지 않는다. 실재의 축은 자기중심적 장소만 뚫고 지나간다. 그 장소는 너무 많은 구슬처럼 그 축에 꿰어져 있다. 그 자체가 묘사되어 있지는 않지만 여러 가지 다양한 개인 운명의 위기감, 즉 모든 다양한 영적 태도로 세상을 묘사한다는 것—그것은 그 외의 어느 것보다도 더욱 설명적이다—은 하나의 실속 있는 식사가 아니라 인쇄되어 있는 식단표를 주는 일과 유사하다. 종교는 그러한 대실수는 하지 않는다. 개인의 종교는 자기중심적일 수 있고, 그것과 교통하고 있는 사적인 실재들은 매우 편협할 수 있다. 그러나 어떤 경우라도 종교는 사적 것은 아예 고려도 하지 않는 것을 자랑으로 여기는 과학보다 한없이 덜 공허하고 덜 추상적인 것으로 남아 있다.

'건포도'라는 단어 대신에 실제 건포도 한 개를, '달걀'이라는 낱말 대신에 실제 달걀 한 개를 식단에 올려놓는 것은 식사로는 부적합하지만, 그것은 적어도 실재의 시작이 될 수 있다. 비개인적 요소에 전적으로 집착해 있

---

7) 우리가 사물의 '본질적' 개념의 의미는 사물을 그 자체로서 생각할 때에만 즉, 개인적 '위기'감, 또는 그것에 부수되는 어떤 종류의 내적 활동으로 이룩한 완전한 경험의 일부분으로서 생각할 때에만 존재한다는 로츠(Lotze)의 학설과 비교 참조하라.

는 잔존신앙의 주장은, 마치 우리가 아무 음식도 없는 식단표를 읽는 것으로 영원히 만족해야 할 것이라고 말하는 것처럼 보인다. 그러므로 나는 개인적 숙명에 관한 특별한 질문이 대답된다고 하더라도, 우리가 심오해지는 것은 그 질문을 순수하다고 믿고 그것이 여는 사고의 범위 내에서 살아가기 때문이라고 생각한다. 그러나 그렇게 산다는 것은 종교적인 것이다. 그래서 나는 주저하지 않고 터무니없는 실수에 바탕을 두고 있는 종교의 잔존이론과는 절교하겠다. 우리의 선조들이 너무 많은 사실에 대한 실수를 저질러 그것들을 종교와 혼합해놓았기 때문에, 우리가 종교적으로 되는 것과 절연해야 한다는 말은 이치에 맞지 않는다.[8] 종교적이 됨으로써 우리는 실재가

---

8) 사실의 실수까지도 과학자들이 생각하듯 대대적이 아닌 것으로 판명되었다. 우리는 제4강연에서 우주의 종교적 개념이 어떻게 많은 마음치료사들에게 매일 경험하는 사실들에 의하여 '입증'되는 것처럼 보이는가를 살펴본 바 있다. '사실에 대한 경험'은 너무나 많은 것들을 포함하고 있기에 편협한 과학자는 마음료자들 및 여타 사람들이, '허튼 소리', '잠꼬대 같은 소리' '터무니 없는 소리' 등과 같이 무례하게 분류하여 말하지는 않을지라도 그러한 '사실들'을 인정하기를 교묘하게 거부하면서, 엄청난 사실적 원재료들을 배제시킨다. 실재에 대한 보다 개인적 양상에서 종교적인 사람들의 근면한 관심이 없으면, 그러한 사실적 원재료들은 스스로 기록되는 데 결코 성공적이지 못할 것이다. 우리는 이것이 어떤 경우에서 이미 진실이라는 것을 안다. 그러므로 다른 사람에게서도 물론 진실일 수 있다. 기적의 치료행위는 언제나 초자연주의자의 필수품이 되었으며 과학자들은 상상력이 만들어낸 허구적인 이야기로 치부해왔다. 그러나 최면상태의 사실들에 대한 과학자들의 느릿느릿한 교육은 최근에 이러한 종류의 현상들에 관해 인식하게 해주었다. 결과적으로 과학자는 그 치료법이, 여러분이 분명히 그것들을 '암시'의 효과라고 부른다면, 존재할 수 있다는 사실을 허용하는 셈이다. 성 프란체스코의 손발에 있는 십자가 성흔까지도 이러한 조건에서는 우화가 아닐 수 있다. 마찬가지로 악마적 빙의현상(diabolical possession)은 시간을 다투어 과학자들이 인정하려는 시점에 와 있고 과학자는 그것을 인정하는 결과로서 '히스테리성 악령 공포증'(hystero demonopathy)이라는 이름을 붙일 정도까지 되었다. 새롭게 과학적인 이름을 얻은 이러한 비전적 현상——심지어 '예언'이나 '공중부양'까지도——의 합법화가 어디까지 허용될 수 있는지 아무도 예견할 수 없다.

그래서 과학적 사실과 종교적 사실의 결별이 단 한 순간의 결정으로 영원히 지속될 수 없으며, 세상의 개인주의나 낭만주의 역시 원시적 사고방식에 나타났던

우리에게 지킬 것을 명령하는 유일한 순간에 이르러 궁극적 실재를 소유하여 스스로를 확립해 나간다. 우리의 책임 있는 관심은 결국 우리의 사적 운명으로 돌아가게 마련이다.

여러분은 지금 이 연속강연 전반에 걸쳐 내가 왜 그렇게 개인주의적이었던가를 안다. 그리고 종교에서의 감정적 요소를 부활시키고, 지성적 요소를 그 밑에 복속시키는 데 기울어 있었던 것처럼 보인 이유를 알 것이다. 개인성은 감정에서 발견된다. 보다 어둡고 맹목적인 지층인 감정의 영역은 우리가 실제 사실을 포착할 수 있고, 사건들이 어떻게 발생하고 실제 일이 어떻게 행하여지는지9)를 직접 인식할 수 있는 유일한 장소이다. 살아 있는 개별화된 감정들의 세계와 비교해볼 때, 지식인이 관조하는 일반화된 대상들의 세계는 박진감이나 생명력이 없다. 일반화된 대상의 세계 안에는 입체사진이나 활동사진에서 나타나는 것 같은 3차원의 세계, 운동, 역동적 요소가 없다. 움직이게 되어 있는 고속열차의 아름다운 그림을 보고서 움직인다고 생각할 수 있다. 그러나 나는 그 그림 어디에 어떤 친구의 말소리를 듣는 것 같이, 시간당 50마일을 가는 마력이나 에너지가 존재한다는 것을 느낄 수 있는가?10)

것같이 돌이킬 수 없이 웃자란 문제들일 수밖에 없다. 요컨대 최종적 인간의 의견은 어떤 면에서 예견이 불가능하며, 마치 진보의 행로가 직선보다 나선을 따라 왔듯이 보다 인격적 양식으로 회귀할 수도 있는 것이다. 사태가 이러하다면 번창하고 있는 비인격적 과학관도 언젠가는 편협한 과학자가 지금 확신에 찬 음성으로 선언하고 있는 우승의 위치보다 오히려 일시적으로 유익했던 기벽의 형태로 판명될지도 모른다.

9) 흄의 비평은 물리적 대상들의 세계로부터 인과관계를 추방해왔으며, '과학'은 부수적 변화의 측면에서 원인을 정의하는 데 전적으로 만족하고 있다. 마흐(Mach), 피어슨(Pearson), 오스트왈드(Ostwald)를 읽어보라. 인과관계 개념의 '원천'은 우리 내면의 개인적 경험에 있으며 거기에서만 옛 개념으로서의 원인이라는 요소가 직접 관찰되고 묘사될 수 있다.
10) 나는 어느 종교신문에서 "아마 우리가 신에 대하여 말할 수 있는 최선의 것은 신은 피할 수 없는 추론이이다"라는 글을 읽었을 때, 종교를 지성적 언어로 증발시키려는 태도를 간파한다. 아무리 불가피한 일이지만, 순교자들이 한낱 추론을 위하여 화염 속에서 찬송가를 불렀을까? 성 프란체스코, 루터, 뵈메와

그러면 우리는 개인적 숙명에 전념하고 우리가 알기로는 유일하게 절대적인 실재들과 교감하기 때문에, 종교는 반드시 인간의 역사에서 영원한 역할을 담당해야 한다는 주장에 동의하기로 하자. 다음으로 결정할 일은 그러한 숙명에 관해 무엇을 밝히느냐, 또는 인류에게 줄 보편적 메시지로 생각하기에 충분히 뚜렷한 것을 보여주고 있느냐의 문제가 된다. 여러분이 알다시피, 우리는 예비조치를 이미 취한 바 있고, 이제 우리의 최종적 요약 정

같은 타고난 종교인들은 보통 종교적인 일을 지적으로 처리하려는 것에 반대해왔다. 그러나 그 지성은 끼여들 수 있는 곳에서는 어디서나 그 천박한 효과를 노린다." 보운(Bowne) 교수 같은 철학자가 지은 소책자(우리 모두 읽어야 할 책이다)에 나타난 놀랄 정도의 합리성에서 초창기 감리교 정신이 어떻게 실종되었는가를 보라(*The Christian Revelation, The Christian Life, The Atonement*, Cincinati and New York, 1898, 1899, 1900). 철학이 적극적으로 추방하는 목적을 보라.

바셰로(M. Vacherot) 씨는 *La Religion*, Paris, 1869, 313, 436쪽, et passim에서 이렇게 쓰고 있다. "종교는 일시적 상태나 조건에 응답하는 것, 즉 상상력에 지배되는 인간 마음의 상태를 단순히 표현하는 것이지 인간본성의 영구적 확정성에 응답하는 것이 아니다. 그리스도교는 그 유산의 유일하고 최종적일 수 있는 상속자를 갖고 있으며, 그것은 과학적 철학이다."

훨씬 극단적인 어조로 리보(Ribot) 교수는 *Psychologie des Sentiments*, 310쪽에서 종교의 소멸을 설명하고 있다. 그는 그것을 단 한 가지 문구로 요약한다. 즉, 합리적인 감정적 요소가 계속 성장하여 현저하게 나타나면 정서적 요소는 점차 퇴조하게 되는데, 후자는 순전히 지성적 감정의 집단 속으로 들어가려는 경향이 있다. "이른바 종교적 감정에 대하여 공포의 마지막 유산인 미지수 *x*에 대한 막연한 경외심과 사랑의 유물인 이상을 향한 어떤 매력을 제외하면, 초기의 종교적 성장기간을 특징지웠던 것이 지금까지 살아 남은 것은 아무 것도 없다. 좀더 간단히 말하면 종교는 종교적 철학으로 되려는 경향이 있다. 이것들은 심리학적으로 완전히 다르다. 전자는 추리의 이론적 구축이고, 반면에 후자는 한 집단의 사람들이나 어떤 위대한 영감을 받은 지도자가 인간의 유기체를 건축으로 생각하고 느끼도록 요구하는 살아 있는 작용이다."

볼드윈(Baldwin, *Mental Development, Social and Ethical Interpretation*, ch.x) 교수 및 마셜(H.R. Marshall, *Instinct and Reason*, chaps.viii. to xii.) 처럼 종교를 순수하게 하나의 '보수적 사회세력'으로 만들려는 시도에서도 종교의 강점은 개인성에 존재한다는 사실을 깨닫는 데 똑같은 실패를 범하고 있는 것을 나는 발견한다.

리를 시작할 수 있게 되었다.
　내가 인용했던 감동적인 문서들, 제도들, 고무시키는 감정의 조망들, 앞의 강연들에서 열어두었던 믿음에 대한 기술이 있은 다음, 내가 지금 진척시키려는 냉정한 분석은 관심과 결과의 점강음(crescendo) 대신 주제에서 벗어나 급전직하, 용두사미격이 될 것이라고 여러분이 짐작하고 있음을 잘 알고 있다. 나는 얼마 전에 카톨릭적 상상력에 의하면 프로테스탄트교도들의 종교적 태도는 가난에 찌든 것으로 비친다는 말을 한 바 있지만, 내 주제의 마지막 결론이 여러분의 눈에 이처럼 빈약하게 비쳐질까 매우 두렵다. 이 때문에 나는 다음과 같은 사항을 마음 속에 새겨두기를 간절히 바란다. 즉, 나는 지금 종교를 그 최저의 수용조건까지 최소한으로 축소하는 노력을 분명히 해왔다는 것이다. 모든 종교가 기형적으로 자라난 혹같이 된 중핵이 전혀 없는 상태에 모든 종교인들이 동의하기를 기대해본다. 그것이 정립되면, 우리는 작지만 적어도 견고한 하나의 결과를 갖게 된다. 그 위에, 그 주위에 각 개인들이 시도하는 믿음들이 풍부하게 이식되고 덧씌워져 번창할 수 있다. 나도 나 자신의 지나친 믿음(고백하건대, 그것은 어떤 비판철학자에게 맞는 병적 종류의 것이다)을 덧붙이고, 여러분도 거기에 지나친 믿음을 덧붙이면, 얼마 가지 않아 우리는 구체적 종교구축이 다양화된 세계에 한 번 더 존재하게 된다. 이제 내 작업의 분석적 부분을 냉정하게 파헤칠 때가 되었다.
　사고와 감정은 행위의 결정요소이다. 똑같은 행위가 감정이나 사고에 의해 결정될 수 있다. 종교계 전반을 살펴보면 우리는 거기에 퍼져 있는 사고가 매우 다양함을 알 수 있다. 그러나 한편으로 감정, 그리고 다른 한편으로 행위는 언제나 똑같다. 왜냐하면 스토아 학파, 그리스도교 그리고 불교의 성인들의 삶을 비교해보면 실제적으로 구분되지 않기 때문이다. 종교가 야기시키는 이론들은 이렇게 다양할 수 있으므로 부차적이다. 여러분이 그 본질을 파악하려면, 보다 한결같은 요소들인 감정과 행위 쪽으로 눈을 돌려야 한다. 종교가 그 주된 업무를 수행하는 지름길이 이 두 요소 사이에 있다. 반면에, 관념, 상징 및 기타의 제도는 완성과 개선을 위한 환상선(環狀

線)을 형성하고 언젠가는 모두 결합하여 하나의 조화로운 체제를 갖출 수 있지만, 이것들은 종교적 삶을 지속시키는 데 필요불가결한 기관으로 볼 수는 없다. 이것이 바로 우리가 검토해왔던 현상들로부터 이끌어낸 첫번째 결론이 아닐까 생각한다.

다음 단계는 그 감정들의 특징을 살펴보는 일이다. 그것들이 소속되어 있는 심리학적 상태는 무엇일까?

그것들의 합성결과는 어느 경우든 칸트의 '활력이 넘치는 감정'(sthenic affection)이다. 즉 그 감정은 강장제같이 우리의 생명력을 발생시키는 활기 있고 대범한 '동력발생체계'의 흥분상태이다. 거의 전 강연, 특히 회심과 성인다운 특성에 대한 강연에서 이런 감정이 천성적 우울증을 어떻게 극복하는지와, 주체에게 인내심을 어떻게 분배하며, 열정 또는 의미 또는 황홀경 그리고 영광을 삶의 일상적 대상물에 어떻게 부여하는지에 대하여 살펴보았다.[11] 류바 교수가 명명한 '신앙상태'라는 이름은 하나의 좋은 이름이다.[12] 그것은 심리학적일 뿐만 아니라 생물학적인 상태이다. 그리고 톨스토이가 신앙을 사람들이 살아가는 힘들로 분류한 것은 절대적으로 정확하였다.[13] 그것이 전혀 없는 것은 무쾌감증(anhedonia)[14] 상태로서 붕괴를 의미한다.

신앙상태는 매우 제한된 최소한의 지성적 만족을 유지할 수 있다. 우리는 이러한 예를 신적 존재의 출현에 대한 갑작스런 황홀경에서, 아니면 버크 박사가 묘사하였던 신비적 사로잡힘에서 보았다.[15] 그것은 반은 정신적이고 반은 생명력이 있는 희미한 열정, 위대하고 경이로운 것들이 공중에 들림을 당하는 느낌일 수 있다.[16]

---

11) 이 책 277, 278, 295, 300, 303, 325~332, 354~358쪽과 비교하라.
12) *American Journal of Psychology*, vii. 345쪽.
13) 이 책, 255쪽.
14) 이 책, 214쪽.
15) 이 책, 484쪽.
16) 예 : 앙리 페레브(Henri Perreyve)는 그라트리에게 이렇게 쓰고 있다. "나는 그대가 내 속에서 오늘 아침 일으킨 행복감을 어떻게 다루어야 할지 모른다. 그것

그러나 어떤 확고한 지성적 내용이 신앙상태와 연관되어 있을 때, 그것은 절대적으로 믿음에 각인된다.17) 이것은 종교인의 열성적 충성심은 광범위하게 다양한 신조들의 미세한 부분까지 어디에나 미칠 수 있음을 말해준다. 신조들과 신앙상태가 결합된 것을 '종교들'로 보고 이것을 순수하게 주관적 현상으로 취급하면, 그것의 '진리' 문제에 관계없이, 행동과 인내에 대한 그것의 특별한 영향 때문에 우리는 그것을 인류의 가장 중요한 생물학적 기능으로 분류해야 한다. 그것의 자극적이고 미학적인 효과가 너무 커서 류바 교수는 최근의 논문18)에서 사람들이 그들의 신을 이용할 수 있는 한, 그들은 그가 누구인지 또는 그가 존재하는지 그렇지 않은지에 대해 거의 관심을

은 나를 압도한다. 그러나 나는 무엇인가 하고 싶지만 아무것도 할 수 없고 무력하다. 나는 기꺼이 위대한 일들을 하고 싶다." 영감 어린 인터뷰를 마치고 그는 이렇게 다시 쓴다. "나는 기쁨과 희망과 활력에 취하여 집 쪽으로 갔다. 나는 모든 인간들과 격리되어 고독 속에서 내 행복을 먹고 살기를 바랐다. 너무 늦었다. 그러나 나는 개의치 않고 산길을 택하여 땅은 상관없이 하늘을 바라보며 미친 사람처럼 계속 갔다. 갑자기 본능적으로 나는 뒤로 주춤하였다. 나는 절벽의 바로 끝에 서 있었고, 한 발자국만 더 내디디면 벼랑 밑으로 떨어졌을 것이다. 나는 겁이 더럭 나서 밤의 산책을 그만두었다." A. Gratry, *Henri Perreyve*, London, 1872, 89, 92쪽.

이러한 신앙상태에서는 방성보다 모호한 과대망상적 충동이 지배적이다. 월트 휘트먼의 시에서는 이러한 사실이 잘 나타나 있다(Leaves of Grass, 1872, 190쪽).

"오, 나무들과 동물들처럼 밤, 폭풍, 굶주림, 우스꽝스러움,
사고, 좌절에 대적하기 위하여······
사랑하는 동지여! 나는 그대를 내게 당기고, 아직 그대를 충동하여,
우리의 운명이 무엇인지 모르고 내게 끌어오려 했음을 고백하네,
우리가 승리를 구가할지, 아니면 함락되어 패배할지 모르면서."

위대한 일을 할 각오와 그 중요성과 경이로움으로 세상이 온통 그들을 위해 있다는 감정은 마냥 높은 신앙들의 무차별적 원천처럼 보인다. 우리 자신의 야망에 대한 꿈의 믿음, 우리 나라의 거대한 숙명에 대한 믿음, 신의 섭리에 대한 믿음, 이 모든 것은 우리의 건강한 충동의 돌진 속에, 그리고 현실을 능가하는 가능성의 과도함 속에 그 근원이 있다.

17) Leuba, 앞의 책, 인용문, 346~349쪽을 비교하라.
18) The Contents of Religious Consciousness, in *The Monist*, xi, 536, July 1901.

두지 않는다고 말할 정도이다. 류바는 다음과 같이 말한다. "문제의 진리는 이렇게 표현할 수 있다. 신은 알려져 있지 않다. 그는 이해되지 않는다. 그러나 그는 때로는 육류 공급자로, 때로는 도덕 지원자로, 때로는 친구로, 때로는 사랑의 대상으로 사용된다. 그가 유용하다고 증명되면 종교적 의식은 그 이상을 요구하지 않는다. '신은 정말 존재할까? 어떤 식으로 존재할까? 그의 본질은 무엇일까?' 등과 같은 물음은 수많은 부적절한 질문들이다. 신이 아니라 삶, 즉 더욱 풍요롭고 거대하며 만족스러운 삶이 궁극적으로 종교의 목적이다. 모든 그리고 단계마다의 발전에서 삶에 대한 사랑은 종교의 추진력이다."[19]

그러므로 순수하게 주관적인 이 평가에서 종교는 어떤 식으로든 그 비평가들로부터 변호되어야 한다고 본다. 그것은 단순한 시대착오와 잔존신앙일 수 없고, 지성적 내용이 있든 없든, 그리고 그것이 진실이든 거짓이든 어떤 영원한 기능을 하지 않으면 안 되는 것처럼 보인다.

다음으로 우리는 단순히 주관적 유용성의 관점을 초월하여, 지성적 내용 그 자체를 탐구하여야 한다.

첫째, 신조들의 모든 모순 이면에 그것들이 일제히 증언할 공통적 핵심이 있는가? 둘째, 우리는 그 증언을 믿어야 하는가?

나는 먼저 첫번째 질문에 대하여 긍정적으로 즉각 대답하겠다. 다투는 신들과 다양한 종교들의 형식들은 사실 서로 상극이지만, 종교들 모두가 충족할 통일된 구원책이 있다. 그것은 두 부분으로 되어 있다.

---

[19] 앞의 책, 인용문, 571, 572쪽(축약됨). 종교는 우선적으로 세상의 지성적 신비를 풀려고 노력한다는 개념에 대한, 이 저자의 놀라울 정도로 진실한 비판을 보라. 벤더(W. Bender)가 말하는 것(그의 *Wesen der Religion*, Bonn, 1888, 38, 85쪽)과 비교하라. "종교는 신에 관한 문제가 아니고, 세상의 기원과 목적의 연구가 아니고, 인간에 관한 문제이다. 모든 종교적 인생관은 인간중심적이다." "종교는 자기 보존을 위한 인간적 충동의 활동이다. 그 충동에 의하여 인간은 본질적 생명의 목적을 달성하려 애쓴다. 이를 위해 자기 힘의 한계에 닿을 때까지 세계의 질서와 지배력을 위해 자신을 육성함으로써 세상의 역경에 대항한다." 이 책 전체는 이러한 논지로 전개되고 있다.

1. 어떤 불안감.
2. 그것의 해소책.

첫째, 불안감은 가장 단순한 말로 줄여보면, 우리가 자연적 상태에 있을 때 우리 주위에 잘못된 것이 있다는 느낌이다.

둘째, 해소책은 고차적 힘과 적절히 연계시킴으로써 우리가 그 잘못된 것으로부터 구원받는다는 느낌이다.

우리가 단독으로 연구한 보다 발전된 사람들에게 있어서는 잘못된 것은 도덕적 특성을 띠고, 구원은 신비적 색조를 띤다. 그들의 종교적 경험의 본질을 다음과 같은 말로 형식화한다면, 우리는 모든 사람들에게 공통적 한계 내에 존재할 수 있을 것이라고 생각한다.

자신의 잘못을 괴로워하고 그것을 비판하는 개인은 의식적으로 그것을 극복하고, 고차적인 어떤 것이 존재한다면 적어도 보다 고차적인 것과 가급적 교통할 것이다. 잘못된 부분과 더불어, 설사 그것이 미미한 것이라 하더라도, 그에게 더 나은 부분이 있다. 그가 자신의 실재적 존재와 일치시키려는 부분은 결코 이 단계에서는 분명치 않음을 확인해야 한다. 그러나 두번째 단계(해소 또는 구원의 단계)에 도달할 때[20] 그는 자신의 실재적 존재를 그 자신의 근원적인 고차적 부분과 동일시한다. 그는 다음과 같은 방법으로 그렇게 한다. 그는 이 고차적 부분이 동일한 성질의 보다 고차적 부분과 인접하며 접속되고 있음을 의식하게 된다. 그 동일한 성질의 고차적 부분은 그의 밖에 있는 우주에서 작용하고 있으며, 그는 그것을 교감할 수 있고, 그것은 모든 그의 하위존재가 파편으로 부서질 때 어느 정도 거기에 편승하여 그 자신을 구원할 수 있다.

그 모든 현상들은 이러한 단순한 일반용어로도 정확하게 묘사될 수 있는 것처럼 보인다.[21] 그것들은 분리된 자아와의 투쟁을 허용한다. 그것들은 인

---

20) 어떤 이들에게는 그것이 갑자기, 다른 이들에게는 점진적으로 온다. 반면에 또 다른 이들은 실질적으로 평생 동안 그것을 즐긴다.
21) 실제적 어려움은 이러하다. 1. 사람의 고차적 부분의 '실재를 깨닫는' 것. 2. 자신의 자아와 실재를 전적으로 동일시하는 것. 3. 그것을 여타 이상적 존재 모두와 동일시하는 것.

격의 중심 변동 및 하위자아의 항복을 포함하고 있다. 그것들은 도움을 주는 힘의 외적 현상을 표현해주며 그것과의 일체감까지도 설명한다.[22] 그것들은 우리의 안전과 기쁨의 감정을 충분히 증거한다. 내가 인용한 모든 자전적 문서 중에서 이러한 묘사가 잘 적용되지 않은 것은 아마 없을 것이다. 우리는 단지 다양한 신학과 다양한 개인적 기질에 맞도록 특별히 상세한 부분을 보충할 필요가 있으며, 그 다음은 각 개별적 형식으로 다양한 경험을 재구축하는 일이 될 것이다.

그러나 지금까지 이렇게 분석된 바와 같이, 그 경험들은 단지 심리학적 현상일 뿐이다. 그것들은 사실 막대한 생물학적 가치가 있는 것이다. 영적 힘은 실제 주체가 경험을 할 때 증가되며, 새로운 삶이 그에게 열리며, 그 것들은 그에게 두 우주의 힘이 합류하는 장소로 보인다. 그러나 그 발생되는 효과에도 불구하고, 이것은 사물들을 느끼는 그의 주관적 방식이며 그 자신이 공상하는 것일 뿐이다. 이제 나는 두번째 질문으로 넘어가야겠다. 경험 내용의 객관적 '진리'는 무엇인가?[23]

진리문제를 집요하게 야기시키는 것과 관련된 내용은 우리 자신의 고차적 자아가 조화롭게 연결되어 있는 경험세계에 나타나는 '동일한 성질 이상의 것'(more of the same quality)이다. 그 '이상의 것'이란 우리 자신의 개념인가, 아니면 실제 존재하는가? 존재한다면 어떤 모습으로 존재하는가? 그것은 존재함과 동시에 행동하는가? 그리고 우리는 종교적 천재들이 확신하는 그것과의 '연합'에 대하여 어떤 형태로 생각해야 하는가?

다양한 신학들이 그 작업을 수행하고 그것의 다양한 특징이 밝혀지려면

---

22) "신비적 활동이 정점에 이를 때, 우리는 의식이 과도함과 동시에 그 자아와 동일시되는 한 존재의 감각에 사로잡혀 있음을 발견한다. 신이 되기에 충분히 위대한 감각, 내가 되기에 충분한 내적 감각 말이다. 그것의 '객관성'은 그 경우 과도함, 또는 오히려 지나치게 능가함이라 불러야 한다." Récéjac, *Essai sur les Fondements de la Conscience Mystique*, 1897, 46쪽.
23) 삶을 위해 위대한 가치를 지닌 것은 무엇이든 진리로 판단하여 확증하는 것이 인간의 자연적 성향이지만 여기서 '진리'라는 말은 삶을 위해 최소한의 가치에 부가되는 그 어떤 것을 뜻한다.

이런 질문에 대답해야 한다. 이 신학들 모두는 그 '이상의 것'이 존재함에 동의한다. 그 중 일부는 그것이 인격적 신이나 신의 형태로 존재한다고 주장하고, 다른 신학들은 그것을 세상의 영속적 구조에 기초하는 이상적 경향의 한 흐름이라고 보는 데 만족한다. 더욱이 그 모두는 그것이 존재하고 행동하며, 실제 여러분이 자신의 삶을 그것의 손에 맡길 때, 보다 좋은 효험을 본다는 것에 동의한다. 신학들의 사변적 다양성이 분명히 나타나는 때는, 그것들이 경험을 그러한 존재와의 '연합'으로 다룰 때이다. 이러한 관점 너머에서 범신론과 유신론, 자연적 태어남과 새롭게 태어남, 선행, 업, 은총, 불멸과 환생 그리고 합리주의와 신비주의는 뿌리깊은 논쟁을 수반한다.

철학에 관한 내 강연의 끝 부분에서[24] 나는 공평한 종교학은 자연과학이 객관화시킬 필요가 없는 용어들로 형식화한 공동의 교리체계를 종교들의 모순의 와중에서 걸러낼 수 있다는 주장을 편 바 있다. 나는 종교가 자신의 화해의 가설로 종교학을 채택할 수 있으며, 그것을 일반적 믿음으로 추천할 수 있다고 말했다. 나는 또한 내 마지막 강연에서 그러한 가설의 틀을 짜는 시도를 해야겠다고 말한 바 있다.

이것을 시도할 때가 지금 왔다. '가설'이라고 말하는 사람은 그의 논증에서 위압적 야망을 거부한다. 따라서 내가 할 수 있는 일은 여러분의 과학적 논리가 그것을 진리로 환영하고 싶은 충동을 거부할 핑계를 찾지 못할 정도로 쉽게 사실들에 적합한 어떤 것을 제시하는 일이다.

이른바 '그 이상의 것'(more)과 우리가 그러한 존재와 '연합'한다는 의미는 우리 연구의 핵심이다. 이 말들은 어떤 확정적 정의로 번역될 수 있으며, 어떤 확정된 사실들을 대변하고 있는가? 우리가 우리 자신을 어떤 특정한 신학, 예를 들면 그리스도교 신학의 위치에 설정하여 '그 이상의 것'을 여호와로, 그 '연합'을 신이 그리스도의 의로움을 우리 인간에게 씌워준 것으로서 즉각적으로 그 자리에서 정의내리는 일은 좋지 않을 것이다. 그것은

---

24) 이 책, 542쪽.

다른 종교들에게 불공평하며, 적어도 현재의 입장에서 지나친 믿음이 되기 때문이다.

우리는 특수화가 덜 된 용어로 시작해야 한다. 종교학의 의무 중 하나가 종교를 과학의 나머지 부분과 연계시키는 데 있으므로, 우리는 먼저 심리학자들 역시 실재하는 것으로 인정하는 '그 이상의 것'을 정의하는 방법을 찾는 것이 좋겠다. 잠재의식적 자아는 요즘 잘 평가받는 심리학적 실체이다. 그 안에 정확히 요구된 중개적 용어가 포함되어 있다고 생각한다. 모든 종교적 고려사항은 그만두고라도, 우리의 전 영혼 안에는 우리가 언제라도 의식하는 실제적이고 문자 그대로의 더 큰 부분의 삶이 있다. 초한계적 영역의 탐구는 심도 있게 수행되지 않았지만, 1892년 마이어스 씨가 자신의 숭고한 의식[25]에 관한 논문에서 말했던 것은 그것이 처음 쓰어진 때처럼 진실이다. "우리 모두는 실제로 우리가 아는 것보다 훨씬 광범위하게 영원한 심리적 실체, 즉 어떤 신체적 발현으로도 그 자체를 완벽하게 표현할 수 없는 개인성이다. 자아는 유기체를 통하여 나타난다. 그러나 자아 전체가 언제나 다 나타나지는 않는다. 어떤 유기체의 표현은 중지 또는 보류되는 것이 보통인 것처럼 보인다."[26] 우리의 의식적 존재가 눈에 띄게 저항할 이 거대한 배경의 내용은 중요하지 않다. 마이어스 씨가 명명했듯이, 불완전한

---

[25] *Proceedings of the Society for Psychical Research*, vol.vii. 305쪽. 마이어스 씨의 견해에 대한 충실한 진술을 위해 나는 저자의 사후 작품인 『최근 연구의 관점에서 본 인간의 인격』(*Human Personality in the Light of Recent Research*)을 언급한다. 이 글은 그 밖의 여러 사람들에 의해 롱먼 출판사에서 이미 출판되었다. 마이어스는 처음으로 일반심리학적인 문제로서 잠재의식적 영역을 탐구할 것을 제안하였고, 지금까지 진귀하게 고립된 사실들로 생각된 많은 잠재의식적 사실들을 자연적으로 다룸으로써 해부학적으로 최초의 방법론적 발견을 이룩했다. 그는 그 사실들에 체계적으로 학술명을 붙여주었다. 마이어스 씨가 개척한 길에 근거하여 앞으로의 작업만이 이런 탐구가 얼마나 중요한가를 보여줄 수 있다. 나의 글과 비교해보라. "Frederic Myers's Services to Psychology," in the said Proceedings, part xlii., May, 1901.

[26] 이 책 573, 574쪽에서 기술한 목록과 309~312, 316~317쪽에서 말한 잠재의식적 자아와 비교해보라.

기억들, 미세한 소리, 행동을 억제하는 소심함, 여러 가지 종류의 '용해'현상은 대부분 이러한 것의 일부가 된다. 그러나 그 안에는 역시 많은 천재성 발휘의 원천이 존재하는 것처럼 보인다. 회심, 신비적 경험 그리고 기도를 연구할 때, 우리는 이 영역으로부터 침입을 받는 것이 종교적 삶에서 얼마나 두드러진 역할을 하고 있는지 보았다.

그러면 나는 그것이 저 먼(farther) 쪽에서는 무엇이 되었든, 우리가 종교적 경험에서 스스로 연결되어 있다고 느끼는 그 '동일한 성질 이상의 것'은 하나의 가설로서 이 가까운(hither) 쪽에서는 의식적 삶의 잠재의식적 연속이라고 제안하겠다. 심리학적 사실을 우리의 바탕으로 인정하고 시작하면, 우리는 보통의 신학이론가들에게는 없는 '과학'과의 접점을 유지하는 것 같다. 동시에 종교인이 어떤 외부의 힘에 의해 움직인다는 신학자의 주장도 입증된다. 왜냐하면 객관적 모습을 띠고 주체에게 외부적 통제를 제안하는 것은 잠재의식의 영역으로부터 침입한 특성들 가운데 하나이기 때문이다. 종교적 삶에서 통제는 '고차적인 것'으로 느껴진다. 그러나 우리의 가설 위에서 그 통제력은 무엇보다도 우리 자신의 숨어 있는 마음의 고차적 능력이기 때문에, 우리 너머에 있는 힘과의 연합감각은 단지 겉보기가 아니라 문자 그대로 그 어떤 것에 대한 실물감각이다.

나에게 주체세계로의 이런 진입은 종교학을 위한 최선의 길이라고 생각된다. 왜냐하면 그것은 다양한 관점을 조정해주고 있기 때문이다. 그러나 그것은 진입로일 뿐이며, 그곳을 지나자마자 금방 문제들이 나타난다. 그래서 우리가 우리의 초한계의식(transmarginal consciousness)을 아주 끝까지 따라가보면, 그리고 우리를 어디까지 데려가는지 물을수록 그것은 우리에게 다양한 문제를 제기해준다. 여기서 지나친 믿음이 시작된다. 여기에 신비주의와 회심, 황홀경과 베단타주의와 선험적 관념론이 일원론적 해석[27]을 불러와 유한의 자아가 절대적 자아와 재결합한다고 말한다. 왜냐하면 그것은 언제나 세상의 영혼과 하나였고 신과 하나됨이었기 때문이다.[28] 바로

---

27) 이 책의 505쪽과 비교해보라.

여기서 모든 다양한 종교들의 예언자들은 그들의 환상, 환청, 황홀경 그리고 다른 계시들을 들고 나와 자신의 특정한 신앙을 입증하려고 한다.

우리 가운데 그런 특정한 계시를 개인적으로 탐탁치 않게 여기는 사람들은, 그러한 계시 바깥에 함께 서서, 적어도 당분간은 그들이 상반되는 교리들을 확증하고 있기 때문에 서로 중화시키고 어떠한 확정된 결론의 여지를 남겨놓지 않겠다고 결심해야 한다. 만약 우리가 그 중 하나를 따라가거나

28) 독자가 이 개념에 더욱 친숙하도록 하기 위해 나는 이런 믿음의 표현을 하나 더 예로 들어보겠다.
"만약 이 방이 수천 년 동안 어둠으로 차 있어 네가 안으로 들어와 목놓아 운다면, '오, 그 어두움', 어두움이 사라질까? 빛을 가져오라. 성냥불을 켜라. 그러면 빛이 한순간에 나타날 것이다. 그러므로 '오! 나는 악을 행했다. 나는 많은 실수를 저질렀다'라고 네가 생각한다면, 무슨 좋은 일이 있을 것인가? 우리에게 그것을 말하도록 어떤 유령도 요구하지 않는다. 빛을 가지고 오라. 그러면 악은 곧 사라질 것이다. 참된 본성을 강화시켜라. 너희 자신들이 찬란하고 빛나고 언제나 순수하도록 노력하라. 네가 본 모든 사람 안에서 그 점을 상기시켜라. 나는 우리 모두가 그러한 상태가 되기를 바란다. 우리가 인간들 중에서 가장 악한 인간을 볼 때조차도 우리가 그 사람 안에서 신을 볼 수 있고 저주하는 대신에 '찬란한 그대여 일어나라. 언제나 순수한 그대여 일어나라. 태어남과 죽음이 없는 그대여 일어나라. 전능자여 일어나라. 그리고 그대의 본성을 보여주라……'라고 말할 것이다. 이것은 불이(不二) 일원론(advaita)이 가르치는 최고의 기도이다. 이것은 우리의 본성을 기억하라는 기도이다." "왜 인간은 하나의 신을 찾기 위해 밖으로 나가는가?……신은 너 자신의 마음을 두드리고 있지만 너는 알지 못하고 그 신을 외부적인 어떤 것으로 잘못 생각하고 있다. 신은 가장 가까운 존재, 나 자신의 생명의 실재, 즉 나의 몸이며 영혼이다. 나는 존재, 나 자신의 자아, 나 자신의 생명의 실재, 즉 나의 몸이며 영혼이다. 나는 당신이고 당신은 나이다. 그것이 바로 너 자신의 본성이다. 그것을 확신하라. 그것을 표현하라. 너는 이미 순수하므로 순수해질 필요가 없다. 너는 완벽해질 필요가 없다. 너는 이미 완벽해 있기 때문이다. 네가 생각하고 행동하는 모든 좋은 생각은 가리워진 천을 찢고 있으며, 순수성, 무한성 그리고 그 뒤에 있는 신은 그 자체를 드러낸다. 이 우주 안에서 모든 것의 영원한 주체, 영원한 증인인 너 자신의 자아, 말하자면 지식은 낮은 단계, 타락이다. 우리는 이미 신이다. 그러나 그것을 어떻게 알 수 있을까?" Swami Vivekananda, *Addresses*, No. XII., Practical Vedanta, part iv. 172, 174쪽, London, 1897 ; and *Lectures*, *The Real and the Apparent Man*, 24쪽(축약됨).

철학적 이론을 따라가서 일원론적 범신론을 비신비적 토대 위에 수용한다면, 우리는 개인의 자유 안에서 그렇게 할 것이고, 우리의 개인적 수용성에 가장 맞는 방법으로 우리의 종교를 구축할 것이다. 이 수용성 중에서 지성적 수용성이 결정적 역할을 한다. 종교적 문제는 원래 삶의 문제, 즉 하나의 선물로서 그 자체를 우리에게 열어둔 고차적 연합 속에서 살아가느냐, 그렇게 살지 못하느냐의 문제이다. 그러나 그 선물이 실제적인 것으로 나타나는 영적 흥분은 개인이 익숙해 있는 특정한 믿음이나 관념이 감지될 때까지 그에게 일어나지 않는다.29) 따라서 이러한 관념들은 그 개인의 종교에 필수적이 될 것이다. 이것은 여러 방향으로 향한 지나친 믿음이 절대적으로 존재해 있어야 하며, 그 믿음이 편협하지 않는 한 우리는 그것을 부드러움과 관용으로 대해야 한다고 말하는 것과 같다. 다른 곳에서도 쓴 바와 같이, 인간에 관하여 가장 가치 있고 재미있는 것은 보통 지나친 믿음이다.

우리가 지나친 믿음을 무시하고 우리 자신을 공통적이고 일반적인 것에 국한시킨 다음, 의식적인 인간은 구원경험이 일어나는 보다 광대한 자아와 연

---

29) 예를 들면, 태어날 때부터 그리스도교적 관념들에 노출되어 있는 사람은 구원의 경험이 있기 전에 강신적 형식들(spiritistic formulas)로 옷을 입을 때까지는 기다려야 한다는 사례가 여기에 있다. "나는 강신술(spiritualism)이 나를 구원했다고 말할 수 있다. 그것은 내 삶의 결정적 순간에 계시되었으므로 그것 없이 나는 내가 무엇을 해야만 되는지를 모른다. 그것은 세상적인 것들로부터 떨어지고 다가올 것에 희망을 걸도록 가르쳐주었다. 그것을 통해 나는 모든 사람들 속에서, 심지어 가장 사악한 죄수들에게서, 심지어 가장 고통받은 사람들에게서 도움, 사랑 그리고 용서의 빛을 진 형제를 보게 된다. 나는 아무것에도 화를 내지 말고 어느 누구도 경멸하지 말아야 하고 모든 사람을 위해 기도해야 된다고 배워왔다. 무엇보다 가장 많이 나는 기도하는 것을 배웠도다! 그리고 비록 내가 이 분야에서 여전히 많은 것을 배워야 할지라도 기도는 언제나 나에게 더 많은 힘, 위안과 평안을 가져다 준다. 나는 점점 진보의 긴 여정에서 몇 걸음 진척했음을 느낀다. 그러나 나는 당황하지 않고 그 긴 거리를 바라본다. 왜냐하면 나의 모든 수고가 헛되지 않도록 보상받을 날이 올 것을 확신하고 있기 때문이다. 그러므로 강신술은 나의 삶 속에서 큰 위치를 차지한다. 정말로 그것은 나의 삶에서 첫번째 위치를 차지한다."『플루누아 모음집』(*Flournoy Collection*).

결되어 있다는 사실을 살펴보면,30) 우리는 그런 경험이 있는 한 문자 그대로 그리고 객관적으로 진리인——나에게는 그렇게 보이는——종교적 경험의 긍정적 내용을 갖게 된다. 이러한 인격확장의 한계점에 관하여 나 자신의 가설을 말해야 한다면, 나는 나 자신의 지나친 믿음을 제시해야 한다(그것이 여러분 가운데 몇몇 분에게는 유감스럽게도 약한 믿음으로 나타날 것을 알지만). 그것에 대하여 나는 반대로 내가 여러분의 것에 동조하는 것과 똑같은 몰입을 주문할 수밖에 없다.

내가 보기에는, 우리 존재의 추가적 경계는 감각적이고 '이해할 수 있는' 세계와는 전혀 다른 존재의 차원으로 빠져들어가는 것 같다. 여러분이 어느 쪽을 택하든 그것을 신비한 영역 또는 초자연적 영역이라고 부르자. 우리의 이상적 충동들이 이 영역에 뿌리를 두는 한(그리고 그것들 대부분은 그 영역에 연원을 둔다. 왜냐하면 우리가 분명히 설명할 수 없는 방식으로 그것들이 우리를 소유하기 때문이다), 우리는 가시적 세계에 속할 때보다 더 친근한 감각으로 거기에 소속된다. 왜냐하면 우리는 가장 친근한 감각으로 우리의 이상이 속한 세계이면 어디에나 소속되기 때문이다. 그러나 문제의 보이지 않는 영역은 이 세계에서 효과를 내기 때문에 단순히 이상적인 것만은 아니다. 우리가 그 영역과 교통할 때 새 사람으로 변하기 때문에, 실제로 우리의 유한한 인격성에 변화가 이루어지고, 행위의 결과는 우리의 재생적 변화가 일어난 다음 자연계에서도 계속된다.31) 그러나 또 다른 실재 속에서 효과를 미치는 것은 실재 그 자체라고 정의되어야 한다. 따라서 나는 우리

---

30) "절묘하게 위로자로 불리는 성령의 영향은 전자기의 실재처럼 확고한 실재인 실질적 경험의 문제이다." W.C. Brownell, *Scribner's Magazine*, vol.xxx, 112쪽.
31) 우리 자신의 마음의 문을 열어놓는 행위, 달리 말해서 기도가 어떤 사람들에게는 완전히 결정적 행위라는 것이 앞의 강연에서 풍부하게 제시되었다. 나는 독자의 마음에 인상을 강화시키기 위해 또 다른 구체적 예를 첨부한다.
"인간은 [유한한 생각의] 이런 한계들을 초월하여 힘과 지혜를 끌어낼 수 있음을 배울 수 있다. 신적 존재의 현존은 경험을 통해 알려진다. 고차적 수준으로의 전향은 의식의 뚜렷한 행위이다. 이것은 모호하고 희미한 또는 반은 의식

가 보이지 않고 신비에 싸인 세계를 비실재적이라고 부를 철학적 이유가 없다고 느낀다.

 적어도 우리 그리스도인들에게 신은 최고의 실재에 대한 자연적 명칭이다. 그래서 나는 이 우주의 고차적 부분을 신의 이름으로 부르겠다.32) 우리와 신은 서로 관계를 맺는다. 우리 자신을 그의 영향하에 열어둠으로써 우리의 가장 깊은 숙명이 완성된다. 우리의 개인적 존재가 각 부분을 구성하고 있는 우주는 우리 각자가 신의 요구를 충족시키느냐, 아니면 피하느냐에 비례하여 점점 나아질 수도 악화될 수도 있다. 이것에 관한 한, 나는 아마 여러분과 같은 운명에 있을 것이다. 왜냐하면 나는 내가 인류의 본능적 믿음이라고 부르는 것을 계획적 언어로 번역할 뿐이기 때문이다. 신은 실제효과를 가져오기 때문에 실재한다.

 내가 그것을 아직껏 인정하는 한, 문제의 실제효과는 다양한 주체들의 개인적 에너지 중심 위에서 발휘된다. 그러나 대부분의 주체들의 자발적 믿음은 이보다 더 넓은 영역을 포용하는 것이다. 대부분의 종교인들은(또는 그들이 신비주의자라면 '안다') 그들 자신뿐만 아니라 신이 존재하는 존재들의 우주 전체는 신의 가호 아래 안전하다는 것을 믿고 있다. 그들은 지옥문

적인 경험이 아니다. 이것은 황홀경도 아니다. 이것은 몽환상태도 아니다. 이것은 베단타 철학적 의미에서 초의식도 아니다. 이것은 자기최면 때문에 일어나는 것이 아니다. 이것을 감각의식의 현상으로부터 예언자 상태의 현상으로, 자아에 대한 생각으로부터 뚜렷하게 고차적 영역으로, 완전히 조용하고 건전한, 합리적인, 그리고 상식적인 의식으로 변화하는 것이다. ……예를 들면, 저차원의 자아가 소심하고 걱정하고 긴장해 있다면, 사람들은 금방 그것이 고요해지도록 할 수 있다. 이것은 단순히 말로 되지 않는다. 다시 한 번 말하지만 이것은 최면이 아니다. 이것은 힘을 통해 이루어진다. 사람들은 뜨거운 여름날에 열을 인식할 수 있듯이 분명하게 평화의 기분을 느낀다. 이 힘은 태양광선이 한 곳에 모아져서 나무에 불을 붙일 수 있는 것과 같은 방식으로 사용될 수 있다." *The Higher Law*, vol. iv. Boston, August, 1901, 4, 6쪽.

32) 초절주의자들은 '대(大)영혼'(Over-soul)이라는 말을 좋아하지만 일반적으로 주지주의적인 의미에서 단지 영적 교제의 수단을 의미하는 것으로서 사용한다. '신'은 영적 교제의 수단일 뿐만 아니라 원인적 행위자이다. 이 점은 내가 강조하고 싶은 부분이다.

이나 불운한 지상의 모든 모습에도 불구하고, 우리 모두 구원받는다는 느낌과 차원이 존재한다는 것을 확신한다. 신의 존재는 영원히 보존될 이상적 질서의 담보이다. 과학이 우리에게 확신시켜주듯이, 이 세상은 사실 언젠가 불타버리거나 얼어붙을지 모른다. 그러나 만약 세상이 신의 질서의 일부라면, 옛 이상들은 다른 세상에 가서 열매를 맺게 될 것이다. 그래서 신이 존재하는 곳에서 비극은 임시적이고 부분적일 뿐이며, 파멸과 해체는 절대 최종적인 것이 아니다.

    신에 관한 이 믿음의 발걸음을 내디딜 때에만, 그리고 먼 객관적 결과를 예견할 때에만 종교는 첫번째의 직접적인 주관적 경험으로부터 완전히 자유로워지고, 실현가능한 가설을 작동시킬 수 있다. 과학에서 유효한 가설은 즉각 설명을 요구받는 현상의 특성들과는 다른 특성을 가져야 한다. 그렇지 않으면 그것은 다산성이 되기에 충분하지 못하다. 종교인의 연합경험에 관여하는 것만을 의미하는 신은 이런 보다 유용한 질서의 가설이 되기에는 부족하다. 주체의 절대적 확신과 평화를 입증하기 위하여 신은 좀더 넓은 우주적 관계성에 관여하고 진입할 필요가 있다.

    우리 자신의 초한계적 자아가 있는 이쪽에서 출발하여 먼 경계선에서까지, 우리가 교제하고 있는 신이 절대적 세계의 주관자이어야 한다는 것은 물론 지나친 믿음이다. 그것이 지나친 믿음이라 할지라도 그것은 거의 모든 인간의 종교항목이다. 우리 대부분은 어느 면에서 철학에 근거해서 그것을 지지하기 위해 그것을 더 앞세우려 가장하였지만, 철학 그 자체는 사실 이 믿음에 근거해서 더 지지받고 있다. 이것은 단지 그 기능이 원숙의 경지에 이르면 종교는 그 밖의 다른 곳에서 벌써 주어진 사실들에 대한 단순한 조명, 즉 장밋빛 안에서 사물을 관조하는 사랑처럼 단순한 열정만은 아니라는 것을 말할 뿐이다.

    우리가 충분히 검토하였듯이 그것은 사실이다. 그러나 그것은 역시 그 이상의 것, 다시 말하면 새로운 사실들의 요구자이다. 종교적으로 해석되는 세계는 변화된 표현을 갖고 있기 때문에 또다시 물질적 세계는 아니다. 그것은 변화된 표현을 넘어, 어떤 면에서 물질세계가 가질 조직체와는 다른 자연적 조직체를 지닌다. 그것은 그 안에서 다른 사건들이 예상되고 다른 행위가 요구되어야 하는 그런 세계이다.

종교의 이러한 철저하게 '실용적' 견해는 일반인들에게 보통 당연지사로 수용되어왔다. 그들은 신적 기적을 자연의 영역에 삽입시켜놓았고 천국을 내세에 구축하였다. 구체적 세부 내용물을 자연에 더하거나 빼지 않고 단지 그것을 절대정신의 구현이라 부름으로써 자연을 현재의 상태보다 더 신성하게 만들 수 있다고 생각한 사람들은 바로 초월주의자와 형이상학자들일 뿐이다.

나는 실용적으로 종교를 택하는 것이 보다 깊이 있는 방법이라고 믿는다. 이 방법은 종교에 육체와 영혼을 함께 주며, 그것은 실질적인 것이 주장하듯이 종교로 하여금 어떤 특정한 사실의 영역을 자신의 것으로 주장하게 한다. 나는 에너지가 믿음상태나 기도상태에서 실제로 유입되는 것을 말하는 것 이외에, 정말 무엇이 신적 사실에 관해서 더 많이 말해 주고 있는지를 모른다.

그러나 나 개인적으로 모험의 토대가 되는 지나친 믿음은 신적 사실들이 존재한다는 것이다. 내가 받은 교육의 전체 흐름이 나로 하여금 우리의 현재의식은 존재하는 많은 의식세계들 중 하나일 뿐이라는 것과, 그 다른 세계는 역시 우리의 삶에 의미가 있는 경험을 담고 있어야 한다는 것, 그 세계의 경험과 이 세상의 경험이 구별되어 있더라도 그 두 경험이 어느 점에 가서는 연속되어 고차적 에너지로 유입된다는 것을 믿게 하였다. 이 지나친 믿음에 대한 나의 빈약한 척도에 충실함으로써 나는 나 자신에게 보다 건강하고 진실할 수 있는 것 같다.

물론 나는 편협한 과학자의 태도를 견지할 수 있고, 감각과 과학적 법칙과 대상으로 이루어진 세계가 전부인 것처럼 상상할 수 있다. 그러나 이것을 생각할 때마다 클리포드(W. K. Clifford)가 한 번 기술하였던 내면의 감독자가 '허튼 소리'라고 속삭이는 것을 듣는다. 그것이 과학적 이름을 가져도 허튼 소리는 허튼 소리이다. 인간경험의 총체적 표현은 객관적으로 보면 나를 재촉하여 저 편협한 과학의 경계를 불가피하게 넘어가게 한다.

확언하건대, 실재의 세계는 기질이 매우 달라 자연과학이 허용하는 이상의 정교한 짜임새로 되어 있다. 그래서 나의 객관적 양심과 주관적 양심 둘 다 나로 하여금 내가 말한 지나친 믿음을 고수하도록 한다. 이 세상에서 인간 개개인의 가련한 지나친 믿음의 충실성은 자신들의 보다 큰 과업에 훨씬 효과적으로 충실하도록 번갈아 신을 실질적으로 도울 수 있을지 누가 알겠는가?

후기

나는 이 강연의 결론을 작성할 때 단순화에 뚜렷한 목표를 두어야 했기 때문에, 나의 일반적인 철학적 견해가 몇몇 독자들에게는 지적이지 못한 빈약한 진술로 받아들여질까봐 두려웠다. 그래서 이 후기를 첨가한다. 물론 이것 역시 단지 그 작은 결점을 개선할 수 있을 정도로 짧아야 한다. 차후의 연구에서 나의 견해를 좀더 자세하게, 그리고 결과적으로 좀더 명확하게 언급할 수 있을 것이다.

독창성은 이와 같은 분야에서 기대될 수 없다. 이미 오래 전에 이런 분야에서 있을 수 있는 모든 태도와 기질이 문헌들을 통해 제시되어왔다. 이런 분야에서는 어떤 새로운 작가도 즉시 잘 알려진 계보에 속할 수 있다. 만약 누군가가 모든 사상가들을 자연주의자와 초자연주의자로 분류한다면, 나는 확실히 대부분의 철학자들과 함께 초자연주의자 쪽에 속해야 할 것이다. 그러나 초자연주의에는 우둔한 초자연주의와 더욱 세련된 초자연주의가 있다. 현재 대부분의 철학자들은 바로 그 세련된 부분에 속해 있다. 그들이 일반적인 선험적 관념론자들이 아니라면, 적어도 그들은 칸트주의자들의 방향을 따라 관념적 실재가 현상적 사건들의 과정에 인과관계적으로 간섭하는 것을 막는다. 세련된 초자연주의는 보편주의적 초자연주의이다. 반면에 그 '우둔한' 종류를 위해서는 '단편적' 초자연주의라는 이름이 더 나을 듯하다. 단편적 초자연주의는 오늘날 단지 교육받지 못한 사람들에게만 영향력을 행사하거나, 칸트가 바꾸어놓았다고 생각되는 이원론을 지지하는 소수의 시대에 뒤떨어진 학자들 사이에서 발견되는 오래된 신학과 조화를 이룬다. 그것은 기적과 신의 인도를 인정하고 관념적 영역으로부터 나오는 영향력을 실재세계의 세세한 것들을 인과관계적으로 결정하는 힘들 사이에 삽입시킴으로써 관념의 세계와 실재세계를 함께 섞는 데 지적 어려움을 발견하지 않는다. 이 점에서 세련된 초자연주의자들은 단편적 초자연주의는 본질적으로 다른 존재의 차원을 혼란시킨다고 생각한다. 세련된 초자연주의자들에게 관념의 세계는 어떠한 효과적 인과율을 가지지 않고, 특정한 시점에서 현상세계로 뛰어들지도 않는다. 그들에게 관념의 세계는 사실의 세계가 아니라, 단지 사실에 대한 의미의 세계이다. 관념의 세계는 사실을 판단하는 관점이다. 그것은 다른 '무슨무슨 학문'과 관련되어 있고, 사실적 명제가 얻을 수 있는 존재의 다른 차원을 전적으로 방해한다. 예를 들면, 기도의 응답으로 나오는 신적 도움을 믿는 사람들이 반드시 그래야만 된다고 생각하는 것처럼, 세련된 초자연주의에서 관념의 세계는 경험의 평이한 수준으로 내려갈 수 없고 자연의 구별된 영역들 사이에 조금도 자신을 삽입시킬 수 없다.

대중적 그리스도교 또는 현학적 유신론을 내가 받아들일 수 없음에도 불구하고, 관념적 실재와 교통함으로써 새로운 힘이 세상 속으로 들어오고, 새로운 출발이 이 세상에서 만들어진다는 믿음은 나를 단편적 또는 우둔한 유형의 초자연주의자들에 속하게 한다.

내가 보기에 보편주의적 초자연주의는 너무나 쉽게 자연주의에 굴복한 것 같다. 보편주의적 초자연주의는 액면 그대로 자연과학의 사실들을 받아들이며, 삶의 법칙들이 나쁜 열매를 맺었을 때 치료의 희망을 가지지 않은 채 자연주의가 그런 것처럼 그 법칙들을 떠나버린다. 보편주의적 초자연주의는 대체로 삶에 대한 감정, 즉 존경하고 흠모할 수 있는 감정에 그 자체를 제한한다. 그러나 조직적 염세주의의 존재가 입증하듯이 그 감정은 존경과 흠모의 대상이 될 필요가 없다. 관념의 세계를 받아들이는 이러한 보편주의적 방식 안에서 실천적 종교의 본질들은 내가 보기에 사라지는 것 같다. 본능적이며 논리적인 이유 때문에 나는 사실에 아무런 차이가 나지 않는 원칙들이 존재할 수 없다고 믿는다.[1] 그러나 모든 사실들은 특정한 사실들이고 신의 존재 문제에 대한 전체적 관심은, 내가 보기에 그러한 존재가 남길 것으로 기대되는 특정한 결과에 있는 것처럼 보인다. 그 어떤 구체적이고 특정한 경험도 신의 존재 문제에 영향을 미치지 않는다고 말하는 것은 나에게는 믿기지 않는 명제이지만, (어쨌든 은연중에) 세련된 초자연주의가 고집하는 논제이다. 절대적 존재와 관계들을 유지하는 것은 총괄적 경험을 통해서만이라고 세련된 초자연주의는 말한다. 그것은 세세한 것들의 처리 문제를 무시하고 만다.

나는 불교를 모른다. 그래서 내 말이 틀림없을는지는 모르나 나의 일반적 견해를 더욱 잘 묘사하기 위해 말한다. 내가 불교의 업에 대한 교리를 이해했을 때, 나는 원칙적으로 그것에 동의한다. 모든 초자연주의자들은 사실은 상위법(high law)의 판단 아래에 있다는 것을 인정한다. 불교에 대해 내가 해석할 때, 그리고 일반적으로 선험적 형이상학에 의해 종교가 약화되지 않는 한, 종교에서 '판단'이란 말은 학문적 평결 또는 배단타 시대 또는 현대의 절대론적 체계에서 의미하는 관념적 이해를 의미하는 것이 아니다. 반대로 판단은 판단과 함께 집행을 수행하는 것을 의미하고, 사건 뒤에(post

---

1) 물론 선험적 관념론도 관념적 세계가 이런 차이점을 만든다는 것, 즉 사실들이 존재한다는 것을 주장한다. 우리가 사실의 세계를 갖고 있다는 것은 절대적 존재 때문이다. 사실의 '세계'! 그것은 정확히 말해서 문젯거리이다. 전체적 세계는 절대자가 작용할 수 있는 가장 작은 단위이다. 반면에 우리 유한한 사람들에게 좀더 나아지려는 노력은 이 세상 안에서 특별히 이루어져야 한다. 우리의 어려움과 우리의 관념들은 모두 단편적 일들이지만, 절대적 존재는 우리들을 위해 단편적인 일을 할 수 없다. 그러므로 우리의 불쌍한 영혼들이 계획하는 모든 일들은 너무 늦게 나타난다. 이 세계가 태어나기 전에 우리는 좀더 일찍이 말했어야 했고 절대적으로 다른 세계를 위해 기도했어야 했는데, 그렇게 하지 못했다. 나는 한 친구가 다음과 같이 말하는 것을 들었다. "그리스도교적 사고가 마침내 빠지고 마는 이런 맹목성을 그 어떤 특별한 부담감도 주지 않으며, 사적 짐을 지우지 않고 도움을 줄 수 있고, 우리 쪽에 있는 만큼 똑같이 적의 편에 있는 신과 함께 본다는 것은 이상한 일이다. 다윗 시편의 신으로부터의 이상한 진화가 이루어진 것이 아닌가!"

rem) 존재할 수 있을 뿐만 아니라 사건 중에(in rebus)도 존재하며, 전체적 사실 안에서 부분적 요소로서 '인과관계'로도 작용한다. 우주는 다른 용어로 표현하자면 순전하고 단순한 불가지론[2])에 어울린다. 그러나 판단과 집행이 함께 간다는 이러한 견해는 아둔한 초자연주의자적 사고방식의 견해이다. 그래서 이 책은 대체로 그러한 신조를 다르게 표현하고 있는 것으로 분류되어야 한다.

학계에서 사상의 흐름이 나와 역행하기 때문에, 나는 그 문제를 이런 식으로 통명스럽게 말한다. 어떤 사람이 문이 닫히거나 잠기는 것을 보고자 하지 않는다면 재빠르게 열려 있는 문에 등을 대는 것처럼 나도 그렇게 행동하고 싶다. 비록 영향력 있는 지적 조류에는 충격적이겠지만, 나는 단편적 초자연주의에 대한 솔직한 고려와 그것의 형이상학적 열매들에 대한 충분한 토의는, 그것이 수많은 정당한 요구들을 충족시켜주는 가설임을 보여줄 것이라고 믿는다. 그것은 물론 이 책보다는 다른 책들을 위한 프로그램이 될 것이다. 내가 현재 이야기하는 것은 철학적 독자들에게 나의 입장이 어떤 것인지를 충분히 암시해줄 것이다.

신의 존재로 인한 차이점들이 사실상 어디에서 오는지 묻는다면, 나는 특별히 잠재의식의 영역으로부터 나오는 어떤 종류의 침입이 '기도의 교제'와 관계될 때, 그 소통현상이 제시하는 것 이상의 가설은 없다고 말해야 한다. 이러한 현상에서 어떤 의미에서는 우리 자신의 일부일 수 있고 어떤 의미에서는 그렇지 않을 수도 있는 관념적인 어떤 것이 실제로 영향력을 발휘하고, 개인적 에너지의 중심을 일으키고, 다른 방식으로는 얻을 수 없는 갱생시키는 효력을 일으키기도 한다. 그러면 우리의 일상적 의식의 존재보다 더 넓은 존재의 세계가 있다면, 그 세계 안에 우리에게 영향력을 행사할 수 있는 간헐적 힘이 있다면, 그 영향력들을 촉진시키는 조건이 '잠재의식'의 문을 여는 것이라면, 우리는 종교적 삶의 현상을 설득력 있게 설명할 수 있는

---

2) 필자의 *Will to Believe and other Essays in Popular Philosophy*, 1897, 165쪽 참조.

이론적 요소를 갖게 된다. 나는 이러한 현상의 중요성에 너무나 깊은 감명을 받았으므로, 그것이 자연스럽게 제시하는 가설을 받아들인다. 나는 여기에서 초세상적 에너지인 신이, 여러분이 하고자 한다면 우리의 경험의 나머지가 속해 있는 자연세계 안에서 즉각적인 영향력을 발휘할 것처럼 보인다고 말한다.

우리 대부분이 자연적 '사실'과 다를 수 있는 첫번째는 신의 존재가 야기시키는 '개인적 불멸성'일 것이다. 사실상 종교란 우리와 같은 대다수의 사람들에게 불멸성을 의미하므로 그 외에 다른 것을 의미하지는 않는다. 신은 불멸성의 제작자이다. 불멸성을 의심하는 사람은 누구든지 더 이상의 재판 없이 무신론자로 기록된다. 나는 나의 강연에서 불멸성 또는 믿음에 대해 아무것도 말하지 않았다. 왜냐하면 나에게는 그것이 부차적인 것으로 보이기 때문이다. 우리의 관념들이 단지 영원성에만 관심을 둔다면, 왜 우리가 우리 것보다 다른 것에 대한 관심을 기꺼이 포기하지 않는지 모르겠다. 그러나 나는 현재의 우리 자신이 되려는 강렬한 충동에 공감한다. 충동들의 갈등 속에서 그것들 둘 다 너무 어렴풋하지만 고귀해서 나는 어떻게 결정할지를 모른다. 그것은 검증되어야 할 사실들처럼 보인다. 마이어스, 허드슨, 히슬롭(Hyslop) 같은 사람들의 부단한 수고를 매우 존중하며 그들의 결론에 깊은 영향을 받았지만, '영혼회귀'를 증명하는 데는 부족하다고 생각한다. 나는 결과적으로 영원불멸성이 이 책의 본문에서 언급되지 않는 것에 대한 당혹감으로부터 독자를 안정시키기 위해 이렇게 간략하게 해명함으로써 그 문제를 미해결 상태로 남겨둔다.

우리 자신이 연결되어 있다고 느끼는 그 관념적 힘, 즉 일반적인 사람들이 '신'이라고 부르는 실재는 철학자들에 의해 특정한 형이상학적 속성들이 부여되었다. 나는 철학에 대한 강연에서 그 속성들을 무례하게 다루었다. 당연히 신은 '유일하고' '무한한' 존재로 여겨진다. 많은 유한한 신들의 개념은 어떤 사람도 고려할, 그리고 지지할 가치가 없는 것이다. 그럼에도 불구하고, 지적 명료성을 충족시키기 위해 우리가 지금까지 연구해왔듯이, 종교적 경험이란 가장 무한한 자에 대한 믿음을 반드시 지지할 수만은 없다는 것을 말해야 한다. 종교적 경험이 명확하게 입증하는 유일한 것은 우리가 우리 자신보다 더 광대한 어떤 것과 합일됨을 경험할 수 있다는 것이고, 그 합일 안에서 우리는 가장 큰 평화를 발견할 수 있다는 것이다. 합일의 열정을 지닌 철학과 유일적 관념론의 성향을 지닌 신비주의, 양자는 '극한까지 넘어가서' 모든 것을 포함하고 있는 세상의 영혼인 독특한 신을 그 어떤 것으로 동일시한다. 대중은 그들의 권위에 존경심을 표하며 그들이 설정해놓은 예를 따른다.

한편으로 종교의 실천적 요구와 종교적 경험은 개인들을 초월하여 그 사람에게 끊임없이 연속적 형태로 그와 그의 관념들에게 친근한 광대한 힘이 존재한다는 믿음을 통해 충분하게 충족되는 것처럼 보인다. 그 사실이 요구하는 모든 것은, 그 힘은 우리가 의식하는 자아들보다 더 광대하고 다른 존재여야만 한다는 것이다. 다음 단계로 향한 충분한 신뢰를 주기에 충분할 만큼 더 광대한 존재라면, 어떤 것으로도 충분할 것이다. 그것은 무한할 필요도 없고 유일할 필요도 없다. 상상컨대, 단지 더 광대하고 더 신 같은 자아이다. 그 자아의 현실적 자아는 다각적 표현일 따름이다. 우주는 절대적 통일감이 그 안에서는 전혀 실현되지 않은 다양한 등급의 포괄적 자아들의 집합일지도 모른다.3) 이렇게 해서 일종의 다신교, 이번에는 내가 옹호하지 않는 다신교가 우리에게 다시 찾아온다. 왜냐하면 나의 유일한 현재 목표는 적합한 경계 안에서 종교적 경험의 증거를 명확하게 유지하는 것이기 때문이다(이 책 198쪽과 비교해보라).

일원론적 견해의 지지자들은(언제나 일반 사람들의 실질적 종교가 되어왔고 오늘날에도 여전히 그런) 다신교에 하나의, 모든 것을 포괄하는 신이 존재하지 않는다면, 우리의 안전보장은 불완전한 것으로 남게 되리라고 말할 것이다. 절대적 존재 안에서, 그리고 절대적 존재 안에서만 모든 사람은 구원받는다. 자신만을 돌보는 서로 다른 신들이 존재한다면, 우리 가운데

---

3) 그러한 개념은 나의 『인간의 불멸성에 대한 잉거솔 강연』(*Ingersoll Lecture on Human Immortality*, Boston and London, 1899)에 암시되어 있다.

몇몇은 신적 보호를 받지 못할지도 모르므로 우리의 종교적 위안은 완전함에 이르는 데 실패할 것이다. 회복할 수 없게 잃어버린 우주의 부분이 존재한다는 가능성에 대한 설명은 197~200쪽으로 거슬러올라간다. 상식은 철학과 신비주의가 해왔던 것보다는 그 요구가 덜 철저하다. 상식은 부분적으로 구원받고 부분적으로는 잃어버렸다는 이 세상에 대한 개념을 그대로 남겨둔다. 일반적·도덕적 마음의 상태는 세계의 구원은 각 개인이 자신의 역할을 성공적으로 수행하는지의 여부에 달려 있는 것으로 이해한다. 사실상 부분적이고 조건적인 구원은 이론적으로 받아들일 때 가장 친숙한 개념이지만, 세세한 것들을 결정하는 데에는 가장 곤란한 문제이다. 심지어 몇몇 사람들이 구원 같은 것에는 관심을 갖고 있지 않은 이유가 우월하다는 것을 확신할 수 있다면 그들은 자신들의 의견에 동조하는 사람들과 함께 구원받지 못한 자로 기꺼이 남아 있을 것이다. 우리의 활동자극이 충분히 고조되면 언제든지 우리 모두 기꺼이 그렇게 할 것이다.

  사실상 최후의 종교철학은 지금까지 다원론의 가설을 기꺼이 고려한 것보다 더 진지하게 그것을 고려해야 할 것이라고 나는 생각한다. 왜냐하면 실천적 삶은 어쨌든 구원의 가능성이 충분하기 때문이다. 인간의 본성 가운데는 가능성을 갖고서 기꺼이 살아간다는 사실보다 더 특징적인 사실은 없다. 가능성의 존재는 에드먼드 거니(Edmund Gurney)가 말한 것처럼, 삶의 바탕이 체념인 것과 삶의 바탕이 희망인 것 사이에 차별을 한다.[4] 그러나 이 모든 주장들은 간결함 때문에 만족스럽지 못하다. 그래서 나는 단지 다른 책에서 이와 같은 문제를 다시 다루게 되기를 바랄 뿐이다.

---

4) *Tertium Quid*, 1887, 99쪽. 또한 148, 149쪽 참조.

옮긴이의 말

 내가 처음으로 윌리엄 제임스의 사상에 관심을 갖게 된 것은 정말 우연이었다. 학부시절 미국문학개론과 미국문화개론을 수강하면서 제임스의 사상이 미국정신의 중심지류라는 사실과, 의식의 흐름이라는 기법으로 소설을 쓴 헨리 제임스가 바로 윌리엄 제임스와 형제간이라는 사실을 알면서부터 나와 제임스의 만남은 이루어졌다. 하지만 그가 저술한 책이 국내에 번역되지도 않았고 원문을 읽을 능력도 부족하여 나의 관심은 지속되지 못하였다. 그러다가 대학원에서 종교철학, 종교현상학, 그리고 종교학 특강을 수강하면서 제임스의 사상이 종교학 전반에 걸쳐서 매우 중요한 부분을 차지하고 있음을 알았다. 또한 제임스가 에든버러 대학교에서 행한 기포드 강연이『종교적 경험의 다양성』으로 출간된 사실도 접하였다. 그때 나는 이 책을 독파하겠다고 마음먹었지만 부분만을 단편적으로 읽었던 터라 그다지 큰 감동을 받지 못했다.
 그 이후 몇 년 동안 제임스의 책을 읽지 못하다가 또다시 그의 책과 인연을 갖게 되었다. 인도종교와 철학을 공부하기 위해 인도에 유학갔을 때 비교종교와 비교철학을 세 학기 동안 수강하였는데, 그때 라오 교수가 제임스의 종교론을 명쾌하게 설명해주었다. 또한 제임스와 간디의 사상을 비교한 책과 제임스의 입장에서 기술한 불교의 인식론 등을 소개해주었다. 그러나 인도에 유학을 간 처지라 제임스의 사상보다는 인도의 언어와 종교, 그리고 철학에 매달리느라 다시금 좋은 기회를 놓쳐버렸다.
 인도 마드라스 대학교 철학과에서 마하트마 간디의 종교론을 중심으로 석사학위를 마친 후 캐나다 오타와 대학교 종교학과 박사과정에 입학하여 제임스의 종교철학 강의를 수강하면서 다시 그와 인연을 맺게 되었다.

이번에는 이전과 달리 매우 세밀하게 책을 정독하여 그 내용을 되새겨 보았다. 그 과정에서 나는 두 가지 사실을 알게 되었다. 하나는 제임스의 사상이, 박제화된 논리와 개념으로 무장한 근대의 철학과 과학이 지성적 오만을 가지고 종교의 세계를 분석하는 태도를 철저하게 비판하고 있다는 것이다. 다른 하나는 프로이트와 융이 무의식과 관련해서 종교적 경험을 기술하기 이전에 제임스가 이미 종교적 경험은 의식을 넘어선 영역인 잠재의식 속에서 일어나고 있다는 사실을 명쾌하게 기술하였다는 것이다. 그래서 나는 귀국하는 대로 이 책을 번역해야겠다고 다짐하였다.

귀국 후 강의 등 바쁜 생활 속에서도 사명감으로 번역에 매달렸으나 수업 중에 토론하면서 받았던 감동과는 달리 그 작업은 괴로움의 연속이었다. 몇 번이고 그만두어야겠다는 생각을 하였지만 나를 붙드는 무언가 때문에 또 다시 마음을 되잡곤 하였다. 그렇게 하여 나의 번역작업은 3년여 만에 마칠 수 있었다.

나는 세 가지 원칙을 세우고 이 책의 번역에 임하였다.

첫째, 책이 너무나 방대하고 문장구조가 만연체 형식을 띠고 있어서 서술 부분은 생략해버리고 내용 중심으로 축약하여 번역할까 하는 생각도 하였지만 그럴 경우 제임스의 문장이 보여주는 독특한 맛이 거의 사라져버리기 때문에 완역을 원칙으로 세웠다. 그래서 원문의 문장구조와 거의 가깝도록 번역하였다.

둘째, 나는 이 책이 학문적으로 고전에 속하므로 의역보다는 세밀히 직역하기로 하였다. 물론 몇 가지 예외는 있었다. 하나는 제1강에서 종교적 경험이 사실적이냐 그렇지 않으냐를 논의하면서 사용했던 'existential'이라는 단어이다. 깊이 생각하지 않으면 즉각 '실존적'이라는 말로 번역하게 된다. 그러나 이 단어는 문맥상 사실판단과 관련된 논의 속에서 제기되고 있고, 나아가 제임스가 이 글을 쓸 때는 실존주의 철학이나 실존적이라는 용어가 아직 생겨나지 않았으므로 '사실적'이라고 해야 참된 번역이라고 할 수 있다.

셋째, 제4·5강과 제6강에서 나타나는 'healthy-mindness'와 'sick soul'이라는 단어에 관한 문제이다. 이것들은 제임스가 성품론의 유형을 논할 때 사용하는 핵심적 용어들이다. 처음에는 이것을 각각 건강한 성품 또는 정신, 병든 성품 또는 영혼으로 직역하였다. 그러나 이 경우, 성품은 후천적으로 개조될 수 있다는 의미만을 풍기므로 선천적 기질과 많은 연관이 있다는 논의가 부각되지 못한다. 또한 전자의 성품은 긍정적이고 후자의 성품은 부정적이라는 의미를 풍길 수도 있다. 오히려 문자적 의미가 제시해주는 것과는 달리 제임스는 전자보다는 후자의 성품을 더욱 높이 생각하였다. 그래서 오랫동안 고심한 끝에 전자를 '낙관주의적 성품'으로, 그리고 후자를 '고뇌하는 영혼'으로 의역하기로 결정하였다.

이 책을 번역하면서 나는 많은 사람들로부터 도움을 받았다. 그 중에서도 강남대학교 종교철학과 조교였던 양광원 군과 김현민 양, 정신의학적 용어들을 수정하는 데 도움을 준 정신과의사 장덕환 선생님, 그리고 꼼꼼이 원고를 다듬어준 한길사 편집부에게 고마운 마음을 전한다.

끝으로 흩어지고 처져 있는 마음을 모아 솟아오르게 한 아내 최신자와 늘 감동을 안겨주는 아들 은석에게 고마운 마음을 전한다.

강남대 천은관 연구실에서
2000년 2월
김재영

윌리엄 제임스의 연보

1842년 1월 11일 뉴욕에서 태어남.
1852~1855년 뉴욕에 있는 초등학교에 다님.
1855~1858년 영국과 프랑스에서 수학함과 동시에 가정교사로부터 지도 받음.
1858~1859년 로드 아일랜드(Rhode Island)에 있는 뉴포트(Newport)로 가족이 이사감. 찰스 다윈(Charles Darwin)의 『종의 기원』(Origin of Species)이 1859년에 출간되었을 때 제임스의 나이는 17세였다.
1859~1860년 다시 해외로 나감. 스위스와 독일에서 학교를 다녔고 가정교사들로부터 지도를 받았다. 그는 자신이 방문했던 도시들의 유명한 박물관과 미술관에 대해 잘 알고 있었다.

제임스는 다섯 나라의 언어에 능숙했고, 소로, 에머슨 그릴리, 호손, 칼라일, 테니슨 그리고 밀 같은 사람들과 자주 만나 얘기를 나누었다.

특히 제임스는 아버지의 영향을 받아 폭넓은 독서를 하였는데, 그 중 철학 분야에 능통하였다. 물론 아버지 헨리 제임스 경(Sr. Henry James)이 자식 교육에 엄격했기 때문에 그랬던 것은 아니다. 그는 아이들이 식탁에서 어떠한 주제에 대해서든 적극적으로 얘기할 수 있도록 한 관대함을 지닌 사람이었다. 더 나아가 자식들이 영화관에 가는 것 또한 허용하였다.

그러나 언제나 관대한 것은 아니었다. 17세 무렵 제임스는 화가가 되기를 원하였다. 그러나 그의 아버지는 과학이나 철학을 공부하기를 원했기에 아들의 그림공부를 반대하였다. 그리고는 제임스를 달래기 위해 1년 정도 유럽으로 옮겨가 살았다. 그럼에도 불구하고 제임스가 그림공부를 고집하자 아버지는 마지못해 뉴포트에 있는 화가로부터 그림을 배우는 것을 허락하였다.

1860~1861년　헌트(W. M. Hunt)와 6개월 정도 그림공부를 함. 제임스는 자신에게는 재능이 없다고 생각하여 그만두고 하버드 대학교 로렌스 과학부(Lawrence Scientific School)에 들어가 화학공부를 시작하였다.

1864년　보스턴(Boston)으로 이사함. 하버드 대학교 의학부에 입학하였으나 의학 역시 열정을 불러일으키지 못했으므로 1년 동안 휴학하였다. 그 동안 박물학에 흥미를 느껴 당시 하버드의 저명한 박물학자 루이 아가시(Louis Agassiz)와 함께 아마존으로 탐험여행을 떠나기로 하였다.

1865~1866년　브라질 탐험.

1866년　케임브리지의 퀸쉬(Quincy)로 이사함. 다시 의학공부를 시작했으나 자살에 대한 상념, 미래에 대한 불확신 때문에 시력이 약화되고 소화불량이 생겨 고통 속에서 살았다. 2년 동안 프랑스와 독일에 가서 목욕치료를 통해서 안정을 찾았다. 헬름홀츠(Helmholtz)와 그밖의 영향력 있는 생리학자들 밑에서 공부해 신심리학(New Psychology)에 능통해졌다.

1867~1868년　유럽, 특히 독일에 주로 머무름.

1869년　하버드 대학으로부터 의학박사학위를 받음.

1869~1872년　병세가 악화되었다 회복됨. 유럽에서 돌아와 27세에 의학수업을 마쳤으나 건강이 좋지 않아 의사로서 개업을 하지 않았다. 대신 심리학을 공부하면서 대부분의 시간을 보냈고 자신의 미래가 불투명했기 때문에 언제나 우울해하였다. 게다가 마음과 세계에 대한 자신의 과학적 견해와 아버지의 신비적이고 영적인 견해간의 근본적 차이 때문에 고민하였다. 침체 상태가 극에 달했던 1872년(28세), 제임스는 아버지처럼 갑작스러운 감정적 위기상태를 경험하였다. 이 무렵 이웃에 하버드 대학교 총장인 찰스 엘리엇(Charles Eliot)이 살고 있었는데, 엘리엇은 심리학을 강의하도록 제임스를 초빙하였다. 그것이 인연이 되어 제임스는 하버드 대학교에서 35년 동안 교수생활을 하였다.

1873년　하버드 대학교에서 해부학과 생리학 강사생활을 시작함.

1873~1874년　유럽, 특히 이탈리아에서 요양을 함. 하버드에 초빙된 이후 제임스는 생리심리학과 관련된 강좌들을 개설하였고 로렌스 홀에 있

는 작은 실험실에서 학생들과 실습을 하기도 하였다.
1875년 심리학 강의를 시작함. 제임스가 강의를 시작하기 전에는 미국 대학들에 심리학 교수가 없었다. 그때 미국에서 가르쳤던 심리학은 골상학과 계시종교의 변호로서 주로 사용된 관념연합론의 파생물인 스코틀랜드의 마음의 철학이 전부였다. 제임스 자신은 신(新)심리학과 관련된 강좌를 선택해본 적이 없었다. 왜냐하면 어느 누구도 그 과목을 가르치기에 충분하지 않았기 때문이다.
1876~1878년 생리학 조교수가 됨. 제임스가 『심리학원론』을 쓰기 시작한 1878년은 그의 삶에서 또 다른 의미가 있는 해이다. 36세에 제임스는 보스턴에서 교사이자 피아니스트로 활동중이던 앨리스 기븐스(Alice Gibbens)와 결혼하였다. 그녀는 그의 충실하고 강력한 후견자였으며 동시에 지적 동반자가 되었다.
1879년 철학을 가르치기 시작함.
1880년 철학 조교수가 됨.
1883년 유럽에서 안식년을 보냄. 당시 유럽의 여러 대학을 방문하여 실험실습과 강연에 참가하였다. 그때 그는 수십 명의 영향력 있는 심리학자들과 과학자들을 만나서 얘기를 하거나 정규적으로 서신왕래도 하였다. 나아가 그는 비정상적 마음들(abnomal minds)에 대한 연구결과, 그리고 체면, 마약 또는 스트레스 상황 아래서의 정상적 마음의 연구결과 등을 수집하였다.
1885년 철학 정교수가 됨.
1890년 『심리학원론』 출판.
1894년 당시에는 전혀 받아들여지지 않았던 지그문트 프로이트의 저술에 처음으로 관심을 기울임. 훗날(1909년) 몸이 불편하면서도 클라크 대학교 총장인 스텐리 홀이 초청한 프로이트를 만나기 위해 그 대학교를 직접 찾아가기도 하였다.
1896~1897년 로웰 연구소 강좌에서 '예외적 정신상태'에 대한 강연을 함. 『믿으려는 의지』와 그 밖의 다른 에세이들을 출간하였다.
1898년 캘리포니아의 버클리에서 '철학적 개념과 실제적 결과'에 대한 강연을 함.
1899년 『선생들에게 들려주고 싶은 얘기』 출간.
1899~1901년 유럽에서 요양함.

1901~1902년 스코틀랜드 에든버러에서 기포드 강연을 함.
1902년 『종교적 경험의 다양성 : 인간본성에 대한 연구』 출간.
1903년 하버드 대학교로부터 법학박사학위 받음.
1903~1904년 사후에 출판된 『급진적 경험론』에 담겨 있는 주제들을 집필함.
1905년 로마의 의회를 방문하고 지중해를 여행함.
1906년 스탠퍼드 대학교 임시교수를 지냄.
1907년 『프래그머티즘』 출간. 하버드 대학교를 그만둠.
1908년~1909년 옥스퍼드에서 히버트 강연을 함.
1909년 『다원적 우주』 『진리의 의미』 출간.
1910년 3월부터 8월까지 유럽에 머묾. 8월 26일, 68세의 나이로 사망.

용어해설

금욕주의(asceticism) 연습 또는 훈련의 의미를 지닌 그리스어의 askēsis에서 유래하였다. 처음에는 신체단련을 위한 조직적 훈련을 가리키는 말로 사용되었지만 시간이 흐르면서 철학적, 윤리적 그리고 영적 훈련까지도 포괄하는 어휘로 사용되었다. 다시 말해 고차적인 영적 상태 혹은 덕성스러운 삶을 유지하기 위해 신체단련뿐만 아니라 의지, 마음, 그리고 영혼을 조직적으로 엄격하게 훈련하는 것을 가리킨다.

기질적(organic) 신체의 어떤 기관에 생리학적 또는 병리학적 변화가 일어나 병이 생길 때 사용되는 형용사이다.

망상(delusion) 교육정도나 환경과도 부합되지 않고, 이성이나 논리적 방법으로도 교정되지 않는, 불합리한 생각 또는 신념을 말한다. 따라서 이것은 설득이나 권고로는 전혀 변하지 않는다.

무쾌감증(anhedonia) 정상적으로 즐거움을 느낄 수 있는 경험들임에도 불구하고 즐거움을 얻을 수 없는 경우를 말한다. 정신분열증 특히 가성신경증형 정신분열증(대개는 초기 정신분열증의 한 유형)과 우울증에서 볼 수 있는 증상이다.

무통각증(analgesia) 기질적 장애 또는 심리적 요소에서 기인하는 통각에 대한 무감각을 말한다. 심리적 요소에서 기인하는 경우는 히스테리성 장애와 정신분열증에서 흔히 볼 수 있다.

방어기전(defense mechanism) 1894년에 발간된 지그문트 프로이트의 저서 『방어의 신경정신병』(*Neuro-Psychoses of Defense*)에서 처음 사용되었다. 방어기전은 인격발달과정에서 스트레스, 갈등을 일으키는 충동들이나 내적 긴장 등을 완화시키고 타협시키려는 무의식적 작용에 의하여 형성된다. 이처럼 자동적으로 작동되는 자아기능을 방어기전이라고 한다. 방어행동은 문제를 해결하는데 흔히 쓰이는 정상적 방법이지만 어떤 기전이건 과도하게 사용되는 경우에는 병적이라 할 수 있다. 방어기전의 종류에는 억압과 억제, 동일시, 반동형성, 보상, 합리화, 대치, 전치, 상환, 투사, 상징화, 분리, 부정, 승화, 고착과 퇴행, 해리, 저항, 반복강박, 공상 등이 있다.

불가지론(agnosticism) 일반적으로 이 말은 신이 존재하는지 그렇지 않은지를 인간은 알 수 없다는 견해를 의미한다. 이 용어는 헉슬리가 만들어냈으며, 그것의 철학적 의미는 19세기에 종교적 믿음에 대한 토론을 하면서 덧붙여졌다.

순환성 정신병(circular insanity) 현재는 조울증, 양극성 정서장애 또는 정동장애, 기분장애 등으로 불리는 정신병의 일종으로, 다른 신체장애나 정신장애 없이 우울감이나 의기양양함이 한동안 지속되는 광범위한 기분장애가 주를 이룬다. 조증과 울증이 전체적 또는 부분적으로 일정 기간 번갈아 나타나는 것이 특징이다. 조증 및 울증의 상태와 기간에 따라 여러 형태로 세분된다.

스웨덴보리주의(swedenborgianism) 이 용어는 스웨덴의 과학자이자 성서학자인 스웨덴보리(Emanuel Swedenborg, 1688~1772)의 신비주의사상을 받아들여 실천하는 운동을 말한다. 제임스의 아버지는 스웨덴보리의 사상에 매우 심취해 있었는데, 이것이 제임스에게 많은 영향을 끼쳤다.

신인동형론(anthropomorphism) 그리스어로 인간을 의미하는 anthrōpo와 형태를 의미하는 morphē가 합성된 것으로 18세기부터 서양에서 사용된 용어이다. 일반적으로 이 말은 물리적 형태 중 특히 인간형태 속에서 존재하는 비물리적이거나 영적 실체들에 대한 기술을 의미하는 것으로 정의할 수 있다.

언어자동증(verbal automatism) 생각없이 또는 흔히 무의식적으로 기계적인 행동을 하는 경우를 말하는데, 언어가 이러한 자동증의 형태로 반복될 때 언어자동증이라고 한다.

유니테리어니즘(unitarianism) 폴란드, 트란실바니아, 영국, 그리고 미국에서 제도화된 종교운동이다. 이 운동은 지역마다 차이가 있긴 하지만 공통적으로 예수의 신성을 부정하고 오직 인성만을 인정하기 때문에 그리스도교의 정통교리인 삼위일체와 원죄설을 부정한다.

자동증(automatism) 행동하는 사람이 의식적인 자각 없이 하는 행동을 말하는 것으로, 행위자는 직접 그것을 인지하지 못한다. 이러한 행동이 한동안 지속되어 인지된다 하더라도 행위자는 그것을 관찰과 청각을 통하여 제3의 인격체로 알게 된다.

자연주의(naturalism) 존재하거나 일어난 모든 사건은 인과론적으로 설명될 수 있다는 전제를 믿는 철학적 일원론의 일종이다. 그러므로 자연주의는 원칙적으로 자연과학적 설명의 범위를 넘어선 사건이나 실체가 존재한다는 견해를 부정한다. 이것에 반대되는 견해가 초자연주의(supernaturalism)이다.

잠재의식(subconscious) 일반적으로 의식 아래에 있는 마음의 영역을 말하며, 전의식과 무의식을 포괄하는 용어이다. 흔히 형용사로 사용되는 경우가 많다. 이것은 현재 의식하지 않고 있거나 또는 어렴풋이 의식하고 있는 내용으로서 관심을 가지면 의식화할 수 있는 것에 대한 용어이다. 그러나 이 책에서의 '잠재의식'은 현재의 정신분석학이나 분석심리학에서 사용하는 '무의식'이라는 용어에 가까운 개념이다.

진전섬망(delirium tremens) 알코올금단섬망(alcohol withdrawal delirium)이라고도 하는 것으로, 장기간 과음하다가 술을 끊거나 음주량을 줄였을 때 일주일 이내에 발생하는 급성뇌증후로서 대뇌기능의 일시적 손상 때문에 나타나는 현상이다. 그 특징은 다음과 같다. 첫째, 의식의 혼탁, 지각장애, 언어의 지리멸렬 및 치담력 장애, 둘째, 심계항진, 발한, 혈압상승과 같은 자율신경활동과다증, 셋째, 거의 대부분의 경우에서 볼 수 있는 망상, 환각(대개는 시각성), 초조증, 그리고 조잡하고 불규칙적인 진전 등이다.

초절주의(transcendentalism) 이 책에서 사용되는 용어는 19세기 중엽 미국 뉴잉글랜드 지방인 매사추세츠, 콩코드 지역에서 활동했던 젊은 작가들, 비평가, 철학자, 신학자 그리고 사회개혁가들의 정신적 모토인 관념론을 가리킨다. 중심인물은 에머슨(Ralph Waldo Emerson, 1803~1882)이며, 플라톤주의, 유니테리어니즘, 그리고 독일의 관념론을 모두 포괄한다.

프래그머티즘(pragmatism) 세 명의 미국 철학자 즉, 퍼스, 제임스, 그리고 듀이에 의해서 확립된 하나의 철학전통이다. 베인(Alexander Bain)이 믿음을 행위의 규칙 혹은 습관으로 정의 내린 것에 기초해서, 퍼스는 탐구의 기능은 실체를 드러내놓는 데 있는 것이 아니라 행위를 더욱 효율적으로 할 수 있게 하는 데 그 목적이 있음을 주장하였다. 퍼스의 이런 주장은 제임스와 듀이의 사상에도 공명을 불러일으켜 미국에서 독특한 철학분야를 확립시켰다.

환각(hallucination) 실제로는 그렇지 아니하나 마치 외부의 자극이 들어온 것처럼 지각하는 현상을 말한다. ① 환시(visual hallucination)—존재하지 않는 사물이 보이는 것. 진진섬망(delirium tremens), 열성섬망(febrile delirium), 코카인 중독과 같은 기질성 뇌증후군에서 자주 볼 수 있다. ② 환청(auditory hallucination)—실제로 없는 소리를 의미있는 소리나 말소리로 듣는 것. 의식이 명료한 상태에서의 환청은 정신분열증, 기분장애를, 의식이 혼탁한 상태에서의 환청은 기질성 뇌증후군을 의심하게 된다. ③ 환촉(tactile hallucination)―실제로 어떤 물체가 피부에 접촉되고 있다고 느끼는 것 또는 성적 기관에서 성적 접촉을 느끼는 것. 알코올 중독, 진전섬망, 코카인 중독, 정신분열증에서 볼 수 있다. ④ 환취(olfactory hallucination)―실제로 없는 냄새를 맡는 것. 대부분은 기분 나쁜 냄새이다. 정신분열증, 후두엽 병변시에 볼 수 있다.

환상(illusion) 정신의학사전에는 '착각'으로 실려 있지만 제임스의 글 속에서는 판타지의 의미를 드러내고 있으므로 '환상'으로 번역하였다. 왜곡된 지각 또는 기억을 말한다. 그 한 예로 바람에 흔들리는 나뭇잎 소리가 사람의 말소리로 들려온다거나 또는 밤에 정원의 나무가 사람같이 보인다거나 하는 경우를 들 수 있다. 환상은 일상 경험에서만 일어나는 것이 아니라 섬망, 정신분열증, 그리고 정신기능을 왜곡시키는 약물반응 등에서도 일어난다.

*기시감(déjà vu) 전혀 새로이 경험하는 상황을 두고 이미 한 번 보았다고 느끼는 것을 말한다. 정상인에게서도 흔히 나타나는데, 이 경우의 기시감은 짧은 시간 지속되고 또 그것이 환상이라는 것을 당사자가 알고 있다. 정신병환자에게서 나타나는 기시감은 강압적이며 장시간에 걸쳐 경험되며, 더욱이 과거에 경험하였다는 것을 그대로 믿는다. 기시감이 나타나는 정신장애는 간질, 히스테리, 정신분열증 등이다.

후최면암시(post-hypnotic suggestion) 다른 사람으로부터 받은 언어나 자극을 이성적 비판을 가하지 않고 무조건 받아들임으로써 여러 가지 지각, 관념, 의도, 신념, 행위 그리고 신체반응 같은 것들이 나타나는 현상을 암시라고 한다. 암시는 암시를 받는 사람의 상태에 따라서 셋으로 나뉘는데, 최면중 받은 암시를 각성 후에 수행하는 경우를 후최면암시라고 한다. 이밖에 평상상태에서 받는 각성암시, 최면상태에서 받는 최면암시 등이 있다.

히스테리(hysteria) 자궁을 의미하는 그리스어에서 유래한 정신병의 일종이다. 유럽문화권에서는 고대부터 현재까지 그때그때의 의학사상에 따라 여러 가지로 해석되어온 정신의학적 대상 가운데 하나이다. 그리스와 로마 시대의 히스테리는 성과 관계가 있으면서 주로 여성에게 생기는 질병으로, 체내에서 자궁이 움직이는 부인병 또는 자궁이 충혈되어 국소적으로 질식이 생기는 병이라고 알려져왔다. 귀신론이 지배적이던 중세에는 자궁에 귀신이 들어감으로써 생기는 것이라고 보았다. 1870년대 샤르코(J. M. Charcot)는 신체에 실질적 흔적을 남기지 않는 히스테리를 신경학적으로 접근하려는 의도로 최면술을 적용시켜서 증상을 약화시키기도 하고 없애기도 하였다. 바빈스키(J. Babinski)는 히스테리를 설득에 의하여 치유 가능한 것이라고 주장함으로써 이에 대한 심인성 가설의 기초를 제공하였다. 한동안 꾀병처럼 취급되기도 하였지만, 현재는 피암시성, 감정적 폭발, 무의식적 갈등의 신체증상으로의 전환(실명, 운동마비, 감각상실) 등이 나타나는 특징을 가진 심인성 질환으로 보고 있다.

찾아보기

가장 완전한 종교 46
감각성 언어자동증 224
감각의 자동증 348
갑작스런 회심 279, 300, 314, 333
강박관념 64, 239, 312, 380
강신술 159, 602
개인적 이기주의 447
개인적 자아 177
개인적 종교 34, 87~89
거트루드 429
게르만 민족의 신학 102
경건주의 285
경건과 교도 432
경험론 26, 415, 459
경험론적 방법 411
경험주의 76, 77, 412, 459
경험철학 459, 545
고뇌하는 성품 230, 235, 321, 578
고뇌하는 영혼 43, 45, 202
고더드 178
『고백록』 241
고전적 신비주의 513
고차적 흥분성 243
고통-역치 201, 202
고행 383, 387, 391~393, 434, 445, 447
공중부양 493

공포 106, 162, 214, 215, 224, 226~229, 231, 232, 265, 272, 275, 324, 340, 341, 352, 354, 357, 359, 422, 560, 586
공포-역치 201
과대망상 594
관념론 26, 28, 534
괴테 203
교리주의 417
교의신학 523, 525, 529
교회주의 89, 90
구원 46, 176
구원의 종교 233
구원주의 236
굴산-라즈 506
궁극적 실재 47
『그리스도를 본받아』 104
극도의 퇴행성 239
글래스고 강연 171
금욕 380, 424, 425
금욕적 신비주의 512
금욕주의 106, 210, 211, 352, 364, 365, 371, 379, 382, 386, 393~395, 399, 422, 443, 445~447, 504, 549
급진적 경험론 29
기도 549~556, 558, 566, 567, 575, 601, 603

기포드 강연 26, 171, 174

낙관주의 93, 96, 152, 160, 173, 176, 184, 202~204, 230, 443, 445, 446, 502, 511, 516, 577
낙관주의적 성품 43, 45, 46, 110, 152, 155, 156, 158, 159, 174, 179, 180, 193~197, 199~201, 203, 206~208, 211, 230~232, 235, 236, 251, 259, 578
뉴먼, 프랜시스 143, 545~547
『뉴잉글랜드의 부흥회』 180
니스벳 74, 81
니체 97, 453~455

다신교 68, 614
다윈, 찰스 29, 54, 524
단테 172
대중과학 158
도덕률 폐기론 444
도덕적 논증 524
도데, 알퐁스 236
두 번 태어난 사람 211, 235, 236
듀이 26
드루먼드 297
디드로 143
디오니시우스 502, 503
디오클레티아누스 66

라마크리슈나 444
라이시스 255
라티스본, 알퐁스 300
래티튜디네어리어니즘 145
램프슨, 프레더릭 로커 98

러더퍼드, 마크 139
러셀, 버트런드 26
레니, 기도 110
레이콕 281
로드리게스 398, 399, 401
로욜라, 이그나티우스 365, 395, 397, 458, 567
로웰, 제임스 러셀 127
로크 530
로티, 리처드 26, 31
롬브로소 74, 81
루소 143
루터, 마르틴 68, 173~176, 195, 204, 320~322, 426, 431, 458, 464, 568, 590
류바 86, 274, 277, 278, 296, 322, 324, 325, 329, 593, 594
르낭 95, 97, 579
리드, 메인 29, 532, 533

마니교 240
마르크스 54
마음치료 44, 158~161, 163, 164, 166, 167, 171~175, 178~180, 182, 184~192, 199, 200, 285, 371, 586
마음치료사 161, 162, 170, 172~174, 176, 177, 185, 491, 563, 589
마이어스, 프레더릭 310, 311, 533, 554, 599, 613
모노 74, 319, 320
목적론적 논증 524
몰몬교 422
몰트케 449

몽환 64, 77, 466, 468, 469
무 389, 486, 503~505, 528
무감각상태 212
무관심의 중심 287
무기력 상태 212
무명 172
무신론 94, 96
무의식 37, 42, 149, 190, 192, 271, 280, 281, 310, 485
무의식적 정신의 층 192
무쾌감증 212, 216, 593
무하마드 89, 240, 419, 424
뮐러, 조지 555~560
『미국 심리학회지』 297
밀, 제임스 530
밀, 존 스튜어트 278, 530

바너드파 567
바울 43, 70, 71, 195, 240, 328, 440, 568
반그리스도교 운동 143
반환각적인 일원론적 관념주의 491
발도파 422
버니언, 존 43, 45, 224, 226, 228, 239, 255, 257~260, 278, 296
버크 148, 482~484, 509, 593
범신론 165, 177, 198, 211, 415, 509, 511, 512, 598
베네딕트 수도회 429
베단타주의 485, 506, 600
베단타 철학 36, 165
베르그송 51
베르나르 453
베선트, 애니 80, 237

병적 우울증 278
보이시 354
보조집단 83, 333
복음주의자 172
볼테르 94, 95
볼프, 크리스천 581, 583
뵈메, 야콥 175, 503, 504, 590
부성적 유신론 358
부화작용 286
분리된 의지 243
불가지론 207
불이 일원론 601
붓다 48, 89, 90, 223, 364, 419, 424, 445, 568
브라만 교도 209
브래들리, 스티븐 261
비관주의 173, 209, 509
비네 310, 311
비참함-역치 201
비트겐슈타인 26

사바티에 87, 552
사비에르 365
사실적 관점 62, 63
사실적 조건 66, 74
사실적 판단 62
사악한 지성주의 50
살르, 프랑수아 드 69
삼매 484~486
삼위일체 114, 288, 496, 497, 529
생트-뵈브 338, 339
선 44, 67, 100, 116, 147, 153, 154, 178, 193, 207, 216, 235, 236, 240, 258, 259, 440, 486

선험론 536, 540
선험적 관념론 90, 285, 600, 609, 611
성격심리학 237
『성격의 결정』 247
성서 고등비평 62
성심수도회 393
성인다움 46, 337, 350, 358, 411, 415, 422, 423, 429, 431, 438, 448, 451, 453, 457~459, 517, 546, 573
속죄 97, 114
쇼펜하우어 97, 223
수정점 572
수피즘 488, 489, 505
순결 352, 371, 373, 379, 384, 432~434, 438, 573
순수이성 116, 522
순환성 정신병 359
슐라이어마허 33
스미스, 윌프레드 켄트웰 33
스미스, 조셉 572
스미스, 조지프 569
스웨덴보리 272
스콜라 철학 198, 527, 529
스타벅 43, 127, 131, 133, 146, 156, 246, 247, 249, 250, 272, 273, 278~280, 283, 284, 289, 316, 325, 327~330, 333~346, 348, 360, 383, 408, 436, 477
스토아 철학 101, 358
스토아 학파 209, 210, 592
스튜어트, 더갈드 60
스티븐슨, 로버트 루이스 204
스펜서, 허버트 125, 126, 439, 456

스피노자 67, 193, 194
시먼즈 467, 474, 477
신경불안 64
신경장애 74
신경학 49, 59
신비적 의식 461, 484
신비주의 40, 43, 82, 106, 121, 136, 165, 184, 209, 324, 389, 390, 461, 462, 464~466, 477, 482, 486, 490, 492, 493, 502~505, 513, 514, 517, 539, 545, 565, 578, 598, 600, 614, 615
신비주의자 68, 69, 81, 109, 345, 361, 387, 491, 499, 503, 511, 512, 514, 604
신앙고백 33, 549, 550
신앙상태 323, 359
신앙치료 178
신지학 371
신프래그머티즘 26, 31
신플라톤적 관념 241
신플라톤주의 505
실레시우스, 앙겔루스 504, 507
실증주의 29, 184
『심리연구 학회지』 121
『심리학의 원리들』 27

아가시 293
아리스토텔레스 509, 585
아우구스티누스 45, 96, 143, 240, 241, 245, 268, 444, 568
아우렐리우스, 마르쿠스 97, 101, 103, 563
악 44, 45, 100, 110, 151, 153, 154,

172, 193, 197~201, 229~232, 235, 236, 240, 306, 438, 446
악마적 빙의현상 589
악마적 신비주의 513
알-가잘리 487
알라코크, 마가렛 메리 426
알린 243, 245, 278, 296, 313, 319, 328
알비주아파 422
암시치료법 348
암시효과 191
업 511, 598
에드워즈, 조너던 77, 179, 180, 274, 305, 306, 314, 315, 324, 327, 355, 357, 360
에머슨 90, 92, 93, 116, 117, 145, 280, 316, 415, 559
에머슨주의 90, 159
에크하르트 503
에피쿠로스 학파 209, 210
에픽테투스 563
엘리스, 해브록 108, 140
역개종 247
역동 유전적 특질 242
역치 201, 205
역회심 246, 272
열반 445, 486
염세주의 93, 610
연매저 몽환 463
『영문학사』 67
영적 교섭 182, 338
영적 본능 74
영적 성장 316
영적 열정 345, 372

영적 영역 217, 255
영적 존재 122
영적 탄생 107
영적 판단 62, 63, 74, 75, 79, 217, 337, 575
영혼 92, 268, 288, 289, 295, 296, 299, 302, 303
영혼의식 요법 173
영혼회귀 613
예수회 395, 399, 401, 435
옴 508
완전구원 437
요가 484, 485
요한 387, 389, 493
우울증 64, 68, 69, 81, 82, 97, 124, 211, 214~216, 218, 219, 227, 229, 231, 232, 240, 243, 253, 257, 278, 296, 320, 324, 359, 446
우주적 감정 142
우주적 애국주의 105
우주적 의식 482~484
우파니샤드 502, 506
원경험 64
원죄 236
웨슬리 교파 176
웨슬리, 존 173, 174, 285, 304, 327, 458, 567, 568, 577
위고, 빅토르 240
위그노 교도 370
위버, 리처드 361
유니테어리어니즘 145, 415
유니테어리언 146, 383, 480
유물론 177, 279

유사-환각의 광명현상 327
유신론 197, 415, 598
유토피아 350
『윤리학 자료』 456
융, 카를 구스타프 37
은총 77, 78, 176, 177, 295, 296,
    320, 325, 328, 338, 434
의식의 영역 308
의학적 유물론 70~72, 75, 76, 177
이그나티우스 397~399, 491, 495,
    499
이상적 자아 41, 43
일원론 198, 502, 541, 600, 614

자기암시 316, 317
자동증 311, 316, 326, 493, 567,
    568, 573
자동증적 근육현상 305
자비 267, 273, 289, 320, 349, 352,
    357, 358, 360, 361, 365, 382,
    394, 395, 439, 440, 468, 502,
    596, 597, 600, 602, 604
자아심리학 165
자아의식 482, 587
자연신학 581
자연악 224
자연적 선 236
자연종교 149, 156, 208, 521, 552
자연주의 207, 208, 236, 609, 610
자유주의 44, 155, 285
자포자기 43, 138, 210, 214, 280~
    283, 285, 289, 304, 344, 352,
    366, 367, 385, 395, 408, 539
자포자기의 심리학 286

잔존물이론 580, 587
잠재의식 37, 40, 47, 123, 138, 165,
    250, 271, 272, 281, 284, 286,
    290, 309~312, 317, 318, 339,
    348, 440, 471, 513, 514, 571,
    573
잠재의식적 자아 177, 284, 316,
    318, 599
전번제 395
절대관념론 198
절대주의 541
절대주의적 관념론 31
정신감응 574
정신과학 161, 253
『정신문화』 251
정신분석학 37
정적주의 285
제도적 종교 87
존재의 심연 37
종교개혁 68
종교개혁의 근원 68
종교심리학 37, 86, 212, 272
종교적 감정 60, 68, 86, 87, 91, 108,
    110, 364, 372, 410, 517~520, 534
『종교적 감정에 대한 논문』 77
종교적 무절제 438
종교적 신비주의 511~513, 573
종교적 우울증 97, 216, 224, 226,
    240
종교적 의식 150, 539, 545
종교적 지성주의 520
종교철학 85, 86, 197
『종교철학 개론』 520
종교학 28, 33, 48, 49, 78, 519, 520,

542, 578, 580, 598, 599
죄 201, 204, 226, 228, 240, 244, 273, 283, 284, 304, 321
죄의식 229, 272, 273, 275
주물숭배 89
주신제 143
주조 390~393, 507
주프루아 246, 271, 272
중세 신비주의 285
진전섬망 275
진화론 29, 54, 156, 159, 208

철학적 명제 232
철학적 유신론 198
초월적 이상주의 165
초월주의자 414, 563
초자연적 계시 76
초자연적 선 224
초자연주의 516, 589, 609~612
초절주의 44, 90, 100, 116, 159, 604
초한계영역 567, 573
초한계의식 600
최면 31, 40, 316, 347
최면 이후의 암시 311
칭의 321, 323

카르멜 수녀회 405
카펜터, 에드워드 512
칸트, 임마누엘 50, 53, 115, 116, 118, 411, 524, 530, 534, 535, 537, 593, 610
칸트주의 609
칼라일, 토머스 71, 97, 100, 287, 382, 480

칼뱅이즘 285
케어드, 존 520
코, 조지 38, 316, 317
콩트 54
쾌락주의 210, 211, 223
퀘이커교 64, 285, 374, 377, 422, 439
퀴에티즘 196
크라이시스 255
크롬웰, 올리버 65
크리스천 사이언스 161, 162, 172, 254
킹즐리, 찰스 467

테니슨 465
테레사 70, 75, 78, 338, 424, 430, 431, 493, 497, 498, 500
테일러, 제레미 181
텔레파시 190
톨스토이 43, 45, 216~220, 223, 224, 226, 248, 255~257, 259, 278, 296, 323, 511, 593
틸리히, 폴 37

파스칼 366, 367
퍼스, 찰스 26, 531, 532
포스터, 존 247
『포트 로열의 역사』 338
폭스, 조지 64, 65, 71, 343, 374, 375, 419, 496, 567, 569, 572
풀러, 마가렛 100
프라우드푸트, 웨인 35
프란체스코 70, 143, 365, 404, 419, 424, 453, 589, 590

프란체스코회 401
프래그머티즘 26, 531~534
프레이저 59, 89, 540
프로이트 37, 54, 311
프로테스탄트 293, 304, 319~321, 382, 405, 429, 445, 523, 529
프로테스탄티즘 144, 160, 180, 240, 304, 394, 414, 491, 547~549
플라톤 117
플레처, 호레이스 251
플로티누스 506
플루르누아 123, 129

한번 태어난 유형 146, 578
합리주의 136, 137, 145
합일의 기도상태 493
해들리 60, 275, 281
해밀턴, 윌리엄 59
『향연』 117
헤겔 53, 199, 471, 503
헤로도토스 585
현대의 관념론 535
현실적 자아 41, 42, 614
호메로스 151, 208
환각 118, 119, 121, 122, 224, 311, 327, 329, 482, 493, 584
환상 40, 64, 70, 73, 76~78, 80, 128, 231, 246, 311, 315, 468, 478, 495, 515, 537, 538, 567, 571, 601

환시 328, 330
환영 171, 391, 427, 428
환원주의적 종교이해 52
환청 64, 76, 78, 224, 311, 315, 515, 567, 571, 572, 601
활동적 잠재자아 38
활력이 넘치는 감정 593
황홀경 154, 211, 331, 466, 474, 489, 490, 492, 496, 498~500, 567, 593, 600, 601, 604
회상 181, 182
회심 43, 46, 68, 69, 131, 136, 175, 177, 178, 185, 218, 236, 247, 250, 260~262, 266, 269, 270, 272~275, 277~281, 284, 287, 290, 291, 293, 294, 297, 299~301, 303~305, 307, 313, 314, 316~319, 324, 325, 327, 329, 331, 332, 334, 335, 337, 338, 341, 346, 353, 360, 367, 369, 405, 437, 440, 534, 566, 573, 593, 600
회의 240, 412, 416
후스 568
휘트먼, 월트 44, 148~152, 479, 480, 505, 512, 577
휘트필드 327, 402
희생제의 32, 412, 413, 549, 587
히스테리성 악령 공포증 589
히스테리 성향 68, 333

지은이 윌리엄 제임스

윌리엄 제임스(William James, 1842~1910)는 미국의 사상가로 뉴욕에서 태어나 유럽과 미국을 오가면서 심리학, 종교학 그리고 철학을 공부했다. 처음에는 그림을 공부했으나 계속하지 못하고 하버드 대학의 로렌스 과학부 화학과에 들어갔다. 그후 다시 진로를 바꾸어 하버드 의과대학에서 1869년 의학박사학위를 받았다. 제임스는 심리학을 집중적으로 공부하여 미국 대학 최초로 1875년에 심리학 강의를 시작했고, 이후 하버드 대학에서 생리학과 철학 교수 등을 지냈다.

제임스의 저술 시기는 대략 세 단계로 구분된다. 첫 번째는 실험에 기초한 심리현상연구를 통해 독자적으로 기능주의 심리학을 수립한 시기이다. 이때『심리학원론』을 출판했다. 두 번째는 종교나 철학에 관련된 주제들을 연구하던 시기로 제임스는 여러 곳으로부터 초빙을 받아 강의했는데, 그 결과물은 책으로 출판되어 제임스에게 명성을 안겨주었다. 이 무렵 에든버러 대학으로부터 기포드 강연 초청을 받아 '종교적 경험의 다양성'을 20개의 주제로 나누어 강연했다. 세 번째는 프래그머티즘, 진리론 그리고 그의 인식론인 급진적 경험론에 대한 강연을 통해 자기만의 독특한 사상을 확립한 시기다. 대표적인 강연은 1908~1909년 옥스퍼드 대학의 히버트 강연이다. 이 시기의 대표적 저술로는『프래그머티즘』『다원적 우주』『진리의 의미』등이 있다.

제임스의 지적 순례는 한 분야에 고정되지 않고 학제간의 연구를 다양하게 실천했다. 그 결과 그의 사상은 현대에도 심리학, 종교학, 문학 그리고 철학 등에 크나큰 영향을 미쳤다.

옮긴이 김재영

캐나다 오타와 대학교 인문대학 종교학과에서 카를 구스타프 융과
윌프레드 캔트웰 스미스의 인간이해에 대한 비교연구로 1992년 박사학위를 받았다. 강
남대학교 신학대학 종교철학과 교수를 역임한 이후 2003년부터 지금까지 서강대학교
인문대학 종교학과 교수로 재직하고 있다. 한국 종교학회장을 역임했다. 국제 종교학
학술지인 *Religion*과 영국 종교교육학 학술지인
*British Journal of Religious Education*의 편집위원으로 활동하고 있다.
논문으로는 「'심리적' 종교심리학의 회심이론」, 「신종교인식과 정신건강담론」,
"William James and Bernard Lonergan on Religious Conversion",
"Carl Gustav Jung and Granville Stanley Hall on Religious Experience" 등이 있고,
저서로는 『종교심리학의 이해: 죽음인식의 논의를 중심으로』(2017),
『고전 종교심리학 운동 연구: 종교적 경험을 중심으로』(2021),
Education and the Kyoto School of Philosophy: Pedagogy for Human Transformation
(공저, Springer, 2012), *Religious Education in Asia: Spiritual Diversity in Globalized Times*
(공저, Routledge, 2020) 등이 있으며, 역서로는 월터 켑스 『현대 종교학 담론』
(공역, 2000), 『죽음의 부정: 프로이트의 인간 이해를 넘어서』(2008) 등이 있다.

HANGIL GREAT BOOKS 40

종교적 경험의 다양성

지은이 윌리엄 제임스
옮긴이 김재영
펴낸이 김언호

펴낸곳 (주)도서출판 한길사
등록 1976년 12월 24일
주소 10881 경기도 파주시 광인사길 37
홈페이지 www.hangilsa.co.kr
전자우편 hangilsa@hangilsa.co.kr
전화 031-955-2000~3 팩스 031-955-2005

부사장 박관순 총괄이사 김서영 관리이사 곽명호
경영이사 김관영 편집주간 백은숙
편집 노유연 박홍민 배소현 임진영
관리 이주환 이희문 원선아 이진아 마케팅 이영은
디자인 창포 031-955-2097
CTP출력 블루엔 인쇄 오색프린팅 제책 경일제책사

제1판 제 1 쇄 1999년 11월 15일
제1판 제19쇄 2025년 5월 15일

값 35,000원

ISBN 978-89-356-7897-6 94080

• 잘못 만들어진 책은 구입하신 서점에서 바꿔드립니다.

한길그레이트북스 인류의 위대한 지적 유산을 집대성한다

1 관념의 모험
앨프레드 노스 화이트헤드 | 오영환

2 종교형태론
미르치아 엘리아데 | 이은봉

3·4·5·6 인도철학사
라다크리슈난 | 이거룡
2005 『타임스』 선정 세상을 움직인 100권의 책
『출판저널』 선정 21세기에도 남을 20세기의 빛나는 책들

7 야생의 사고
클로드 레비-스트로스 | 안정남
2005 『타임스』 선정 세상을 움직인 100권의 책
2008 『중앙일보』 선정 신고전 50선

8 성서의 구조인류학
에드먼드 리치 | 신인철

9 문명화과정 1
노르베르트 엘리아스 | 박미애
2005 연세대학교 권장도서 200선
2012 인터넷 교보문고 명사 추천도서
2012 알라딘 명사 추천도서

10 역사를 위한 변명
마르크 블로크 | 고봉만
2008 『한국일보』 오늘의 책
2009 『동아일보』 대학신입생 추천도서
2013 yes24 역사서 고전

11 인간의 조건
한나 아렌트 | 이진우
2012 인터넷 교보문고 MD의 선택
2012 네이버 지식인의 서재

12 혁명의 시대
에릭 홉스봄 | 정도영·차명수
2005 서울대학교 권장도서 100선
2005 『타임스』 선정 세상을 움직인 100권의 책
2005 연세대학교 권장도서 200선
1999 『출판저널』 선정 21세기에도 남을 20세기의 빛나는 책들
2012 알라딘 블로거 베스트셀러
2013 『조선일보』 불멸의 저자들

13 자본의 시대
에릭 홉스봄 | 정도영
2005 서울대학교 권장도서 100선
1999 『출판저널』 선정 21세기에도 남을 20세기의 빛나는 책들
2012 알라딘 블로거 베스트셀러
2013 『조선일보』 불멸의 저자들

14 제국의 시대
에릭 홉스봄 | 김동택
2005 서울대학교 권장도서 100선
1999 『출판저널』 선정 21세기에도 남을 20세기의 빛나는 책들
2012 알라딘 블로거 베스트셀러
2013 『조선일보』 불멸의 저자들

15·16·17 경세유표
정약용 | 이익성
2012 인터넷 교보문고 필독고전 100선

18 바가바드 기타
함석헌 주석 | 이거룡 해제
2007 서울대학교 추천도서

19 시간의식
에드문트 후설 | 이종훈

20·21 우파니샤드
이재숙
2005 서울대학교 권장도서 100선

22 현대정치의 사상과 행동
마루야마 마사오 | 김석근
2005 『타임스』 선정 세상을 움직인 100권의 책
2007 도쿄대학교 권장도서

23 인간현상
테야르 드 샤르댕 | 양명수
2007 서울대학교 추천도서

24·25 미국의 민주주의
알렉시스 드 토크빌 | 임효선·박지동
2005 서울대학교 권장도서 100선
2012 인터넷 교보문고 MD의 선택
2012 인터넷 교보문고 MD의 선택
2013 문명비평가 기 소르망 추천도서

26 유럽학문의 위기와 선험적 현상학
에드문트 후설 | 이종훈
2005 서울대학교 논술출제

27·28 삼국사기
김부식 | 이강래
2005 연세대학교 권장도서 200선
2012 인터넷 교보문고 필독고전 100선
2013 yes24 다시 읽는 고전

29 원본 삼국사기
김부식 | 이강래 교감

30 성과 속
미르치아 엘리아데 | 이은봉
2005 『타임스』 선정 세상을 움직인 100권의 책
2012 인터넷 교보문고 명사 추천도서
『출판저널』 선정 21세기에도 남을 20세기의 빛나는 책들

31 슬픈 열대
클로드 레비-스트로스 | 박옥줄
2005 서울대학교 권장도서 100선
2005 연세대학교 권장도서 200선
2008 홍익대학교 논술출제
2012 인터넷 교보문고 명사 추천도서
2013 yes24 역사서 고전
『출판저널』 선정 21세기에도 남을 20세기의 빛나는 책들

32 증여론
마르셀 모스 | 이상률
2003 문화관광부 우수학술도서
2012 네이버 지식인의 서재

33 부정변증법
테오도르 아도르노 | 홍승용

34 문명화과정 2
노르베르트 엘리아스 | 박미애
2005 연세대학교 권장도서 200선
2012 인터넷 교보문고 명사 추천도서
2012 알라딘 명사 추천도서

35 불안의 개념
쇠렌 키르케고르 | 임규정
2012 인터넷 교보문고 필독고전 100선

36 마누법전
이재숙·이광수

37 사회주의의 전제와 사민당의 과제
에두아르트 베른슈타인 | 강신준

38 의미의 논리
질 들뢰즈 | 이정우
2000 교보문고 선정 대학생 권장도서

39 성호사설
이익 | 최석기
2005 연세대학교 권장도서 200선
2008 서울대학교 논술출제
2012 인터넷 교보문고 필독고전 100선

40 종교적 경험의 다양성
윌리엄 제임스 | 김재영
2000 대한민국학술원 우수학술도서

41 명이대방록
황종희 | 김덕균
2000 한국출판문화상

42 소피스테스
플라톤 | 김태경

43 정치가
플라톤 | 김태경

44 지식과 사회의 상
데이비드 블루어 | 김경만
2002 대한민국학술원 우수학술도서

45 비평의 해부
노스럽 프라이 | 임철규
2001 『교수신문』 우리 시대의 고전

46 인간적 자유의 본질·철학과 종교
프리드리히 W.J. 셸링 | 최신한

47 무한자와 우주와 세계·원인과 원리와 일자
조르다노 브루노 | 강영계
2001 한국출판인회의 이달의 책

48 후기 마르크스주의
프레드릭 제임슨 | 김유동
2001 한국출판인회의 이달의 책

49·50 봉건사회
마르크 블로크 | 한정숙
2002 대한민국학술원 우수학술도서
2012 『한국일보』 다시 읽고 싶은 책

51 칸트와 형이상학의 문제
마르틴 하이데거 | 이선일
2003 대한민국학술원 우수학술도서

52 남명집
조식 | 경상대 남명학연구소
2012 인터넷 교보문고 필독고전 100선

53 낭만적 거짓과 소설적 진실
르네 지라르 | 김치수·송의경
2002 대한민국학술원 우수학술도서
2013 『한국경제』 한 문장의 교양

54·55 한비자
한비 | 이운구
한국간행물윤리위원회 추천도서
2007 서울대학교 추천도서
2012 인터넷 교보문고 필독고전 100선

56 궁정사회
노르베르트 엘리아스 | 박여성

57 에밀
장 자크 루소 | 김중현
2005 서울대학교 권장도서 100선
2000·2006 서울대학교 논술출제

58 이탈리아 르네상스의 문화
야코프 부르크하르트 | 이기숙
2004 한국간행물윤리위원회 추천도서
2005 연세대학교 권장도서 200선
2009 『동아일보』 대학신입생 추천도서

59·60 분서
이지 | 김혜경
2004 문화관광부 우수학술도서
2012 인터넷 교보문고 필독고전 100선

61 혁명론
한나 아렌트 | 홍원표
2005 대한민국학술원 우수학술도서

62 표해록
최부 | 서인범·주성지
2005 대한민국학술원 우수학술도서

63·64 정신현상학
G.W.F. 헤겔 | 임석진
2006 대한민국학술원 우수학술도서
2005 연세대학교 권장도서 200선
2005 프랑크푸르트도서전 한국의 아름다운 책100
2008 서우철학상
2012 인터넷 교보문고 필독고전 100선

65·66 이정표
마르틴 하이데거 | 신상희·이선일

67 왕필의 노자주
왕필 | 임채우
2006 문화관광부 우수학술도서

68 신화학 1
클로드 레비-스트로스 | 임봉길
2007 대한민국학술원 우수학술도서
2008 『동아일보』 인문과 자연의 경계를 넘어 30선

69 유랑시인
타라스 셰브첸코 | 한정숙

70 중국고대사상사론
리쩌허우 | 정병석
2005 『한겨레』 올해의 책
2006 문화관광부 우수학술도서

71 중국근대사상사론
리쩌허우 | 임춘성
2005 『한겨레』 올해의 책
2006 문화관광부 우수학술도서

72 중국현대사상사론
리쩌허우 | 김형종
2005 『한겨레』 올해의 책
2006 문화관광부 우수학술도서

73 자유주의적 평등
로널드 드워킨 | 염수균
2006 문화관광부 우수학술도서
2010 동아일보 '정의에 관하여' 20선

74·75·76 춘추좌전
좌구명 | 신동준

77 종교의 본질에 대하여
루트비히 포이어바흐 | 강대석

78 삼국유사
일연 | 이가원·허경진
2007 서울대학교 추천도서

79·80 순자
순자 | 이운구
2007 서울대학교 추천도서

81 예루살렘의 아이히만
한나 아렌트 | 김선욱
2006 『한겨레』 올해의 책
2006 한국간행물윤리위원회 추천도서
2007 『한국일보』 오늘의 책
2007 대한민국학술원 우수학술도서
2012 yes24 리뷰 영웅대전

82 기독교 신앙
프리드리히 슐라이어마허 | 최신한
2008 대한민국학술원 우수학술도서

83·84 전체주의의 기원
한나 아렌트 | 이진우·박미애
2005 『타임스』 선정 세상을 움직인 책
『출판저널』 선정 21세기에도 남을 20세기의 빛나는 책들

85 소피스트적 논박
아리스토텔레스 | 김재홍

86·87 사회체계이론
니클라스 루만 | 박여성
2008 문화체육관광부 우수학술도서

88 헤겔의 체계 1
비토리오 회슬레 | 권대중

89 속분서
이지 | 김혜경
2008 대한민국학술원 우수학술도서

90 죽음에 이르는 병
쇠렌 키르케고르 | 임규정
『한겨레』 고전 다시 읽기 선정
2006 서강대학교 논술출제

91 고독한 산책자의 몽상
장 자크 루소 | 김중현

92 학문과 예술에 대하여·산에서 쓴 편지
장 자크 루소 | 김중현

93 사모아의 청소년
마거릿 미드 | 박자영
20세기 미국대학생 필독 교양도서

94 자본주의와 현대사회이론
앤서니 기든스 | 박노영·임영일
1999 서울대학교 논술출제
2009 대한민국학술원 우수학술도서

95 인간과 자연
조지 마시 | 홍금수

96 법철학
G.W.F. 헤겔 | 임석진

97 문명과 질병
헨리 지거리스트 | 황상익
2009 대한민국학술원 우수학술도서

98 기독교의 본질
루트비히 포이어바흐 | 강대석

99 신화학 2
클로드 레비-스트로스 | 임봉길
2008 『동아일보』 인문과 자연의 경계를 넘어 30선
2009 대한민국학술원 우수학술도서

100 일상적인 것의 변용
아서 단토 | 김혜련
2009 대한민국학술원 우수학술도서

101 독일 비애극의 원천
발터 벤야민 | 최성만·김유동

102·103·104 순수현상학과 현상학적 철학의 이념들
에드문트 후설 | 이종훈
2010 대한민국학술원 우수학술도서

105 수사고신록
최술 | 이재하 외
2010 대한민국학술원 우수학술도서

106 수사고신여록
최술 | 이재하
2010 대한민국학술원 우수학술도서

107 국가권력의 이념사
프리드리히 마이네케 | 이광주

108 법과 권리
로널드 드워킨 | 염수균

109·110·111·112 고야
홋타 요시에 | 김석희
2010 12월 한국간행물윤리위원회 추천도서

113 왕양명실기
박은식 | 이종란

114 신화와 현실
미르치아 엘리아데 | 이은봉

115 사회변동과 사회학
레이몽 부동 | 민문홍

116 자본주의·사회주의·민주주의
조지프 슘페터 | 변상진
2012 대한민국학술원 우수학술도서
2012 인터파크 이 시대 교양 명저

117 공화국의 위기
한나 아렌트 | 김선욱

118 차라투스트라는 이렇게 말했다
프리드리히 니체 | 강대석

119 지중해의 기억
페르낭 브로델 | 강주헌

120 해석의 갈등
폴 리쾨르 | 양명수

121 로마제국의 위기
램지 맥멀렌 | 김창성
2012 인터파크 추천도서

122·123 윌리엄 모리스
에드워드 파머 톰슨 | 윤효녕 외
2012 인터파크 추천도서

124 공제격치
알폰소 바뇨니 | 이종란

125 현상학적 심리학
에드문트 후설 | 이종훈
2013 인터넷 교보문고 눈에 띄는 새 책
2014 대한민국학술원 우수학술도서

126 시각예술의 의미
에르빈 파노프스키 | 임산

127·128 시민사회와 정치이론
진 L. 코헨·앤드루 아라토 | 박형신·이혜경

129 운화측험
최한기 | 이종란
2015 대한민국학술원 우수학술도서

130 예술체계이론
니클라스 루만 | 박여성·이철

131 대학
주희 | 최석기

132 중용
주희 | 최석기

133 종의 기원
찰스 다윈 | 김관선

134 기적을 행하는 왕
마르크 블로크 | 박용진

135 키루스의 교육
크세노폰 | 이동수

136 정당론
로베르트 미헬스 | 김학이
2003 기담학술상 번역상
2004 대한민국학술원 우수학술도서

137 법사회학
니클라스 루만 | 강희원
2016 세종도서 우수학술도서

138 중국사유
마르셀 그라네 | 유병태
2011 대한민국학술원 우수학술도서

139 자연법
G.W.F 헤겔 | 김준수
2004 기담학술상 번역상

140 기독교와 자본주의의 발흥
R.H. 토니 | 고세훈

141 고딕건축과 스콜라철학
에르빈 파노프스키 | 김율
2016 세종도서 우수학술도서

142 도덕감정론
애덤스미스 | 김광수

143 신기관
프랜시스 베이컨 | 진석용
2001 9월 한국출판인회의 이달의 책
2005 서울대학교 권장도서 100선

144 관용론
볼테르 | 송기형·임미경

145 교양과 무질서
매슈 아널드 | 윤지관

146 명등도고록
이지 | 김혜경

147 데카르트적 성찰
에드문트 후설·오이겐 핑크 | 이종훈
2003 대한민국학술원 우수학술도서

148·149·150 함석헌선집 1·2·3
함석헌 | 함석헌편집위원회
2017 대한민국학술원 우수학술도서

151 프랑스혁명에 관한 성찰
에드먼트 버크 | 이태숙

152 사회사상사
루이스 코저 | 신용하·박명규

153 수동적 종합
에드문트 후설 | 이종훈
2019 대한민국학술원 우수학술도서

154 로마사 논고
니콜로 마키아벨리 | 강정인·김경희
2005 대한민국학술원 우수학술도서

155 르네상스 미술가평전 1
조르조 바사리 | 이근배

156 르네상스 미술가평전 2
조르조 바사리 | 이근배

157 르네상스 미술가평전 3
조르조 바사리 | 이근배

158 르네상스 미술가평전 4
조르조 바사리 | 이근배

159 르네상스 미술가평전 5
조르조 바사리 | 이근배

160 르네상스 미술가평전 6
조르조 바사리 | 이근배

161 어두운 시대의 사람들
한나 아렌트 | 홍원표

162 형식논리학과 선험논리학
에드문트 후설 | 이종훈
2011 대한민국학술원 우수학술도서

163 러일전쟁 1
와다 하루키 | 이웅현

164 러일전쟁 2
와다 하루키 | 이웅현

165 종교생활의 원초적 형태
에밀 뒤르켐 | 민혜숙·노치준

166 서양의 장원제
마르크 블로크 | 이기영

167 제일철학 1
에드문트 후설 | 이종훈
2021 대한민국학술원 우수학술도서

168 제일철학 2
에드문트 후설 | 이종훈
2021 대한민국학술원 우수학술도서

169 사회적 체계들
니클라스 루만 | 이철·박여성 | 노진철 감수

170 모랄리아
플루타르코스 | 윤진

171 국가론
마르쿠스 툴리우스 키케로 | 김창성

172 법률론
마르쿠스 툴리우스 키케로 | 성염

173 자본주의의 문화적 모순
다니엘 벨 | 박형신
2022 대한민국학술원 우수학술도서

174 신화학 3
클로드 레비스트로스 | 임봉길
2022 대한민국학술원 우수학술도서

175 상호주관성
에드문트 후설 | 이종훈

176 대변혁 1
위르겐 오스터함멜 | 박종일

177 대변혁 2
위르겐 오스터함멜 | 박종일

178 대변혁 3
위르겐 오스터함멜 | 박종일

179 유대인 문제와 정치적 사유
한나 아렌트 | 홍원표

180 장담의 열자주
장담 | 임채우

181 질문의 책
에드몽 자베스 | 이주환

182 과거와 미래 사이
한나 아렌트 | 서유경

183 영웅숭배론
토마스 칼라일 | 박상익

184 역사를 바꾼 권력자들
이언 커쇼 | 박종일

185 칸트의 정치철학
한나 아렌트 | 김선욱

186 클라우제비츠 전쟁론 완성하기
르네 지라르·브누아 샹트르 | 김진식

187 미쉬나 1: 제라임
권성달

188 미쉬나 2: 모에드
김성언

189 미쉬나 3: 나쉼
이영길

190 미쉬나 4: 네지킨
최영철·김성언

191 미쉬나 5: 코다쉼
전재영

192 미쉬나 6: 토호롯
윤성덕

193 인간의 유래 1
찰스 다윈 | 김관선
2007 대한민국학술원 우수학술도서

194 인간의 유래 2
찰스 다윈 | 김관선

195 모랄리아 2
플루타르코스 | 윤진

196 고백록(근간)
아우구스티누스 | 성염

197 비잔티움 문명 1(근간)
앙드레 기유 | 김래모

198 비잔티움 문명 2(근간)
앙드레 기유 | 김래모

199 손자참동(근간)
이지 | 김혜경

●한길그레이트북스는 계속 간행됩니다.